Ulrich Dopatka

Lexikon der außerirdischen Phänomene

Ulrich Dopatka

LEXIKON
DER AUSSERIRDISCHEN PHÄNOMENE

Herausgegeben von
ERICH VON DÄNIKEN

Bibliographie aktualisiert
unter Mitarbeit von
Wolfgang Siebenhaar

GONDROM

Lizenzausgabe für Gondrom Verlag GmbH & Co. KG, Bindlach 1993

Copyright © 1979 by Econ Verlag GmbH, Wien und Düsseldorf
Alle Rechte der Verbreitung, auch durch Film, Funk und Fernsehen, fotomechanische Wiedergabe, Tonträger jeder Art, auszugsweisen Nachdruck oder Einspeicherung und Rückgewinnung in Datenverarbeitungsanlagen aller Art, sind vorbehalten.

Originaltitel: Lexikon der Präastronautik

Covergestaltung: Graphik Design Studio L. Mielau, Wiesbaden
Druck: Offizin Andersen Nexö, Leipzig

ISBN 3-8112-0914-0

Inhaltsverzeichnis

A. Geleitwort von Erich von Däniken 7
B. Vorwort des Autors 9
C. Anleitung für die Benutzung des Lexikons 11
D. Übersicht über die Sachschlagwörter des Lexikons 15
E. Lexikalischer Teil 25
F. Bibliographie zur Prä-Astronautik 429
G. Literaturverzeichnis 444

Geleitwort

Wenn eine Studienrichtung »lexikonreif« wird, ist das ein Anzeichen dafür, daß sie die frühen Stadien ihrer Entwicklung hinter sich hat – daß die Kämpfe und Geburtswehen der Pionierzeit überwunden sind, daß sich nach der Konsolidierung des Wissensgutes eine kritische Sichtung und Sammlung des bisher Erreichten durchführen läßt.
Die Prä-Astronautik ist zwar keineswegs bereits ein etabliertes wissenschaftliches Fach, dessen Existenzberechtigung unbestritten wäre. Vieles von dem, was im Laufe der letzten Jahre zusammengetragen wurde, viele ihrer neuen Interpretationen stehen nach wie vor im Kreuzfeuer einander widersprechender Meinungen.
Dennoch scheint es an der Zeit, das bisher Erreichte systematisch zu ordnen und überblickbar zu machen. Dies zugunsten aller jener, die sich einen Überblick über das faszinierendste Problem zu verschaffen wünschen, das uns die Frühzeit des Menschen hinterlassen hat: die mannigfachen Spuren rätselhafter Besuche aus den Tiefen des Weltalls. Wer das hier gesammelte Faktenmaterial im Zusammenhang betrachtet, sollte an diesen Besuchen eigentlich nicht mehr zweifeln.
Ulrich Dopatka, der Autor des Lexikons, befaßt sich seit Jahren mit dem Problemkreis der Prä-Astronautik. Als Diplom-Bibliothekar war es ihm möglich, auch neue und neueste Fachliteratur kennenzulernen. Nicht nur Bücher, Aufsätze, Reden, Erklärungen, die vom Standpunkt der Suche nach den konkreten Spuren außerirdischer Besucher aus das Basismaterial darbieten, sondern auch die neutrale und gegnerische Argumentation. So war er in der Lage, durch aufmerksames und kritisches Sichten zahlloser Veröffentlichungen der Diskussion um die Prä-Astronautik neue Perspektiven zu eröffnen. Zahlreiche Beobachtungen, Rückschlüsse und Hypothesen werden hier erstmals in den Gesichtskreis prä-astronautischer Betrachtung gerückt.
Was hier in übersichtlicher Ordnung dargeboten wird, spricht nachdrücklich für die Wahrscheinlichkeit der faszinierendsten Spekulation der Gegenwart: Die Götter waren Astronauten!

Erich von Däniken

Vorwort

Dieses Lexikon soll als der erste Versuch verstanden werden, das in den letzten Jahren durch zahllose Veröffentlichungen fast unüberschaubar gewordene Gebiet der Prä-Astronautik in eine erfaßbare Ordnung zu bringen. Die davon ausgehenden Anregungen und Denkanstöße wurden mit den Resultaten der traditionellen Wissenschaft in eine kritisch erfaßbare Beziehung gesetzt.
Daß dabei nicht auf Anhieb ein völlig perfektes Werk entstehen kann, dürfte jedem Leser klar sein, der sich selbst mit lexikalischer Aufbereitung großer Wissensgebiete beschäftigt hat. Das vorliegende Lexikon der Prä-Astronautik stellt somit einen dokumentarischen Querschnitt des breiten Spektrums der Theorie von der Landung außerirdischer Intelligenzen in der Vergangenheit dar. Als Autor bin ich daher für jede aufbauende Kritik sowie für Erweiterungs- und Verbesserungsvorschläge dankbar. Unter der Anschrift des Verlages eingereicht, werden sie bei einer möglichen Neuauflage berücksichtigt werden, soweit dies durchführbar ist.
An dieser Stelle möchte ich es nicht versäumen, meinen Dank für ihre Mithilfe bei dem Projekt Herrn Josef F. Blumrich, Daniel Bourgin, Dr. h. c. Erich von Däniken, Frl. Hildegard Dörig, Herrn Willi Dünnenberger, Bruno Fellmann, Sergius Golowin, Jürg-Peter Kübli, Dr. Gene M. Phillips und Robert K. G. Temple auszusprechen.

Im Frühjahr 1979

Ulrich Dopatka

Anleitung für die Benutzung des Lexikons

A. Was enthält das Lexikon zur Prä-Astronautik?
Beweise, Indizien und Spuren archäologischer, mythologischer, evolutionärer und kultureller Art, die auf den Besuch außerirdischer Intelligenzen in der Vorzeit schließen lassen. Die Grenze zur Gegenwart bildet dabei das Jahr 1500 n. Chr.
Ausgenommen sind demnach alle Berichte über unbekannte fliegende Objekte (UFO's) und mögliche Kontakte zu Außerirdischen nach dem Jahr 1500.
Ebenso nicht berücksichtigt, weil sie als Grenzgebiete nicht unmittelbar zum Thema gehören, wurden die Parapsychologie, die Anthroposophie, der Okkultismus und die Forschung nach versunkenen irdischen Hochkulturen à la Atlantis.
Gibt es hierzu Überschneidungen (so kann z. B. der Untergang des sagenhaften Atlantis mit der Prä-Astronautik in Verbindung gebracht werden), sind solche Berührungen nach Möglichkeit berücksichtigt.
Science Fiction, die sich mit dem Thema auf ihre Art auseinandersetzt, wurde in einem separaten Kapitel behandelt (vgl. dazu im Hauptteil das Schlagwort »Science Fiction«).
Aspekte und Tendenzen der Prä-Astronautik sind in verschiedenen Kapiteln ebenfalls berücksichtigt.
Der Inhalt des Hauptteils gliedert sich in:

I. Sachbegriffe (vgl. dazu das Verzeichnis der Sachschlagwörter)

II. Geographische Namen, Begriffe, Orte

III. Personennamen, Stämme und Namen mythologischer Gestalten und Gegenstände.

B. Die Ordnung des Hauptteils
Die im Literaturverzeichnis aufgeführten Werke wurden hinsichtlich ihrer Bedeutung für die Prä-Astronautik in einem System von Schlagwörtern alphabetisch analysiert und, wo nötig, korrigiert. Dabei stehen die einzelnen Kapitel des Lexikons nicht isoliert, sondern sind eng durch Rückverweise zueinander verflochten. Die einzelnen Schlagwörter können als Rückverweise oder als Oberbegriffe über Artikel auftreten.

Die Materialsuche im Lexikon:
Gesucht wird, als Beispiel, Material über »kulturbringende Gottheiten«, hinter denen sich Prä-Astronauten verbergen können. Der Fragenkomplex ist zusammengefaßt unter dem Schlagwort »Kulturbringer, Götter als«.

Stößt der Suchende nicht unmittelbar auf dieses Schlagwort, kann er unter »Götter« nachschauen, wo er u. a. auf diesen Begriff verwiesen wird. Nützlich bei der Materialsuche ist besonders das Verzeichnis der Sachschlagwörter, das auch Synonyme enthält, die auf den zentralen Begriff verweisen.

Der Text innerhalb eines solchen umfangreichen Schlagwortes wie »Kulturbringer, Götter als« ist nach einer bestimmten Gliederung aufgebaut. Alle dort behandelten Kulturkreise sind, vom 0-Meridian ausgehend, von West nach Ost aufgeführt. Auf dem gleichen Meridian liegende Kulturen von Nord nach Süd (Griechenland demnach vor Ägypten).
Alle in den Artikeln aufgeführten Textpassagen gelten als markante Auswahl.
Um sämtliche Stellen des Lexikons, in denen in diesem Beispiel von »kulturbringenden Gottheiten« die Rede ist, zu finden, muß der Leser die im Anhang an den Artikel alphabetisch aufgeführten Schlagwörter berücksichtigen.
Wird so der Artikel »Schöpfung« aufgeschlagen, hat der Suchende nur noch optisch den Text zu überfliegen, wobei ihm die *kursiv* hervorgehobenen Stichwörter auffallen. Stößt er auf diese Weise auf den Begriff »Kulturbringer, Götter als«, hat er genau die Stelle gefunden, in der in einer bestimmten Schöpfungsmythe von kulturbringenden Göttern geredet wird.

Einzelheiten der Ordnung:
1. Die alphabetische Anordnung der Schlagwörter bezieht sich mechanisch auf den gesamten Begriff. Also nicht nur auf die erste Worteinheit! Zusammengesetzte Wörter werden wie ein Wort behandelt, Bindestriche werden bei der Ordnung nicht berücksichtigt. Beispiel:
Chong
Chou-Chou
Chou-Dynastie
Chou King
Chou Ming Chen
Chow Chu
Cho Yüan
Christentum
Chronik (Altes Testament)
Chronik von Akakor
Chrysolith
usw.
2. Die Umlaute (ä, ö, ü) werden wie ae, oe und ue behandelt.
3. Zwischen den Buchstaben »I« und »J« wird alphabetisch nicht unterschieden.
4. Im Anhang an die alphabetische Aufzählung von Schlagwörtern im Anschluß eines Kapitels, die, wie oben beschrieben, der Materialsuche dienen, können zusätzliche Hinweise auf verwandte Schlagwörter stehen. Auf sie wird mit der Abkürzung »vgl.« hingewiesen. In diesen Kapiteln findet sich jedoch nicht direkt das Stichwort des Kapitels, von dem die Suche ausging.
5. Die Kurztitel in bzw. unter den Artikeln stellen die verschlüsselten Quellenangaben dar. Die ausführlichen Titel sind im Literaturverzeichnis zu finden.

C. Besonderheiten im Aufbau des Hauptteils der lexikalischen Dokumentation

Eine Reihe von Schlagwörtern gibt dem Benützer Orientierungshilfen in Form von Übersichten. Unter dem Oberbegriff sind dort alphabetisch Unterteilungen aufgenommen.

1. Die einzelnen Länder der Kontinente, die im Lexikon behandelt wurden, sind unter *Afrika, Asien, Europa, Nordamerika* und *Südamerika* aufgeführt. Das gilt auch für Landschaften. Die Bundesstaaten der *USA* stehen unter diesem Stichwort.
2. *Ozeanien* gibt eine Übersicht über sämtliche Inseln und Inselgruppen. Das gilt auch für *Melanesien, Mikronesien* und *Polynesien*. Auch unter den Eigennamen einzelner Inselgruppen sind die Namen der behandelten Inseln aufgeführt.
3. Namen einzelner Vertreter werden unter *Ärzte, Alchimisten, Architekten, Astronomen, Ingenieure, Mathematiker, Philosophen, Priester* und *Schmiede* angeführt.
4. Mythologische Personen, die Kontakt mit den Göttern gehabt haben sollen, stehen unter dem Oberbegriff *Kontaktler*.
5. *Biologie, Chemie, Geographie, Geologie* enthalten Übersichten über Zweige dieser Wissenschaften.
6. Eine Übersicht über sämtliche angesprochene *Wissenschaften* findet sich unter diesem Stichwort.
7. *Berge,* heilige: Hier findet sich eine Aufstellung behandelter Gipfel und Gebirge, die als heilig angesehen wurden: mögliche Landeplätze der Götter.
8. Glasähnliche Verbindungen stehen unter *Glas*.
9. *Götter:* ein zentrales Schlagwort, das eine Übersicht über alle Kapitel bietet, in denen direkt auf die Gottheiten eingegangen wird.
10. Metalle werden unter dem Schlagwort *Metalle* zusammengefaßt.
11. Behandelte Religionen, Kulte etc. stehen unter *Religionen.*
12. Unter dem Zentralschlagwort *Sagen* wird:
    a) auf alle Kapitel verwiesen, in denen anonyme Sagen vorkommen;
    b) eine Übersicht über alle im Lexikon vorkommenden Mythen gegeben, die mit einem Eigennamen überliefert sind;
    c) in einem Anhang alphabetisch auf die antiken Autoren verwiesen, auf deren Werke zurückgegriffen wurde.
13. Alle Fundgegenstände, die den Göttern zugeschrieben werden, oder deren Konstruktion auf Anweisung der Götter zurückgehen soll, werden in einer Übersicht unter dem Schlagwort *»Fundgegenstände, technische«* aufgeführt.
14. Die Schlagwörter, die den möglichen Charakter, die Psyche der Prä-Astronauten umreißen, sind unter *Exopsychologie* zusammengefaßt.
15. Alle Gegenstände, die an den Göttern erkannt, an ihren Fahrzeugen beschrieben wurden, werden im Anhang an das Kapitel *»Erkennen der Götter«* angeführt.
16. Die *Antriebe* (der Götter-Fahrzeuge), auf die man nach mythologischen Berichten, Felszeichnungen etc. schließen kann, sind unter diesem Schlagwort zusammengefaßt.
17. Unter *Färbung* (der Götter-Fahrzeuge) werden die mythologisch überlieferten Farben aufgeführt. Von der jeweiligen Farbe wird dann auf die Kapitel verwiesen, in denen gerade diese Färbung angesprochen wird.

18. Alle Synonyme und Behelfsbegriffe für die fliegenden Fahrzeuge der Götter sind im Anschluß an das Kapitel »*UFO, historische*« aufgeführt. Ebenfalls dort findet sich eine alphabetische Übersicht über die namentlich in den Mythologien benannten Himmelsfahrzeuge.
19. Alle *Krankheiten,* die im Zusammenhang mit den Erzählungen von Wichtigkeit sind, sind unter diesem Schlagwort zusammengefaßt.
20. Parapsychologische Erscheinungen, auf die im Lexikon am Rande eingegangen wird, stehen unter »*Parapsychologie*«.
21. Alle biblischen Bücher sind unter »*Bibel*« angeführt. Wird von dort z. B. auf »*Genesis*« verwiesen, sind unter diesem Schlagwort die behandelten Textstellen nach deren Numerierung angeordnet. *Genesis 14,5* z. B. verweist dann auf das endgültige Kapitel »*Riesen*«.
22. Ähnlich verhält es sich bei den *Apokryphen* und *Pseudoepigraphen,* die ebenfalls auf einzelne Bücher hinweisen.

Übersicht über die Sachschlagwörter des Lexikons

Die Liste enthält somit keine geographischen Begriffe oder Personennamen.
Kursiv aufgeführte Schlagwörter sind Synonyme und verweisen sofort auf die jeweiligen Zentralbegriffe.

Abbildungen vgl. Felszeichnungen; Fresken; Gravuren; Höhlenzeichnungen; Rollsiegel; Statuen; Stiche
Abstammung von den Göttern vgl. Gottessöhne; Humanoiden; Schöpfung
Ackerbau
Adepten vgl. Kontaktler
Ärzte
Akupunktur
Akustik (der Götter-Fahrzeuge)
Alchimisten
Allegorien vgl. Symbole
Alter, menschliches vgl. Lebensdauer
Aluminium
Amalgam
Aminosäuren
Amphibien vgl. Fischmenschen (bzw. -götter)
Amputationen
Anästhesie
Angriffe der Menschen auf die Götter vgl. Konfrontationen Götter kontra Menschen; Unangreifbarkeit der Götter; Waffen der Götter
Angst (der Götter)
Anode
Antennen
Anthropomorphismus
Antimaterie
Antimonium
Antriebe (der Götter-Fahrzeuge)
Apokryphen
Architekten
Archive vgl. Bibliotheken
Astro-Archäologie vgl. Prä-Astronautik

Astro-Biologie vgl. Exobiologie
Astro-Mythologie vgl. Prä-Astronautik
Astronomen
Astronomie
Atemgeräte
Atmosphären, außerirdische
Atombomben
Attribute, prä-astronautische vgl. Exopsychologie
Auferstehung
Auferweckung vgl. Wiederbelebung
Aufhebung der Schwerkraft vgl. Gravitation, Aufhebung der; Levitation
Auserwählte der Götter vgl. Kontaktler
Aussatz
Aussehen der Götter vgl. Erkennen der Götter
Aussetzung von Kindern
Automaten vgl. Computer; Maschinen; Roboter

Ballonflüge, prähistorische
Ballspiel
Bananen
Barthaar der Götter vgl. Götter, bärtige; Rothaarigkeit
Basreliefs vgl. Gravuren
Batterien
Baum der Erkenntnis
Baum des Lebens
Baumeister vgl. Architekten
Baumwolle
Bauwerke
Behaarung vgl. Götter, bärtige; Mutanten; Rothaarigkeit

16 Beleuchtung

Beleuchtung vgl. Lampen
Belletristik vgl. Science Fiction
Beobachtung der Götter vgl. Erkennen der Götter
Berge, heilige
Bergkristall
Bergwerke
Beryllium
Betäubung vgl. Anästhesie
Betäubungsmittel
Bethlehem, Stern von
Beutel, fliegende
Bevölkerungsexplosion
Bibliotheken
Binär-Code
Biochemie
Biologie
Bisons
Blindheit
Blitze
Blöcke, fliegende
Bodenzeichnungen
Bomben
Bon-Religion
Brahmanismus
Briefmarken vgl. Philatelie
Brillen
Buddhismus
Bundeslade
Bunker
B-Waffen

Cäsiumoxid
Cargo-Kult
Charakter der Götter
 vgl. Exopsychologie
Chemie
Chemikalien
Cheruben
Christentum
Chrysolith
Comics vgl. Science Fiction
Computer
C-Waffen

Dämonen
Dezimalsystem
Diffusionstheorie
Dimensionen vgl. Inertialsysteme
Domestizierungen
Donnergötter

Donnervögel vgl. Himmelsvögel
Drachen vgl. Saurier
Drachen, himmlische
Dreibeinigkeit (der Götter-Fahrzeuge)
Drogen
Drohungen vgl. Einschüchterungen (der Menschen durch die Götter)
Druiden
Dschainismus
Dunkelheiten vgl. Finsternisse

Eier, fliegende
Eigenrotation der Himmelskörper
 vgl. Rotation der Himmelskörper
Eigenschaften, prä-astronautische
 vgl. Exopsychologie
Einfrieren
Eingeweihte vgl. Kontaktler
Einschüchterungen (der Menschen durch die Götter)
Eisen
Eiszeiten
Elefanten
Elektrizität
Elektrochemie
Elektroden
Elektronik
Elixiere vgl. Flüssigkeiten, chemische
Engel
Entführungen
Entmaterialisierungen
Epidemien vgl. Seuchen
Erbmasse, Veränderung der vgl. Genmanipulation
Erdaltertum
Erdbeben
Erdmagnetismus
Erdmittelalter vgl. Erdaltertum
Erdrotation
Erkennen der Götter
Ernährung (der Götter)
Ernährungsproblem (einzelner Stämme und Völker)
Erscheinung von Mamre vgl. Mamre
Erscheinungen
Erstgeborenen, Tod der vgl. Tod der Erstgeborenen
Euhemerismus
Evolution des Homo sapiens vgl. Homo sapiens, Evolution des

Heuschrecken 17

Evolutionsprobleme
Exobiologie
Exopsychologie
Explosionen vgl. Bomben; Sprengstoffe; Waffen der Götter

Färbung (der Götter-Fahrzeuge)
Fallout
Fallschirmspringen
Fata Morganen vgl. Visionen
Fauna
Felsbearbeitungen
Felsen, fliegende
Felsgeburten
Felsverglasungen vgl. Sandverglasungen
Felszeichnungen
Fenster (der Götter-Fahrzeuge)
Fernsehen vgl. Television
Feuerbälle (als Himmelserscheinung)
Finsternisse
Fischmenschen (bzw. -götter)
Flammenwerfer
Flora
Flüssigkeiten, chemische
Fluggürtel vgl. Rocket-Belt
Flugzeugmodelle
Fluoreszenzen
Fluten vgl. Sintflut
Fortpflanzung vgl. Genmanipulation; Geschlechtsverkehr; Gottessöhne; Humanoiden; Samen; Unfruchtbarkeit
Fossilien vgl. Versteinerungen
Fresken
Fruchtbarkeitskult
Fundgegenstände, technische
Fußabdrücke
Futurologie

Galaxien
Gase
Gebote vgl. Gesetze
Gedankenübertragung vgl. Telepathie
Geheimbücher
Geheimnisse
Geister vgl. Dämonen; Erscheinungen; Götter
Genmanipulation

Geodäsie
Geographie
Geologie
Geräusche (der Götter-Fahrzeuge) vgl. Akustik; Donnergötter
Geruch (der Götter-Fahrzeuge)
Geschlechtsverkehr (der Götter und der Menschen)
Gesetze
Gesichte vgl. Erscheinungen
Gewalt (zwischen den Göttern) vgl. Konfrontationen der Götter
Gewalt (zwischen Göttern und Menschen) vgl. Konfrontationen Götter kontra Menschen
Gewehre vgl. Schußwaffen
Giganten vgl. Riesen
Glas
Glocken, fliegende
Glyphen vgl. Gravuren
Götter
Götter, bärtige
Götter, donnernde vgl. Donnergötter
Götter, hellhäutige
Götterkriege vgl. Konfrontationen der Götter
Götterrassen
Gold
Gottessöhne
Gräber
Grausamkeit (der Götter)
Gravitation vgl. Schwerkraft
Gravitation, Aufhebung der
Gravuren
Gürtel
Gürtelschnallen
Gummi

Haarausfall
Häuser, fliegende
Halluzinationen vgl. Visionen
Heiligtümer vgl. Berge, heilige; Cargo-Kult; Orakel; Religionen; Rituale; Tabus
Heimat der Götter vgl. Herkunft der Götter
Helikopter
Herkunft der Götter
Herrlichkeit des Herrn
Herztransplantationen
Heuschrecken

Himmelsfarbe
Himmelskunde vgl. Astronomie
Himmelsvögel
Hinduismus
Hirsche, fliegende
Höhlen
Höhlenzeichnungen
Hörner vgl. Antennen
Hominiden
Homo sapiens, Evolution des
Hubschrauber vgl. Helikopter
Humanoiden
Hydrogeologie

Jade
Jainismus vgl. Dschainismus
Ideogramme
Immunität der Götter vgl. Unangreifbarkeit der Götter
Impfungen
Indianer vgl. die Länderübersichten unter: Nordamerika bzw. Südamerika
Indios vgl. die Länderübersichten unter: Nordamerika bzw. Südamerika
Inertialsysteme
Ingenieure
Inkarnationen
Inschriften vgl. Gravuren
Insekten
Intelligenzmanipulation
Inzest
Judentum

Kabel
Kalender
Kannibalen
Karikaturen
Karten
Katastrophen
Katastrophen, kosmische
Kathode
Keramik
Kessel, fliegende
Kinderlosigkeit vgl. Unfruchtbarkeit
Kirlianeffekt
Klimabeeinflussung
Knotenschnüre
Kobalt
Koka

Kommunikation
Kommunikation, interstellare
Konfrontationen der Götter
Konfrontationen Götter kontra Menschen
Konservierung
Kontakte der Götter mit den Menschen vgl. Entführungen; Erkennen der Götter; Gottessöhne; Grausamkeit; Humanoiden; Kommunikation; Konfrontationen Götter kontra Menschen; Kulturbringer, Götter als; UFO, historische; Verbindung von Himmel und Erde; Verhandlungen
Kontaktler
Kontinentaldrift
Konvergenz-Theorie
Konversation vgl. Kommunikation; Sprachen
Kosmos vgl. Astronomie; Weltall
Krankheiten
Kriege der Götter vgl. Konfrontationen der Götter
Kristall
Kristall-Linsen
Kristall-Schädel
Kritiker
Kühe, fliegende
Kugeln
Kugeln, fliegende
Kulte vgl. Cargo-Kult; Religionen; Rituale
Kulturbringer, Götter als
Kulturen, versunkene
Kunst
Kunst, chinesische
Kupfer
Kupfersulfat
Kuriositäten
Kyborg

Lähmungen
Länder, versunkene vgl. Kulturen, versunkene
Lamaismus
Lampen
Landeplätze der Götter
Lapislazuli
Laser
Lautsprecher

Lebensdauer
Lebensmittelversorgung vgl. Ernährungsproblem
Legenden vgl. Sagen
Legierungen
Lehm
Leiter (Himmelsleiter)
Leuchtschriften vgl. Fluoreszenzen
Levitation
Lichtgeschwindigkeit
Lichtwaffen vgl. Laser; Strahlenwaffen; Waffen der Götter
Linsen vgl. Glas; Kristall-Linsen
Literatur vgl. Science Fiction
Lupen
Luxonen

Märchen vgl. Sagen
Magie
Magnesium
Magnetismus
Majestätsplural
Mais
Manna
Marsmonde
Maschinen
Masken
Materialisierungen
Mathematik
Mathematiker
Medien, menschliche
Medikamente
Medizin
Meerwunder
Megalithen
Megaphone vgl. Lautsprecher
Menschen, Evolution des vgl. Homo sapiens, Evolution des
Menschen, künstliche vgl. Genmanipulation; Roboter
Menschenfresser vgl. Kannibalen
Menschwerdungen vgl. Inkarnationen
Metalle
Meteoriten
Milchstraßen vgl. Galaxien
Minen vgl. Bergwerke
Mischwesen
Mittelalter
Mond
Monolithe vgl. Megalithen; Monumente

Monumente
Moral (der Götter)
Moral (der Menschen)
Mormonentum
Motoren
Mounds
Mumien
Mumifizierung
Mund-zu-Mund-Beatmung
Muscheln, fliegende
Musik
Mutanten
Mythen vgl. Sagen

Narkose vgl. Anästhesie
Nichtwissen der Götter

Observatorien
Öfen, fliegende
Öl
Operationen (medizinische)
Opfer
Orakel
Ornamente vgl. Bodenzeichnungen; Felsbearbeitungen; Felszeichnungen; Fresken; Gravuren; Höhlenzeichnungen; Schriften; Schriftzeugnisse der Götter
Overalls

Paläo-Astronautik vgl. Prä-Astronautik
Paläozoikum vgl. Erdaltertum
Panik
Panspermietheorie
Paradies
Parapsychologie
Parsismus
Perlen, fliegende
Petroglyphen vgl. Bodenzeichnungen; Felszeichnungen; Gravuren; Höhlenzeichnungen
Pfeile
Pferde, fliegende
Pflanzenwelt vgl. Flora
Philatelie
Philosophen
Philosophie
Photographie
Photonenantrieb
Piktographien vgl. Felszeichnungen; Höhlenzeichnungen; Schriften

Pillen vgl. Medikamente
Pilze
Planetarien
Planeten
Planetensystem, eigenes
Planetensysteme, fremde
Plasma
Plastiken vgl. Statuen
Platin
Prä-Astronautik
Präkambrium vgl. Erdaltertum
Priester
Probleme bei Weltraumreisen vgl. Weltraumreisen, Probleme bei
Propeller vgl. Helikopter
Prophetie
Prophezeiungen
Prothesen
Pseudoepigraphen
PSI-Forschung vgl. Parapsychologie
Psychologie vgl. Exopsychologie
Puppen vgl. Ritualgewänder
Pyramiden
Pyramiden, fliegende

Quarantäne
Quecksilber
Quipus vgl. Knotenschnüre

Radar
Radioaktivität
Radioteleskope, Interstellare Verbindung durch vgl. Kommunikation, interstellare
Räder
Raketen
Rassen (der Menschen)
Raumanzüge vgl. Overalls
Raumbasen
Raumflüge, prähistorische vgl.
  Antriebe (der Götterfahrzeuge);
  Reparaturen; UFO, historische;
  Unfälle; Weltraumreisen, Probleme bei
Rechenmaschinen vgl. Computer
Reflektoren
Regenerierung
Relativitäts-Theorie vgl. Lichtgeschwindigkeit; Weltraumreisen, Probleme bei; Zeitdilatation
Reliefdarstellungen vgl. Gravuren

Religionen
Religionen, kosmische
Reliquien
Remythologisierung
Reparaturen (der Götter-Fahrzeuge)
Reue (der Götter)
Riesen
Rituale
Ritualgewänder
Rivalitäten der Götter
Roboter
Rocket-Belt
Röntgen-Gerät
Rollsiegel
Rotation der Himmelskörper
Rotationskolbenmotor
Rothaarigkeit (der Götter)
Rückkehr der Götter vgl. Wiederkehr der Götter
Rückstoßprinzip

Sabbat
Säcke, fliegende vgl. Beutel, fliegende
Sagen
Samen
Sandverglasungen
Saphir
Satan
Satelliten
Sauerstoff
Saurier
Schädel vgl. Kristall-Schädel
Schädeldeformationen
Schätze
Schaltkreise vgl. Elektronik
Schamanen
Schamanismus
Scheiben, fliegende
Schiffe
Schiffe, fliegende
Schilde, fliegende
Schildkröten
Schilf-Schößlinge, fliegende
Schintoismus
Schlaf, künstlicher
Schlangen
Schmiede
Schnitzereien vgl. Gravuren
Schöpfung
Schriften

Schriftzeugnisse der Götter
Schriftzeugnissen, Vernichtung von
 vgl. Vernichtung von Schriftzeugnissen
Schußwaffen
Schutzräume, unterirdische vgl.
 Bunker; Stollen, unterirdische
Schweben (von Gegenständen) vgl.
 Gravitation, Aufhebung der; Telekinese
Schweben (von Personen) vgl. Levitation
Schweben des göttlichen Geistes
Schwerelosigkeit
Schwerkraft
Schwimmhäute
Science Fiction
Segnungen
Seide
Seismographen
Semantik vgl. Wortbedeutungen
Seuchen
Sichtbarwerden vgl. Erscheinungen; Materialisierungen
Silber
Silex
Sinnbilder vgl. Ideogramme; Symbole
Sintflut
Sklaven
Skulpturen vgl. Statuen
Sodomie
Sonnen
Sonnenwagen
Sphären
Spiegel
Spiele der Götter
Spielzeugautomaten
Spionage unter Göttern
Sprachen
Sprachenverwirrung
Sprachverwandtschaften
 vgl. Wortbedeutungen
Sprechfunkanlagen
Sprengstoffe
Städte, verschollene vgl. Kulturen, versunkene
Startplätze der Götter
 vgl. Landeplätze der Götter
Statuen
Staustrahl-Triebwerke

Steinbearbeitungen vgl. Felsbearbeitungen
Steine, gravierte
Stelen
Sterblichkeit der Götter
Sternbilder
Sterne
Sterne, fliegende
Sternenkarten
Sternenschiffe
Sternexpansionen
Sternwarten vgl. Observatorien
Stiche (in der Kunst)
Stollen, unterirdische
Strahlen
Strahlenschäden
Strahlenwaffen
Strahlenwagen
Straßen
Strom, elektrischer vgl. Elektrizität
Stromspeicher vgl. Batterien
Stuckarbeiten vgl. Gravuren
Symbole

Tabus
Tachyonen
Tätowierungen
Tantrismus
Taoismus
Tardyonen
Tarnung
Tarsis-Stein
Techniken, prähistorische vgl.
 Fundgegenstände, technische
Tektite
Telekinese
Telepathie
Teleskope
Television
Tiefschlaf vgl. Anästhesie; Betäubungsmittel
Tiere, fliegende
Tod der Erstgeborenen
Topas
Tore, automatische
Totemismus
Träume
Transozeanfahrten
Transplantationen
Transporte
Trilithen

22 Trinkwasserbereitung

Trinkwasserbereitung
Trommeln, fliegende
Trompeten von Jericho
Türen, automatische vgl. Tore, automatische
Türkis
Tunnel vgl. Stollen, unterirdische

U-Boote
Überlieferungen vgl. Sagen
Überschwemmungen vgl. Sintflut
UFO, historische
UFOlogie
UFO, moderne
Uhren
Ultraschall
Umweltverschmutzung
Unangreifbarkeit der Götter
Unfälle
Unfruchtbarkeit
Ungerechtigkeit (der Götter) vgl. Exopsychologie; Grausamkeit (der Götter)
Unklarheiten der Definition (präastronautischer Errungenschaften, Funde und Attribute)
Unsichtbarkeit vgl. Entmaterialisierungen; Erscheinungen
Unsterblichkeit vgl. Baum des Lebens; Lebensdauer
Untersuchungen an Menschen
Unterwasserbasen
Unwissenheit der Götter vgl. Nichtwissen der Götter

Vakuum
Vasen vgl. Keramik
Venus-Figuren
Venusgleichung
Veränderung der Erbmasse vgl. Evolutionsprobleme; Genmanipulation; Schöpfung
Verbannung (von Prä-Astronauten)
Verbindung von Himmel und Erde
Verbindungen der Menschen mit den Göttern vgl. Gottessöhne; Geschlechtsverkehr
Verbindungsmänner der Götter vgl. Kontaktler
Verbote vgl. Gesetze; Tabus

Vergeßlichkeit (der Götter)
Verhandlungen (der Götter mit den Menschen)
Vernichtung von Schriftzeugnissen
Verständigung vgl. Kommunikation
Versteinerungen
Vertuschungen
Vibrationsrhythmus
Visionen
Vögel, himmlische vgl. Himmelsvögel
Völkerwanderungen
Voraussagen vgl. Prophezeiungen

Waffen der Götter
Wagen, himmlische
Wahrscheinlichkeit des Besuches außerirdischer Intelligenzen vgl. Exobiologie; Green-Bank-Konferenz; Humanoiden
Wasserschlagen vgl. Hydrogeologie
Wassersprühanlagen
Wasserstoff
Weizen
Weltall
Weltbild, heliozentrisches vgl. Astronomie
Weltenbau vgl. Baum der Erkenntnis; Baum des Lebens; Raketen
Welten-Ei
Weltraum vgl. Weltall
Weltraumreisen, Probleme bei
Weltraumstationen vgl. Raumbasen
Werkzeuge der Götter
Wetterbeeinflussung
Widder, fliegende
Wiederbelebung
Wiederkehr der Götter
Wiegen, fliegende
Wissenschaften
Wolken
Wolkenschlangen vgl. Schlangen; Wolken
Wortbedeutungen
Wortverwandtschaften vgl. Wortbedeutungen
Wunder
Wunschbilder

Xenoglossie vgl. Zungenreden

Zahlen
Zahnmedizin
Zeitdilatation
Zerstörungen vgl. Katastrophen; Konfrontationen der Götter; Konfrontationen Götter kontra Menschen; Waffen der Götter

Zikkurats
Zivilisatoren vgl. Kulturbringer, Götter als
Züchtungen vgl. Domestizierungen
Zungenreden
Zwerge
Zylinder, fliegende

A

Aaron (Bruder Moses'; Altes Testament) → Bundeslade
→ Waffen der Götter
Abancay (Fluß in Peru)
→ Sacsayhuaman
Abbildungen (Kapitel, in denen Prä-Astronauten oder ihre Fahrzeuge dargestellt wurden)
vgl.: Felszeichnungen
vgl.: Fresken
vgl.: Gravuren
vgl.: Höhlenzeichnungen
vgl.: Rollsiegel
vgl.: Statuen
vgl.: Stiche
Abednego (jüdischer Jüngling aus dem Buch Daniel) → Daniel
Abihu (Sohn Aarons; Altes Testament) → Bundeslade
→ Erkennen der Götter
Abimelech (Philister; Altes Testament) → Isaak
Abimelech (Freund des Propheten Jeremias) → Zeitdilatation
Aborigines (australische Ureinwohner) → UFO, historische
Abraham In *Genesis 17* verkündet ein Fremder, den der Patriarch A' für göttlich hält, die bevorstehende Geburt eines Sohnes A's und *Saras (Prophezeiungen; Kommunikation)*. Ungläubig vernimmt A' die Ankündigung, was bei seinem 100jährigen Alter nicht wundert. Auch seine Frau *Sara* war zu diesem Zeitpunkt 90 Jahre *(Lebensdauer; Unfruchtbarkeit; Krankheiten)*.
Weiter fällt in *Genesis 17* der Vers *22* auf. Die Wendung »Und Gott fuhr auf von Abraham« kann bildlich verstanden werden *(UFO, historische)*. Einem personifizierten Gott würde man ein »Entschwinden« zubilligen, nicht aber einen Start in eine bestimmte Richtung, nach oben, in die Atmosphäre, zum Kosmos.

Abraham. Muß man sich so oder ähnlich die Szene vorstellen? Q.: Kiril Terziev, Strumica, Jug.

Nachdem auch noch der Name des Stammhalters, nämlich *Isaak*, geoffenbart wurde, stieg – so könnte man annehmen – der Astronaut in seinen Raumgleiter und flog hinauf zum Mutterschiff oder der ferner liegenden Expeditionsbasis *(Raumbasen)*.
In *Genesis 22* erhält A' von seinem

26 Abraham

Gott den so ungöttlichen Befehl, seinen einzigen Sohn Isaak zu opfern *(Opfer)*. So mußte er seinen Sohn zu einem ganz bestimmten Platz bringen, den Blicken Dritter entzogen. Das *Erkennen der Götter* wurde schon immer erschwert *(Tarnung)*.
Bei dem folgenden Drama sollte der Vers 11 *(Genesis 22)* beachtet werden, wo die Stimme eines »Engels des Herrn« vom Himmel herab die Opferung unterbrach. Welchen Effekt hätte ein Megaphon *(Lautsprecher)* in dieser Situation gehabt?
Als *Kontaktler* gehörte A' sicherlich in den letzten Jahren seines Lebens zu den Verbindungsmännern der Götter-Astronauten. Weshalb sich diese gerade einige bestimmte Personen zu Kontakten auswählten, bleibt im dunkeln. Q.: Dopatka: Spiegelbild
→ Abraham-Apokryphe
→ Erscheinungen
→ Hagar
→ Isaak
→ Mamre
→ Shata-patha-brâhmana
→ Sodom und Gomorrha
→ UFO, historische

Abraham-Apokryphe Die A'-A' bringt wertvolle Indizien, die auf eine verschwundene Technik hindeuten. Die Quellen, die dieser apokryphen Schrift zugrunde liegen, dürften jedoch Jahrhunderte früher zu suchen sein.
Die A'-A' *(Apokryphen)* berichtet (18, 11/12) ähnlich dem Bericht des Propheten *Ezechiel:* »Hinter jenen Wesen *(Humanoiden)* sah ich einen Wagen *(Wagen,* himmlische; *UFO,* historische), der Feuerräder *(Räder)* hatte, und jedes Rad war voll Augen ringsum, und auf den Rädern war ein Thron, und dieser war bedeckt durch Feuer, das rings um ihn floß.« Q.: Däniken: Erinnerungen S. 105; Q.: Kautzsch: Die Apokryphen; Q.: Däniken: Beweise S. 255 ff, 258

Abraham, der dem Text nach in der Ich-Form erzählt, fühlt sich nicht sonderlich wohl in dem Himmelsfahrzeug, in dem er fliegt. »...Ich aber wünschte auf die Erde niederwärts zu fallen; der hohe Ort, worauf wir standen, bald stand er aufrecht da; bald aber drehte er sich abwärts.« Wenn der Erzähler nicht auf oder in einem fliegenden Fahrzeug stand, wo denn sonst?
Abramov, Aleksandar A'A' ist einer der sowjetischen Wissenschaftler, die in ihrem Land die Theorie der Prä-Astronautik vertreten. A' versucht Daten und Eindrücke der Forscher auf diesem Gebiet systematisch zu erfassen. Er verfaßte dazu Fragebögen, die computermäßig ausgewertet werden.

Abramov, Aleksandar. Q.: A. Abramov

Abstammung von den Göttern (Übersicht über Kapitel, in denen über mögliche Verwandtschaften

der Menschen und der Götter-Astronauten berichtet wird)
vgl.: Gottessöhne
vgl.: Humanoiden
vgl.: Schöpfung
Abu-Habba (Ort im Irak, babylonisch Sippar) → Sintflut
Abu'l Hassan Ma'sudi (koptischer Schriftsteller) → Pyramiden
Acambaro (Ort in Mexiko)
→ Steine, gravierte
Acapana (Tempelbezirk von Tiahuanaco, Bolivien) → Tiahuanaco
Achab (870–851 v. Chr.; israel. König) → Elias
Achäer (indogermanischer Stamm) → Griechenland
Achasja (israel. König; Sohn des Achab) → Elias
Acheuléen-Epoche (Altsteinzeit) → Riesen
Ackerbau Sollte der A' als agrarische Revolution von einem bestimmten Ort der Erde ausgegangen sein, so müßten sich diese Verbreitungsspuren durch Relikte oder Mythologien nachweisen lassen. Dies ist nicht der Fall. Der A' scheint unabhängig voneinander an mehreren Punkten der Erde eingeführt worden zu sein. Die Legenden sprechen von kulturbringenden Göttern, die die Menschen darin unterweisen.
→ Domestizierungen
→ Griechenland
→ Herkunft der Götter
→ Kulturbringer, Götter als
→ Schlangen
→ UFO, historische
Acosta, Jorge R. (Archäologe)
→ Tula
Acosta, Juan de (spanischer Chronist) → Sacsayhuaman
Adam Der A' der biblischen Schöpfung ist sinnbildlich zu verstehen. Sein Name bedeutet soviel wie Mensch schlechthin. Q.: Krassa: Gott S. 244
→ Baum des Lebens
→ Gesetze
→ Hadschar al-Aswad

→ Herkunft der Götter
→ Nichtwissen der Götter
→ Paradies
→ Schöpfung
→ Talmud
→ UFO, historische
vgl.: Leben Adams und Evas, Das
Adamah (Welt der jüdischen Kabbala) → Herkunft der Götter
Adepten vgl.: Kontaktler
Addingham High Moor (England)
→ Felszeichnungen
Adonai (= »mein Herr«, Umschreibung für Jahwe oder Jehova; Gott Israels) → Jahwe
Adschanta (indisches Höhlensystem) → Höhlen
Ägir (germanischer Meeresgott)
→ Unterwasserbasen
Ägypten Die Kultur des alten Ägypten steckt nicht nur voller Rätsel, sondern bildet auch selbst ein archäologisches Phänomen. Fruchtbares Ackerland, das die Menschenmassen zur Zeit der großen Kultbauten und Pyramidendenkmäler ernähren konnte, gab es damals wie heute nur rechts und links vom Nil sowie in seinem Delta. Die Zahl der Einwohner wird aber von Experten auf 50 Millionen geschätzt. Trotz perfekter Verwaltung muß es in diesem Reich ein *Ernährungsproblem* gewaltigen Ausmaßes gegeben haben. Dessen Lösung liegt auch für uns heute in den Sternen. Q.: Däniken: Erinnerungen S. 116, 122 f; Q.: Däniken: Besucher S. 281 ff, 287 f
Wie alt kann die ägyptische Kultur sein? *Herodot* berichtet in dem 2. Buch seiner Historien (historiés apodexis) von *Priestern* in *Theben,* die die Geschichte Ägyptens *(Sagen)* anhand von 341 Kolossalstatuen, die je eine Generation verkörperten, auf 11 340 Jahre bestimmten. Vor diesen 341 Generationen hätten die Götter die Menschen in Menschengestalt *(Humanoiden)* besucht *(Erkennen der Götter)!* Q.: Däniken: Meine Welt S. 58

28 Ägypten

Eine mysteriöse Schallplattenaufnahme vom 4. Mai 1936, die im International Institute for Psychical Research in London aufbewahrt wird, scheint zu beweisen, daß ein Medium *(Medien,* menschliche) in Trance altägyptisch redete *(Zungenreden).* Es handelte sich um eine Lehrerin aus Blackpool *(England),* der Mrs. Ivy *B.,* später unter dem Pseudonym *Rosemary* bekannt. Der Oxforder Ägyptologe Dr. Alfred J. Howard *Hulme* konnte die gesprochenen Worte identifizieren. Aus Mrs. *B.* heraus hätte demnach die vierte Frau des Pharaos *Amenophis III.,* die Schwester des Babylonierkönigs *Kadashman En-lil,* mit Namen *Telika* gesprochen. *Telika* erzählte von den Priestern ihres Landes, die die *Telepathie* und *Prophetie* beherrscht hätten und von »anderen Wesen fremdartige Dinge erfahren hätten« *(Kommunikation; Kulturbringer,* Götter als). Q.: Vandenberg: Der Fluch S. 259 ff
→ Astronomie
→ Atlantis
→ Eier, fliegende
→ Elektrizität
→ Flugzeugmodelle
→ Götter, hellhäutige
→ Gravitation, Aufhebung der
→ Im-Hotep
→ Kalender
→ Kristall-Linsen
→ Kulturbringer, Götter als
→ Maschinen
→ Mathematik
→ Maya
→ Moses
→ Mumien
→ Mutanten
→ Palenque
→ Piri Reis Weltkarten
→ Pyramiden
→ Radioaktivität
→ Reue der Götter
→ Schädeldeformationen
→ Schlangen
→ Schöpfung
→ Sintflut
→ Sirius
→ Sirius-B
→ Stollen, unterirdische
→ Strahlen
→ Transporte
→ UFO, historische
→ Unfälle
→ Verbindung von Himmel und Erde
→ Vernichtung von Schriftzeugnissen
→ Zahlen
→ Zahnmedizin
→ Zikkurats
Aemilias (Königssohn der germanischen Wilkina-Sage)
→ UFO, historische
Aeronautical Institute (New York)
→ Flugzeugmodelle
Ärzte (Übersicht über einzelne Personen:) → Hua T'o
→ Im-Hotep
→ Ma Tse Yan
vgl.: Krankheiten
vgl.: Medizin
Afghanistan → Höhlenzeichnungen
→ Stollen, unterirdische
Afrika → Eier, fliegende
→ Götter, hellhäutige
→ Katastrophen
→ Kulturbringer, Götter als
→ Riesen
→ Schädeldeformationen
→ Schöpfung
→ Sterblichkeit der Götter
→ UFO, historische
→ Verbindung von Himmel und Erde
(Übersicht über einzelne Länder und Gebiete:) → Ägypten
→ Algerien
→ Ghana
→ Kanaren
→ Kenia
→ Libyen
→ Madagaskar
→ Mali
→ Marokko
→ Moçambique
→ Namibia
→ Niger
→ Rhodesien
→ Sahara

→ Sudan
→ Südafrika
→ Tansania
→ Tunesien
→ Zaire
Agar-Quf (Zikkurat im Irak) → Turm zu Babel
Agastya Samhita (indische Überlieferung) → Batterien
Agbatana → Ekbatana
Agharti (sagenhaftes Kulturzentrum Zentral-Asiens)
→ Kulturbringer, Götter als
→ Stollen, unterirdische
Agneya (Feuerwaffe des indischen Mahabharata) → Waffen der Götter
Agni (indischer Feuergott)
→ Waffen der Götter
Agobard von Lyon (769–840 n. Chr.; Bischof) → UFO, historische
Agrest, Modest M. (sowjetrussischer Ethnologe) → Baalbek, Terrasse von
→ Humanoiden
→ Qumran-Texte
→ Sodom und Gomorrha
Ahab → Achab
Ah-Muzencab (vom Himmel stürzende Götter Mittelamerikas, traditionell als »Bienengötter« bezeichnet)
→ UFO, historische
Ahriman (Prinzip des Dunklen und Bösen im Parsismus) → Parsismus
→ Sirius-B
Ahu (Steinplattformen der Osterinsel) → Osterinsel
Ahura Mazda (Prinzip des Lichten und Guten im Parsismus)
→ Parsismus
→ Sintflut
→ Sirius-B
→ UFO, historische
→ Vernichtung von Schriftzeugnissen
Ahu Tongariki (Bauwerk der Osterinsel) → Osterinsel
Ahu Vinapu (Bauwerk der Osterinsel) → Osterinsel
Aigai (Ort auf Euböa, Griechenland)
→ Unterwasserbasen
Aina-huna-o-Kane (verborgenes Land Kanes; Welt der polynesischen Mythologie) → Herkunft der Götter

Aina-wai-ola-o-Kane (Land des Lebenswassers Kanes; Welt der polynesischen Mythologie)
→ Herkunft der Götter
Ain Fritissa (Ort in Marokko)
→ Riesen
Ainu (japanischer Volksstamm)
→ Gottessöhne
Ainu-Statuetten (japanische Miniaturen) → Dogus
Aiolos (griechischer Windgott)
→ Sirius-B
Aiyamwoi (Riesen der Sauk-Indianer-Mythologie; USA) → Riesen
→ UFO, historische
Akakallis (Nymphe der griechischen Mythologie, Mutter des Kydon)
→ Aussetzung von Kindern
→ Sirius-B
Akakor Durch Kontakte des deutschen Journalisten Karl *Brugger* mit dem Häuptling der, bislang unbekannten, brasilianischen *(Brasilien)* *Ugha-Mongulala-, Dacca-* und *Haischa*-Stämme mit Namen *Tatunca Nara,* Sohn des *Sinkaia,* erfuhr die Öffentlichkeit von der Mythologie *(Sagen)* dieser Stämme. Die bislang geheimgehaltene *(Geheimbücher) Chronik von Akakor,* so war der Name der Hauptstadt der *Ugha Mongulala,* umfaßt die *Schöpfungs*geschichte und geht bis zur Gegenwart.

Tatunca Nara. Q.: Karl Brugger

Interessant ist dabei die Erwähnung vom Eingreifen weißer Götter *(Götter,* hellhäutige).

»... Nach den Überlieferungen unserer Vorväter muß es 3000 Jahre vor der Stunde Null gewesen sein, 13 000 v. Chr. in der Zeitrechnung der weißen Barbaren. Da tauchten am Himmel plötzlich goldglänzende Schiffe auf *(Schiffe,* fliegende; *UFO,* historische; *Färbung).* Gewaltige Feuerzeichen erleuchteten die Ebene. Die Erde bebte, und Donner hallte über die Hügel *(Donnergötter).* Die Menschen beugten sich in Ehrfurcht vor den mächtigen Fremden, die kamen, um Besitz zu nehmen von der Erde. Als Heimat nannten die Fremden *Schwerta,* eine weit entfernte Welt in den Tiefen des Alls *(Herkunft der Götter).* Dort lebten ihre Altväter. Von dort waren sie gekommen, um anderen Welten ihr Wissen zu bringen *(Kulturbringer,* Götter als). Unsere *Priester* sagen, daß es ein gewaltiges Reich war, bestehend aus vielen *Planeten,* so zahlreich wie Staubkörner auf der Straße. Und sie sagen weiter, daß sich die beiden Welten, diejenige unserer früheren Herren und die Erde, alle sechstausend Jahre begegnen. Dann kommen die Götter zurück *(Wiederkehr der Götter)* ...«

Den Aussagen *Tatunca Naras* nach gibt es noch heute im brasilianischen Raum 13 unterirdische Städte *(Kulturen,* versunkene; *Stollen,* unterirdische; *Höhlen).* Vier von ihnen sollen noch von Indios besiedelt sein. In den anderen wären technische Gerätschaften der ehemaligen Götter-Astronauten vorhanden *(Fundgegenstände,* technische). Ebenfalls befänden sich in der unterirdischen Anlage um die 1000 Schriftzeichen der Götter *(Schriftzeugnisse der Götter).* Die Überlieferungen sagen von solchen Geräten im einzelnen: »... Die Flugscheibe ist von goldglänzender Farbe *(Scheiben,* fliegende; *Färbung)* und besteht aus unbekanntem Metall *(Metalle).* Sie hat die Form einer Tonrolle, hoch wie zwei übereinanderstehende Männer und ebenso breit. Die Scheibe bietet zwei Menschen Platz. Sie hat weder Segel noch Ruder. Aber unsere *Priester* erzählen, daß *Lhasa* (einer der Götter) damit schneller fliegen konnte als der stärkste Adler und sich leicht in den Wolken bewegte wie ein Blatt im Wind. Ähnlich geheimnisvoll ist auch das seltsame Gefährt. Sieben lange Beine tragen eine große versilberte Schale. Drei der Beine sind nach vorn und vier nach hinten gerichtet. Sie gleichen gekrümmten Bambusstangen und sind beweglich *(Maschinen).* An ihren Enden befinden sich Rollen von der Größe einer Seerose ...« Q.: Brugger: Chronik; Q.: Krassa: EvD intim S. 182 ff; Q.: Däniken: Beweise S. 167 ff

In einem Raum der *Höhlen* werden 3 Männer und eine Frau in einer besonderen Flüssigkeit aufbewahrt. Stellen diese *Mumien* Götter dar, da sie sechs Finger und sechs Zehen besitzen *(Mutanten)?* Q.: Däniken: Beweise S. 177

Die differenzierten Angaben der Überlieferung beziehen sich nicht nur auf noch existente Relikte, sondern vor allem auf vergangene Ereignisse. Die Präzision der Zeitangaben ist dabei bemerkenswert. So soll sich eine globale *Sintflut* im Jahre 10 468 v. Chr. abgespielt haben. Q.: Däniken: Beweise S. 174

Solange sich stichhaltige Beweise für die Richtigkeit der hier dargestellten Aussagen nicht erbringen lassen, muß der gesamte Problemkomplex jedoch auf jeden Fall mit kritischer Reserve betrachtet werden.

Akan (westafrikanischer Stamm)
→ Sirius-B

Akkad (Stadt und Reich in Nordbabylonien) → Aussetzung von Kindern
→ Moses
→ Planeten
→ Sirius-B
→ Sprachen
→ Talmud

→ UFO, historische
→ Vernichtung von Schriftzeugnissen
vgl.: Babylon
vgl.: Mesopotamien
vgl.: Sumer
Akki (Figur der akkadischen Mythologie) → Aussetzung von Kindern
Akko (Gott des finnischen Kalewala) → UFO, historische
Aktaion (Gestalt der griechischen Mythologie) → Sirius-B
Aku-Aku-Höhlensteine (Skulpturen der Osterinsel) → Osterinsel
Akupunktur Die Kunst einer treffsicheren Nadelung wurde von den Entdeckern der Akupunktur bereits vor 4000 Jahren beherrscht *(China; Untersuchungen an Menschen; Medizin; Operationen)*. Der Ursprung dieser Heilungstechnik ist unbekannt. Sie soll göttlicher Herkunft sein. Q.: Krassa: Gelbe Götter S. 21
Die moderne Medizin kann heute nur die Wirksamkeit der A' feststellen, war jedoch bisher nicht in der Lage, die Wirkungsweise überzeugend rational zu erklären. Ist diese Tatsache ein Hinweis darauf, daß die Methode von Wesen entwickelt wurde, die selbst dem heutigen Stand der modernen Wissenschaft überlegen waren?
Akustik (der Götter-Fahrzeuge) Nach dem griechischen Philosophen *Proklos* (410–485 n. Chr.) war je eine der »uranischen *Sirenen*« auf einer der acht *Sphären* vertreten. Dort würden sie stehen und, »sich unablässig im Kreise drehend, einen singenden Ton von sich geben«. Die genaue Interpretation dieser Vorrichtung fällt heute schwer. Nicht ausgeschlossen wäre es, bei einer technischen Deutung an *Raumbasen* zu denken *(UFO, historische; Griechenland; Sagen; Unklarheiten der Definition)* oder an *Radar*anlagen. Q.: Kohlenberg: Vorzeit S. 241; Q.: Creuzer: Symbolik und Mythologie

→ Donnergötter
→ Drachen, himmlische
→ Eier, fliegende
→ Erkennen der Götter
→ Esra
→ Ezechiel
→ Gravitation, Aufhebung der
→ Jesaja
→ Kommunikation, interstellare
→ Konfrontationen Götter kontra Menschen
→ Kulturbringer, Götter als
→ Levitation
→ Sirius-B
→ UFO, historische
→ UFO, moderne
Aladin (Prinz aus Tausendundeiner Nacht) → Materialisierungen
Alaka (Götterstadt im Himalaya) → Waffen der Götter
Alalgar (sumerischer Urkönig) → Lebensdauer
Alautun (Kalenderzyklus der Maya) → Kalender
→ Maya
Alchimisten (auf »magischer« Basis laborierende Chemiker) vgl.: Chemie
→ Gral, heiliger
(Übersicht über einzelne Personen:)
→ Liu An
Alexander der Große (356–323 v. Chr.; griechischer König)
→ Vernichtung von Schriftzeugnissen
Alexander Polyhistor aus Milet (1. Jhd. v. Chr.; griechischer Historiker)
→ Oannes
Alexandria (Stadt in Ägypten)
→ Karten
→ Vernichtung von Schriftzeugnissen
Algerien → Sirius-B
Algonkin (nordamerikanische Indianerstammesgruppe) → Riesen
→ Schlangen
→ Sintflut
→ UFO, historische
Algonquin Park (Ontario, Kanada)
→ Felszeichnungen
Ali Budhuya (Himmelsschlange der persischen Mythologie)
→ Schlangen

Alice Springs (Ort in Australien)
→ Felszeichnungen
Al-Kifl (Ort südlich Babylon)
→ Ezechiel
Allegorien vgl.: Symbole
Alter, menschliches
vgl.: Lebensdauer
Altiplano (bolivianisches Hochland)
→ Tiahuanaco
Altun Ha (Maya-Tempel)
→ Pyramiden
Altyn-tag (tibetisches Gebirge)
→ Dzyan, Buch des
Alulin (sumerischer Urkönig)
→ Lebensdauer
Aluminium ist das wichtigste Leichtmetall und wird vorwiegend aus Bauxit gewonnen, das aus A'-Hydroxiden mit Verunreinigungen besteht. Die Freisetzung des A' aus seiner Sauerstoffverbindung mit Kohlenstoff erfordert eine hochstehende Technologie (Temperatur von über 1800° C). Erst 1845 konnte der Chemiker Fr. Wöhler kleine A'-Kügelchen herstellen; die erste technische bedeutsame Anlage zur elektrolytischen Gewinnung des Leichtmetalls ist seit 1889 in Betrieb.
Im Grab *(Gräber)* des chinesischen Feldherrn *Chou Chou* (265–316 n. Chr.) *(China)* fanden jedoch Archäologen einen mit Ornamenten *(Gravuren; Schriften)* geschmückten Metallgürtel *(Gürtel; Gürtelschnallen).* Untersuchungen in Peking ergaben, daß er aus einer Legierung *(Legierungen)* von 85% A', 10% *Kupfer* und 5% *Magnesium* besteht. Q.: Krassa: Gelbe Götter S. 52; Däniken: Erinnerungen S. 52; Mooney: Les dieux S. 327
→ Radioaktivität
→ Tektite
Alvarez, Louis (Physiker)
→ Pyramiden
Al-wazn (arabisch: Gewicht)
→ Sirius-B
Amalekiter (biblischer Volksstamm der Sinai-Halbinsel) → Waffen der Götter

Amalgam (Quecksilberlegierung)
→ Batterien
Amargosa (Wüste in Kalifornien)
→ Kuriositäten
Amaterasu (Sonnengöttin des japanischen Kojiki)
→ Fundgegenstände, technische
Ambat (Gott der Neuen-Hebriden-Mythologie) → UFO, historische
Amboy-Krater (Mojawe-Wüste; Kalifornien; USA) → Kommunikation, interstellare
Ambua (Welt der melanesischen Mythologie) → Herkunft der Götter
Amenophis III. (1402–1364 v. Chr.; Pharao) → Ägypten
Amerika → Nordamerika
→ Südamerika
Aminosäuren (Bausteine des Eiweißes) → Meteoriten
Amma (Schöpfergott der westafrikanischen Dogon) → Exobiologie
→ Sirius-B
Ammoniter (biblischer Volksstamm östlich des Jordan) → Inzest
Amphibien vgl.: Fischmenschen (bzw. -götter)
Amphithemis (Sohn des Apollon und der Akakallis; auch Garamas genannt) → Sirius-B
Amun (ägyptischer Gott)
→ Flugzeugmodelle
→ Sintflut
Ampheres (Sohn Poseidons, griechische Mythologie) → Gottessöhne
Amputationen → Inka
An (männliche Form der sumerischen Kriegsgöttin Anat; Himmelsgott) → Gesetze
→ Sirius-B
An (Namensform für den ägyptischen Gott Anubis) → Sirius-B
Anästhesie Der chinesische Arzt *Hua T'o* wandte vor kritischen *Operationen* fachgerecht A' an *(Medizin).* dies zur Zeit der späteren *Han-Dynastie* (25–220 n. Chr.) *(China).* Ein Verfahren, das aus mythologischer Zeit, vielleicht von den Göttern stammt. Q.: Krassa: Gelbe Götter S. 22
→ Inka

→ Schöpfung
vgl.: Betäubungsmittel
vgl.: Krankheiten
Ananta (Himmelsschlange der indischen Mythologie) → Schöpfung
Anat (sumerische Kriegsgöttin) → An
Anatolien (Türkei) → Berge, heilige → Höhlen
Anaxagoras (ca. 500–428 v. Chr.; griechischer Philosoph, Vorsokratiker) → Exobiologie
Anaximander (610–545 v. Chr.; griechischer Philosoph) → Exobiologie
Ancasmarca (Berg in Peru) → Sintflut
Ancient Astronaut Society Am 14. September 1973 wurde durch den Chicagoer Rechtsanwalt Dr. Gene M. *Phillips* die A'A'S' gegründet. Die gemeinnützige, internationale Gesellschaft strebt eine Koordinierung und Systematisierung der globalen Aktivitäten auf dem Gebiet der *Prä-Astronautik* an. Dazu werden Informationen und Literatur ausgetauscht, Arbeitsgruppen eingesetzt, Expeditionen organisiert und jährlich mindestens ein Weltkongreß abgehalten. 1. Weltkongreß: 26.–28. April 1974 in Chicago; 2. Weltkongreß: 29.–31. Mai 1975 in Zürich; 3. Weltkongreß: 17.–23. Mai 1976 in Crikvenica/Jugosl.; 4. Weltkongreß: 23.–25. Juni 1977 in Rio de Janeiro; 5. Weltkongreß: 27.–29. Juli 1978 in Chicago;

Ancient Astronaut Society. Q.: Alan Levine

6. Weltkongreß: 14.–16. Juni 1979 in München. Die A'A'S' gibt das Newsletter *»Ancient Skies«* heraus, dem ein umfangreicheres Journal folgen wird. Den über 4000 Mitgliedern gehören mehrere international bekannte Wissenschaftler an. Die Geschäftszentrale befindet sich in Highland Park, 1921 St. Johns Ave., Ill. 60035, USA.
→ Ancient Skies
→ Awinski, Wladimir Iwanowitsch
→ Bergier, Jacques
→ Blumrich, Josef F.
→ Chaves, Eduardo Beltrão
→ Däniken, Erich von
→ Dale, Rodney Alexander M.
→ Dopatka, Ulrich
→ Drake, Walter Raymond
→ Earle, Robert
→ Egger, Friedrich
→ Ernsting, Walter
→ Flindt, Max H.
→ Golowin, Sergius
→ Greenwood, Stuart William
→ Kotnik, Josip
→ Langbein, Walter Jörg
→ Le Poer Trench, Brinsley
→ Levet, Gerardo
→ Mehlhose, Kurt Franz Edmund
→ Milazzi, Danica
→ Navia, Luis E.
→ Phillips, Gene Montague
→ Ruppe, Harry O.
→ Schievella, Pasqual Sebastian
→ Schindler, Hans
→ Sitchin, Zecharia
→ Steinhäuser, Gerhard R.
→ Temple, Robert K. G.
→ Tomas, Andrew
→ Toth, Laszlo
Ancient Skies Ab 1974 herausgegebenes Informationsblatt der internationalen *Ancient Astronaut Society*, Park Ridge, Ill. USA. Die Schwerpunkte dieses Newsletters sind neue Erkenntnisse auf dem Feld der *Prä-Astronautik* sowie Berichte über Funde verschollener Kulturen *(Kulturen,* versunkene) und Technologien. → Ancient Astronaut Society

Anda (Sanskrit: Ellipse) → Sirius-B
Andamanen-Inseln (indische Inselgruppe) → Sintflut
Anden (südamerikanisches Gebirge)
→ Mumien
Andhaka (indisches Volk; im Mausola Purva erwähnt) → Waffen der Götter
Andhra → Andhaka
Andoria (Welt der melanesischen Mythologie)
→ Herkunft der Götter
Anementos (Fischwesen des Persischen Golfes) → Oannes
Angriffe der Menschen auf die Götter vgl.: Konfrontationen Götter kontra Menschen
vgl.: Unangreifbarkeit der Götter
vgl.: Waffen der Götter
Angst (der Götter) Die Götter der Mythologien waren in ihrem Verhalten menschenähnlich. So wird von Situationen berichtet, in denen sie Furcht und Angst vor Menschen zeigten: ein Verhalten, das sich bestimmt nicht förderlich auf den Respekt vor ihnen auswirkte und auch den Glauben an Religionen von übermächtigen Göttern angreifen konnte. Basieren diese Berichte daher auf realen Ereignissen?
→ Erkennen der Götter
→ Donnergötter
→ Moses
→ Sintflut
→ Sodom und Gomorrha
→ Tarnung
vgl.: Tabus
vgl.: Unangreifbarkeit der Götter
vgl.: Vertuschungen
Annam (vietnamesisches Königreich) → Schiffe
Annedotoi (Fischwesen des Persischen Golfes) → Oannes
Annedotos (»scheußlich«, Bezeichnung der Fischwesen des Persischen Golfes) → Oannes
Anode (elektrischer Pol) → Batterien
Antarktis → Piri Reis Weltkarten
Antelope Springs (Ort in den USA)
→ Versteinerungen

Antennen Vorgeschichtliche Kunstwerke, vor allem *Felszeichnungen*, stellen häufig menschenähnliche Wesen *(Humanoiden)* dar, die jedoch durch verschiedene Attribute »menschenunähnlich« gemacht« wurden. Auf den Köpfen sind häufig an Hörner, Geweihe oder Insektenfühler erinnernde Auswüchse zu sehen, die traditionell als Wiedergaben von *Masken*verkleidungen interpretiert werden. Im Sinne der Prä-Astronautik ist jedoch zu erwägen, ob nicht auch eine Deutung im Sinne einer dem Menschen nicht verständlichen, fremden Technologie möglich wäre: daß die A' an Atemgeräten und Helmen außerirdischer Astronauten – etwa im Sinne eines *Cargo-Kultes* – wiedergegeben werden sollten. Beispielsweise wurde der Gott *Maui* auf *Taiarapu*, einer Halbinsel *Tahitis (Gesellschafts-Inseln)*, aus Zweigen nachgeflochten und mit vier Hörnern versehen *(Polynesien)*. Q.: Kohlenberg: Vorzeit S. 41; Q.: Hawkesworth: Geschichte
→ Bundeslade
→ Daniel
→ Erkennen der Götter
→ Felszeichnungen
→ Hopi-Indianer
→ Nazca, Hochebene von
→ Osterinsel
→ Schamanen
→ Schlangen
→ Sirius-B
→ Tassili-Massiv
Anthropomorphismus Vermenschlichung des Göttlichen, auch in der Natur: Erklärung der Gegner der *Prä-Astronautik* für das menschliche Auftreten der vermuteten Götter-Astronauten *(Humanoiden)*.
→ Erkennen der Götter
→ Kulturbringer, Götter als
→ Moral (der Götter)
→ Sagen
vgl.: Exopsychologie
Antikythera (griechische Insel)
→ Computer

Antimaterie (Materie mit gegensätzlich geladenen Kernen und Elektronen; künstlich erzeugbar)
→ Tunguska-Explosion
Antimonium (Metall) → Waffen der Götter
Antiochos I. (324–261 v. Chr.; König von Kommagene) → Bauwerke
Antofagasta (chilenische Provinz)
→ Nazca, Hochebene von
Antoninus Pius (der Fromme) (86–161 n. Chr.; römischer Kaiser)
→ Baalbek, Terrasse von
Antriebe (der Götter-Fahrzeuge) Über die A' kann nur spekuliert werden. Neben nachstehenden Möglichkeiten in der Übersicht kommen natürlich auch heute noch unbekannte A' in Betracht.
→ Sirius-B
→ UFO, historische
→ Vimanas
→ Waffen der Götter
vgl.: Weltraumreisen, Probleme bei (Übersicht über die möglichen Antriebe:) → Helikopter
→ Motoren
→ Photonenantrieb
→ Raketen
→ Rückstoßprinzip
→ Staustrahl-Triebwerke
Anu (sumerischer Himmelsgott)
→ Sirius-B
Anu (Sanskrit: »winzig klein«)
→ Sirius-B
Anubis (ägyptischer Totengott)
→ Sirius-B
→ Strahlen
Anukis (ägyptische Göttin; Begleiterin des Sternes Sothis) → Sirius-B
Anunnaki (mesopotamische Götterwesen) → Sirius-B
Anupa (Sanskrit: »wasserreiches Land«) → Sirius-B
Anus (Himmel im sumerischen Etana-Mythos) → Etana und der Adler
Ao (Metall-Schiff der chilenischen Mythologie) → U-Boote
Aoba (Neue Hebriden; Melanesien)
→ Landeplätze der Götter
Aomori (japanischer Bezirk)
→ Dogus

Archive 35

Apapocúva-Guaranì → Guaranì
Apkullu (babylonischer Kulturbringer-Gott) → Kulturbringer, Götter als
Apokryphen (»Verborgene Bücher«, nicht in den Kanon der Bibel aufgenommene Texte) (Übersicht über die einzelnen Bücher:)
→ Abraham-Apokryphe
→ Baruch-Apokalypse (-Apokryphe)
→ Esra (Apokalypse)
→ Geschichte Jesajas, Die
→ Henoch
→ Magier, Die drei
→ Tobit
vgl.: Bibel
vgl.: Pseudoepigraphen
vgl.: Qumran-Texte
Apollodoros (aus Athen; 2. Jhd. v. Chr.; Schriftensammler) → Oannes
Apollon (griechischer Gott der Kunst) → Aussetzung von Kindern
→ Sirius-B
Apophis (Himmelsschlange der ägyptischen Mythologie)
→ Schöpfung
Apurimac (Fluß in Peru)
→ Sacsayhuaman
Arabia Felix (einst fruchtbare arabische Provinz der Antike, Südarabien) → Kulturen, versunkene
Araguaya (Fluß in Brasilien)
→ Götter, hellhäutige
Aranda (australischer Stamm)
→ Entführungen → Mutanten
Ararat (armenischer Berg, 5165 m ü. d. M.) → Sintflut
Arawaken (südamerikanische Stammesgruppe) → Götter, hellhäutige
Arayi (assyrisch: »die Erdmenschen«) → Wortbedeutungen
Arche (Sintflut-Schiff der Bibel)
→ Oannes
→ Sintflut
→ Sirius-B
vgl.: Schiffe
Architekten (Übersicht über einzelne Personen:) → Im-Hotep
→ Kun
→ Viracocha
→ Yü
Archive vgl.: Bibliotheken

Ardaf (Gebiet in der Nähe Babylons, evtl. auch Bezeichnung eines Landeplatzes der Götter) → Esra
Ardis (Gipfel des Hermon-Gebirges) → Henoch
Ardschuna → Arjuna
Areimanios (Plutarchs Begriff für das parsistische Ahriman) → Sirius-B
Arekuna (venezolanischer Indiostamm) → Baum des Lebens
Arequipa (Ort in Peru) → Kuriositäten
Argentinien → Maschinen
→ Sintflut
→ UFO, historische
→ Verbindung von Himmel und Erde
Argo (mythisches Schiff Griechenlands) → Sirius-B
Argo, Sternbild → Oannes
→ Sintflut
Argonauten (Besatzung des Schiffes Argo; griechische Mythologie) → Sirius-B
Argos (Hund des Odysseus; griechische Mythologie) → Sirius-B
Aristarch (310–230 v. Chr.; griechischer Astronom) → Astronomie
Arjuna (Figur des indischen Mahabharata) → Donnergötter
→ Entführungen
Arizona (US-Bundesstaat)
→ Felszeichnungen
→ Hopi-Indianer
→ Kugeln
→ Kulturen, versunkene
→ Sandverglasungen
→ Versteinerungen
Arktis → Piri Reis Weltkarten
Armenien (Sowjetunion) → Erde
→ Kristall-Linsen
→ Observatorien
→ Sintflut
Arneus (Gestalt der griechischen Mythologie) → Sirius-B
Arnhem-Land (Australien)
→ Felszeichnungen
Arq (ägyptisch: »vollenden, einen Zyklus beenden«) → Sirius-B
Arqa (Welt der jüdischen Kabbala)
→ Herkunft der Götter

Arqi (ägyptisch: »das Ende einer Periode«) → Sirius-B
Arqu (Eingeweihte Ägyptens)
→ Sirius-B
Arrhenius, Svante August (1859–1927; Physikochemiker)
→ Humanoiden
Artemis (griechische Göttin der Jagd und der wilden Tiere, entspricht der römischen Diana) → Sirius-B
Aruru (Erdgöttin des Gilgamesch-Epos) → Schöpfung
Asar (ägyptischer Name für Osiris)
→ Sirius-B
Asaru (mesopotamisches Götterwesen) → Sirius-B
Asarualim (mesopotamisches Götterwesen) → Sirius-B
Asarualimnunna (mesopotamisches Götterwesen) → Sirius-B
Aschnan (göttliches Wesen der sumerischen Mythologie) → UFO, historische
Asen (germanisches Göttergeschlecht) → UFO, historische
Asgard (Welt der germanischen Mythologie) → Herkunft der Götter
Asiel (Schreibkundiger Esras; Altes Testament) → Esra
Asien → Schädeldeformationen
(Übersicht über einzelne Länder und Gebiete:) → Afghanistan
→ Anatolien
→ Armenien
→ Borneo
→ China
→ Georgien
→ Gobi, Wüste
→ Java
→ Jemen
→ Indien
→ Indonesien
→ Irak
→ Iran
→ Israel
→ Kasachstan
→ Kaschmir
→ Kohistan
→ Libanon
→ Mongolei
→ Nepal

Astronomie 37

→ Neu-Guinea
→ Pakistan
→ Saudi-Arabien
→ Sibirien
→ Sowjetunion (Sibirien)
→ Sri Lanka
→ Syrien
→ Taiwan
→ Thailand
→ Tibet
→ Türkei
→ Turkestan
→ Usbekistan
Asklepios-Imuthes (hellenistisch-ägyptische Sagengestalt in Anlehnung an den griechischen Gott der Heilkunst, wahrscheinlich mit Im-Hotep identisch) → Sirius-B
Askr (Weltesche der germanischen Mythologie) → Baum des Lebens
→ Yggdrasil
Asman (Welt des persischen Awesta)
→ Herkunft der Götter
Assuan (Ort in Ägypten)
→ Transporte
Assurbanipal (669–626 v. Chr.; Assyrerkönig) → Gilgamesch-Epos
→ Etana und der Adler
→ Vernichtung von Schriftzeugnissen
Assurnasirpal II. (883–859 v. Chr.; Assyrerkönig) → Mais
Assyrer → Mais
→ Unklarheiten der Definition
→ Wortbedeutungen
Assyrien → Aussetzung von Kindern
→ Moses
→ Planeten
→ Uhren
→ Vernichtung von Schriftzeugnissen
Astro-Archäologie Oft als identischer Begriff für Prä-Astronautik gebraucht. Da sich die Theorie aber nicht nur mit archäologischen, sondern ebenso z. B. mit mythologischen Fragen auseinandersetzt, wurde für A'-A' und Astro-Mythologie der Oberbegriff Prä-Astronautik gewählt. In der herkömmlichen Archäologie wird A'-A' der Wissenschaftszweig genannt, der sich mit der ehemaligen astronomischen Bedeutung archäologischer Funde beschäftigt (häufiger jedoch »Archäoastronomie«).
vgl.: Prä-Astronautik
Astro-Biologie vgl.: Exobiologie
Astro-Mythologie Teil der Prä-Astronautik. Da sich die Theorie nicht nur mit mythologischen, sondern z. B. auch mit archäologischen Fragen auseinandersetzt, wurde für Astro-Mythologie und Astro-Archäologie der Oberbegriff Prä-Astronautik gewählt.
vgl.: Prä-Astronautik
Astronomen (Übersicht über einzelne Personen:) → Aristarch
→ Chang Heng
→ Ptolemäus
Astronomie Oft stammen die enormen astronomischen Kenntnisse der alten Völker der Mythologie nach von den Göttern.
Gelehrte jener Zeiten konnten wohl selber auf diese Kenntnisse gekommen sein, dennoch bleibt ein verblüffendes Wissen, das durchaus kosmischen Ursprungs sein kann – waren die Götter Astronauten? Hier einige Beispiele:
Dem unglaublichen Wissen der westafrikanischen *Dogon*-Neger aus *Mali* nach bewegt sich die Galaxis, wie andere »Spiralsternenwelten« auch, in der Form einer Spirale *(Galaxien)*. Zu dieser Milchstraße gehört auch die eigene *Erde*. Die eigene Milchstraße nennen sie »*Yalu ulo*«.
Q.: Griaule/Dieterlen: Le renard; Q.: Temple: Sirius-Rätsel S. 40
Der griechische Astronom *Aristarch* lehrte um 250 v. Chr. seinen Schülern das heliozentrische Weltbild. Auch die Berechnung *(Mathematik)* des *Mond*abstandes ist ihm zuzuschreiben *(Griechenland)*. Seine Quellen sollen jedoch ägyptische Geheimschriften gewesen sein *(Geheimbücher; Ägypten)*. Q.: Dolezol: Aufbruch S. 53

38 Astronomie

Der griechische Philosoph *Proklos* (410–485 n. Chr.) verriet in seinen Kommentaren zu Werken *Platons* (427–347 v. Chr.) erstaunliches astronomisches Wissen. So redet er z. B. über das Feuer im »himmlischen Bereich«. »... Daher ist das dortige Feuer Licht...« Es sei »Feuer, das nicht ganz und gar Feuer«, sondern »Feuer in Energie« sei *(Plasma)*. Weiter glaubt er, daß im Gegensatz zu der Lehrmeinung seiner Zeit sich nicht die *Planeten*sphären *(Sphären)*, sondern die *Planeten* bewegen. So äußerte er sich im Kommentar zu *Platons* Timaios-Dialog. *Platon* erwähnt im gleichen Dialog (40 a–b) unumwunden die Eigenrotation *(Rotation der Himmelskörper)* von Himmelskörpern: »... Jedem verlieh (der Schöpfer) aber eine zweifache Bewegung, die eine gleichmäßig und auf derselben Stelle... die andere aber fortschreitend.« *Proklos*, der sich aber auf dieses Wissen stützt, schrieb: »... In Übereinstimmung zu dem, was wir bereits früher versicherten, erklären wir, jeder der *Planeten* ist eine Welt für sich, die zahlreiche uns unsichtbare göttliche Arten enthält. Über sie alle aber herrscht der sichtbare Stern... in jeder (der Planetensphären) gibt es unsichtbare Sterne, die mit ihren *Sphären* ihre Umläufe vollziehen...« So *Proklos* im Timaios-Kommentar, 4. Buch. Seine Informationen erhielt der Gelehrte auch von Seiten der Theologen, die ihrerseits zu ägyptischen und babylonischen Quellen Zugang hatten. Die zitierte Passage läßt sich als Hinweis auf den unsichtbaren *Sirius-B*, als vielleicht auch als Anspielungen auf belebte Welten *(Exobiologie)* interpretieren. Proklos gesteht weiter: »... Früher waren die Ägypter *(Ägypten)* aufgrund von Beobachtungen und noch vor ihnen die Babylonier *(Babylon)*, die vor ihren eigenen Beobachtungen von den Göttern unterwiesen worden waren *(Kulturbringer, Götter als)*, gleicher Ansicht wie Platon, was die Bewegungen der Fixsterne *(Sterne)* angeht...« Ein unzweideutiger Hinweis darauf, daß das astronomische Wissen ursprünglich teilweise von den Sternen kam. Q.: Temple: Sirius-Rätsel S. 295 ff

Mit einer Differenz von nur 0,4 Sekunden berechneten die *Sumerer* den *Mond*umlauf – wobei wir nicht einmal wissen, ob der Unterschied nicht in der Zeit der Überlieferung eintrat. Q.: Dolezol: Aufbruch S. 51

Den Astronomen des alten *Babylon* waren die sogenannten »Venushörner« bekannt. Phasen, ähnlich den Mondphasen, die die *Venus* als Sichel zeigen. Mit dem freien Auge sind sie unsichtbar! Man fragte sich, ob die babylonischen Astronomen über *Teleskope* verfügten *(Kristall-Linsen)*. Q.: Schmitz: Beweisnot S. 222; Q.: Bowen: Exploration

Das indische Sanskritbuch *Surya Siddhanta (Indien)* enthält genaue Berechnungen über den Durchmesser der *Erde (Mathematik)* und die Distanz *Erde–Mond*. Q.: Mooney: Les dieux S. 147

Der chinesische Hofastronom, Philosoph und Mathematiker *Chang Heng (China,* 78–139 n. Chr.), der in der späten *Han-Dynastie* lebte, war einer der ersten Konstrukteure eines Planetariums *(Planetarien)* in Form eines Himmelsglobus. Er hatte außerdem konkrete Vorstellungen über den Aufbau unseres Planetensystems *(Planetensystem,* eigenes). So sollte das Licht der *Sonne* durch den *Mond* reflektiert werden, falls die Erde nicht dazwischentritt. Das *Weltall* selbst hält er für völlig leer *(Vakuum)*. Q.: Krassa: Gelbe Götter S. 54 ff

Der Gelehrte *Chang Heng* war davon überzeugt, daß die *Erde* einem »Ei« ähnlich sehe und die Achse in Richtung des Polarsternes stehe. Q.: Krassa: Gelbe Götter S. 14; Q.: Mooney: Les dieux S. 147

Für den Wissenschaftler *Chi Meng* stand fest, daß *Sonne, Mond* und *Sterne* frei im leeren Raum schweben würden, und nicht, wie es damals geglaubt wurde, am Himmelszelt befestigt seien *(Schwerkraft)*. In seinem Buch »Hsuan Yeh« deutete er ebenfalls das Himmelsblau als optische Täuschung *(Himmelsfarbe)*. Der Gelehrte *Chi-Po* behauptete ca. 2600 v. Chr., daß die *Erde* als eine kugelförmige, schwerelose Gestalt durch den Raum schwebe *(China; Schwerkraft)*. Die chinesischen Bücher »*Huai Nan Tzu*« (ca. 120 v. Chr.) und »*Lung Hang*« (ca. 82 n. Chr.) *(China)* beschreiben die kosmische *Schöpfung* aus einer Urmasse mit auftretenden Wirbeln, so wie heute die Astrophysiker. Q.: Krassa: Gelbe Götter S. 14
Dem *Popol Vuh* war das »runde Antlitz« der *Erde* bekannt *(Quiché-Maya)*. Q.: Leslie/Adamski: Flying Saucers
1956 entdeckte der Archäologe George *Michanowsky* in *Bolivien* einen Stein voller astronomischer Zeichen. Nach seinen Studien stellt er eine Art Sternenkarte dar, die einen Teil des Himmels zeigt, in der 30 000 Jahre v. Chr. der heutige Sternennebel *Gum* als Supernova auftauchte *(Karten; Steine,* gravierte; *Gravuren; Sternenkarten)*. An dieser Stelle wurden seit jeher rituelle Kulte abgehalten. *Gum* ist mit bloßem Auge nicht zu erkennen *(Cargo-Kult)!* Q.: Charroux: L'énigme S. 117, 273; Q.: Sciences et Avenir, Paris Nr. 322, 1973, S. 1115
→ Baian Kara Ula
→ Baruch
→ Bodenzeichnungen
→ Chichen Itzá
→ Chih Chiang Tzu-Yu
→ Computer
→ Donnergötter
→ Erde
→ Esra
→ Etana und der Adler
→ Exobiologie
→ Gottessöhne
→ Henoch
→ Herkunft der Götter
→ Höhlenzeichnungen
→ Humanoiden
→ Jesus
→ Kalender
→ Konfrontationen der Götter
→ Kristall-Linsen
→ Maya
→ Megalithe
→ Mond
→ Nazca, Hochebene von
→ Observatorien
→ Planeten
→ Planetensystem, eigenes
→ Pyramiden
→ Saturn
→ Sirius
→ Sirius-B
→ UFO, historische
→ Venus
→ Zikkurats

Asuras (Volk des indischen Mahabharata) → Mutanten
Atakôr (Gebiet der Sahara, Hoggar-Massiv) → Felszeichnungen
Atala (Welt des indischen Rigveda) → Herkunft der Götter
Atapaloka (Welt der indischen Mythologie) → Herkunft der Götter
Atarpa-Projekt (Projekt zur Erforschung moderner Technologien in der Antike) → Egger, Friedrich
→ Maschinen
Atemgeräte → Baruch
→ Erkennen der Götter
→ Höhlenzeichnungen
→ Stollen, unterirdische
→ Tassili-Massiv
→ Tiahuanaco
→ Unterwasserbasen
→ Weltraumreisen, Probleme bei
vgl.: Atmosphären, außerirdische
vgl.: Masken
vgl.: Overalls
Athamas (König in der griechischen Mythologie)
→ Aussetzung von Kindern
→ Sirius-B
Athen (Griechenland) → Unfälle

Athene (griechische Göttin, Tochter des Zeus) → Sirius-B
Athos (Berg Griechenlands)
→ Sintflut
Atis (indischer Berg) → Eier, fliegende
Atlantis Die Frage nach verschollenen Kulturen, speziell A', ist ein Grenzgebiet der *Prä-Astronautik.* Da die Überlieferungen von menschenähnlichen Göttern sprechen, die aus dem Kosmos kamen und nicht von irdischen Bereichen, kann an dieser Stelle nur am Rande auf A' eingegangen werden. Selbstverständlich können die irdischen Hochkulturen Ausgangspunkte der vermeintlichen Götter-Astronauten gewesen sein: eine Frage allerdings, deren Lösung von Prä-Astronautikern sowie von Atlantisforschern gebracht werden kann.
In *Platons* letztem Dialog wird unter anderem der Hinweis auf A' gebracht. *Kritias* erzählt die Geschichte, die er von seinem Großvater gehört hat und die der wiederum den Athener Gesetzgeber *Solon* erzählen hörte. Von *Ägypten* schließlich will dieser ursprünglich die Erzählung haben. Q.: Navia: Unsere Wiege S. 154 ff; Q.: Mooney: Les dieux S. 219 ff
Platons A' erzählung ist oft, und vielleicht mit Recht, mit der *Homerischen Phaiaken*insel-Episode der Odyssee gleichgesetzt worden. Die nächtliche »Jenseitsfahrt der *Phaiaken* zu *Rhadamanthys«,* einem Richter auf einer anderen, unteren Welt, könnte der tief verschlüsselte Bericht einer Weltraumfahrt sein. Die Phaiakeninsel soll westlich der Säulen des Herkules, westlich Gibraltar vermutlich, gelegen haben. Q.: Kohlenberg: Vorzeit S. 199 ff
Die *Phaiaken* hätten über *Schiffe* verfügt, die ohne Segel fuhren und bei Nebel oder Nacht ihr Ziel finden konnten – mit enormer Geschwindigkeit *(Radar).* Q.: Kohlenberg: Vorzeit S. 201

A' wird ansonsten mit verschiedenen teils wirklich vom Meer überfluteten, teils noch auf dem Festland liegenden, aber durch geologische und klimatische Umwälzungen unzugänglich gewordenen Gebieten der Erde identifiziert, ohne daß bisher ein schlüssiger Beweis für irgendeine der vorgeschlagenen Lokalisierungen hätte erbracht werden können. Q.: Biedermann: Versunkene Länder; Q.: Muck: Atlantis
Das Buch des *Dzyan,* das uns als Geheimschrift viel vom Besuch fremder Wesen auf der Erde berichtet, weiß auch von Landstrichen, die 9564 v. Chr. vor Kuba und Florida *(Karibik)* im Meer versanken *(Kulturen,* versunkene; *Katastrophen; Indien).* Q.: Däniken: Zurück S. 247
→ Bermuda-Dreieck
→ Griechenland
→ Kulturen, versunkene
→ Prä-Astronautik
→ Steiner, Rudolf
Atlas (griechischer Gott, Sohn Poseidons) → Gottessöhne
→ Sintflut
Atmosphären, außerirdische Die Eingeborenen der *Tonga-Inseln (Polynesien)* glauben, daß kein Irdischer die Götter-Welt *Bulotu* besuchen könne, da die dortige Luft ihn töten würde *(Herkunft der Götter; Sagen).* Woher diese Vorstellung einer Welt mit fremder A'-Zusammensetzung? Q.: Kohlenberg: Vorzeit S. 298 f; Q.: Mariner: Tonga
vgl.: Atemgeräte
Atombomben → Cukra
→ Gobi, Wüste
→ Konfrontationen der Götter
→ Orejona
→ Prophezeiungen
→ Radioaktivität
→ Sandverglasungen
→ Sodom und Gomorrha
→ Tunguska-Explosion
→ Waffen der Götter
vgl.: Bomben
vgl.: Katastrophen

Attribute, prä-astronautische (betrifft die Psyche der Götter)
vgl.: Exopsychologie
Auferstehung Weltreligionen, allen voran das *Christentum*, aber auch unbedeutende Kulte, kennen das Thema der Auferstehung der Seelen oder der Toten. In diesem Glauben, der zumeist auf rein mythische und religiöse Vorstellungen zurückgeführt wird, kann auch ein Hinweis auf prä-astronautisches Wirken verborgen sein. Denn ebenso verbreitet ist der Glaube an die *Wiederkehr der Götter* und an eine Möglichkeit der Konservierung menschlichen Lebens, was sich im Mumienkult ausdrückt *(Mumifizierung; Rituale)*. Wenn die Prä-Astronauten – wie die Mythen berichten – mehrmals, im Abstand von Jahrhunderten und Jahrtausenden zur Erde zurückfanden, was durch *Zeitdilatation* bei interstellaren Raumflügen möglich war, konnte sich für die Priesterschaft die Vorstellung einer möglichen A' herausbilden. Das reale Dasein dieser Wesen drückt sich am besten in den Sagen von den *Inkarnationen* aus. Teilweise wurden vielleicht auch einzelne Menschen entführt *(Entführungen)* und kehrten nach Erdjahren, die vielleicht Raumschifftagen entsprachen, zurück. Der Glaube an eine A' kann somit reale Ursache haben.
→ Jesus
Auferweckung vgl.: Wiederbelebung
Aufhebung der Schwerkraft
vgl.: Gravitation, Aufhebung der
vgl.: Levitation
Augenstern des Kosmos, Der (neuplatonistischer Traktat) → Sirius-B
Augustus (63 v. Chr.–14 n. Chr.; römischer Kaiser) → Baalbek, Terrasse von
Aureus (der Leuchtende; Beinamen des ägyptischen Gottes Thoth)
→ Strahlen
Auserwählte der Götter
vgl.: Kontaktler

Aussatz → Moses
→ Schlangen
Aussehen der Götter
vgl.: Erkennen der Götter
Aussetzung von Kindern Die A'v'K' und Säuglingen, denen meist ein schicksalhaftes Leben beschieden war, ist ein Motiv, das im gesamten Mythenkreis unseres Planeten verwurzelt ist. Es scheint so bedeutsam gewesen zu sein, daß uns die gleichen *Sagen* durch alle Zeiten in immer neuen Auflagen wieder begegnen *(Grausamkeit)*. Wurden vielleicht Mischlinge zwischen humanoiden Göttern und Menschen *(Gottessöhne)* wiederholt ausgesetzt, weil sie dem irdischen (Zieh-)Elternpaar unheimlich und fremdartig vorkamen und etwa in körperlicher Hinsicht von dem gewohnten Erscheinungsbild abwichen? An dieser Stelle seien einige wichtige Beispiele aufgeführt:
Durch Zufall fiel die Glasform, in die man *Siegfried (Nibelungenlied)* nach seiner Geburt legte, in einen Fluß *(Germanen)*.
Ebenso kam der angelsächsische Schwanenritter *Skeaf (England)* als Kind, auf einer Garbe schlafend, in einem steuerlosen Schiff aus geheimnisvoller Ferne.
Romulus und *Remus (Römer)* wurden von einer Wölfin aufgezogen und sollten Gründer eines Imperiums werden.
Der »Schilfkorb« von *Romulus* und *Remus* soll eine Backform gewesen sein *(Römer)*.
Die griechische Mythologie *(Griechenland)* berichtete ähnliches: So verlebte *Jason* seine Kindheit nicht bei seinen Eltern, sondern beim *Kentauren Chiron*.
Phrixos, Sohn des Königs *Athamas*, mußte auf einem Widder mit goldenem *Vlies* fliehen und wurde in der Fremde (in *Kolchis*) aufgezogen.
Auch *Ödipus* wurde ausgesetzt und dennoch König.

42 Aussetzung von Kindern

Kydon, den seine Eltern, die Nymphe *Akakallis (Nymphen)* und *Apollon,* den Wölfen preisgaben, wurde gerade von den Wölfen geborgen und wuchs bei einem Schäfer auf.
Herakles dagegen mußte von seiner Mutter in Sicherheit gebracht werden, weshalb sie ihn dem Schicksal des Findelkindes überließ.
Perseus und seine Mutter *Danaë* wurden, genau wie *Telephos* und dessen Mutter, eine *Prieste*rin aus *Tegea,* zusammen in einen Kasten gesperrt und dem Meere überlassen. Q.: Dopatka: Spiegelbild; Q.: Holliger: Steinzeit S. 129 f; Q.: Temple: Sirius-Rätsel S. 196
Semele wurde gleichfalls auf diese Weise ins Meer geworfen, wo sie ihren Sohn *Dionysos* gebar.
Gilgamesch (Gilgamesch-Epos, Mesopotamien) hatte durch seine Geburt Parallelen zu *Moses (Exodus 2 ff),* denn als die Wächter, die das Ereignis nicht hatten verhindern können, das Kind von einem hohen Turm warfen, soll es von einem Adler gerettet und von einem Gärtner heimlich aufgezogen worden sein. Q.: Dopatka: Spiegelbild; Q.: Holliger: Steinzeit S. 129 f
Sargon, später König von *Akkad (Assyrien)* (2300 v. Chr.), wurde, so berichten in *Kujundschik* gefundene Schrifttafeln, von seiner Mutter in einem mit Asphalt bestrichenen Schilfkorb ausgesetzt. *Akki,* ein Wasserträger, errettete ihn. Hier fällt erneut die enge Beziehung zur Geschichte des *Moses* auf. Q.: Krassa: Gott S. 59 ff; Q.: Smith: Assyrian Antiquities
Im *Mahabharata* (indisches Epos) wurde *Kunti* vom Sonnengott besucht und gebar daraufhin einen Sohn, den sie in einer Schachtel auf dem Fluß aussetzte *(Gottessöhne).* Q.: Däniken: Erinnerungen S. 92; Q.: Däniken: Beweise S. 229
Der mythische König *Krishna (Indien)* wurde aus Vorsicht von seinen Eltern, dem *Vasudeva* und der *Dewaki,* getrennt, weil sein Onkel ihn töten wollte.
Die Mutter von *Dschingis-Khan (Mongolei)* dagegen wurde nach ihrer Geburt in einem goldenen Kasten den Fluten übergeben.
Ein göttliches Geschwisterpaar in der japanischen Mythologie *(Japan)* soll ebenfalls ein Kind gezeugt haben, das sie »Blutegelkind« nannten und auf einem Schilffloß aussetzten. Q.: Dopatka: Spiegelbild; Q.: Holliger: Steinzeit S. 129 f
Nicht immer haben diese Schicksalskinder irdische Mütter, sondern sie wurden bisweilen auf unverständliche Weise geboren. Vgl. dazu das Schlagwort *Felsgeburten.*
→ Moses
→ Tod der Erstgeborenen
Australien → Cargo-Kult
→ Entführungen
→ Felszeichnungen
→ Humanoiden
→ Meteoriten
→ Mutanten
→ Radioaktivität
→ Riesen
→ UFO, historische
Autochthon (Sohn Poseidons; griechische Mythologie) → Gottessöhne
Automaten vgl.: Computer
vgl.: Maschinen
vgl.: Roboter
Autun (keltische Metropole in Frankreich) → Vernichtung von Schriftzeugnissen
Averardo (italienischer Maler) → Kunst
Awenhai (Erdenmädchen der Irokesen-Mythologie) → Gottessöhne
Awesta (Grundtext der heiligen Schriften der Parsen) → Erde
→ Herkunft der Götter
→ Landeplätze der Götter
→ Schlangen
→ Vernichtung von Schriftzeugnissen
Awinski, Wladimir Iwanowitsch *2. 1. 1934 bei Orenburg, Sowjetunion.

Azteken

Der sowjetische Doktor der Geologie und Mineralogie beschäftigte sich in verschiedenen Zeitschriftenpublikationen und Vorträgen mit Problemen der Prä-Astronautik. Im Zusammenhang mit den Vorstellungen Konstantin E. *Ziolkowskis* über kosmische Kontakte menschlicher Gehirne widmete er sich Aspekten der *Exopsychologie*. Am IX. Ziolkowski-Kongreß in Kaluga hielt er das Referat: »Das Problem der kosmischen Paläokontakte vom Standpunkt der Ziolkowski-Ideen aus.« Mögliche Folgen des prähistorischen Kontaktes mit Außerirdischen für das wissenschaftliche und gesellschaftliche Weltbild sind seine Themen für weitere Arbeiten. Beim III. Weltkongreß der *Ancient Astronaut Society* in Jugoslawien 1976 wurde von ihm ein Beitrag verlesen.

Ayar Auca (südamerikanischer Gott)
→ Orejona
Ayar Cache (südamerikanischer Gott) → Orejona
Ayar Katsi (halbgöttliche Figur einer peruanischen Sage) → UFO, historische
Ayar Ucu (südamerikanischer Gott)
→ Orejona
Ayar Utsu (halbgöttliche Figur einer peruanischen Sage) → UFO, historische
Ayaz (Figur der Mythologie der Kri-Indianer) → Unfälle
Aymará (peruanischer Indiostamm)
→ Schlangen
→ Tiahuanaco
Azaes (Sohn Poseidons; griechische Mythologie) → Gottessöhne
Azteken (Volk in Mexiko)
→ Cargo-Kult
→ Elektronik
→ Gottessöhne
→ Katastrophen
→ Kristall-Schädel
→ Kulturbringer, Götter als
→ Schlangen
→ Sintflut
→ Sirius-B
→ Teotihuacán
→ Tula
→ UFO, historische
→ Unterwasserbasen
→ Vernichtung von Schriftzeugnissen
vgl.: Mexiko

B

B., Ivy (britisches Medium)
→ Ägypten
Baal (vorderasiatischer Gott)
→ Baalbek, Terrasse von
→ Elias
Baalbek, Terrasse von B' (Ba'labakk), in assyrischen Quellen 804 v. Chr. unter dem Namen »Ba'li«, in hellenistischer Zeit als »Heliopolis« (Sonnenstadt) erwähnt, liegt in der Beka-Ebene im Osten des *Libanon*. Berühmt wurde die Ruinenstätte besonders durch den Tempel der heliopolitanischen Götterdreiheit Hadad (Donnergott, später mit Jupiter gleichgesetzt), Atargatis (Venus) und »jugendlicher Gott« (Hermes/Mercurius). Die Terrasse, worauf der große Tempel steht, stammt unzweifelhaft aus vorrömischer Epoche, während der Tempel, den Bauinschriften zufolge, 60 n. Chr. errichtet wurde *(Bauwerke)*. In der Basisterrasse sind Steinblöcke von geradezu unglaublicher Größe sichtbar, vor allem der berühmte Trilithon (Dreistein). Die drei Riesenquadern *(Trilithen)*, aus denen er besteht, haben Ausmaße von etwa 19×4,2×4 Metern. In den nahen Steinbrüchen liegt ein noch größerer Block, nur teilweise losgemeißelt. Die Großsteinstruktur wurde offenbar nie vollendet, und auch hier ist eine Bauunterbrechung zu beobachten wie z. B. in *Tiahuanaco*. Q.: Wiegand: Baalbek; Q.: Däniken: Erinnerungen S. 115; Q.: Däniken: Meine Welt S. 115; Q.: Bergier: Les extraterrestres S. 79 ff, 86; Q.: Leslie/Adamski: Flying saucers; Q.: Mooney: Les dieux S. 68

Die Anlage erhielt ihren Namen vom Gott *Baal*, der mit *Bel* in *Babylon* und *Marduk* sowie *Enlil* identisch ist *(Sumer)*. *Enlil* aber war der Gott der Lüfte – ein Hinweis auf die Entstehung Baalbeks?
Auf dieser Basis konnte um die Wende des 1. und 2. Jahrhunderts der römische Kaiser *Augustus* ganze Tempel errichten lassen. Q.: Däniken: Meine Welt S. 115
Kaiser *Antoninus Pius* (der Fromme) ließ 138–161 n. Chr. den alten Jupitertempel durch einen neuen ersetzen. Woher aber die drei Ur-Plattformsteine kamen, bleibt ein Rätsel. Q.: Bergier: Les extraterrestres S. 83
Der sowjetrussische Ethnologe Modest M. *Agrest* glaubt hier eine Lande- und Startrampe der Astronauten-Götter vor sich zu haben *(Transporte; Monumente; Landeplätze der Götter)*.
→ Kulturen, versunkene
vgl.: Libanon
Baal-Zaphon (Ort auf der Sinai-Halbinsel) → Moses
Babal (hebräisch = Verwirrung)
→ Turm zu Babel
Babel (Stadt in Mesopotamien)
→ Turm zu Babel
Bab-ilani (babylonisch = Tor der Götter) → Turm zu Babel
Babylon (Reich und Stadt in Vorderasien; heute Irak)
→ Astronomie
→ Baalbek, Terrasse von
→ Baum des Lebens
→ Daniel
→ Enuma eliš
→ Esra

→ Etana und der Adler
→ Ezechiel
→ Kalender
→ Kulturbringer, Götter als
→ Moses
→ Planeten
→ Schlangen
→ Sintflut
→ Sirius-B
→ Sprachen
→ Turm zu Babel
→ UFO, historische
→ Vernichtung von Schriftzeugnissen
→ Zeitdilatation
→ Zikkurats
vgl.: Akkad
vgl.: Mesopotamien
vgl.: Sumer
Bachue (Muttergöttin der kolumbianischen Chibcha) → Schöpfung
Backster, Clyde (Experte für Lügendetektoren) → Kommunikation, interstellare
Badtabira (sumerische Stadt)
→ Lebensdauer
Bad Tibira → Badtabira
Baduhild (Königstochter der germanischen Wilkina-Sage) → UFO, historische
Bagdad (Irak) → Batterien
Bahamas → Bermuda-Dreieck
→ Kulturen, versunkene
Baiame → Bajame
Bajame (oder Daramulum; australischer Gott) → Entführungen
→ Mutanten
Baian Kara Ula Der chinesische Archäologe *Chi Pu Tei* machte mit seinen Kollegen 1938 bei Ausgrabungen in den Felshöhlen *(Höhlen)* des B'K'U'-Gebirgsmassivs außergewöhnliche Entdeckungen *(China)*. Sie öffneten *Gräber* und fanden 716 Steinteller, 2 cm dick und mit einem Loch in der Mitte. Mit ihren spiralförmigen, doppelspurigen Rillen sahen sie aus wie moderne Langspielplatten.
Der mysteriöse Prof. *Tsum Um Nui*, Peking, untersuchte 1962 die Rillenschrift *(Schriftzeugnisse der Götter)* und konnte, allerdings nicht bestätigten Quellen nach, folgendes entziffern, wie Dr. Wjatscheslaw *Saizew* veröffentlichte:
Die Schrift berichtet von einer Expedition fremder Astronauten auf unsere Erde. Nach einer Bruchlandung hatten die Wesen, *Dropa* genannt, auf unserem Planeten leben müssen. »Die *Dropa* glitten mit ihren Luftfahrzeugen«, so die Übersetzung, »aus den Wolken herab. Zehnmal bis Sonnenaufgang versteckten sich Männer, Frauen und Kinder in den Höhlen...« *(Panik)*
Tatsächlich berichten die regionalen *Sagen* von kleinen Menschen, den *Dropa* und den *Chams,* die von den übrigen Eingeborenen teilweise gejagt wurden. Eine Mythe ohne versteckte Realität?
Gräber mit kleinen Skeletten einer unbekannten Rasse *(Rassen)* wurden ebenfalls bei den Ausgrabungen gefunden, liliputanerähnlich, aber mit auffallend großen Schädeln *(Mutanten).* Es sollen *Gräber* der Götter sein *(Humanoiden).*
Wurden hier *Gräber* und Skelette der Kosmonauten entdeckt? Für einige Experten waren es schlichtweg Affen, die hier – schön in Reih und Glied – beigesetzt wurden.
Weitere Untersuchungen der Teller, die aus jener noch ungeklärten Legierung mit hohem *Kobalt*-Anteil bestehen *(Legierungen),* wiesen Erstaunliches nach. Sie müssen, wahrscheinlich bei ihrer Herstellung, erheblichen Strömen und Spannungen ausgesetzt worden sein, denn nur so ist ihr *Vibrationsrhythmus* erklärbar *(Elektrizität).* Wollte man uns, die späteren Entdecker, verblüffen? Q.: Krassa: Gelbe Götter S. 27 ff, 185 f; Q.: Däniken: Zurück S. 170 ff; Q.: Däniken: Aussaat S. 101 ff; Q.: Däniken: Besucher S. 339 ff; Q.: Elmayer von Vestenbrugg/Bellamy: Eingriffe S. 413 f; Q.: Charroux: L'énigme S. 86; Q.: Kohlenberg: Vorzeit S. 47 ff

Baian Kara Ula

Im National Palace Museum, Taipeh, werden einige ähnliche, 7 bis 16,5 cm im Durchmesser große, *Jade*-Scheiben aufgehoben *(China)*. Ihr Rand ist gefräst und gezackt, ähnlich wie bei komplizierten Zahnrädern *(Räder)*. Für welche Zeremonien solche Kultgeräte hätten gebraucht werden sollen, kann auch die Archäologie nicht verraten. Waren die Ringe Abbilder der göttlichen Errungenschaften? Q.: Däniken: Aussaat S. 110 ff
Jener Prof. *Tsum Um Nui* entdeckte an den Höhlenwänden auch eigenartige Gemälde *(Höhlenzeichnungen)*. Sie zeigten danz deutlich *Sonne, Mond* und *Planeten*. Die Bilder waren regelrecht in die Wände eingeritzt *(Astronomie)*. Q.: Krassa: Gelbe Götter S. 27 f
Der vollständige Bericht soll in der Pekinger Akademie aufbewahrt sein. Q.: Däniken: Zurück S. 173
In Taipeh, Taiwan, ist dagegen keine Aufzeichnung vorhanden. Da aufgrund der diffizilen politischen Situation eine exakte Überprüfung der Berichte nicht möglich ist, können sie hier nur mit Vorbehalt wiedergegeben werden. Q.: Däniken: Aussaat S. 104
→ Felszeichnungen
→ Homo sapiens, Evolution des
Baisbasbata (hinduistische Sagengestalt) → Sintflut
Baktún (Maya-Epoche) → Kalender
Baku (Sowjetunion) → Kuriositäten
Balam-Acab (Figur des Popol Vuh)
→ Stollen, unterirdische
Balam Quitzé (Figur des Popol Vuh)
→ Götter, bärtige
Balbus, Lucius Cornelius (römischer Prokonsul in Nordafrika)
→ Sirius-B
Balder (germanischer Licht-Gott)
→ Mutanten
Ballonflüge, prä-historische
→ Nazca, Hochebene von
Ballspiel (Spiel mit religiöser Bedeutung) → Spiele der Götter
Balor (irischer Gott) → Mutanten
Baluba (Bantustamm Zentralafrikas)
→ Unklarheiten der Definition
Balulu (König der 1. Dynastie von Ur)
→ Lebensdauer
Bambala (Bantu-Stamm des Kongo-Gebietes) → Katastrophen
Bambara (westafrikanischer Stamm)
→ Sirius-B
Bananen → Domestizierungen
Bandiagara (Landschaft in Mali; Westafrika) → Sirius-B
Banja-Kara-Ula → Baian Kara Ula
Banks-Inseln (Neue Hebriden; Melanesien) → Gottessöhne
(Übersicht über einzelne Inseln:)
→ Vanua Lava
Bantu (afrikanischer Stamm) → Eier, fliegende
→ Katastrophen
→ Schöpfung
→ Sterblichkeit der Götter
→ Unklarheiten der Definition
Barakulkul (erster Mensch der Neuen-Hebriden-Mythologie) → UFO, historische
Barnard (Stern, benannt nach seinem Entdecker) → Planetensysteme, fremde
Barreto, Felicitas (brasilianische Indianerforscherin) → Verbindung von Himmel und Erde
Bartasar (Kultzentrum Armeniens)
→ Erde
Barthaar der Götter
vgl.: Götter, bärtige
vgl.: Rothaarigkeit
Barthel, Thomas (Völkerkundler; Amerikanist) → Inka
→ Nazca, Hochebene von
→ Osterinsel
Baruch Nicht in die Bibel aufgenommen wurden einige Texte des B'. Sie wurden durch das altjüdische Schrifttum überliefert. Die Aufzeichnungen sollen um das Jahr 586 v. Chr. spielen und wurden »Rest der Worte B's« oder »Nachtrag zum Propheten Jeremias« genannt. Q.: Riessler: Altjüdisches Schrifttum B', einer der Gehilfen des *Jeremias,* wurde nach der griechischen B'-

Apokalypse *(Apokryphen)*, die vermutlich im 2. Jhd. aufgezeichnet wurde, ebenfalls Opfer einer Entführung *(Entführungen)*. Am Ufer des Flusses *Kidron* begegnete ihm zur Zeit der babylonischen Gefangenschaft ein *Engel*, der ihn nach anfänglicher Diskussion *(Kommunikation)* in den Himmel nahm, »... wo ein Strom war, den niemand zu überschreiten vermag, auch nicht der fernste Windhauch *(Weltall; Astronomie)*... und brachte mich zum ersten Himmel und zeigte mir ein gewaltig großes Tor... *(Raumbasen)*. Und wir gingen hinein, wie von Flügeln getragen *(Levitation)*, eine Wegstrecke von ungefähr 30 Tagreisen. Und er zeigte mir inwendig im Himmel eine Ebene. Und es wohnten Menschen auf ihr *(Humanoiden)*, die Gesichter wie Rinder und Hörner wie Hirsche und Füße wie Ziegen und Hüften wie Lämmer hatten *(Erkennen der Götter)*...« Später gesteht der *Engel*, daß auch diese Gestalten *Engel* seien – mit *Overalls* und *Atemgeräten* versehen? B' erkennt später noch genauer »vierrädrige Wagen *(Wagen,* himmlische; *UFO,* historische), unter denen Feuer loderte *(Rückstoßprinzip).* Ihr Start war mit Donnern verbunden *(Donnergötter).* Q.: Krassa: Gott S. 319 ff
Baruch-Apokalypse → Baruch
Baruch-Apokryphe → Riesen
→ Zeitdilatation
Basan (Land in Palästina; Altes Testament) → Riesen
Basel (Schweiz) → Mittelalter
Basken (Volk in Spanien und Frankreich) → Spiele der Götter
Basreliefs (Flächengravuren) vgl.: Gravuren
Bat-Enosch (Frau Lamechs; Henoch-Apokryphe und Qumran-Texte) → Gottessöhne
Batterien Das Museum von Bagdad *(Irak)* besitzt jahrtausendealte Trokkenbatterien, die nach dem galvanischen Prinzip funktionieren. Andere

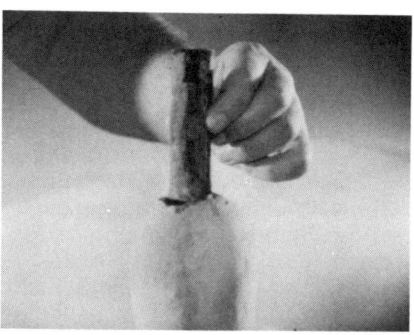

Batterien. 1,5 Volt galvanische Batterie im irakischen Museum Bagdad. Q.: Constantin-Film

Batterien enthalten kupferne *Elektroden (Elektrizität)*. Bestimmte Metalle dürften noch unbekannte *Legierungen* darstellen. Q.: Däniken: Erinnerungen S. 51; Q.: Däniken: Meine Welt S. 174; Q.: Dolezol: Aufbruch S. 49; Q.: Bergier: Les extraterrestres S. 32, 82 ff; Q.: Mooney: Les dieux S. 179 f
Sie wurden z. T. in der Umgebung des heutigen *Bagdad* gefunden und sollen ein geschätztes Alter von 2000 bis 4000 Jahren haben. Q.: Hutin: Hommes S. 10
Eine Batterie stammt aus *Khujut Rabua* (= *Chujut Rabuah*), südöstlich von Bagdad *(Irak; Sumerer),* und soll von dem Archäologen Wilhelm *König* gefunden worden sein. Große Tongefäße mit je 10 *Eisen*stäbchen bzw. mit 10 *Kupfer*zylindern sollen bei der *Parther*-Hauptstadt *(Chesiphon = Ktesiphon)* gefunden worden sein. Q.: Doberer: Galvanische Batterien
Gefunden wurden solche Tonbatterien auch in *Seleuka* am Tigris. Q.: Der Spiegel: 40/1978
Keinen Zweifel an der Anwendung der Elektrizität schon vor Christi Geburt haben der amerikanische Ingenieur und Historiker Sprague de *Camp* und der Hildesheimer Museumsdirektor Dr. Arne *Eggebrecht.* Q.: Der Spiegel: 40/1978

Batterien

Vor einigen Jahren stellte der Amerikaner Willard *Gray* Kopien der Batterien von Bagdad her — sie funktionierten. Q.: Mooney: Les dieux S. 180
Im indischen Sanskrittext *Agastya Samhita (Indien)* wird die differenzierte Beschreibung zur Herstellung batterieähnlicher Apparaturen gegeben. Ein Gemisch von feuchten Holzspänen und einer *Kupfersulfat*lösung wird dabei mit einer Schicht *Amalgam*, einer *Quecksilber*legierung *(Legierungen)* überzogen. Elektrische Energie *(Elektrizität)* wurde dabei an einer *Mitra*, wahrscheinlich *Anode*, und *Varuna*, wahrscheinlich *Kathode*, registriert *(Elektroden)*. Wasser konnte nach diesem Verfahren in *Pranavayu (Sauerstoff)* und *Udanavayu (Wasserstoff)* zerlegt werden. Wofür solche Verfahren benötigt wurden, bleibt unklar *(Elektrochemie)*. Q.: Mooney: Les dieux S. 181
Auf die richtige Deutung dieser Gegenstände konnte man aber erst in unserer Zeit kommen, da man vor einigen Jahrhunderten noch nicht in der Lage war, die echte Funktion der antiken Artefakte zu erkennen. Bestimmt mag es deshalb noch mehr Funde geben, die auf ihre Deutung warten. Q.: Däniken: Erinnerungen S. 51
→ Maschinen
→ Stollen, unterirdische
Bau (sumerische Göttin) → Sirius-B
Baum, L. Frank (amerikanischer Autor) → Kommunikation, interstellare
Baum der Erkenntnis Die Geschichte vom B'd'E' *(Genesis 2,17)* dürfte stellvertretend für die Angst des biblischen Gottes stehen, die Menschen könnten ihm zu früh geistig ebenbürtig werden *(Tabus)*. Daß konkrete Götter hinter diesem Gott standen, war bis auf wenige *Kontaktler* den meisten unbekannt. Die Sorge der Götter-Astronauten war nicht unbegründet, denn der Mensch griff tatsächlich, wie es in seiner Entwicklung vorgesehen war, nach den »Früchten des Baumes« *(Geheimnisse)*. Er wurde den Göttern auf allen Ebenen nahezu gleichwertig. Ähnlich verhält es sich mit der Mythe vom *Baum des Lebens*, der bestimmt mehr als nur eine Heilpflanze war. Q.: Dopotka: Spiegelbild; Q.: Krassa: Gott S. 27 ff; Q.: Charroux: Welten S. 199; Q.: Mooney: Les dieux
→ Baum des Lebens
→ Schlangen
Baum des Lebens Die Tatsache allein, daß so viele verschiedene weit auseinanderliegende Kulturkreise die komplexe Idee eines Lebens- oder Weltenbaumes kannten, läßt eine globale Entstehung der Mythe zwingend erscheinen. Zweierlei Deutungen kommen für die Prä-Astronautik in Betracht: 1. Erinnerungen an ein lebensverlängerndes Elixier, das die Götter besaßen. 2. Beobachtungen von baumähnlichen Gebilden, Raketen vielleicht, mit denen die Götter medizinische Utensilien oder einfach Hilfe brachten *(Symbole)*. Q.: Kohlenberg: Vorzeit S. 61 f; Q.: Koch-Grünberg: Vom Roroima; Q.: Heidel: The Babylonian; Q.: Müller, W.: Die Religionen; Q.: Terra Durch Urwelten; Q.: Paulson/Hultkranz/Jettmar: Die Religionen; Q.: Matsyapurana. Pargitter; Q.: Vayapurana. Pargitter; Q.: Rigveda-Samhita. M. Müller
Die *Germanen* sahen ihn in ihrer Eberesche *Yggdrasil*. Q.: Dopotka: Spiegelbild
Der schottische Sprachwissenschaftler Eirlkr *Magnusson* wies allerdings schon 1895 nach, daß *Yggdrasil* »Reittier des Schrecklichen« bedeutet *(Wortbedeutungen)*. Genauer beschrieben wird es als »achtfüßiges Himmelsroß« *Sleipnir* des *Odin (Pferde, fliegende; Germanen; UFO*, historische). Es stammte allerdings aus der *Askr*, der Esche — vielleicht eine Umschreibung eines Teils des Weltraumes *(Herkunft der*

Götter). Q.: Kohlenberg: Vorzeit S. 59; Q.: Magnusson: Odin's horse
Die Lappen *(Lappland)* nennen den B'd'L' *Maylmen.*
Wunderbäume begegnen uns auch bei den alten Griechen *(Griechenland)* und in der babylonischen Dichtung *(Sagen),* wo von Lebensnot und Lebenswasser die Rede ist *(Babylon).* Q.: Krassa: Gott S. 32 f
Nachdem die Menschen in Gestalt *Adams* und *Evas* vom *Baum der Erkenntnis* gegessen hatten, vertrieb sie Jahwe mit den verdächtig deutlichen Worten *(Genesis 3,22):*
»Ja, der Mensch ist jetzt wie einer von uns geworden, da er Gutes und Böses erkennt. Nun geht es darum, daß er nicht noch seine Hand ausstrecke, sich am Baume des Lebens vergreife, davon esse und ewig lebe.« *(Geheimnisse; Tabus; Lebensdauer)* Q.: Dopatka: Spiegelbild; Q.: Krassa: Gott S. 30 ff
Kannten die Götter nicht das Geheimnis des ewigen Lebens? War es deshalb nicht auch möglich, daß die Menschen davon Kenntnis erhielten?
Ebenso vermuteten die *Hebräer* im *Etrogbaum* mit seinen heilbringenden Früchten den Baum des Lebens. Q.: Dopatka: Spiegelbild
Die Pflanze des ewigen Lebens wird auch im *Gilgamesch-Epos* gesucht

Baum des Lebens. Cheruben/Lebensbaum. Q.: Erich von Däniken, British Museum

(Sagen). Q.: Dopatka: Spiegelbild; Q.: Däniken: Besucher S. 271 f
Die *Sumerer* nannten das Gebilde *Gish-gana.* Es taucht in unterschiedlicher Gestalt auf Rollsiegeln auf.
In der vorbuddhistischen *Bon-Religion* in *Tibet* nahm der abstrakte Gegenstand eine zentrale Bedeutung an.
Bei den Indern war der Berg *Kailasa* die Achse des Baumes, die in der göttlichen Welt *Vaikuntha* oder *Vishnuloka,* in der Nähe des Polarsterns, auslief, wie es im *Matsyapurana* heißt *(Indien; Rigveda-Samhita; Vayapurana).*
Den Lebensbaum des Gottes *Kane (Polynesien)* nannten die Eingeborenen *»Ulu-kapu-a-Kane«* *(Sagen)*. Q.: Kohlenberg: Vorzeit S. 64; Q.: Ellis: Polynesian researches
Ebenso bekannt war der B'd'L' den *Delawaren* in den heutigen *USA.*
Die *Maya*-Chronik des *Chilam Balam* kennt den *Ceiba* als weltenverbindenden Baum, vielleicht auch ein Raumfahrtsymbol *(Verbindung von Himmel und Erde; Symbole).* Q.: Kohlenberg: Vorzeit S. 66; Q.: Chilam Balam. Roys
Die *Taulipáng* und *Arekuna* in *Venezuela* kennen diese Mythe *(Sagen).* Q.: Kohlenberg: Vorzeit S. 61 f
→ Baum der Erkenntnis
→ Cheruben
→ Etana und der Adler
→ Lebensdauer
→ Pisco, Bucht von
→ Schlangen
Baumeister vgl.: Architekten
Baumwolle → Maya
→ Tula
Bauwerke 2150 Meter hoch erhebt sich der *Nemrud Dag,* der heilige Berg des *Kommagene*-Reiches des nördlichen vorderasiatischen Raumes. Die pyramidenähnliche Anlage von *Nemrud Dag* liegt heute in der Türkei. Der Archäologie nach wurde sie von *Antiochos I.* (324–261 v. Chr.) erstellt *(Pyramiden).* Rätselhaft blei-

Bauwerke

ben die Darstellungen der Wesen, die auch der Prophet *Ezechiel* gleichnishaft 592 v. Chr. als Symbole für seine Schilderung Gottes gebrauchte: Adler, Löwe, Stier und Menschen werden am *Nemrud Dag* als *Statuen* dargestellt. Die gewaltige Schotterpyramide, die die Anlage überragt, kann noch einen entscheidenden Hinweis verbergen, da *Antiochos I.* ». . . ein unerschütterliches Gesetz der Zeit zu hinterlassen« beabsichtigte, »indem er einem unantastbaren Monument *(Monumente)* unsterbliche Botschaften anvertraute«. So eine der Inschriften *(Pyramiden).* Q.: Däniken: Beweise S. 399 ff

Nemrud Dag. Q.: Erich von Däniken

Meist stehen all diese gewaltigen Monumentalbauten ohne architektonische Vorläufer isoliert in Raum und Zeit. Plötzliche Bauwut oder architektonisches Wissen von außen?
Auf der *Marianen*-Insel *(Mikronesien) Rota* findet sich ein Kreis megalithischer Säulen; auf der Insel *Tinian (Marianen; Mikronesien)* gibt es Steinmonolithen in Form abgestumpfter Obelisken mit Kapitellen aus umgekehrten Halbkugeln aus Stein. Q.: Charroux: Welten S. 146
Die 2000 km westlich der *Osterinsel* gelegene Insel *Pitcairn (Tuamotu-Inseln; Polynesien)* soll 4 Meter hohe Statuen und Reste eines Tempels aufweisen. Q.: Charroux: Welten S. 145

Steinterrassen finden sich auch auf *Swallow (Santa-Cruz-Inseln; Neue Hebriden; Melanesien)*, ebenso auf *Malden (Line-Inseln; Polynesien).* Q.: Kohlenberg: Vorzeit S. 327; Q.: Ellis: Polynesian researches
Auf Ruinen stieß man auch auf den *Marquesas, Tahiti (Gesellschafts-Inseln)* und den *Hawaii*-Inseln *(Polynesien)*. Erdpyramiden *(Mounds; Pyramiden)* fand Thor *Heyerdahl* auf *Rapa Iti, Tubŭai-Inseln (Polynesien)*, südöstlich von Rapa. Q.: Charroux: Welten S. 146
Der Ethnologe Miloslav *Stingl* erwähnt ein Monument *(Monumente)* auf *Tongatapu* (auch Tongatabu) *(Tonga-Inseln, Polynesien)*, »mit dem sich hinsichtlich seines Ruhmes und auch hinsichtlich der phantastischen Erklärungen über seine Entstehung nur die gewaltigen Statuen der *Osterinsel* messen können« – den Trilithen oder Dreistein von *Haamonga* (Haamunga), auch Haamonga *Maui* genannt, weil ihn der Götterheld dieses Namens erbaut haben soll. Es handelt sich um eine torähnliche Steinsetzung, deren Säulen und Querbalkenblock – kunstvoll in die Tragsäulen eingelassen – je sechs Meter messen. Der ganze Steinkoloß wiegt annähernd 100 Tonnen. Durch Beobachtung von in den Deckstein eingeritzten Linien hat es sich als möglich erwiesen, daß Haamonga eine Art Sonnenuhr oder *Kalender*-Merkstein aus alten Zeiten ist. Q.: Stingl: Südsee S. 215 f; Q.: Charroux: Welten S. 145 f; Q.: Kolosimo: Viel Dinge S. 150
Im *Taipi-Tal* auf den *Marquesas*-Inseln *(Polynesien)* wurde der Sage nach von den Göttern an einem einzigen Tag eine Terrasse mit den Ausmaßen 100 × 20 Meter glatt und mörtellos aus Steinblöcken (obere Fläche 3 × 4,50 Meter) zusammengefügt *(Landeplätze der Götter).* Q.: Kohlenberg: Vorzeit S. 327; Q.: Moerenhout: Voyage aux îles

Berge, heilige 51

Auch auf dem *Lae-Atoll, Marshall-Inseln (Mikronesien)* (vielleicht identisch mit Lele oder Leli) und auf *Kusaie (Senyavin-Inseln; Karolinen; Mikronesien)* finden sich kegelförmige Hügel und zyklopische Mauern *(Mounds)*. Q.: Charroux: Welten S. 145; Q.: Kolosimo: Viel Dinge S. 151
1931 stieß die *Johnson-Shippee*-Expedition südlich von *Chan-Chan* oberhalb des Rio *Santo* auf eine 2 Meter hohe Mauer, die über mehrere Hügel verläuft und 65 bis 70 km lang ist *(Bodenzeichnungen; Peru)*. Q.: Charroux: L'énigme S. 228
Die *Washoe*-Indianer der *Sierra Nevada (Kalifornien; Nevada; USA)* wissen, daß fremde, hellhäutige Wesen einen gewaltigen Turm auf der Insel des *Tahoe*-Sees erbaut hätten *(Götter,* hellhäutige), als dann Feuer vom Himmel fiel *(Katastrophen)*. Q.: Kohlenberg: Vorzeit S. 397; Q.: Bancroft: The native
→ Baalbek, Terrasse von
→ Bodenzeichnungen
→ El Fuerte
→ Herkunft der Götter
→ Im-Hotep
→ Johannes
→ Kelten
→ Kulturen, versunkene
→ Kuriositäten
→ Libanon
→ Maya
→ Megalithe
→ Mumien
→ Mounds
→ Nan Madol
→ Osterinsel
→ Pyramiden
→ Sacsayhuaman
→ Sandverglasungen
→ Simbabwe
→ Sirius-B
→ Stollen, unterirdische
→ Teotihuacán
→ Tiahuanaco
→ Transporte
→ Tula
→ Turm zu Babel

→ Vimanas
→ Zikkurats
vgl.: Felsbearbeitungen
vgl.: Monumente
Bayan-Kara-Ula → Baian Kara Ula
Behaarung vgl.: Götter, bärtige
vgl.: Mutanten
vgl.: Rothaarigkeit
Behdet (nordägyptische Stadt, später Canopus) → Sintflut
Behring-Straße (westlich von Alaska) → Piri Reis Weltkarten
Bel (babylonischer Mond-Gott)
→ Baalbek, Terrasse von
Belenus (keltischer Licht-Gott)
→ Strahlen
Beleuchtung vgl.: Lampen
Bellamy, Hans S. (= Pseud.: Schindler, Hans; Schriftsteller)
→ Schindler, Hans
Belletristik vgl.: Science Fiction
Bennett, Wendell C. (Amerikanist)
→ Tiahuanaco
Beobachtung der Götter vgl.: Erkennen der Götter
Bep-Kororoti (brasilianische Gottheit) → Cargo-Kult
→ Kulturbringer, Götter als
Bereshith, Bücher von (biblische Urschrift) → Schöpfung
Berge, heilige Berge, als *Landeplätze der Götter,* prägten sich den Eingeborenen am tiefsten ein. Nach Jahrtausenden wurden'diese Stellen noch verehrt: erfolgversprechende Plätze für Nachforschungen der Prä-Astronautik. Dafür einige Beispiele: Die heiligen Höhen, die in der *Bibel* erwähnt werden, gehen großteils auf Bergheiligtümer aus vorisraelitischer Zeit zurück (Karmel, Nebo, Tabor). Stätten göttlicher Offenbarung waren der *Horeb* und der Gottesberg in der Wüste *Sinai,* ähnlich wie der Berg *Sion,* der Südosthügel von Jerusalem.
Neben dem *Olymp* war den Griechen auch der *Parnassos* in Mittelgriechenland und der *Oite* bzw. *Oeta* im Norden *Anatoliens* (bekannt von der Himmelfahrt des *Herakles*) heilig

Berge, heilige

(Griechenland; Landeplätze der Götter; Türkei). Q.: Kohlenberg: Vorzeit S. 162 f
Auf dem kretischen Berg *Ida* liegt ein Plateau, das als heiliger Bezirk *(Tabus)* »*témenos*«, das Herausgeschnittene *(Wortbedeutungen),* heißt *(Griechenland; Kreta; Felsbearbeitungen).* Q.: Kohlenberg: Vorzeit S. 296
Nach Aufzeichnungen in vatikanischen Archiven fragten chinesische Kaiser versteckte Götter auf heiligen Bergen um Rat. Genannt werden der *K'un-lun,* der *Chang Tang* und andere Gipfel des *Himalaya (Kulturbringer,* Götter als). Q.: Krassa: Gelbe Götter S. 140
Von den Gipfeln des *K'un-lun-Gebirges* aus setzten die göttlichen Geschwister *Fu-hsi* und *Nü-kua* den chinesischen Urkaiser Yi King oder *I Yin* ein. Sie landeten mit einer »silbernen Gondel« *(China; UFO,* historische; *Schiffe,* fliegende; *Färbung; Landeplätze der Götter).* Q.: Kohlenberg: Vorzeit S. 161; Q.: Eberhard: Lokalkulturen
Heilig ist den Chinesen auch das Himmelsgebirge *Tien-shan (China; Shu-king).* Q.: Kohlenberg: Vorzeit S. 161; Q.: The Shoo King. Legge
Der 6700 Meter hohe und abseits von den übrigen Gebirgsketten stehende *Kailasa* bzw. Rajatadri, Meru oder tibetanisch Ti-se liegt am hochgelegenen *Manasarovar*-See *(Tibet).* Q.: Kohlenberg: Vorzeit S. 158; Q.: Harrer: Sieben Jahre
Die Nachbargipfel *Mandara,* östlich, und *Jambu,* südlich von ihm, sind ebenfalls heilige Zentren. So soll sich dort *Kadamba,* der »Eisenbaum«, befunden haben *(Metalle; UFO,* historische; *Tibet; Raketen).* Q.: Kohlenberg: Vorzeit S. 158; Q.: Olschak: Tibet
Minis'ei nannten die *Jurak-Samojeden* einen Berg im *Ural (Sowjetunion),* der eine »Weltensäule« trug *(Raketen; Sibirien).* Q.: Kohlenberg: Vorzeit S. 161; Q.: Grimal: Mythen Bd. 2
Geflügelte Götterboten landeten auf dem *Mou-a-ura* auf *Upolu (Samoa-Inseln; Polynesien).* Q.: Kohlenberg: Vorzeit S. 163; Q.: Nevermann: Götter
Die *Keres*-Indianer aus *Neumexiko, USA,* erzählen sich, daß die Menschen durch die Urmutter *Iyatiku* von einer unteren Welt mit Hilfe eines Nadelbaumes auf der Erde angesiedelt wurden *(UFO,* historische; *Raketen; Schöpfung; Sagen).* Q.: Kohlenberg: Vorzeit S. 236; Q.: Krickeberg: Indianermärchen
Auf dem *Tschicoma*-Gipfel *(Neumexiko; USA)* liegt ein Heiligtum der *Zuñi*-Indianer. Auf diesem Dreieinhalbtausender erhebt sich auf einem künstlichen Plateau ein Steinhügel *(Mounds),* aus dem ein bearbeiteter Fichtenstamm ragt. Dieser »Nabel der Welt«, wie er genannt wurde, hat noch einen Nebenkultplatz mit einem ovalen Ring von aufrecht stehenden Steinen *(Monumente),* von denen seitlich Wege ausgehen *(Bodenzeichnungen; Cargo-Kult).* Q.: Kohlenberg: Vorzeit S. 231; Q.: Krickeberg . . .: Die Religionen.
Zusammenfassend: Weltweit verbreitet sind religiöse Vorstellungen, denen zufolge der Mensch auf hohen Gipfeln den himmlischen Mächten näher ist.
→ Eier, fliegende
→ Erkennen der Götter
→ Fundgegenstände, technische
→ Mischwesen
→ Orejona
→ Sintflut
→ Stollen, unterirdische
→ Unfälle
(Übersicht über einzelne Berge und Gebirge:) → Ancasmarca
→ Ararat
→ Ardis
→ Athos
→ Atis
→ Cakad-i-Daitik

→ Demawend
→ Djebel el Shech
→ Elburs-Gebirge
→ El Fuerte
→ Hermon
→ Horeb
→ Hoto
→ Jambu
→ Ida
→ Kailasa (auch unter Rajatadri, Ti-se und Meru bekannt)
→ Lich-shan-Gebirge
→ Manakaure
→ Mandara
→ Mauna Kea
→ Mbengge
→ Minis'ei
→ Molama
→ Monte Albán
→ Mou-a-ura
→ Naubandhanam
→ Nebo
→ Nemrud Dag
→ Nisir
→ Nusaku
→ Oite (bzw. Oeta)
→ Olymp
→ Ophir
→ Othrys
→ Parnassos
→ Pukato-Ti oder Mem-Baba-Kent-Kre
→ San-wei
→ Sinai
→ Sion
→ T'ai-chan
→ Tambotoco (= Tampu-Tocco)
→ Taylor (Mount)
→ Tendung
→ Tomarosmassiv
→ Tschicoma
→ Ural
→ Wans
→ Wolaemi
→ Yen'se

Bergier, Jacques *8. 8. 1912 in Odessa, Sowjetunion. † 23. 11. 1978. B' arbeitete vor und während des 2. Weltkrieges als Wissenschaftler auf dem Gebiet des schweren Wassers und der radioaktiven Strahlung. Er wurde mit Auszeichnungen wie z. B. mit dem »Chevalier de la Légion d'Honneur à titre militaire« geehrt. In Zusammenarbeit mit Louis *Pauwels* veröffentlichte er literarisch-philosophisch fundierte Werke. Bekannt ist der »Aufbruch ins dritte Jahrtausend«. Auch in eigenen Veröffentlichungen tauchen Hinweise auf Spuren außerirdischer Intelligenzen in der Vorzeit auf. Seine Aufgeschlossenheit der Prä-Astronautik gegenüber demonstrierte er durch sein Auftreten beim 2. Weltkongreß der *Ancient Astronaut Society* in Zürich.
→ Pauwels, Louis

Bergier, Jacques. Q.: J. Bergier

Bergkristall → Kristall-Schädel
Bergwerke → Eisen
Berkshire Downs (England)
→ Kelten
Berlitz, Charles Frambach (Schriftsteller) → Bermuda-Dreieck
Bermuda-Dreieck In einem Meeresgebiete, das ungefähr von *Florida (USA), Kuba* und den *Bermudas* begrenzt wird, verschwanden in den letzten Jahrzehnten unzählige kleine

Schiffe, große Frachter und ganze Flugzeugstaffeln. Das Verschwinden von solchen Fahrzeugen auf offenem Meere ist nichts Besonderes, doch fällt gerade dieses Gebiet – mehr als vergleichbare ähnliche Schiffahrtsknotenpunkte – aus dem Durchschnitt. Eine eingehende Erklärung dieses Phänomens wurde bis heute noch nicht gefunden. Die Erklärungen reichen von meteorologisch-physikalischen Gründen über parakinetische Phänomene, Aktivitäten moderner UFOs *(UFO, moderne)* bis zur Annahme, Überreste von technischen Anlagen des versunkenen Kontinents *Atlantis* hätten Einfluß auf die Fahrzeuge samt ihren Besatzungen genommen. Eine Vermutung, solche hypothetischen Apparaturen könnten von Prä-Astronauten stammen, wurde ebenfalls in Betracht gezogen. Ein solcher Besuch außerirdischer Wesen würde auch viele Rätsel in Mittel- und Südamerika lösen, meint der Exponent auf diesem Gebiet, der Schriftsteller Charles *Berlitz.* So zweifelhaft einige der herangezogenen Unglücksfälle auch sind, so wenig kann an den wahrscheinlich künstlichen Mauerresten auf *Bimini (Bahamas)* gezweifelt werden, die, wie andere archäologische Rätsel Mittelamerikas, vielleicht ein Licht auf einen evtl. Zusammenhang mit den Phänomenen des B'-D's unserer Tage werfen können.
Q.: Berlitz: Bermuda-Dreieck
Bermudas → Bermuda-Dreieck
Bernhardt, Karl-Heinz (Autor)
→ Kritiker
Berossos (3. Jhd. v. Chr.; Baalspriester) → Oannes
→ Sintflut
Bertram, Hans (deutscher Pilot)
→ Cargo-Kult
Beryllium (Metall) → Radioaktivität
Betäubung vgl.: Anästhesie
Betäubungsmittel Chinesische *Sagen (China)* berichten von *Medikamenten,* die göttliche Wesen während ihrer Weltraumreisen in Tiefschlaf versetzten *(Weltraumreisen,* Probleme bei). Q.: Krassa: Gelbe Götter S. 100
→ Entführungen
→ Rivalitäten der Götter
→ Schöpfung
→ Vimanas
→ Waffen der Götter
vgl.: Anästhesie
vgl.: C-Waffen
vgl.: Einfrieren
vgl.: Gase
vgl.: Koka
vgl.: Krankheiten
vgl.: Medizin
vgl.: Operationen (medizinische)
Beth-Baal-Peor → Beth-Peor
Beth-El (Ort in Palästina) → Jakob
Bethlehem, Stern von Die mysteriöse Überlieferung vom Stern von B' wird auch durch die apokryphe Sage von den drei Magiern *(Magier, Die drei)* nicht deutlicher *(Apokryphen).* Diese ursprünglich in lateinischer Fassung vorliegende Sage wurde vom Institut für Literatur der weißrussischen Akademie der Wissenschaften untersucht. Nach dessen Mitarbeiter Wjatscheslaw *Saizew* habe der Stern auch tagsüber geleuchtet und nachts alles überstrahlt *(Sterne,* fliegende). Zeitweise sei er völlig stillgestanden, so über dem Berge *Wans.* Kein gewöhnlicher Stern kann wechselt seine Position – keine Sternschnuppe vermag stillzustehen. Muß deshalb an eine Art anderer Himmelskörper gedacht werden *(UFO, historische)*? Q.: Elmayer von Vestenbrugg/Bellamy: Eingriffe S. 410; Q.: Kohlenberg: Vorzeit S. 213 f
Beth-Peor (Ort in Palästina)
→ Moses
Beth-Semes → Bet-Schemesch
Bet-Schemesch (Stadt in Palästina)
→ Bundeslade
Beutel, fliegende (Synonym für die fliegenden Fahrzeuge der Götter)
→ UFO, historische
Bevölkerungsexplosion
→ Schöpfung

Beyerlin, Walter (Theologe)
→ Ezechiel
Bhavabhuti (indischer Dramatiker des 8. Jhd. n. Chr.) → Waffen der Götter
Bhima (Figur des indischen Mahabharata) → UFO, historische
Bibel → Berge, heilige
→ Krassa, Peter
(Übersicht über die einzelnen Bücher:) → Chronik
→ Daniel
→ Deuteronomium (5. Buch Mose)
→ Exodus (2. Buch Mose)
→ Ezechiel
→ Genesis (1. Buch Mose)
→ Hiob
→ Jeremias
→ Jesaja
→ Johannes
→ Josua
→ Könige
→ Korinther
→ Leviticus (3. Buch Mose)
→ Lukas
→ Makkabäer
→ Numeri (4. Buch Mose)
→ Offenbarung Johannes
→ Psalmen
→ Samuel
→ Zacharias
vgl.: Apokryphen
vgl.: Hebräer
vgl.: Israel
vgl.: Juden
vgl.: Pseudoepigraphen
vgl.: Qumran-Texte
vgl.: Sagen
Bibliotheken → Gilgamesch-Epos
→ Pyramiden
→ Vernichtung von Schriftzeugnissen
Biehler, Helga (Science-Fiction-Redakteurin) → Science Fiction
Biehler, Wolfgang M. (Science-Fiction-Redakteur) → Science Fiction
Bieri, Robert (Exobiologe)
→ Exobiologie
Bifröst-Brücke (germanische Mythologie)
→ Verbindung von Himmel und Erde

Billingham, John (Biologe)
→ Exobiologie
Bimini (Insel der Bahamas)
→ Bermuda-Dreieck
→ Kulturen, versunkene
Binär-Code Das aus zwei Ziffern beruhende Rechensystem verschlüsselt die Zahlen wie folgt: Bezeichnen wir die zwei Ziffern als L und O, sieht das Zahlensystem wie folgt aus: 1=L; 2=LO; 3=LL; 4=LOO; 5=LOL; 6=LLO; 7=LLL; 8=LOOO; 9=LOOL; 10=LOLO. Q.: Däniken: Beweise S. 42
→ Exobiologie
→ Kommunikation, interstellare
→ Lebensdauer
vgl.: Mathematik
Biochemie → Meteoriten
→ Wunder
vgl.: Biologie
vgl.: Chemie
Biologie (Übersicht über einzelne Zweige:) → Biochemie
→ Exobiologie
Birmlok (Welt der indischen Mythologie) → Herkunft der Götter
Biscotasing (Ort in Kanada)
→ Felszeichnungen
Bismarck-Archipel (Melanesien)
→ UFO, historische
Bisons → Schußwaffen
Bisutun (iranisches Felsrelief)
→ Parsismus
Bladud (mythischer englischer König) → Unfälle
Blavatsky, Helena Petrowna (1831–1891; Theosophin) → Dzyan, Buch des
Blindheit → Mutanten
→ Sodom und Gomorrha
vgl.: Krankheiten
Blitze → Donnergötter
→ Eier, fliegende
→ Etrusker
→ Henoch
→ Konfrontationen Götter kontra Menschen
→ Schlangen
→ Tiahuanaco
→ Tunguska-Explosion

→ UFO, historische
→ Waffen der Götter
vgl.: Elektrizität
Blöcke, fliegende (Synonym für die fliegenden Fahrzeuge der Götter)
→ UFO, historische
Blumrich, Josef F. *1913 in Steyr, Österreich. B' wanderte 1959 in die USA aus und wurde später bei der *NASA* als Leiter der Abteilung Projektkonstruktion tätig. Er publizierte das Buch »Da tat sich der Himmel auf«, in dem er die Berichte des jüdischen Propheten *Ezechiel* technisch analysierte. Mit diesem Thema beschäftigte B' sich anfangs nur, um die Theorie Erich von *Dänikens* zu widerlegen. Jedoch kam er zu dem Ergebnis, *Ezechiel* sei mehrere Male einem Raumschiff extraterrestrischer Astronauten begegnet. B' konnte sogar auf Grund des Berichtes ein US-Patent für ein *(Räder)* allseitig bewegliches Rad anmelden, das, aller Wahrscheinlichkeit nach, den Kosmonauten bekannt war. Die Diskussion um Ezechiels Raumschiff verbreitete sich in aller Welt. B' zählt zu den führenden Köpfen der *Ancient Astronaut Society* und war Referent auf allen ihren bisherigen Weltkongressen. Er befaßt sich auch weiterhin mit mythologischen Aspekten eines Besuches außerirdischer Intelligenzen in der Vorzeit. Das österreichische Münzamt gab eine von dem Künstler Heinz H. *Peter* gestaltete Medaille heraus, die B' im Profil und seinen Raumschiffentwurf auf der Rückseite zeigt.
→ El Fuerte
→ Ezechiel
→ Humanoiden
→ Ruppe, Harry O.
Blythe (Ort in Kalifornien; USA)
→ Bodenzeichnungen
B'nei Mosche (Königreich der Söhne Moses' in der jüdischen Mythologie)
→ Wolken
Bo (Kleidung des brasilianischen Gottes Bep-Kororoti) → Cargo-Kult
→ Kulturbringer, Götter als
Bocchia → Bochica
Bochica (Kulturbringer der kolumbianischen Muisca)
→ Götter, bärtige
→ Sintflut
Bodenzeichnungen Der Begriff kann auch im Zusammenhang mit nur aus der Höhe in ihrer Gesamtheit erkennbaren Spuren des Menschen auf dem Erdboden verstanden werden *(Bauwerke,* Landschaftsgestaltung etc.). Für wen wurden diese Anlagen geschaffen, wenn nicht für die Götter? Diese »im Himmel wohnenden« Götter brauchen nicht unbedingt mythisch verstanden zu werden, sondern können auch real – als Götter-Astronauten – vorhanden gewesen sein.
Die Spirale soll, den westafrikanischen *Dogon* nach, Abbild der kosmischen Ströme sein – Sinnbild für die spiralförmige Struktur der Galaxis *(Galaxien; Astronomie; Mali).* Noch heute legen sie ihre Äcker spi-

Blumrich, J. F. Q.: J. F. Blumrich

Brahma 57

Bodenzeichnungen. Bodenzeichnung des Riesen von Cerne Abbas, Großbritannien. Q.: Constantin-Film

ralförmig an, so daß sie aus großer Höhe zu erkennen sind. Spiralmotive sind auch sonst auf vorgeschichtlichen Bauwerken, in Stein graviert, häufig verwendete Dekormotive, ohne daß wir jedoch in solchen Fällen Angaben über den Sinn dieser Strukturen verfügbar hätten (vgl. dazu Malta). Q.: Kohlenberg: Vorzeit S. 192 Tafeltext
Ein Beispiel für das umstrittene Alter von B' sind die Bilder von *Blythe (Kalifornien; USA)*. Neben *Riesen*figuren (28 bis 51 Meter) sind vierbeinige Tiere abgebildet (13 bis 16 Meter Länge), bei denen es sich um Pferde handeln soll. Das Nordamerika-Pferd starb vor 10 000 Jahren aus – das europäische Pferd wurde erst ab 1540 wieder eingeführt. Ein Zeichen für das enorme Alter der Zeichnungen? Q.: Schmitz: Beweisnot S. 183; Q.: Gerster: Der Mensch
→ Bauwerke

→ Berge, heilige
→ Felszeichnungen
→ Kelten
→ Landeplätze der Götter
→ Malta
→ Mounds
→ Nazca, Hochebene von
→ Gravuren
→ Höhlenzeichnungen
Böotien (Mittelgriechenland)
→ Hyrieus
→ Sirius-B
Böttcher, Hellmuth M. (Theologe)
→ Moses
Bogotá (Kolumbien) State Bank
→ Flugzeugmodelle
Bolivien → Astronomie
→ El Fuerte
→ Gottessöhne
→ Kulturen, versunkene
→ Tiahuanaco
Bomben → Eier, fliegende
→ Sodom und Gomorrha
→ Sprengstoffe
→ Waffen der Götter
vgl.: Atombomben
Bon-po (Schamanensekte und ihr Oberhaupt) → UFO, historische
Bon-Religion (Tibet und Indien)
→ Baum des Lebens
Bora Bora (Gesellschafts-Inseln; Polynesien) → Gottessöhne
Borneo (Insel) → Höhlen
Bourgin, Daniel * 31. 7. 1957 in Bern. Der Chemielaborant beschäftigt sich seit Jahren mit der Prä-Astronautik und ist initiierender Mitarbeiter am vorliegenden Lexikon.
Bozo (westafrikanischer Stamm)
→ Sirius-B
Bracewell, Ronald F. (Astronom)
→ Exobiologie
→ Satelliten
Bradgaroedhur (Bragis Gespräche; Teil der Edda) → UFO, historische
Braga (halluzinogenes Getränk)
→ Drogen
Brahma (hinduistischer Weltengott)
→ Eier, fliegende
→ Sintflut
→ Zeitdilatation

Brahmanda

Brahmanda (fliegende Eier der indischen Götter) → Eier, fliegende
Brahmanen → Höhlen
→ Medizin
→ Shata-patha-brâhmana
Brahmanismus (indische Religion)
→ Crespi, Carlo
vgl.: Brahmanen
Bramaloka (Welt der indischen Mythologie) → Herkunft der Götter
Bran (König des irischen »Buch der Eroberungen«)
→ Kulturbringer, Götter als
Branco, Rio (Fluß in Brasilien)
→ Felszeichnungen
Brandberg (Gebirgsstock in Südwestafrika) → Felszeichnungen
Brasilien → Akakor
→ Cargo-Kult
→ Felszeichnungen
→ Götter, hellhäutige
→ Kulturbringer, Götter als
→ Kuriositäten
→ Maschinen
→ Planetensystem, eigenes
→ Schlangen
→ Schöpfung
→ Sintflut
→ Stollen, unterirdische
→ UFO, historische
→ Verbindung von Himmel und Erde
Braun, Wernher von (Raumfahrtingenieur) → Ruppe, Harry O.
Brescia (Ort in Italien)
→ Felszeichnungen
Breuer, Reinhard (Autor) → Kritiker
Breuil, Henri Edouard Prosper (Abbé; Prähistoriker und Paläontologe)
→ Felszeichnungen
Brewster, Charles (Archäologe)
→ Kristall-Linsen
Briareos (Sohn des Uranos und der Gaia; griechische Mythologie)
→ Sirius-B
Briefmarken vgl.: Philatelie
Brihath Sakatha (indische Überlieferung) → Zahlen
Brillen → Cargo-Kult
→ Crespi, Carlo
→ Dogus
→ Erkennen der Götter

→ Fischmenschen (bzw. -götter)
→ Osterinsel
→ Unterwasserbasen
→ Zyklopen
Britisch-Honduras
→ Kristall-Schädel
British Museum (London)
→ Kalender
Brown, Harrison Scott (Geochemiker) → Exobiologie
Brucheion (Bibliothek in Alexandria)
→ Vernichtung von Schriftzeugnissen
Brugger, Karl (deutscher Journalist)
→ Akakor
Bruno, Giordano (1548–1600; Philosoph) → Exobiologie
Brunquera (Bergland von Costa Rica) → Kugeln
Buch der Eroberungen (irische Überlieferung)
→ Kulturbringer, Götter als
Buch der Jubiläen (Pseudoepigraphie) → Turm zu Babel
Buch der Wandlungen → I-King
Buch des Dzyan (theosophisches Weisheitsbuch) → Dzyan
Buch Henoch (Apokryphe)
→ Henoch
Buchli-Chara bö (Schamane)
→ Schamanen
Buddha (560–480 v. Chr.; Religionsstifter) → Sirius
Buddhismus → Eier, fliegende
→ Herkunft der Götter
→ Schriftzeugnisse der Götter
→ UFO, historische
→ Verbindung von Himmel und Erde
Bücher, Sibyllinische (weissagende Bücher Altroms) → Vernichtung von Schriftzeugnissen
Bücher Mose → Deuteronomium (5. Buch Mose)
→ Exodus (2. Buch Mose)
→ Genesis (1. Buch Mose)
→ Leviticus (3. Buch Mose)
→ Numeri (4. Buch Mose)
Bulotu (polynesisches Göttergestirn)
→ Atmosphären, außerirdische
Bundeslade Israelitischer Kultgegenstand, auch Lade Gottes oder La-

Bundeslade 59

de Jahwes genannt. Als Gott, der sich in der B' offenbart, trägt Jahwe den Namen Zebaoth (»Heerscharen«); die B' war vor allem ein Kriegsheiligtum und wurde etwa vor der Zerstörung von *Jericho (Trompeten von Jericho)* siebenmal um die Mauern der Stadt getragen *(Ultraschall)*. Der Überlieferung nach waren in der B' die Gesetzestafeln aufbewahrt, die *Moses* vom Gottesberg der Halbinsel Sinai gebracht hatte *(Schriftzeugnisse der Götter)*, doch ist eigentlich die Aufbewahrung eines allgemein verbindlichen Gesetzes in einem verschlossenen Kasten vernunftwidrig – in einem Kasten, der nur dann getragen werden durfte, wenn er zuvor in den Vorhang des Allerheiligsten und in zwei andere Decken eingehüllt wurde, als ob er eine spezielle Isolierung gebraucht hätte. Diente die B' bestimmten anderen Zwecken?

Bundeslade. Mittelalterliche Bibeldarstellung der Bundeslade. Q.: Archiv von Däniken

In *Exodus 25 ff* befiehlt der biblische Gott seinem Vertrauten *Moses,* die B' zu bauen *(Gesetze).* Der Herr selbst gibt hierzu die genauen Bauanleitungen *(Reliquien).* Sie soll aus Akazienholz gefertigt und innen und außen mit *Gold* überzogen werden. Auf ihrer Deckplatte mußte eine Kranzleiste ringsherum laufen. Auch die genauen Maße sind uns überliefert. Der Kasten war nach den Angaben der Bibel 2½ Ellen lang, 1½ Ellen breit und hoch. Dabei muß die Elle im alten Maß *(2. Chronik 3,3)* zu verstehen sein. Der Schrein muß in unseren Maßen also ca. 1,31 Meter lang sowie 0,78 Meter hoch und breit gewesen sein. Nach Berechnungen Joachim *Pahls* betragen dagegen die genauen Angaben für die Länge 1,73 Meter, für die Höhe und Breite 0,735 Meter. Getragen wurde die Lade anschließend durch zwei Stangen, die in dafür vorgesehene Ringe geschoben wurden. Niemand durfte das Heiligtum berühren *(Tabus).* Q.: Dopatka: Spiegelbild; Q.: Däniken: Erinnerungen S. 68 ff; Q.: Däniken: Meine Welt S. 52; Q.: Däniken: Besucher S. 222 ff; Q.: Krassa: Gott S. 122 ff; Q.: Pahl: Sternenmenschen; Q.: Charroux: l'énigme S. 86

In den Ausführungen Joachim Pahls erfahren wir auch, daß zum Bau der Lade kein Holz im eigentlichen Sinne benutzt wurde, sondern der Stoff einer Akazienpflanze, eines Mimosengewächses, aus dem *Gummi* gewonnen wurde. Diente es zur Isolierung? Q.: Krassa: Gott S. 123

Eine besondere Kleinigkeit fällt in *Exodus 25,15* auf: »Die Stangen sollen in den Ringen der Lade bleiben; man soll sie aus ihnen nicht herausziehen.« Wurde dadurch der Stromfluß unterbrochen? Nach Ansicht Robert *Charroux'* waren sie auch unbedingt erforderlich, um im elektrischen Feld eine Spannung von 500 bis 600 Volt aufrechtzuerhalten. Q.: Krassa: Gott S. 124 f; Q.: Charroux: Vergangenheit

Eine weitere mögliche Erklärung für die Funktion der Stangen liegt vielleicht in der Hypothese, sie seien *Antennen* gewesen. Blieben sie in ihren Halterungen, hatten die Astronauten immer die Möglichkeit, Moses zu überwachen. Q.: Krassa: Gott S. 126 f

Im *2. Buch Samuel 6,6 f* faßt *Usa* aus Versehen (bei dem Versuch, sie vor dem Umstürzen zu bewahren) die Lade direkt an – mit tödlichen Folgen! Q.: Dopatka: Spiegelbild; Q.: Däniken: Erinnerungen S. 68 ff; Q.: Krassa: Gott S. 128 ff; Q.: Schmid: Steine S. 23

Im 3. Buch Mose *(Leviticus 10, 1–5)* wird ein weiterer tödlicher Unfall beim unsachgemäßen Umgehen mit der Bundeslade erzählt. Aarons Söhne *Nadab* und *Abihu* näherten sich dem Heiligtum, um zu opfern. »Da ging ein Feuer vom Herrn aus und verzehrte sie; so starben sie vor dem Herrn.« *Moses* zeigte sich nicht besonders überrascht, kannte er doch die Funktion der Lade. Die *Opfer* wurden anschließend in ihren Leibröcken davongetragen, was beweist, daß sie nicht vollständig durch Feuer verbrannten – auch wenn es den Israeliten so erschien –, sondern durch einen elektrischen Schlag *(Elektrizität).* Q.: Krassa: Gott S. 73 f. Immer wieder versuchte man in unseren Tagen, die Lade nachzubauen – häufigstes Ergebnis: ein elektrischer Leiter. Ein solches Ergebnis aber muß den Tod *Usas* als real erscheinen lassen! Q.: Dopatka: Spiegelbild; Q.: Däniken: Erinnerungen S. 68 ff

Unter Leitung von Prof. Moshe *Levine* bauten Studenten an einem jüdischen College in den *USA* die Bundeslade als Originalkonstruktion nach. Sie erzeugte ein wirkungsvolles Spannungsfeld. Q.: Krassa: Gott S. 127, 339 f

Sendete die B' Strahlungen aus? Nach *Exodus 34,29 ff* war die Hautfarbe *Moses* nach Unterredungen mit seinem Gott strahlend hell geworden *(Strahlen; Unklarheiten der Definition).* Als die *Philister (1. Samuel 5–6)* die Lade raubten, mußten sie feststellen, daß der Kontakt mit ihr Geschwüre und Ausschlag hervorrief. Nach der schleunigen Rückgabe der Beute (man legte noch Gold hinzu, um sie zurückgeben zu können) wurden die Einwohner von *Bet-Schemesch* betroffen. Es starben 70 Menschen. Erst der Eingeweihte *Eleasar* konnte mit der Lade sachgerecht verfahren. Im Umgang mit ihr mußte *Aaron* besondere Kleidung *(Overalls),* auf der Stirn eine Art besonderen goldenen *(Gold)* Blendenschutzes und an den Gewändern kleine Glöckchen tragen. Wollten die Außerirdischen akustisch auf das Kommen Aarons vorbereitet sein? Q.: Krassa: Gott S. 130 ff

Bundeslade. Q.: Rolf Kauka Verlag

Was den Exegeten nun Kopfzerbrechen bereitet, ist die Funktion der Lade sowie die Oberseite des Kastens, mit dessen Hilfe Moses mit seinem Gott in Sprechkontakt *(Sprechfunkanlagen)* treten konnte. »Dort will ich dir begegnen und mit dir von der Versöhnungsplatte (Luther: Gnadenstuhl = Deckplatte) herab zwischen den beiden *Cheruben,*

Bundeslade. Q.: Constantin-Film

die auf der Gesetzeslade sind, alles reden *(Kommunikation)*, was ich dir an die Israeliten auftragen werde«, versprach der Erfinder dieser ersten irdischen Sprechfunkanlage. Q.: Dopatka: Spiegelbild; Q.: Däniken: Erinnerungen S. 68 ff; Q.: Krassa: Gott S. 125 ff

Was aus dem Heiligtum schließlich wurde, ist unbekannt. Wahrscheinlich wurde sie, wie in *2. Könige 25,9* berichtet wird, mit dem Tempel in Jerusalem zusammen verbrannt, als die *Chaldäer* die Metropole stürmten und das Allerheiligste brandschatzten. Q.: Dopatka: Spiegelbild; Q.: Däniken: Erinnerungen S. 68 ff

2. Makkabäer 2,4–5 berichtet, der Prophet *Jeremias* habe die B' in der Nähe des Berges *Nebo* vergraben oder in einer Höhle *(Höhlen)* verborgen. Das geschah etwa um 598 v. Chr. Um 593 v. Chr. begegnete der Prophet *Ezechiel* einem Raumschiff. Bestehen vielleicht Zusammenhänge zwischen dem Auftauchen und Verschwinden der Astronauten? Möglicherweise ruht noch heute der mysteriöse Kasten in seinem sicheren Versteck! Q.: Krassa: Gott S. 137; Q.: Die Bibel. Jerusalemer B'
→ Elias
→ Entführungen
→ Gesetze
→ Moses
→ UFO, historische

Bunker Das alte Europa vor dem Eindringen indogermanischer Völker erlebte in der jüngeren Steinzeit die Errichtung zahlreicher überaus massiver Steinbauten, die meist in der Tat Grabbauwerke waren (Hünengräber, Dolmen). Manche davon haben jedoch Türöffnungen oder Schlupflöcher, die bei einem Grab funktionslos wären. Handelt es sich bei diesen Großsteinbauten, deren Dachsteine zum Teil die 100-Tonnen-Gewichtsgrenze überschreiten (*»Cueva de Menga«* in Andalusien, *Spanien:* 160 Tonnen), zum Teil um Bauwerke, in welchen Lebende vor kosmischen Angriffen und den unerklärlichen *Waffen der Götter* Schutz suchten? Q.: Fergusson: Rude Stone Monuments

Bunker. Kleine Türöffnungen des walisischen Großstein-»Grabes« von Plas Newydd. Q.: Nach J. Fergusson, Rude Stone Monuments, *London 1872*

18 Kilometer östlich von Lima, *Peru*, finden sich auf dem Ruinenfeld von *Cajamarquilla* eine Zahl von 1,70 Meter tiefen und 60 cm breiten Bodenlöchern. Die Vermutung liegt nahe, darin Luftschutztrichter zu sehen, wenn sich die Götter angriffslustig zeigten *(Konfrontationen Götter kontra Menschen).* Für Getreidespei-

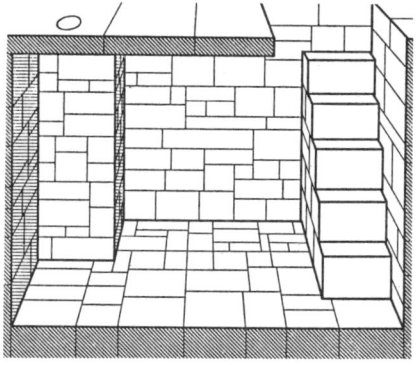

Bunker. Q.: Zeichnung nach: G. Kubler, Art and architecture of Ancient America, *Harmondsworth 1957*

cher wären die Löcher zu eng und tief. Q.: Däniken: Zurück S. 94 ff; Q.: Däniken: Besucher S. 154 ff
An B' erinnern ebenso festgefügte Steinkammern des Fundplatzes *Huari* bei Ayacucho, aus der Vor-Inka-Zeit stammend *(Prä-Inka)*, in der Fachliteratur mit Gefängniszellen verglichen und halb im Boden versenkt. Ganz ähnlich gebaut sind unterirdische Steinkammern westlich des Bauwerkes *Kalasasaya* der berühmten Fundstätte *Tiahuanaco*. Q.: Kubler: Art S. 320, 323
→ Höhlen
→ Kulturen, versunkene
→ Malta
→ Megalithe
→ Sandverglasungen
→ Sodom und Gomorrha
→ Stollen, unterirdische
→ Tiahuanaco
Burakan (Armenien; Sowjetunion)
→ Observatorien
Burkhalter, Lovis (Anthropologe)
→ Riesen
Burroughs, Wilbur G. (Geologe)
→ Versteinerungen
Busi (Vater Ezechiels; Altes Testament) → Ezechiel
Buttlar Brandenfels, Johannes Freiherr Treusch von Der Baron v. B' B' wurde am 20. 4. 1940 in Berlin geboren. Der Autor und Astronom, der auch philosophische Studien betrieb, ist Mitglied der »Royal Astronomical Society« und des »Royal An-

Buttlar, Johannes von. Q.: J. von Buttlar

thropological Institute«. Er ist neben seiner schriftstellerischen Tätigkeit, bei der er Grenzgebiete der Wissenschaft behandelt, Gründer des *»Institute for Extraterrestrial Communication«*.
→ Institute for Extraterrestrial Communication
B-Waffen (biologische Waffen)
→ Moses
→ Reue (der Götter)
→ Waffen der Götter

C

Caboy (Kulturbringer der brasilianischen Karayá) → Götter, hellhäutige
Cabrera, Javier Der Arzt und Privatgelehrte besitzt ein Privatmuseum, wo er sich vor allem um die mysteriösen gravierten Steine von Ica, Peru, kümmert. Seine Sammlung ist weltberühmt – Motive und Herstellungstechniken der Steine lassen präastronautische Erklärungen zwingend erscheinen.
→ Steine, gravierte

Cabrera, Javier. Q.: J. Cabrera

Cacha (bolivianischer Ort)
→ Tiahuanaco
Caeculus (römischer Gott; Sohn des Vertumnus) → Mutanten

Caesar (100–44 v. Chr.; römischer Kaiser) → Vernichtung von Schriftzeugnissen
Cäsiumoxid → Kristall-Linsen
Cajamarquilla (Ruinenfeld in Peru)
→ Bunker
Cakad-i-Daitik (iranischer »Gipfel des Gerichtes«) → Verbindung von Himmel und Erde
Cakchiquel (Indianerstamm Mittelamerikas) → Meerwunder
→ Popol Vuh
Calvin, Melvin (Chemiker)
→ Green-Bank-Konferenz
Camaronal (Insel in Costa Rica)
→ Kugeln
Camp, Sprague de (amerikanischer Ingenieur und Historiker)
→ Batterien
Camu (Kulturbringergott der südamerikanischen Arawaken)
→ Götter, hellhäutige
Candelabro (Bezeichnung der Bodenzeichnung von Pisco)
→ Pisco, Bucht von
Cannon (Pastor aus Pittsburgh, Texas) → Ezechiel
Canopus (zweithellster Stern am Himmel der Erde) → Oannes
Canopus (nordägyptische Stadt, früher Behdet) → Sintflut
Cargo-Kult Der Ausdruck bezeichnet ursprünglich einen mit modernen Gütern und Waren verbundenen Kult der australisch-melanesischen Eingeborenen. Konfrontiert mit europäischen Forschern, Missionaren und Händlern, lernten die Primitiven eine Unmenge von neuen, begehrenswerten Waren, den Cargo (Cargo = Ladung eines Transportmittels), ken-

nen. Sie begriffen nicht, woher die Güter stammten, da sie nie die Produktionsstätten sahen. Die Waren mußten demnach von ihren Ahnen und Göttern stammen – wurden jedoch von den Weißen meist teuer verkauft. Ein neuer, oft aggressiver, gegen die Zivilisatoren gerichteter Kult entstand. Der Ausdruck »Cargo-Kult« kann aber auch generell auf die Verwechslung der Zivilisatoren mit Göttern angewandt werden. Immer, wenn eine primitive Kultur mit einer höheren, technisierten Kultur in Berührung kommt, besteht die Wahrscheinlichkeit, daß die Vertreter dieser fortgeschrittenen Zivilisation dank ihrer unverständlichen Möglichkeiten (Fliegen in vogelähnlichen Geräten, Sprechfunk etc.) als Götter verehrt werden: ein Phänomen, das in der Gegenwart beobachtet wird und, da historische Belege vorliegen, auch in fernerer Vergangenheit gegolten haben muß – z. B., wenn die in den Mythologien überlieferten Götter Astronauten waren. Q.: Muller: Tanna; Q.: Mühlmann, W. E.: Chiliasmus. Einige Beispiele können dies verdeutlichen:
In *Japan,* an der Küste bei *Kumamoto,* wird alljährlich in der Nacht vom 31. Juli zum 1. August ein Ritual wiederholt, das an das unbekannte Feuer erinnern soll, mit dem die Menschen von den Sternen kamen. Rote Lichter werden dazu in großer Zahl auf das Meer getrieben. Q.: Kolosimo: Viel Dinge S. 143
Als 1932 der deutsche Flieger Hans *Bertram* bei seinem Weltflug in Nord-*Australien* notlandete, wurden er und sein Begleiter wider Erwarten nicht von den Eingeborenen angegriffen. Sie trugen neben ihrer Fliegerkluft die großen, dunklen Fliegerbrillen. Ähnliche *Brillen* tragen auch die Gottheiten auf den *Felszeichnungen* in diesem Gebiet. Grund für die Ureinwohner, die vom Himmel Kommenden damit zu identifizieren. Q.: Bertram: Flug in die Hölle

Während des 2. Weltkrieges wurde wahrscheinlich der amerikanische Soldat John *Frum* auf die melanesische Insel *Tanna (Neue Hebriden; Melanesien)* verschlagen. Er lehrte die Eingeborenen einige Handwerke und Fertigkeiten, sprach von seiner Heimat, den USA, als von dem gelobten Land *(Paradies)* und schenkte dem Stamm einige Kleinigkeiten, bevor er verschwand und vorher versprach wiederzukommen. Noch heute wartet man auf dem Eiland auf seine Ankunft *(Wiederkehr der Götter)* und verehrt ihn in magischer Weise. Da er nicht erschien, versuchte man, ihn durch *Rituale* wiederzugewinnen. Die neueren Expeditionen waren überrascht, die Tätowierung *(Tätowierungen)* »USA« zu finden, und nach einigen John *Frum* gewidmeten *Opfern* zeigte man stolz die Habseligkeiten *(Reliquien),* unter denen sich auch ein altes Foto des Mannes befand. Was wäre von diesen Dingen – wären Jahrhunderte oder Jahrtausende vergangen – noch dauerhaft geblieben? Was überlebt, ist jedoch der Kult, von Generation zu Generation. Q.: Navia: Unsere Wiege S. 88 ff; Q.: Muller: Tanna
Einen Stein in Flügelform beteten Eingeborene auf *Pentecost (Neue Hebriden/Melanesien)* an. Er war das Symbol *(Symbole)* für den Besuch des Gottes *Vingaga,* der vor Zeiten die Insel besuchte, die Einwohner kultivierte und *Gesetze* brachte. Danach flog er in seine Heimat zurück *(Felsbearbeitungen).* Q.: Kohlenberg: Vorzeit S. 270; Q.: Codrington: The Melanesians
Kapitän James *Cook* wurde bei seiner Ankunft auf *Tahiti (Gesellschafts-Inseln; Polynesien)* für den zurückkehrenden Gott *Rongo* gehalten, der in einem *Wolken*schiff die Erde verlassen hatte *(Wiederkehr der Götter; Sagen; Schiffe,* fliegende; *UFO,* historische; *Götter,* hellhäuti-

Chakra 65

ge). Q.: Kohlenberg: Vorzeit S. 215 f; Q.: Ellis: Polynesian researches 1786 trafen Indianer vom Stamme der *Tlingit* an der amerikanischen Nordwestküste auf eine französische See-Expedition. Der Stamm kannte keine schriftlichen Aufzeichnungen, konnte jedoch 100 Jahre nach dem Ereignis dem Ethnologen G. T. *Emmons* davon berichten. Obwohl die Segelschiffe zu »Schwarzen Vögeln mit weißen Flügeln« wurden, war der Kern, der Bericht von den handeltreibenden gottähnlichen Menschen, unverfälscht *(USA)*. Q.: Temple: Sirius-Rätsel S. 26; Q.: Cameron, A. G. W.: Interstellar
Quetzalcoatl, mythischer Fürst von Tollan *(Tula)* und zugleich als Gottheit Zwillingsbruder des Gottes *Xolotl*, soll nach seiner Flucht aus der Metropole in Richtung Osten verschwunden sein, wo er entweder im Feuer *(UFO,* historische) zum Planeten *Venus* aufstieg oder über das Meer entschwand. Die vom östlichen Meer kommenden spanischen Eroberer wurden von den Indios *Mexikos* folgerichtig als in ihr Land zurückkehrendes Quetzalcoatl-Heer verstanden *(Wiederkehr der Götter; Sagen; Azteken; Herkunft der Götter)*, Q.: Kohlenberg: Vorzeit S. 218; Q.: Krickeberg . . .: Die Religionen
Wie der Indianerforscher João Americo *Peret* schon 1952 fotografisch belegte, fertigen die *Kayapós*, ein Indianerstamm am *Rio Fresco*, südlich von *Pará (Brasilien)*, zur Erinnerung an den Kulturbringer-Gott *Bep-Kororoti (Kulturbringer,* Götter als) noch heute *Ritualgewänder* aus Stroh. Sie erinnern frappant an Astronautenkleidung unserer Tage *(Overalls)*, man nennt sie »*Bo*« (*Erkennen der Götter*). Q.: Däniken: Aussaat S. 190 ff; Q.: Däniken: Meine Welt S. 168 f; Q.: Däniken: Besucher S. 331 ff; Q.: Däniken: Beweise S. 192 ff

→ Astronomie
→ Berge, heilige
→ Fresken
→ Fundgegenstände, technische
→ Gravuren
→ Kristall-Schädel
→ Kulturbringer, Götter als
→ Landeplätze der Götter
→ Mutanten
→ Nazca, Hochebene von
→ Osterinsel
→ Religionen, kosmische
→ Reue (der Götter)
→ Rocket-Belt
→ Schädeldeformationen
→ Sirius-B
→ Spiele der Götter
→ Stollen, unterirdische
→ UFO, historische
→ Verbindung von Himmel und Erde
vgl.: Opfer
vgl.: Religionen
vgl.: Rituale
Carnac (Bretagne; Frankreich)
→ Pyramiden
Carriso Plains (Fundort in Kalifornien) → Felszeichnungen
Carschenna (Graubünden, Schweiz)
→ Felszeichnungen
Castle, Edgar (Autor) → Kritiker
Cayce, Edgar (Medium) → Kulturen, versunkene
→ Telepathie
Ceiba (Baumsymbol der Maya)
→ Baum des lebens
Celebes (indonesische Insel)
→ Landeplätze der Götter
→ Verbindung von Himmel und Erde
Centauren → Kentauren
Centenera, Barco (Forschungsreisender)
→ Kuriositäten
Ceram → Seram (Insel)
Cerberus (Höllenhund; römische Mythologie) → Sirius-B
Ceylon → Sri Lanka
Chachapoyas (bolivianischer Indiostamm) → Kulturen, versunkene
Chakra (Wurfscheibe Vishnus; indische Mythologie) → Waffen der Götter

Chaldäer (aramäische Stammesgruppe; Altes Testament)
→ Bundeslade
Chams (ausgestorbener Volksstamm Asiens) → Baian Kara Ula
Chan-Chan (Ruinenstadt in Peru)
→ Bauwerke
Chang Heng (78–139 n. Chr.; chinesischer Hofastronom und Ingenieur)
→ Astronomie
→ Helikopter
→ Seismographen
Ch'ang-i (knochenloser König der thailändischen Sage; als Frau wird die mythologische Gestalt als Gemahlin I Yin's genannt)
→ Lebensdauer
→ Thailand
Chang-Kuei-Feng (Figur der chinesischen Mythologie) → Waffen der Götter
Chang-Ngo (Ehefrau Chih Chiangs Tzu-Yu's; chinesische Mythologie)
→ Heng-o
Chang Tang (heiliger Berg Chinas)
→ Berge, heilige
Charakter der Götter
vgl.: Exopsychologie
Charles (Pseudonym eines parapsychologischen Mediums)
→ Parapsychologie

Charroux, Robert (=Pseud.: Grugeau, Robert) *7. 4. 1909 in Payroux, Dept. Vienne, Frankreich. † 24. 6. 1978 in Charroux. Der französische Schriftsteller und ehemalige Journalist hat nahezu alle Länder der Erde besucht, um die Theorie der Astronauten-Götter zu bekräftigen. In seinen Büchern und Veröffentlichungen klingen auch Grenzgebiete der Prä-Astronautik, wie *UFOlogie, Magie* und *Parapsychologie,* an.
→ Bundeslade
→ Egger, Friedrich
→ Sintflut
→ Waffen der Götter

Chaves, Eduardo B. Q.: E. Chaves, Rio de Janeiro

Chaves, Eduardo Beltrão *31. 8. 1951 in Rio der Janeiro, Brasilien. Der PR-Agent beschäftigte sich vor allem mit paläo-astronautischen Spuren in seiner Heimat. Einen Teil seiner Veröffentlichungen ist in Erich von *Dänikens* »Meine Welt in Bildern« behandelt. C' organisierte den 4. Weltkongreß der *Ancient Astronaut Society* in Rio de Janeiro.
→ Felszeichnungen

Charroux, Robert. Q.: R. Charroux

Chavín (Prä-Inka-Kultur)
→ Palenque
→ Peru
Chawa (hebräisch: Eva) → Eva
→ Schöpfung
Chebar (Fluß in Vorderasien)
→ Kebar
Chemehuevis (Indianerstamm; USA)
→ Kommunikation, interstellare
Chemie (Übersicht über einzelne Zweige:) → Biochemie
→ Elektrochemie
Chemikalien → Wunder
vgl.: Drogen
vgl.: Flüssigkeiten, chemische
vgl.: Fluoreszenzen
vgl.: Medikamente
Ch'en (Thai-Familie) → Thailand
Cheng Tang (chinesischer Kaiser; 2000 v. Chr.?) → Tang
Chen-yen (vollkommene Menschen; Bild des Taoismus; China)
→ Taoismus
Cheops (2551–2528 v. Chr.; Pharao)
→ Pyramiden
Cheops-Pyramide → Pyramiden
Chephren (2520–2494 v. Chr.; Pharao) → Pyramiden
Chepkeliensokol (Gott der Nandi aus Kenia) → UFO, historische
Cheruben (hebr. = Cherubim) Wer oder was waren die in *Genesis* 3,24 erwähnten Cheruben mit dem zukkenden Flammenschwert *(Waffen der Götter)*, die den Zugang zum *Baum des Lebens* bewachen sollten? War das »Flammenschwert« die naive Beschreibung einer verheerenden Waffe?
Auch der Prophet *Ezechiel* ebenso wie *Henoch* wollen diese »Wesen« in den verschiedenen Begegnungen mit dem Landeraumschiff der Götter wiedererkannt haben. Q.: Dopatka: Spiegelbild
Im biblischen Bericht hatten die Cheruben eine Wächterfunktion und sollten den Eingang zum *Paradies* überwachen *(Tabus)*. Auch *Chumbaba* im *Gilgamesch-Epos* hatte diese Aufgabe, als er Posten vor dem Zedernwald stand. Auch er war von Gott zu dessen Diensten geschaffen worden – wie ursprünglich auch der Mensch *(Sagen)*. *Gilgamesch* brauchte ihn nur leicht zu berühren, man könnte auch sagen: auf einen Knopf, auf eine Taste drücken, um ihn umzubringen bzw. im wahrsten Sinne des Wortes abzuschalten *(Roboter)*. Sollten hier roboterähnliche Wesen auf Posten gestanden haben? Q.: Dopatka: Spiegelbild; Q.: Däniken: Zurück S. 269 ff
→ Bundeslade
→ Ezechiel
→ Henoch
→ UFO, historische
vgl.: Engel
Chiang Tzu-Yu
→ Chih Chiang Tzu-Yu
Chiao (schwimmende Götterbasis der thailändischen Mythologie)
→ Schiffe
Chibcha (kolumbianischer Indiostamm; Synonym für Muisca)
→ Schlangen
→ Schöpfung
vgl.: Mochica
vgl.: Muisca
Chibchacum (Erdgott der kolumbianischen Muisca) → Sintflut
Chicama-Tal (Peru) → Computer
Chichen Itzá (Maya-Ruinenstätte in Yucatán) Weltbekannt ist das Observatorium *(Observatorien)* von C'I'. Hochmodern in der Form, erhebt es

Observatorium von Chichen-Itzá (Yukatan). Q.: Constantin-Film

68 Chichen Itzá

sich als Rundbau, in dessen Inneren eine Wendeltreppe nach oben führt. Fensteröffnungen und Nischen sind exakt nach den Sternen ausgerichtet *(Astronomie)*. An den Wänden finden sich Göttergestalten abgebildet – und auch eine menschliche Figur mit Flügeln – Hinweis auf die Götter, die von den Sternen kamen *(Gravuren)*?
Q.: Däniken: Erinnerungen S. 151 f
→ Pyramiden
→ Tula

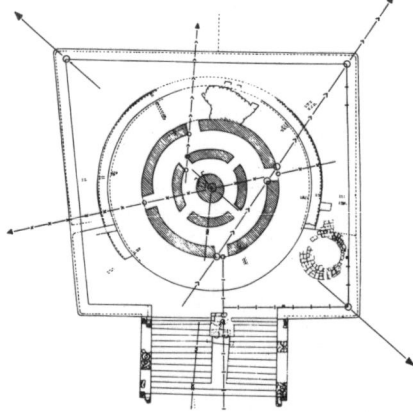

Chichen-Itzá. Q.: Umzeichnung nach H. Hartung, Die Zeremonialzentren der Maya, Graz 1971

Chi-Handschrift
→ Tchi-Handschrift
Chih Chiang Tzu-Yu In der Regierungszeit des Kaisers *Yao (Chou-Dynastie)* tauchten am Himmel »zehn Sonnen« auf, die die Erde mit ihrer großen Hitze verbrannten (*UFO*, historische; *Katastrophen)*. Q.: Krassa: Gott S. 154; Q.: Krassa: Gelbe Götter S. 95 f; Q.: Mooney: Les dieux S. 153 Auch viele Menschen verloren dabei ihr Leben. Weder Priester noch Gelehrte konnten dem Kaiser helfen, so daß sich dieser an einen geheimnisvollen Sonderling mit Namen C'C'T'-Y', auch Yi, Hou-Yih und Chiang Tzu-Yu genannt, erinnerte. Er ernährte sich ausschließlich von Blumen und hatte nach der Sage *(Sagen)* die Möglichkeit, wie ein Vogel zu fliegen *(Rocket-Belt)*. Bewaffnet mit seinem »magischen Bogen« *(Waffen der Götter)*, bestieg der Weise einen Himmelsvogel *(UFO*, historische), der ihn in den »unendlichen Horizont« trug. Von diesem Platz aus konnte er selbst nicht mehr den Lauf der *Sonne* verfolgen. Mit seiner Waffe gelang es ihm dann, die »zehn Sonnen« zu vernichten.
Wurde hier vielleicht ein prähistorischer Raumflug geschildert? Entspricht das »Blumenessen« vielleicht einer Algenmahlzeit unserer Astronauten? Nach Ansicht der *NASA* wird auf zukünftigen Raumflügen eine Algenkultur an Bord die herkömmlichen Nahrungsmittel ersetzen. Die Angaben vom »unendlichen Horizont« dürfte dem Kosmos gleichkommen *(Astronomie; Weltall)*, auch die Erwähnung, man habe die Bahn der *Sonne* nicht mehr verfolgen können, ist schon bei einer Mondumkreisung zutreffend. Indiz reiht sich an Indiz. Q.: Krassa: Gelbe Götter S. 95 f; Q.: Krassa: Gott S. 154
→ Lebensdauer
→ UFO, historische
Ch'ih-hsiaou (Himmelsvogel der Thai) → UFO, historische
Chi Huang Ti → Shih Huang-ti
Chi'ih (mythische Figur Chinas)
→ Laser
Chikin Tikal (Maya-Ruinenstätte in Guatemala)
→ Pyramiden
Chi-Kung (sagenhaftes Volk der chinesischen Mythologie)
→ UFO, historische
Chilam Balam (Autor historischer Maya-Chroniken, die im 16. Jhdt. in lateinischer Schrift niedergeschrieben wurden) → Baum des Lebens
→ Katastrophen
Chile → Nazca, Hochebene von
→ Radioaktivität
Chi Meng (chinesischer Wissenschaftler) → Astronomie

Chiminigagua (»Etwas-Haus«; mythischer Gegenstand der kolumbianischen Chibcha) → Schöpfung
Chimu (Prä-Inka-Kultur)
→ Götter, bärtige
→ Peru
→ Pyramiden
→ Schlangen
China C' ist als sehr alte Hochkultur mit ungebrochener Tradition und mit ihrer, trotz aller *Vernichtung von Schriftzeugnissen* noch immer reichen, schriftlich fixierten Überlieferung für die Prä-Astronautik ein wichtiges Forschungsgebiet. Es kann nicht überraschen, daß angesichts dieser großen Menge historisch-mythischen Materials auch zahllose Berichte über ´Luftfahrten und Flüge zu finden sind. Zum Teil beschreiben sie vermutlich ekstatische Trance-Erlebnisse *(Schamanismus),* doch erwähnt B. Laufer in seiner »Prehistory of Aviation« (Chicago 1928) eine Menge von *Sagen* und Überlieferungen, die »von fliegenden Wagen *(Wagen,* himmlische) und anderen Maschinerien« erzählen, was eine »Besessenheit vom Fliegen« ausdrückt. »Viele Kaiser, Weise, Alchimisten und Zauberer ›stiegen zum Himmel‹ *(Entführungen).* Huang-ti, der Gelbe Herrscher, wurde samt seinen Frauen und Räten – insgesamt 70 Personen – durch einen bärtigen Drachen *(Drachen,* himmlische; *Rückstoßprinzip; UFO, historische)* zum Himmel entführt.«
Q.: Eliade: Schamanismus S. 418 f
Der *Tchi-Handschrift* nach soll C' 18 000 Jahre lang von Göttern regiert worden sein. Q.: Krassa: Gelbe Götter S. 102, 207; Q.: Drake: Ancient east
Dies könnte, falls diese Götter Astronauten waren, wörtlich zu verstehen sein. → Akupunktur
→ Aluminium
→ Anästhesie
→ Astronomie
→ Baian Kara Ula
→ Berge, heilige
→ Betäubungsmittel
→ Chih Chiang Tzu-Yu
→ Domestizierungen
→ Drachen, himmlische
→ Dzyan, Buch des
→ Eier, fliegende
→ Entführungen
→ Erkennen der Götter
→ Exobiologie
→ Gesetze
→ Gobi, Wüste
→ Gravitation, Aufhebung der
→ Gravuren
→ Helikopter
→ Höhlen
→ Katastrophen
→ Konfrontationen der Götter
→ Krassa, Peter
→ Kulturbringer, Götter als
→ Kun
→ K'un-lun-Gebirge
→ Lampen
→ Laser
→ Lebensdauer
→ Levitation
→ Maschinen
→ Mumien
→ Mutanten
→ Paradies
→ Piri Reis Weltkarten
→ Pyramiden
→ Riesen
→ Rocket-Belt
→ Röntgen-Gerät
→ Schädeldeformationen
→ Schiffe
→ Schlangen
→ Seismographen
→ Sintflut
→ Spielzeugautomaten
→ Teleskope
→ Thailand
→ Tibet
→ U-Boote
→ UFO, historische
→ Unfälle
→ Unklarheiten der Definition
→ Vakuum
→ Verbindung von Himmel und Erde
→ Vernichtung von Schriftzeugnissen

China

→ Waffen der Götter
→ Wortbedeutungen
Chinchillapi (Ort am Titicacasee)
→ Höhlenzeichnungen
Chingana Grande (Felsblock bei Sacsayhuaman) → Sacsayhuaman
Chin Hung (Figur einer chinesischen Sage) → Entführungen
Chi Pen Lao (chinesischer Ethnologe bzw. Archäologe) → Erkennen der Götter
→ Pyramiden
→ Stollen, unterirdische
Chi-Po (chinesischer Gelehrter)
→ Astronomie
Chi Pu Tei (Archäologe)
→ Baian Kara Ula
Chiron (auch Cheiron; Kentaur; griechische Mythologie)
→ Aussetzung von Kindern
Chitrasema (König des indischen Mahabharata) → Erscheinungen
Chocha (Ort in Peru)
→ Konfrontationen Götter kontra Menschen
Cholula (Stadt mit Pyramide bei Mexiko-City) → Pyramiden
→ Räder
→ Stollen, unterirdische
Chong (Figur des Shu-king)
→ Verbindung von Himmel und Erde
Chou-Chou (chinesischer Feldherr, 265–316 n. Chr.) → Aluminium
Chou-Dynastie (chinesische Dynastie) → Chih Chiang Tzu-Yu
→ Exobiologie
→ Kulturbringer, Götter als
vgl.: Tschou-Dynastie
Chou King → Shu-king
Chou Ming Chen
→ Tschu-Myn Tschen
Chow Chu → Chou Chou
Cho Yüan (chinesischer Dichter; 340–278 v. Chr.) → Entführungen
Christentum → Auferstehung
→ Jesus
vgl.: Bibel
Chronik (Altes Testament)
2. Chr. 2,5 → Manna
2. Chr. 3,3 → Bundeslade
2. Chr. 7,1 ff → Laser

Chronik von Akakor (Überlieferung der brasilianischen Ugha Mongulala)
→ Akakor
Chrysolith (Mineral) → Ezechiel
→ Glas
Chuen (chinesischer Kaiser; ca. 2300 v. Chr.) → Entführungen
Chufu (=Cheops; Pharao)
→ Pyramiden
Chujut Rabuah (mesopotamischer Fundort) → Batterien
Chullpa (Turmkonstruktionen in Südamerika) → Simbabwe
Chumbaba (auch Humbaba; göttlicher Wächter im Gilgamesch-Epos)
→ Cheruben
→ Gilgamesch
Chun → Chuen
Chung-ming (Himmelsvogel der chinesischen Mythologie)
→ K'un-lun-Gebirge
Chu Tans (chinesische Begräbnisstätte) → Mumien
Chuvash (Gott aus dem Licht)
→ Wortbedeutungen
Chuwawa → Chumbaba
Cincello (italienischer Maler)
→ Kunst
Cinvad-Brücke (persische Mythologie) → Verbindung von Himmel und Erde
Ciriello (italienischer Maler) → Kunst
Citralakshana (2. Kapitel des tibetanischen Kanjur) → Eier, fliegende
Ciudad Real (Ort in Spanien)
→ Felszeichnungen
Cocconi, Guiseppe (Physiker)
→ Green-Bank-Konferenz
Coccius, Samuel (Basler Drucker)
→ Mittelalter
Cocopas (Indianerstamm; USA)
→ Kommunikation, interstellare
Cocox (Flutüberlebender der Azteken) → Sintflut
Codex Cortesianus
→ Codex Madrid
Codex Dresden
(Maya-Bilderschrift)
→ Maya
→ Vernichtung von Schriftzeugnissen

Codex Madrid (Teil einer Maya-Bilderschrift, auch Codex Tro-Cortesianus)
→ Maschinen
→ UFO, historische
→ Vernichtung von Schriftzeugnissen
Codex Paris (Maya-Bilderschrift, auch Codex Peresianus)
→ Vernichtung von Schriftzeugnissen
Codex Tro-Cortesianus → Codex Madrid
Codex Vaticanus A (aztekischer Codex) → Katastrophen
→ Schöpfung
Codex Vindobonensis Mexicanus (mixtekischer Codex) → Verbindung von Himmel und Erde
Coll, Pieter (Autor) → Kritiker
Colla (peruanischer Indiostamm)
→ Schlangen
Collao (bolivianische Provinz)
→ Tiahuanaco
Columbia River (USA)
→ Felszeichnungen
Comics vgl.: Science Fiction
Computer Im Jahre 1900 wurde vor der Insel *Antikythera (Griechenland)* von Schwammtauchern das Wrack eines Schiffes gefunden, das vermutlich im 1. Jahrhundert v. Chr. gesunken war. Neben Marmor- und Bronze-Statuen barg man auch einen unförmigen Klumpen, der sich erst nach näherer Untersuchung durch den Archäologen Valerios *Stais* und den Physiker und Mathematiker Dr. Derek J. de *Solla Price* als Sensation entpuppte.
Es handelte sich um eine Bronzeplatte mit Kreisen und Tabellen, dazu mehr als 40 Rädchen, die einmal als eine Art astronomische Rechenmaschine *(Astronomie)* funktioniert haben müssen. Das jedenfalls beweisen die eingravierten Inschriften *(Maschinen; Mathematik)*. Experten behaupten, die Präzision des antiken »C's« sei verblüffend. Er zeige nur minimale Abweichungen von $^{1}/_{10}$ mm bei seiner Rechentätigkeit. Ein Geschenk der Götter oder eine Konstruktion nach ihren Vorlagen?
Q.: Däniken: Erinnerungen S. 155 f;
Q.: Däniken: Meine Welt S. 130 f; Q.: Throckmorton: Versunkene Schiffe

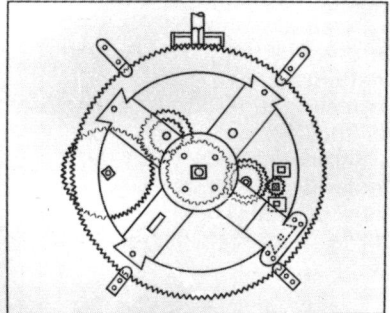

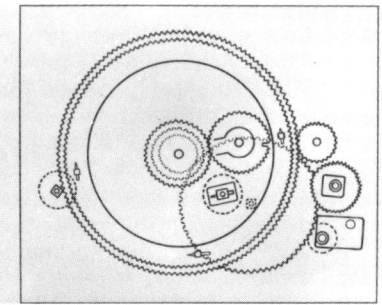

Computer. Antikythera-Rekonstruktion. Q.: Archiv von Däniken

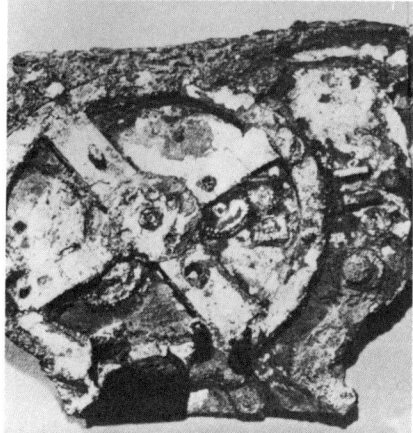

Antikythera. Q.: Ernst von Khuon

Computer

S. 120; Q.: Chatelain: Nos ancêtres S. 112 ff; Q.: Bergier: Les extraterrestres S. 71; Q.: Mooney: Les dieux S. 183; Q.: Temple: Sirius-Rätsel S. 11, 155

Auf einem Tongefäß aus dem *Chicama-Tal (Peru)* ist ein Mann abgebildet, der anscheinend eine Schalttafel mit 37 Knöpfen mit den Zeigefingern bedient. Das 40,5 cm hohe Gefäß befindet sich in Besitz des Peruaners Gerardo Niemann. Auf einem anderen Topf scheint ein Raumschiff abgebildet zu sein *(UFO, historische; Keramik; Gravuren).* Q.: Däniken: Zurück S. 199
→ UFO, historische
→ Weltraumreisen, Probleme bei
Constant, Alphonse Louis → Lévi, Eliphas (=Pseud.)
Cook, James (1728–1779; britischer Weltumsegler) → Cargo-Kult
Cook, Melvin A. (Paläontologe)
→ Versteinerungen
Copán (Maya-Kultstätte)
→ Pyramiden
Cordillera Brunquera (Bergland von Costa Rica) → Kugeln
Corincancha (monolithischer Block bei Sacsayhuaman)
→ Sacsayhuaman
Costa Rica → Kugeln
Couhard (Frankreich) → Pyramiden
Cozco (Grenzstein der Inka-Mythologie) → Orejona
Cree → Kri
Crespi, Carlo Der seit über 45 Jahren in *Cuenca, Ecuador,* ansässige C' verfügt über eine im Hinterhof der Kirche *Maria Auxiliadora* lagernde erstaunliche Sammlung. *Stelen* mit eingravierten Schriftzeichen *(Gravuren; Schriften),* die die Übersetzung herausfordern: der Sanskritforscher Prof. Dileep Kumar *Kanjilal,* Kalkutta, glaubt in ihnen altindische Schriftzeichen zu erkennen, die brahmanischer Herkunft sind *(Brahmanismus):* Platten aus *Gold* und *Silber,* ebenso aus verschiedenen *Legierungen,* die Tiere, Menschen, Götter *(Er-*

Crespi, Pater und Gegenstände. Q.: Erich von Däniken

Crespi, Carlo

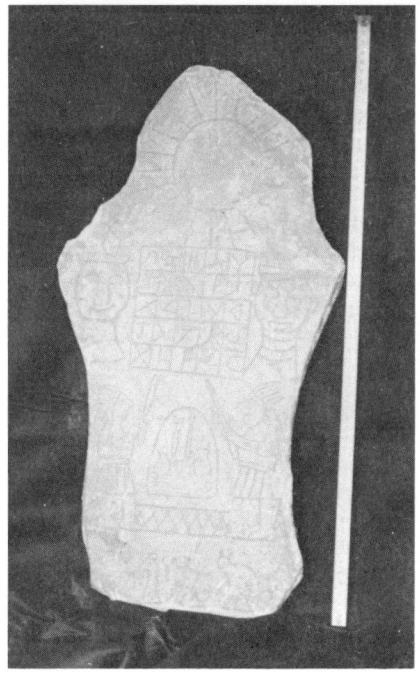

kennen der Götter) und *Pyramiden* sowie Symbole zeigen. Abgebildete Götter tragen *Overalls* und *Brillen* und scheinen in Kugeln zu fliegen *(Kugeln,* fliegende). Der Himmel wird voller fliegender *Schlangen* und himmlischer Drachen *(Drachen,* himmlische) gezeigt; ein weltweites Phänomen. Q.: Däniken: Aussaat S. 31 ff; Q.: Däniken: Meine Welt S. 149 ff; Q.: Däniken: Beweise S. 378 ff
Fast unglaublich sind Abbildungen von *Elefanten* auf goldenen *Stelen.* Diese Tiere sind seit über 12 000 Jahren in Amerika ausgestorben. Q.: Däniken: Meine Welt S. 149
Die Götterfigur einer Stele *(Stelen)* besitzt nur 8 Finger und 8 Zehen.

Crespi. Q.: Erich von Däniken

Mutanten als Götter darzustellen, war ebenfalls ein weltweites Phänomen. Q.: Däniken: Aussaat S. 50
Eine weitere Rarität in der Sammlung Crespis ist eine Goldkugel mit umlaufender Krempe – das Modell eines Raumschiffes *(UFO,* historische)? Mysteriös aber bleibt, daß eine mögliche Gußform im Türkischen Museum in *Istanbul* liegt. Das Negativ wird dort als »nicht klassifizierbar« eingestuft *(Kugeln).* Q.: Däniken: Aussaat S. 47 ff

Crespi. Q.: Erich von Däniken

Der Prager Amerikanist Prof. Miloslav *Stingl* konnte zu den rätselhaften Funden ebenfalls keine eindeutige Erklärung abgeben. Eine Stele *(Stelen)* mit Gesichtern und fallenden *Kugeln* oder *Rädern* deutete er als Symbole für die *Verbindung von Himmel und Erde,* obwohl *Räder* mit Gesichtern darin auch für ihn bislang unbekannt waren. Q.: Däniken: Aussaat S. 53 ff
→ Flugzeugmodelle
→ Stollen, unterirdische
Crick, Francis H. (Genetiker)
→ Schöpfung
Csodasiuszarvas (fliegender Hirsch der ungarischen Mythologie)
→ UFO, historische
Ctesiphon (Hauptstadt des Partherreiches) → Batterien
Cuenca (Ort und prä-inkaische Kultur Ecuadors) → Crespi, Carlo
→ Kalender

Cueva de Menga (Steinbauwerk in Andalusien) → Bunker
Cuicuilco (Ort in Mexiko)
→ Pyramiden
Cukra (=Gurkha oder Curka) *Waffen der Götter* tauchen in allen Mythologien auf. Im *Mausola Purva,* dem 8. Buch des indischen *Mahabharata (Indien),* schleudert Cukra seinen Donner. Das Geschoß, das die Energie des Weltalls in sich trug *(Atombomben),* vernichtete eine dreifache Stadt. Ein weißglühender Rauch erhob sich grell. Cukra setzte danach mit seiner Vimana auf – das Flugschiff erschien wie ein leuchtender Block aus Antimon *(Vimanas).* Q.: Krassa: Gelbe Götter S. 97; Q.: Krassa: Gott S. 171; Q.: Dolezol: Aufbruch S. 54; Q.: Leslie/Adamski: Flying saucers
→ Waffen der Götter
Cukura (Fundort in der Türkei)
→ Mutanten
Cummings, Byron S. (Archäologe)
→ Pyramiden
Curka → Cukra
Cuzco (Herrschersitz der Inka)
→ Inka
→ Kristall
→ Orejona
→ Sacsayhuaman
→ Stollen, unterirdische
→ UFO, historische
C-Waffen (chemische Waffen)
→ Rivalitäten der Götter
→ Sodom und Gomorrha
→ Waffen der Götter
vgl.: Betäubungsmittel
vgl.: Chemikalien
vgl.: Gase
Cybele (Kybele; Urmuttergöttin der Phrygier) → Herkunft der Götter
Cyclops-Project (Pflanzenkommunikation)
→ Kommunikation, interstellare
Cyrano de Bergerac, Savinien de (französischer Schriftsteller, 1619–1655) → Exobiologie

D

Dabavil (göttlicher Ort der Maya-Mythologie) → Schöpfung
Dabria (Schreibkundiger Esras; Altes Testament) → Esra
Dacca (brasilianischer Indiostamm) → Akakor
Dädalus (Daidalos; Gestalt der griechischen Mythologie; Schmied von König Minos) → Unfälle
Dämonen → Gesetze
→ Mutanten
→ Parsismus
→ Talmud
vgl.: Götter
Dänemark → Unterwasserbasen
Däniken, Erich von *14. 4. 1935 in Zofingen, Kanton Aargau, Schweiz. Der ehemalige Hotelier trat um 1960 durch Zeitschriften- und Zeitungsartikel über mögliche fremde Astronautenlandungen in der Vergangenheit der Erde an die Öffentlichkeit. Mit seinem nach ausgedehnten Forschungsreisen 1966 abgeschlossenen und 1968 veröffentlichten Band »Erinnerungen an die Zukunft«, der 238 Fragen aufwirft, wurde die spätere Theorie der Prä-Astronautik einem noch breiteren Publikum geläufig.
Die heute 8stelligen Ziffern verkaufter Exemplare seiner Bücher verbinden daher seinen Namen mehr als den anderer Autoren unlösbar mit der Gesamtentwicklung eines neuen Wissenschaftszweiges. Seine auf mehreren Weltreisen zu archäologischen Phänomenen, Bibliotheken und Experten gewonnenen Erkenntnisse verdichteten sich in dem 1977 erschienenen Band »Beweise«. Verfilmungen seiner Bücher wurden

Däniken, Erich von. Q.: E. v. Däniken

durch die Constantin-Filmgesellschaft unter dem Regisseur Dr. Harald *Reinl* gestaltet. Etwas aus dem Rahmen der Thematik fallen »Erscheinungen«, Düsseldorf, Wien 1974, ein Buch, das sich kritisch mit dem Wunderglauben beschäftigt, und die Kurzgeschichte »Gespräch mit einem Computer« in: »Wir – die Unsterblichen«, einer *Science-Fiction*-Anthologie von Clark Darlton, Rastatt 1974. Auf allen Kongressen der *Ancient Astronaut Society* gehört EvD, nicht nur seiner Publizität wegen, zu den Referenten. Für seine Arbeiten wurde er am 12. Februar

76 Däniken, Erich von

1975 von der Universität Boliviana, Trinidad, in Bolivien, mit dem Ehrendoktortitel ausgezeichnet. Das österreichische Münzamt gab eine von dem Künstler Heinz H. *Peter* gestaltete Medaille in Gold und Silber heraus, die Erich von Däniken im Profil und auf der Rückseite einen Ausschnitt der Grabplatte von Palenque zeigt.

Däniken, Erich von. Q.: E. v. Däniken

(Sekundärliteratur:) *Emrich,* Louis: Wesen von anderen Sternen und die Zukunft der Erde. Stuttgart 1970. *Bourquin,* Gilbert A.; *Golowin,* Sergius: Die Däniken-Story. München, Berlin 1970. *Rocholl,* Peter; *Roggersdorf,* Wilhelm (=Pseud.: Utermann, Wilhelm): Das seltsame Leben des Erich von Däniken. Düsseldorf, Wien 1970. *Seiner,* Franz: Erich von Däniken und seine Gegner. Dornbirn 1972. Das *Weltphänomen* Erich von Däniken. Düsseldorf, Wien 1973. *Mauz,* Gerhard: Das Spiel von Schuld und Sühne. Düsseldorf 1975. *Däniken,* Erich von: Besucher aus dem Kosmos. (Enthält: Über EvD. Biographische Darstellung des Econ Verlages). Düsseldorf, Wien 1975. *Krassa,* Peter: Däniken intim. Freiburg i. Br. 1976. *Däniken,* Erich von: Erich von Däniken im Kreuzverhör. Düsseldorf, Wien 1978
→ Blumrich, Josef F.
→ Chaves, Eduardo Beltrão
→ Dünnenberger, Willi
→ Evolutionsprobleme
→ Ezechiel
→ Golowin, Sergius
→ Karikaturen
→ Krassa, Peter
→ Maier, Karl L. J. C.
→ Musik
→ Philatelie
→ Prä-Astronautik
→ Sacsayhuaman
→ Schievella, Pasqual Sebastian
→ Science Fiction
→ Stollen, unterirdische
Dagda (altirische Gottheit)
→ Kulturbringer, Götter als
Dagon (Fischwesen des Persischen Golfes) → Oannes
Daitys (Riesen der indischen Mythologie) → Riesen
Dale, Rodney Alexander M. (Biologe) *28. 11. 1933 in London. Der Autor verfaßte zusammen mit Georg *Sassoon* mehrere Studien zur »*Manna*-Maschine«. Mit seinem Buch »The Kabbalah decoded« glückte ihm der Versuch, eine Überlieferung im Sinne der Prä-Astronautik zu übersetzen (*Kabbala,* jüd.). Er war Referent beim 5. Weltkongreß der *Ancient Astronaut Society.*
→ Manna
Danaë (Mutter des Perseus; griechische Mythologie) → Aussetzung von Kindern
Daniel D', einer der vornehmen Juden, die 605 v. Chr. nach *Babylon* deportiert wurden, sah nach Kapitel *2,31–33* seines Buches eine Säule, gewaltig und glänzend. Kopf, Brust und Arme waren aus goldenem Metall und teils aus Ton (*UFO,* histori-

Dale, Rodney. Q.: Andrew Houston, Cambridge

sche). Wenn dieses Gebilde auch im folgenden Vers durch einen gewaltigen Stein zermalmt wird, so hat diese Schilderung im Kern vielleicht wirklich die Beobachtung eines Raumschiffes inne. Q.: Krassa Gott S. 235 f
Deutlicher im Sinne der Prä-Astronautik, wenngleich auch sehr mysteriös und dunkel, mögen die Verse *7 ff* des *7.* Kapitels erscheinen: »... das vierte Tier war greulich und schrecklich und sehr stark und hatte große eiserne Zähne, fraß um sich und zermalmte... und hatte zehn Hörner *(Antennen)*. Da ich aber die Hörner schaute, siehe, da brach hervor zwischen ihnen ein anderes, kleines Horn, vor welchem der vorigen Hörner drei ausgerissen wurden; und siehe, dasselbe Horn hatte Augen wie Menschenaugen und ein Maul, das redete große Dinge *(Roboter; Kommunikation)*. Solches sah ich, bis daß Stühle gesetzt wurden; und der Alte *(Humanoiden; Erkennen der Götter)* setzte sich, das Kleid war *(Overalls)* schneeweiß und das Haar auf seinem Haupte wie reine Wolle; sein Stuhl war eitel Feuerflammen, und dessen *Räder* brannten mit Feuer. Und von ihm ging aus ein langer, feuriger Strahl *(Strahlen)*...« Daniel wurde fraglos mit einer roboterartigen Maschine konfrontiert, die Antennen aus- und einfahren konnte. Auch war die mit ihm verhandelnde Person ohne Zweifel menschenähnlich. Q.: Krassa: Gott S. 238 ff
Ungeklärt müssen uns vorerst die Ereignisse im Feuerofen und in der Löwengrube (Kapitel *3* und *6)* bleiben *(Unklarheiten der Definition)*. Die drei Juden *Schadrach, Meschach* und *Abednego* wurden, da sie sich weigerten, ein Götzenbild anzubeten, zum Tode im Feuerofen verurteilt. Doch sie verbrannten nicht, denn mit ihnen stand ein vierter im Feuer, den König *Nebukadnezar II.* (605–562 v. Chr.) auch gleich erkannte *(Humanoiden): (3,92)* »... und der vierte sieht aus wie ein himmlisches Wesen« *(Erkennen der Götter; Unangreifbarkeit der Götter)*. Q.: Krassa: Gott S. 236 ff
Das *Popol Vuh* der *Quiché*-Indianer kennt erstaunlicherweise ebenfalls eine ähnliche Geschichte: »... Darauf gingen jene ins Feuer, in ein Feuerhaus. Drinnen war alles Glut, aber sie verbrannten nicht. Glatten Leibes und schöngesichtig zeigten sie sich in der Dämmerung. Man hätte sie tot gewünscht in den Orten, die sie durchschritten. Aber das geschah nicht. Verwirrung ergriff da die von *Xibalba*.« Q.: Däniken: Aussaat S. 91 f
Nach der Errettung aus der Löwengrube ließen die Himmlischen es allerdings geschehen, daß Verleumder samt Frauen und Kindern zerfleischt wurden *(Grausamkeit)*. Q.: Krassa: Gott S. 237 f

Danzel, Theodor (Ethnologe)
→ Pyramiden

Daramulum (oder Bajame; australischer Gott) → Entführungen
→ Mutanten

Darlton, Clark (=Pseud.: Ernsting, Walter; Autor) → Ernsting, Walter
→ Science Fiction
David (1004–965 v. Chr.; jüdischer König; Altes Testament) → Riesen
→ UFO, historische
Death Valley (Nevada; USA)
→ Kulturen, versunkene
→ Sandverglasungen
DeBakey, Michael (Geologe)
→ Nazca, Hochebene von
De Camp, Sprague
→ Camp, Sprague de
Deischmann, Adolf → Deissmann, Adolf
Deissmann, Adolf (Neutestamentler)
→ Piri Reis Weltkarten
Dekhan-Plateau (Indien) → Höhlen
De la Jara, Victoria (Ethnologin)
→ Inka
De las Casas y César Sotillo, Fernando (Ingenieur)
→ Steine, gravierte
De la Vega, Garcilaso (1503–1536; spanischer Chronist)
→ Sacsayhuaman
→ Vertuschungen
Delawaren (Indianerstamm der Algonkin-Gruppe; USA) → Baum des Lebens
→ Sintflut
Delmas, André (französischer Mediziner und Biologe) → Exobiologie
Delphi (griechisches Orakelheiligtum) → Sintflut
→ Sirius-B
Demawend (Gipfel des Elburs-Gebirges; Persien) → Landeplätze der Götter
Demokritos (460–370 v. Chr.; griechischer Philosoph) → Exobiologie
Derinkuyu (Höhlenstadt in Anatolien, Türkei) → Höhlen
Derleth, August (Schriftsteller)
→ Science Fiction
Desani (jugoslawisches Kloster)
→ Fresken
Deukalion (Sohn des Prometheus, König von Phthia; griechische Mythologie) → Sintflut
→ Sirius-B

→ UFO, historische
Deuteronomium (5. Buch Mose; Altes Testament) Dt 3,11 → Riesen
Dt 4,15 ff → Erkennen der Götter
Dt 9,2 → Riesen
Dt 34,6 → Moses
Deutschland → Kuriositäten
→ Mittelalter
→ Mutanten
Devanavam (Arche des Matsyapurana-Mythos) → Sintflut
Dewaki (Mutter des Krishna; indische Mythologie) → Aussetzung von Kindern
Dewata (gute Geister oder Engel in der Mythologie der Toradja, Celebes)
→ Landeplätze der Götter
→ Verbindung von Himmel und Erde
Dexinger, Ferdinand (Theologe)
→ Exopsychologie
Dezimalsystem Das D' ging ursprünglich aus dem indischen Kulturkreis hervor *(Indien).* Q.: Däniken: Beweise S. 42
→ Mathematik
Dhlo-Dhlo (Fundstelle in Südafrika)
→ Simbabwe
Djado (Oase in Niger) → Sirius-B
Diaprepes (Sohn Poseidons; griechische Mythologie) → Gottessöhne
Djebel el Shech (Gipfel des Hermon-Gebirges) → Henoch
Djerma (Ort in Libyen) → Kulturen, versunkene
→ Sirius-B
Diffusionstheorie Ethnologische Theorie, die annimmt, Hochkulturen seien nicht unabhängig, sondern in ständiger oder sporadischer Verbindung miteinander aufblühten. Stellen vielleicht außerirdische Besucher diesen gemeinsamen Nenner dar?
→ Moche-Kultur
Digitaria (von Digitaria Exilis, dem botanischen Namen eines Getreides, abgeleiteter Name. Die westafrikanischen Dogon nennen es Po und bezeichnen mit Po Tolo den von ihnen verehrten Sirius-B, unter D' ist Po Tolo den Mythologen geläufig.)
→ Sirius-B

Dilangi (Flutüberlebender in der Mythologie der Toradja, Celebes)
→ Verbindung von Himmel und Erde
Dilmun (Name der Paradiesinsel und Welt der sumerischen Mythologie)
→ Herkunft der Götter
→ Schöpfung
Dimensionen (verschiedene Kosmen)
vgl.: Inertialsysteme
Dinka (nordostafrikanischer Stamm)
→ Schlangen
Dionysos (Sohn des Zeus und der Semele; griechische Mythologie)
→ Aussetzung von Kindern
→ Schlangen
→ Unterwasserbasen
Djoser (Pharao; 2609–2590 v. Chr.)
→ Im-Hotep
→ Pyramiden
Disselhoff, Hans Dietrich (Amerikanist) → Tiahuanaco
Dodona (griechisches Orakelheiligtum) → Sintflut
→ Sirius-B
Dogon (westafrikanischer Stamm, ursprünglich wahrscheinlich vom Nordosten her eingewandert)
→ Astronomie
→ Bodenzeichnungen
→ Erde
→ Exobiologie
→ Jesus
→ Kalender
→ Landeplätze der Götter
→ Medizin
→ Mond
→ Mutanten
→ Oannes
→ Planetensystem, eigenes
→ Saturn
→ Schiffe, fliegende
→ Sintflut
→ Sirius-B
→ Unfälle
→ Verbindung von Himmel und Erde
→ Wiederkehr der Götter
Dogus Unter D' versteht man bronzene Statuetten *(Statuen)*, deren Anzüge an *Overalls* erinnern. Mysteriös an diesen in *Japan* gefundenen Figuren

sind besonders auch die mit schrägen Linsen versehenen *Brillen*. Die größte von ihnen mit 60 cm Höhe ist im Besitz von Alexander *Kasanzew*. Die Hersteller müssen konkrete Lebewesen vor Augen gehabt haben,

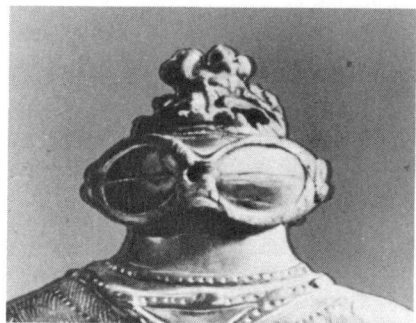

Dogus-Plastiken. Q.: Constantin-Film

Dogus. Q.: Ancient Astronaut Society

80 Dogus

um derart exakte Konstruktionen anzufertigen *(Erkennen der Götter).* Q.: Krassa: Gelbe Götter S. 36 f; Q.: Däniken: Zurück S. 165 ff; Q.: Däniken: Besucher S. 333 ff Q.: Mooney: Les dieux S. 120
Die Statuetten sollen angeblich aus der späten *Jomon*-Zeit stammen und wurden von dem Japaner *Isao Washio* näher untersucht. Man fand sie in den Bezirken von *Kamegaoka, Aomori, Miyagi* sowie im Gebiet von *Tohoku* und *Kanto.* Auch auf der Insel *Kondo* sollen bei Ausgrabungen Figuren zutage gekommen sein. Schon 1962 wurden sie von Alexander *Kasanzew* beschrieben. Q.: Schmitz: Beweisnot S. 219 f; Q.: Kolosimo: Sie kamen S. 56 ff
Eine dieser Figuren hält in der behandschuhten Hand einen kurzen Stab. Eine Waffe *(Waffen der Götter)?* Q.: Däniken: Zurück S. 166
Die Dogus-Figuren tauchten erstmals um 600 v. Chr. auf. Auch gerade um diese Zeit erscheint in der japanischen Mythologie der Gott *Ninigi,* der den ersten Kaiser *Jimmu Tenno* einsetzte. Um diese Zeit, 592 v. Chr., hatte auch der Prophet *Ezechiel* seine Begegnung mit einem Raumschiff. Verbindungen dieser Ereignisse liegen auf der Hand. Q.: Däniken: Beweise S. 164 ff
Ähnlich wie die D'-Statuen scheinen auch die *Ainu-Statuetten,* aus der späten *Jomon*-Epoche, reale Vorbilder gehabt zu haben. Q.: Schmitz: Beweisnot S. 222; Q.: Kolosimo: Unbekanntes Universum S. 219
→ Katsumi Koosaka
Dolezal, Erich (Autor)
→ Science Fiction
Domestizierungen *Mais, Bananen* und *Weizen* haben stammesgeschichtlich keine erkennbaren Stammbäume. Woher stammten sie? Den *Sagen* nach von kulturbringenden Göttern *(Kulturbringer,* Götter als). Q.: Däniken: Beweise S. 136
Alle Versuche, den *Weizen* auf seine Urform zurückzuzüchten, sind fehlgeschlagen. War er ursprünglich ein Geschenk der raumfahrenden Götter? Die chinesische *I-King* (I-Ging)-Überlieferung *(China)* glaubt, der *Akkerbau* sei den Menschen von himmlischen Genien beigebracht worden *(Kulturbringer,* Götter als). Q.: Krassa: Gott S. 45 f; Q.: Krassa: Gelbe Götter S. 103 f; Q.: Dolezol: Aufbruch S. 46
Bananen vermehren sich nur durch Schößlinge – ihre enorme Verbreitung selbst auf kleinsten und einsamsten Inseln ist deshalb sonderbar. Sollten sie wirklich, wie eine indische Sage behauptet *(Indien; Sagen),* als *Kandali,* als Bananenbusch, von den *Manu,* den Menschen helfenden Geistern, auf die Erde gebracht worden sein *(Kulturbringer,* Götter als)? Q.: Däniken: Aussaat S. 228
Eine Sage *(Sagen)* der *Winnebago,* eines Siouxstammes *(Sioux)* in den *USA,* berichtet von einem Gottesboten, der bei seinem zweiten Besuch auf unserem Planeten die »Zeremonie der lebensspendenden Muschel« den Menschen mitbringt. Der Anbau des *Mais* soll den Indianern von da an bekannt gewesen sein *(Kulturbringer,* Götter als). Q.: Krassa: Gott S. 47 f
→ Maya
→ Schlangen
→ Schöpfung
Donnergötter Wenn man in *Genesis 3,8* von einem Gott hört, der mit »lauten Schritten« durch seinen Garten geht, anscheinend also mit viel Lärm, Krach und Aufsehen, kann man dabei durchaus das Bild eines startenden oder landenden Flugkörpers vor Augen haben *(UFO,* historische). Q.: Dopatka: Spiegelbild
Das Verkünden der Gebote Gottes *(Exodus 19 ff; Gesetze)* an sein »Versuchsvolk« Israel sollte wieder in der Art einer pompösen Machtdemonstration geschehen *(Einschüch-*

Donnergötter 81

terungen). Das behauptet Jahwe in Exodus 19,9 sogar selber! Er läßt *Moses* zu sich kommen und erklärt ihm die Einzelheiten der Zeremonie, den Grund für sein donnerndes, furchteinflößendes Erscheinen. Er wird »in dichtem Gewölk« *(Wolken)* auftreten, »damit das Volk dir (Moses) für immer glaubt« – womit gleichzeitig auch für andere Bibel- und Legendenpartien eine eindeutige Erklärung gegeben wurde. Q.: Dopatka: Spiegelbild; Q.: Krassa: Gott S. 109 ff; Q.: Däniken: Zurück S. 256; Q.: Däniken: Beweise S. 149
Am dritten Tag nach der Ankündigung donnerte und erbebte die ganze Umgebung. Jahwe wollte verkünden. Der Rauch, mit dem er sich umgab, stieg auf, wie aus einem Schmelzofen – was eindeutige Rückschlüsse ziehen läßt *(Öfen,* fliegende; *Tarnung).* Q.: Dopatka: Spiegelbild; Q.: Krassa: Gott S. 109 ff
Exodus 20,18 demonstriert wieder diese Aktivität des biblischen Gottes. Q.: Däniken: Besucher S. 244
Natürlich umgab nicht Gott als Person die *Wolken,* sondern sie schlossen – wie überliefert – die *Herrlichkeit des Herrn,* zweifellos das Flugschiff, ein. Q.: Dopatka: Spiegelbild
Moses sprach mit seinem Herrn in der Wolke *(Wolken),* als der, wohl aus *Angst* vor einem fanatischen Massenansturm des Volkes *(Panik),* seinem Mittelsmann noch einmal befiehlt, hinabzusteigen und die Stämme zu beruhigen. Q.: Dopatka: Spiegelbild; Q.: Däniken: Zurück S. 256 f; Q.: Däniken: Besucher S. 244
Und *Moses* stieg hinab, was vom *Talmud,* einer nachchristlichen jüdischen Sammlung von Gesetzen und Überlieferungen, als »Moses, steige hinab von deiner Würde« interpretiert wurde.
Die Stellen der Bibel, in denen Gott raucht und donnert, sind so zahlreich, daß Theologen ohne Zögern die Theorie eines Gewittergottes entwarfen. Zweifellos sind Blitz und Donner imponierend und man wird bestimmt göttliches Wirken dahinter erblickt haben. Was aber hatten Feuer und Wolken mit Rädern und ehernen göttlichen Gestalten *(Ezechiel)* gemeinsam? Welche Theorie kann uns manövrierbare Flammen und Rauchschwaden erklären? Q.: Dopatka: Spiegelbild
Der Held des *Mahabharata (Indien), Arjuna,* wünschte *Indras* Wagen zu sich *(Wagen,* himmlische; *UFO,* historische). Im Lichterglanz und mit Donner kam auch plötzlich der Wagen daher. In den Wagen eingestiegen *(Entführungen),* nahte er sich dem Bezirk, in dem noch Tausende dieser Himmelswagen verkehrten. Dort, wo Sonne und Mond nicht schienen, glänzten sie in eigenem Licht *(Weltall).* Imposant ist die Feststellung, daß die *Sternen*gestalt, die auf der Erde gesehen wird, nicht die wahre Natur der Sterne ist.«.... was als *Sternen*gestalt unten auf der Erde gesehen wird, ob in großer Ferne gleich Lampen, obwohl es große Körper sind.« *(Astronomie)* Wie der Sanskritforscher Dr. Dileep Kumar *Kanjilal* aus Kalkutta erklärt, sprechen ergänzende Originaltexte von vielen fliegenden Wagen, die *Arjuna* sah: so u. a. auch flugunfähige und abgestürzte *(Unfälle).* Ein Hinweis auf die Realität der Beobachtungen. Q.: Däniken: Beweise S. 190 f, 209; Q.: Bopp: Ardschuna's Reise
Im japanischen *Nihongi* des Prinzen *Toneri (Japan)* steigt einer der acht Götter namens *Susa no Wo no Mikoto* mit Donner zum Himmel hinauf, daß die Erde bebte. Q.: Däniken: Beweise S. 158
Der *Maori*-Gott Tane *(Neuseeland)* kam mit Donner vom Himmel – im Weltall benutzte er den Blitz als Waffe *(Blitze; Waffen der Götter; Sagen).* Q.: Däniken: Meine Welt S. 10
→ Akakor

→ Baruch
→ Drachen, himmlische
→ Eier, fliegende
→ Elias
→ Enkidu
→ Erkennen der Götter
→ Etana und der Adler
→ Ezechiel
→ Gottessöhne
→ Henoch
→ Himmelsvögel
→ Hiob
→ Konfrontationen Götter kontra Menschen
→ Kulturbringer, Götter als
→ Maya
→ Moses
→ Schöpfung
→ U-Boote
→ UFO, historische
→ Unfälle
→ Verbindung von Himmel und Erde
→ Waffen der Götter
vgl.: Akustik (der Götter-Fahrzeuge)
Donnervögel vgl.: Himmelsvögel
Dopatka, Ulrich *4. 8. 1951 in Ahaus, Westfalen, Deutschland. Neben verschiedenen Artikeln in Zeitschriften wurde 1975 die erste Buchveröffentlichung des Bibliothekars zu einem Aspekt der *Prä-Astronautik* herausgegeben. Die im »Spiegelbild der Götter« angesprochene Thematik beschränkt sich auf die Darstellung der religiösen Problematik der Theorie vom Wirken außerirdischer Götter-Astronauten und die systematische Untersuchung der biblischen Bücher *Genesis* und *Exodus*. Mit der vorliegenden Dokumentation zur *Prä-Astronautik* gibt U'D' die lexikalische Basis zu weiteren Forschungen in diesem Bereich. Im Rahmen seiner Mitarbeit in der *Ancient Astronaut Society,* wo er als Referent bei einigen Weltkongressen sprach, versucht er diese koordinierende und dokumentierende Tätigkeit fortzuführen.
Dorier (griechischer Volksstamm)
→ Sirius-B

Dougherty, C. N. (Paläontologe)
→ Versteinerungen
Drachen vgl.: Saurier
Drachen, himmlische (Synonym für die fliegenden Fahrzeuge der Götter) Nach den ältesten chinesischen Mythen *(Sagen; China)* kamen in grauer Vorzeit die sog. »Drachenkönige« auf die Erde. Sie waren gleichzeitig die Begründer der 1. Dynastie *(Kulturbringer, Götter als)*. Die Himmlischen verstanden die Kunst der *Telepathie* und verstanden sich auch auf den Heil*magnetismus (Medizin; Krankheiten)*. Die Waffen der Menschen konnten ihnen nichts anhaben *(Waffen der Götter; Unangreifbarkeit der Götter)*. Mit ihren Fluggeräten konnten sie jederzeit zu den Sternen fliegen *(UFO,* historische), wobei die Antriebsaggregate fürchterlich dröhnten *(Donnergötter; Akustik)*. Die gesamte chinesische *Kunst* wurde in den darauffolgenden Jahrtausenden vom Drachenmotiv beeinflußt. Q.: Krassa: Gelbe Götter S. 101

Dopatka, Ulrich. Q.: Christian Feldmeier

Der Gründer der 1. Dynastie besaß einen solchen Drachenwagen mit doppeltem Antrieb. Sein Name *Yu* erhielt später vom Kaiser *Yoan* den Anhang »Sohn des Roten Drachen«.
Q.: Krassa: Gelbe Götter S. 101 f;
Q.: Drake: Ancient east
→ China
→ Crespi, Carlo
→ Entführungen
→ Gravuren
→ Katastrophen
→ Konfrontationen der Götter
→ Nan Madol
→ Saurier
→ Schlangen
→ UFO, historische
→ Waffen der Götter
Drachen-Monolith (Mexiko)
→ UFO, historische
→ Unklarheiten der Definition
Drake, Frank Donald (Astronom)
→ Exobiologie
→ Green-Bank-Konferenz
→ Kommunikation, interstellare
Drake, Walter Raymond *2. 1. 1913 in Middlesbrough, Großbritannien. D' ist einer der meistgelesenen Autoren auf dem Gebiet der Paläo-Astronautik im englischen Sprachraum. In

Drake, Walter R. Q.: Charles Crisp

vielen der Werke kommen seine ethnologischen Studien zur Geltung. Die Veröffentlichungen des 12 Sprachen sprechenden Schriftstellers, der auch Referent auf mehreren Kongressen der *Ancient Astronaut Society* war, sind auch in östlichen Ländern anerkannt.
Drawiden (indischer Volksstamm)
→ Indien
Drbal, Karel (Radioingenieur)
→ Pyramiden
Dreibeinigkeit (der Götter-Fahrzeuge) → Gesetze
→ K'un-lun-Gebirge
→ Lebensdauer
→ Roboter
→ Sintflut
→ Sirius-B
→ UFO, historische
→ Waffen der Götter
Drogen Die Versuche, mit Hilfe von D' und Halluzinogenen Verbindung mit den Göttern und kosmischen Wesen aufzunehmen, werden auch durch das *Braga* der sibirischen *Schamanen* dokumentiert, einem Roggenbier, in dem man Fliegenpilze ziehen ließ *(Pilze)*: ein auch im europäischen Norden verbreiteter Brauch *(Germanen)*. Q.: Charroux: Welten S. 172
→ Erkennen der Götter
→ Esra
→ Ezechiel
→ Schamanen
vgl.: Chemikalien
vgl.: Koka
vgl.: Medikamente
Drohungen (der Götter gegenüber den Menschen)
vgl.: Einschüchterungen
Drona Parva (Buch des indischen Mahabharata)
→ Konfrontationen der Götter
→ Waffen der Götter
Dropa (ausgestorbenes Volk Asiens)
→ Baian Kara Ula
Druiden (Priesterkaste der Kelten)
→ Kelten
→ Vernichtung von Schriftzeugnissen

Dschagga (ostafrikanischer Bantustamm) → Sterblichkeit der Götter
Dschainismus (Jainismus) In den kanonischen Schriften des von *Mahavira* begründeten D' *(Sagen)* verkünden die Götter dem Gründer der Glaubensbewegung *(Kommunikation):* »... diese Gesetze dienen dem Wohl aller lebendigen Wesen im Weltall!« *(Kulturbringer,* Götter als) Q.: Dopatka: Spiegelbild; Q.: Puccetti: Intelligenz S. 176; Q.: Müller, F. M.: Sacred Books
→ Höhlen
→ UFO, historische
→ Vimanas
→ Waffen der Götter
Dschamsid (oder Yima; persischer Urkönig) → Sintflut
→ Strahlen
Dschingis-Khan (1155-1227; Mongolenherrscher) → Aussetzung von Kindern
Dschuma (oder Garama bzw. Germa; ehemalige Hauptstadt der libyschen Garamanten) → Kulturen, versunkene
→ Sirius-B
Dshagarjan, Andranik (Archäologe) → Palenque
Dünnenberger, Willi *21. 1. 1954 in Schaffhausen, Schweiz. D' ist seit Jahren Sekretär und Archivar des Autors Erich von *Däniken*.
In dieser Position ist er engagiert für die internationale Koordinierung der Prä-Astronautik tätig.

Teilansicht des Archivs Erich von Dänikens. Q.: E. v. Däniken

Dünnenberger, W. Q.: W. Dünnenberger

Duku (Ort der Götter in der sumerischen Mythologie) → UFO, historische
Dummermuth, Fritz (Theologe)
→ Ezechiel
Dumuzi (sumerischer Urkönig)
→ Lebensdauer
Dunkelheiten vgl.: Finsternisse
Dupsimati (sumerische Gesetzestafel) → Gesetze
Durga (indische Göttin) → Waffen der Götter
Durga-Parvati (indische Göttin)
→ Parvati
Duz-anhav (Welt des persischen Awesta) → Herkunft der Götter
Dzyan, Buch des Eine angeblich ehrwürdige Quelle über das Werden des Kosmos und der Menschheit *(Schöpfung)* stellt das B'D' dar. Die darin enthaltenen Aussagen sind jedoch nur mit Vorbehalt zu verwerten, da die Überlieferungsgeschichte problematisch ist. Das Buch wurde in der »Geheimlehre« der Theosophin

Dzyan, Buch des

Helena Petrowna *Blavatsky* (1831–1891) veröffentlicht, und zwar entweder aufgrund eines telepathischen Diktats durch indisch-tibetische Meister oder nach eigener Einsichtnahme in einen Palmblattcodex, der in einer tibetischen Felsengrotte aufbewahrt gewesen sei *(Geheimbücher)*. Einzelne Passagen entsprechen dem indischen *Rigveda,* andere wieder chinesischen Philosophie-Lehren *(China).* Der Name D' wird von Theosophen von einem tibetischen Wort »dhyan« (Weisheit) oder »dzin« (lernen) abgeleitet *(Tibet),* von anderen Anhängern der theosophischen Doktrin hingegen von dem Namen eines angeblichen Schülers von Lao Tse namens *Li-tsin* oder *Ly-tzyn.* Dieser habe berichtet, daß ihm in der Meditation der Geist des Kaisers *Huang-ti* erschienen sei und ihm ein Buch übergeben habe, dessen eigentlicher Titel *Yu-Fu-King* lautete: ein »Buch der geheimen Korrespondenzen«. Bereits 1878 sollen diese Lehren durch den Italiener Puini in Florenz veröffentlicht worden sein. Wissenschaftlich sind die alten Codizes dieses Inhalts jedoch nie greifbar geworden, und ein Theosoph namens Coleman, der versprochen hatte, Originalquellen vorzulegen, will seine Unterlagen beim Erdbeben von San Francisco 1906 verloren haben. So bleiben die Ursprünge der teilweise interessanten Texte im dunkeln. Der Geheimbund-Historiker K. *Frick* bezeichnet sie als Ergebnis eklektischer (auswählend zusammentragender) Verschmelzungen des ältesten mythischen Gedankengutes der Menscheit über die Entsprechungen der Natur. Q.: Camp: Versunkene Kontinente S. 65, 68; Q.: Frick: Licht und Finsternis Teil 2 S. 280

Es ist möglich, daß sich im Buch D' tatsächlich indische Geheimlehren verbergen, die Jahrhunderte in Klöstern des *K'un-lun-Gebirges* und den Schluchten des *Altyn-tag (China;* Tibet) aufbewahrt worden waren. Q. Däniken: Zurück S. 241

Obwohl daher eine exakte Überprüfung des Quellenwertes des B'D' nicht möglich ist, werden gelegentlich Passagen aus dem mysteriösen Werk zitiert.

→ Atlantis
→ Konfrontationen der Götter
→ Parapsychologie
→ Schöpfung
→ Stollen, unterirdische
vgl.: Hinduismus

E

Ea (sumerischer Gott) → Oannes
Earle, Robert *31. 7. 1931 in Cincinnati, Ohio. Der NASA-Ingenieur und Metallurge sowie Ingenieur für Nuklear-Energie beschäftigt sich seit längerer Zeit mit der Idee von außerirdischen Besuchern auf unserem Planeten. Ihn interessiert besonders die Frage, ob solche Intelligenzen konkrete Botschaften hinterlassen haben. Als Redner beim 5. Weltkongreß der *Ancient Astronaut Society* referierte er über die Markierungen auf der Hochebene von *Nazca*.

Earle, Robert. Q.: Ancient Astronaut Society

Ebel, Hans F. (Exobiologe)
→ Exobiologie
Eblis (abtrünniger Engel des islamischen Koran) → Schöpfung
Echnaton (Pharao; 1372–1354 v. Chr.) → Sintflut
Ecuador → Crespi, Carlo
→ Kalender
→ Kristall-Linsen
→ Lebensdauer
→ Levitation
→ Schöpfung
→ Stollen, unterirdische
Edda (nordisch-germanische Überlieferung) → UFO, historische
Eden → Paradies
Edfu (Ort in Ägypten) → Im-Hotep
Edhem, Malil (Direktor des türkischen Nationalmuseums) → Piri Reis Weltkarten
Eeriéne Veedjo (obere Welt der persischen Mythologie)
→ Entführungen
Eggebrecht, Arne (Hildesheimer Museumsdirektor)
→ Batterien
Egger, Friedrich *8. 3. 1944 in Salzburg, Österreich. Der Physiker machte 1975, auch auf dem 2. Weltkongreß der *Ancient Astronaut Society* in Zürich, durch die Konstruktion eines völlig neuen *Rotationskolbenmotors* von sich reden. Die Anregung dazu erhielten er und der Schriftsteller Klaus *Keplinger* durch eine *Maya*glyphe aus dem Buch von Robert *Charroux*: »Die Meister der Welt«. Sie soll Kraft oder Energie bedeuten. Die Konstruktion dieses Motors fällt in das Forschungsprogramm des *Atarpa-Projekts,* das Spuren einer ver-

Eier, fliegende 87

Egger, Friedrich. Q.: F. Egger

sunkenen Technik nachgeht *(Kulturen,* versunkene).
→ Maschinen

Egil (Bruder Wieland des Schmiedes; Gestalt der germanischen Wilkina-Sage) → UFO, historische

Eier, fliegende Ein in vielen mythologischen Systemen wiederkehrendes, auf den ersten Blick erstaunlich wirkendes Motiv sind »f'E'« oder eiförmige Gebilde im Himmel oder Luftraum, wobei oft davon die Rede ist, daß diesen Gebilden menschenartige übernatürliche Wesen entstiegen seien. Ein Vergleich mit den in unseren Tagen gesichteten UFO's *(UFO, moderne)* drängt sich auf. Der Urzeit-Mythos der vorgriechischen Pelasger besagt, daß die Allmutter *Eurynome,* später mit *Thetis* identifiziert, von dem in Gestalt einer *Schlange* wirkenden *Ophion* ein Ei empfangen habe, das im grenzenlosen Chaos dahintrieb, ehe aus ihm die Dinge der Welt herauskamen. Eurynome bedeutet »Weites Wandern«. Orphische Mythen *(Griechenland; Sagen)* berichten wohl im Anschluß daran, daß die Göttin der schwarzgeflügelten Nacht ein silbernes Ei *(Färbung)* gebar, das im urzeitlichen *Okeanos* (dem *Weltall?)* dahintrieb, bis ihm *Eros* (auch *Phanes,* »der Offenbarer« genannt) entstieg. Q.: Kohlenberg: Vorzeit S. 26; Q.: Ranke-Graves: Mythologie Teil I, S. 22 ff
Von *Phanes'* Raumschiff wird ferner überliefert, daß es vier Köpfe hatte, die fürchterlich brüllten *(Akustik; UFO,* historische; *Donnergötter).* Q.: Kohlenberg: Vorzeit S. 26
Helena entstieg einem Ei *(Griechenland; Sagen).* Q.: Kohlenberg: Vorzeit S. 25; Q.: Creuzer: Symbolik
Ebenso *Ptah,* in *Ägypten* Herr der Erde, wie auch *Geb,* der Vater von *Isis* und *Osiris (Sagen).* Die *Färbung* dieser Eier war golden. Q.: Kohlenberg: Vorzeit S. 25 f; Q.: Breasted: Geschichte
Im ägyptischen *Totenbuch (Ägypten)* wird auch die Seele des Sonnengottes *Re* dargestellt, seltsamerweise nicht als Scheibe, sondern als strahlende Ei-Form, deren Licht in den Texten mit dem Licht des *Sothis (Sirius)* und jenem der Milchstraße verglichen wird. Q.: Champdor: Totenbuch S. 39, 47
Die *Pangwe,* ein *Bantu*-Stamm *(Afrika),* erzählen von einem in einem Ei verpackten Blitz *(Blitze).* Nachdem das Ei platzte, wuchs daraus ein gewaltiger Baumpilz. Eine Bombe *(Bomben)?* Q.: Däniken: Beweise S. 130 f; Q.: Tessmann: Pangwe Bd. 2
Im 2. Kapitel des tibetischen *Kanjur (Tibet),* dem *Citralakshana (Lamaismus; Buddhismus),* wird von einem *Welten-Ei* gesprochen, das goldenfarbig war *(Färbung).* Heraus stieg der Stammvater der Menschheit. Q.: Däniken: Beweise S. 184; Q.: Laufer: Dokumente Bd. 1
Andere tibetische *Sagen* kennen ein fliegendes Ei, das keine Arme und Beine hatte, sich jedoch bewegen konnte. Auch Flügel hatte es nicht.

Eier, fliegende

Aus ihm heraus drang eine Stimme und ein Mensch entstieg ihm, als es »zerbrach« *(Akustik; Tibet)*. Q.: Däniken: Beweise S. 184; Q.: Olschak: Tibet

Aus dem Kosmos, der »Zeit ohne Grenzen« *(Zeitdilatation)*, dem *Parabrahma*, kam auch *Brahma* in einem der *Brahmanda*, mit Namen *Hiranyagarbha*, der fliegenden Eier, die wie die Sonne leuchteten *(Indien; Sagen)*. Dabei sei er aus einem langen Tiefschlaf erwacht *(Einfrieren; Weltraumreisen*, Probleme bei; *Schlaf*, künstlicher). Q.: Kohlenberg: Vorzeit S. 26

Die indischen *Melaniden* (dunkelhäutige Stämme) behaupten, von Göttern abzustammen, die in metallenen Eiern *(Metalle)* auf die »weiße Insel« im früheren *Gobi*-Meer kamen *(Indien)*. Heute lebt der Volksstamm am Berge *Atis*, 600 km nordöstlich vom Lob Nor. Q.: Kohlenberg: Vorzeit S. 27; Q.: Charroux: Geheimnisse

Die Thai-Mythologie nennt den ersten Menschen *P'an Ku*, der aus einem Ei gestiegen sei, das ein göttlicher Vogel auf einem Berggipfel niedergelegt habe *(Himmelsvögel; Sagen; Thailand; Berge*, heilige; *UFO*, historische; *Schöpfung; China; Erkennen der Götter)*. Ebensolche Mythe kennen die *Hia*, ein chinesischer Volksstamm *(Sagen)*. Das Wesen hätte einen ovalen Körper gehabt. Q.: Kohlenberg: Vorzeit S. 141; Q.: Grimal: Mythen Bd. 2; Q.: Krassa: Gelbe Götter S. 124 f

Dieses Wesen soll bereits vor 2 229 000 Jahren *(Erdaltertum)* im All verkehrt haben *(Zeitdilatation)* und ein Riese gewesen sein *(Riesen)*. Q.: Däniken: Zurück S. 274

Die Menschheit sei ursprünglich aus einem gewaltigen, schimmernden Vogelei entstanden, das die *Wolkenschlange Ndegei* ausgebrütet hatte und auf das Meer setzte: so eine Überlieferung der *Fidschi-Inseln (Polynesien; Schöpfung; UFO*, historische; *Schlangen; Sagen)*. Q.: Kohlenberg: Vorzeit S. 140; Q.: Riesenfeld: The megalithic

Eine Mythe *(Sagen)* aus *Tahiti* nennt die eiförmige Muschel des Gottes *Ta'aroa: Rumia (Muscheln*, fliegende; *Gesellschafts-Inseln; Polynesien)*.

Diese Muschel kennt man auch auf dem *Nukumanu-Atoll (Salomon-Inseln; Melanesien)*. Q.: Kohlenberg: Vorzeit S. 30; Q.: Nevermann: Götter

Auf *Tahiti* legte ein Riesenvogel ein metallenes Ei auf das Wasser *(Schiffe)*. Q.: Kohlenberg: Vorzeit S. 28; Q.: Polak: Manners

Auf den *Fidschi-Inseln (Polynesien)* brütete die Wolkenschlange *Ndegei* ein solches Ei aus *(Wolken; Schlangen)*. Q.: Kohlenberg: Vorzeit S. 28; Q.: Grimal: Mythen Bd. 3

In den Mythen der *Osterinsel* spielt die Bergung von Eiern im Dienst des Gottes *Make-Make* eine große Rolle. Dies legt den Gedanken nahe, daß sich in diesen Resten einer alten Geisteswelt Hinweise auf Mythen von den f'E' verbergen.

Die prä-inkaische Stamm-Mutter *Orejona (Prä-Inka)* landete in einem goldenen Ei *(Färbung)*. Q.: Kohlenberg: Vorzeit S. 27; Q.: Desjardins: Le Pérou

→ Gottessöhne
→ Oannes
→ Orejona
→ Thailand
→ UFO, historische
→ Unfälle
→ Vimanas

vgl.: Kugeln, fliegende
vgl.: Scheiben, fliegende
vgl.: Welten-Ei

Eigenrotation der Himmelskörper
vgl.: Rotation der Himmelskörper

Eigenschaften, prä-astronautische
vgl. Exopsychologie

Einfrieren → Eier, fliegende
→ Entführungen
→ Mumien

Eingeweihte vgl. Kontaktler
Einschüchterungen (der Menschen durch die Götter)
→ Donnergötter
→ Elektrizität
→ Erscheinungen
→ Henoch
→ Jakob
→ Jeremias
→ Jesaja
→ Lebensdauer
→ Maschinen
→ Moses
→ Reue (der Götter)
→ Turm zu Babel
→ UFO, historische
vgl. Grausamkeit (der Götter)
Einstein, Albert (Physiker)
→ Lichtgeschwindigkeit
Eirenaios → Irenäus
Eiseley, Loren (amerikanischer Anthropologe) → Homo sapiens, Evolution des
Eisen Bereits vor 25 000 Jahren sollen menschliche Wesen die Hämatiteisenminen in *Ngwenya* im westlichen *Swaziland, Südafrika,* ausgebeutet haben *(Bergwerke)*. Technische und industrielle Aktivitäten lassen sich also weiter in die Geschichte zurückverfolgen, als bisher angenommen. Q.: Charroux: Welten S. 72
→ Batterien
→ Kuriositäten
→ Unfälle
Eiszeiten sind in den Ablagerungen aus älteren erdgeschichtlichen Epochen durch mannigfache Spuren wie Gletscherschliffe, Moränen und Reste kälteresistenter Lebewesen nachweisbar. E' traten im Laufe der Erdgeschichte mehrfach auf, doch in der bekannten Geschichte der Menschheit ist nur die letzte (Beginn 1 Million Jahre vor der Gegenwart, Ende etwa 10 000 Jahre vor unserer Zeit) mit mehreren Vereisungsperioden und dazwischenliegenden Warmzeiten bemerkenswert.
Ihre Entstehung wird a) auf kosmische Ursachen, b) auf geographische und geologische Veränderungen der Erdoberfläche und c) auf klimatologische Veränderungen zurückgeführt. Inwieweit die Götter-Astronauten bei diesen epochalen *Katastrophen* mitgewirkt haben könnten, bleibt vorerst nur Spekulation.
→ Karten
→ Stollen, unterirdische
Ekbatana (Stadt in Medien, heute Nordwest-Iran)
→ Vernichtung von Schriftzeugnissen
Ekur (»Lapislazulihaus« des sumerischen Enlil-Mythos)
→ UFO, historische
Elamiter (alt-iranisches Volk)
→ Zikkurats
El Arish, Hieroglyphenschrift von (Ägypten) → Moses
Elasippos (Sohn Poseidons; griechische Mythologie) → Gottessöhne
El Boquerón (Ort in Kolumbien)
→ Kuriositäten
Elburs-Gebirge (Nordpersien)
→ Landeplätze der Götter
Eleasar (auch Eleazar, Priester aus dem Alten Testament)
→ Bundeslade
Elefanten → Crespi, Carlo
Elektrizität Der Okkultist Eliphas *Lévi* berichtet in seinen Schriften von der Macht der ägyptischen *Priesterschaft (Ägypten),* die die Tempel in Wolken hüllten *(Tarnung; Einschüchterungen),* sie in der Nacht aber auch taghell erstrahlen lassen konnten. *Lampen* entzündeten sich scheinbar von selbst, Götterbilder erstrahlten. Hin und wieder war auch Donnergrollen zu vernehmen. Verbergen sich hinter diesem mysteriösen Verhalten technische Experimente, vielleicht mit E'?. Q.: Krassa: Gott S. 69
→ Baian Kara Ula
→ Batterien
→ Bundeslade
→ Moses
→ Osterinsel

90 Elektrizität

→ Stollen, unterirdische
vgl.: Blitze
Elektrochemie → Batterien
→ Kristall-Linsen
Elektroden → Batterien
Elektronik Der nur 12 cm große Anhänger in Gestalt des Totengottes der *Mixteken* (vielleicht identisch mit dem *Mictlantecuhtli* der *Azteken*), der als Grabbeigabe *(Gräber)* am *Monte Albán* gefunden wurde, ist mit einer Brustverzierung versehen, die sich als integrierter Schaltkreis deuten läßt *(Mexiko).* Q.: Däniken: Meine Welt S. 166

ramidenförmiger Berg *(Pyramiden; Berge,* heilige; *Bauwerke; Monumente).* Nach dem Berg El Fuerte wird auch die archäologisch interessante Anlage genannt. Ganz in der Nähe liegt das Städtchen *Samaipata.* Zwei symmetrische Linien laufen diesen Berg hoch, enden aber plötzlich – einer modernen Abschußrampe nicht unähnlich.

El Fuerte. Berg bei Santa Cruz, Bolivien. Q.: Constantin-Film

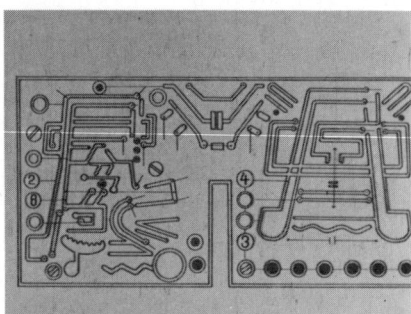

Elektronik (Museo Regional, Oaxaca, Mexiko). Versuch einer integrierten Schaltung. Q.: Constantin-Film

El Enladrillado (= »die Gepflasterte«; chilenische Ebene)
→ Nazca, Hochebene von
Elephanta (indischer Höhlentempel)
→ Indien
El Fuerte 150 km von *Santa Cruz (Bolivien)* entfernt erhebt sich ein py-

El Fuerte. Felsbearbeitungen bei El Fuerte. Q.: Erich von Däniken

Von Seiten der Archäologie gibt es für dieses Phänomen keine schlüssige Erklärung. Auch die schlangenartigen *Gravuren* und kreisrunden Vertiefungen könnten eine technische Interpretation erlauben. Zu ähnlichen Auslegungen kam auch der ehemalige NASA-Ing. Josef F. *Blumrich*, der die Anlage untersuchte. Interessant in diesem Zusammenhang sind die *Sagen* der in dieser Gegend lebenden Eingeborenen, die von »feurigen Pferden« erzählen *(Pferde, fliegende)*, die an dieser Stelle in den Himmel gestiegen seien *(Landeplätze der Götter; UFO,* historische). Q.: Däniken: Meine Welt S. 113; Q.: Däniken: Beweise S. 408 ff
→ Malta

El Gran Moxo (Ruinenanlage in Brasilien) → Kuriositäten

Elias (Elijjahu, israelit. Prophet der 1. Hälfte des 9. Jahrhunderts v. Chr.) Eine hebräische *(Hebräer)* Sage *(Sagen)* berichtet, E' sei so in den Himmel aufgefahren, wie er auch einst von dort gekommen sei. Von einer himmlischen Herkunft E' sagt der biblische Text nichts. Zeit seines Lebens vollbrachte er *Wunder* und *Prophezeiungen* und fürchtete sich nicht vor den Großen seiner Zeit. Stand er in physischer Verbindung mit seinem Gott *(Kulturbringer,* Götter als)? Q.: Krassa: Gott S. 139 f
Im *1.* Buch der *Könige 17 ff* prophezeit Elias dem *Baal* verehrenden König *Achab* eine katastrophale Dürre *(Katastrophen; Prophezeiungen).* Wenn diese Dürre nicht künstlich durch *Wetterbeeinflussung* verursacht wurde, so läßt sich doch vermuten, technische Intelligenzen hätten im Besitz von Satellitenaufnahmen und Wetterprognosen gewesen sein können, die für diese Trockenperiode sprachen. *Achab* versuchte unterdessen Elias aufzutreiben – vergeblich: Er war wie vom Erdboden verschwunden! Ist das vielleicht wörtlich zu verstehen *(Entführungen)?* Schließlich steht *Obadja,* einer der Häscher, unvermittelt vor dem ihm bekannten Elias. Er ist sich nicht recht schlüssig, wie er verfahren solle *(1. Könige 18,12).* »Gehe ich aber fort von dir, dann entrückt dich sicher der Geist des Herrn *(UFO,* historische) an einen Ort, der mir unbekannt ist. Käme ich nun mit der Nachricht zu *Achab,* und könnte er dich nicht finden, dann würde er mich töten . . .« Noch am selben Tag tritt Elias vor den König. Q.: Krassa: Gott S. 140 ff

Der kosmische Mittelsmann will es zu einer Kraftprobe kommen lassen. Im *1.* Buch *Könige 18,22 ff* beginnt der Wettstreit zwischen ihm und 450 *Baals-Priestern.* Jede der zwei Parteien soll einen Altar mit dem Stieropfer bereiten. Der Gott dann, der dieses *Opfer* vom Himmel herab mit Feuer verzehrt, sei der wahre Gott. Stundenlang tanzen die *Baals-Priester* mit hinkenden Verbeugungen *(Mutanten)* um die *Opfer*stätte. In höchster Ekstase bringen sie sich gegenseitig Verletzungen bei – ohne Erfolg. *Baal* schweigt. Elias sieht seine Stunde gekommen. Unter den Augen der Zuschauer gießt er noch zusätzlich Wasser auf die Fleischstücke und in einen kleinen Graben rund um das *Opfer.* Nach einem Aufruf an Gott »fiel das Feuer des Herrn herab und fraß das Brandopfer, das Holz, die Steine und die Erde. Auch das Wasser im Graben leckte es auf« *(1. Könige 18,28).* Was war geschehen? Ganz im möglichen Sinne der Astronauten-Götter muß es gewesen sein, die Macht ihres Propheten zu stärken. Nach einem Zeichen E's *(Kommunikation)* muß vom Himmel herab – vielleicht mit einer Art *Laser*-Strahl – das *Opfer* samt Altar förmlich verdampft sein *(Strahlenwaffen).* Elias nimmt schreckliche Rache und läßt alle 450 Konkurrenten hinschlachten *(Grausamkeit)* – was die Götter geschehen lassen. Nach diesem Ereig-

Elias

nis beginnt auch die lang ersehnte Regenzeit. Q.: Krassa: Gott S. 144 ff
Von einer ähnlichen »Verzehrung des Brandopfers« wird in *Leviticus* (3. Buch Mose) *9,24* gesprochen. Hier scheint aber eine kleinere Strahlendosis abgeschossen worden zu sein, da nur die Opferstücke und das Fett verbrannten *(Laser).*
Nach dem Blutbad aber geschah etwas Sonderliches: König *Achab* fuhr mit seinem Gespann nach *Jezreel.* Da geschah es, »die Hand des Herrn kam über E', so daß er seine Lenden gürtete und vor *Achab* herlief bis nach *Jezreel« (1. Könige 18,46).* Mit welchen Mittel nimmt es ein Mensch mit einem Pferdegespann auf? Die Phantasie könnte darauf schließen, daß sich E' einen Fluggürtel, eine Art entwickelten *Rocket-Belts,* umschnallte. Q.: Däniken: Aussaat S. 153; Q.: Krassa: Gott S. 148
Im *2. Könige 1,9 ff* läßt E' erneut unbarmherzig Feuer vom Himmel fallen. Zweimal werden Abgesandte des Königs *Achasja,* Sohn des *Achab,* und mit ihnen je 50 Krieger verbrannt. Durch *Flammenwerfer?* Die Außerirdischen müssen dabei Zeugen gewesen sein, denn in Vers *15* taucht der Engel des Herrn auf. Er gibt seine Zustimmung, als der dritte Gesandte E' bittet, doch mit zum schwerkranken König zu kommen. Elias hatte offenbar medizinische Kenntnisse und erkannte dann auch, daß der König, wahrscheinlich an einer Rückgratsverletzung, bald sterben werde *(Medizin; Krankheiten).* Q.: Krassa: Gott S. 149 ff; Q.: Däniken: Beweise S. 188 f
Auf seinem letzten Gang, der ihn direkt in den Himmel führen sollte, teilte Elias *(2. Könige 2,8)* durch einen geheimnisvollen Mantel das Wasser des *Jordan (Meerwunder).* Das gleiche Kunststück vollbrachte angeblich bereits *Moses* bei seinem Exodus aus Ägypten. Im Buch *Josua 3,13 ff* überquert das Volk Israel ebenfalls trockenen Fußes den *Jordan,* scheinbar durch Einwirkung der *Bundeslade.* Und auch hier stand das Wasser »auf einem Haufen«. Q.: Krassa: Gott S. 152
Die eigentliche Himmelfahrt Elias' findet im Beisein eines Zeugen statt. *Elisa* (auch *Elisäus* genannt) ist zugegen, als der feurige Wagen des Herrn die beiden trennt und Elias entführt *(Entführungen; 2 Könige 2,11).* Der Prophet läßt dabei seinen Mantel mit den wunderbaren Eigenschaften, wohl ein Produkt der Götter, zurück *(UFO,* historische).

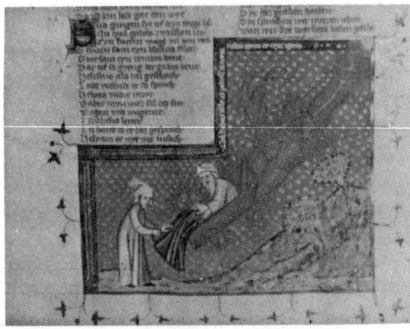

Elias-Bibeldarstellungen. Q.: Archiv von Däniken

Im Vers *9* bat *Elisa* seinen Begleiter: »Mögen doch von deinem Geiste zwei Erbteile mir zufallen.« Elias antwortete: »Du hast Schweres erbeten. Wenn du siehst, wie ich von dir entrückt werde, wird es dir zuteil, an-

dernfalls aber nicht.« Demnach war es also möglich, die Götter zu demaskieren, wenn sie sich zeigten und nicht in Rauch und Nebel einhüllten. Es waren Menschen, vergötterte Menschen! *Elisa* scheint hinter das Geheimnis gekommen zu sein. 50 Jünger, zu denen er allein zurückkehrt, glauben nicht so recht an eine Entrückung für immer (Vers *16):* »... Es könnte ihn ja der Geist des Herrn ergriffen und auf einen der Berge oder in eines der Täler niedergelassen haben...« Gott als Transportmittel – man stieß sich nicht an diesem Gedanken! Doch die Suche blieb erfolglos. Q.: Krassa: Gott S. 152 ff; Q.: Kohlenberg: Vorzeit S. 218 f; Q.: Navia: Unsere Wiege S. 118; Q.: Däniken: Beweise S. 188 f
Die Begegnung Gottes mit E' fand auf dem *Horeb* statt *(Kommunikation).* Q.: Kohlenberg: Vorzeit S. 162
Sowjetische Forscher sammelten alle Quellen fremder *Sagen* und Mythen, in denen eine ähnliche Figur wie Elias auftaucht. Sie kamen zu dem Ergebnis, daß ähnliche Gestalten in aller Welt verbreitet sind. Zum Teil nennt man sie die Donnerer *(Donnergötter)* oder setzt sie mit der berühmten Feuerschlange *(Schlangen)* in Verbindung. Q.: Krassa: Gott S. 154
→ Entführungen
→ Laser
→ Moses
→ UFO, historische
→ Wiederbelebung
Elipas (brasilianische Sagengestalt)
→ Schlangen
Elisa (= Elisäus; Prophet des Alten Testaments) → Elias
→ UFO, historische
Elixiere
vgl.: Flüssigkeiten, chemische
Ellora (indisches Höhlensystem und Tempel) → Höhlen
→ Indien
Elohim Die Stammform von E' (und zwar El, Il) wurde häufig für Gottheiten des syrischen und palästinensischen Raumes benützt und von den israelischen Völkern übernommen. Hier wird dieser Plural für Götter als »numerischer Plural« oder »Abstraktionsplural« für den Gott *Jahwe (Israeliten)* gedeutet. Da die Gottheiten aber, als Prä-Astronauten, selten einzeln auftraten, kann diese Interpretation an der Realität vorbeigehen.
→ Jahwe
→ Majestätsplural
→ Schöpfung
El Tajín (Fundstätte in Mexiko)
→ Räder
Elulu (sumerischer König der 1. Dynastie von Ur)
→ Lebensdauer
El Yafri (verschollene arabische Stadt) → Kulturen, versunkene
Emme Ya (Begleiter des Sirius in der Dogon-Mythologie; Westafrika)
→ Sirius-B
Emmons, G. T. (Ethnologe)
→ Cargo-Kult
Eneuboulos (Fischwesen des Persischen Golfes) → Oannes
Eneugamos (Fischwesen des Persischen Golfes) → Oannes
Engel (hebr. maleachim, Botschafter; griech. angeloi, Verkünder), im Sinne der christl. Religion der Gottheit nahestehende übernatürliche Wesen. In der Spätantike griff die magische Praktik um sich, E' mit Beschwörungsriten herbeizurufen (weiße Magie oder Theurgie), vor allem die mit der Sternenwelt in Verbindung gebrachten »intelligentiae«. Ein Geist des Planeten Merkur wurde im Jahr 1560 durch einen Karmelitermönch magisch beschworen und soll »als schwarzer länglicher Schein oder Schatten« erschienen sein und mit »hohler Donnerstimme« geantwortet haben: er sei einer der 7 Planetengeister, welchen die Obhut über die Gestirnkräfte und ihre Einflüsse übertragen worden sei. Q.: Biedermann: Handlexikon S. 159, 265

Engel

Der jüdischen Überlieferung zufolge sind *Teufel* und Dämonen den *Jahwe* dienenden Engeln der ursprünglichen Natur nach gleich, haben sich aber bei der Empörung des Widersachers *Sammael (Luzifer)* gegen Gott gestellt. Sie haben Flügel wie die E' und haben auch Kenntnis künftiger Dinge. Im Hinblick auf drei Eigenheiten aber gleichen sie den Menschen: »Sie essen und trinken wie die Menschen, sie pflanzen sich fort wie die Menschen und sie sterben wie die Menschen (Chagiga 16a). Von oben nach unten gleichen die meisten Teufel oder Geister den Menschen, von unten nach oben den Tieren. Ihre Füße sind wie Hühnerfüße *(Mischwesen)*. Der Ketew Meriri – der bittere hinraffende Dämon – ist voller Schuppen und Haare und hat ein Auge in der Mitte seines Herzens. Er wälzt sich wie eine Kugel.« *(Erkennen der Götter).* Q.: Kanner: Märchen S. 29 f

Für die Erklärung der Natur aller dieser E'-Wesen kommen drei Deutungen in Betracht: 1. Die religiöse, als Glaubenssache; 2. Psychologische Gründe, die solche und ähnliche Wesen, dann also Phantasiegestalten, schufen; 3. Realistische Deutungen, die hinter diesen Wesen Personen vermuten. Tatsächlich werden sie in der Bibel oft als »Männer« bezeichnet, werden als menschenähnlich beschrieben und benehmen sich auch wie diese, ebenfalls im Intimen. Scharlatane also – oder Außerirdische? Q.: Navia: Unsere Wiege S. 222

→ Abraham
→ Baruch
→ Entführungen
→ Erkennen der Götter
→ Erscheinungen
→ Esra
→ Etrusker
→ Gesetze
→ Gottessöhne
→ Gral, heiliger
→ Hagar
→ Henoch
→ Humanoiden
→ Jakob
→ Jesaja
→ Konfrontationen der Götter
→ Landeplätze der Götter
→ Luzifer
→ Magie
→ Mamre
→ Mischwesen
→ Moses
→ Reue (der Götter)
→ Sintflut
→ Sodom und Gomorrha
→ Strahlen
→ Teufel
→ Turm zu Babel
→ UFO, historische
→ Verbindung von Himmel und Erde
→ Zacharias
→ Zeitdilatation
vgl.: Cheruben
vgl.: Dewata
vgl.: Götter

England → Ägypten
→ Aussetzung von Kindern
→ Bodenzeichnungen
→ Felszeichnungen
→ Kelten
→ Unfälle
vgl.: Großbritannien
vgl.: Kelten
vgl.: Schottland

Enki (sumerischer Gott; Herr der Erde) → Oannes
→ Schöpfung
→ Unterwasserbasen
→ Weltraumreisen, Probleme bei

Enkidu (Gefährte des Gilgamesch) Die 3. Tafel des *Gilgamesch-Epos* kann von einer Wolke aus Staub berichten, die mit Gebrüll und *Erdbeben (Donnergötter)* aus der Ferne kam *(UFO,* historische). E' wurde vom Sonnengott hinweggenommen *(Entführungen),* und – man beachte – es lastete Bleischwere auf Enkidus Körper; er habe beim Flug in den Himmel das Gefühl gehabt, sein Körper habe das Gewicht eines Felsens *(Schwerkraft).*

Entführungen 95

Auf der 7. Tafel schildert der vermutliche Raumfahrtpionier seine Eindrücke. Immer wieder wird E' gefragt, wie ihm die Ansicht der Erde erscheint. »Schau hinunter aufs Land! Wie sieht es aus? Blick auf das Meer! Wie erscheint es dir?« Und das Land war wie ein Berg und das Meer wie ein kleines Gewässer. Später erschien das Festland wie ein Garten und das Meer wie der Wasserlauf eines Gärtners. Noch später vergleicht E' das Gesehene mit einem Mehlbrei und einem Wassertrog. Solche Überlieferungen können für sich sprechen! Q.: Däniken: Erinnerungen S. 76 ff
Auf der 8. Tafel stirbt E' an einer sehr mysteriösen Krankheit *(Strahlenschäden)*. Sein Freund *Gilgamesch* fragt sich betroffen, ob ihn vielleicht der Hauch eines Himmelstieres vergiftet *(Tiere, fliegende)* habe *(Waffen der Götter; Krankheiten; Unfälle)*? Was geschah? War E' strahlenverseucht *(Strahlenwaffen)*? Ist der giftige Hauch vielleicht mit *Radioaktivität* gleichzusetzen? Q.: Däniken: Erinnerungen S. 78; Q.: Däniken: Zurück S. 86
→ Entführungen
→ Etana und der Adler
→ Gilgamesch
→ Lebensdauer
→ Mutanten
→ Schöpfung
→ Weltraumreisen, Probleme bei
Enki (sumerischer Meeresgott)
→ Kulturbringer, Götter als
Enlil (sumerischer Gott) → Baalbek, Terrasse von
→ Kulturbringer, Götter als
→ Moral (der Götter)
→ Sintflut
→ Sirius-B
Enlil-Hymnus (sumerischer Mythos)
→ UFO, historische
Enmeduranki → Enmeenruranna
Enmeengalanna (sumerischer Urkönig) → Lebensdauer
Enmeenluanna (sumerischer Urkönig) → Lebensdauer

Enmeenruranna (sumerischer Urkönig) → Lebensdauer
Ennedi (Gebirge der Südsahara) → Felszeichnungen
Enneri Sherda (Wadi Sherda; Oase im Bergland von Tibesti; Zentralsahara) → Sirius-B
Ensibzianna (sumerischer Urkönig) → Lebensdauer
Entführungen E' von mythischen Personen zu den Göttern können auf dem Wunsch beruhen, auf diese Weise wenigstens fiktiv in den Himmel aufgenommen zu werden – E'-Erzählungen als Wunschtraum der Menschen gewissermaßen. Mythologien, die jedoch von fliegenden, metallenen Geräten der Götter sprechen, können ein Hinweis darauf sein, daß diese Personen durchaus real entführt wurden. Das gilt auch für notgedrungene Umschreibungen der fliegenden Fahrzeuge der Götter mit Tierbezeichnungen. Die Gründe, die die Götter hatten, solche Unternehmen zu starten, sind bis heute nur durch die Überlieferungen angedeutet. Teilweise mögen sie dem Unterricht, Experimenten oder einfach dem Kontakt gedient haben. Was im einzelnen geschah, bleibt zumeist dunkel.
Der Knabe *Ganymed* in der griechischen Mythologie *(Sagen; Griechenland)* wurde vom Adler des Zeus *(Himmelsvögel)* auf den *Olymp* entführt. Q.: Hennig: Zur Vorgeschichte; Q.: Däniken: Beweise S. 270
Mawese, Schöpfergott der *Pende* aus dem Kongo, nahm nach seinem Erdaufenthalt einige Menschen mit, die er später unter Feuer wieder zur Erde schickte *(Wiederkehr der Götter; Zaire)*. Q.: Däniken: Beweise S. 131
In *Genesis 5,24* taucht der erste biblische Fall von »Kidnapping« auf. Das Opfer ist *Henoch,* auch bekannt durch das apokryphe Buch *Henoch.* Q.: Dopatka: Spiegelbild
In den Kanon der biblischen Schrif-

ten aufgenommen worden ist dagegen der Bericht des Propheten *Ezechiel*, der ebenfalls zeitweise Passagier an Bord eines prähistorischen Raumschiffes war *(UFO, historische).* Q.: Blumrich: Da tat sich; Q.: Dopatka: Spiegelbild
Elias ist im Alten Testament ein weiteres Beispiel.
Ebenso darf vermutet werden, daß auch *Moses* von den Außerirdischen auf eine kosmische Reise ohne Wiederkehr mitgenommen wurde. Q.: Dopatka: Spiegelbild
Bei der Übergabe der Zehn Gebote *(Gesetze)* an *Moses* war der Patriarch 40 Tage und Nächte verschwunden. Verschiedene Anzeichen im Text von *Exodus* 23,15 ff bestärken den Verdacht, daß Moses in dieser Zeit entrückt, in die Welt seines Gottes entführt wurde. Die Herrlichkeit des Herrn erschien den Israeliten wie »loderndes Feuer«, was auf Start und Landung des Raumschiffes schließen lassen könnte. Der »Fortbildungskursus« in höheren Sphären war nicht wirkungslos: nach seiner Rückkehr konstruierte der Eingeweihte die *Bundeslade.* Q.: Krassa: Gott S. 121 f
Enkidu im *Gilgamesch-Epos* ist ein anderes bekanntes Beispiel *(Sagen).* Q.: Dopatka: Spiegelbild; Q.: Däniken: Besucher S. 220 ff
Der Sohn des letzten Urkönigs vor der *Sintflut Nirs* (Sumerer), *Melchisedek*, soll vom *Engel Michael* ins Paradies gebracht worden sein. Q.: Kohlenberg: Vorzeit S. 179; Q.: Bonwetsch: Die Bücher
Der persische Religionsstifter Zoroaster bzw. *Zarathustra* soll durch den *Engel Vohu Mano* in die Welt *Eeriéne Veedjo (Herkunft der Götter)* zu Ahura Mazda gebracht worden sein *(Persien).* Q.: Kohlenberg: Vorzeit S. 179
Yudhisthira widerfuhr im *Mahabharata* ein ähnliches Schicksal, als Gott *Indra* dem Helden anbot, lebendig in den Himmel zu fahren *(Sagen).* Q.: Dopatka: Spiegelbild

Im gleichen Mythos begegnet *Arjuna* dem Gott *Indra* und seiner Gemahlin *Sachi.* Sie besteigen den himmlischen Streitwagen und fliegen in die Welten der Götter *(Wagen, himmlische).* Q.: Däniken: Erinnerungen S. 92
Cho Yüan (340–278 v. Chr.) schildert in seinem Werk Li Sao, wie er am Fuße des Grabmals *Chuens* einen Himmelswagen mit vier Drachen *(UFO, historische)* bemerkte und wie ihm eine Flugreise über *China*, die Wüste *Gobi* bis zum *K'un-lun-Gebirge* ermöglicht wurde. Q.: Krassa: Gelbe Götter S. 90; Q.: Schmitz: Beweisnot S. 100
Der chinesischen Mythologie nach *(China; Sagen)* war Kaiser *Chuen* (2300 v. Chr., Datierung nicht sicher) Konstrukteur einer Flugmaschine *(UFO, historische)* und außerdem Fallschirmspringer *(Fallschirmspringen).* Q.: Krassa: Gelbe Götter S. 89 f
Ma Tse Yan, einer der großen Ärzte *Chinas*, soll, an die Lehre des *Taoismus* glaubend, lebendig in den Himmel gefahren sein. Q.: Krassa: Gelbe Götter S. 91
Himmlische Drachen *(Drachen, himmlische)* haben im alten *China* oft junge Frauen entführt und ihren Herren im Himmel gebracht *(Moral; Geschlechtsverkehr).* Q.: Drake: Ancient east; Q.: Krassa: Gelbe Götter S. 101
Yüan-Shih Tien-Wang, ein Erzähler der chinesischen Sage, soll während eines Gespräches mit einem *Chin Hung* von zwei Göttern besucht worden sein. In ihren blanken Rüstungen *(Overalls)* forderten sie ihn auf, wieder mit zurück in die Heimat, an Sternen vorbei, ins Universum zu kommen *(Sagen; China).* Q.: Däniken: Aussaat S. 112 f
Bajame oder *Daramulum*, Gottheit der australischen *Aranda (Australien)*, nahm auf dem Rücken seiner Regenbogenschlange auch Menschen mit *(Schlangen).* Q.: Kohlenberg: Vorzeit S. 209 f

Dabei wurden sie teilweise »getötet« *(Betäubungsmittel; Einfrieren)*, in der anderen Welt dann wiederbelebt *(Wiederbelebung; Weltraumreisen,* Probleme bei). Q.: Kohlenberg: Vorzeit S. 221; Q.: Grimal: Mythen Bd. 3
→ Auferstehung
→ Baruch
→ China
→ Donnergötter
→ Elias
→ Enkidu
→ Erkennen der Götter
→ Esra
→ Etana und der Adler
→ Ezechiel
→ Gesetze
→ Henoch
→ Herkunft der Götter
→ Jesaja
→ Johannes
→ Lebensdauer
→ Moses
→ Qumran-Texte
→ Schamanen
→ Sintflut
→ Taoismus
→ UFO, historische
→ UFO, moderne
→ Zeitdilatation

Entmaterialisierungen (scheinbare Auflösung und Verschwinden der Materie von Personen oder Gegenständen) → Sibirien
→ Tunguska-Explosion
→ Vimanas
vgl.: Erscheinungen
vgl.: Materialisierungen

Enuma eliš Im E'e', dem babylonischen Weltschöpfungslied (ca. 1800 v. Chr.) *(Babylon; Sagen)*, wird berichtet, der Mensch sei nicht aus einer Laune der Götter geschaffen worden oder weil sich der ewige Gott ohne lobpreisende Wesen langweilte *(Schöpfung)*. Ihm, dem Menschen, sollte der aktive Dienst für die Götter auferlegt werden, damit diese es leichter hätten. Wörtlich: Die Menschen sollten die schwere, wohl körperliche Arbeit der Götter verrichten *(Moral)*. So wird eine Frau, die Herrin der Götter, auserkoren, die Menschen zu schaffen. Sie vollbringt es mit »dem Blut eines geschlachteten Gottes«, das sie mit dem *Lehm* der Erde vermischt. Vom Fleisch des Gottes soll ein Geist entstehen *(Gottessöhne)*. Q.: Dopatka: Spiegelbild; Q.: Temple: Sirius-Rätsel S. 86 ff
Wenn die Menschheit eine Züchtung der Astronauten darstellt, so wäre hier gleichnishaft im »Blut des geschlachteten Gottes« von der Erbmasse, der Geninformation *(Genmanipulation)* die Rede. Der »*Lehm* der Erde« müßte als die schon vorhandene primitive Gattung affenähnlicher Wesen verstanden werden: der Mensch als biogenetisches Produkt der Götter. Q.: Dopatka: Spiegelbild
→ Sirius-B

Eos (griechische Göttin der Morgenröte) → Gottessöhne
Epidemien vgl. Seuchen
Epsilon Bootes (Stern)
→ Kommunikation, interstellare
→ Satelliten
Epsilon Eridani (Stern)
→ Kommunikation, interstellare
Erbmasse, Veränderung der
vgl.: Genmanipulation
Erdaltertum (hier, der zum Teil zweifelhaften Datierungen wegen, als Sammelbegriff für Erdfrühzeit, Erdaltertum und Erdmittelalter gebraucht) → Eier, fliegende
→ Felszeichnungen
→ Kuriositäten
→ Prä-Astronautik
→ Riesen
→ Schöpfung
→ Versteinerungen
vgl.: Saurier
Erdbeben → Enkidu
→ Katastrophen
→ Seismographen
Erde Die Erde als Planet unter anderen Welten war vielen Völkern bekannt. Kam man aus eigenen Überlegungen zu dem Ergebnis, daß unser Planet nur einer neben vielen war?

Die Inder nannten sie *Mirtlok*, die Germanen Midgard *(Indien; Sagen; Astronomie)*. Q.: Kohlenberg: Vorzeit S. 69; Q.: Peterich: Götter
Den westafrikanischen *Dogon* nach gehört die E' selbst zur Milchstraße. Unsere Erde drehte sich auch selbst um ihre Achse und nicht der Himmel um die Erde *(Astronomie; Sagen; Mali)*. Q.: Griaule/Dieterlen: Le renard; Q.: Temple: Sirius-Rätsel S. 40, 42
In *Bartasar*, einem frühen armenischen Kultzentrum *(Armenien; Sowjetunion)*, fand sich eine Felszeichnung *(Felszeichnungen)*, auf der vermutlich schematisch die runde Gestalt der Erde abgebildet ist. Die vier Menschenfiguren lassen eine Vorstellung von Antipoden deutlich werden.

Erde. Q.: Umzeichnung nach E. Bauer: Armenien

Ähnliche Felsbilder wurden in *Mezamor* gefunden. Dort wurde vor allem auch der Stern *Sirius* beobachtet. Q.: Bauer: Armenien S. 21
Im Schöpfungsmythos des parsistischen *Awesta (Parsismus; Persien; Schöpfung)* wird die Erdoberfläche durch *Yima* geteilt. Auf einem Drittel werden in Zukunft die Tiere und Menschen schreiten, heißt es in dem Mythos *(Kontinentaldrift)*. Heute wissen wir, daß einem knappen Drittel Landmasse zwei Drittel Meeresoberfläche entsprechen *(Geologie; Geographie)*. Q.: Däniken: Beweise S. 202; Q.: Spiegel: Avesta
→ Astronomie
→ Etana und der Adler
→ Gottessöhne
→ Herkunft der Götter
→ Planetensystem, eigenes
→ Schöpfung
Erdmagnetismus
→ Kommunikation, interstellare
→ Pyramiden
Erdmittelalter vgl.: Erdaltertum
Erdrotation → Schöpfung
Erez (Welt der jüdischen Kabbala) → Herkunft der Götter
Eridu (Herr der Wogen, südlichste sumerische Stadt; auch Eigenname des Oannes) → Oannes
→ Zikkurats
Erkennen der Götter Nach den Überlieferungen *(Sagen)* hatten die Götter eine immense *Angst*, von Menschen erkannt zu werden. So in *Exodus 33,20:* »Du *(Moses)* kannst mein Angesicht nicht schauen, denn kein Mensch bleibt am Leben, der mich schaut... und wenn ich dann meine Hand weghebe, darfst du mir nachsehen, aber mein Angesicht kann niemand schauen.« *(Tabus)* Q.: Dopatka: Spiegelbild; Q.: Däniken: Erinnerungen S. 70 f, 77
Wäre mit dem Erkennen der Götter, mit dem Fallen der Maske, der Mythos vom überirdischen Wesen zerstört worden *(Vertuschungen)*?
Im *Exodus 24 ff* stoßen wir auf einen weiteren sehr interessanten Hinweis: *Moses, Aaron, Nadab* und *Abihu* dürfen mit 70 Ältesten in den verbotenen Bereich Gottes eindringen. Sie alle haben die Ehre, Jahwe schauen zu dürfen – ob sie ihn in voller Gestalt sahen, bleibt dahingestellt. Vor ihm in den Staub geworfen, sahen sie vor allem den Boden zu seinen Füßen. Sie erkannten *(Exodus 24,9)* »unter seinen Füßen ein Gebilde wie aus Saphirplatten und glänzend wie der Himmel selbst in seiner Reinheit«.

Erkennen der Götter 99

Q.: Dopatka: Spiegelbild; Q.: Krassa: Gott S. 119 ff; Q.: Däniken: Zurück S. 255 f
Man vergleiche diese Schilderung mit den Berichten *Ezechiels* und *Henochs*, die ebenfalls etwas wie *Kristall* in der Herrlichkeit Gottes erblickten. Schon die Tatsache allein, daß man von Füßen sprach und nicht etwa von der Unterseite, ließe den Schluß zu, jener Mann sei eine Person aus Fleisch und Blut gewesen. »Und sie aßen und tranken«, heißt es in *Exodus 24,11*. Zusammen? Q.: Dopatka: Spiegelbild
Das Buch Exodus gibt auch noch im folgenden interessante Hinweise. So gab ein Astronaut in der Nähe des Lagers in einem besonderen Zelt für das Volk Ratschläge *(Kulturbringer, Götter als)*. Jedesmal war es ein Ereignis, wenn die Wolke mit dem Herrn sich herniederließ, ein Mann ausstieg und, nach *Exodus 33,11*, »mit Moses von Angesicht zu Angesicht redete, wie ein Freund zu seinem Freunde« *(Kommunikation)*. Muß das Buch der Bücher noch deutlicher werden? Q.: Dopatka: Spiegelbild; Q.: Navia: Unsere Wiege S. 116
In *Exodus 33,18 ff* bittet *Moses*, doch einmal die ganze *Herrlichkeit des Herrn (UFO,* historische*)* schauen zu dürfen, was abgelehnt wird *(Tabus; Geheimnisse)*.
Bisweilen kommt es zu einer Verwechslung der *Herrlichkeit des Herrn* mit dem Herrn selber. So verbietet man *Moses*, alles zu sehen, da man sogar seinen Tod befürchtet oder das auch nur vorgibt. Was mag man verheimlicht haben? Hatte man wirklich die Sorge, er könne sich durch *Radioaktivität* schädigen? Jahwes Schüler darf so wenigstens die Rückseite seines Gottes sehen, während dieser ihm vorher schützend die Hand über die Augen legte. Daß *Moses* aber dennoch etwas gesehen haben muß von der Gestalt Gottes, ist durch *Deuteronomium 4,15 ff* ausgedrückt. Gott warnt entschieden davor, sich ein Bild von ihm zu machen. Dort im 5. Buch Mose heißt es: »Nun nehmt euch – bei eurem Leben! – gar sehr in acht, da ihr ja damals, als Jahwe am *Horeb* mitten aus dem Feuer heraus zu euch redete, keinerlei Gestalt heraus wahrgenommen habt.« *(Vertuschungen; Angst)*
Die Eingeweihten *(Kontaktler)* mußten also so tun, als ob sie ihren Herrn, dessen Gestalt und Aussehen sie kannten, nicht in irgendeiner Form gesehen hätten. Sie wurden weiter gewarnt, das Gesehene mit Tieren, wie Vögeln und Fischen, zu vergleichen, und – was noch sehr bemerkenswert ist – auch vor den Gestirnen sollten sie nicht auf die Knie fallen und sie anbeten *(Sterne)*. Man sah also etwas, das einem Fisch glich, aber wie ein Vogel vom Himmel, genauer von den Sternen, kam *(UFO,* historische*)*. Q.: Dopatka: Spiegelbild
Auch im Neuen Testament der Bibel finden sich Hinweise auf prä-astronautische Sichtungen, die vielleicht auf älteren Quellen beruhen. So heißt es in der *Offenbarung Johannes 1,12 ff*: ». . . Ich wandte mich um, nach der Stimme zu sehen *(Akustik)*, die mit mir sprach, und da . . . sah ich sieben goldene Leuchter, und inmitten . . . einen, der einem Menschensohn glich *(Humanoiden)*; er trug ein Gewand *(Overalls)*, das bis zu den Füßen ging, und an der Brust war er umgürtet mit einem goldenen Gürtel. Sein Haupt und seine Haare waren leuchtend hell . . . seine Augen wie eine Feuerflamme *(Brillen)*, und seine Füße glichen glänzendem Erz . . . und seine Stimme war wie das Rauschen vieler Wasser . . .« Q.: Krassa: Gott S. 325 ff
Auch Johannes wird – sollten die Texte nicht Plagiat früherer Berichte sein – in ein Fahrzeug eingeladen und entführt *(Entführungen)*.

Erkennen der Götter

4,1 ff: »... Danach schaute ich, und siehe, eine Tür *(Tore,* autom.) war aufgetan im Himmel, und die erste Stimme, die ich mit mir hatte reden hören... sprach: ›Steige da herauf *(Kommunikation)* und ich werde dir zeigen, was zu geschehen hat hernach...‹«. Mit Vergleichen versucht er das Innere des Raumschiffes zu beschreiben *(UFO,* historische): »... ein farbenreicher Strahlenbogen *(Strahlen)* war rings um den Thron, anzusehen wie Smaragd *(Färbung).* Vor dem Thron war es wie ein gläsernes Meer, gleich einem *Kristall* und in der Mitte vor dem Thron und rings um den Thron sind vier Wesen, voller Augen vorne und hinten...« Ähnlich wie *Ezechiel* beschreibt *Johannes* die technischen Details mit ihm bekannten Tieren. Eine regelrechte Invasion von heuschreckenähnlichen Flugapparaten *(Helikopter)* wird im *9.* Kapitel beschrieben. *9,8* behauptet: »... sie hatten Brustkörbe wie eiserne Panzer *(Metalle)* und das Rauschen ihrer Flügel *(Akustik)* war wie das Rasseln vieler Pferdegespanne...« *9,17 f:* »... aus ihren Mäulern kommt Feuer und Rauch und Schwefel. Von diesen Plagen wurde der dritte Teil der Menschen getötet... *(Konfrontationen Götter kontra Menschen; Grausamkeit)* ... ihre Schwänze haben Köpfe... und richten damit... Schaden an...« *(Waffen der Götter)* Q.: Krassa: Gott S. 327 ff
Auch *Johannes* bekommt *(Offenbarung Johannes 3,2)* wie Ezechiel vor ihm eine »Buchrolle zu essen«, wohl eine Art Droge *(Drogen),* die erst süß, dann aber im Leib eher bitter würzt. Q.: Krassa: Gott S. 334 f
Mehrfach will man bestimmte Götter und *Engel* ihrer Erscheinung nach wiedererkannt haben. So hatte *Tobias* im apokryphen Buch *Tobit (Apokryphen)* Kontakt mit dem Erzengel *Raphael.* Q.: Däniken: Erscheinungen S. 288

Im vorbiblischen *Gilgamesch-Epos* heißt es: »Kein Sterblicher kommt auf den Berg, wo die Götter wohnen. Wer den Göttern ins Angesicht schaut, muß vergehen« *(Berge,* heilige). Q.: Dopatka: Spiegelbild; Q.: Däniken: Erinnerungen S. 70 f, 77
Shi-Chi und *Han-Shu,* zwei chinesische Literaten, sahen in der sonnengleichen Erscheinung der Götter immer die »goldfarbigen himmlischen Menschen« *(China; Humanoiden).* Mehr als 500 Jahre hindurch, zwischen der *Han-* und der *Tang-Dynastie,* wird davon berichtet. Q.: Krassa: Gelbe Götter S. 102
Der Ethnologe *Chi Pen Lao* fand 1957 im *Honan-Gebirge (China)* auf einer Insel im *Tungting-See* Flachreliefs aus Granit mit seltsamen Darstellungen. Es waren menschenähnliche Gestalten zu erkennen, die aussahen, als trügen sie Taucher- oder Raumanzüge *(Overalls; Gravuren).* Auffallend war, daß die Wesen eine Art »Elefantenrüssel« *(Atemgeräte)* aufwiesen und daß eigenartige zylindrische Objekte in der Luft zu schweben schienen *(UFO,* historische). Der Professor schätzt das Alter der *Felszeichnungen* auf rund 45 000 Jahre (?) *(Zylinder,* fliegende). Waffenähnliche Gebilde sollen ebenfalls zu erkennen sein *(Waffen der Götter).* Q.: Krassa: Gelbe Götter S. 115; Q.: Däniken: Aussaat S. 221; Q.: Charroux: L'énigme S. 115
Die *Miaou* des chinesischen »Schang hai tsching« von *Kuo P'o* sollen eine Rasse mit Flügeln gewesen sein *(Rassen).* Q.: Krassa: Gelbe Götter S. 207
Die thailändischen *Sagen* kennen einen rothaarigen *(Rothaarigkeit)* Donnergott *(Thailand; Donnergötter)* mit zwei Hörnern *(Antennen).* Q.: Krassa: Gelbe Götter S. 133
Im pazifischen Raum *(Ozeanien)* existieren, dem japanischen Archäologen und Historiker *Komatsu Kitamura* nach, Chroniken aus dem 9. bis 11.

Erkennen der Götter

Jahrhundert n. Chr. *(Mittelalter)*. In ihnen wird von Wesen geredet, die »im Schilf lebten«, den sogenannten *Kappas*. Sie hatten flossenartige Hände mit *(Schwimmhäute)* nur jeweils drei Fingern, von denen der mittlere länger war. Sie besaßen krallenartige Verlängerungen. Die Hautfarbe war braun und glänzend. Der schmale Kopf hatte seltsame dreieckige Augen *(Brillen)* und große Ohren. Die rüsselartige Nase verlief bis zu einem Kasten auf dem Rücken *(Atemgeräte)*. Der Kopf trug außerdem eine Art Hut mit vier Nadeln *(Antennen; Fischmenschen)*. Q.: Kolosimo: Viel Dinge S. 143 f

Das *Popol Vuh* beschreibt die Kleidung der Götter *Hun Camé* und *Vucub Camé* wie folgt *(Quiché Maya):* Schenkelstützen, Halsringe, Helme und Gesichtsmasken *(Overalls; Masken)*. Menschenähnliche, ja menschengleiche Götter wurden demnach in allen Kulturen rund um den Globus beobachtet, was nicht nach dem *Anthropomorphismus* eine Vermenschlichung bedeuten muß, sondern ebenso auf wirkliche Beobachtungen zurückzuführen sein kann. Q.: Kohlenberg: Vorzeit S. 39; Q.: Popol Vuh. Cordan

→ Abraham
→ Ägypten
→ Baruch
→ Cargo-Kult
→ Crespi, Carlo
→ Daniel
→ Dogus
→ Donnergötter
→ Eier, fliegende
→ Engel
→ Esra
→ Ezechiel
→ Felszeichnungen
→ Götter, bärtige
→ Gottessöhne
→ Gravuren
→ Herkunft der Götter
→ Homo sapiens, Evolution des
→ Hopi-Indianer
→ Humanoiden
→ Jakob
→ Jesaja
→ Kristall-Schädel
→ Kulturbringer, Götter als
→ Kulturen, versunkene
→ Kun
→ K'un-lun-Gebirge
→ Mamre
→ Maya
→ Moses
→ Mumien
→ Nazca, Hochebene von
→ Oannes
→ Orejona
→ Osterinsel
→ Pleiaden, Sternbild der
→ Rocket-Belt
→ Schädeldeformationen
→ Schlangen
→ Schöpfung
→ Sirius-B
→ Sodom und Gomorrha
→ Stollen, unterirdische
→ Tassili-Massiv
→ Thailand
→ UFO, moderne
→ UFO, historische
→ Waffen der Götter
→ Wunder
→ Zwerge
→ Zyklopen

(Übersicht über körperliche Charakteristika und unmittelbar technische Geräte der Götter, die erkannt und definiert wurden:)

Geräte:
→ Antennen
→ Atemgeräte
→ Brillen
→ B-Waffen
→ C-Waffen
→ Overalls
→ Roboter
→ Rocket-Belt
→ Strahlenwaffen
→ Waffen der Götter
→ Werkzeuge der Götter

Charakteristika:
→ Fischmenschen (bzw. Götter)
→ Götter, bärtige

→ Götter, hellhäutige
→ Götterrassen
→ Mischwesen
→ Mutanten
→ Riesen
→ Schädeldeformationen
→ Schwimmhäute
→ Zwerge
Erler, Rainer (Autor)
→ Science Fiction
Ernährung (der Götter) → Herkunft der Götter
→ Kulturbringer, Götter als
→ Lebensdauer
→ Mamre
→ Oannes
Ernährungsproblem (einzelner Völker und Stämme) → Ägypten
→ Höhlen
→ Manna
→ Osterinsel
→ Pyramiden
→ Tiahuanaco
Ernsting, Walter (= Darlton, Clark: Pseud.) *13. 6. 1920 in Koblenz, Deutschland. E' ist Redakteur und Autor zahlreicher *Science-Fiction*-Romane, z. T. mit prä-astronautischem Hintergrund. Teilweise unter dem Pseudonym »Clark Darlton« schrieb er auch für den »Report« der »Perry Rhodan«-SF-Serie, der ausführliche Beiträge zur Theorie der Astronauten-Götter enthält. Er ist aktives Mitglied der *Ancient Astronaut Society*.
→ Science Fiction
vgl.: Darlton, Clark (Pseud.)
Eros (griechischer Gott der Liebe)
→ Eier, fliegende
Erscheinung von Mamre
vgl.: Mamre
Erscheinungen In den Berichten alter Propheten und Gottesmänner, so z. B. bei *Henoch* und *Ezechiel*, ist immer die Rede von *Visionen*, Gesichten und *Träumen*, in denen die Götter erschienen. Plagten psychologische und parapsychologische Erscheinungen diese *Kontaktler* höherer Mächte? Machte man vielleicht aus einer konkreten Mensch/Götter-Astronauten-Begegnung nachträglich eine Vision, da man das Unglaubliche nicht mehr nachvollziehen konnte? Oder waren es Phantasien, die den Menschen das Glauben erleichtern sollten?
Und selbst dann: waren es tatsächlich nur Traumerlebnisse, in denen es von fliegenden Götterschiffen aus Metall, von *Rädern* und *Robotern* nur so wimmelt – warum sollte es einer hoch entwickelten Wissenschaft nicht möglich sein, *Telepathie* zu steuern, *Träume* zu manipulieren? Die außerirdische Macht, mit der wir hier spekulieren, kann über solche Errungenschaften *(Werkzeuge der Götter)* verfügt haben. Dieses Feld bietet noch weiteren Raum für Vermutungen und Hypothesen.
So hatte König *Chitrasema* im *Mahabharata* die Möglichkeit, Trugbilder *(Visionen)* zu erzeugen.
Die *Bibel* berichtet an den verschiedensten Stellen davon. So erging in *Genesis 15,1* »in einem Gesicht das Wort Gottes an *Abraham*«.

Ernsting, Walter. Q.: W. Ernsting, Ainring

Jahwe erschien *Isaak* in *Genesis 26,2.*
Jakob sah auf seiner Flucht in *Genesis 28,12* im Schlaf »eine Himmelsleiter, auf der die *Engel* auf- und niedergingen«.

Jakobs Traum auf einem mittelalterlichen Holzschnitt aus dem Jahre 1494. Q.: Archiv Dopatka

Vielleicht ein recht aufschlußreicher Passus. Könnte es sich nicht um eine wirkliche Beobachtung ganz anderer Natur handeln, von der *Jakob* so ergriffen war, daß sie ihm wie ein Traum *(Träume)* erschien? Wäre es zum Beispiel nicht realistischer, in diesem Vorgang das Beladen *(UFO, historische)* eines Flugkörpers zu sehen? Ein Raumschiff, das sich, vielleicht schwebend oder auf hohen Stelzenbeinen, in einer Höhe befindet, fährt eine Landebrücke, eine *Leiter* zum Boden aus, über die die Besatzung ein- und aussteigen kann: womöglich noch verstärkt durch Aktivitäten von Robotern und Maschinen herrschte ein gewaltiges Treiben, wodurch sich Jakob einfach in eine Vision *(Visionen)* versetzt fühlen mußte. Vielleicht fand diese ganze Szenerie auch nur für ihn statt! Wollte man ihm imponieren? Der Phantasie sind hier keine Grenzen gesetzt.
Q.: Dopatka: Spiegelbild
In der Tat gibt es Hinweise – vom Gott der Bibel selbst –, die diese Einschüchterungstaktik bestätigen *(Einschüchterungen):* so in *Exodus*

Erscheinungen. Prä-astronautischer Rekonstruktionsversuch.
Q.: Kiril Terziev, Strumica, Jug.

19,9, wo der Herr verbietet, seine wahre Natur zu verraten. Die Götter der irdischen Mythen werden immer menschlicher. Q.: Dopatka: Spiegelbild; Q.: Krassa: Gott S. 109 f
Ebenfalls im Traum *(Träume)* befahlen die *Engel* dem Verfolger Jakobs, *Laban,* nicht anders als freundlich mit dem biblischen Ahnherrn zu reden.
Durch widrige Umstände in einem ägyptischen Gefängnis eingekerkert, machte *Joseph* von seiner Fähigkeit, *Träume* zu deuten, Gebrauch *(Genesis 40 ff).* Sollte diese Legende den Tatsachen entsprechen können? So erklärte Joseph die *Träume* des Mundschenks und des Bäckers mit ihren Folgen ebenso wie den bedeutenden Traum des Pharaos von den sieben fetten und mageren Kühen bzw. Ähren. Wenn auch dieser Bericht nur ein Märchen sein sollte, was im übrigen niemand beweisen kann (denn die mythologische Erklärung der Zahl »7« allein ist unzureichend), so müssen wir doch festhalten, daß Prophetie *(Prophezeiungen),* verbunden mit einer korrekten Exemplifikation des Empfangenen, zumindest möglich ist. Wurden die Ereignisse wieder von höherer Warte aus gesteuert?
Mit der Beherrschung derartiger Künste war natürlich auch Macht verbunden, die *Joseph* tatsächlich in

Erscheinungen

Ägypten erlangt haben soll. Um so verwunderlicher, daß er seinen Brüdern in *Genesis 45,8* denn doch gesteht, Gott habe ihn auf diesen hohen Posten gesetzt. Direkt oder indirekt? Q.: Dopatka: Spiegelbild
→ Ezechiel
→ Hagar
→ Henoch
→ Isaak
→ Mamre
→ Moses
→ Wunder
vgl.: Entmaterialisierungen
vgl.: Materialisierungen
vgl.: Parapsychologie
vgl.: Unklarheiten der Definition
Erstgeborenen, Tod der vgl.: Tod der Erstgeborenen
Esau (Bruder Jakobs; Altes Testament) → Jakob
Eskimos In der Sagenwelt der Eskimos ist von metallenen Vögeln die Rede *(Sagen; UFO, historische).* Q.: Däniken: Erinnerungen S. 89
Die E'-Mythologie kennt auch Sagen von Riesen und ihren fliegenden Häusern *(UFO, historische; Häuser, fliegende).* Auch vom Himmel fallendes Feuer *(Katastrophen)* war ihnen bekannt *(Feuerbälle).* Q.: Freuchen: Book; Q.: Däniken: Beweise S. 434
→ Riesen
Esmeraldas (Ort in Ecuador)
→ Kristall-Linsen
Esra (hebr. »Hilfe«; auch Ezra oder Esdras geschrieben) war ein persischer Gelehrter für jüdische Angelegenheiten aus priesterlich-jüdischer Familie, der 485 v. Chr. jüdische Rückwanderer nach Jerusalem führte. Seinen Namen tragen zwei Geschichtsbücher und vier nichtkanonische Bücher *(Apokryphen)* des Alten Testaments.
Das sog. »Vierte Buch Esras« wurde nicht in den Kanon der Bibel aufgenommen. Es schildert die verblüffenden Begegnungen, die der Prophet z. Zt. der jüdischen Gefangenschaft in Babylon hatte. Q.: Krassa: Gott S. 299 ff; Q.: Däniken: Meine Welt S. 53 ff; Q.: Däniken: Besucher S. 236 ff; Q.: Däniken: Beweise S. 252 ff
Im »Vierten Gesicht« wird Esra mit einer Landung der Götter auf dem »Gefilde *Ardaf*« in der Nähe *Babylons* konfrontiert *(Landeplätze der Götter).* Er wirft sich dem *Engel* zu Füßen, während ihn dieser hochnimmt, beruhigt und *Geheimnisse* zu offenbaren verspricht *(Kommunikation).* So erzählt er ihm von einem Meer ». . . das liegt in der Weite, so daß es sich rings in die Breite erstreckt; der Eingang aber dazu liegt in der Enge, so daß er wie ein Fluß aussieht.« Wird hier das *Weltall* geschildert *(Astronomie),* in das man nur gelangen kann, wenn man eine bestimmte Einflugschneise durchfliegt *(Weltraumreisen,* Probleme bei)? Q.: Krassa: Gott S. 299 ff
E' wird außerdem Zeuge des Fluges eines »dreiköpfigen und zwölfflügeligen Adlers« *(Himmelsvögel; UFO, historische).* ». . . Da stieg ein Adler aus dem Meer empor *(U-Boote)* . . . danach schaute ich, wie aus seinen Flügeln Gegen-Flügel entstanden . . . Die Häupter aber schliefen; das mittlere Haupt war größer als die beiden anderen . . . Dann schaute ich, wie sich der Adler auf seinen Krallen aufrichtete und zu seinen Flügeln sprach . . . Und ich schaute, daß diese Stimme nicht aus seinen Häuptern, sonder mitten aus seinem Leibe hervorging *(Akustik).* Ich zählte die Gegen-Flügel: sieh, es waren ihrer acht . . .« Im weiteren wird das Ein- und Ausklappen der Flügel oder Propeller beschrieben: eine durch und durch technische Beschreibung eines überforderten Zeitgenossen der Antike. Q.: Krassa: Gott S. 305
Bei einer anderen Begegnung sieht er »im feurigen Sturm« ». . . etwas wie einen Menschen« *(Humanoiden; Erkennen der Götter).* Q.: Krassa: Gott S. 306

Dieses Fahrzeug wurde nun von einer Menschenmenge, einem Heer, angegriffen *(Panik)*. Der oder die Astronauten mußten sich verteidigen; indem sie starteten, wurden durch Abgase die Angreifer verbrannt *(Rückstoßprinzip; Konfrontationen Götter kontra Menschen; Grausamkeit; Waffen der Götter)*. »Da schaute ich, wie er sich einen großen Berg losschlug *(UFO,* historische) und auf ihm flog. Ich aber bestrebte mich, Gegend oder Ort zu erkennen, woraus der Berg losgeschlagen war; aber ich vermochte es nicht ... Als er aber den Ansturm des Heeres, das auf ihn loskam, sah, da erhob er keine Hand, noch führte er ein Schwert oder eine andere Waffe, sondern ich sah nur, wie er von seinem Munde etwas wie einen feurigen Strom ausließ, von seinen Lippen einen flammenden Hauch, und von seiner Zunge ließ er hervorgehen stürmende Funken: Alle diese aber vermischten sich ineinander ... Das lief über das anstürmende Heer, das zum Kampfe bereit war, und entzündete sie alle ... Als ich das sah, entsetzte ich mich. Danach schaute ich, wie jener Mensch vom Berge herabstieg ...« Mit dem mysteriösen »Berg« dürfte eine Art von separatem Kampfraumschiff gemeint sein. Q.: Krassa: Gott S. 308 f

Für 40 Tage soll E' entführt werden *(Entführungen)*, und mit ihm 5 Schreibkundige, *Saraja, Dabria, Selemia, Ethan* und *Asiel.* Während dieser Zeit werde man eine Reihe von Weisheiten erhalten, die einerseits für die breite Masse, andererseits aber nur für *Kontaktler* oder Eingeweihte bestimmt sind *(Vertuschungen)*. Völlig unerwartet für die Betroffenen bekamen sie aber zuerst einen Trank der Einsicht *(Drogen; Flüssigkeiten,* chemische) gereicht. Da man die vollen 40 Tage durcharbeiten mußte, ist in diesem Medikament eher ein Dopingmittel zu vermuten. 94 Bücher *(Schriften)* wurden so verfaßt. Q.: Krassa: Gott S. 311 ff

Im Gespräch *(Kommunikation)* mit Gott und den *Engeln* gibt der Apokryphe nach sogar der Kommandant, E's Gott, zu: »Die Zeichen, nach denen Du frägst, kann ich Dir zum Teil sagen; über Dein Leben aber kann ich Dir nichts sagen, ich weiß es selber nicht.« *(Prophetie; Nichtwissen der Götter)* Q.: Däniken: Meine Welt S. 54; Q.: Däniken: Beweise S. 252

Gott versichert Esra außerdem, schon mit seinem »Vorgänger« *Moses* in Kontakt gestanden zu haben und ihm, während des Exodus, »die *Geheimnisse* der Zeiten« gezeigt zu haben *(Zeitdilatation)*. Q.: Däniken: Meine Welt S. 55

Nach dem 14. Kapitel der Apokryphe, Vers 49, wird »... E' entrückt und an die Stätte seiner Genossen aufgenommen ...« Hatte er das gleiche Schicksal wie die anderen Entführten *(Entführungen)?* Q.: Krassa: Gott S. 314

Auch durch E' wird die Rückkehr der Götter versprochen *(Wiederkehr der Götter)*. Q.: Däniken: Meine Welt S. 54

→ Moses

Etana und der Adler Die Etana-Erzählung handelt von einem sagenhaften König Etana, der kurz nach der großen Flut *(Sintflut)* lebte und in den Himmel stieg, damit er dort von seiner *Unfruchtbarkeit* geheilt werden sollte. Q.: Temple: Sirius-Rätsel S. 101

Dieses babylonisch-sumerische *(Sumer; Babylon)* Epos *(Sagen)* ist nur bruchstückhaft aus der Bibliothek des *Assurbanipal* (669–626 v. Chr.) überliefert. Der Held, Etana, war der 13. König von *Kisch.* Seine Herrschaft soll 1500 Jahre *(Lebensdauer)* gewährt haben und begann nach der Sage im 15779. Jahr nach der *Sintflut.* Etana pflegt im Mythos einen mysteriösen »Adler« acht Monate

106 Etana und der Adler

lang. Das »Tier« hauste währenddessen in einer Grube *(UFO, historische)*: »... als der achte Monat vorüber war, verließ der Adler die Grube: der Adler hatte Nahrung; gleich einem brüllenden Löwen *(Donnergötter)* hatte er Kräfte. Der Adler sagte zu ihm, zu Etana: ›Mein Freund, ich will dich tragen zum Himmel *Anus,* auf meine Brust lege deine Brust, auf die Schwungfedern meiner Flügel lege deine Hände *(Herkunft der Götter),* auf meine Seite lege deine Seiten!‹ Auf seine Brust legte er s e i n e Brust, auf die Schwungfedern seiner Flügel legte er s e i n e Hände, auf seine Seiten legte er s e i n e Seiten; gewaltig groß ward seine Last ...« *(Schwerkraft; Entführungen)* Wie man unschwer in diesen Auszügen erkennen kann, unternahm Etana mit seinem »Adler« einen Raumflug, bei dem ihm wie *Ezechiel, Henoch, Enkidu* u. a. die *Schwerkraft* sehr zu schaffen machte. Das Ziel seines Unternehmens dürfte ein fremder Planet gewesen sein, auf dem er das »Kraut des Gebärens« *(Medikamente; Medizin; Baum des Lebens)* zu finden hoffte. Jener »Adler« hatte auch die Möglichkeit zu sprechen. Und er sagte zu Etana: »Mein Freund, blicke hin, wie das Land verschwunden ist! Ich blickte hin, wie die *Erde* verschwunden ist, und am weiten Meer sättigen sich meine Augen nicht.« Wie erscheint die Erde uns aus kosmischer Sicht *(Astronomie)?* Q.: Kolosimo: Schatten S. 7; Q.: Mooney: Les dieux S. 152 ff; Q.: Däniken: Beweise S. 146 f; Q.: Krassa: Gott S. 199 ff
Schon 1928 untersuchte Prof. Richard *Hennig* im Jahrbuch des Vereins Deutscher Ingenieure, Bd. 18, die Etana-Legende. Besonders die sechsmalige Aufforderung, die schrumpfende Erde zu betrachten und die Schilderung: »Die Erde war wie ein Garten, und das Meer furchte sich ins Land wie Gräben, die der Gärtner zieht« ließen schon damals an Raum- bzw. Luftfahrt denken. Q.: Däniken: Aussaat S. 160 f
Seiner Ansicht nach liegt hier der erste präzise Flugbericht vor. Q.: Däniken: Besucher S. 274
Im weiteren ist die Erde klein wie ein Kuchen und das weite Meer zu einem Brotkorb geschrumpft. Nachdem auch diese Eindrücke entschwanden, packte Etana die Angst und er schrie: »Mein Freund, ich will nicht in den Himmel aufsteigen, mache Halt, daß ich zur Erde zurückkehre!« Q.: Däniken: Besucher S. 8 f
Bildlich dargestellt wurde dieses Ereignis schon zwischen 3000 und 2500 v. Chr. auf einem *Rollsiegel.* Q.: Hennig: Zur Vorgeschichte; Q.: Däniken: Beweise S. 148, 150
→ Sirius-B
ETC (Extraterrestrial civilization) → Kommunikation, interstellare
Etém (peruanische Pyramide) → Pyramiden
Etemenanki (babylonische Stufenpyramide) → Zikkurats
Ethan (Schreibkundiger Esras; Esra-Apokryphe) → Esra
Etrogbaum (hebräische Mythologie) → Baum des Lebens
Etrusker Antikes Volk der Apeninnen-Halbinsel, dessen kulturelle Blüte im 6. Jahrhundert v. Chr. war und das später von den Römern überwunden und aufgesogen wurde. Die Mythologie der E' ist reich an Elementen, die im Sinne der Prä-Astronautik Beachtung verdienen würden. Dazu gehört der Glaube daran, daß *Blitze* durch magische Riten gesteuert werden könnten; die Sage, daß König *Porsenna* das wolfsköpfige Ungeheuer *Veltha* durch einen gelenkten Blitz vernichtete; Darstellungen von blitzschleudernden *Mischwesen* mit Flügeln und Füßen in Form von *Schlangen;* Todesdämonen mit Flügeln, die Augen tragen; an *Engel* erinnernde geflügelte Genien (Lasen); fischschwänzige Meeresdämonen *(Fischmenschen); Gra-*

Evolutionsprobleme 107

vuren auf Bronzespiegeln, die Himmelsgötter auf durch die Luft fliegenden Booten *(Schiffe,* fliegende) zeigen u. a.; eine eingehende prä-astronautische Untersuchung der etruskischen Mythen steht noch aus. Q.: Pfiffig: Religio Etrusca
→ Mutanten
vgl.: Italien
vgl.: Römer
Euböa (griechische Insel)
→ Unterwasserbasen
Eudaimon (Sohn Poseidons; griechische Mythologie) → Gottessöhne
Eudoxos von Knidos (griechischer Gelehrter; ca. 400–350 v. Chr.)
→ Mutanten
Euedokos (Fischwesen des Persischen Golfes) → Oannes
Eugster, Jacob (Biomediziner)
→ Prä-Astronautik
Euhemeros von Messene (340–260 v. Chr.; griechischer Philosoph)
→ Humanoiden
Euhemerismus (Theorie, derzufolge die Götter ursprünglich Menschen waren) → Humanoiden
→ Religionen
Eumelos (Sohn Poseidons; griechische Mythologie) → Gottessöhne
Euphrat (Fluß in Mesopotamien)
→ Paradies
Europa (Übersicht über einzelne Länder und Gebiete:) → Dänemark
→ Deutschland
→ England
→ Finnland
→ Frankreich
→ Georgien
→ Griechenland
→ Großbritannien
→ Grönland
→ Irland
→ Italien
→ Jugoslawien
→ Kanaren
→ Lappland
→ Malta
→ Österreich
→ Schottland
→ Schweden
→ Schweiz
→ Skandinavien
→ Sowjetunion
→ Spanien
→ Tschechoslowakei
→ Ukraine
→ Ungarn
vgl.: Arktik
Eurynome (griechische Göttin; identisch mit Thetis und Aphrodite)
→ Eier, fliegende
→ Herkunft der Götter
→ Schlangen
→ Schöpfung
Eva (Altes Testament) Die E' der biblischen Schöpfungsgeschichte muß sinnbildlich verstanden werden. Ihr Name, hebräisch *chawa,* bedeutet »diejenige, die ins Leben ruft«. Q.: Krassa: Gott S. 244
→ Baum des Lebens
→ Paradies
→ Schlangen
→ Schöpfung
→ UFO, historische
vgl.: Leben Adams und Evas, Das
Evolution des Homo sapiens
vgl.: Homo sapiens, Evolution des
Evolutionsprobleme Entwickelte sich das Leben auf der Erde völlig selbständig? Gab es wirklich die »natürliche Evolution«? Einige *Kuriositäten*funde und *Versteinerungen* der Erdgeschichte scheinen dagegen zu sprechen. Fragwürdig ist auch, wie Erich von *Däniken* in seinem Buch »Beweise« zusammenfaßt, der Ursprung des Lebens überhaupt. Was spricht nach ihm und seinem Diskussionspartner Prof. Dr. A. Ernest *Wilder-Smith* gegen die Annahme eines natürlichen Evolutionsprozesses? a) »Das Massenwirkungsgesetz wie die Lehrsätze der Entropie stehen gegen die bisherige Annahme für die Bildung von Proteinen. b) Proteine können sich nicht an heißen Kraterrändern gebildet haben, sie wären zerstört worden; denaturiert. c) Alle am Lebensaufbau beteiligten Molekülketten sind links-

108 Evolutionsprobleme

drehend – ein Ergebnis, das experimentell bisher nicht erreicht worden ist. Experimente, dem Zufall überlassen, ergeben links- und rechtsdrehende Molekülketten. d) Die Wahrscheinlichkeit von durch serielle Zufälle gebildete Makromolekülketten zur Zelle ist statistisch unglaublich gering, um nicht zu sagen: von einer Chance, die bei Null liegt. e) Die in der Ursuppe vollzogenen organischen Reaktionen, die zur Bildung von Enzymen führten, sind reversibel, die mühsam-zufällige Entwicklung von Chemikalien zur Zelle ist unakzeptabel.« Q.: Däniken: Beweise S. 298 f
→ Schöpfung
Exobiologie Die E' ist ein neuer Wissenschaftszweig, der sich mit Lebensformen und -möglichkeiten auf anderen Planeten beschäftigt; dies in Theorie und auch Praxis, z. B. durch Meteoritenuntersuchungen. Mit fortschreitender Raumfahrt werden auch die E' und ihre Resultate wachsen. Q.: Däniken: Erinnerungen S. 204 f; Q.: Firsoff: Life
Im *Murchison-Meteoriten (Meteoriten)* entdeckte zum Beispiel der Biochemiker Cyril *Ponnaperuma* 17 Aminosäuren, Grundbausteine des Lebens. Q.: Däniken: Beweise S. 35
Zu den Initiatoren dieser Wissenschaft gehören u. a.:
Dr. Robert *Bieri;* Q.: Däniken: Aussaat S. 77 f; Q.: Bieri: Humanoids
Astronom Dr. Ronald F. *Bracewell;* Q.: Temple: Sirius-Rätsel S. 22
Geochemiker Dr. Harrison Scott *Brown;* Dr. Hans F. *Ebel* aus Heidelberg; Q.: Däniken: Aussaat S. 74
Genetiker Dr. Joshua *Lederberg;* Radioastronom Sir Bernard *Lovell;* Raumfahrtingenieur Prof. Dr. Hermann *Oberth;* Philosoph Roland *Puccetti;* Q.: Däniken: Aussaat S. 77 f; Q.: Puccetti: Intelligenz
Raketeningenieur Prof. Dr. Eugen *Sänger;* Astronom Dr. Iosif Samuilovich *Shklovsky;* Biologe Dr. Lionel

Percy *Smith;* Raumfahrtingenieur Dr. Ernst *Stuhlinger* und der Physiker Dr. Charles Hard *Townes*.
Daß der Kontakt mit einer außerirdischen Zivilisation auch bei offiziellen Stellen mehr und mehr ernst genommen wird, beweist die Aluminium-Gold-Plakette, die die amerikanische Jupiter-Sonde *Pioneer F* bei ihrem Start im März 1972 mitnahm *(Kommunikation,* interstellare). Da diese Sonde nach ihrer Mission unser Sonnensystem verlassen wird, besteht die, wenn auch geringe, Möglichkeit, daß sie einmal von intelligenten Wesen abgefangen wird. Die darauf angebrachte Plakette enthält im *Binär-Code* verschlüsselte Angaben über unseren Planeten, den Aufbau unserer Materie,. die Lage unseres Sonnensystems und seine Gestalt sowie die Abbildung eines Menschenpaares. Entwickelt wurde sie von den Astronomen Carl *Sagan* und Frank D. *Drake*. Was aber wäre, wenn nur halbzivilisierte Humanoiden dieses Relikt fänden? Wahrscheinlich gäbe es eine hervorragende Reliquie *(Reliquien)* her, deren wahre Bedeutung ihnen rätselhaft bleiben müßte. Q.: Fuchs: Leben S. 88 ff; Q.: Sagan/Agel: Nachbarn S. 26 ff; Q.: Däniken: Aussaat S. 207 ff; Q.: Däniken: Meine Welt S. 162; Q.: Däniken: Besucher S. 55; Q.: Däniken: Beweise S. 37 ff; Q.: Watzlawick: Wie wirklich S. 199 ff
Der Leiter der biologischen Abteilung des Ames-Forschungszentrums der US-Atomenergiekommission, Dr. John *Billingham*, rechnet mit Milliarden von Zivilisationen, die uns so weit voraus sein könnten wie wir einer Steinzeitkultur. Q.: Däniken: Beweise S. 34
Der Astronom Carl *Sagan* vermutet in unserer Galaxis eine Million Zivilisationen. Q.: Charroux: L'énigme S. 266; Q.: Däniken: Beweise S. 37
Der amerikanische Astronom Otto *Struve* schätzt die Zahl der Planeten in unserer Milchstraße auf 50 Milliar-

den – davon seien nach seiner Ansicht etwa 1 Milliarde belebt. Q.: Kohlenberg: Vorzeit S. 80
Nach den neuesten theoretischen Erkenntnissen müssen wir folgende Ergebnisse akzeptieren: 1. Die Gesamtzahl der technologischen Zivilisationen in unserer Galaxis beläuft sich im Moment auf ca. 5×10^8.
2. Durchschnittlich in 35 Lichtjahren Entfernung befinden sich technologisch fortgeschrittene Zivilisationen.
3. In Abständen von theoretisch durchschnittlich $7,5 \times 10^5$ Jahren können bis zur heutigen Zeit Besuche auf der Erde erfolgt sein. 4. Demnach haben in den letzten 500×10^6 Jahren ungefähr 650 Besuche auf der Erde stattgefunden. Q.: Wertz: The human . . .
Der französische Biologe und Mediziner André *Delmas* hält es für möglich, den Ursprung des Menschen auf anderen Planeten zu suchen und glaubt an die Vernichtung fortgeschrittener Kulturen auf der Erde durch geologische *Katastrophen.* Q.: Charroux: L'énigme S. 84
Solch »modernes« Gedankengut läßt sich aber auch schon in der Mythologie, Antike und im Mittelalter finden. Diskutiert wird dabei die Frage, ob kosmische Besucher diese Überlegungen bei den Menschen anregten. Der indische Yogi *Vasishta* glaubte an so viele kosmische Welten, wie Staubpartikel in einem Sonnenstrahl fliegen *(Indien).* Q.: Mooney: Les dieux S. 101 f
Die westafrikanischen *Dogon* aus *Mali* kennen in ihrer Mythologie *(Sagen)* belebte Welten. Wörtlich heißt es: ». . . Die Welten der spiralförmig kreisenden *Sterne (Galaxien)* waren bewohnte Weltsysteme, denn bei der *Schöpfung* gab *Amma* der Welt ihre Gestalt und ihre Bewegungen und schuf lebende Wesen. Es gibt Geschöpfe, die auf anderen Erden *(Planetensysteme,* fremde) leben, ebenso wie wir auf der unseren.« Weiter soll es im Weltall Menschen geben mit Hörnern, Flügeln und Schwänzen, die insgesamt aber humanoid *(Humanoiden)* sind *(Mischwesen).* Q.: Griaule/Dieterlen: Le renard; Q.: Temple: Sirius-Rätsel S. 42
Im historischen Museum von Taipeh werden Bronze-Spiegel von 7–15 cm Durchmesser aufgehoben, die teilweise Inschriften tragen *(Schriften).* Bei der Entzifferung stieß man auf den Satz: »Wo immer *Sonnen* scheinen, gibt es Leben.« *(Astronomie)* Der Spiegel stammt aus der *Chou-Dynastie* (1122–236 v. Chr.). (Die Datierungen sind nicht einheitlich.) Q.: Däniken: Aussaat S. 122
Schon *Demokritos* (460–370 v. Chr.) lehrte, daß Leben auf den Sternen eher die Regel als die Ausnahme sei. Q.: Schmidt: Weg S. 64
Der griechische Philosoph *Anaxagoras* (ca. 500–428 v. Chr.) glaubte, der *Mond* der Erde sei ihr im Aufbau ähnlich und bewohnt *(Griechenland).* Q. Kolosimo: Schatten S. 158
Anaxagoras machte sich ebenfalls Gedanken um extraterrestrisches Leben und über den Aufbau der Himmelskörper aus irdischer Materie. Q.: Navia: Unsere Wiege S. 63
Anaximander von *Milet* (610–546 v. Chr.) war der Ansicht, im Universum existierten unzählige Erden wie die unsrige. Manche seien älter, manche jünger und viele trügen intelligentes Leben *(Griechenland; Philosophie).* Q.: Navia: Unsere Wiege S. 60.
Plutarch (50–125 n. Chr.) und *Metrodoros* aus Lampsakos glaubten an eine weite Verbreitung außerirdischen Lebens *(Griechenland).* Q.: Kolosimo: Schatten S. 158.
Ebensolcher Ansicht war der griechische Philosoph *Plotin* (205–270 n. Chr.). Q.: Schmidt: Weg S. 65.
Der römische Philosoph Titus *Lucretius* Carus (Lukrez; 97–55 v. Chr.) *(Römer)* vertritt in seinem Werk »De rerum natura« die Meinung, Leben könne sich aus einfacher Materie

Exobiologie

entwickeln *(Schöpfung)*. Q.: Kolosimo: Schatten S. 158.
Nach dem Kirchenvater *Origenes* von Alexandrien (185–254 n. Chr.) existieren Millionen von Welten, zu denen der Mensch aufsteigen müsse *(Astronomie)*. Q.: Dopatka: Spiegelbild; Q.: Eugster: Forschung S. 183; Q.: Schmidt: Weg S. 64
Teng Mu, der chinesische Philosoph *(China)*, lebte zur Zeit der *Sung-Dynastie* (420–479 n. Chr.). Seine Ansicht: »Wie unvernünftig wäre es, wenn man annähme, daß es neben Himmel und Erde keine weiteren Himmel und Erden geben könnte.« *(Astronomie: Humanoiden)*. Q.: Krassa: Gelbe Götter S. 13
Der Kardinal *Nikolaus von Kues* (Cusanus; 1401–1464) schloß selbst außerirdisches menschliches Leben nicht aus *(Humanoiden; Religionen; Mittelalter)*. Q.: Kolosimo: Schatten S. 159
Für *Paracelsus* (1494–1541) war es töricht, die Erde für den einzigen lebentragenden Planeten zu halten *(Mittelalter)*. Q.: Schmidt: Weg S. 66
Bekannter ist die Ansicht Giordano *Brunos* (1548–1600), daß Gott nicht nur unbewohnbare, leere Häuser, sondern Welten mit Leben im Universum geschaffen hätte *(Mittelalter)*. Q.: Schmidt: Weg S. 70
Für den französischen Schriftsteller Savinien de *Cyrano de Bergerac* (1619–1655) existierten andere Welten, die mit der unserigen vergleichbar sind. Weltraumreisen hielt er durchaus für möglich. Q.: Cyrano de Bergerac: Mondstaaten
Der nordische Seher Immanuel *Swedenborg* (1688–1772) sprach ebenfalls von der Tatsache unendlich vieler belebter Welten, die ihm in *Visionen* klargeworden sei *(Medien, menschliche)*.
Immanuel *Kant* (1724–1804) befaßte sich in seiner »Allgemeinen Naturgeschichte und Theorie des Himmels« mit der Frage des außerirdischen Lebens, das ihm plausibel erschien. Q.: Schmidt: Weg S. 66
→ Astronomie
→ Humanoiden
→ Jesus
→ Meteoriten
→ Mischwesen
→ Planetensysteme, fremde
→ Religionen
→ Religionen, kosmische

Exodus (2. Buch Mose; Altes Testament) → Dopatka, Ulrich
Ex 1,11 → Moses
Ex 2 ff → Aussetzung von Kindern
Ex 3 ff → Moses
Ex 3,8 → Moses
Ex 3,14 → Jahwe
Ex 4 ff → Moses
Ex 5,22 → Moses
Ex 13,21 → Moses
Ex 14,19 → Moses
Ex 15,14 → Moses
Ex 15,25 → Wunder
Ex 15,26 → Medizin
Ex 16 ff → Manna
Ex 16,32 → Manna
Ex 17 ff → Wunder
Ex 17,9 → Waffen der Götter
Ex 17,11–14 → Waffen der Götter
Ex 19 ff → Donnergötter
Ex 19,9 → Donnergötter; Erscheinungen; Moses
Ex 19,13 → Moses
Ex 19,21 ff → Moses
Ex 20,18 → Donnergötter
Ex 21 ff → Gesetze
Ex 21,21 → Gesetze
Ex 23,15 ff → Entführungen
Ex 23,20–21 → Moses
Ex 24 ff → Erkennen der Götter
Ex 24,9 → Erkennen der Götter
Ex 24,11 → Erkennen der Götter
Ex 25 ff → Bundeslade
Ex 25,15 → Bundeslade
Ex 27,37 → Moses
Ex 33,11 → Erkennen der Götter
Ex 33,18 → Erkennen der Götter
Ex 32,32 → Schriftzeugnisse der Götter
Ex 33,20 → Erkennen der Götter
Ex 34,29 ff → Bundeslade
Ex 40,34 → Moses

Exopsychologie Schlüsse auf die Psychologie außerirdischer Humanoiden zu ziehen, ist nur dann möglich, wenn wir davon ausgehen können, daß die Götter unserer Mythologien Astronauten waren. Die dort überlieferten Charaktereigenschaften der Götter können ein Hinweis auf die extraterrestrischen Humanoiden sein. Daß Schlüsse auf Charaktereigenschaften dieser Wesen oft Hinweise auf »Allzumenschliches« enthalten, braucht kein Grund für die Unrichtigkeit eines solchen Vergleiches zu sein. Sind die menschliche und die außerirdische Rasse miteinander verwandt, wären wir ein Ableger dieser Zivilisation und wären solche Übereinstimmungen geradezu logisch.

Der Theologe Dr. Ferdinand *Dexinger* versucht in dem Werk »Sturz der Göttersöhne oder Engel vor der Sintflut«, Wien 1966, aufzuzeigen, daß die *Engel* der Bibel durchaus menschliche Eigenschaften haben. Äußeres und Charakter scheinen auf eine enge Verwandtschaft mit dem Menschengeschlecht hinzuweisen – sollten wir körperliche Wesen vor uns haben. Das gilt auch für die übrige Mythologie der ganzen Welt. Q.: Krassa: Gott S. 274

Andererseits enthalten Reste alter Kulturen auch manchmal Elemente, die für unser normal-menschliches Verständnis nicht deutbar sind und im Fundus humaner Geisteswelt wie Fremdkörper wirken. Gewaltige Steinbauten dienen vielfach keinem ersichtlichen Zweck, der die großen Mühen bei ihrer Errichtung *(Transporte)* rechtfertigen könnte. Der Sinn mancher Steinplastiken ist völlig rätselhaft, was Archäologen zu der nebulosen Deutung veranlaßte, es handle sich wohl um »Bauten für Geister« *(Sacsayhuaman)*. Handelt es sich hier um Hinweise auf für uns nicht durchschaubare Geisteswelten außerirdischer Besucher?

Mit der Psychologie extraterrestrischer Intelligenzen beschäftigt sich auch der Zürcher Psychiater Dr. Andreas *Hedri*. Q.: Hedri: Psyche; Q.: Hedri: Exopsychologie

Der Physiker Sebastian von *Hoerner* kommt nach seinen Überlegungen zu folgender pessimistischer Theorie: 5% der außerirdischen Zivilisationen zerstören das ganze Leben auf ihrem Planeten innerhalb der ersten 100 Jahre nach Aufkommen der technologischen Möglichkeiten dazu. 60% sollen innerhalb der ersten 30 Jahre verschwinden. 15% degenerieren nach einer Existenz von 30 000 Jahren. 20% verlieren ihr ganzes technisches Wissen nach 10 000 Jahren. Q.: Charroux: L'énigme S. 266

→ Awinski, Wladimir Iwanowitsch
→ Hedri, Andreas
→ Indien
→ Religionen, kosmische
→ Sacsayhuaman
→ Spiele der Götter
(Übersicht über die Schlagwörter zur Charakterisierung der Prä-Astronauten:) → Angst
→ Einschüchterungen
→ Ernährung
→ Geschlechtsverkehr
→ Gesetze
→ Grausamkeit
→ Konfrontationen der Götter
→ Konfrontationen Götter kontra Menschen
→ Moral (der Götter)
→ Nichtwissen der Götter
→ Reue
→ Rivalitäten der Götter
→ Spiele der Götter
→ Spionage unter Göttern
→ Sterblichkeit der Götter
→ Tabus
→ Tarnung
→ Unangreifbarkeit der Götter
→ Verbannung
→ Vergeßlichkeit
→ Verhandlungen
→ Vertuschungen

Exopsychologie

vgl.: Erkennen der Götter
vgl.: Humanoiden
vgl.: Wiederkehr der Götter
Explosionen vgl.: Bomben
vgl.: Sprengstoffe
vgl.: Waffen der Götter
Eyasi-See (Zentralafrika) → Riesen
Ezechiel E' (der Name bedeutet »Gott möge stärken«, hebr. Jechezkel, bei Luther »Hesekiel« geschrieben), jüdischer Priester und Prophet, geboren ca. um 623 v. Chr., hinterließ uns – auch wenn er ihn nicht selber verfaßt haben sollte – einen der aufschlußreichsten Berichte vom Kontakt mit humanoiden Göttern *(Humanoiden)*. Etwa um 597 v. Chr. wurde er mit Tausenden anderer Juden nach *Babylon* deportiert, auf Befehl König *Nebukadnezars II.* (605–562 v. Chr.).
Das Buch E' ist Bestandteil des Alten Testaments und somit einer breiten Öffentlichkeit bekannt. Erst in unserer Zeit jedoch ist der Beweis für einen unglaublichen, aber realen Inhalt des Textes erbracht worden. Viermal insgesamt, im Jahre 593, dann zweimal 592 und zum letzten Mal 572 v. Chr., hatte E' eindrückliche Begegnungen mit einem Fluggerät, das vom Himmel kam. Auch E' wurde mit Anweisungen, Ratschlägen und Befehlen von Seiten der himmlischen Besucher versehen – wie andere Adepten vor und nach ihm *(Kulturbringer,* Götter als). Q.: Blumrich: Da tat sich; Q.: Dopatka: Spiegelbild; Q.: Däniken: Erinnerungen S. 65 ff; Q.: Däniken: Zurück S. 223 ff; Q.: Däniken: Aussaat S. 244 ff; Q.: Däniken: Meine Welt S. 38 ff; Q.: Däniken: Besucher S. 67 ff; Q.: Däniken: Beweise S. 149, 382 ff; Q.: Krassa: Gott S. 16 ff, 173 f; Q.: Elmayer von Vestenbrugg/Bellamy: Eingriffe S. 408; Q.: Bergier: Les extraterrestres S. 85; Q.: Navia: Unsere Wiege S. 210 ff
Grundsätzlich kommen für den E'-Bericht, und ebenso für andere Überlieferungen, drei Auslegungen in Frage: 1. Die unwissenschaftlich, religiöse Erklärung: eine Sache des Glaubens; 2. die Erklärung, daß die Schilderungen auf psychologische Ursachen zurückgehen, also in gewisser Weise Einbildungen darstellen; 3. die realistische Erklärung für das Gesehene, wobei psychologische und religiöse Komponenten des Betroffenen berücksichtigt werden müssen. Diese Rekonstruktion der Ereignisse förderten das Bild eines Landeraumschiffes zutage. Q.: Navia: Unsere Wiege S. 214 ff
Folgen wir aber seiner eigenen Beschreibung: »(1,1) Am fünften Tage des vierten Monats im 30. Jahre begab es sich, daß ich mich bei der Verbanntengemeinschaft am Flusse *Kebar* aufhielt. Da tat sich der Himmel auf, und ich sah göttliche Schauungen. (1,2) Am fünften des Monats – es war das fünfte Jahr der Verschleppung des Königs Jojachin – (1,3) erging des Herrn Wort an E', den Sohn des *Busi,* den Priester, im Chaldäerlande am Kebarfluß. Es packte mich daselbst die Hand des Herrn. (1,4) Ich schaute, und siehe: Ein Sturmwind blies vom Norden her, eine gewaltige Wolke und loderndes Feuer mit Glanz ringsherum; von innen her war es wie blinkendes Glanzerz aus der Mitte des Feuers *(UFO,* historische). (1,5) In ihm waren Gestalten, die vier lebendigen Wesen glichen. Ihr Aussehen aber war dieses: Menschengestalt war ihnen zu eigen *(Humanoiden).* (1,6) Ein jedes hatte vier Antlitze, und jedes besaß vier Flügel. (1,7) Ihre Füße waren gradlinig und ihre Fußsohlen abgerundet; sie funkelten wie poliertes Erz...«
Der Ort der Begegnung konnte historisch identifiziert werden. Das »Wasser *Kebar*« war der Kanal *Kabaru* bei *Nippur* in der Nähe von *Babylon.* Q.: Navia: Unsere Wiege S. 216
Mehrmals nennt E' den Kommandanten des Flugschiffes Mann oder

Mensch. Ihm muß es also klar gewesen sein, nicht vor Gott zu stehen *(Erkennen der Götter).* In seinem Kommentar zur »Schauung E's« weist der Rabbiner Dr. Solomon Fisch darauf hin, daß E' das Wort »Adam« zu seiner Beschreibung verwendet, was Mensch bedeutet *(Wortbedeutungen).* Q.: Krassa: Gott S. 185 f; Q.: Blumrich: Da tat sich; Q.: Ezekiel. Fisch
An dem genauen Datum und an dem Bemühen E's, alles Gesehene so genau wie möglich zu schildern (obwohl ihm dazu die Worte und Vergleiche fehlen), läßt sich der Wahrheitsgehalt des Berichtes abschätzen. Oder war es dennoch eine Vision *(Visionen),* eine verworrene Einbildung des Propheten *(Erscheinungen)?* E' sieht und beschreibt noch weitere Einzelheiten:
»(1,15) Ich erschaute die tierischen Wesen und sah, daß auf der Erde neben den Lebewesen bei den vieren ein Rad *(Räder)* war. (1,16) Die *Räder* hatten das Aussehen und waren verfertigt wie blinkende *Tarsis*steine; alle viere hatten dieselbe Gestalt und waren so gearbeitet, wie wenn ein Rad inmitten des anderen wäre *(Kristall).* (1,17) Nach vier Richtungen konnten sie laufen, sie drehten sich nicht, wenn sie gingen. (1,18) Auch Felgen hatten sie. Ich schaute, und siehe da – ihre Felgen waren mit Augen erfüllt ringsum bei den vieren. (1,19) Wenn die Lebewesen sich bewegten, gingen auch die *Räder* neben ihnen; erhoben sich die lebendigen Wesen von der Erde empor, dann gingen auch die *Räder* hoch ...« Die Faszination, die der Gegenstand Rad auf E' ausübt, ist verständlich, denn *Räder* gehörten zu den wenigen technischen Errungenschaften, die in seiner Zeit für die Allgemeinheit bekannt waren.
Das Material der *Räder* wird in den verschiedenen Bibelausgaben und Übersetzungen mit blinkenden *Tarsis*steinen, *Türkis, Chrysolith* oder *Topas* verglichen. Alle diese Minerale haben einen grünen, leicht bläulichen Farbton *(Färbung).* Q.: Krassa: Gott S. 187; Q.: Blumrich: Da tat sich »(1,22) Was man über den Häuptern der Lebewesen sehen konnte, war wie ein Himmelsgewölbe, wie das Blitzen von Berg*kristall,* nach oben hin ausgebreitet über ihren Häuptern. (1,23) Unterhalb des festen Gewölbes waren ihre Flügel, einer neben dem anderen ausgespannt; ein jeder hatte zwei, mit denen sie ihre Leiber bedeckten. (1,24) Ich hörte das Schlagen ihrer Flügel, es war wie das Rauschen vieler Wasser, wie die Donnerstimme des Höchsten; wenn sie sich in Bewegung setzten, war es wie das Getöse eines Heerlagers. Standen sie, dann ließen sie ihre Flügel schlaff herabsinken *(Donnergötter).* (1,25) Man vernahm ein Rauschen oberhalb des festen Gewölbes, das ihnen zu Häupten war; standen sie, dann ließen sie ihre Flügel herabfallen *(Akustik).* (1,26) Oberhalb des festen Gewölbes, das ihnen zu Häupten sich befand, war etwas, das wie ein *Saphir*stein aussah, etwas, das einem Throne gleichsah; auf dem thronähnlichen Gebilde war oben darauf eine Gestalt, die wie ein Mensch aussah *(Humanoiden).* (1,27) Dann schaute ich etwas wie das Funkeln von Glanzerz *(Metalle),* das wie Feuer aussah, und von dem an, was wie seine Lenden nach unten hin aussah, sah ich einen Gegenstand, der dem Feuer glich, und Glanz erstrahlte rings um ihn her *(Strahlen).* (1,28) Gleich dem Bogen im Gewölk an Regentagen, so sah der Glanz rings um ihn aus. Dies war die äußere Gestalt von dem, was der Majestät des Herrn glich. Ich erschaute sie; dann fiel ich auf mein Angesicht nieder und hörte die Rufe eines, der redete ...« *(Kommunikation)*
Hierbei kann es sich also schlecht

114 Ezechiel

um eine Vision, um eine Verwirrung des Sehens gehandelt haben. Akustische und andere Wahrnehmungen, Ezechiel spürt den Wind, den Donner, die verschiedenen Geräusche, treten auf. Q.: Krassa: Gott S. 192; Q.: Blumrich: Da tat sich
Nach dem »Lexikon für Theologie und Kirche«, Freiburg i. Br. 1957–1967, war »den späteren Juden... die Lektüre der Anfangs- und Schlußkapitel des Buches Ezechiel wegen ihrer Dunkelheiten untersagt« *(Vertuschungen; Tabus)*. Wahrscheinlich konnten auch die Rabbiner den Sinn nicht erfassen. Q.: Krassa: Gott S. 177
Die plastischen Schilderungen des Propheten werden von den Theologen teils als Realität, teils aber auch sinnbildhaft verstanden.
Der Schweizer Theologe Prof. Othmar *Keel* versteht den Bericht als *Ideogramme*.
Dr. Alfred *Guillaume* vermutet hinter den Schilderungen Naturereignisse.
Der Theologe Dr. Walter *Beyerlin* Andeutungen eines israelitischen Festkultes.
Hingegen hält es Dr. Fritz *Dummermuth* für nötig, den Text unter völlig neuen Blickwinkeln zu sehen.
Von der *Prä-Astronautik* aus gesehen, können die Berichte E's die Beschreibungen eines Landeraumschiffes der Götter-Astronauten darstellen.
Hören wir eine andere Stelle des biblischen E'-Reports: »(8,1) Es geschah am fünften Tage des fünften Monats im sechsten Jahre: Ich weilte in meinem Hause, und die Ältesten Judas saßen mir gegenüber; da fiel die Hand des Herrn und Gebieters auf mich herab. (8,2) Ich schaute, und es erschien eine Gestalt, die wie ein Mann aussah, glich es dem Feuer, und von dem an, was ausschaute wie seine Lenden aufwärts, sah es aus wie Glanz, wie blinkendes Glanzerz *(Erkennen der Götter; Huma-*

Ezechiel. Bibeldarstellung der Ezechiel-»Version«. Q.: Archiv von Däniken

noiden; Overalls; Metalle). (8,3) Er streckte etwas wie eine Hand aus und ergriff mich bei der Locke meines Hauptes. Dann erhob mich ein Geist zwischen Erde und Himmel und führte mich nach *Jerusalem* in gottgewirkten Schauungen an den Eingang des inneren Tores, das nach Norden liegt, wo sich die Statue der Eifersucht befindet, die des Herrn Eifersucht erregte *(Entführungen; Levitation)*. (8,4) Und siehe, daselbst war der Lichtglanz des Gottes Israels, dem Gesichte gleichend, das ich in der Ebene erschaut hatte...« E' ist sich seiner Sache sicher – er sieht etwas »wie einen Mann« und erkennt das göttliche Fahrzeug wieder. Q.: Krassa: Gott S. 211 f, 240; Q.: Dopatka: Spiegelbild; Q.: Blumrich: Da tat sich

Ezechiel 115

So deutlich die Hinweise dafür auch sind, so fehlte jedoch bis vor einigen Jahren der Beweis für diese Annahme. Josef F. *Blumrich,* Ingenieur der NASA, schloß diese Lücke mit technisch und mathematisch fundierten Belegen. In seinem Buch »Da tat sich der Himmel auf« untersuchte er systematisch mit wissenschaftlicher Exaktheit den Bericht des Propheten. Dabei stellte er auch fest, daß die nach allen Seiten drehbaren Räder tatsächlich konstruierbar sind. In dem Rad eingebaute, um sich drehbare, Segmente bewirken dieses Phänomen. Blumrichs Lösung wurde in den USA patentiert (US-Patent 3,789.947 vom 5. 2. 1974).

Die Beine des Fahrzeuges, jene *Cheruben,* seine glühende Unter- und seine kristalline Oberseite – aus allen diesen Details konstruierte *Blumrich* das Modell eines antiken Landeschiffes mit Reaktorantrieb. Gesamtgewicht des Fahrzeuges: 100 000 kg, Durchmesser: 18 Meter. Q.: Dopatka: Spiegelbild; Q.: Däniken: Besucher S. 75; Q.: Blumrich: Da tat sich

In der Weiterentwicklung des Raumschiffes könnte sich theoretisch die Form der heutigen UFOs ergeben (*UFO,* moderne), was aber nicht unbedingt Zusammenhänge aufzeigen muß.

Ein ähnliches Raumschiff wie das J. F. Blumrichs entwickelte 1962 der österreichische Paläontologe und Geologe Dr. Herbert *Schaffer.* Auch bei seinem Modell sind Hubschrauberrotoren, zentraler Antrieb und eine oben liegende Kommandanten-

Ezechiel. Q.: *J. F. Blumrich*

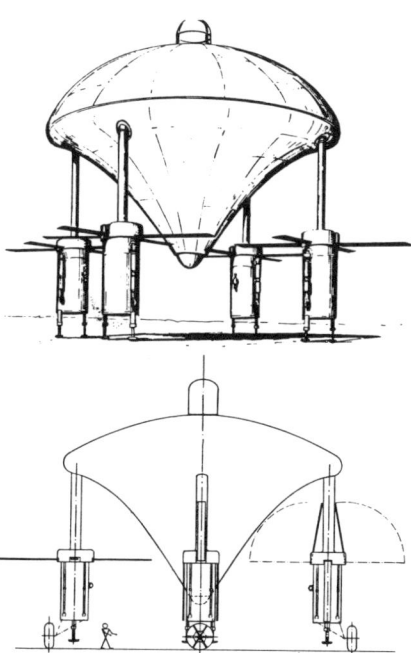

Ezechiel. Q.: *J. F. Blumrich*

Ezechiel

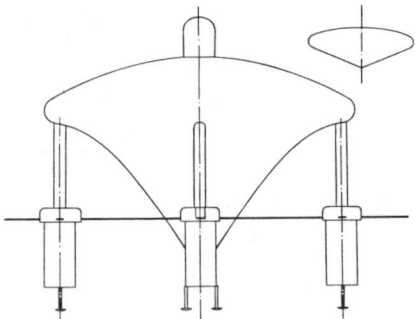

Ezechiel. Q.: J. F. Blumrich

kabine zu finden. Q.: Hagenau: Verkünder S. 210; Q.: Uccusic: Raumschiffe
Ein Pastor *Cannon* in Pittsburgh, Texas, glaubte ebenfalls, E' habe ein Luftschiff erblickt. Q.: Hennig: Zur Vorgeschichte
E' sah und beschrieb aber nicht nur das Flugschiff »Gottes«, sondern wurde auch Zeuge von für ihn nicht ganz klaren Aktivitäten der Himmlischen. »(9,1) Alsdann rief er es mir in die Ohren mit lautem Schrei: ›Es nahen die Drangsale über die Stadt. Ein jeder hat sein Vernichtungsgerät in seiner Hand.‹« Bei der vergleichenden Analyse der verschiedenen Übersetzungen kommt Blumrich jedoch zu der Ansicht, daß hier nicht von einer Feststellung ». . . es nahen die Drangsale«, sondern von einem Befehl ». . . komm« die Rede war. Das »Vernichtungsgerät« *(Waffen der Götter)* der Astronauten kann ebensogut, ja wahrscheinlicher, ein technischer Gegenstand anderer Bedeutung gewesen sein. Der Gebrauch eines vagen Ausdrucks für dieses Utensil bestätigt die Unkenntnis E's und die Unfähigkeit, jenen Gegenstand zu beschreiben. Q.: Blumrich: Da tat sich
»(9,2) Da erschienen sechs Männer von der Richtung des oberhalb gelegenen Tores her, das nach Norden schaut; ein jeder hatte sein Zerstörungsgerät in seiner Hand. In der Mitte befand sich ein Mann *(Humanoiden)*, der in linnene Gewänder *(Overalls)* gekleidet war und ein Schreiberwerkzeug *(Werkzeuge der Götter)* an seinen Hüften trug. Sie kamen und stellten sich neben dem ehernen *(Metalle)* Altare auf. (9,3) Der Lichtglanz des Gottes Israels hatte sich von den Cherubim *(Cheruben)*, über denen er gethront hatte, in Richtung der Tempelschwelle erhoben. Er rief den Mann, der in Linnen gehüllt war und der das Schreiberwerkzeug an seinen Hüften trug, an. (9,4) Der Herr sprach zu ihm: ›Ziehe mitten durch die Stadt *(Jerusalem)* und ritze den Buchstaben Taw auf die Stirn der Männer, die über all die Greueltaten, die man in ihrer Mitte verübte, stöhnen und klagen.‹ (9,5) Zu den andren aber äußerte er sich, so daß ich es hören konnte: ›Ziehet durch die Stadt hinter ihm her und versetzet Schläge! Euer Auge blicke nicht voller Mitleid, schonet niemand‹ . . . (9,11) Und siehe da, der Mann, der in Linnengewändern gehüllt war und das Schreibergerät an seinen Hüften trug, berichtete und sprach: ›Ich habe deinen Befehl ausgeführt.‹ . . .«
Das gleiche Bemühen E's, einen ihm unbekannten Gegenstand zu beschreiben, taucht auch in diesen Versen auf. Das »Schreibgerät« wird wohl ein Gerät der Außerirdischen sein, das dem Schreibwerkzeug aus E's Epoche ähnlich sah. Das ganze Unternehmen braucht nicht eine Strafexpedition gewesen zu sein, sondern kann ebenso, wahrscheinlicher, ein vielleicht technisches Unternehmen darstellen. Blumrich zeigt außerdem, daß diese Beschreibung nicht zu den Vorgängen gehört, die bei dieser Begegnung beschrieben werden. Im übrigen ist diese Strafhandlung nicht historisch und auch durch keine Legenden belegt *(Unklarheiten der Definition)*.

Ezechiel 117

Sehr sonderbar muß uns Ezechiel 2,8 ff vorkommen. »... Tu deinen Mund auf und iß, was ich dir gebe! Ich schaute, und siehe, eine Hand war gegen mich ausgestreckt, und in ihr lag eine Buchrolle... Da öffnete ich meinen Mund, und er ließ mich jene Buchrolle essen...«

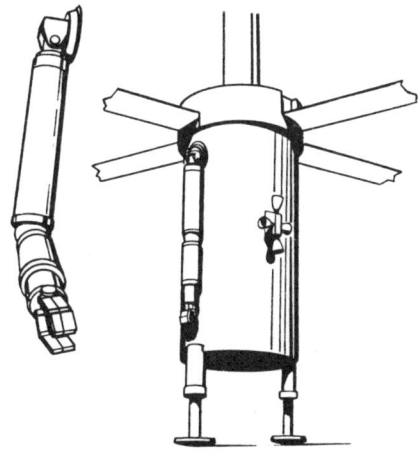

Ezechiel. Q.: J. F. Blumrich

Da wohl nicht ohne Sinn und Absicht geschah, was überliefert ist, muß es etwas mit dieser »Buchrolle« auf sich haben. Der Gedanke, die Astronauten hätten E' eine Art Medikament *(Medikamente)* verabreicht, liegt nicht allzu fern *(Medizin; Drogen)*. Vielleicht geschah das im Zusammenhang mit dem darauffolgenden Flug, vielleicht Raumflug, des Propheten *(Intelligenzmanipulation)*. Q.: Krassa: Gott S. 195, 198
Interessant ist ein Vergleich der einleitenden Worte E's bei seinen Begegnungen mit dem Landeschiff der Astronauten. 1. Begegnung: »(1,3) Es packte mich daselbst die Hand des Herrn...« 2. Begegnung: »(3,22) Daselbst überwältigte mich die Hand des Herrn...« 3. Begegnung: »(8,1) Da fiel die Hand des Herrn und Gebieters auf mich herab...« 4. Begegnung: »(40,1)... lastete die Hand des Herrn auf mir...« Nur bei der ersten Begegnung – wo wir es erwarten müßten – reagiert E' erregt und geschockt. Beim Heimflug bekennt er: »(3,14)... ich schwebte dahin in der Erregtheit meines geistigen Wesens, während die Hand des Herrn übermächtig auf mich einwirkte...« Drückt sich hier vielleicht das Gefühl der *Schwerkraft* aus? Q.: Blumrich: Da tat sich S. 154
Konkrete Angaben gibt E' über eine Stadt und eine Gegend, in die er nach einem Flug versetzt wird. Dabei handelte es sich nicht um Jerusalem oder Israel, das er selbstverständlich kannte. »(40,1-4) Im 25. Jahr unserer Verbannung, im Anfang des Monats, im 14. Jahr nach der Einnahme der Stadt, lastete die Hand des Herrn auf mir *(Schwerkraft)*, und er führte mich in Gottesgesichten in das Land Israels und ließ mich nieder auf einen sehr hohen Berg; auf dem stand mir gegenüber etwas wie der Bau einer Stadt. Dorthin führte er mich. Und siehe, da war ein Mann, der war anzusehen wie Erz *(Metalle)*, und er hatte eine leinene Schnur in der Hand und eine Meßrute *(Werkzeuge der Götter)*; und er stand am Tor. Und der Mann sprach zu mir: ›Menschensohn, schaue mit deinen Augen und höre mit deinen Ohren, und achte auf alles, was sich dir zeigen werde; denn dazu bist du hierher gebracht worden, daß man es dir zeige...‹« Q.: Däniken: Beweise S. 382
Nach E' 10 muß an dem Raumschiff sogar ein Eingriff, eine Reparatur ausgeführt worden sein. Wurde der Beschreibung nach vielleicht ein radioaktives Teil ausgewechselt *(Radioaktivität; Reparaturen)*? Q.: Blumrich: Da tat sich; Q.: Krassa: Gott S. 207 f
»(10,1) Ich blickte hin und schaute: Über dem festen Gewölbe, das sich über dem Haupt der Cherubim *(Cheruben)* befand, war etwas wie ein *Saphir*stein – etwas, was gleich war

dem Throne, wurde oberhalb sichtbar. (10,2) Er rief dem Mann, der in Linnen gehüllt war *(Overalls; Humanoiden; Kommunikation),* zu und sprach: ›Tritt in den Raum hinein, der zwischen den *Rädern* liegt, unterhalb der Cherubim *(Cheruben),* fülle deine beiden Hände mit feurigen Kohlen aus dem Raum zwischen den Cherubim *(Cheruben)* und streue sie über die Stadt hin!‹ Er ging vor meinen Augen hinein. (10,3) Die Cherubim aber standen rechts von dem Hause, als der Mann hineintrat. Die Wolke erfüllte den inneren Vorhof. (10,4) Dann erhob sich der Lichtglanz des Herrn von den Cherubim zur Tempelschwelle hin, das Haus ward von der Wolke angefüllt, und der Vorhof erfüllte sich mit dem Glanz *(Strahlen)* der Majestät des Herrn ... (10,6) Als er aber dem Mann in linnenen Gewändern gebot und sprach: ›Hole Feuer aus dem Raume zwischen den *Rädern,* aus dem Raum zwischen den Cherubim‹ *(Cheruben),* da trat er hinein und stellte sich neben dem Rad auf. (10,7) Der Cherub *(Cheruben)* streckte seine Hand von dem Raum zwischen den Cherubim nach dem Feuer hin aus, das sich zwischen den Cherubim befand, ergriff es und legte es in die Hände dessen, der in Linnen gehüllt war; er nahm es an und trat hinaus ... (10,18) Alsdann verließ der Lichtglanz des Herrn die Tempelschwelle und stellte sich über den Cherubim auf. (10,19) Die Cherubim *(Cheruben)* brachten ihre Schwingen in Bewegung und erhoben sich vor meinem Antlitz von der Erde in die Höhe; bei ihrem Wegzug waren auch die Räder zugleich mit ihnen. Sie hielten am Zugang des östlichen Tempeltores an, und die Majestät des Gottes Israels thronte oberhalb von ihnen.«
Besteht daher die Möglichkeit, noch heute in irgendeiner Tempelanlage radioaktive Spuren zu finden? Tempel, wie den von E' geschilderten, finden wir an einigen Stellen der Erde. Weitere Beweise stehen also noch aus!
Nach Ansicht des Amateurforschers Karl *Maier* aus Deutschland wäre der jüdische Tempel E's in der Nähe von *Srinagar* in *Kaschmir* zu suchen *(Landeplätze der Götter; Indien).* Nach in der Zeitschrift Stern, Hamburg Nr. 16, 1973, veröffentlichten Aufnahmen stimmt das Aussehen in etwa mit den Beschreibungen des Propheten, der von einer quadratischen Anlage mit mehreren Höfen spricht, überein. Noch heute lassen sich in der Rasse der Kaschmiri *(Rassen)* Spuren einer jüdischen Abstam-

Ezechiel. Martand bei Srinagar, Kaschmir. Q.: Erich von Däniken

Ezechiel

mung erkennen. Jüdische Kolonien in *Indien (Juden)?* Q.: Krassa: Gott S. 215 ff
Der Tempel selbst soll freilich erst im 8. Jhd. n. Chr. errichtet worden sein. Q.: Krassa: Däniken S. 18
Trotzdem stieß Erich von *Däniken,* der vom Archäologen Prof. R. K. *Kaul Bhatt* begleitet wurde, auf radioaktive Spuren. In der Linie des Haupttores, ganz der Beschreibung des Propheten nach, wurde die intensive Strahlung *(Strahlen)* registriert. Ähn-

Ezechiel. Martand bei Srinagar, Kaschmir – eine Stelle, die wegen ihrer Radioaktivität Wissenschaftlern noch Rätsel aufgeben wird? Q.: Erich von Däniken

liche Erfolge verzeichnete man im Ruinenfeld von *Parhaspur, Kaschmir.* Dort scheint die Strahlungsquelle in Steinquadern eingeschlossen zu sein. Werden weitere Nachforschungen die Ursache finden lassen *(Radioaktivität)?* Q.: Däniken: Beweise S. 386 ff
Ezechiels Ende ist ungewiß. Sein Grab soll sich in *Al-Kifl* südlich von *Babylon* befinden *(Gräber).* Q.: Blumrich: Da tat sich; Q.: Krassa: Gott S. 174
Ez 32,27 → Riesen
→ Abraham-Apokryphe
→ Bauwerke
→ Blumrich, Josef F.
→ Bundeslade
→ Cheruben
→ Dogus
→ Donnergötter
→ Entführungen
→ Erkennen der Götter
→ Erscheinungen
→ Etana und der Adler
→ Henoch
→ Intelligenzmanipulation
→ Maier, Karl Ludwig
→ Räder
→ Roboter
→ UFO, historische

F

Färbung (der Götter-Fahrzeuge)
(Übersicht über die mythologischen Farbbeschreibungen:) Azurblau:
→ Vimanas
Blau: → Verbindung von Himmel und Erde
Bronzen: → UFO, historische
Gelb: → UFO, historische
Golden: → Eier, fliegende
Golden: → Orejona
Golden: → Roboter
Golden: → Schriftzeugnisse der Götter
Golden: → Sibirien
Golden: → UFO, historische
Goldglänzend: → Akakor
Grün: → K'un-lun-Gebirge
Grünlich: → Erkennen der Götter
Grünlich: → Ezechiel
Rotgolden: → UFO, historische
Schwarz: → Unfälle
Silbern: → Berge, heilige
Silbern: → Eier, fliegende
Silbern: → Schiffe, fliegende
Silbern: → Schriftzeugnisse der Götter
Silbern: → UFO, historische
vgl.: Metalle
Falconi, Gustavo (Anwalt, Notar) → Stollen, unterirdische
Fali (westafrikanischer Stamm, vielleicht sudanesischer Herkunft)
→ Unfälle
Falicon (Fundort in Frankreich)
→ Pyramiden
Falk-Rønne, Arne (dänischer Reiseschriftsteller) → Humanoiden
→ UFO, historische
Fallout (radioaktiver Niederschlag)
→ Orejona
→ Schlangen

→ Tiahuanaco
vgl.: Atombomben
vgl.: Radioaktivität
Fallschirmspringen
→ Entführungen
Fam (Schöpfung des Gottes Nzame; afrikanische Mythologie)
→ Schöpfung
Fata Morganen vgl. Visionen
Faran (Fischer der Songhai-Mythologie; Sudan) → Riesen
Fauna → Herkunft der Götter
→ Humanoiden
Fei chi (»Fliegender Karren« der chinesischen Mythologie)
→ Wortbedeutungen
Felsbearbeitungen → Berge, heilige
→ Cargo-Kult
→ Götter, bärtige
→ Kuriositäten
vgl.: Bauwerke
vgl.: Felszeichnungen
vgl.: Gravuren
vgl.: Höhlenzeichnungen
vgl.: Monumente
vgl.: Pyramiden
vgl.: Statuen
vgl.: Steine, gravierte
Felsen, fliegende (Synonym für die fliegenden Fahrzeuge der Götter) Aus einem aus dem Himmel gefallenen Stein sei einst der melanesische Kulturbringer Quat hervorgekommen *(Melanesien; Kulturbringer,* Götter als; *UFO,* historische; *Sagen).* Der Bericht von einem solchen Stein ohne einen daraus hinaustretenden Gott könnte als Meteoritenniedergang verstanden werden. Doch sind in der Mythik oft solche Himmelserscheinungen mit göttlichen Perso-

nen verbunden. Ebensolches wird auf der Insel *Tikopia (Santa-Cruz-Inseln; Neue Hebriden; Melanesien)* erzählt. Q.: Kohlenberg: Vorzeit S. 140; Q.: Rivers: The history
→ Fruchtbarkeitskult
→ Hadschar al-aswad
→ Herkunft der Götter
→ Lebensdauer
→ UFO, historische
vgl.: Felsgeburten

Felsgeburten Der Ausdruck bezeichnet das Hervortreten von heroisierten Ahnen oder von übernatürlichen Wesen aus Öffnungen im Gestein – ein rational schwer deutbares Element zahlreicher alter Mythen, das jedoch im Sinne der Prä-Astronautik eine Erinnerung an das Aussteigen »göttlicher Wesen« aus ihren Raumfahrzeugen wiedergeben könnte.
→ Fruchtbarkeitskult
→ Orejona
→ UFO, historische
vgl.: Felsen, fliegende

Felsgeburten. Eine nachkolumbische Bilderhandschrift aus Mexiko, »Lienzo de Jucutácato«, zeigt das Hervorkommen der Leute von Xuihquillan aus ihrer Urhöhle »Chalchihuitl apazco«, d. h. Türkis-Schale. Q.: Archiv Dopatka

Felsverglasungen vgl.: Sandverglasungen
Felszeichnungen Nicht nur in Höhlen, sondern auch auf freiliegenden Felsen, vorzugsweise unter vorspringenden Überhängen, hat der Mensch der Vorzeit seit Jahrtausenden Kunstwerke hinterlassen, die Aufschluß über die ihn besonders bewegenden Inhalte seines Geisteslebens geben können. Die Techniken sind verschiedenartig – es kann sich um eingeklopfte (gepunzte), geritzte oder rillenförmig geschliffene Darstellungen ohne Farbe oder auch um ein- oder mehrfarbige (mono- oder polychrome) Malereien handeln. Viele Techniken erfordern von den Herstellern der F' einen großen Arbeitsaufwand, und die Bildwerke wurden daher in der überwiegenden Mehrzahl der Fälle nicht bloß zum Zeitvertreib, aus Spieltrieb oder Schmuckbedürfnis hergestellt, sondern aus Motiven, die für die Felskünstler große Bedeutung hatten. Q.: Biedermann: Felsbildkunst

Durch F' erhält die Prä-Astronautik eine der wenigen Möglichkeiten, sich ein plastisches Bild von den Göttern zu machen. Tatsächlich geben einige Details Hinweise auf Ge-

Schwalbenähnliches Symbol an der Höhlendecke der Grotte von Altamira, Spanien. Q.: H. Biedermann, Bildsymbole der Vorzeit, Graz 1977

122 Felszeichnungen

stalten, die modernen oder zukünftigen Astronauten und ihren Fahrzeugen ähnlich sehen. Besondere F' finden sich in *Lussac (Poitou; Frankreich)*. Nach Meinung des Prähistorikers und Abbé Henri Edouard Prosper *Breuil*, der sich mit diesem Fund auseinandersetzte, sind es authentische prähistorische Steine, die Menschen *(Humanoiden)* in enganliegenden Kleidern *(Overalls)* zeigen *(Erkennen der Götter).* Q.: Däniken: Erinnerungen S. 132; Q.: Dolezol: Aufbruch S. 51 ff; Q.: Charroux: L'énigme S. 136, 138
Auch in *Spanien* finden sich bei *Fuencaliente* und *Ciudad Real* abstrakt dargestellte Figuren, vielleicht F' früher Götter- und Astronautenwesen. Q.: Däniken: Erinnerungen S. 59

Felszeichnungen. Felszeichnung aus Sabassona, Spanien. Q.: Umzeichnung nach »The Gallery of Prehistoric Paintings«, 1977

Im *Val Camonica* in *Brescia, Italien,* gibt es bronzezeitliche F' von helm- und hörnertragenden Wesen *(Antennen; Erkennen der Götter).* Q.: Däniken: Erinnerungen S. 59; Q.: Däniken: Zurück S. 135; Q.: Däniken: Besucher S. 204; Q.: Mooney: Les dieux S. 120
Ähnlich wie im italienischen *Val Camonica (Italien)* finden sich auch in *Addingham High Moor (Yorkshire; England)* tiefe Ritzzeichnungen *(Gravuren)* von Astronauten-Wesen. Parallelen sollen zu jenen von *Ferghana (Usbekistan; Sowjetunion)* vorhanden sein. Q.: Kolosimo: Viel Dinge S. 138

Felszeichnungen. Felszeichnungen aus dem Val Camonica, nördlich Brescia. Die angeblichen Sonnendarstellungen lassen sich mühelos präastronautisch deuten. Q.: H. Biedermann, Bildsymbole der Vorzeit, *Graz 1977*

Bekannt neben dem *Val Camonica* ist auch das *Val Susa* mit seinen Ritzzeichnungen. Q.: Kolosimo: Viel Dinge S. 161
Kreise, Spiralen und Strahlenabbildungen findet man auch in *Carschenna,* Graubünden *(Schweiz).* Q.: Däniken: Zurück S. 136; Q.: Däniken: Besucher S. 204 ff; Q.: Biedermann: Felsbildkunst

Felszeichnungen 123

80 km südlich von Simrishamn *(Schweden)* in *Kivik* stieß man an den Innenwänden eines bronzezeitlichen Steinkistengrabes auf Zeichnungen von Kreisen und Halbkreisen als Göttersymbole, fliegenden Kugeln ähnlich *(Kugeln,* fliegende). Q.: Däniken: Zurück S. 134; Q.: Däniken: Besucher S. 204 ff
Ebenfalls in *Schweden*, in *Tanum*, schienen den Urmenschen fliegende Kugeln *(Kugeln,* fliegende), umgeben mit *Strahlen,* begegnet zu sein. Ähnliche Abbildungen findet man in *Fuencaliente (Spanien), Val Camonica (Italien), Santa Barbara (USA; Kalifornien)* und *Inyo County (Kalifornien)*. Q.: Däniken: Zurück S. 134 f; Q.: Däniken: Besucher S. 204 ff
Im *Ennedi*-Gebirge der Südsahara *(Sahara)* wurden Gestalten auf eine Weise abgebildet, die an Figuren der Polynesier erinnern *(Polynesien)*. Q.: Däniken: Zurück S. 195
Ebenso erinnern sie an entsprechende Darstellungen des *Tesedjebest*-Berglandes *(Tassili-Massiv)* und des *Atakôr (Hoggar-Massiv)* in der Zentralsahara. Über die alten Felsmalereien des Tassili-Massivs wird in einem eigenen Stichwort berichtet. Q.: Kohlenberg: Vorzeit S. 41; Q.: Carl/Petit: Tefedest
Das untenstehende Bild zeigt ein Beispiel für kugelförmige Gebilde auf F' der *Sahara*. Ihnen wird kultische Bedeutung zugemessen. Eindeutig können sie nicht identifiziert werden.
Ein in der Fachliteratur oft erwähntes Felsbild ist die »Weiße Dame vom *Brandberg*« in Südwestafrika *(Namibia; Südafrika)*, in der einst Abbé Henri E. *Breuil* wegen ihrer Fremdartigkeit Spuren eines Einflusses aus dem alten *Kreta (Griechenland)* vermutete. Erich von Däniken bezeichnete die mit einem eng anliegenden Gewand *(Overalls)* dargestellte Figur als »astronautenverdächtig«. Q.: Däniken: Erinnerungen S. 59
In der *Sowjetunion* soll es die Reliefzeichnung *(Gravuren)* eines Flugkörpers *(UFO,* historische) aus zehn aneinandergereihten Kugeln in einem rechteckigen Rahmen, der von zwei Säulen, sprich Beinen, getragen wird *(Kugeln,* fliegende), geben. Q.: Däniken: Erinnerungen S. 158

Felszeichnungen. »Sonnengott«-Darstellungen aus Kasachstan, Raum Alma-Ata. Q.: H. Biedermann, Bildsymbole der Vorzeit, Graz 1977

Eine F' aus *Usbekistan* zeigt unverwechselbar einen Raumfahrer mitsamt seinem ufoförmigen Raumschiff im Hintergrund *(Erkennen der Götter; UFO,* historische). Die Zeichnung ist bis ins letzte Detail so bril-

Felszeichnungen. Sefar, Tassili. Q.: Sahara, Köln 1978. Photo Striedter

124 Felszeichnungen

lant, daß man vermuten muß – sofern es sich nicht um eine Fälschung handelt! –, der betroffene Weltenbummler habe sich höchstpersönlich verewigt. In seinen Händen hält das Wesen eine mysteriöse Scheibe, einer Schallplatte nicht unähnlich *(Baian Kara Ula).* Q.: Krassa: Gelbe Götter S. 27 ff

Felszeichnungen. Angebliche Felszeichnung aus Usbekistan, UdSSR. Q.: *Sputnik Nr. 1, Stuttgart 1968*

Eine weitere Felszeichnung in der Nähe von *Ferghana (Usbekistan),* die von dem Archäologen George Tschatski gefunden wurde, zeigt ebenfalls einwandfrei ein Wesen mit *Overalls* und Helm *(Erkennen der Götter).* Q.: Krassa: Gott S. 277 f; Q.: Mooney: Les dieux S. 120
Im Kimberley-Bezirk, *Kimberley Ranges, Australien,* stellen F' »Wondjina« dar, mundlose übernatürliche Wesen mit Helm und Overall *(Overalls).*
Sechs Schriftzeichen auf dem Helm oder Strahlenschein einer Figur, die noch nicht bestimmt wurde, und eine Anzahl Nullen (in drei Reihen: 21, 24 und 17, zusammen also 62) an ihrer linken Seite, die *Zahlen* darstellen könnten, legen den Verdacht nahe, hier eine Gestalt abgebildet zu sehen, die nicht der Phantasie entsprungen ist *(Schriften).*

Erkennen der Götter. Australische Wondjina-Gottheit. Q.: *H. Biedermann,* Bildsymbole der Vorzeit, *Graz 1977*

Q.: Däniken: Zurück S. 279 Bild; Q.: Däniken: Aussaat S. 40 Bild; Q.: Charroux: Welten S. 293 ff Bild; Q.: Biedermann: Felsbildkunst
Australien bietet auch sonst noch reiche Funde. So bei *Alice Springs, Laura, Ndahla Gorge, Yarbiri Soak* und *Nimingarra.* Auch im *Arnhem-Land,* bei *Noorlangie* und der geheimnisvollen *Moon City,* das an *Sete Cidades* in Brasilien erinnert, wurden Symbole wie Kreise, Vierecke und Linien als auch astronautenverdächtige Wesen gefunden. Q.: Däniken: Meine Welt S. 181 ff; Q.: Däniken: Besucher S. 319 ff
In *Australien, Peru* und Oberitalien *(Italien)* finden sich seltsame abstrakte Felsmarkierungen *(Schriften).* Q.: Däniken: Erinnerungen S. 158
Strahlen oder Hörner *(Antennen)* tragen auch die Wesen, die im *Indian*

Felszeichnungen 125

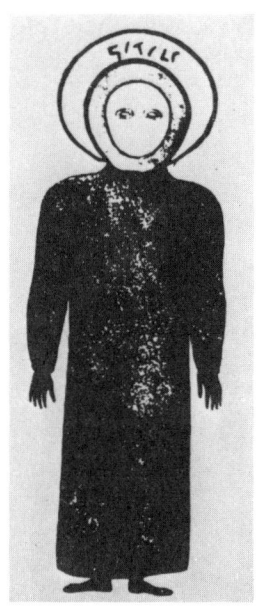

Felszeichnungen. Australische Höhlenzeichnung (Kimberley Ranges). Q.: Erich von Däniken

Felszeichnungen. Fremdartig wirkende Gestalten (Humanoiden) mit Hörnern oder Antennen, z. T. mit Schlangen, in der Fachliteratur als »machtvolle mythische Wesen« bezeichnet. Vorgeschichtliche Felsbilder aus dem Westen der USA (»Barrier Canyon-Stil«, Utah). Q.: Umzeichnung nach K. F. Wellmann, Muzzinabikon, Graz 1976

Creek bei *Moab (Utah, USA)* abgebildet sind. Q.: Kohlenberg: Vorzeit S. 40 f

Felszeichnungen. Auch dieses vorgeschichtliche Felsbild stammt aus Utah: zwei Mondsicheln und ein scheibenartiges Gebilde aus zwei konzentrischen Kreisen mit zwei menschenähnlichen Gestalten. Q.: Umzeichnung nach K. F. Wellmann, Muzzinabikon, *Graz 1976*

Wesen mit einem *Strahlen*kranz um den Kopf finden sich auch im Tal des *Columbia Rivers (USA)*. Q.: Kohlenberg: Vorzeit S. 39
Im *Hava Supai Canyon, Arizona, USA,* finden sich Zeichnungen, die *Saurier* darstellen könnten *(Erdaltertum)*. Q.: Mooney: Les dieux S. 25 f
Reich an schwer deutbaren F' ist in den *USA* besonders *Kaliforniens* mit Fundplätzen wie *Carriso Plains* und *Painted Cave (Höhlenzeichnungen)* bei *Santa Barbara* (mit speichenartig unterteilten Zackenrädern und kon-

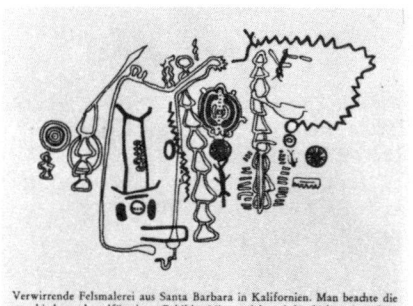

Felszeichnung Kalifornien. Q.: Erich von Däniken

zentrischen Kreisen bemalt) und *Inyo County* mit seinen Götterfiguren von abstrakter Gestaltung, deren Köpfe von *Strahlen*kränzen umgeben sind. Seltsam deformiert wirkende humanoide Gestalten *(Humanoiden)* und hantelartige Gebilde unklarer Bedeutung bietet der Fundplatz *Tulare Region.* Q.: Däniken: Erinnerungen S. 57 f; Q.: Däniken: Zurück S. 135
Ebenso verdächtige Petroglyphen stöberte man im *Algonquin Park,* südöstliches *Ontario (Kanada),* und am *Ninth Lake,* östlich *Biscotasing (Kanada)* auf. Q.: Däniken: Meine Welt S. 185

ley, der im 19. Jahrhundert die Indianer kontaktierte.
Würden die Experten der Zukunft diese Figur als Gottheit klassifizieren?

Felszeichnungen. Q.: Umzeichnung nach K. F. Wellmann. In: Indian Rock art, *Reader's Digest, Oct. 1978*

Eine Felszeichnung bei *Monte Albán (Mexiko)* läßt Interpretationen vom Bohrer bis zur Flugmaschine zu *(Unklarheiten der Definition).* Q.: Däniken: Meine Welt S. 132
Sete Cidades (die sieben Städte) ist eine siebenteilige Felsenanlage, von der noch nicht genau bekannt ist, ob sie natürlichen oder künstlichen Ursprungs ist *(Brasilien).* An Felswänden in 8 Meter Höhe befinden sich abstrakte F' von Menschen *(Erkennen der Götter),* Rädern, Kreisen und Vierecken. Auf einer Darstellung glaubt man eine Raumbasis *(Raumbasen)* erkennen zu können *(Monumente).* Q.: Däniken: Aussaat S. 171 ff; Q.: Däniken: Meine Welt S. 140

Felszeichnungen. Felszeichnung bei Peterborough, Ontario, USA. Angeblich zwischen 900 und 1400 n. Chr. entstanden. Wieder ein Sonnengott? Q.: H. Biedermann, Bildsymbole der Vorzeit, *Graz 1977*

Daß reale Beobachtungen der Eingeborenen meist ausschlaggebend sind, beweist diese F' nahe dem Grand Canyon. Sie zeigt – vermutlich – den Forscher Maj. John Wes-

Felszeichnungen 127

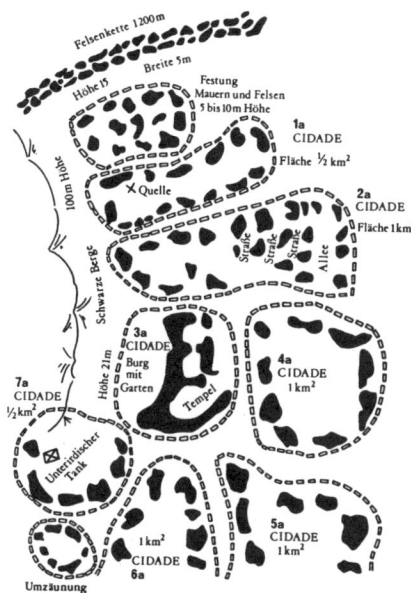

Felszeichnungen. Sete Cidades, Brasilien. Q.: Erich von Däniken

Felszeichnungen. Sete Cidades (Bezirk Piani, Brasilien) mit Felszeichnungen. Q.: Erich von Däniken

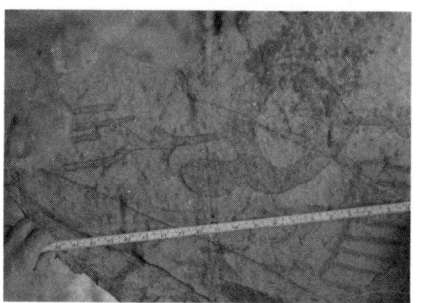

Ein gewaltiger (30 × 100 m) Steinmonolith in Form eines Eies *(Monumente)* liegt am oberen *Rio Branco, Brasilien: Pedra Pintada*, wie er genannt wird, ist über und über mit Zeichen *(Schriften)* und Symbolen bedeckt. Q.: Däniken: Zurück S. 138 f; Q.: Homet: Söhne
Brasilien bietet F' auch noch in *Goiania* und beim *Pedra de Gaveà*. Bei dem letztgenannten Felsen stieß der Brasilianer Eduardo Beltrão *Chaves* auch auf *Bodenzeichnungen* in Form von Kreisen und Linien. Q.: Däniken: Meine Welt S. 75 ff
Voll von *Sternen* und *Sternbildern* ist die Felszeichnung bei *Lagoa Santa, Minas Gerais, Brasilien.* Q.: Däniken: Meine Welt S. 74
Das Felsenrelief »*Pedra de Inga*« *(Gravuren)* im Staat *Paraíba, Brasilien,* mit seinen Kreisen und Strahlen

128 Felszeichnungen

Felszeichnungen. Pedra de Gaveà, angeblich künstlich veränderter Felsen bei Rio de Janeiro, mit mysteriöser Bodenzeichnung. Q.: E. Chaves, Rio de Janeiro

konnte noch nicht gedeutet werden.
Q.: Däniken: Meine Welt S. 74
→ Antennen
→ Cargo-Kult
→ Erde
→ Erkennen der Götter
→ Höhlenzeichnungen
→ Indien
→ Nazca, Hochebene von
→ Orejona
→ Osterinsel
→ Parsismus
→ Röntgen-Gerät
→ Sahara
→ Saurier
→ Schamanen
→ Schriften
→ Sibirien
→ Sirius-B
→ Steine, gravierte
→ Tassili-Massiv
→ Totemismus
vgl.: Bodenzeichnungen
vgl.: Felsbearbeitungen
Feng-Lin (Figur der chinesischen Mythologie) → Waffen der Götter
Feng-shen-yen-i (chinesische Legende) → Waffen der Götter
Fensalir (unterseeische Wohnstätte der germanischen Göttin Frigg)
→ Unterwasserbasen
Fenster (der Götter-Fahrzeuge)
→ UFO, historische
Ferghana (Ort in Usbekistan, USSR)
→ Felszeichnungen
Fernsehen vgl.: Television
Fessan (libysches Wüstengebiet)
→ Kulturen, versunkene
→ Sirius-B
Feuerbälle (als Himmelserscheinung; auch Synonym für die fliegenden Fahrzeuge der Götter)
→ Eskimos
→ Oannes
→ Sintflut
→ UFO, historische
→ Vernichtung von Schriftzeugnissen
Feuerland (Südspitze Südamerikas)
→ Piri Reis Weltkarten
→ Schöpfung
Fidschi-Inseln (Polynesien) → Eier, fliegende
→ Sintflut
Fiebag, Johannes *14. 3. 1956 in Northeim, Deutschland. In mehreren Zeitungs- und Zeitschriftenartikeln

beschäftigte sich der Geologie-Student mit Aspekten der Prä-Astronautik.
Figona (Wolkenschlange der Neuen Hebriden) → Landeplätze der Götter
Finistère (Französisches Departement) → Pyramiden
Finnland → Herkunft der Götter
→ Rivalitäten der Götter
→ Sintflut
→ UFO, historische
→ Unfälle
→ Zwerge
Finsternisse → Jesaja
→ Katastrophen
→ Moses
→ Schlangen
Fisch, Solomon (Rabbiner)
→ Ezechiel
Fischmenschen (bzw. -götter) F' sind in zahlreichen Mythologien als weise, kulturvermittelnde *Mischwesen* bekannt, was deshalb auffallend ist, weil für unsere Begriffe der Fisch eine »stumme Kreatur« ohne jegliche Kommunikation zu den luftatmenden Wesen ist. Gab es einst »Götterrassen«, die etwa durch eine glänzende Schutzkleidung *(Overalls)* und durch von *Brillen* umrahmten »Fischaugen« den Erdenmenschen die sonst kaum erklärliche Vorstellung von kenntnisreichen F' vermittelten?
→ Erkennen der Götter
→ Etrusker
→ Humanoiden
→ Mischwesen
→ Oannes
→ Orejona
→ Osterinsel
→ Schöpfung
→ Sirius-B
vgl.: Humanoiden
Fisher Canyon (Nevada; USA)
→ Kuriositäten
→ Versteinerungen
Flammenwerfer → Elias
→ Waffen der Götter
Flindt, Homer Egon (Schriftsteller)
→ Flindt, Max H.

Flindt, Max H. *1915 in San José, Kalifornien. Schon von seinem Vater, dem *Science-Fiction*-Pionier Homer Egon *Flindt,* wurde F' zur phantastischen Wissenschaft hingeleitet. Nach Studien in Chemie, Physik, Biologie, Paläontologie und Anthropologie und verschiedenen Tätigkeiten in Forschungszentren, z. B. bei Lockheed für Weltraumforschung, legte er als erster wissenschaftliche Anhaltspunkte für eine kosmische Abstammung des Menschen und mögliche künstliche Mutationen vor *(Genmanipulation).* Er war Referent auf Kongressen der *Ancient Astronaut Society.*
Flora (Pflanzenwelt) → Herkunft der Götter
→ Humanoiden
→ Kommunikation, interstellare
Florida (US-Bundesstaat)
→ Bermuda-Dreieck
Flüssigkeiten, chemische *Wai-oraroa* nennen die Polynesier das »Lebenswasser« der Götter vom Gestirn *Hawaiki,* das lange *Lebensdauer* gewährte *(Polynesien; Sagen).* Lassen Wunschvorstellungen oder tatsächliche Kenntnisse solcher Elixiere Mythen entstehen? Q.: Kohlenberg: Vorzeit S. 299; Q.: Ellis: Polynesian researches
→ Esra
→ Gottessöhne
→ Gravitation, Aufhebung der
→ Herkunft der Götter
→ Lebensdauer
vgl.: Chemikalien
Fluggürtel (Fluggerät für einzelne Personen) vgl.: Rocket-Belt
Flugzeugmodelle Gegenstände, die aus purem *Gold* angefertigt werden, können nicht unwichtig oder religiöser Zierat gewesen sein.
So sollte es sich auch mit den drei bisher gefundenen F'n aus Südamerika verhalten. Die Modelle des Paters Carlo *Crespi,* des Archäologen Juan *Moricz* und das der State Bank in *Bogotá* können unmöglich Abbil-

130 Flugzeugmodelle

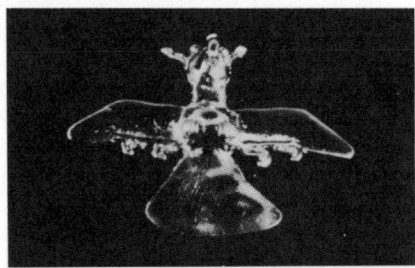

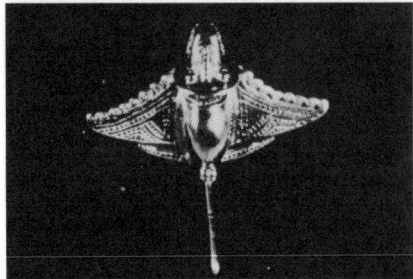

Flugzeugmodelle. Goldene Flugzeugmodelle einer Privatsammlung in Kolumbien. Q.: Erich von Däniken

der von Vögeln *(Himmelsvögel)* oder Insekten gewesen sein *(Kolumbien).* Die Anordnung der Flügel und die aufgestellte Heckflosse ließen das *Aeronautical Institute,* New York, Versuche im Strömungskanal starten. Dr. Arthur *Poyslee* kam danach zu positiven Ergebnissen *(UFO,* hi-

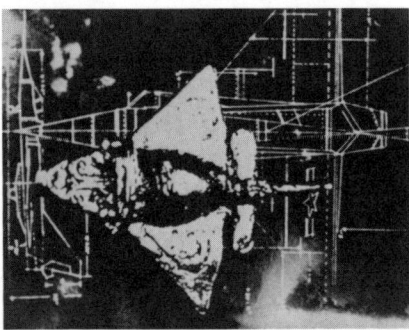

Flugzeugmodelle. Flugzeugmodell im State Bank, Bogotá. Q.: Constantin-Film

storische). Q.: Däniken: Aussaat S. 44 ff; Q.: Däniken: Meine Welt S. 172 Ein seltsames, anscheinend vogelähnliches Modell aus Holz wurde 1898 in einem Grab *(Gräber)* bei *Sakkara (Ägypten)* gefunden. Doch die Untersuchungen durch Dr. Klalil *Messiha* 1969 ließen dieses Pa-Diemen, dieses Geschenk des *Amun,* in anderer Version erscheinen. Die hochgestellte, gerade Heckflosse und die Untersuchungen von Aeronautikern weisen auf ein F' hin. *Amun* war, beinahe naheliegend, Herr des Lufthauchs. Ein Hinweis auf seine wirkliche Gestalt? 14 ähnliche Artefakte sollen bisher gefunden worden sein. Q.: Däniken: Meine Welt S. 171; Q.: Däniken: Besucher S. 274
Fluoreszenzen → Kuriositäten
vgl.: Chemikalien
vgl.: Lampen
Fluten vgl.: Sintflut
Foggaras (Tunnelgänge im Wüstengebiet des Fessan, Libyen)
→ Kulturen, versunken
Fohat (kreisende Materie oder kosmische Kraft, vielleicht Energie, des indischen »Dzyan«) → Schöpfung
Formoré (irischer Clan)
→ Kulturbringer, Götter als
Formosa → Taiwan
Fortpflanzung
vgl.: Genmanipulation
vgl.: Geschlechtsverkehr
vgl.: Gottessöhne
vgl.: Humanoiden
vgl.: Samen
vgl.: Unfruchtbarkeit
Fossilien vgl.: Versteinerungen
Frankreich → Felszeichnungen
→ Kulturbringer, Götter als
→ Mutanten
→ Pyramiden
→ Radioaktivität
→ Spiele der Götter
vgl.: Kelten
Fresco (Fluß in Brasilien)
→ Cargo-Kult
→ Kulturbringer, Götter als

Fresken Im Frühjahr 1964 wurden im Kloster *Dešani* in *Kosovo-Metohija, Jugoslawien,* bislang noch unbekannte F' aus dem Anfang des 14. Jahrhunderts aufgedeckt *(Mittelalter).* Über einer religiösen Szene jagen sich zwei stromlinienförmige Flugschiffe, etwa in Tropfenform. In jedem Gefährt sitzt ein Wesen und bedient eine Art Steuer. Der erste Pilot schaut sich nach seinem Verfolger um. Engel, die zwischen den Himmelsschiffen schweben, halten sich – vor Schrecken? – Augen und Ohren zu *(UFO,* historische). Wen oder was wollten die mittelalterlichen Künstler darstellen? Versetzten sie nur himmlische Wesen in Kometen oder hatten sie konkrete Vorbilder *(Cargo-Kult)?* Q.: Elmayer von Vestenbrugg/Bellamy: Eingriffe S. 410; Q.: Leslie/Adamski: Flying saucers; Q.: Däniken: Meine Welt S. 129; Q.: Kohlenberg: Vorzeit S. 215; Q.: Saizew: Wissenschaft
vgl.: Gravuren

Freudenthal, Hans (Mathematiker) → Kommunikation, interstellare

Freundschafts-Inseln (älterer Name) → Tonga-Inseln

Freycinet, Louis Claude (Südseeforscher) → Simbabwe

Freyja (nordisch-germanische Göttin der Liebe) → UFO, historische

Frick, K. (Geheimbund-Historiker) → Dzyan, Buch des

Frigg (nordisch-germanische Göttin, im Meer beheimatet?) → UFO, historische
→ Unterwasserbasen

Frobenius, Leo (Ethnologe, 1873–1938)
→ Saurier

Fruchtbarkeitskult Die weltweite Verehrung des Phallus, symbolisiert durch unzählige Megalithbauten *(Monumente),* geht auf die Verehrung von gerundeten, ovalen Steinen zurück, aus denen die Götter zur Erde gekommen sein sollen *(Felsen, fliegende; Felsgeburten; UFO,* historische; *Symbole).* Erst später deutete man den damit verbundenen Kult als F', was z. B. am indischen *Lingam* deutlich wird. Das Wort bedeutet ursprünglich soviel wie »Kennzeichen« *(Wortbedeutungen),* wurde später aber, ungeachtet der Tatsache, daß *Shivas* Flugkörper *(UFO,* historische) so genannt wurde, als männliches Glied verstanden *(Indien).* In

Fresken. Dešani-Kloster. Q.: *Constantin-Film*

132 Fruchtbarkeitskult

Verbindung mit der Göttin kam man dann zu dem heute üblichen Bild des *Lingam* in der *Yoni*. Q.: Kohlenberg: Vorzeit S. 34 f; Q.: Creuzer: Symbolik
Frum, John (amerikanischer Soldat des II. Weltkrieges) → Cargo-Kult
Fuchs, Walter A. *15. 10. 1956 in Salzburg. Der Student der Betriebswirtschaft beschäftigt sich seit Jahren intensiv mit Fragen der Prä-Astronautik. Er ist Herausgeber des Magazins »Freunde der Fantastik«, in dem auch dieses Thema behandelt wird. Seit 1978 schreibt er die Texte zur erfolgreichen SF-Serie »Die Götter aus dem All« *(Science Fiction).*

Fuchs, Walter A. Q.: Trude Schachner

Fuchs, Walter R. (wissenschaftlicher Autor)
→ Humanoiden
→ Kritiker
Fuencaliente (Fundstelle in Spanien) → Felszeichnungen
Fu-hsi (chinesischer Gott und mythischer Urkaiser) → Berge, heilige
→ Katastrophen
→ Kulturbringer, Götter als

Fundgegenstände, technische Im japanischen *Kojiki*, das um 712 verfaßt wurde und auf ältere Überlieferungen zurückgehen soll *(Japan)*, wird von dem Besuch des Gottes *Ninigi* gesprochen, den die Sonnengöttin *Amaterasu* mit einem Metallspiegel *(Metalle; Spiegel)*, einem Schwert und einer Juwelenkette auf die Erde schickte. Er landete im westlichen Teil der Insel *Kyushu* auf einem Berg *(Landeplätze der Götter; Berge,* heilige). Diese Gegenstände werden noch heute als *Reliquien* aufbewahrt und verehrt *(Cargo-Kult).* In der Stadt *Ise* wird der heilige *Spiegel* aufbewahrt. Da er seit Jahrhunderten ständig mit neuen Tüchern verdeckt wird, wenn die alten vergangen sind, hat noch niemand seine Gestalt erkannt. Bei *Nagoya* wird das Schwert und im kaiserlichen Palast in *Tokio* die Kette aufbewahrt. Q.: Däniken, Beweise S. 159

Fundgegenstände, technische. Werden in diesem Tempel Kultgegenstände außerirdischen Ursprungs aufbewahrt? Q.: Erich von Däniken

→ Akakor
→ Kuriositäten
→ Unfälle
(Übersicht über einzelne Gegenstände, die den Göttern zugeschrieben wurden:) → Batterien
→ Computer
→ Elektroden
→ Flugzeugmodelle
→ Kabel

Futurologie 133

→ Kristall-Linsen
→ Maschinen
→ Metalle
→ Radioaktivität
→ Reflektoren
→ Uhren
Fu-sang (leuchtender Baum des Ostens, auch Po oder K'ong-sang genannt; chinesische Mythologie) → Lampen

Fußabdrücke (als fossile Versteinerungen) → Kuriositäten
→ Riesen
→ Versteinerungen
Futurologie (Wissenschaft, die statistisch Entwicklungen der Zukunft zu fixieren versucht) → Homo sapiens, Evolution des
→ Sirius-B

G

Gabalis, Graf (Kabbalist; literarische Gestalt des Abbé Nicolas Pierre-Henri Villars de Montfaucon; historische Existenz nicht gesichert)
→ UFO, historische
Gabari (assyrisch: die »Riesen«)
→ Wortbedeutungen
Gadow, Gerhard (Autor) → Kritiker
Gäa (griechische Erdgöttin) → Gaia
Gaia (griechische Erdgöttin)
→ Rivalitäten der Götter
→ Sirius-B
Galaxien (Sternensysteme)
→ Astronomie
→ Bodenzeichnungen
→ Exobiologie
Gambier-Inseln (Tuamotu-Inseln; Polynesien) → Mumien
Gamboa, Sarmiento de (spanischer Chronist) → Tiahuanaco
Gamio, Manuel (Archäologe)
→ Pyramiden
Gamphasanten (oder Garamanten; Volk der Sahara) → Sirius-B
Ganesa (Janesha; indischer Gott der himmlischen Scharen)
→ Kulturbringer, Götter als
Ganymed (Knabe der griechischen Mythologie) → Entführungen
Garama (ehemalige Hauptstadt der libyschen Garamanten, auch Germa oder Dschuma genannt) → Kulturen, versunkene
→ Sirius-B
Garamanten (Volk der Sahara; vielleicht Vorfahren der Tuareg)
→ Kulturen, versunkene
→ Sirius-B
Garamas (angeblich Sohn des Uranos und der Gaia; griechische Mythologie) → Sirius-B

Garodman (Welt des persischen Awesta) → Herkunft der Götter
Garm (Höllenhund der germanischen Mythologie) → UFO, historische
Garudin (Wundervogel der mongolischen Kalmücken-Mythologie)
→ UFO, historische
Gase → Waffen der Götter
vgl.: Betäubungsmittel
vgl.: C-Waffen
Gat (auch Ghat; libysche Oase)
→ Kulturen, versunkene
Gauri (indische Göttin; auch Jagadgauri genannt) → Waffen der Götter
Gavreau, Vladimir (Ingenieur)
→ Trompeten von Jericho
Geb (ägyptischer Erdgott; Vater von Isis und Osiris) → Eier, fliegende
→ Verbindung von Himmel und Erde
Gebote vgl.: Gesetze
Gedankenübertragung
vgl.: Telepathie
Geh (Welt der jüd. Kabbala)
→ Herkunft der Götter
Geheimbücher → Akakor
→ Astronomie
→ Dzyan, Buch des
Geheimnis von Agharti (indische Überlieferung) → Kulturbringer, Götter als
Geheimnisse
→ Baum der Erkenntnis
→ Baum des Lebens
→ Erkennen der Götter
→ Esra
→ Henoch
→ Lebensdauer
→ Pyramiden
→ Räder
→ Schöpfung

→ Sirius-B
→ Steiner, Rudolf
→ Vimanas
vgl.: Tabus
vgl.: Vertuschungen
Geister vgl.: Dämonen
vgl.: Erscheinungen
vgl.: Götter
Genesis (1. Buch Mose; Altes Testament) → Dopatka, Ulrich
→ Midrash Rabba
Gn 1, 1 → Wortbedeutungen
Gn 1, 2 → Schweben des göttlichen Geistes
Gn 1, 26 → Majestätsplural
Gn 1, 27 → Schöpfung
Gn 2 ff → Paradies
Gn 2, 7 → Schöpfung
Gn 2, 8 → Paradies
Gn 2, 17 → Baum der Erkenntnis
Gn 2, 22 → Schöpfung
Gn 3 ff → Schlangen
Gn 3, 8 → Donnergötter
Gn 3, 9 → Nichtwissen der Götter
Gn 3, 11 → Nichtwissen der Götter
Gn 3, 22 → Baum des Lebens
Gn 3, 24 → Cheruben; Paradies
Gn 4, 6 ff → Nichtwissen der Götter
Gn 5, 1 ff → Lebensdauer
Gn 5, 22 → Lebensdauer
Gn 5, 24 → Entführungen; Henoch
Gn 6, 2 → Gottessöhne
Gn 6, 4 → Riesen; Gottessöhne
Gn 6, 6 → Sintflut
Gn 6, 13 → Sintflut
Gn 8, 21 → Sintflut
Gn 10, 20 → Turm zu Babel
Gn 11 ff → Turm zu Babel
Gn 14, 5 → Riesen
Gn 15, 1 → Erscheinungen
Gn 15, 17 → UFO, historische
Gn 16, 7 → Hagar
Gn 17 → Abraham
Gn 18 → Mamre
Gn 18, 22; 23 → Mamre
Gn 19 ff → Sodom und Gomorrha
Gn 19, 16 → Sodom und Gomorrha
Gn 19, 22 → Sodom und Gomorrha
Gn 19, 24 → Sodom und Gomorrha
Gn 19, 30 ff → Inzest
Gn 20 ff → Isaak
Gn 21, 1 → Isaak
Gn 21, 9 ff → Hagar
Gn 22 ff → Abraham
Gn 22, 11 → Abraham
Gn 26, 2 → Erscheinungen
Gn 28, 12 → Erscheinungen
Gn 28, 19 → Sodom und Gomorrha
Gn 31, 11 → Erscheinungen
Gn 32 ff → Jakob
Gn 32, 3 → Jakob
Gn 32, 22 ff → Jakob
Gn 35, 13 → Jakob
Gn 35, 27 ff → Isaak
Gn 38, 7 → Inzest
Gn 38, 9 → Inzest
Gn 40 ff → Erscheinungen
Gn 45, 8 → Erscheinungen
Genmanipulation Gene sind in der Mikrobiologie und Erblehre die Träger von Erbanlagen, deren Information bei der Fortpflanzung wie auch bei der Zellteilung übertragen wird. Jedes Gen ist ein Abschnitt eines Kettenmoleküls, das in »molekular codierter« Form bestimmte Erbfaktoren enthält. Prof. Marshall W. *Nierenberg,* einer der Entdecker des genetischen Code, Prof. Joshua *Lederberg* u. a. sind sich darin einig, daß innerhalb der nächsten Jahrzehnte Genmanipulierungen möglich sind.
Q.: Däniken: Zurück S. 47
→ Enuma eliš
→ Flindt, Max H.
→ Gottessöhne
→ Isaak
→ Riesen
→ Schlangen
→ Schöpfung
→ Sodomie
vgl.: Intelligenzmanipulation
Gentes, Lutz *9. 6. 1945. Der Student der Psychologie und Pädagogik differenziert seit Jahren Material zur Prä-Astronautik und arbeitet an einer Publikation über die »Wirklichkeit der Götter«.
Geodäsie (Erdvermessung)
→ Sintflut
Geographie → Erde
→ Pyramiden

136 Geographie

→ Schöpfung
→ Sintflut
vgl.: Karten
Geologie → Erde.
→ Osterinsel
→ Schöpfung
(Übersicht über einzelne Zweige:)
→ Hydrogeologie
Georgien → Sirius-B
Ger (erster Sohn Judas; Altes Testament) → Inzest
Geräusche (der Götter-Fahrzeuge)
vgl.: Akustik
vgl.: Donnergötter
Germa (oder Garama bzw. Dschuma; ehemalige Hauptstadt der libyschen Garamanten) → Kulturen, versunkene
→ Sirius-B
Germanen → Aussetzung von Kindern
→ Baum des Lebens
→ Drogen
→ Erde
→ Götter, bärtige
→ Herkunft der Götter
→ Mutanten
→ Pferde, fliegende
→ Schamanen
→ Schlangen
→ Strahlen
→ UFO, historische
→ Unterwasserbasen
→ Verbindung von Himmel und Erde
→ Waffen der Götter
Geruch (der Götter-Fahrzeuge)
→ UFO, historische
→ Weltraumreisen, Probleme bei
Gesang des Ullikummi (hurrithischer Mythos) → Verbindung von Himmel und Erde
Geschichte Jesajas, Die (Apokryphe) → Jesaja
Geschlechtsverkehr (der Götter und der Menschen) → Entführungen
→ Gottessöhne
→ Inzest
→ Isaak
→ Kulturbringer, Götter als
→ Moral (der Götter)
→ Sacsayhuaman

→ Schlangen
→ Sodomie
→ UFO, historische
Gesellschafts-Inseln (Polynesien)
→ Antennen
→ Bauwerke
→ Cargo-Kult
→ Eier, fliegende
→ Gottessöhne
→ Pyramiden
→ Sintflut
(Übersicht über einzelne Inseln:)
→ Bora-Bora
→ Raiatea
→ Tahiti
→ Toa-marama
Gesetze In *Exodus 21 ff* gibt Gott dem Volk Israel verschiedene Gesetze für das Verhalten bei Sklavenproblemen, Mord- und Totschlag, Körperverletzung, Viehdiebstahl, Vergewaltigung, den Festen und am *Sabbat (Kulturbringer,* Götter als). Zum Teil enthalten diese Gebote, nach unserer Ethik, erschreckend ungöttliche Züge. Zum Beispiel soll der Tod eines *Sklaven,* zwei Tage nach einer vorsätzlichen Körperverletzung, ungesühnt bleiben *(Exodus 21, 21; Grausamkeit).* Der Gott, der solches verkündet, könnte ein Mensch gewesen sein. In den Überlieferungen *(Sagen)* ist, wie an anderen Stellen deutlicher wird, oft mehr Außerirdisches als Überirdisches verborgen. Q.: Dopatka: Spiegelbild; Q.: Kohlenberg: Vorzeit S. 322
Der biblische Gott will seine Gesetze, zusammengefaßt als die »Zehn Gebote«, selber auf Steintafeln schriftlich festgehalten und dem Volke überlassen *(Schriftzeugnisse der Götter)* haben. Detailliert berichtet hierüber *Exodus 25 ff.*
Zu dieser Zeremonie soll der Führer des Volkes Israel, *Moses,* allein auf den Berg Gottes steigen, dem *Sinai.* 40 Tage und 40 Nächte dauerte die Audienz, bei der wir nicht wissen, ob Moses wirklich am Ort blieb *(Entführungen).* Währenddessen gaben die

Zivilisatoren noch weitere Anweisungen an Moses *(Kommunikation):* so zum Bau der *Bundeslade,* einer Art Kommunikationsgerät zwischen Gott und seinen wenigen Auserwählten.
Alle diese Gebote wurden nicht von *Moses,* sondern von seinem Gebieter »mit dem Finger Gottes« in steinerne Tafeln verewigt *(Werkzeuge der Götter).* Warum legte man an dieser Stelle solchen Wert auf den Finger Gottes und nicht z. B. auf die Hand oder den Willen? Wollte man ausdrücklich ein Werkzeug, ein Instrument hervorheben, ohne dabei ein passendes Synonym zu kennen? Eine stilistische Umschreibung? Q.: Dopatka: Spiegelbild; Q.: Krassa: Gott S. 116 ff
Der Autor Joachim *Pahl* berechnete die Größe der 10 heiligen Tafeln auf 125 cm Länge, 75 cm Breite und 38 cm Höhe. Sie sollen auch nicht aus Stein, sondern aus einem anderen Material gepreßt worden sein. Q.: Pahl: Sternenmenschen; Q.: Krassa: Gott S. 127 f
Die Übergabe göttlicher Gesetze gehört, wie Schöpfungsmythen *(Schöpfung),* Sintflutsagen *(Sintflut)* und ähnliches, zu den Erzählungen, die weltweit, zum Teil einander sehr ähnlich, anzutreffen sind. Q.: Dopatka: Spiegelbild
Henoch soll vom *Engel Raphael* ein Buch, welches das Wissen der Götter enthielt *(Kulturbringer,* Götter als), bekommen haben *(Schriftzeugnisse der Götter).* Q.: Kohlenberg: Vorzeit S. 134; Q.: Dopatka: Spiegelbild
Im *Gilgamesch-Epos* gab Himmelsgott *An* den Sumerern *(Sumerer)* die Gesetze auf goldenen Tafeln, den *Dupsimati (Sagen).* Q.: Dopatka: Spiegelbild; Q.: Kohlenberg: Vorzeit S. 322; Q.: Schott: Gilgamesch-Epos
Die Herrin des himmlischen Vogels *Zu* (UFO, historische; *Himmelsvögel), Lilith,* die nach dem *Talmud* die dämonische *(Dämonen)* erste Frau *Adams* gewesen sein soll, raubte schließlich die *Dupsimati,* auch als Schicksalstafeln bezeichnet; so berichten auch die *Ras Shamra Texte.* Q.: Kohlenberg: Vorzeit S. 103 f
Die Inder *(Indien)* lasen ihre *Vedas* ursprünglich ebenfalls von göttlichen, goldenen Tafeln. Q.: Dopatka: Spiegelbild
Die dreibeinige Schildkröte *Nai* (UFO, historische) brachte den Chinesen *(China)* vom Flusse *l* her die ewigen G' auf ehernen *Lo-Tafeln* (Metalle; Dreibeinigkeit). Gab die Schildkröte, ihres Panzers wegen, vielleicht den besten Vergleich ab zu dem, was man vor sich sah *(Schildkröten)?* Auch ein dreibeiniger Rabe ist in der chinesischen Mythologie erwähnt *(Dreibeinigkeit; Himmelsvögel).* Q.: Dopatka: Spiegelbild; Q.: Krassa: Gelbe Götter S. 135; Q.: Kohlenberg: Vorzeit S. 30, 322, 353; Q.: Eberhard: Lokalkulturen
Die Übergabe von G'n wirft vielleicht ein Bild auf eines der Motive außerirdischer Besucher. Es sieht aus, als wären sich die »Götter« (die offenbar nicht wirklich allgegenwärtig waren) der Tatsache ihrer zeitweiligen Abwesenheit von der Erde bewußt gewesen und hätten deshalb auf eine dauerhafte Fixierung ihrer Weisungen und ethischen Verhaltensmaßregeln Wert gelegt!
→ Bundeslade
→ Cargo-Kult
→ Donnergötter
→ Dschainismus
→ Entführungen
→ Hopi-Indianer
→ Lebensdauer
→ Moses
→ Religionen
→ Schöpfung
→ Sodomie
→ Talmud
→ Vernichtung von Schriftzeugnissen

Gesichte vgl.: Erscheinungen
Gewalt (zwischen den Göttern) vgl.: Konfrontationen der Götter

Gewalt (zwischen Göttern und Menschen) vgl.: Konfrontationen Götter kontra Menschen
Gewehre vgl.: Schußwaffen
Ghana → Sirius-B
Ghat (auch Gat; libysche Oase) → Kulturen, versunkene
Ghatotrachabadma (indischer Mythos) → Vimanas
Giganten vgl. Riesen
Gila, Rio (Fluß in Arizona) → Sandverglasungen
Gilbert-Inseln (früher Kingsmill-Inseln; Polynesien) → Pyramiden
Gilgamesch G' ist der Überlieferung nach ein mythischer frühgeschichtlicher König und Heros der *Sumerer*-Stadt Uruk, der um 2600 v. Chr. gelebt haben soll. Der Stoff der Sage *(Sagen)*, die in kurzen Epen aus sumerischer Zeit bruchstückweise vorweggenommen ist, war in jüngeren Epochen über ganz Babylonien und Assyrien verbreitet. Die bekannteste Zusammenfassung ist das sog. »Zwölftafel-Epos« der Ninive-Fassung, in das auch die ursprünglich selbständige *Sintflut*-Sage einbezogen ist. Die Erzählung berichtet vom Kampf des G' gegen den Himmelsstier, von seinem ursprünglich halbwilden Freund *Enkidu* und dem Kampf gegen den *Riesen Chumbaba* (auch Chuwawa oder Huwawa), vom Tod *Enkidus* und G's Suche nach dem Kraut der Unsterblichkeit *(Lebensdauer)*, die ihn u. a. mit *Utnapischtim,* dem Flutüberlebenden, in Verbindung bringt. Q.: Lange: Fremdling
Nach Aussage des *Gilgamesch-Epos* war G' eine Mischung aus »zwei Drittel Gott und einem Drittel Mensch« *(Gottessöhne):* ein Umstand, der nur zu erklären ist, wenn man Genmanipulationen oder eine Verwandtschaft mit den Außerirdischen annimmt. Q.: Dopatka: Spiegelbild
→ Aussetzung von Kindern
→ Cheruben
→ Enkidu
→ Lebensdauer
→ Riesen
→ Sirius-B
→ Weltraumreisen, Probleme bei
Gilgamesch-Epos Um 1900 wurde das G'-E' in Form von 12 Tontafeln *(Schriften)* im Hügel von *Kujundschik* gefunden. Es gehörte zur Bibliothek des Assyrerkönigs *Assurbanipal (Bibliotheken).* Ein weiteres Exemplar geht auf König *Hamurabi* zurück. Q.: Däniken: Erinnerungen S. 75
→ Aussetzung von Kindern
→ Baum der Erkenntnis
→ Baum des Lebens
→ Cheruben
→ Enkidu
→ Entführungen
→ Erkennen der Götter
→ Gesetze
→ Gilgamesch
→ Lebensdauer
→ Moses
→ Mutanten
→ Riesen
→ Schöpfung
→ Sintflut
→ Sumer
Gilroy, Rex (Dr., Direktor des Mount York Natural History Museums, Bathurst, N.S.W. Australien)
→ Riesen
Gjöll-Brücke (germanische Mythologie) → Verbindung von Himmel und Erde
Gish-gana (sumerischer Welten- bzw. Lebensbaum) → Baum des Lebens
Glas (Übersicht über einzelne glas- oder kristallartige Verbindungen:)
→ Bergkristall
→ Chrysolith
→ Jaspis
→ Kristall
→ Lapislazuli
→ Sandverglasungen
→ Saphir
→ Silex
→ Tarsis
→ Topas

Götter

vgl.: Jade
vgl.: Lupen
vgl.: Obsidian
vgl.: Teleskope
Glen Rose (Ort in Texas, USA)
→ Versteinerungen
Glocken, fliegende (Synonym für die fliegenden Fahrzeuge der Götter)
→ UFO, historische
Glyphen (= Zeichen) vgl.: Gravuren
Gna (Dienerin der Göttin Frigg; nordisch-germanische Mythologie)
→ UFO, historische
Gobi, Wüste *Sandverglasungen* sind in der W' G' ein Phänomen, das nur durch große Hitzeeinwirkung zu erklären ist. Q.: Däniken: Erinnerungen S. 46; Q.: Mooney: Les dieux S. 106 ff Nicht weit davon, unter den Ruinen von *Khara-Khoto*, stieß der Archäologe Prof. Petr Kusmitsch *Koslov* auf ein Grab *(Gräber)*, das man auf annähernd 12 000 v. Chr. (?) zurückdatierte. Ein Sarkophag mit zwei ehemals wohlhabenden Menschen war durch das Zeichen eines vertikal getrennten Kreises gekennzeichnet *(Gravuren)*. Q.: Däniken: Erinnerungen S. 133; Q.: Däniken: Besucher S. 298; Q.: Charroux: Welten S. 142 Unter den Ruinen von *Khara-Khoto* werden außerdem noch ältere vermutet. Es soll sich um die Kultur von *Uighur* handeln, die nach Prof. *Koslow* andere untergegangene Kulturen befruchtet haben soll *(Kulturen, versunkene)*. (Der Name Uighuren bezeichnet sonst ein innerasiatisches Turkvolk, das seine ursprünglichen Wohnsitze südlich des Baikal-Sees hatte und um 600 n. Chr. mit China in kulturellen Kontakt trat.) Q.: Kolosimo: Viel Dinge S. 147 f
Ähnliche Feststellungen machte der französische Professor Rameau de *Saint-Sauveur*. Q.: Charroux: Welten S. 140
Beim *Lob Nor-See* in der W' G' *(China)* finden sich *Sandverglasungen*, die von Atomschlägen herrühren könnten *(Atombomben)*. Q.: Krassa:

Gelbe Götter S. 99; Q.: Mooney: Les dieux S. 108
→ Eier, fliegende
→ Entführungen
→ Kulturbringer, Götter als
→ Versteinerungen
Godânîya (fremde Welt der tibetischen Mythologie) → Herkunft der Götter
Götter (Übersicht über Schlagwörter, mit denen die Götter und ihre Aktivitäten beschrieben werden:)
→ Angst
→ Dämonen
→ Donnergötter
→ Engel
→ Ernährung
→ Erkennen der Götter
→ Exopsychologie
→ Fischmenschen (bzw. -götter)
→ Geschlechtsverkehr
→ Götter, bärtige
→ Götter, hellhäutige
→ Götterrassen
→ Grausamkeit (der Götter)
→ Herkunft der Götter
→ Humanoiden
→ Kommunikation
→ Konfrontationen der Götter
→ Konfrontationen Götter kontra Menschen
→ Kulturbringer, Götter als
→ Landeplätze der Götter
→ Mischwesen
→ Moral (der Götter)
→ Mutanten
→ Nichtwissen der Götter
→ Reue
→ Riesen
→ Rivalitäten der Götter
→ Rothaarigkeit
→ Schriftzeugnisse der Götter
→ Spiele der Götter
→ Spionage unter Göttern
→ Sterblichkeit der Götter
→ Unangreifbarkeit der Götter
→ Verbannung
→ Vergeßlichkeit
→ Verhandlungen
→ Vertuschungen
→ Waffen der Götter
→ Wiederkehr der Götter

Götter, bärtige

Götter, bärtige Auch bei bartlosen Rassen ist die Überlieferung von bärtigen Göttern verbreitet: vielleicht ein Hinweis darauf, daß sich diese Götter als reale Personen zeigten. Der germanische *Thor (Germanen)*, der griechische *Poseidon (Griechenland)*, *Vishnu (Indien)* und der polynesische *Tangaroa* hatten einen roten Bart *(Rothaarigkeit; Polynesien)*. Bärtig waren *Quetzalcoatl* bei den *Tolteken*, bei den *Prä-Inka Huiracocha*, bei den *Maya Balam Quitzé*, *Sin* bei den *Sumerern* und *Si* bei den *Chimu (Erkennen der Götter; Peru)*. Bei *Mitla (Mexiko)* wurde ein Kopf der *Olmeken* gefunden, der ein bärtiges Gesicht zeigt *(Felsbearbeitungen; Statuen)*. Q.: Kohlenberg: Vorzeit S. 53; Q.: Cordan: Mexiko

Götter, bärtige. Nicht indianisch anmutende, bärtige Gestalten als Abbilder übernatürlicher Wesen. Steinreliefs in Tempeln der Stadt Chichen Itzá, Yucatán. Q.: Umzeichnung nach W. Seler, Gesammelte Abbildungen, Bd. V.

Bei den *Inkas* wurde der Gott *Viracocha* mit langem Bart und Mantel dargestellt *(Humanoiden)*. Q.: Disselhoff: Imperium S. 52; Q.: Dopatka: Spiegelbild

Auch *Bochica*, Kulturbringer der kolumbianischen *Muisca*, war bärtig *(Kolumbien; Sagen)*. Q.: Disselhoff: Imperium S. 227; Q.: Dopatka: Spiegelbild
→ Maya
→ Mutanten
→ Osterinsel
→ Tula
vgl.: Erkennen der Götter
vgl.: Götter, hellhäutige
vgl.: Rothaarigkeit
Götter, donnernde vgl.: Donnergötter
Götter, hellhäutige Ähnlich den bärtigen Göttern finden sich in den Mythologien häufig Schilderungen von weiß- oder hellhäutigen Göttern. Die weiße Hautfarbe der Götter ist allerdings nicht überall belegt. So sollen der ägyptische *Osiris* und *Inti*, der *Inka*-Gott, dunkelhäutig gewesen sein *(Ägypten)*. Q.: Kohlenberg: Vorzeit S. 54
Von einem hellen Himmelsvolk mit ewigem Leben *(Lebensdauer)* sprechen die nordostafrikanischen *Masai (Afrika)*. Abkömmlinge dieses Volkes kamen zur Erde. Q.: Däniken: Beweise S. 128; Q.: Baumann: Schöpfung
Der indische Meer- und wohl auch *Weltall*-Gott *Varuna* war weißhäutig wie auch *Quetzalcoatl* bei den *Tolteken (Indien; Erkennen der Götter)*. In *Melanesien* nennt man die Kinder der Götter hellhäutig und blond *(Gottessöhne)*. Q.: Kohlenberg: Vorzeit S. 53 f; Q.: Grimal: Mythen Bd. 2; Q.: Coombe: Island
Ein mythologischer Gesang aus *Hawaii (Polynesien)* erzählt von dem Ursprungsland der Polynesier, Kahiki, identisch mit *Hawaiki*. ». . . Nicht gibt es auf *Kahiki* gewöhnliche Menschen. Eine besondere Art des Menschen lebt auf *Kahiki:* der Weiße. Wie ein Gott ist er . . .« Andere Sagen aus dem ozeanischen Raum kennen blonde Urgötter, die in fernen Ländern leben, in denen es schnee- und eisbedeckte Berge gibt. Q.: Ziehr: Göttervogel S. 227

Der Kulturbringer der brasilianischen *Karayá* vom Rio *Araguaya* war der weiße und blonde *Zume* oder *Caboy (Kulturbringer,* Götter als; *Sagen; Brasilien).* Die *Kariben* nannten einen ähnlichen Gott *Tamu,* ähnlich die *Arawaken: Camú.* Q.: Kohlenberg: Vorzeit S. 137; Q.: Ehrenreich: Die Mythen
Der weißhäutige, bärtige Gott *Zume (Götter,* bärtige) brachte, von Osten her aus dem Himmel kommend, den *Karajá* vom oberen *Orinoko (Venezuela)* Kulturformen bei *(Kulturbringer,* Götter als; *Sagen; Herkunft der Götter).* Q.: Kohlenberg: Vorzeit S. 320; Q.: Ehrenreich: Die Mythen
→ Akakor
→ Cargo-Kult
→ Bauwerke
→ Kulturen, versunkene
→ Maya
→ Osterinsel
→ UFO, historische
vgl.: Erkennen der Götter
vgl.: Götter, bärtige
Götterkriege vgl.: Konfrontationen der Götter
Götterrassen (unterschiedliches Aussehen der Götter, wie die Sagen von mehreren kosmischen Welten, lassen auf G' schließen) → Exobiologie
→ Fischmenschen (bzw. -götter)
→ Henoch
→ Herkunft der Götter
→ Humanoiden
→ Jesus
→ Konvergenz-Theorie
→ Midrash Rabba
→ Mutanten
→ Riesen
→ Schädeldeformationen
→ Schlangen
→ Smith, Joseph
vgl.: Erkennen der Götter
Gog (Hügel in England)
→ Bodenzeichnungen
Gohed, Amr (Wissenschaftler beim Strahlenmessungsprojekt der Chephren-Pyramiden) → Pyramiden
Goiania (Fundort in Brasilien)
→ Felszeichnungen

Gold → Bundeslade
→ Crespi, Carlo
→ Flugzeugmodelle
→ Johannes
→ Kalender
→ Lebensdauer
→ Levitation
→ Stollen, unterirdische
→ Tula
vgl.: Schätze
Goliath (Riese; Altes Testament)
→ Riesen
Golowin, Sergius * 31. 1. 1930 in Prag. Der ehemalige Bibliothekar lebt heute als freier Schriftsteller und Berner Politiker in Interlaken/Schweiz. In den fünfziger Jahren war er Mitbegründer des neuen »Phantastischen Realismus« in der *Kunst,* 1964 mit dem Buche »Magische Gegenwart« ein erster Chronist mystischer Jugendbewegungen. Er war mit Hauptschöpfer einer zeitgemäßen Heimatkunde und gab der Volkskunde Anregungen, die Grenzwissenschaften in ihre Forschungen einzubeziehen. 1967 griff Sergius Golowin in dem Buch »Götter der

Golowin, Sergius. Q.: S. Golowin

Atomzeit« die spätere Theorie der prähistorischen Astronauten auf. Außerdem beschäftigte er sich kritisch in verschiedenen Veröffentlichungen mit der Arbeitsweise Erich von *Dänikens*. Er war Referent beim 2. Weltkongreß der *Ancient Astronaut Society* in Zürich.

Gomorrha (Stadt am Toten Meer; Altes Testament) → Sodom und Gomorrha

Gonda, Jan (Mythologe) → Sagen

Gorki (Sowjetunion) → Kommunikation, interstellare

Gottessöhne Die Verbindung von Göttern außerirdischer Natur mit Menschen der Erde kann nur durch *Genmanipulation* erfolgen. Wenn jedoch direkt von einem aktiven Geschlechtsverkehr in den Überlieferungen geredet wird, kann nach heutigem Wissensstand nur eine Verwandtschaft zwischen diesen kosmischen Kulturen in Betracht kommen. Solche Ehen verliefen z. T. äußerst fruchtbar. *Poseidon* soll den *Sagen* nach mit der Erdenfrau *Kleito* zehn Söhne gehabt haben: *Atlas, Eumelos, Ampheres, Eudaimon, Mneseus, Autochthon, Elasippos, Mestor, Azaes* und *Diaprepes (Griechenland)*. Q.: Kohlenberg: Vorzeit S. 362; Q.: Biedermann: Länder S. 70

Eine Schwäche für Erdenjünglinge hatte besonders die griechische Göttin *Eos. Memnon* war ihr Sohn mit dem Helden *Kleitos*. Ihm gab sie auch den Trank der Unsterblichkeit *(Griechenland; Sagen; Lebensdauer; Flüssigkeiten,* chemische). Q.: Kohlenberg: Vorzeit S. 219 f

»Da sahen die Kinder Gottes nach den Töchtern der Menschen, wie schön sie waren, und nahmen zu Weibern, welche sie wollten...« heißt es in *Genesis 6, 2 (Moral; Geschlechtsverkehr):* ein Beispiel dafür, daß die Menschen nach dem Bilde Gottes geschaffen seien müssen, wenn sie zu ihm, besser zu den Göttern paßten *(Schöpfung)*. Q.: Däniken: Erinnerungen S. 61; Q.: Däniken: Besucher S. 219; Q.: Dopatka: Spiegelbild; Q.: Krassa: Gott S. 264; Q.: Schmid: Steine S. 22; Q.: Navia: Unsere Wiege S. 114

Deutlicher noch als die Beschreibung der Bibel, vielleicht auch der Wahrheit näher, erzählt uns die apokryphe *Henoch*-Schrift die Geschichte der Gottessöhne. Q.: Dopatka: Spiegelbild

»(Hn 6,1) Nachdem die Menschenkinder sich gemehrt hatten, wurden ihnen in jenen Tagen schöne und liebliche Töchter geboren. Als aber die *Engel,* die Himmelssöhne, sie sahen, gelüstete sie es nach ihnen, und sie sprachen untereinander: ›Wohlan, wir wollen uns Weiber unter den Menschentöchtern wählen und uns Kinder zeugen.‹ *(Moral* der Götter) *Semjasa* aber, ihr Oberster, sprach zu ihnen: ›Ich fürchte, ihr werdet wohl diese Tat nicht ausführen wollen, so daß ich allein eine große Sünde zu büßen haben werde.‹ *(Tabus)* Da antworteten ihm alle und sprachen: ›Wir wollen einen Eid schwören und durch Verwünschungen uns untereinander verpflichten...‹ Da schwuren alle zusammen... Es waren ihrer im ganzen 200...« Wurde diese Verschwörer-Gruppe schließlich so verteufelt, daß aus ihnen später der Begriff des Satans *(Teufel)* wurde? Q.: Dopatka: Spiegelbild; Q.: Krassa: Gott S. 269 f; Q.: Däniken: Meine Welt S. 46 ff; Q.: Kohlenberg: Vorzeit S. 362; Q.: Dillmann: Buch Henoch

Alle 200 waren in den Tagen des *Jared,* des Vaters *Henochs,* vom Berge *Hermon* herabgestiegen *(Landeplätze der Götter).* Q.: Krassa: Gott S. 269

Daß aus einer Verbindung mit den Göttersöhnen nicht nur *Mutanten* mit Riesenwuchs *(Riesen; Genesis 6,4),* sondern auch vollendete Mischlinge hervorgehen konnten, macht uns die Geschichte vom Sohne *La-*

mechs klar: so nach den 1947 gefundenen *Qumran-Texten*. Q.: Däniken: Erinnerungen S. 71 f; Q.: Däniken: Besucher S. 227 ff; Q.: Däniken: Beweise S. 229 f; Q.: Dopatka: Spiegelbild
Lamechs Frau *Bat-Enosch* gebar einen Sohn, dessen »*(Henoch* 106,2) Leib weiß wie Schnee und rot wie Rosenblüte war; sein Haupthaar weiß wie Wolle und seine Augen wie die Sonnenstrahlen«. *Lamech* ist verwirrt und stellt fest: »*(Henoch* 106, 5) Ich habe einen merkwürdigen Sohn gezeugt; er ist nicht wie ein Mensch, sondern gleich den Kindern der *Engel* des Himmels. Seine Natur ist anders als die unsrige . . .«
Der Sache auf den Grund gehend, fragt *Lamech* seinen Vater *Methusalem* um Rat. Der wiederum erhält von dem Eingeweihten *Henoch* die Antwort: Das Kind wird das Fortbestehen der Menschheit sichern. Sein Name: *Noah!* Q.: Dopatka: Spiegelbild; Q.: Däniken: Erinnerungen S. 71 f
Jeremias 1,5 läßt den Herrn bekennen: ». . . Ich kannte dich, ehe ich dich bereitete im Leibe deiner Mutter . . .«, was auf einen aktiv zeugenden Gott schließen lassen kann. Q.: Däniken: Zurück S. 259
Das indische *Samsaptakabadha* macht Unterschiede zwischen himmlischen Wagen, die fliegen können, und solchen, die es nicht können, weil sie dazu die notwendigen Geräte nicht besitzen *(UFO*, historische; *Wagen*, himmlische). Mit einem solchen Gefährt kam auch der Sonnensohn im ersten Buch des *Mahabharata* zu der unverheirateten *Kunti*, die dann auch einen Sohn von ihm bekam. Q.: Däniken: Erinnerungen S. 92; Q.: Däniken: Beweise S. 228 f
Die *Ainu*, ein altertümlicher japanischer Volksstamm aus *Hokkaido (Japan)*, behaupten auch heute noch, von den Göttern abzustammen, wie ihre *Sagen* berichten. Q.: Däniken: Zurück S. 197
Der polynesische Gott *Oro* kam auf einem Regenbogen nach *Bora Bora (Gesellschafts-Inseln; Polynesien)*, um sich ein irdisches Mädchen zu wählen. Q.: Kohlenberg: Vorzeit S. 29; Q.: Nevermann: Götter
Die *Sagen* der *Neuen Hebriden (Melanesien)*, speziell von *Malekula*, behaupten, die Menschheit sei aus Nachkommen der Himmelssöhne entstanden *(Schöpfung)*. Q.: Däniken: Zurück S. 273
Eine Legende der *Tawhaki (Maori; Neuseeland)* berichtet von einer himmlischen Jungfrau *Hapai*, die sich einen irdischen Geliebten sucht und von ihm eine Tochter bekommt. Danach wäre sie ins Weltall zurückgekehrt *(Geschlechtsverkehr)*. Q.: Däniken: Aussaat S. 155
Die polynesischen Besiedler der *Osterinsel (Rapa-Nui; Polynesien)* wollen von Vogelmenschen abstammen. Q.: Däniken: Zurück S. 273
Andere Südseeinsulaner geben als Stammvater *Tangaloa* oder *Ta'aroa* an, der mit einem riesigen blinkenden Ei (ein verbreitetes Motiv!) *(Eier, fliegende)* vom Himmel kam. Q.: Däniken: Zurück S. 273
Die Eingeborenen der Insel *Vanua Lava (Banks-Inseln; Neue Hebriden; Melanesien)* bezeichnen den Kulturbringergott *Quat* als ihren Ahnherren, da er mit irdischen Frauen Kinder zeugte *(Geschlechtsverkehr; Kulturbringer, Götter als; Erkennen der Götter; Sagen)*. Q.: Kohlenberg: Vorzeit S. 362; Q.: Speiser: Materialien
Eine Überlieferung der *Irokesen (USA; Sagen)* nennt das Erdenmädchen *Awenhai*, das von einem Gott geschwängert und auf die Erde verbannt wurde *(Verbannung)*. Dabei habe sie die *Erde* zuerst als »lichtblauen Flecken« im All bemerkt *(Astronomie)*. Mit ihr kamen neben Tieren und Pflanzen auch der *Mais*

144 Gottessöhne

Gottessöhne. Felszeichnung des Wupatki National Monument, Arizona. Geschlechtsverkehr der Götter? Q.: Umzeichnung nach Kay Sutherland, American Indian Rock Art, Vol. II, El Paso 1976

auf die Erde. Q.: Kohlenberg: Vorzeit S. 72 f; Q.: Hewitt: Iroquoian Am 4. Tage der *Schöpfung* kam, den *Sagen* der *Azteken* nach, donnernd *(Donnergötter)* auf seiner Wolkenschlange *(Schlangen)* Gott *Mixcoatl* auf die Erde und zeugte Kinder *(Wolken)*. Q.: Däniken: Meine Welt S. 10 Auch heute noch behaupten Menschen von den Göttern abzustammen und nicht-irdischen Ursprungs zu sein: so die *Uros* (oder *Urus*), Stämme, die am Rande des *Titicacasees* leben *(Peru; Bolivien)*. Ihre Rasse hätte schon vor den Inkas, zu den Zeiten, als *To-Ti-Tu* die Menschen schuf, existiert *(Rassen; Schöpfung)*. Q.: Däniken: Aussaat S. 228 f
→ Aussetzung von Kindern
→ Enuma eliš
→ Gilgamesch
→ Götter, hellhäutige
→ Henoch
→ Höhlen
→ Humanoiden
→ Im-Hotep
→ Inka
→ Isaak

→ Kulturbringer, Götter als
→ Luzifer
→ Majestätsplural
→ Moses
→ Orejona
→ Riesen
→ Sirius-B
→ Teufel
→ UFO, historische
Gräber → Aluminium
→ Baian Kara Ula
→ Elektronik
→ Ezechiel
→ Flugzeugmodelle
→ Gobi, Wüste
→ Gravuren
→ Im-Hotep
→ Kristall-Linsen
→ Moses
→ Mumien
→ Olmeken
→ Operationen (med.)
→ Palenque
→ Pyramiden
→ Radioaktivität

Gral, heiliger Den christlichen Legenden, Epen und Ritterromanen des *Mittelalters* zufolge ist der heilige G' eine verehrungswürdige Reliquie *(Reliquien; Sagen)*. Angeblich war er eine Schale, in die *Jesus* beim letzten Abendmahl die Hand getaucht haben und in der später Blut des Heilands aufgefangen worden sein soll. Wolfram von Eschenbach (ca. 1170 – ca. 1220 n. Chr.) war der Ansicht, die Schale aus *Jaspis* oder *Silex* stamme aus dem »Himmel« und sei von jenen *Engeln* auf die Erde gebracht worden, die, als Strafe für ihre Neutralität beim Kampf nach der Revolte des »*Teufels*« *(Rivalitäten der Götter)*, auf der Erde hätten bleiben müssen *(Verbannung)*. Anderen Quellen nach wurde der G' aus einem Stein von *Luzifers* Krone angefertigt, der aus ihr heraussprang, als der aufständische *Engel* von einem Geschoß des Erzengels *Michael* getroffen wurde. Schimmern in diesen anonymen *Sagen* vielleicht noch Erin-

nerungen an vergangene reale Ereignisse durch? Hat der heilige G', in der Mythe teils zerstörend, teils segenbringend, vielleicht noch Parallelen mit dem »Stein der Weisen« der *Alchimisten?* Wäre es möglich, diese Reliquie aufzustöbern, hätte man womöglich ein Stück vergangener Raumfahrtgeschichte in den Händen ... Q.: Biedermann: Handlexikon S. 207 f; Q.: Evola: Mysterium
Gran Chaco (argentinischer Landstrich) → Verbindung von Himmel und Erde
Grannos (keltischer Gott)
→ Strahlen
Grausamkeit (der Götter)
→ Aussetzung von Kindern
→ Daniel
→ Elias
→ Erkennen der Götter
→ Esra
→ Gesetze
→ Inzest
→ Moses
→ Orejona
→ Reue (der Götter)
→ Sintflut
→ Sodom und Gomorrha
→ Turm zu Babel
→ Waffen der Götter
vgl.: Einschüchterungen
vgl.: Konfrontationen der Götter
vgl.: Konfrontationen Götter kontra Menschen
vgl.: Sklaven
vgl.: Tod der Erstgeborenen
Gravitation vgl.: Schwerkraft
Gravitation, Aufhebung der Die Priester von *On (= Heliopolis; Ägypten)* sollen es der Sage *(Sagen)* nach verstanden haben, Steinblöcke, die tausend Menschen nicht fortbewegen konnten, in die Luft zu heben und zum Bau der Tempel zu verwenden *(Transporte; Schwerelosigkeit)*. Durch die Erzeugung bestimmter Töne *(Ultraschall; Akustik)* verstanden sie es auch, Stürme herbeizuführen *(Katastrophen)*. Q.: Krassa: Gott S. 160

Liu An, auch Huai-Nan-Tse genannt, soll als chinesischer Alchimist im 2. Jhd. v. Chr. eine Flüssigkeit *(Flüssigkeiten,* chemische) entdeckt haben, die Menschen und Tiere schwerelos machte *(China; Levitation).* Solche Techniken und Erfindungen haben den *Sagen* nach auch die Götter besessen – vor den Menschen. Q.: Krassa: Gelbe Götter S. 54
→ Maschinen
→ Osterinsel
→ Paradies
→ Transporte
vgl.: Levitation
vgl.: Schwerelosigkeit
vgl.: Weltraumreisen, Probleme bei
Gravuren Zeichnungen, die Drachenwagen darstellen, gibt es viele in *China (Drachen, himmlische; UFO, historische);* man findet sie etwa eingeritzt auf einem Grab *(Gräber)* in der Provinz *Shantung* aus dem Jahre 147 v. Chr. Q.: Krassa: Gelbe Götter S. 90 Holztafeln der Insulaner von *Taiwan* werden auch heute noch mit Figuren versehen, die Astronauten mit *Overalls* ähneln *(Erkennen der Götter; China; Cargo-Kult).* Q.: Däniken: Aussaat S. 115 ff
→ Aluminium
→ Astronomie
→ Chichen Itzá
→ Computer
→ Crespi, Carlo
→ El Fuerte
→ Erkennen der Götter
→ Etrusker
→ Felszeichnungen
→ Gobi, Wüste
→ Humanoiden
→ Im-Hotep
→ Inka
→ Karten
→ Kristall-Linsen
→ Mais
→ Malta
→ Maschinen
→ Nazca, Hochebene von
→ Osterinsel
→ Palenque

Gravuren

→ Piri Reis Weltkarten
→ Planeten
→ Rocket-Belt
→ Schlangen
→ Sirius-B
→ Steine, gravierte
→ Stollen, unterirdische
→ Tiahuanaco
→ UFO, historische
→ Unklarheiten der Definition
vgl.: Bodenzeichnungen
vgl.: Felsbearbeitungen
vgl.: Fresken
vgl.: Höhlenzeichnungen
Gray, Willard (amerikanischer Konstrukteur) → Batterien
Great Serpent Mound (USA)
→ Mounds
Green-Bank-Konferenz Im November 1961 wurde auf der Konferenz von G', West Virginia, eine Formel erstellt, mit der sich mathematisch genau abschätzen läßt, mit wieviel technisierten Menschheiten wir in unserer Galaxis zu rechnen haben. In der Formel enthalten sind alle Daten, die in diesem Zusammenhang von Bedeutung sind. So die sich innerhalb eines Jahres neu bildenden Sterne, die Anzahl der Sonnen, die Planeten haben, die Zahl derer davon, die erdähnlich sind und schließlich diejenigen, auf denen sich tatsächlich Leben entwickelt haben könnte. Weiter versuchte man abzuschätzen, auf wie vielen Planeten auch denkende, menschenähnliche *Humanoiden* hervorgegangen sein könnten und wieviel davon auch in ihrer Entwicklung so weit fortgeschritten sind, daß sie mit uns in Kontakt treten könnten. Als letzter Posten der Formel ist die vermutliche Lebensdauer dieser Zivilisationen eingetragen. So lautet die Formel schließlich: $N = R^* f_p n_e f_l f_i f_c \times L$. Je nachdem, ob für die einzelnen Angaben minimale oder maximale Werte eingesetzt werden, erhält man einen positiven oder negativen Wert. Falls alle Voraussetzungen äußerst schlecht stehen, können wir nach der Formel noch mit 40 mindestens gleichwertigen »Menschheiten« rechnen. Ansonsten wären es nahezu 50 000 000. Ein bemerkenswertes Ergebnis. Q.: Däniken: Erinnerungen S. 202 ff; Q.: Däniken: Zurück S. 21 ff; Q.: Dopatka: Spiegelbild S. 40 f; Q.: Allen: Wesen S. 28 ff; Q.: Chatelain: Nos ancêtres S. 227 ff
Kurzgefaßt enthielt die Formel folgende Bestandteile: N = Anzahl der Zivilisationen in der Galaxis, die gegenwärtig zur Kommunikation mit anderen Sonnensystemen in der Lage wären. R^* = Geschwindigkeit der Bildung von Sternen in der gleichen Periode wie unsere Sonne und ihr System. f_p = Anteil der Sterne mit Planeten. n_e = Anzahl der Planeten mit lebensfreundlicher Biosphäre pro Sonnensystem. f_l = Teil der lebensfreundlichen Planeten, auf denen tatsächlich Leben entstand. f_i = Zahlenverhältnis lebentragender Planeten mit vorkommender Intelligenz. f_c = Zahlenverhältnis intelligenter Zivilisationen, die a) an einer Kontaktaufnahme mit anderen Zivilisationen interessiert sind und b) dazu die Voraussetzungen besitzen. L = Lebensdauer einer Technologie im stellarkommunikationsfähigen Stadium.
Teilnehmer der Konferenz waren u. a.: der Chemiker und Nobelpreisträger Melvin *Calvin,* der Physiker Guiseppe *Cocconi,* der Astronom Frank D. *Drake,* der Physiker Philip *Morrison,* der Astronom und Astrophysiker Carl *Sagan,* der Astronom Otto *Struve* und der Mathematiker Su-Shu-Huang.
→ Humanoiden
→ Planetensysteme, fremde
Greenwood, Stuart William * 30. 7. 1924 in Sheen, Surrey, Großbritannien. Der Brite ist heute als Aerospace Engineer an der Universität von Maryland, USA, tätig. In den verschiedensten Zeitschriften veröffentlichte

er Artikel zur Prä-Astronautik. Als Referent war er bei Kongressen der *Ancient Astronaut Society* aktiv.

Greenwood, Stuart W. Q.: S. W. Greenwood

Gremlins (Phantasie-Begriff für außerirdische Partikel oder Strahlen, über die Extraterrestrier verfügen könnten) → Waffen der Götter
Griaule, Marcel (Anthropologe) → Sirius-B
Griechenland Die Kultur der Hellenen in der uns geläufigen Form ist die historisch erfaßbare Manifestation einer langen Entwicklung aus vielfältigen ethnischen Wurzeln. In der Jungsteinzeit war G' von vorindogermanischen Stämmen besiedelt, so etwa von den Lelegern und Karern, die später mit dem (auch auf ältere Indogermanen-Gruppen angewendeten) Namen »*Pelasger*« bezeichnet wurden und deren Mythen (u. a. über die *Schöpfung*) in jüngeren Epochen aufgezeichnet wurden. Um 1500 v. Chr. kam die bereits indogermanische Kultur der *Achäer*, auch die mykenische genannt, mit dem Inselreich *Kreta* in Kontakt, des-sen jüngere Schriftzeugnisse (Tontäfelchen in »Linear-B-Schrift«) in altertümlichem Griechisch abgefaßt sind. Die kulturelle Tradition aus diesen Epochen riß jedoch ab, als geschichtliche Umwälzungen verschiedener Art, zuletzt der Einfall der Dorier (Dorer, um 1100 v. Chr.) eine schriftlose Epoche herbeiführten, die erst durch die Adaption der phönikischen Schriftzeichen in späteren Jahrhunderten beendigt wurde. Das Wissen um die älteren Zeitalter blieb nur in Bruchstücken erhalten; es ist möglich, daß die von *Platon* (427–347 v. Chr.) aufgezeichnete *Atlantis*-Erzählung über die auf göttlichen Ratschluß hin zum Untergang verurteilte Inselkultur auf Traditionen zurückgeht, die wesentlich älter sind als das geschichtlich erfaßbare Griechentum. Auch andere *Sagen* – so etwa über die Einführung des Getreidebaues *(Ackerbau)* durch den *Kulturbringer Triptolemos (Schlangen)* – scheinen Überlieferungen aus sehr alten Epochen der griechischen Kulturgeschichte zu erhalten *(Kulturbringer,* Götter als).
→ Akustik (der Götter-Fahrzeuge)
→ Astronomie
→ Aussetzung von Kindern
→ Baum des Lebens
→ Berge, heilige
→ Computer
→ Eier, fliegende
→ Entführungen
→ Exobiologie
→ Felszeichnungen
→ Götter, bärtige
→ Gottessöhne
→ Herkunft der Götter
→ Hyrieus
→ Katastrophen
→ Kulturbringer, Götter als
→ Landeplätze der Götter
→ Mutanten
→ Pferde, fliegende
→ Riesen
→ Roboter
→ Schlangen

→ Schöpfung
→ Sintflut
→ Sirius-B
→ Strahlen
→ UFO, historische
→ Unfälle
→ Unterwasserbasen
→ Vernichtung von Schriftzeugnissen
→ Zyklopen
Grijseels (Biologe) → Homo sapiens, Evolution des
Grönland → Karten
→ Piri Reis Weltkarten
Großbritannien
→ Sandverglasungen
vgl.: England
vgl.: Kelten
vgl.: Schottland
Grugeau, Robert → Charroux, Robert (= Pseud.)
Gualaquiza (Ort in Ecuador)
→ Stollen, unterirdische
Guanajato (mexikanische Provinz)
→ Steine, gravierte
Guanape (peruanische Insel)
→ Stollen, unterirdische
Guanchen (kanarische Ureinwohner) → Schriften

Guaranì (brasilianisch-argentinischer Indio-Stamm; exakt: Apapocúva-Guaranì) → Maschinen
→ Sintflut
→ UFO, historische
Guarauno (venezolanischer Indio-Stamm) → Verbindung von Himmel und Erde
Guatemala → Kugeln
→ Pleiaden, Sternbild der
→ Pyramiden
→ Schöpfung
Gürtel → Aluminium
Gürtelschnallen → Aluminium
Guillaume, Alfred (Theologe und Islamist) → Ezechiel
Gukumatz → Kukumatz
Gum (Sternennebel) → Astronomie
Gummi → Bundeslade
Gungnir (Speer Odins; germanische Mythologie) → Waffen der Götter
Gurkha → Cukra
Gyelrap (Genealogie der Urkönige von Tibet) → Verbindung von Himmel und Erde
Gyes (Sohn des Uranos und der Gaia; griechische Mythologie)
→ Sirius-B

H

Haamonga (Maui) (Steintor auf Tongatapu) → Bauwerke
Haarausfall → Waffen der Götter vgl.: Krankheiten
Haas, Horst (Interpret einer Osterinsel-Felszeichnung) → Osterinsel
Hacavitz (Gott des Popol Vuh; auch mythischer Berg) → Stollen, unterirdische
Hadji Ahmed (arabischer Kartograph) → Piri Reis Weltkarten
Hadra Zuta Odisha (Buch der jüd. Kabbala) → Manna
Hadschar al-Aswad heißt ein Meteorstein *(Meteoriten),* der in der Südostecke der *Kaaba* zu *Mekka (Saudi-Arabien)* eingemauert ist (»der schwarze Stein«; auch Hadjar-al-Aswad). Ihm werden wunderbare Kräfte zugeschrieben. Die islamische Überlieferung berichtet, er sei einst weiß gewesen und sei in der Urzeit zusammen mit dem Urvater *Adam* auf die Erde herabgefallen: eine sagenhafte Überlieferung eines kosmischen Ursprunges der Menschheit *(Felsen, fliegende)?*
→ Schöpfung
Hadschar el Guble (Stein des Südens) → Libanon
Häuser, fliegende (Synonym für die fliegenden Fahrzeuge der Götter)
→ Eskimos
→ Sacsayhuaman
→ Schöpfung
→ Sirius-B
→ UFO, historische
Hagar (Altes Testament) H', die Magd *Saras,* wird durch *Abraham* schwanger. Nachdem es mit der Herrin zu Komplikationen gekommen war – *Sara* war lange unfruchtbar –, läuft sie schließlich kopflos auf und davon. Das schien ein Grund für das Eingreifen »Gottes« zu sein, denn nach *Genesis 16,7* erschien ihr ein *Engel,* der sie aufforderte zurückzukehren. Sie gebar ihren Sohn *Ismael.* In *Genesis 21,9 ff* wiederholt sich das Geschehen. *Ismael* war nun nach der Geburt von *Isaak* zweitrangig und konnte, sogar mit Zustimmung Gottes, mit seiner Mutter wortwörtlich in die Wüste gehen. Und wieder griffen auch hier außerirdische Mächte aus der Luft ein und retteten die beiden vor dem Verdursten. Die Perspektive stimmt – aus der Luft konnte der rettende Brunnen ungleich besser ausgemacht werden als in den Wüstendünen. Wer benachrichtigte die *Engel?* Registrierten sie das Geschehen im Hause Abrahams oder trat eine telepathische Alarmklingel in Aktion *(Telepathie; Erscheinungen)?*
Q.: Dopatka: Spiegelbild
Haischa (brasilianischer Indiostamm) → Akakor
Halchidhomas (Indianerstamm; USA) → Kommunikation, interstellare
Hale, J. (Missionar) → Nan Madol
Halluzinationen vgl.: Visionen
Hamadan (nordwestiranische Stadt) → Vernichtung von Schriftzeugnissen
Hammondsville (Ort in Ohio, USA) → Kuriositäten
Hamurabi (auch Hammurapi; 1728–1686 v. Chr.; König von Babylon) → Gilgamesch-Epos
Han (Milchstraße in der chinesischen Mythologie) → Herkunft der Götter

Hanac pacha (Welt der prä-inkaischen Mythologie) → Herkunft der Götter
Hanau Eépe (»Langohren«, Bewohner der Osterinsel) → Osterinsel
Hanau Momoko (»Kurzohren«, Bewohner der Osterinsel) → Osterinsel
Han-Dynastie (25–220 n. Chr.; China) → Anästhesie
→ Erkennen der Götter
Han-Shu (chinesischer Literat)
→ Erkennen der Götter
Hanuman (Affenkönig des indischen Ramayana) → Waffen der Götter
Hapai (Göttin der Tawhaki; Neuseeland) → Gottessöhne
Hapgood, Charles H. (Kartograph)
→ Piri Reis Weltkarten
→ Steine, gravierte
Hapi (Sohn des Horus; ägyptische Mythologie) → Mutanten
Harappa (Indus-Kultur) → Osterinsel
Hariyappa, H. L. (Mythologe)
→ UFO, historische
Harward, John (wissenschaftlicher Assistent) → Nazca, Hochebene von
Hathor-Sechmet (ägyptische Himmelsherrin) → Reue (der Götter)
Hatuibwari (Gott der Neuen Hebriden) → Landeplätze der Götter
Hava Supai Canyon (Arizona; USA)
→ Felszeichnungen
Hawaii (Polynesien; US-Bundesstaat) → Bauwerke
→ Götter, hellhäutige
→ Sintflut
→ Stollen, unterirdische
Hawaiki (auch Hawa I'i; Ort der Götter; polynesisches Göttergestirn, identisch mit Kahiki)
→ Flüssigkeiten, chemische
→ Götter, hellhäutige
→ Herkunft der Götter
→ Weltraumreisen, Probleme bei
Hebräer → Baum des Lebens
→ Elias
vgl.: Bibel
vgl.: Israeliten
vgl.: Juden
Hecht, Friedrich (Schriftsteller)
→ Langrenus, Manfred (= Pseud.)

Hedri, Andreas Der Schweizer Spezialarzt für Psychiatrie und Psychotherapie wurde 1925 in Budapest geboren. In mehreren Monographien und Artikeln in Fachzeitschriften versucht Dr. Hedri einer Wissenschaft »*Exopsychologie*« den Weg zu bahnen.
→ Exopsychologie

Hedri, Andreas. Q.: A. Hedri

Heiligtümer vgl.: Berge, heilige
vgl.: Cargo-Kult
vgl.: Orakel
vgl.: Religionen
vgl.: Rituale
vgl.: Tabus
Heimat der Götter vgl.: Herkunft der Götter
Heimdall (germanischer Himmelswächter; Gott) → Strahlen
Hei-Tiki (gnomenartige Wesen Polynesiens) → Mutanten
Helena (Gestalt griechischer Epen [Homer]; Tochter des Zeus) → Eier, fliegende
Helheim (Welt der germanischen Mythologie) → Herkunft der Götter

Helikopter *Chang Heng,* (78–139 n. Chr.), einer der großen chinesischen *Ingenieure (China),* soll nach den Aufzeichnungen des Gelehrten *Ko Hung* (ca. 320 n. Chr.) u. a. auch einen Apparat *(Maschinen)* erfunden haben, der sich durch drehende Rotoren in die Luft erheben konnte *(UFO,* historische). Q.: Krassa: Gelbe Götter S. 57
Ko Hung konnte demnach einen H' *(China; Sagen)* konstruieren: eine Erfindung, deren Grundlagen in der Mythologie vermutet werden. Q.: Krassa: Gelbe Götter S. 91; Q.: Tomas: Geheimnis
→ Erkennen der Götter
→ Prophezeiungen
→ UFO, historische
Heliopolis (oder On; Stadt in Ägypten) → Gravitation, Aufhebung der
Helios (griechischer Sonnengott)
→ Unfälle
Helladios (ägyptischer Philologe; Datierung ungewiß) → Oannes
Helle (Tochter des Königs Athamas; griechische Mythologie) → Sirius-B
Heluan (Ort in Ägypten)
→ Kristall-Linsen
Hena Naku (Gott der Federn; Osterinsel-Mythologie) → Osterinsel
Heng-o (Gattin Chih Chiang Tzu-Yu's; chinesische Mythologie; auch unter Chang-Ngo bekannt)
→ Lebensdauer
Heng-o → UFO, historische
Hennig, Richard (Luftfahrt-Ingenieur)
→ Etana und der Adler
Henoch H', einer der Patriarchen des Alten Testaments, in *Genesis 5,24* ist sein Auffahren in den Himmel erwähnt *(Entführungen),* hinterließ uns durch das Buch H' einen der eindrücklichsten Berichte vom Kontakt mit außerirdischen Göttern. Der Text gehört zu den *Apokryphen,* die nicht in den Kanon der Bibel aufgenommen wurden, und existiert in mehreren Fassungen zum Teil neuerer Bearbeitungen. An der anfänglichen Geheimhaltung des Berichtes soll der Kirchenvater *Hieronymus* (347–419 n. Chr.) großen Anteil gehabt haben *(Vertuschungen).* Dank der äthiopischen Kirche ist uns die Schrift dennoch überliefert worden. Wenn sich auch über den Ur-Verfasser streiten läßt – der Text allein bringt wertvolle *(Sagen)* Hinweise auf die Welt der Götter und zeigt enorme Beziehungen zu anderen Überlieferungen, besonders zu denen des Propheten *Ezechiel.* Q.: Dopatka: Spiegelbild; Q.: Krassa: Gott S. 263 ff; Q.: Sagan/Shklovsky: Intelligent S. 454; Q.: Bergier: Les extraterrestres S. 85, 145; Q.: Charroux: L'énigme S. 191 ff, 359; Q.: Kohlenberg: Vorzeit S. 106; Q.: Dillmann: Buch Henoch; Q.: Kautzsch: Die Apokryphen; Q.: Däniken: Meine Welt S. 46 ff; Q.: Däniken: Beweise S. 230 ff
Dem *Sohar,* dem ältesten Kapitel der jüdischen *Kabbala,* ist bekannt, daß das H'-Buch »von Generation zu Generation bewahrt und voller Ehrfurcht überliefert« wurde. Q.: Krassa: Gott S. 266
H' soll ebenfalls Vater des Königs *Kaju-Marath* gewesen sein, dem das Wissen um die wahre Gestalt Gottes überliefert wurde. Dieser mohammedanischen Sage *(Sagen)* nach trug H' den Namen *Idris.* Der Bibel zufolge wurde H' 365 Jahre alt *(Lebensdauer).* Q.: Krassa: Gott S. 264
Was berichtet das Buch H' in bezug auf die Theorie der Prä-Astronautik? »(Hn 12,1–2) Vor diesen Begebenheiten war H' verborgen und niemand wußte, wo er war, wo er sich aufhielt und was mit ihm geworden war *(Entführungen).* Alles, was er während seines Lebens unternahm, geschah mit den Wächtern und den Heiligen.« Kannte auch H' die *Cheruben* und Götter, denen andere vor und nach ihm ebenfalls gehorsam waren? Sind die *Cheruben* hier mit *Robotern* gleichzusetzen?

Henoch

»(Hn 17,1) Sie nahmen mich fort und versetzten mich an einen Ort, wo die dort befindlichen Dinge wie flammendes Feuer sind, und wenn sie wollen, erscheinen sie wie Menschen *(Entmaterialisierungen).*«

»(Hn 39,8) In jener Zeit rafften mich eine *Wolke* und ein Wirbelwind von der Erde hinweg und setzte mich am Ende der Himmel nieder *(UFO,* historische).«

»(Hn 52,1) Ich war nämlich durch einen Wirbelwind entrückt und nach Westen geführt worden *(Entführungen).*«

Tief bewegt berichtet hier ein Augenzeuge von einem für ihn unbegreiflichen Geschehen. War H' so beeindruckt, daß er diese Reise später als Einbildung *(Erscheinungen)* betrachtete, da sie doch gar nicht Realität gewesen sein konnte? Q.: Dopatka: Spiegelbild

»(Hn 14,8 ff) Sieh, *Wolken* luden mich ein im Gesicht *(Träume),* und ein Nebel forderte mich auf; der Lauf der *Sterne* und *Blitze* drängte mich, und Winde gaben mir Flügel im Gesicht und hoben mich empor. Sie trugen mich hinein in den Himmel. Ich trat ein, bis ich mich einer Mauer näherte, die aus *Kristall*steinen gebaut und von feurigen Zungen umgeben war; und sie begann mir Furcht einzujagen. Ich trat in die feurigen Zungen hinein und näherte mich einem großen, aus *Kristall*steinen gebautem Hause. Die Wände jenes Hauses glichen einem mit *Kristall*steinen getäfelten Fußboden, und sein Grund war von *Kristall.* Seine Decke war wie die Bahn der Sterne und *Blitze,* dazwischen feurige *Cheruben,* und ihr Himmel bestand aus Wasser. Ein Feuermeer umgab seine Wände, und seine Türen brannten vor Feuer. Ich trat ein in jenes Haus, das heiß wie Feuer und kalt wie Schnee war. Da war keine Lebenslust vorhanden; Furcht umhüllte mich *(Einschüchterungen)* und Zittern erfaßte mich. Da ich erschüttert war und zitterte, fiel ich auf mein Angesicht und schaute folgendes im Gesichte *(Träume):* Siehe, da war ein anderes Haus, größer als jenes; alle seine Türen standen mir offen, und es war aus feurigen Zungen gebaut. In jeder Hinsicht, durch Herrlichkeit, Pracht und Größe zeichnete es sich so aus, daß ich euch keine Beschreibung von seiner Herrlichkeit und Größe geben kann. Sein Boden war von Feuer; seinen oberen Teil bildeten *Blitze* und kreisende Sterne, und seine Decke war loderndes Feuer.« Q.: Dopatka: Spiegelbild; Q.: Krassa: Gott S. 279 f

Im folgenden begegnet der Erzähler verschiedenen Wesen. Immer wieder muß er versuchen, das Gesehene zu umschreiben:

»(Hn 40,2) Ich sah und erblickte zu den vier Seiten des Herrn der Geister vier Gesichter, die von den nie Schlafenden verschieden sind.«

»(Hn 71,5) Da entrückte der Geist den H' in den Himmel, und ich sah dort in der Mitte jenes Lichts einen Bau aus *Kristall*steinen, zwischen jenen Steinen Zungen lebendigen Feuers. Mein Geist sah, wie ein Feuer rings um jenes Haus lief, an seinen vier Seiten Ströme lebendigen Feuers, die jenes Haus umgaben. Ringsherum waren *Seraphim, Cherubim* und *Ophanim;* dies sind die nimmer Schlafenden, die den Thron seiner Herrlichkeit bewachen.«

Auch H' redet von verschiedenen Himmelswesen *(Götterrassen)!*

»(Hn 71,1) Ich sah die Söhne der heiligen *Engel* auf Feuerflammen treten; ihre Kleider *(Overalls)* waren weiß und ihr Gewand und ihr Antlitz leuchtend wie Schnee.«

»(Hn 87,2–3) Da erhob ich abermals meine Augen gen Himmel und sah im Gesichte *(Träume),* wie aus dem Himmel Wesen, die weißen Menschen glichen *(Humanoiden),* hervorkamen; einer von ihnen kam aus

Hephaistos 153

jenem Ort hervor und drei mit ihm. Jene drei, die zuletzt hervorgekommen waren, ergriffen mich bei der Hand, nahmen mich hinauf an einen hohen Ort *(Entführungen).*«
(Hn 75,8) Auch *Raumbasen* beschreibt H' in seinem Bericht: Er sieht »Wagen *(Wagen,* himmlische) in der Welt laufend *(UFO,* historische), oberhalb von jenen Toren, in denen sich die *Sterne* bewegen, die nie untergehen. Einer von ihnen ist größer als alle anderen, und er kreist um die ganze Welt.«
Einmal in höheren Sphären, erfährt H' auch eine Vielzahl Geheimnisse: Vielleicht mag einiges hinzugedichtet worden sein – folgende Schilderung eines astronomischen Problems *(Astronomie)* sollte aber stutzig machen:
»(Hn 43,1 ff) Abermals sah ich *Blitze* und die *Sterne* des Himmels, und ich sah, wie er sie alle bei ihrem Namen rief, und wie sie auf ihn hörten. Ich sah, wie sie mit einer gerechten Waage gewogen wurden, nach ihrer Lichtstärke, nach der Weite ihrer Räume und dem Tag ihres Erscheinens, und wie ihr Umlauf *Blitze* erzeugt; ich sah ihren Umlauf nach der Zahl der *Engel,* und wie sie sich untereinander Treue bewahren. Da fragte ich den Engel *(Kommunikation),* der mit mir ging und mir das Verborgene *(Geheimnisse)* zeigte: ›Was sind diese?‹ Er sagte zu mir: ›Ihre sinnbildliche Bedeutung hat dir der Herr der Geister gezeigt. Dies sind die Namen der Heiligen, die auf dem Festlande wohnen und an den Namen des Herrn der Geister immerdar glauben.‹ Noch anderes sah ich in bezug auf die *Blitze,* z. B. wie einige von Sternen aufsteigen, zu Blitzen werden und ihre Gestalt nicht aufgeben können.« Unsere Astronomen klassifizieren die *Sterne* also wie die *Engel* der Antike!
H', sein Name bedeutet soviel wie »der Einsichtige, der Kundige«, scheint demnach als auserwähltes Experimentierobjekt höherer *Humanoiden* gedient zu haben. Q.: Dopatka: Spiegelbild
H' wurde beim Höchsten auch als eine Art Mittelsmann gebraucht. Er sollte zwischen den aufsässigen 200 »*Gottessöhnen*« und der Hauptmacht vermitteln *(Verhandlungen).* Hn 57,2 nach war ein gewaltiger Aufmarsch von Kampfmaschinen bereit, die Abtrünnigen zu vernichten. Q.: Krassa: Gott S. 290
Die 200 *Engel* und ihre 17 Anführer, deren Namen bekannt sind, stiegen Überlieferungen nach vom *Ardis* bzw. *Djebel el Shech,* einem Gipfel des syrischen *Hermon,* zur Erde herab *(Syrien; Landeplätze der Götter).* Q.: Kohlenberg: Vorzeit S. 162; Q.: Dillmann: Buch Henoch
Konkret beschrieben wurden die Flugmaschinen in Hn 57,1: »Danach sah ich wiederum eine Schar von Wagen *(Wagen,* himmlische), in denen Menschen *(Humanoiden)* fuhren...« Q.: Krassa: Gott S. 290
Nach Kapitel 69 des Buches H' wurde tatsächlich der »Fall der *Engel*« erreicht. Am Ende seines Lebens wurde der Prophet in einem himmlischen Wagen entführt – lebend. Q.: Krassa: Gott S. 291
→ Cheruben
→ Entführungen
→ Erkennen der Götter
→ Erscheinungen
→ Etana und der Adler
→ Gesetze
→ Gottessöhne
→ Kulturbringer, Götter als
→ Raumbasis
→ Sintflut
→ Strahlen

Henseling, Robert (Astronom)
→ Kalender

Hephaistos (Sohn des Zeus und der Hera; griechische Mythologie)
→ Mutanten
→ Roboter
→ Sirius-B

Herakles

Herakles (Sohn des Zeus und der Alkmene; griechische Mythologie; entspricht dem Herkules der römischen Mythologie) → Aussetzung von Kindern
→ Berge, heilige
→ Sirius-B

Herkules (römische Mythologie, entspricht dem Herakles der griechischen Mythologie) → Sirius-B

Herkunft der Götter Nicht andeutungsweise, sondern namentlich exakt bestimmt, sprechen viele Mythologien von der Heimat der Götter. Teilweise werden dabei Hinweise auf erdähnliche, aber fremde Planeten gegeben: ein Indiz für die außerirdische und weniger für die religiös-erlebnishafte H'd'G'. Die *Kelten* kannten *Mag Mell* und *Tir nan-og* als paradiesische Welten *(Paradies)*. Q.: Kohlenberg: Vorzeit S. 69 f; Q.: Vollmer: Wörterbuch
Die germanische Mythologie spricht von *(Germanen; Sagen) Muspelheim, Okolnir, Vanaheim* und *Asgard* sowie von *Helheim, Schwarzalfenheim, Thrymheim* und *Niflheim.* Q.: Kohlenberg: Vorzeit S. 69 f, 76, 78, 174; Q.: Vollmer: Wörterbuch
Namentlich überliefert sind uns weitere Welten: Bei den Finnen *(Finnland): Tuonis* mit der Stadt *Tuonela* sowie *Manola (Kalewala).* Q.: Kohlenberg: Vorzeit S. 65, 78; Q.: Grimal: Mythen Bd. 3; Q.: Kalewala. Lönnrot
Den etwa 1200 v. Chr. nach Europa eingewanderten *Phrygiern* war die Kugelgestalt der *Erde* bekannt *(Astronomie).* Sie verehrten sie im Sinnbild der *Cybele,* der griechischen *Eurynome,* als abgerundeten Stein. Von dieser Göttin heißt es *(Griechenland; Felsen,* fliegende): »... Weislich sangen von ihr die alten Dichter aus Hellas, frei in den Höhen führte sie den mit Löwen bespannten Wagen; schwebend *(Schwerelosigkeit)* im Raume der Luft *(Weltall)* hänge der irdische Boden, lehrten sie so; und so könne die Erd' auf der Erde nicht fußen.« Die Göttin sei vom Sternbild des Löwen zur Erde herabgekommen *(Löwe; Sternbild Löwe).* Q.: Kohlenberg: Vorzeit S. 55 f; Q.: Creuzer: Symbolik
Die im Frühmittelalter *(Mittelalter)* niedergeschriebene Form der jüdischen *Kabbala,* den Eingeweihten vorbehalten, enthält Angaben über verschiedene Heimat-*Planeten* der Götter *(Humanoiden; Mutanten):* »Die Bewohner der Welt von *Geh (Ackerbau)* säen und pflanzen Bäume. Sie essen *(Ernährung)* alles vom Baum, kennen aber keinen *Weizen* und keinerlei Getreide. Ihre Welt ist schattig, und es gibt viele große Tiere dort *(Flora; Fauna).* Die Bewohner der Welt von *Nezah (Ernährung)* essen Sträucher und Pflanzen, die sie nicht säen müssen. Sie sind von kleinem Wuchs *(Zwerge)* und haben anstelle der Nasen nur zwei Löcher im Kopf, durch welche *(Humanoiden)* sie atmen. Sie sind sehr vergeßlich *(Vergeßlichkeit)* und wissen bei einer Arbeit oft nicht, weshalb sie sie begonnen haben. Auf ihrer Welt sieht man eine rote *Sonne.* Die Bewohner der Welt *Tziah* müssen nicht essen, was andere Wesen essen. Sie *(Ernährung)* suchen immer nach Wasseradern *(Hydrogeologie).* Sie sind sehr schön von Angesicht und haben mehr Glauben als alle anderen Wesen *(Moral* der Götter). Auf ihrer Welt gibt es große Reichtümer *(Schätze)* und viele schöne *Bauwerke.* Der Boden ist trocken, und man sieht zwei *Sonnen (Erkennen der Götter; Humanoiden).* Die Bewohner der Welt von *Thebel (Ernährung)* essen alles aus dem Wasser. Sie sind allen anderen Wesen überlegen, und ihre Welt ist in Zonen aufgeteilt, in denen sich die Bewohner durch Farbe und *(Götterrassen)* Gesichter unterscheiden. Sie machen ihre Toten wieder lebendig *(Wiederbelebung).* Die Welt ist weit von der *Sonne* weg. Die Bewohner der Welt von *Erez* sind

Herkunft der Götter 155

Nachfahren von *Adam (Homo sapiens*, Evolution des; *Hominiden).* Die Bewohner von *Adamah* sind auch die Nachfolger von *Adam*, weil *Adam (Humanoiden)* sich über die Trostlosigkeit auf *Erez* beklagte *(Entführungen).* Sie bebauen die Erde und essen Pflanzen, Tiere und Brot. Sie sind meist traurig und bekriegen sich oft *(Konfrontation der Götter).* Es gibt auf dieser Welt Tage, und die Gruppierungen der Gestirne sind *(Sternbilder)* sichtbar. Früher wurden sie oft von Bewohnern der Welt von *Thebel* besucht, doch die Besucher wurden auf *Adamah* von Gedächtnisschwäche *(Vergeßlichkeit)* befallen und wußten nicht mehr, woher sie kamen. Die Bewohner der Welt von *Arqa* säen und ernten *(Akkerbau).* Ihre Gesichter sind *(Erkennen der Götter)* verschieden von unseren *(Humanoiden)* Gesichtern. Sie besuchen alle Welten und sprechen alle *Sprachen.*« Q.: Däniken: Zurück S. 236 ff; Q.: Däniken: Besucher S. 86 f
Das Hauptbuch der *Kabbala*, der vom Rabbiner *Simon bar Jochai* (130–170 n. Chr.) aufgezeichnete *Sohar*, schildert die Begegnung des Rabbi *Yossé* mit einem Bewohner von *Arqa*. Der Rabbi ist überrascht und fragt: »Es gibt also Lebewesen auf *Arqa*?« Der Fremde antwortet: »Ja. Als ich euch kommen sah, bin ich aus der Höhle gestiegen *(UFO*, historische), um den Namen der Welt zu erfahren, auf der ich angekommen bin.« Der Kosmonaut berichtet außerdem von seiner Welt, in der die Jahreszeiten doppelt so lang und die Anordnung der Gestirne *(Sternbilder)* anders sei. Q.: Däniken: Zurück S. 239 f; Q.: Däniken: Aussaat S. 158 f; Q.: Däniken: Besucher S. 87 ff
Dilmun oder Tilmun, das *Paradies* der *Sumerer*, in das *Utnapischtim* bzw. *Ziusudra* nach der *Sintflut* kam, war eine weitere solche Welt. Q.: Kohlenberg: Vorzeit S. 76 f; Q.: Grimal: Mythen Bd. 1

Namen anderer Welten bei den Persern, wie uns teilweise im *Awesta* überliefert wurden *(Persien): Vahist, Garodman, Asman, Duz-anhav* und *Khenta*. Q.: Kohlenberg: Vorzeit S. 69 f, 79; Q.: Vollmer: Wörterbuch; Q.: Creuzer: Symbolik
Im indischen Kulturkreis *(Indien): Rupa, Svargaloka, Tasita, Atapaloka, Satyaloka, Vaikuntha, Birmlok, Aparajita, Resatala, Vitala, Talatala, Vishnuloka* und *Bramaloka*. Das *Rigveda* spricht von *Mahatala* und *Atala*. Q.: Kohlenberg: Vorzeit S. 69 f, 78 f; Q.: Vollmer: Wörterbuch; Q.: Creuzer: Symbolik
Verschiedene, namentlich benannte fremde Welten kennt auch das Weltbild der *Tibeter*, wie es Bildwerke, Texte und Bauwerke überliefern. Es ist um den Weltberg *Meru* zentriert, der die *Verbindung von Himmel und Erde* darstellt. Um ihn herum als Achse gruppieren sich die verschiedenen bewohnten Welten. Die unsere, *Jambudvîpa*, ist nur eine davon. Die anderen Welten, von nichtmenschlichen Wesen besiedelt, heißen *Videha* (weiß gefärbt, von halbmondförmiger Gestalt), *Godânîya* (kreisförmig, rot) und *Uttarakuru* (quadratisch, gelb oder grün gefärbt). Über dem Weltberg *Meru* breiten sich mehrere Himmelsräume aus, die von verschiedenen Klassen übermenschlicher oder göttlicher Wesen bewohnt werden. Q.: Lauf: Erbe
Das tibetanische *Kanjur* und auch das *Tanjur* (Buddhismus; Lamaismus) sprechen in der »Sammlung der sechs Stimmen« von den himmlischen Regionen der Götter *(Tibet; Indien).* Nacheinander werden sechs Sphären behandelt: Im 1. Himmel entsprechen 50 Erdenjahre 24 Stunden. 9 000 000 Menschenjahre entsprechen dort einer *Lebensdauer* von 500 Jahren. Im 2. Himmel 100 Erdenjahre 24 Stunden. 36 000 000 Menschenjahre einer *Lebensdauer* von 1000 Jahren. Im 3. Himmel 200

Herkunft der Götter

Erdenjahre 24 Stunden. 144 000 000 Menschenjahre einer *Lebensdauer* von 2000 Jahren. Im 4. Himmel 400 Erdenjahre 24 Stunden. 576 000 000 Menschenjahre einer *Lebensdauer* von 4000 Jahren. Im 5. Himmel 800 Erdenjahre 24 Stunden. 2 304 000 000 Menschenjahre einer *Lebensdauer* von 10 000 Jahren. Im 6. Himmel 1600 Erdenjahre 24 Stunden. 9 216 000 000 Menschenjahre einer *Lebensdauer* von 16 000 Jahren. Ließen sich aus diesen Angaben die kosmischen Entfernungen der Welten berechnen? Q.: Däniken: Beweise S. 180 ff; Q.: Feer: Anales
Chinesische *Sagen* berichten von der Landung der ersten Himmelswesen, die ihre Heimat hätten verlassen müssen, da ein Riese aus dem Drachenreich ihre fünf Welten langsam zerstört hätte. Das Reich der fünf Inseln, von denen zwei auf einen Schlag verschwanden, könnte ein fremdes Sonnensystem mit fünf bewohnten Planeten gewesen sein. Sollte sich die Sonne dieser Wesen, die als unsterblich *(Lebensdauer)* und mit einem Federkleid *(Erkennen der Götter)* beschrieben werden, in eine Nova verwandelt haben *(Katastrophen,* kosmische)? Die Inseln werden als »jenseits des Abgrundes *Ku'ei-hiü* und des Flusses *Han*«, der die Milchstraße symbolisiert, lokalisiert. *Yü-ch iang* soll sie befehligt und mit *Schildkröten,* die sich am besten als *Raumbasen* deuten lassen, bestückt haben. Q.: Krassa: Gelbe Götter S. 197 ff; Q.: Kohlenberg: Vorzeit; Q.: Ferguson: Chinese
In *Japan* ist die Welt *Jigoku* eine untere Welt. Q.: Kohlenberg: Vorzeit S. 79; Q.: Vollmer: Wörterbuch
In *Mikronesien* nennt man eine obere Welt *Reva,* in *Polynesien* »das dunkle Gebirge« *Pali-uli* oder das verborgene Land *Kanes Aina-huna-o-Kane* bzw. das Land des Lebenswassers *Kanes (Lebensdauer; Flüssigkeiten,* chemische) *Aina-wai-ola-o-Kane.*

Hawaiki soll der Ursprungsort der Polynesier sein. Q.: Kohlenberg: Vorzeit S. 73, 78; Q.: Nevermann: Götter; Q.: Ellis: Polynesian researches
Überlieferungen der Insel *Malo (Neue Hebriden; Melanesien; Sagen)* sprechen von *Andoria* und *Ambua* als obere und untere Welt. Q.: Kohlenberg: Vorzeit S. 72; Q.: Capell: Stratification
Die *Quiché-Maya* sprachen von der Welt *Xibalba (Popol Vuh).* Q.: Kohlenberg: Vorzeit S. 78; Q.: Popol Vuh. Cordan. *Xibalba* (sprich Schibalba) ist eine unheimliche Unterwelt, ein unterirdischer Abgrund. Der Name wird mit »*Phantom, Geist*« übertragen. Seine Herrscher sollen die *Quiché* in der mythischen Vorzeit despotisch unterdrückt haben *(Konfrontationen Götter kontra Menschen).*
Hanac pacha hieß eine Welt der *Prä-Inka* und ihrer Nachfolger *(Inka).* Q.: Kohlenberg: Vorzeit S. 72; Q.: Capell: Stratification
Die in fast allen irdischen Mythologien wiederzufindende Sage von *Sphären,* die die Welt umgeben, kann wie die Annahme von Inseln, die im Kosmos liegen, Hinweise auf außerirdische Welten enthalten. Q.: Kohlenberg: Vorzeit S. 62 ff

→ Akakor
→ Atmosphären, außerirdische
→ Baum des Lebens
→ Cargo-Kult
→ Entführungen
→ Etana und der Adler
→ Götter, hellhäutige
→ Humanoiden
→ Jesaja
→ Im-Hotep
→ Indien
→ Inka
→ Johannes
→ Kommunikation, interstellare
→ Lampen
→ Maya
→ Oannes
→ Pleiaden, Sternbild der
→ Satelliten

→ Schöpfung
→ Sirius
→ Sirius-B
→ UFO, historische
→ Weltraumreisen, Probleme bei
Hermes (griechische Göttergestalt; Beziehung zum ägyptischen Thoth)
→ Hyrieus
→ Sirius-B
→ Strahlen
→ UFO, historische
Hermon (syrisches Gebirge)
→ Gottessöhne
→ Henoch
Herodot (490–420 v. Chr.; griechischer Historiker) → Ägypten
→ Sirius-B
Heron Der alexandrinische Ingenieur des 1. Jhd. n. Chr. verfaßte Schriften über verschiedene Probleme aus Wissenschaft und Technik. Er beschäftigte sich vor allem mit Pneumatik und Vermessungen. → Ktesibios
→ Maschinen
Herrlichkeit des Herrn (Synonym für die fliegenden Fahrzeuge der Götter)
→ Erkennen der Götter
→ Donnergötter
→ UFO, historische
Herztransplantationen
→ Steine, gravierte
vgl.: Medizin
vgl.: Transplantationen
Hesekiel (Bezeichnung Luthers für Ezechiel) → Ezechiel
Hethiter → Schlangen
→ UFO, historische
Heuschrecken (Synonym für die fliegenden Fahrzeuge der Götter)
→ Prophezeiungen
vgl.: UFO, historische
Heyden, Francis (Observatoriumsdirektor) → Piri Reis Weltkarten
Heyerdahl, Thor (Ethnologe und Forschungsreisender) → Bauwerke
→ Osterinsel
Hia (chinesischer Volksstamm)
→ Eier, fliegende
Hickson, Charles (Schiffsarbeiter)
→ UFO, historische
→ UFO, moderne

Hidimbas (Dämon des indischen Mahabharata) → Mutanten
Hien-Yang (Palast in China)
→ Röntgen-Gerät
Hieronymus (347–419 n. Chr.; Kirchenlehrer) → Henoch
Himalaya (asiatisches Gebirge)
→ Berge, heilige
→ Sintflut
→ Waffen der Götter
Himmelsfarbe → Astronomie
Himmelskunde vgl.: Astronomie
Himmelsvögel (Synonym für die fliegenden Fahrzeuge der Götter) Die *Kwakiutl*-Indianer der Insel *Vancouver (Kanada; USA; Sagen)* bezeichneten den Raben *Hochhoku* als Donnervogel *(Donnergötter; UFO,* histo-

Himmelsvögel. Vorgeschichtliches Felsbild aus Nordamerika (Washington State Park, Missouri). Aus dem Schnabel des großen Donnervogels entspringt das Symbol der Sprache, aus seiner Seite kommt eine Pfeilkette (Symbol für die Waffen der Götter?). Auf seiner Klaue sitzt ein kleiner Donnervogel. Q.: Umzeichnung nach K. F. Wellmann, Muzzinabikon, *Graz 1976*

rische). Q.: Kohlenberg: Vorzeit S. 276; Q.: Krickeberg ...: Die Religionen
→ Eier, fliegende
→ Entführungen
→ Esra
→ Flugzeugmodelle
→ Gesetze
→ K'un-lun-Gebirge
→ Lebensdauer
→ Schamanen
→ Sintflut
→ UFO, historische
→ Verbindung von Himmel und Erde
→ Waffen der Götter
→ Zeitdilatation
Hinaura (Figur einer polynesischen Sage) → Weltraumreisen, Probleme bei
Hinduismus (indische Religion)
→ Höhlen
→ Schöpfung
→ Sintflut
→ Verbindung von Himmel und Erde
→ Vimanas
→ Zeitdilatation
vgl.: Dzyan, Buch des
Hine (hawaiianische Göttin)
→ Sintflut
Hinuno (Gott der Payute-Indianer; USA) → Verbannung
Hiob, auch Job; Buch des Alten Testaments, bestehend aus einer Rahmenerzählung und aus Wechselreden, die sich mit dem Problem der Gerechtigkeit Gottes angesichts des Leidens seines treuen Gläubigen beschäftigen. Im biblischen Buch H' erscheint der Herr dem Gottesfreund im Wetter, wohl einer Umschreibung für ein donnerndes Auftreten *(Donnergötter).*
Im 41. Kapitel dieses im dritten oder vierten Jahrhundert vor Christus verfaßten Buches wird vom Herrn die mysteriöse Beschreibung eines Krokodils gegeben, das Feuer speit und Rauch abläßt *(UFO,* historische). Q.: Krassa Gott S. 219 ff
→ UFO, historische
Hb 37,22 → UFO, historische

Hiranyagarbha (fliegendes Ei Brahmas; indische Mythologie) → Eier, fliegende
Hirsche, fliegende (Synonym für die fliegenden Fahrzeuge der Götter)
→ Schlangen
→ UFO, historische
Hiva (Erdteil in der Osterinsel-Mythologie) → Osterinsel
Hler (germanischer Meeresgott)
→ Unterwasserbasen
Hochhoku (Donnerrabe der Kwakiutl-Indianer; Kanada/USA)
→ Himmelsvögel
Hödr (germanischer Gott)
→ Mutanten
Höhlen Natürliche H' im Gestein waren die ältesten bekannten Kultplätze des Eiszeitmenschen und wurden mit zum Teil schwer deutbaren Bildwerken geschmückt. In neuerer Zeit wurden H' und Grotten auch künstlich aus dem »gewachsenen Fels« ausgeschachtet. Künstlich angelegte Stollen dienten noch im letzten Weltkrieg als Schutzräume und als Aufbewahrungsorte für unersetzliche Kunstwerke. Dies legt den Gedanken nahe, daß auch alte H' dieser Art im Verlaufe von Konfrontationen zwischen Göttern und Menschen *(Konfrontationen Götter kontra Menschen)* oder auch der »Götter« untereinander *(Konfrontationen der Götter)* ähnlichen Zwecken gedient haben könnten. Fluchtbunker *(Bunker)* können auch das Höhlensystem von *Derinkuyu* in *Anatolien (Türkei)* sein. Q.: Däniken: Aussaat S. 238
In der *Türkei* gibt es mindestens 14 künstlich angelegte Höhlenstädte, von denen *Kaymakli* und *Derinkuyu* die bekanntesten sind. Eine 13stöckige Wohnanlage mit Räumen unterschiedlicher Größe wurde in *Derinkuyu* geschaffen. Jedes dieser Stockwerke konnte verschlossen werden und war dann nur von innen zu öffnen. 20 000 Menschen soll eine solche Anlage beherbergt haben können. Wie wurden sie ernährt?

Wenn die Anlage eine Schutzfunktion gehabt haben soll, durfte man von oben keine Rückschlüsse auf ihr Vorhandensein haben. Ackerbau verriet deren Bewohner, die schnell ausgehungert werden konnten *(Ernährungsproblem)*. Wo blieb der Aushub, die Tonnen von Material, die man aus dem Erdreich holte? Fragen über Fragen, die auf irgendeine Weise auch im Zusammenhang mit dem Wirken der Prä-Astronauten stehen können. Q.: Däniken: Beweise S. 403 ff

Höhlen von Derinkuyu/Türkei. Q.: R. Rohr, von Däniken

Fluchtburg war auch die Höhlenanlage *Tschufut-Kale* im *Jaila-Gebirge* der *Krim (Sowjetunion)*, eine Stadt, die in einer öden Gegend mehreren tausend Menschen Platz bot. Q.: Kohlenberg: Vorzeit S. 401
In einer Höhle des heiligen *Kailasa (Tibet)* soll den Texten des *Sandales* (ca. 200 n. Chr.) nach eine 4,44 Meter hohe Bildsäule *(Statuen)*, die mit Sonne und Mond geschmückt ist, von *Brahmanen* verehrt werden *(Hinduismus)*. Q.: Kohlenberg: Vorzeit S. 159; Q.: Stobäus: Werke
H', die Göttern oder Menschen als *Bunker* gedient haben könnten, finden sich zahlreich in *Indien:* so die 150 H' in *Junnar* am *Dekhan-Plateau*, die 27 Katakomben in *Adschanta* und die 33 in *Ellora*. Auch die 27 »Felsentempel« der *Jainas (Dschainismus)*, die von den *Göttersöhnen* abstammen wollen, sind zu erwähnen. Q.: Däniken: Aussaat S. 239; Q.: Jacobi: Als die Götter; Q.: Kohlenberg: Vorzeit S. 282, 403
Im chinesischen *Lich-shan-Gebirge* soll der Gott *Shen-nung* aus einer Höhle hervorgekommen sein *(China; Shu-king)*. Q.: Kohlenberg: Vorzeit S. 161; Q.: Shoo King. Legge
In den Bergen von Subis *(Subis,* Berge von) an der Westküste *Borneos* stieß man auf ein weitverzweigtes Netz unterirdischer H', von Menschenhand ausgebaut *(Bunker; Indonesien)*. Funde sollen auf ein Alter von 38 000 Jahren schließen lassen. Q.: Däniken: Erinnerungen S. 133; Q.: Däniken: Besucher S. 298
→ Akakor
→ Baian Kara Ula
→ Bundeslade
→ Bunker
→ Indien
→ K'un-lun-Gebirge
→ Kuriositäten
→ Malta
→ Operationen (medizinische)
→ Osterinsel
→ Rivalitäten
→ Sacsayhuaman
→ Schriftzeugnisse der Götter
→ Stollen, unterirdische
vgl.: Höhlenzeichnungen
Höhlenzeichnungen Die Höhlenmalereien der Eiszeit liegen oft weite Strecken von den Eingängen der Höhlen entfernt. Um zu ihnen zu gelangen, müssen meist schwierige Passagen überwunden werden. Nach der traditionellen Ansicht dienten kleine Tranlämpchen aus Speckstein als Lichtquellen, die jedoch in den Höhlenlabyrinthen nur wenig Licht geben und leicht verlöschen. Auch wenn sie nur schwach Ruß absondern, ist nicht ganz klar, warum

160 Höhlenzeichnungen

die vielen farbenfrohen und exakten H' nicht durch Ruß verschmutzt wurden. Eine schlüssige Theorie für die damals verwendeten Lichtquellen hatte bislang niemand anzubieten. Q.: Kohlenberg: Vorzeit S. 347
Im Bergland von *Kohistan (Afghanistan)* findet sich eine H', die den Sternenhimmel *(Sterne; Astronomie)* vor 100 000 Jahren darstellt *(Sternenkarten)*. Die Planeten *Venus* und Erde sind darauf durch eine Linie verbunden *(Verbindung von Himmel und Erde; Felszeichnungen)*. Andeutungen eines planetaren Verkehrs? Q.: Däniken: Erinnerungen S. 52; Q.: Dolezol: Aufbruch S. 51

H'- und *Felszeichnungen* finden sich auch nahe *Navoy* in *Usbekistan (Sowjetunion)*. Eine Darstellung zeigt ein Wesen in einem birnenförmigen Gehäuse, das von Strahlen umgeben ist *(UFO,* historische). Eingeborene oder menschenähnliche Götter *(Humanoiden)* sind mit Atemmasken, unseren Gasmasken nicht unähnlich, versehen. Sie fangen Tiere oder sind mit Gegenständen beschäftigt *(Atemgeräte)*. Q.: Däniken: Meine Welt S. 72; Q.: Elmayer von Vestenbrugg/Bellamy: Eingriffe S. 416

Höhlenzeichnungen. Sowjetische Felszeichnung bei Navoy, Usbekistan. Q.: Archiv von Däniken

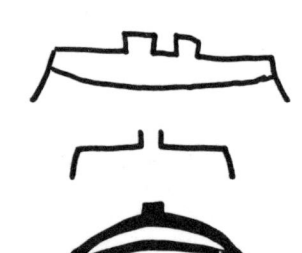

Höhlenzeichnungen. Mysteriöse Höhlenzeichnung aus La Pasiega, Nordspanien, als Sexualsymbole gedeutet. Q.: *H. Biedermann,* Bildsymbole der Vorzeit, *Graz 1977*

In der Nähe von *Chinchillapi* am *Titicacasee,* 150 km von *Puno,* wurden Grotten mit Wandzeichnungen gefunden. Sollten sie vom Stamm der *Kollas,* der bereits vor 10 000 Jahren lebte, gemalt worden sein, so erstaunt die Abbildung von Pferden, die in Amerika unbekannt waren. Q.: Charroux: L'énigme S. 229
→ Baian Kara Ula
→ Felszeichnungen
→ Planetensystem, eigenes
→ Stollen, unterirdische
vgl.: Bodenzeichnungen
vgl.: Höhlen

Rekonstruktion der Hopi-Mythologie: Stern- oder Planeten-Kachina. Puppen dieser Art werden zur Erinnerung an die Götter von den Indianern hergestellt. Q.: Marion und Doris Arnemann, Hamburg

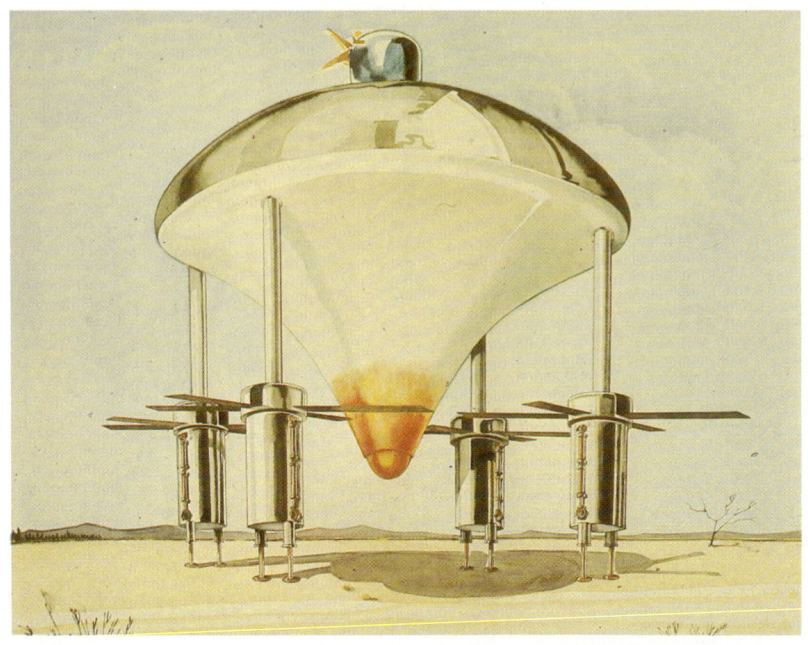

oben: Rekonstruktion des »Ezechiel-Raumschiffes« durch den NASA-Ingenieur a. D. Josef F. Blumrich.   Q.: J. F. Blumrich

unten: Zwei sich überlagernde Fußabdrücke – 500 Millionen Jahre alt, gefunden bei Antelope Springs, USA.   Q.: W. J. Meister, Kearns, Utah

Kann man sich einen Kontakt mit außerirdischen Besuchern in biblischer Zeit so oder ähnlich vorstellen?   Q.: Kiril Terziev, Strumica, Jug.

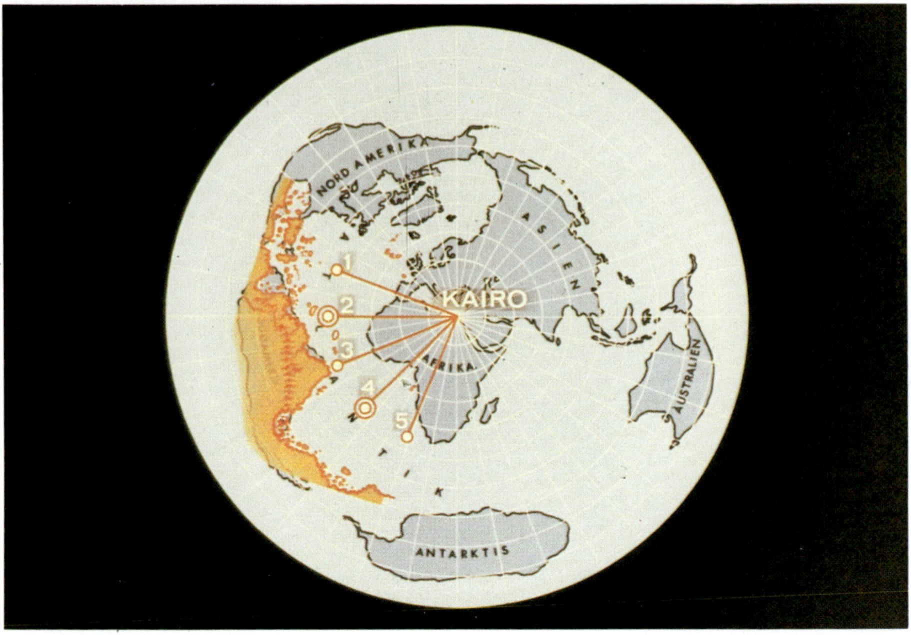

oben: Piri Reis. Weltkarte mit Vergleich der tatsächlichen Küstenlinien.
Q.: Charles Hapgood; Constantin-Film

unten: El Fuerte bei Santa Cruz, Bolivien. Ein künstlich bearbeiteter Berg, der an eine Startrampe erinnert.   Q.: Constantin-Film

oben: Mit welchen technischen Mitteln wurden solche Felsbearbeitungen – scheinbar sinnlos – bei Sacsayhuaman erreicht?   Q.: Erich von Däniken

unten: Felszeichnung der Hopi-Indianer – ihre Interpretation steht noch aus! Q.: Erich von Däniken

Eine Schriftstele aus dem Museum Pater Crespis, Ecuador. Schriften sollen südamerikanische Völker jedoch nicht gekannt haben. Q.: Erich von Däniken

Kristall-Schädel aus Lubaantun, Brit. Honduras. Ein Gegenstand, den man auch heute kaum herstellen kann – mit welchen Mitteln wurde er, und von wem, geschaffen? Q.: Museum of the American Indian, New York

Nazca-Landebahnen für die Götter!? Astronomische Deutungen des Liniensystems schlugen fehl.   Q.: Constantin-Film

oben: Höhlen von Derinkuyu/Türkei: Aus welchem Grund wurden in allen Teilen der Welt unterirdische Wohnräume angelegt – befürchtete man aus der Luft angegriffen zu werden?   Q.: Ercan Güneri, Türkei

unten: Tula-Pyramide mit Statuen der Tolteken-Götter. Verblüffend sind ihre technischen Ausrüstungen.   Q.: Constantin-Film

oben: Nan Madol – Südsee-Ruinenstätte, über deren Bau und Zweck die Meinungen auseinandergehen. Die einzelnen Blöcke sollen, den Sagen nach, durch die Luft transportiert worden sein.   Q.: Erich von Däniken

unten: Simbabwe – rätselhaftes Monument in Afrika. Parallelen dazu finden sich überraschenderweise in verschiedenen Teilen der Welt.   Q.: Erich von Däniken

Der Andromeda-Nebel, unser kosmischer Nachbar. Auch in dieser Galaxis werden sich Zivilisationen berühren und fortpflanzen.   Q.: California Institute of Technology

Unbekannte, fliegende Objekte wurden zu allen Zeiten von allen Kulturen beobachtet, wie das Titelbild von Cincello aus der Zeitschrift »Domenica del Corriere«, 26. 2. 1967, veranschaulicht.   Q.: Domenica del Corriere, 26. 2. 1967

Extraterrestrier in der Vergangenheit unserer Erde: künstlerische Rekonstruktion durch den Maler B. Stoessel, Erlangen.   Q.: B. Stoessel, Erlangen

Teil des elliptischen Walles und der Akropolis von Simbabwe. Über eine plötzliche »Bauwut« negroider Stämme rätseln die Ethnologen. Gibt es andere Erklärungen? Q.: Erich von Däniken

Mysteriöse Felsrillen und Monumente auf Malta. Vieles deutet auf eine Verbindung zur Prä-Astronautik hin! Q.: Erich von Däniken

Künstlerische Rekonstruktion der Manna-Maschine durch Martin Riches, Berlin. Ein Geschenk der Götter an die Israeliten der mosaischen Epoche.   Q.: Martin Riches, Berlin

Hörner (interpretiert als Antennen) vgl.: Antennen
Hoerner, Sebastian von (Physiker)
→ Exopsychologie
Hoggar-Massiv (Sahara)
→ Felszeichnungen
Hoka (nordamerikanischer Indianerstamm) → Sintflut
Hokkaido (japanische Nordinsel)
→ Gottessöhne
Holey (Riese der Songhai-Mythologie; Sudan) → Riesen
Holk, Freder van (= Pseud.: Müller, Paul Alfred; Schriftsteller)
→ Science Fiction
Homboriberge (Mali; Westafrika)
→ Sirius-B
Homer (8. Jhd. v. Chr.; griechischer Dichter) → Atlantis
→ Humanoiden
Homet, Marcel *1898. Der Ethnologie- und Archäologie-Professor M'H' widmete sich in seinen zahlreichen Büchern vor allem der Frage, ob zwischen den Kulturen der Vorzeit Zusammenhänge bestehen und wie sie zustande gekommen sein könnten. In seinen Werken finden sich auch Anklänge an die Thematik der Prä-Astronautik.

Homet, Marcel. Q.: Marcel Homet

Hominiden (Sammelbegriff für den Menschen und seine stammesgeschichtlichen Vorfahren) → Herkunft der Götter
→ Kuriositäten
→ Riesen
Homo sapiens, Evolution des Der amerikanische Professor für Anthropologie an der Universität von Pennsylvania, Dr. Loren *Eiseley,* stellte fest, daß die Entwicklung des menschlichen Gehirns nicht parallel zur Entwicklung des Menschen läuft. Für seine heutige Evolutionsstufe besitzt der Mensch ein zu hoch entwickeltes Gehirn. Q.: Däniken: Zurück S. 35 ff; Q.: Mooney: Les dieux S. 44 ff; Q.: Däniken: Beweise S. 218
Der indianische Dichter *Pa-la-ne-a-pa-pa* erzählt in seinem Gedicht Chon-oopa-sa, der Ursprung des Menschen sei auf einem anderen Planeten zu suchen *(USA).* Q.: Mooney: Les dieux S. 49 f
Der Niederländer Biologe Dr. *Grijseels* prophezeite, daß sich der Mensch bis ins Jahr 12 000 n. Chr. so verändert haben wird, daß er äußerlich einigen Göttergestalten der Antike ähnlich wird *(Erkennen der Götter; Futurologie).* Zarten Körperbau, großes Gehirn, verkümmerte Zähne etc. hatten auch die Götter des *Baian-Kara-Ula*-Gebietes. Q.: Krassa: Gelbe Götter S. 30 f
→ Herkunft der Götter
→ Kuriositäten
vgl.: Genmanipulation
vgl.: Gottessöhne
vgl.: Humanoiden
vgl.: Intelligenzmanipulation
vgl.: Schöpfung
Homy, Lucile (Ärztin)
→ Zahnmedizin
Honan (chinesische Provinz)
→ Mumien
→ UFO, historische
Honan-Gebirge (China) → Erkennen der Götter
→ Pyramiden
→ Stollen, unterirdische

162 Honduras

Honduras → Britisch-Honduras

Hopi-Indianer Indianerstamm des Südwestens der USA, in den Staaten Arizona und Neumexiko beheimatet: »die friedlichen Leute«. Die H' wohnen in festen Siedlungen aus Flachdachhäusern (»Pueblos«). Ihre Mythik *(Sagen)* ist reich an uralten Überlieferungen aus der Urzeit der Menschheit, ihre Kunst (besonders die Bemalung von Tonwaren) reich an eindrucksvoll stilisierten Dekormotiven *(Symbole)*, die z. T. eine Deutung im Sinne der Prä-Astronautik nahelegen.

Hopi-Indianer. Q.: Marion und Doris Arnemann, Hamburg

Ihre *Kachina-* (spr. Katschina-) Puppen sind in vielen Museen zu sehen. Der Indianerstamm scheint noch unverfälschtes *Sagen*gut lebendig gehalten zu haben. So berichtet man von *Taiowa*, der als Schöpfergott *Toktela* die erste Welt (übersetzt: Unendlicher Weltraum) *(Weltall)* beherrschte. Als oberstes Gesetz erließ er den Befehl: »Du sollst nicht töten.« *(Gesetze)* Eine andere Legende erzählt uns vom großen Zug der Stämme zur roten Stadt im Süden *(Völkerwanderungen)*. Der Exodus wurde von den sogenannten *Kachinas*, göttlichen Beschützern und Beratern *(Kulturbringer*, Götter als*)* begleitet. Sie konnten sich beim Kampf um die Stadt in die Erde graben und unterirdische Tunnels schaffen *(Stollen*, unterirdische). Auch seien sie in Wirklichkeit keine echten Menschen gewesen *(Roboter; Erkennen der Götter)*. Felszeichen in den Stammesregionen zeigen Menschen mit seltsamen *Antennen* auf den Köpfen und Verbindungen zu *Sternen*. Q.: Däniken: Aussaat S. 182 ff; Q.: Däniken: Besucher S. 322 ff; Q.: Däniken: Beweise S. 192 ff; Q.: Charroux: L'énigme S. 218

Hopi-Kachinas-Puppen. Q.: Constantin-Film

Blitz-Kachina

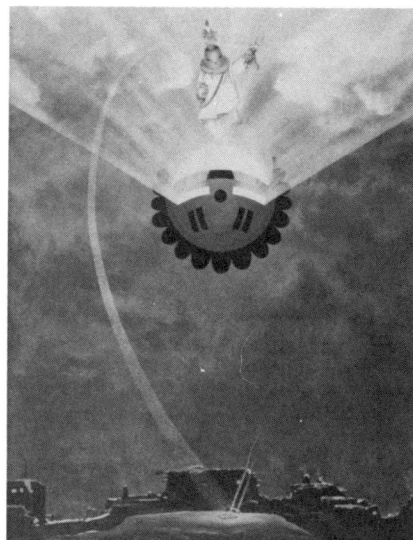

Darstellung des Beginns der Kachinasaison, Wintersonnenwende

Mond-Kachina. Q.: Marion und Doris Arnemann, Hamburg

Hopi-Indianer. Künstlerische Rekonstruktionen der Hopi-Mythologie zu den Kachinas

Hopi-Felszeichnung (Sternenbläser). Q.: Erich von Däniken

Horák, Antonín T. (tschechoslowakischer Linguist) → Kuriositäten
Horeb (Gipfel im Sinai; Altes Testament) → Berge, heilige
→ Elias
→ Erkennen der Götter
→ Moses
→ UFO, historische
Horus (ägyptischer Gott; Beziehung zu Apollon) → Mutanten
Hoto (Berg auf Aoba; Neue Hebriden) → Landeplätze der Götter
Hou-Yih → Chih Chiang Tzu-Yu
Hsia-Dynastie (China)
→ Kulturbringer, Götter als
Hsiu-liu (Himmelsvogel der Thai-Mythologie) → UFO, historische
Hsi wang mu (Muttergöttin des Westens; chinesische Mythologie)
→ K'un-lun-Gebirge
→ Lebensdauer
Hsou-an-chou (früherer chinesischer Bezirk; heute Wu-hu)
→ Unfälle
Hsü (Königreich der thailändischen Mythologie) → Thailand
Huaca de Chira (peruanische Pyramide) → Pyramiden
Huaca Juliana (peruanische Pyramide) → Pyramiden
Huai-Nan-Tse (chinesischer Alchimist des 2. Jhds v. Chr.) → Liu An
Huai Nan Tzu (chinesische Überlieferung) → Astronomie
→ Paradies

Huang-ti (chinesischer Urkaiser)
→ China
→ Dzyan, Buch des
→ Unklarheiten der Definition
Huari (Fundstätte in Peru, Prä-Inka-Kultur) → Bunker
→ Peru
Huascarán (Andengebirge)
→ Stollen, unterirdische
Hua T'o (chinesischer Arzt in der späteren Han-Dynastie, 25–220 n. Chr.) → Anästhesie
Huayla (südamerikanisches Volk)
→ Mutanten
Huayna Capac (1493–1527; Inka)
→ Sacsayhuaman
Huayna Picchu (Inka-Festung)
→ Reflektoren
Hubschrauber vgl.: Helikopter
Hughes, Zach (Autor) → Science Fiction
Hugin (Rabe des germanischen Odin) → Waffen der Götter
Huichól (nordmexikanischer Indianerstamm) → Mais
→ Schlangen
Huiracocha (prä-inkaischer Kulturbringer, in die Inkamythologie integriert) → Götter, bärtige
vgl.: Kon Tc'hsi Huiracotša
vgl.: Kon Tiksi Illa Viracocha
vgl.: Uiracocha Tachayachachic
vgl.: Viracocha
Hulme, Alfred J. Howard (Ägyptologe) → Ägypten
Huluppu-Baum (unbekannter Gegenstand der sumerischen Mythologie) → Weltraumreisen, Probleme bei
Humanoiden Nicht allein die Existenz außerirdischen Lebens, sondern auch das Vorhandensein technischer Zivilisationen ist Grundvoraussetzung der *Prä-Astronautik.* Der Mathematiker Dr. *Su-Shu-Huang* bestimmte schon 1959, daß etwa 6% aller Sterne Planeten mit höher entwickeltem Leben aufweisen müssen. Auf Grund dieser Berechnung läßt sich abschätzen, daß Welten mit reicher *Flora* und *Fauna* sowie mit primitiven Zivilisationen in frühen Entwicklungsstadien in Entfernungen von ca. 18 Lichtjahren anzutreffen sind *(Götterrassen)!* Q.: Dopatka: Spiegelbild; Q.: Fuchs: Leben S. 23
Der amerikanische Prof. Willy *Ley* glaubt den Minimal-Wert für Planeten, auf denen sich eine Humanoiden-Rasse entwickelt haben könnte, in unserer Galaxis sogar auf 18 000 Planeten ansetzen zu können. Q.: Krassa: Gott S. 14 f
Mit wie vielen Menschheiten wir in unserer Milchstraße überhaupt zu rechnen haben, wurde in der berühmten Gleichung der *Green-Bank-Konferenz* festgelegt. Nach dem Maximalwert haben wir in unserer Galaxis mit 50 Millionen Menschheiten zu rechnen. Der Negativ-Wert wird noch mit 40 angegeben. Q.: Dopatka: Spiegelbild; Q.: Däniken: Erinnerungen S. 202 ff; Q.: Allen: Wesen S. 28 ff
Carl *Sagan* und Iosif Samuilovich *Shklovsky* vertreten in ihrem Buch »Intelligent Life in the Universe« die These, die Erde habe in ihrer geologischen Entwicklung etwa 10 000mal Besuch von anderen Planeten erhalten. Q.: Krassa: Gelbe Götter S. 147 f
Wie wären aber nun solche Wesen beschaffen? In einem Fall können wir bestimmt annehmen, sie sehen uns bildlich ähnlich. Gemeint ist die Rasse, die uns »nach ihrem Ebenbild« schuf, wenn die Mythologien recht behalten *(Gottessöhne; Götterrassen).* Q.: Dopatka: Spiegelbild
In den anderen Fällen müssen wir aber nach der *Konvergenz-Theorie* annehmen, daß andere Humanoiden unserem Äußeren in etwa entsprechen. Nach dieser Theorie sind fast gleiche Lebensformen zu erwarten, wenn die Umweltbedingungen ebenfalls annähernd gleich sind. Bestes Beispiel in der Tierwelt ist dafür auf unserem Planeten der lang isolierte Kontinent *Australien.* Er ist Wohngebiet von altertümlichen Säugetierfor-

Humanoiden

men, die infolge paralleler Entwicklung auch bei nur entfernter Verwandtschaft unseren stammesgeschichtlich höherstehenden Säugetieren sehr ähnlich sehen. Nach Roland *Puccetti* werden außerirdische Menschen von den Wissenschaftlern meist auch als humanoid (menschenähnlich) bezeichnet. Eine Konvergenz in der Entwicklung braucht also nicht ausgeschlossen zu werden *(Konvergenz-Theorie)*. Q.: Krassa: Gelbe Götter S. 218; Q.: Puccetti: Intelligenz; Q.: Däniken: Aussaat S. 78 ff

Man darf natürlich nicht vergessen, daß schon kleine Unterschiede des fremden Planeten mit unserer Erde Auswirkungen auf die Gestalt der Lebewesen haben. Bei erhöhter Gravitation könnte der Körper gedrungener, der Knochenbau schwerer sein. Ein anderes Klima würde die Oberfläche der Außerirdischen variieren lassen. Andere Ernährungsgewohnheiten hätten Einfluß auf das Gebiß etc. Die Grundkonzeption, ein menschenähnliches, intelligentes Wesen – ob nun mit 5, 6 oder 7 Fingern an einer Hand – bliebe bestehen.

Mit intelligenten Rieseninsekten ist kaum zu rechnen, da ein Außenskelett ab einer bestimmten Größe nicht vorstellbar ist *(Insekten)*. Q.: Dopatka: Spiegelbild

In ihrem Buch »Intelligence in the universe«, New York 1966, kommen die Autoren Roger A. *MacGowan* und Frederick I. *Ordway* zu abenteuerlichen Spekulationen über das Aussehen fremder Intelligenzen. Die erwähnten Gemeinsamkeiten mit dem hominiden Bild des Menschen, Hände, Beine, Lage der Augen etc., bleiben jedoch auch dabei bestehen. Allerdings berücksichtigen sie auch die mögliche Existenz maritimer, fischähnlicher Intelligenzen *(Fischmenschen)*, die ihrer Ansicht nach gewisse evolutionäre Vorteile mit sich brächten. Vgl. dazu auch den Artikel *Mischwesen*. Q.: MacGowan/Ordway: Intelligence; Q.: Temple: Sirius-Rätsel S. 269 f

Das Leben entwickelt sich unabhängig voneinander im Weltall; das ist die Regel. Eine Begegnung zwischen einzelnen Kulturen, die sich fruchtbar auswirken könnte, kann der Besuch fremder Intelligenzen sein. Für eine kosmische Verbreitung von Lebenskeimen spricht aber noch eine andere Theorie. Q.: Jonas/Jonas: Die Außerirdischen

Svante A. *Arrhenius*, der 1927 verstorbene Nobelpreisträger, hielt das irdische Leben für den Abkömmling kosmischer Sporen. Ebenso dachte der Physiker Lord William Thomson *Kelvin of Largs*. Die *Panspermietheorie* läßt aber die Frage nach der Entstehung des Lebens an sich offen. Q.: Krassa: Gelbe Götter S. 216; Q.: Däniken: Aussaat S. 75 f

Wie wären aber die Konsequenzen, wenn intelligente Lebensformen aufeinandertreffen? Der Anthropologe Ashley *Montague* formulierte diesen Gedanken drastisch. »Für jene hypothetischen Wesen sind wir vielleicht das gleiche, was für uns einige Tollwut- oder Cholera-Arten darstellen.« Somit wäre es für ihn logisch und erklärbar, warum wir noch keinen Kontakt mit ihnen hatten. Wir geben ihnen im derzeitigen Entwicklungsstadium absolut nichts, das sie interessieren könnte. Q.: Dopatka: Spiegelbild; Q.: Warren: Suche

Falls Wesen aus zwei gleichartig entwickelten Kulturen und Zivilisationen Kontakt haben, ist an sich eine Art von *Kommunikation* mit großer Wahrscheinlichkeit zu erwarten. Statistisch gesehen, tritt jedoch dieser Fall offenbar weitaus seltener ein als die Begegnungen von höheren mit primitiven Kulturen – so wie es sich auch auf der Erde zugetragen haben könnte. Die Folge: Die Eingeborenen unseres Planeten bekamen einen realen (in ihrer Ausdrucksweise)

Humanoiden

Götterbesuch, der, durch Generationen erzählt, sich schließlich in Mythen und *Sagen* niederschlug. Q.: Dopatka: Spiegelbild
Anthropologen erbringen für diese Theorie zur Entstehung von *Sagen* und Legenden gerade in unseren Tagen Beweise. Sehr eindrucksvoll gelang dies der Amerikanerin Margaret *Mead* und dem dänischen Reiseschriftsteller Arne *Falk-Rønne.*
Für uns dagegen wäre ein Kontakt mit anderen, wenn auch nur gleich fortgeschrittenen Humanoiden wohl der aufregendste und folgenschwerste Höhepunkt in der Entwicklung unserer Zivilisation überhaupt, was selbst Kritiker und Skeptiker wie der Autor Walter R. *Fuchs* zugeben.
Die Theorie vom Besuch der Götter-Astronauten auf unserer Erde könnte der Anstoß zu einer völligen Korrektur unseres Geschichtsbildes werden. Aber auch die Wissenschaften würden Konsequenzen zu ziehen haben, da mit diesem Besuch der Kosmonauten in der Vergangenheit der Beweis für die Möglichkeit einer praktikablen interstellaren Weltraumfahrt gebracht worden wäre.
Mehr und mehr Wissenschaftler akzeptieren aber Beweise, Indizien und Spuren von *Exobiologie* und *Prä-Astronautik.*
Bahnbrecher waren dabei unter anderem Prof. Modest M. *Agrest,* Doktor der physikalischen Mathematik, NASA-Ingenieur a. D. Josef F. *Blumrich,* der amerikanische Astronom und Astrophysiker Carl *Sagan* und Dr. Wjatscheslaw *Saizew,* Philologe an der Weißrussischen Akademie der Wissenschaften. Q.: Dopatka: Spiegelbild
Solche modernen Auffassungen wurden auch in der Vergangenheit geäußert. Das *Mahabharata* schreibt *(Indien):* »... Unendlich ist jener Raum, bewohnt von Seligen und Gottheiten, erfreulich, mit mancherlei Wohnstätten *(Planeten; Herkunft der Götter)* übersät, dessen Grenze unerreichbar ist ... *(Weltall; Astronomie)*« Q.: Däniken: Zurück S. 234
Von *Platon* (427–347 v. Chr.) ist die Annahme überliefert: »... Sie (die Götter) benahmen sich wie Zauberkünstler; in Wahrheit sind sie natürlich und vermögen niemals aus ihrer eigenen Gestalt herauszutreten« *(Platon:* Der Staat). Wie er konnten sich auch andere Denker hinter die Fassade der Götter versetzen. Q.: Kohlenberg: Vorzeit S. 51
Homer (ca. 8. Jhd. v. Chr.) behauptete (Odyssee), die Götter seien einst an ihrem Gang zu erkennen und von den Menschen zu unterscheiden gewesen *(Erkennen der Götter).* Q.: Kohlenberg: Vorzeit S. 52
Ähnliche Gedanken vertrat auch schon *Euhemeros von Messene* (ca. 340–260 v. Chr.) *(Euhemerismus).* Er schrieb einen Bericht seiner Reise zur Insel *Panchaia,* einer mythologischen Insel des Indischen Ozeans: nach einigen Wortverwandtschaften *(Wortbedeutungen)* zu schließen vielleicht identisch mit *Sri Lanka.* Auf einer Säule fand er dort die Angabe *(Gravuren; Schriften),* die Götter seien früher nur Menschen gewesen oder hätten sich als solche ausgegeben *(Erkennen der Götter). Uranos, Kronos* und *Zeus* seien Könige der Frühzeit gewesen, die wegen ihrer großen Verdienste später in den Rang von Göttern erhoben wurden. Diese historische Auffassung von der Entstehung der Religion wird mit dem Ausdruck »*Euhemerismus*« bezeichnet. Daß in der Tat historische Persönlichkeiten wie Gautama Buddha, Lao Tse, *Im-Hotep* und Kung-fu-tse (Konfuzius) im Laufe der Geschichte göttlichen Rang erhielten, ist eine unbestreitbare Tatsache. Q.: Dopatka: Spiegelbild; Q.: Rehork: Archäologie S. 160

→ Abraham-Apokryphe
→ Ägypten
→ Antennen

→ Anthropomorphismus
→ Baian Kara Ula
→ Baruch
→ Daniel
→ Engel
→ Erkennen der Götter
→ Esra
→ Exobiologie
→ Ezechiel
→ Felszeichnungen
→ Götter, bärtige
→ Green-Bank-Konferenz
→ Henoch
→ Herkunft der Götter
→ Höhlenzeichnungen
→ Jakob
→ Jesus
→ Kristall
→ Kristall-Schädel
→ Landeplätze der Götter
→ Mamre
→ Midrash Rabba
→ Mischwesen
→ Osterinsel
→ Planetensysteme, fremde
→ Pleiaden, Sternbild der
→ Schöpfung
→ Simbabwe
→ Sirius-B
→ Smith, Joseph
→ Telepathie
→ Tula
→ UFO, historische
→ UFO, moderne
→ Zeitdilatation
vgl.: Exopsychologie
vgl.: Fischmenschen (bzw.- Götter)
vgl.: Mutanten
Hunan-Gebirge (China)
→ Honan-Gebirge
Hun Camé (Maya-Gott; himmlischer Wächter) → Erkennen der Götter
Hun-tun (chinesischer Himmelsvogel) → UFO, historische

Hur (Israelit zur Zeit Moses; Altes Testament) → Waffen der Götter
Huracán (Kulturbringer-Gott der Maya) → Kulturbringer, Götter als
Hurrither (Volk in Kleinasien)
→ Verbindung von Himmel und Erde
Hyaden, Sternbild der
→ Zeitdilatation
Hydrogeologie → Herkunft der Götter
→ Wunder
Hynek, Joseph Allen (Astrophysiker)
→ UFO, moderne
Hyrieus Drei Götter der griechischen Mythologie, *Zeus, Poseidon* und *Hermes,* sind bei dem böotischen *(Böotien)* Greis H' zu Gast *(Erkennen der Götter; Kommunikation; Ernährung).* Nach dem Mahl hat dieser einen Wunsch frei und wünscht sich, kinderlos wie er war, einen Sohn *(Griechenland).* Die Bitte geht auf absonderliche Weise in Erfüllung. Die drei Götter schenken ihm in einem Beutel ihren *Samen.* In die Erde gelegt, erwächst daraus *Orion (Sagen).* Q.: Keel: Texte Teil 2 S. 148
Nach abweichender Überlieferung ließen die Götter ihr Wasser über eine Ochsenhaut. Q.: Gottschalk: Lexikon
Diese Erzählung hat große Parallelen zur biblischen Erscheinung von *Mamre* und zum indischen *Shatapatha-brâhmana*. Mit Hinweisen auf Parallelerzählungen in anderen Kulturkreisen überführt man eine Mythe aber nicht unbedingt als Phantasieprodukt, sondern beweist im Gegenteil, daß ihr ein realer Kern zugrunde liegen kann. Q.: Dopatka: Spiegelbild
→ Mamre
→ Shata-patha-brâhmana
→ Sirius-B

I / J

I (Fluß in China) → Gesetze
Jade (Mineral) → Baian Kara Ula
→ Palenque
Jadetor (chinesische Umschreibung der Erdatmosphäre, einer Raumstation oder des Weltraumes) → UFO, historische
Iahu (»erhabene Taube«, sumerische Göttin) → Jahwe
Jahwe So lautet der heilige, geheime Gottesname der *Israeliten,* dessen Herkunft unklar ist *(Wortbedeutungen).* Er soll von dem syrischen Nomadenvolk der *Midianiter* übernommen worden sein. R. v. Ranke-Graves ist der Meinung, er habe ursprünglich eine Mondgöttin bezeichnet, die sumerisch *Iahu* (erhabene Taube) geheißen habe, und sei erst später auf eine »männliche« Gottheit übergegangen. Da in der hebräischen Schrift nur die Konsonanten geschrieben werden, lassen sich die Vokale nur aus Schriften der Kirchenväterzeit eruieren. Die Bedeutung des Namens wird mit »er ist« oder »er läßt werden« angegeben; vgl. dazu die Umsetzung in die 1. Person »Ich bin« – *Exodus 3,14.* Der Gottesname J' wurde meist durch den Gebrauch des Wortes *Adonai* (mein Herr) umschrieben und vermieden, in anderen Partien der Bibel jedoch durch *Elohim,* die Mehrzahl von El (ein Gottesname, der im syrisch-palästinensischen Raum auch sonst vorkommt). Es ist nicht klar, wieso eine monotheistische Religion den Gegenstand ihrer Verehrung als »Götter« bezeichnet. Die Vermutung, es könnte sich um einen »Abstraktplural« (etwa im Sinne von »Gottheit«) handeln, wirkt nicht überzeugend *(Majestätsplural).* Die echte Einzahl (Eloah) wird nur selten und dichterisch gebraucht. Zur Erklärung des Plurals wurde angeführt, es könne sich um die Summierung ursprünglich in der Mehrzahl vorhanden geglaubter Naturgottheiten handeln – oder um die Anrede von mehreren gleichartigen »höheren Wesen«, die durch ihr genau abgestimmtes Wirken als übermenschliche Einheit aufgefaßt wurden. Im Sinne der Prä-Astronautik könnten diese Wesen zweifellos auch außerirdische Besucher gewesen sein, die von ihren Verehrern angesichts ihres Wissens und ihrer für Erdenmenschen unfaßbaren Fähigkeiten auf ein als göttlich empfundenes Niveau erhoben wurden. → Engel
vgl.: Apokryphen
vgl.: Bibel
vgl.: Hebräer
vgl.: Jehova
vgl.: Israeliten
vgl.: Juden
vgl.: Pseudoepigraphen
Jalla-Gebirge (Krim; Sowjetunion) → Höhlen
Jainas (Anhänger des Dschainismus) → Höhlen
Jainismus vgl.: Dschainismus
Jairus (Figur des Neuen Testaments) → Wiederbelebung
Jakob (einer der »Erzväter« Israels) Wie selbstverständlich hat J' zu Beginn des *32. Kapitels* der *Genesis* eine Begegnung mit den *Engeln* Gottes: ohne jeden okkulten, mythi-

schen Beigeschmack – das Zusammentreffen wird in nur zwei Versen erwähnt. Solchen natürlichen Kontakten könnte eine Realität zugesprochen werden.
Der Ausspruch in *Genesis 32,3:* »Es sind die Heere Gottes« läßt auch eine aufschlußreiche Deutung zu. Der Anblick dieser Wesen muß Jakob an Soldaten, an Krieger erinnert haben. Charakteristisch für Krieger waren, auch damals, einheitliche Uniformen *(Overalls)* und zumindest Waffen *(Waffen der Götter):* auf jeden Fall metallische Geräte, die einen solchen Schluß zulassen. Beide Voraussetzungen würden auch unsere Prä-Astronauten erfüllen.
Eines Nachts, J' hatte gerade seine Familie über einen Fluß gesetzt, mußte er nach *Genesis 32,22 ff* einen recht unverständlichen Zweikampf bestehen. Ob geplant oder versehentlich – jedenfalls rang J' mit einem jener göttlichen *Humanoiden (Engel),* wobei er sich eine Hüftverletzung *(Konfrontationen Götter kontra Menschen)* zuzog. Nachher noch war J' glücklich, Gott von Angesicht zu Angesicht gesehen zu haben *(Erkennen der Götter; Einschüchterungen).* Q.: Dopatka: Spiegelbild; Q.: Däniken: Zurück S. 272
Die Ungewöhnlichkeit dieses Vorfalls könnte aufgeklärt werden, wenn wir annehmen, daß die Urmenschen ursprünglich tatsächlich die Götter tätlich angriffen. Nicht immer machten die Astronauten dann von ihren Waffen *(Waffen der Götter)* Gebrauch, sondern mögen versucht haben, im Handgemenge zu entkommen, um Konflikte zu vermeiden.
Spekulationen sind an dieser Stelle erlaubt.
Nachher fand J' selbst eine Erklärung für den Vorfall – denn wie der Schlagabtausch mit Gott, so fand auch der Streit mit seinem Bruder *Esau* ein versöhnliches Ende. Das ändert aber nichts an seiner Erinnerung an einen Kampf, der real und kein Traum gewesen sein soll.
Später vagabundierte J' wieder einmal auf Befehl Gottes mit seinem gesamten Hausstand weiter nach *Beth-El.* Und »die Furcht Gottes« hielt alle anderen Städte in Schach *(Einschüchterungen).*
Von diesem, seinem Gott kam auch der neue Name J's: *Israel.*
Wie in *Genesis 17,22* fährt auch in der J'-Episode, *Genesis 35,13,* Gott auf in den Himmel *(UFO,* historische). Q.: Dopatka: Spiegelbild
→ Erscheinungen

Jakob. Künstlerischer Rekonstruktionsversuch einer solchen Szene. Q.: Kiril Terziev, Strumica, Jug.

Jaldabaoth (Paradiesschlange; Altes Testament) → Schlangen
Ja-Luo (afrikanischer Stamm) → Kulturbringer, Götter als
Jambu (Berg in Tibet) → Berge, heilige
Jambudvîpa (Welt der tibetischen Mythologie) → Herkunft der Götter

Japan → Aussetzung von Kindern
→ Cargo-Kult
→ Dogus
→ Donnergötter
→ Fundgegenstände, technische
→ Gottessöhne
→ Herkunft der Götter
→ Mutanten
→ Overalls
→ Schintoismus
→ Schöpfung
→ Verbindung von Himmel und Erde
→ Zeitdilatation
Jara, Victoria de la → de la Jara, Victoria
Jared (angeblich Vater Henochs; Altes Testament) → Gottessöhne
Jason (Anführer der Argonauten; griechische Mythologie)
→ Aussetzung von Kindern
→ Sirius-B
Jaspis (Mineral, Halbedelstein)
→ Gral, heiliger
Jaussen, Tepano (tahitianischer Bischof) → Osterinsel
Java (indonesische Insel) → Riesen
Ica (Ort in Peru) → Steine, gravierte
I-ching (I-Ging) → I-King
Ida (kretischer Berg) → Berge, heilige
Ideogramme (Begriffszeichen)
→ Ezechiel
vgl.: Symbole
Idris (mohammedanisch: Henoch)
→ Henoch
Iduna (Göttin der nordisch-germanischen Edda) → UFO, historische
Jehova (Gott Israels; auch Jahwe oder in der Umschreibung Adonai genannt) → Wortbedeutungen
vgl.: Elohim
vgl.: Jahwe
Jemen → Kulturen, versunkene
Jen Fang (chinesischer Schriftsteller) → UFO, historische
le pelu tolo (Stern, der erschien, wenn die Dogon aus Mali von ihren Göttern besucht wurden; wahrscheinlich Raumbasis) → Sirius-B
Jeremias (hebr. Jirmejahu, »Jahwe erhöhe«) J' Berufung zum Propheten, etwa um das Jahr 627 v. Chr., kann Hinweise auf das wahre Aussehen der Götter und ihres Fahrzeuges bringen: »(Jr 1,17–18) Gürte du deine Hüften! Auf, und sprich zu ihnen, was immer ich dir befehle! Hab' keine Angst vor ihnen, sonst mache ich dir vor ihnen Angst *(Einschüchterungen)*. Ich selbst, siehe, mache dich heute zur befestigten Burg, zur eisernen Säule, zur ehernen Mauer ...« *(UFO,* historische). Befand sich J' im Innern eines natürlichen, metallenen Raumschiffes, das ihn gegen jede Art Angriffe schützte *(Metalle)?* Q.: Krassa: Gott S. 234 f
→ Baruch
→ Bundeslade
→ Zeitdilatation
Jr 1,13 → UFO, historische
Jr 1,15 → Gottessöhne
Jericho (Stadt in Jordanien)
→ Bundeslade
→ Trompeten von Jericho
Jerusalem → Ezechiel
→ Israel
→ Manna
→ Zeitdilatation
Jesaja (hebr. Jescha'jah, »Jahwe hat geholfen«; auch Isaias) J's Nominierung zum Propheten (Kapitel 6,1 ff) hat Parallelen zu derjenigen anderer Eingeweihter. Er sieht sich im Tempel dem Fahrzeug Gottes und dessen Besatzung gegenüber *(Unklarheiten der Definition; UFO,* historische; *Erkennen der Götter).* Es »schwebten Seraphim *(Seraphe);* sechs Flügel hatte ein jeder; mit zweien bedeckte er seine Füße und mit zweien flog er...« »... Von der Stimme des Rufenden erbebten die Pfosten der Türschwellen *(Akustik),* und der Tempelraum füllte sich mit Rauch ...« Einer der Seraphen holte mit einer Zange einen glühenden Stein und berührte damit des Propheten Mund – eine noch nicht geklärte Handlung *(Unklarheiten der Definition),* die bestimmt nicht nach Aussage des Textes der Vergebung der Sünden dien-

te. Gehörte sie zu den *Einschüchterungen,* die die Kosmonauten öfters praktizierten? Q.: Krassa: Gott S. 229 ff
Nach Js 5, Vers 30 könnte man annehmen, der Prophet berichtete aus einem Flugschiff, denn»'... Wenn man dann das Land ansehen wird, siehe, so ist's finster *(Finsternisse)* vor Angst, und das Licht scheint nicht mehr über ihnen ...« *(Entführungen)* Wenn dies tatsächlich im Zusammenhang mit dem Gott der Bibel stand und keine Beschreibung eines sich ankündigenden irdischen Unwetters war, was dann? Q.: Krassa: Gott S. 229
Auf einem gezwungenen Raumflug war J' *(Entführungen)* zweifellos der Relativität ausgesetzt *(Zeitdilatation),* wundert er sich doch: »... warum so schnell (zur Erde) zurück? Ich bin nur zwei Stunden hier gewesen.« Der *Engel* antwortete: »Nicht zwei Stunden, sondern 32 Jahre.« *(Weltraumreisen, Probleme bei)* Q.: Krassa: Gott S. 316; Q.: Mooney: Les dieux S. 159
J' war entsetzt darüber, gealtert zu sein, doch nun tröstete ihn der *Engel:* »Trauere nicht, du wirst nicht älter sein« *(Lebensdauer).* Solche Antwort konnte erst nach Einstein, in unserer Epoche, gedeutet werden.
So berichtete nach den sowjetischen Philologen Wjatscheslaw *Saizew* die Apokryphe »Die *Geschichte Jesajas«.* Q.: Krassa: Gott S. 315
Im 13. Kapitel 5 ff zieht der Prophet die Vision eines Gottesgerichtes auf. Eingeleitet wird es von Gott selber und mit seinen Werkzeugen: »... sie kommen aus fernem Land, vom Ende des Himmels *(Herkunft der Götter),* zu verheeren die ganze Erde ...« »... alle Hände werden deswegen schlaff ... Krämpfe und Wehen erfassen sie ... einer starrt den anderen an, ihre Gesichter erglühen wie Feuer ... *(Krankheiten),* denn die Sterne des Himmels und seine Sternbilder lassen ihr Licht nicht leuchten, die Sonne ist düster bei ihrem Aufgang, der Mond läßt nicht glänzen sein Licht ...« *(Finsternisse).* Können diese Apokalypsen sich auf ein zukünftiges Ereignis beziehen oder waren es nicht eher Schilderungen eines Gottesgerichtes, das sich bereits vollzogen hatte *(Konfrontationen Götter kontra Menschen; Prophezeiungen)?* Q.: Krassa: Gott S. 233

Js 4,5 → Tarnung
Js 5,28 → UFO, historische
Js 19,1 → Tarnung
Js 30,27 → Tarnung
Js 60,8 → Tarnung
Js 66,15 → UFO, historische

Jesus Die spekulative Äußerung verschiedener Autoren wie des Philologen Wjatscheslaw *Saizew,* die historisch belegbare Figur des J' aus Palästina sei mit den Aktivitäten von Prä-Astronauten in Verbindung zu bringen, enthält einige Unlogiken: dies im Zusammenhang mit dem Leben des Propheten, dessen Tod kaum mit den Absichten antiker Götter-Astronauten in Verbindung zu bringen ist. Inkarnationen und die damit verknüpften Fragen fallen ins religionsphilosophische Gebiet und sind nicht Thema der Prä-Astronautik. Im *Johannes*-Evangelium *14,2* erfahren wir aber einen völlig korrekten Ausspruch Jesu: »Im Hause meines Vaters sind viele Wohnungen *(Astronomie; Humanoiden; Christentum).* Wäre es nicht so, hätte ich es euch gesagt ...« *(Götterrassen; Planeten)* Wenn diese Worte als Gleichnis astronomische und exobiologische Wahrheiten enthalten – woher hatte J' seine Kenntnis? Auch andere Menschen, die sich nicht als Sohn Gottes verstanden, kannten lange vor unserer Zeit verborgene Wahrheiten. Q.: Krassa: Gott S. 13 f; Q.: Dopatka: Spiegelbild
Die Geschichte eines gottähnlichen Wesens, das für die Menschen ge-

storben und wieder auferstanden sei *(Auferstehung; Religionen),* wird auch von den westafrikanischen *Dogon* aus *Mali* erzählt. Sie nannten es Nommo – dennoch gab es nicht nur einen Nommo, sondern viele solcher Geschöpfe mit dem Gesamtbegriff der *Nommos.* Q.: Temple: Sirius-Rätsel S. 44
→ Gral, heiliger
→ Wiederbelebung
Jezreel (Stadt im Alten Testament)
→ Elias
IFEC → Institute for Extraterrestrial Communication
Igigi (mesopotamische Götterwesen) → Sirius-B
Jigoku (Welt der japanischen Mythologie) → Herkunft der Götter
Jimmu Tenno (japanischer Urkaiser) → Dogus
Ikarus (Figur der griechischen Mythologie) → Unfälle
I King (chinesischer Urkaiser) → I Yin
I King (I-Ging; chinesisches »Buch der Wandlungen«)
→ Domestizierungen
→ Lebensdauer
Ikschwakiden, Geschlecht der (Indien) → Shata-pata-brâhmana
Illuyanka (Himmelsschlange der Hethiter) → Schlangen
Ilmarinen (Schmied des finnischen Kalewala-Epos) → UFO, historische
Ilocab (Volk des Popol Vuh; Maya-Mythologie) → Stollen, unterirdische
Imana (Gott der zentralafrikanischen Pygmäen) → Schöpfung
Im-Hotep (Imhotep; griechisch »Imuthes«) I'-H' ist eine der geheimnisvollsten Gestalten der Mythologie und Geschichte Ägyptens *(Ägypten).* An einem Bauwerk *(Bauwerke)* in *Edfu* wurde eine Inschrift *(Schriften; Gravuren)* entdeckt, die aussagt, der Grundriß sei von dem vergöttlichten Wesen I'-H' entworfen worden *(Gottessöhne).*
Nicht nur als Architekt *(Architekten),* sondern auch als Arzt *(Ärzte), Priester* und Schriftsteller *(Sagen)* war er zu seiner Zeit bekannt *(Kulturbringer,* Götter als; *Ingenieure).*
Er baute seinem König *Djoser* die Stufenpyramide von *Sakkara* (oder Saqqara) *(Bauwerke; Pyramiden; Monumente).* Q.: Däniken: Erinnerungen S. 100 f
Sein Wirken fällt in die Zeit um 2600 v. Chr. Die Überlieferung schreibt ihm die älteste, nicht erhalten gebliebene Weisheitslehre Ägyptens zu und machte ihn zum Sohn des Gottes *Ptah (Herkunft der Götter; Gottessöhne).*
Schließlich ließ er sich mumifizieren, damit die Götter ihn bei ihrer Rückkehr wecken konnten *(Wiederkehr der Götter; Gräber).* Q.: Däniken: Erinnerungen S. 100 f
→ Sirius-B
Immunität der Götter vgl.: Unangreifbarkeit der Götter
Impfungen → Medizin
Inanna (sumerische Venusgöttin)
→ Kulturbringer, Götter als
Indian Creek (Utah; USA)
→ Felszeichnungen
Indianer Namen einzelner Stämme siehe unter: Nordamerika, Südamerika. Dort finden sich Übersichten über einzelne Länder. Sie verweisen im Hauptalphabet auf Schlagwörter, unter denen namentlich bekannte Stämme aufgeführt sein können.
Indien Die uralte Kultur von I' (im engeren Sinne: Vorder-I') ist reich an ungelösten Problemen, die eine Untersuchung im Zusammenhang mit der Auffassung der Prä-Astronautik rechtfertigen. Nach der heute üblichen Auffassung beginnt in I' die Eisenzeit erst um 500 v. Chr. (bei den Hethitern in Vorderasien bereits 1000 Jahre früher). Wesentlich älter ist die Indus-Kultur *(Pakistan),* die 2500 v. Chr. einsetzt und sich durch große, streng genormte Stadtbauten sowie durch noch unentzifferte Schriftzeichen *(Schriften)* (ähnlich jenen der *Osterinsel)* auszeichnet. Diese vorarische Kultur war bis 1927 völlig un-

Indien

bekannt und gibt auch heute noch Rätsel auf. Ungewiß ist, welches Volkstum sie getragen hat, ehe sie um 1500 v. Chr. durch das Eindringen indogermanischer (oder »arischer«) Nomaden ein jähes Ende fand. In Süd-I' entstanden zahlreiche Megalithen wie Steintisch-Gräber, Steinkreise, Menhir-Langsteine, die hier noch um 400 v. Chr. (also in der späten Eisenzeit des Subkontinents) lebendes Kulturgut waren *(Monumente)*. Um 600 v. Chr. hatte sich die ungemein reiche und vielfältige Kultur Indiens in ihren wesentlichen Elementen herausgebildet. In der Folgezeit entstanden zahlreiche, zum Teil riesige *Höhlen*tempel, kunstvoll aus dem Felsgestein ausgeschachtet und mit reichem Skulpturen- und Freskenschmuck ausgestattet *(Ellora; Karli; Adschanta; Elephanta)*. Zur Architektur der *Drawiden,* die auch Träger der megalithischen Kultur im Süden von I' gewesen sein dürften, gehören die *Vimana-Bauten,* die an terrassierte *Pyramiden* erinnern, als Turm über dem Heiligtum des Tempels, wobei es jedoch Texte gibt, die an »fliegende *Vimanas«* (UFO, historische) denken lassen. Die philosophische Spekulation erhob sich zu großen Höhen, die Weltzeitalter (Kalpas) wurden mit abstrakten Jahrmillionen-*Zahlen* definiert. Das »goldene Zeitalter« soll 3 440 000 Jahre gedauert haben, das »eherne« 720 000 Jahre. Derzeit herrscht das »eiserne Zeitalter«, das 31 020 v. Chr. begonnen haben soll *(Kalender)*. Die Mythen und *Sagen* sind reich an *Mischwesen* wie Kentauren, geflügelten Genien und tierköpfigen Göttern, die auch in der bildenden Kunst oft dargestellt wurden. Sie spielen auch in zahllosen, erst zum Teil dokumentierten *Felszeichnungen* eine Rolle, die aus allen Epochen von der Altsteinzeit bis in die historische Zeit stammen. Während die Volkskultur über viele Jahrhunderte hinweg ohne große Veränderung andauerte, bemühten sich in den Tempelzentren Yogins, Tantriker und mystische Philosophen aller Regeln und Richtungen, den Menschenleib durch spirituelle Läuterungstechniken feinstofflich zu machen *(Parapsychologie),* ihm Flugfähigkeit zu verleihen, ihn durch ein »Schlüsselloch gehen zu lassen« und ihm durch leibseelische Beeinflussung Eigenschaften zu geben, die den Menschen zu einem göttergleichen Wesen machen sollten. Bestrebungen dieser Art, die in der abendländischen *Magie* ebenfalls nachzuweisen sind, wirken wie ein ferner Abglanz einer fremdartigen Geisteswelt, die möglicherweise auf außerirdischer Anregung beruht und deshalb auf die Umweltverhältnisse unseres Planeten nur schwer übertragbar ist *(Exopsychologie)*. Wer die rituellen *Opfer* im Sinne der geistigen Disziplin darbringt, sagen die alten Texte *(Sagen),* »macht sich eine Leiter und eine Brücke, um die himmlische Welt zu erreichen«, und das Opfer ist »das Schiff *(Schiffe,* fliegende; UFO, historische), das zum Himmel führt«. Weise können sich, wie die Texte berichten, in die Luft werfen, den Gipfel des Weltberges *Meru* erreichen und den »Milch-Ozean« überschauen oder das geheimnisvolle Götterland *Svetadvîpa (Herkunft der Götter)* betreten. Q.: Taddei: Indien; Q.: Eliade: Schamanismus S. 384 ff; Q.: Danzel: Magie S. 167

→ Astronomie
→ Atlantis
→ Aussetzung von Kindern
→ Batterien
→ Baum des Lebens
→ Cukra
→ Dezimalsystem
→ Domestizierungen
→ Donnergötter
→ Eier, fliegende
→ Erde
→ Exobiologie

174 Indien

→ Ezechiel
→ Fruchtbarkeitskult
→ Gesetze
→ Götter, bärtige
→ Götter, hellhäutige
→ Herkunft der Götter
→ Höhlen
→ Humanoiden
→ Katastrophen
→ Konfrontationen der Götter
→ Kulturbringer, Götter als
→ Landeplätze der Götter
→ Mahabharata
→ Medizin
→ Mutanten
→ Osterinsel
→ Radioaktivität
→ Riesen
→ Schöpfung
→ Schlangen
→ Shata-patha-brâhmana
→ Sintflut
→ Sirius
→ Sirius-B
→ UFO, historische
→ Vimanas
→ Waffen der Götter
→ Zeitdilatation
vgl.: Brahmanismus
vgl.: Hinduismus
vgl.: Kaschmir
Indios Namen einzelner Stämme siehe unter: Nordamerika, Südamerika. Dort finden sich Übersichten über einzelne Länder. Sie verweisen im Hauptalphabet auf Schlagwörter, unter denen namentlich bekannte Stämme aufgeführt sein können.
Indonesien → Höhlen
→ Landeplätze der Götter
→ Riesen
→ Schöpfung
→ Sintflut
→ Unfälle
→ Verbindung von Himmel und Erde
Indra (indischer Gott; König der Götter) → Donnergötter
→ Entführungen
→ UFO, historische
→ Waffen der Götter
Indus (Fluß in Pakistan) → Osterinsel

Inertialsysteme (Dimensionen)
→ Lichtgeschwindigkeit
Ingenieure (Übersicht über einzelne Personen:) → Chang Heng
→ Chih Chiang Tzu-Yu
→ Chuen
→ Heron
→ Im-Hotep
→ Ki Kung Shi
→ Ko-Hung
→ Ktesibios
→ Ma Yüan
→ Schmiede
Inka Übliche Bezeichnung für Stamm, Kultur und Staat des Ketschua-(Quechua-)Volkes in *Peru,* das um etwa 1200 n. Chr. das Erbe älterer Kulturen antrat, seine Herrschaft über das heutige Peru, Südkolumbien, Ecuador, Bolivien, Nordwestargentinien und Nordchile ausdehnte und erst 1532 durch die spanische Eroberung unter Francisco

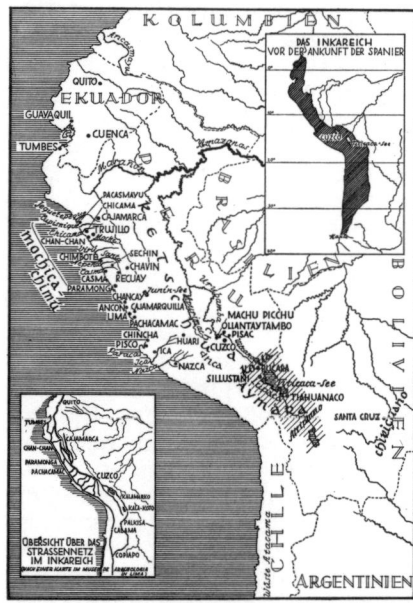

Inka. Übersichtskarte des Siedlungsgebietes der Inka. Q.: Nach H. Trimborn, Das alte Amerika, Zürich 1959. Karte: Josefine Trimborn

Inka 175

Pizarro überwunden wurde. Das Wort I' bezeichnet eigentlich nur den Herrscher, dem göttliche Verehrung entgegengebracht wurde.
Peruanischen Legenden nach *(Peru; Sagen)* wurde einst das Inka-Reich vom Halbgott *(Gottessöhne)* Manco Capac gegründet. Er kam mit seinen Geschwistern aus dem Erdinneren durch verschiedene Tore, die im Berg *Tambotoco* (auch Tampu-Tocco), 25 km südwestlich von *Cuzco*, liegen sollen. Sie wurden bis heute nicht gefunden *(Stollen,* unterirdische; *Herkunft der Götter; Kulturbringer,* Götter als). Q.: Bergier: Les extraterrestres S. 43
Wie der Historiker und Arzt R. L. *Moodie* nachwies, konnten die Inkas die schwierigsten *Operationen,* wie *Amputationen* und vielleicht *Transplantationen,* ausführen. *Anästhesie* auf der Basis von *Koka* war ihnen ebenfalls bekannt. Inka-Töpfereien *(Keramik)* stellen diese Szenen dar *(Gravuren; Medizin).* Q.: Bergier: Les extraterrestres S. 47
Nach Ansicht von Prof. Thomas *Barthel,* Direktor des Völkerkundlichen Instituts der Universität Tübingen, soll es rund 400 Schriftzeichen *(Schriften)* geben, die die Inkas beherrschten. Die peruanische Ethnologin Dr. Victoria *de la Jara* kam zu ähnlichen Resultaten, nachdem sie geometrische Figuren der Inka-Webereien untersuchte. Q.: Däniken: Aussaat S. 43 f

Inka. Abwicklung eines peruanischen Holzbechers. Q.: Nach Negativen des Museo de América, Madrid. In: H. Trimborn, Das alte Amerika, *Zürich 1959*

Inka. Ein Beispiel für medizinische Kenntnisse der alten Völker: Peruanische Plastik einer Gebärmutter mit Fötus; 11 cm breit und 26 cm hoch. Q.: Sammlung Larrea im Museo de América, Madrid. In: H. Trimborn, Das alte Amerika, *Zürich 1959*

Die Kenntnis solcher und ähnlicher Erfindungen, verbunden mit den *Sagen* von kulturbringenden Göttern, kann Hinweis auf aktive Prä-Astronauten sein.
→ Götter, bärtige
→ Götter, hellhäutige
→ Herkunft der Götter
→ Kristall
→ Orejona
→ Peru
→ Sacsayhuaman
→ Simbabwe
→ Tiahuanaco
→ UFO, historische
→ Venus

→ Vernichtung von Schriftzeugnissen
→ Vertuschungen
→ Wortbedeutungen
vgl.: Prä-Inka
vgl.: Pyramiden
Inkarnationen (»Fleischwerdungen«, körperliches Manifestwerden von übernatürlichen Wesen)
→ Auferstehung
→ Jesus
→ Mamre
Inschriften vgl.: Gravuren
Insekten → Humanoiden
→ Schöpfung
→ Sirius-B
Inselkind (Gestalt des japanischen Tango-Fudoki) → Zeitdilatation
Institute for Extraterrestrial Communication Gegründet von Johannes von *Buttlar Brandenfels*. Die Organisation versucht, Arbeiten und Ergebnisse auf dem Gebiet der interstellaren Kommunikation zu koordinieren *(Kommunikation, interstellare)*.
Intelligenzmanipulation Künstliche Beeinflussung der Intelligenz bestimmter Lebewesen durch Manipulierung ihrer Erbmasse ist im Prinzip möglich. Nur über die Art und Weise wird man noch forschen müssen. Wandten außerirdische Lebewesen diese Technik bei irdischen Gattungen an? Q.: Chatelain: Nos ancêtres S. 250 ff
Wenn es erwiesen wird, daß Intelligenz durch Injektion von Gehirn- oder Zellsubstanz gefördert oder beeinflußt werden kann, könnte auch *Ezechiel 3,3* verständlich werden, wo der Prophet eine Buchrolle zu »konsumieren« hatte. Q.: Däniken: Zurück S. 102
Die Experimente von Robert *Thompson* und James *McConnell* an Plattwürmern lassen an eine solche Möglichkeit glauben. Auch die Vererbung der Intelligenz durch Kannibalismus *(Kannibalen)* ist nicht ausgeschlossen, sondern eher wahrscheinlich.

Q.: Däniken: Zurück S. 98 ff; Q.: Däniken: Besucher S. 33 ff
→ Ezechiel
→ Genmanipulation
Inti (Sonnengott der Inka) → Götter, hellhäutige
Intihuasi (Steinarbeiten)
→ Sacsayhuaman
Inyo County (Kalifornien)
→ Felszeichnungen
Inzest Der l' der Töchter des *Lot,* von dem in *Genesis 19,30 ff* so ausführlich berichtet wird, soll den Ursprung der *Moabiter* und *Ammoniter* erklären *(Moral).* Bezeichnend aber bleibt, daß Gott diesen sexuellen Exkurs ungesühnt, ja unbeobachtet läßt – *Onan* für seinen unterbrochenen Koitus *(Geschlechtsverkehr; Grausamkeit)* aber zur Rechenschaft ziehen will *(Genesis 38,9 f)*. Sah der Allwissende nur gerade das, was er zufällig beobachtete *(Kulturbringer,* Götter als)? Schilderten die Phantasie oder die Religionsbegründer einen unvollkommenen Gott? Q.: Dopatka: Spiegelbild
Kämen menschenähnliche Astronauten als Ursache einer Verwechslung mit Gott oder Göttern in Frage, könnten solche scheinbar widersinnigen Gottesattribute erklärbar werden.
Auch in *Genesis 38,7* fällt uns ein kleinmütiger, pedantischer Gott auf, der den ersten Sohn Judas, *Ger,* tötet, weil er schlicht böse war. Es scheint, als habe man auch außergewöhnliche Morde den Göttern zugeschoben *(Vertuschungen; Grausamkeit).* Q.: Dopatka: Spiegelbild
→ Verbindung von Himmel und Erde
Jo (leuchtender Baum des Westens; chinesische Mythologie)
→ Lampen
Jörmungandr (Midgardschlange der germanischen Mythologie)
→ Schlangen
Jöten (=Thursen; Riesen in der germanischen Mythologie) → UFO, historische

Jötunheim (Wohnsitz des Riesen Thiassi in der Edda; nordisch-germanische Mythologie)
→ UFO, historische
Johannes Apostel Jesu, in der Überlieferung mit dessen »Lieblingsjünger« gleichgesetzt, gilt als Verfasser des Johannesevangeliums, der Johannesbriefe und (wahrscheinlich fälschlich) auch der Apokalypse oder Geheimen Offenbarung. Fachleute sehen in manchen Textstellen den Einfluß der hellenistisch-orientalischen Mysterienwelt, so etwa in den Ideen vom überweltlichen »Wort«, vom Abstieg eines offenbarenden Gottwesens aus höheren Sphären auf die Erde und seiner Rückkehr zum Himmel und in der auf einer Zweiheit von Licht und Finsternis basierenden Weltordnung.
In der *Offenbarung Johannes,* Kapitel ·*20,* erlebt J', sollte er nicht ältere Texte kopiert haben, einen Raumflug *(Entführungen).* Beim Start ». . . floh die Erde . . .«. Bald darauf sah er ». . . einen neuen Himmel und eine neue Erde, denn der erste Himmel und die erste Erde sind vergangen, auch das Meer ist nicht mehr.« Mit einer unbekannten Stadt konfrontiert, beschreibt er *(Herkunft der Götter):* ». . . die Stadt war lauteres *Gold,* rein wie *Kristall.* Die Grundsteine der Mauer der Stadt sind geziert mit aller Art Edelstein . . .« *(Bauwerke)* Der Ort bedurfte auch keines natürlichen Lichtes, denn ». . . die Herrlichkeit Gottes erleuchtete sie« *(Lampen).*
Q.: Krassa: Gott S. 337 f; Q.: Mooney: Les dieux S. 73 f
→ Erkennen der Götter
Joh. 11,43 → Wiederbelebung
Joh. 14,2 → Jesus
vgl.: Offenbarung Johannes
Johnson, George R. (Expeditionsleiter)
→ Bauwerke
Jomon (japanische Kulturepoche)
→ Dogus
Jordan (Fluß in Palästina) → Elias

Joseph (Figur des Alten Testaments)
→ Erscheinungen
Josua (Altes Testament) → Moses
Jos 3,13 ff → Elias
Jos 6,20 → Trompeten von Jericho
Ipuwer, Papyrus (Ägypten) → Moses
Irak
→ Batterien
→ Kristall-Linsen
→ Zikkurats
vgl.: Akkad
vgl.: Assyrien
vgl.: Babylon
vgl.: Sumer
Iran → Parsismus
→ Persien
→ Vernichtung von Schriftzeugnissen
→ Zikkurats
Irenäus († 202 n. Chr.; Bischof von Lyon) → Schlangen
Irland → Kulturbringer, Götter als
→ Levitation
→ Mutanten
→ Sandverglasungen
vgl.: Kelten
Irokesen (Indianerstamm; USA)
→ Gottessöhne
Isaak Einer der »Erzväter« Israels; der Name bedeutet »er (Gott) möge lachen«. Er gilt als Sohn des *Abraham* von dessen Hauptfrau *Sara*(h). Die Komplikationen um die Geburt eines Sohnes des *Abraham* beginnen schon weit vor seiner Geburt.
In *Genesis 20 ff* gibt sich *Sara,* wie schon einmal in Ägypten, erneut als Schwester *Abrahams* aus, was wiederum zu Verwicklungen führte. Der Philister *Abimelech* versucht *Sara* für sich zu gewinnen. Und wie schon einmal beim Pharao entlarvt ein göttlicher Traum *(Träume; Erscheinungen)* den Betrug. Erschrocken über eine Drohung in dieser Erscheinung, stellt *Abimelech Abraham* zur Rede. Bei der anschließenden Versöhnung sorgt Gott, auf Fürbitte *Abrahams,* auch wieder für die Fruchtbarkeit der Frauen, die seit dem Verhältnis *Sara/Abimelech* unterbrochen gewe-

sen war *(Unfruchtbarkeit; Krankheiten).*
Wollten Gott und die *Engel* durch eine umfassende Aktion, die alle Frauen betraf, vielleicht durch eine Strahlung *(Strahlen),* eine unerwünschte Schwangerschaft *Saras* verhindern? Q.: Dopatka: Spiegelbild
Spekulationen dieser Art sind im Hinblick auf andere Aktivitäten des biblischen Gottes erlaubt.
Auf diesem Gebiet schienen die Himmlischen sowieso sehr bewandert gewesen zu sein, was *Genesis 21* und der doppeldeutige erste Vers beweist *(Genesis 21,1).* Sollte wirklich der Herr es höchstpersönlich mit *Sara* »getan« haben *(Gottessöhne; Geschlechtsverkehr)?* Q.: Dopatka: Spiegelbild; Q.: Däniken: Zurück S. 259
Das »Wie« einer Zeugung bleibt uns jedoch verschlossen – fand ein medizinischer Eingriff bei *Sara* statt *(Operationen),* war *Abraham* zeitweise unfruchtbar *(Unfruchtbarkeit),* wurden gar Chromosomen gleichgeschaltet *(Genmanipulation),* damit die Götterwesen selbst mitmischen konnten, oder hatten sie es vielleicht gar nicht nötig, weil sie das Ebenbild der Menschen darstellten?
Wie dem auch sei – I', der Sohn *Abrahams,* wurde geboren.
Auch I', der in *Genesis 35,27 ff* im Alter von 180 Jahren stirbt, kann sich in die Reihe der biblischen Stammväter einordnen, die sich ausnahmslos alle einer enorm hohen *Lebensdauer* erfreuten. Q.: Dopatka: Spiegelbild
Vgl. dazu das Kapitel *Lebensdauer.*
→ Abraham
→ Erscheinungen
→ Hagar
→ Shata-patha-brâhmana
Isaias → Jesaja
Isao Washio (japanischer Forscher) → Dogus
Ischâk (indischer König; indische Mythologie)
→ Shata-patha-brâhmana

Ischkomar (mysteriöses Wesen, das die Menschheit entwickelt haben soll) → Parapsychologie
Ise (japanische Stadt)
→ Fundgegenstände, technische
Isis (ägyptische Göttin; Schwester des Osiris) → Eier, fliegende
→ Mutanten
→ Sirius-B
Ismael (Sohn der Hagar und des Abraham; Altes Testament) → Hagar
Israel vgl.: Bibel
vgl.: Hebräer
vgl.: Juden
Israel (Figur des Alten Testaments) → Jakob
Israeliten → Elohim
→ Jahwe
vgl.: Hebräer
vgl.: Juden
Istanbul (Türkei) → Crespi, Carlo
→ Piri Reis Weltkarten
Italien → Felszeichnungen
→ Mutanten
→ Simbabwe
→ Unfälle
vgl.: Etrusker
vgl.: Römer
Itzcoatl (4. aztekischer König; 1428–1440) → Vernichtung von Schriftzeugnissen
Juden → Ezechiel
→ Reue (der Götter)
→ Schlangen
→ Turm zu Babel
→ Wolken
vgl.: Bibel
vgl.: Hebräer
vgl.: Israel
vgl.: Israeliten
Judentum → Talmud
→ Sirius-B
→ Wortbedeutungen
Jugoslawien → Fresken
→ Milazzi, Danica
Julsrud, Waldemar (deutschmexikanischer Kaufmann) → Steine, gravierte
Iumoran (Neue Hebriden; Melanesien) → UFO, historische
Jung, Carl Gustav (Tiefenpsychologe) → Prä-Astronautik

Junnar (indisches Höhlensystem)
→ Höhlen
Jupiter (Planet) → Planetensystem, eigenes
→ Venus
Jupitermonde → Planetensystem, eigenes
Jurak-Samojeden (sibirische Stämme) → Berge, heilige
Iwan der Schreckliche (1530–1584; russischer Zar) → Vernichtung von Schriftzeugnissen

Iyatiku (Urmutter der Keres-Indianer-Mythologie) → Berge, heilige
I Yin (Herrscher der chinesischen Mythologie) → Berge, heilige
→ Lebensdauer
→ Thailand
I Yü kuo tschih (im 14. Jhd. veröffentlichtes Werk der chinesischen Mythologie) → UFO, historische
Izanagi (japanischer Urgott)
→ Mutanten
Izanami (japanische Urgöttin)
→ Mutanten

K

Kaaba (islamisches Heiligtum in Mekka) → Hadschar al-Aswad
Kabaru (babylonischer Kanal) → Ezechiel
Kabbala, jüd. (Geheimlehre des Mittelalters, die auf ältere Pseudoepigraphen zurückgeht) → Dale, Rodney Alexander M.
→ Henoch
→ Herkunft der Götter
→ Manna
→ Schöpfung
vgl.: Pseudoepigraphen
Kabel → Tiahuanaco
Kachinas (Katschinas; göttliche Beschützer der Hopi; USA)
→ Hopi-Indianer
Kadamba (Eisenbaum der tibetanischen Mythologie) → Berge, heilige
Kadashman En-lil (Babylonierkönig)
→ Ägypten
Kahiki (Welt der polynesischen Mythologie) → Hawaiki
Kaiato (brasilianischer Indiostamm) → Verbindung von Himmel und Erde
Kailas (heiliger Berg Tibets)
→ Kailasa
Kailasa (heiliger Berg Tibets; auch unter Ti-se, Meru und Rajatadri bekannt) → Baum des Lebens
→ Berge, heilige
→ Höhlen
→ Schöpfung
→ UFO, historische
→ Verbindung von Himmel und Erde
→ Waffen der Götter
vgl.: Meru
Kain (Sohn Adams) → Nichtwissen der Götter
Kaiomers (kleinasiatischer König)
→ Kaju-Marath

Kaju-Marath (kleinasiatischer König; angeblich Sohn Henochs)
→ Henoch
Kalabtun (Kalenderzyklus der Maya)
→ Kalender
Kalah (oder Kalhu; assyrische Stadt am Tigris) → Mais
Kalasasaya (Sonnentempel in Tiahuanaco) → Bunker
→ Tiahuanaco
Kalender Im Zusammenhang mit dem Auftauchen und Verschwinden von Göttern wie auch mit damit verbundenem astronomischen Wissen blühten bei Kulturen unterschiedlichster Entwicklungsstufen komplizierte Kalenderwissenschaften auf. Zum großen Teil waren damit praktische Überlegungen verbunden, etwa landwirtschaftliche Voraussagen. Auch da waren Götter immer im Spiel. Die westafrikanischen *Dogon* aus *Mali* benutzen für rituelle Zwecke einen *Sonnen-, Venus-* und *Sirius*kalender, für die Landwirtschaft dagegen einen *Mond*kalender. Diese Kalender drücken sich in Steinsetzungen aus, wobei etwa Steinsäulen Visierfunktion haben. Q.: Griaule/Dieterlen: Le renard; Q.: Temple: Sirius-Rätsel S. 38
Außerordentliche Kalenderfachleute besaß das alte *Ägypten*. Schon um 4221 v. Chr. läßt sich hier ein K' vermuten, der Zyklen von über 32 000 Jahren angibt *(Zahlen; Mathematik)*. Wozu solche Intervalle bei einer praktischen Anwendung der K' dienen sollen, ist unklar. Q.: Däniken: Erinnerungen S. 101
Im Britischen Museum *(British Mu-*

Kalender 181

seum) in *London* steht eine babylonische Tafel *(Babylon)*, auf der man die *Mondfinsternisse* in Vergangenheit und Zukunft ablesen kann *(Astronomie)*. Q.: Däniken: Erinnerungen S. 158
Die K'wissenschaft der *Maya* war unglaublich entwickelt. Sie kannten – vielleicht bezeichnenderweise – das synodische, d. h. von der Erde aus betrachtete, *Venus*-Jahr mit 584 Tagen und gaben das Erden-Jahr mit 365,2420 Tagen an. Nach heutigen Berechnungen beträgt es exakt 365,2422 Tage. 8 Sonnenjahre entsprachen 5 *Venus*perioden. Die *Maya* operierten mit Berechnungen, in denen die Zeitspanne von 400 Millionen Jahren vorkommt *(Zahlen; Mathematik)*! Sie hinterließen auch eine *Venus-Gleichung (Astronomie)*, die die Rückkehr der Götter berechnen helfen sollte *(Wiederkehr der Götter)*. Q.: Däniken: Erinnerungen S. 90; Q.: Däniken: Besucher S. 380; Q.: Chatelain: Nos ancêtres S. 57 ff; Q.: Bergier: Les extra-terrestres S. 72
Ein mit 20 Symbolen versehener spezieller 260tägiger *Maya*-K' war der sogenannte *Tzolkin*. Q.: Däniken: Meine Welt S. 109
Es handelt sich um einen rein kultischen Jahreszyklus aus 13 zwanzigtägigen Abschnitten mit einer Gesamtlänge von 260 Tagen.

Kalender. *1790 gefundene Kalenderscheibe mit den 20 Symbolen des 260tägigen Maya-Kalenders, Tzolkin. Q.: Constantin-Film*

Der Sonnenkalender der *Maya* geht von einem 360tägigen Jahr aus, dem 5 ungezählte Tage angehängt wurden. Das Jahr nannten sie *Tun*. Die nächste Einheit war ein *Katun*, was 20 *Tun* entsprach, ein *Baktun* waren 20×20 Jahre, also 400 *Tun*, 20×400 Jahre ein *Pictun* oder 8000 Jahre. Noch größere Zyklen waren ebenfalls bekannt, und zwar *Kalabtun, Kinchiltun, Alautun*, fanden aber für praktische Kalenderberechnungen selten Verwendung. Nach 18 980 Tagen fielen Sonnen- und Tzolkinkalender zusammen. Nach diesem Intervall von also 52 Jahren wurden Feste gefeiert. Q.: Brockhaus Enzyklopädie
Nach weiteren Berechnungen fielen nach 374 000 Jahren Angaben aus verschiedenen K'n zusammen. Q.: Däniken: Meine Welt S. 88
Der Beginn der *Maya*-Zeitrechnung, vergleichbar mit dem Zeitpunkt der »Erschaffung der Welt« der jüdischen Chronologie, wird von den Fachleuten verschieden in unsere Zeitrechnung transponiert und mit »3113 v. Chr.« oder »3391 v. Chr.« angegeben. Eine ältere Berechnung des Null-Datums durch Robert *Henseling* (»8498 v. Chr.«) wird von den Mayaforschern abgelehnt. Wie alle diese Null-Daten konzipiert wurden, ist unbekannt, da nach den Archäologen bisher keine Hochkulturspuren in Mittelamerika vor etwa 1500 v. Chr. nachgewiesen werden konnten. Q.: Dolezol: Aufbruch S. 53
Auf einer goldenen Kalenderscheibe, die im Museum of the American Indian, New York, aufbewahrt wird, fällt anscheinend ein vom Himmel stürzendes Wesen im Zusammenhang mit einem kegelförmigen Objekt und einem flammenden Dreizack, dem Feuersymbol, auf *(UFO, historische; Gold)*. Sie stammt von der *Cuenca*-Kultur aus *Ecuador*. Q.: Kohlenberg: Vorzeit S. 24 f
→ Bauwerke
→ Indien

→ Lebensdauer
→ Maya
→ Nazca, Hochebene von
→ Räder
→ Sirius
→ Sirius-B
Kalewala (finnisches Nationalepos)
→ Herkunft der Götter
→ Rivalitäten der Götter
→ Sintflut
→ UFO, historische
→ Unfälle
→ Zwerge
Kalhu (oder Kalah; assyrische Stadt am Tigris) → Mais
Kalifornien (US-Bundesstaat)
→ Bauwerke
→ Bodenzeichnungen
→ Felszeichnungen
→ Kommunikation, interstellare
→ Konfrontationen der Götter
→ Kugeln
→ Kulturbringer, Götter als
→ Kulturen, versunkene
→ Kuriositäten
→ Osterinsel
→ Räder
→ Schöpfung
→ Sintflut
Kalmücken (westmongolischer Volksstamm) → UFO, historische
Kamegaoka (japanischer Bezirk)
→ Dogus
Kanada → Felszeichnungen
→ Himmelsvögel
→ Piri Reis Weltkarten
→ Schlangen
→ Unfälle
Kanaren → Schriften
Kandali (Bananenbusch)
→ Domestizierungen
Kandschur (das übersetzte Wort Buddhas in Tibet) → Kanjur
Kane (polynesischer Gott) → Baum des Lebens
→ Herkunft der Götter
Kanjilal, Dileep Kumar (indischer Sanskritforscher) → Crespi, Carlo
→ Donnergötter
Kanjur (das übersetzte Wort Buddhas in Tibet; indische Religion)

→ Eier, fliegende
→ Herkunft der Götter
→ UFO, historische
→ Vimanas
Kannibalen
→ Intelligenzmanipulation
→ Mutanten
→ Riesen
Kant, Immanuel (Philosoph; 1724–1804) → Exobiologie
Kanto (japanischer Ort) → Dogus
Kaphauros (Sohn des Amphithemis oder Garamas; griechische Mythologie) → Sirius-B
Kap Matapan (Griechenland)
→ Unterwasserbasen
Kappas (mysteriöse Fischmenschen des Pazifik) → Erkennen der Götter
Karakuyu (hethitische Fundstätte)
→ UFO, historische
Karayá (südamerikanischer Indiostamm) → Götter, hellhäutige
Kariben → Götter, hellhäutige
→ Levitation
Karibik → Atlantis
→ Kulturen, versunkene
Karikaturen »Landung außerirdischer Intelligenzen in der Vorzeit« ist oft Thema von Witzen und K'. Erich

»Ob er kapiert hat, daß er das an Däniken weiterleiten soll?«
(Horst Haitzinger – Nebelspalter)

von *Däniken,* als populärer Autor, steht dabei natürlich als Zielscheibe im Vordergrund. Die »kleinen grünen Männchen« fehlen auch hier nicht. vgl.: Kunst

»*Heute gibt es doch gegen alles und jeden eine Bürgerinitiative!*« (Peter Neugebauer – Börsenblatt)

Karikaturen. *Q.: Whitney Darrow, Jr. The New Yorker Magazine, Inc.*

»*Sind Sie derjenige, der diesen Unsinn über uns geschrieben hat?*« (Ufs Maltry – Nebelspalter)

»*Wir haben hier ein Manuskript vorliegen, das leider Ihre Theorie nicht bestätigt, Herr von Däniken!*« (Peter Neugebauer – Börsenblatt)

Karikaturen. *Q.: Erich von Däniken, Kreuzverhör*

Karikaturen. *Q.: L. E. Catoe,* UFO's and related subjects, *Washington 1966*

Karl der Große (768–814 n. Chr.; König und Kaiser) → UFO, historische
Karli (indischer Höhlentempel)
→ Indien
Karna (Figur im indischen Mahabharata) → Waffen der Götter
Karolinen (Mikronesien)
→ Bauwerke
→ Nan Madol
→ UFO, historische
(Übersicht über einzelne Inseln:)
→ Kusaie (Senyavin-Inseln)
→ Ponape (Senyavin-Inseln)
→ Temuen (Senyavin-Inseln)
Karten Die K' des *Ptolemäus* von *Alexandria* (87–150 n. Chr.) zeigen z. T. *Grönland* und *Skandinavien*, allerdings von einer Eisschicht überzogen. Diese Gletscher schmolzen schon vor 10 000 Jahren ab *(Eiszeiten)*. Q.: Bergier: Les extra-terrestres S. 67
Auf peruanischer *Keramik* und auf Steinreliefs *(Peru)* konnte man verschiedene Weltkarten entdecken, deren Zentrum *Tiahuanaco* ist *(Gravuren)*. Q.: Bergier: Les extra-terrestres S. 58
Solche Funde geben Rätsel auf, die nur zu lösen sind, wenn man Kenntnisse anderer Kulturen voraussetzt. Zum Teil können diese K' nur aus der Luft oder dem Weltraum aufgenommen worden sein, was vielleicht ein Hinweis auf die Herkunft dieser Kulturen ist. → Astronomie
→ Bodenzeichnungen
→ Piri Reis Weltkarten
→ Steine, gravierte
→ Unfälle
vgl.: Geographie
Karthago (Reich in Nordafrika)
→ Vernichtung von Schriftzeugnissen
Kasachstan (Sowjetunion)
→ Lebensdauer
Kasanzew, Alexander Prähistoriker und sowjetischer Autor von *Science-Fiction*-Stories, Mitglied der Moskauer Akademie der Wissenschaften
→ Dogus
→ Tunguska-Explosion

Kasanzew, Alexander. Q.: A. Kasanzew

Kaschmir (indisch-pakistanisches Gebiet) → Ezechiel
→ Lebensdauer
Kashta (Bruchteil einer Sekunde des indischen Brihath-Sakatha-Textes)
→ Zahlen
Kassanzew, Alexander
→ Kasanzew, Alexander
Katastrophen Die Vernichtung einer oder mehrerer Menschheiten sind neben dem griechischen *(Griechenland)*, indischen *(Indien)* und mittelamerikanischen *(Maya; Azteken)* Kulturkreis auch dem polynesischen *(Polynesien)* und afrikanischen geläufig *(Afrika)*. Die *Bambala*, ein *Bantu*-Stamm aus dem Kongogebiet *(Zaire)* kennen eine derartige Mythe *(Sagen)*. Q.: Kohlenberg: Vorzeit S. 96 ff; Q.: Damman: Religionen
Waren Naturk' der Anlaß dazu, oder hatten – wie die Mythologien berichten – Götter die Erde mehrmals verwüstet?
Fluten und Wirbelwinde hatten eine Auseinandersetzung zwischen ei-

nem der fünf chinesischen Urkaiser oder *Wu-ti, Tschuan-hiu,* und dem Bruder und Gegner des Gottes *Fu-hsi, Kung-kung,* zur Folge. Dieser kämpfte in Gestalt eines gehörnten Ungeheuers (*Drachen,* himmlische; *China; Sagen*). Dabei zerriß die Verbindung zwischen Himmel und Erde *(Konfrontationen der Götter; Verbindung von Himmel und Erde)*. Q.: Kohlenberg: Vorzeit S. 186 f; Q.: Grimal: Mythen Bd. 2
Der aztekische »*Codex Vaticanus A*« enthält Bilder von der zyklischen Zerstörung und Neuschöpfung von Welt und Menschheit. Die erste der prähistorischen Weltperioden wurde danach durch eine *Sintflut* (apachiuiliztli), verbunden mit *Finsternissen,* beendigt, die zweite (in der *Riesen* lebten) durch Jaguare, die dritte durch Sturmwinde (die Menschen dieser Epoche wurden in Affen verwandelt!), die vierte durch einen Feuerregen. Die gegenwärtige fünfte Weltepoche soll einst ihr Ende durch gewaltige *Erdbeben* finden. Bei jedem Elementarereignis am Ende kalendarischer Zyklen wurde der Eintritt des Weltunterganges befürchtet *(Azteken)*. Ähnliche Motive mittelamerikanischer Sagen sind im *Popol Vuh* der *Quiché-Maya* enthalten. Q.: Kohlenberg: Vorzeit S.110; Q.: Popol Vuh. Cordan
In den *Maya*-Chroniken des *Chilam Balam* leiten drei zum Himmel aufsteigende »Bäume« *(Raketen; UFO,* historische) die letzte Zerstörung ein. Q.: Kohlenberg: Vorzeit S. 237 f
→ Atlantis
→ Bauwerke
→ Chih Chiang Tzu-Yu
→ Eiszeiten
→ Elias
→ Eskimos
→ Exobiologie
→ Gravitation, Aufhebung der
→ Moses
→ Orejona
→ Osterinsel
→ Sacsayhuaman
→ Sandverglasungen
→ Schlangen
→ Schöpfung
→ Sintflut
→ Stollen, unterirdische
→ Tektite
→ Tiahuanaco
→ Tunguska-Explosion
→ Turm zu Babel
→ Unfälle
→ Waffen der Götter
→ Wortbedeutungen
→ Erdbeben

Katastrophen, kosmische Der Psychoanalytiker Immanuel *Velikovsky* erklärte 1950 in seinem Buch »Worlds in Collision« seine phantastisch klingende Theorie: Die *Venus* sei durch die Kollision des *Mars* mit einem fremden Riesenmeteoriten *(Meteoriten)* entstanden, was auf der Erde die *Sintflut* hervorrief. Q.: Charroux: L'énigme S. 93; Q.: Mooney: Les dieux S. 126 ff, 142; Q.: Däniken: Beweise S. 26 ff; Q.: Däniken: Erinnerungen S. 188 f; Q.: Marx: Aus den Hochburgen
Nach seiner damals vorgebrachten These sollte die *Venus* eine hohe Oberflächentemperatur, kohlenstoffhaltige Wolken und eine rückwärts laufende Rotation haben. Er sollte Recht behalten. Nach den wissenschaftlichen Ergebnissen unserer Jahre sind seine Voraussagen völlig korrekt. Stimmt damit auch seine Theorie? Q.: Däniken: Erinnerungen; Q.: Marx: Aus den Hochburgen
Waren solche k'n K' Ursache auch der irdischen Katastrophen?
→ Herkunft der Götter
→ Paradies
→ Schöpfung
→ Sintflut

Kathode (elektrischer Pol)
→ Batterien

Kato (kalifornischer Indianerstamm)
→ Konfrontationen der Götter
→ Schöpfung

Katsumi Koosaka Der Japaner K'K' widmet sich in seinen japanischen Veröffentlichungen der ganzen Bandbreite der Theorie von den Götter-Astronauten. Selbstverständlich ist sein Spezialgebiet japanische Mythologie und Archäologie – wobei er sich besonders auf die *Dogus*-Forschung konzentriert.

Katsumi Koosaka. Q.: Katsumi Koosaka

Kattegat (Meeresstraße zwischen Dänemark und Schweden)
→ Unterwasserbasen
Katun (Maya-Epoche) → Kalender
Kaul Bhatt, R. K. (Archäologe)
→ Ezechiel
Kauvera → Kubera
Kayapós (brasilianischer Indianerstamm) → Cargo-Kult
→ Kulturbringer, Götter als
Kaymakli (Höhlenstadt in der Türkei)
→ Höhlen
Kay Us (König des persischen Awesta) → Landeplatz der Götter

Kebar (Fluß; Altes Testament)
→ Ezechiel
Keel, Othmar (Theologe) → Ezechiel
→ Kritiker
Keller, Werner (Theologe)
→ Manna
Kelten Indogermanisches Volk Westeuropas, das dort etwa 800 v. Chr. vorkeltische Volksstämme überlagerte und das kulturelle Erbe älterer Völker antrat, die früher in diesem Raum gesiedelt hatten. Die *Megalithen (Monumente; Bauwerke)* vor allem Nordwesteuropas gehen zweifellos auf vor-indogermanische Volksgruppen zurück. Die ursprünglichen Wohnsitze der K' lagen wahrscheinlich im heutigen Böhmen und Bayern. Sie waren vermutlich die Träger der Hallstattkultur, sicherlich der La-Tène-Kultur der jüngeren Eisenzeit. Im 4. Jahrhundert v. Chr. begannen weite Wanderzüge keltischer Völker, die bis Kleinasien führten. Im heutigen Frankreich wurde die Unabhängigkeit der K' (Gallier) durch die Eroberung des Landes (Julius Cäsar, 58–51 v. Chr.) beendigt. Die Kunst der K' zeichnet sich durch formschöne Ornamentik aus (Spiralen, Ranken, Dreipaßformen, Wirbelmuster), ihre reiche Mythenwelt – vor allem in Irland erhalten geblieben durch den Glauben an übernatürliche Wesen im Meer, in alten Grabhügeln und in sagenhaften, normalerweise unerreichbaren Ländern, die von Sterblichen nur durch Zauber *(Magie)* betreten werden können. Das höhere Wissen der K' wurde durch die *Druiden* (»hochweisen Priestern«) bewahrt, die als Sternkundige und Magier, Ärzte und Propheten wirkten, die religiöse Geheimlehre pflegten und an Seelenwanderung glaubten. Die mündliche Unterweisung in diese Geisteswelt konnte bis 20 Jahre dauern. Diese Religion wurde jedoch unter Kaiser Claudius unterdrückt, weil sich in ihr immer der Wunsch zur Selbstbe-

hauptung der K' manifestiert hatte. Aus ihrem Geistesgut sind nur Bruchstücke erhalten geblieben. Es ist denkbar, daß darin auch Überlieferungen von Kontakten mit Außerirdischen eine Rolle spielten, wie die Bodenzeichnung *(Bodenzeichnungen)* des »weißen Pferdes von *Uffington*« in *England (Berkshire Downs)* beweist – ein Pferdebild von 110 Meter Länge, das nur aus der Luft sichtbar ist, in typisch keltischer Linienführung bis zum weißen Kreidefels in den Boden gegraben. Die Kunst der K' ist reich an Darstellungen von Fabelwesen *(Mischwesen)* (Tieren mit Menschenkopf, Menschen mit Hirschgeweih, Drachenwesen, doppelköpfigen Hunden u. a.); sie spiegelt offenbar die *Sagen*welt wider, die nur bruchstückweise erhalten geblieben ist. Q.: Spence: History
→ Herkunft der Götter
→ Kulturbringer, Götter als
→ Mutanten
→ Pyramiden
→ Schlangen
→ Strahlen
→ UFO, historische
→ Vernichtung von Schriftzeugnissen
vgl.: England
vgl.: Frankreich
vgl.: Irland
Kelvin of Largs, William Thomson (Physiker) → Humanoiden
Kenia → UFO, historische
Kenko (Ruinenanlage bei Sacsayhuaman)
→ Sacsayhuaman
Kenos (feuerländische Gottheit)
→ Schöpfung
Kentauren (Halbgötter; griechische Mythologie) → Aussetzung von Kindern
→ Mutanten
Kephissos (Fluß in Griechenland)
→ UFO, historische
Keplinger, Klaus (Schriftsteller)
→ Egger, Friedrich
→ Maschinen

Keramik → Computer
→ Inka
→ Karten
→ Mais
→ Milazzi, Danica
→ Rocket-Belt
→ Schlangen
→ Stollen, unterirdische
Kerberos (Höllenhund; griechische Mythologie) → Sirius-B
Keres (Indianer Neumexikos)
→ Berge, heilige
Keresaspa (Schlangendrachen des persischen Awesta) → Schlangen
Keruben → Cheruben
Kessel, fliegende (Synonym für die fliegenden Fahrzeuge der Götter)
→ Kulturbringer, Götter als
→ UFO, historische
Khalabi (assyrisch: die »Piloten«)
→ Wortbedeutungen
Khami (rhodesische Fundstelle)
→ Simbabwe
Khams → Chams
Khara-Khoto (Ruinen von) → Gobi, Wüste
Khenta (Welt des persischen Awesta) → Herkunft der Götter
Khufu (griech.: Cheops; Pharao; 2551–2528 v. Chr.) → Pyramiden
Khujut Rabua (Fundort im Irak)
→ Batterien
Kiaulehn, Walther (Schriftsteller)
→ Science Fiction
Kibango (Figur einer ostafrikanischen Sage) → UFO, historische
Kidron (Fluß in Babylonien)
→ Baruch
Ki-Keng-kué (sagenhaftes chinesisches Königreich, vielleicht identisch mit Chi-Kung) → UFO, historische
Ki Kung Shi (chinesischer Ingenieur; ca. 2000 v. Chr.) → UFO, historische
Kimberley Ranges (Australien)
→ Felszeichnungen
Kinchiltun (Kalenderzyklus der Maya) → Kalender
→ Maya
Kinderlosigkeit vgl.: Unfruchtbarkeit
Kingsmill-Inseln (älterer Name)
→ Gilbert-Inseln

Kirlianeffekt (Sichtbarmachung der Strahlungsaura pflanzlichen und tierischen Lebens) → Moses
Kisch (vorderasiatisches Königreich) → Etana und der Adler
Kivik (schwedische Fundstelle)
→ Felszeichnungen
Klaatu (Pop-Musik-Gruppe)
→ Musik
Kleito (irdische Frau Poseidons; griechische Mythologie)
→ Gottessöhne
Kleitos (Geliebter der Göttin Eos; griechische Mythologie)
→ Gottessöhne
Klimabeeinflussung → Osterinsel
→ Paradies
vgl.: Wetterbeeinflussung
Knossos (Ort auf Kreta)
→ Vernichtung von Schriftzeugnissen
Knotenschnüre (Schrift der Inka; genannt: Quipus) → Venus
→ Vernichtung von Schriftzeugnissen
Kobalt (Metall) → Baian Kara Ula
König, Wilhelm (Archäologe)
→ Batterien
Könige, Buch der (Altes Testament)
1. Kn 17 ff → Elias
1. Kn 17,8–24: Wiederbelebung
1. Kn 18,12 → Elias
1. Kn 18,22 ff → Elias
1. Kn 18,38 → Elias; Laser
1. Kn 18,46 → Elias
1. Kn 19,11 ff → UFO, historische
2. Kn 2,8 → Elias
2. Kn 2,11 → UFO, historische; Entführungen; Elias
2. Kn 4,8–37: Wiederbelebung
2. Kn 9 → Elias
2. Kn 18,4 → Schlangen
Kohau-Rongorongo (Osterinselschrifttafeln) → Osterinsel
Kohistan (Bergland Afghanistans)
→ Höhlenzeichnungen
Kohl-Larsen, Ludwig (deutscher Anthropologe)
→ Riesen
Ko Hung (chinesischer Gelehrter; ca. 320 n. Chr.) → Helikopter

Kojiki (japanischer Mythos; um 712 n. Chr. aufgezeichnet)
→ Fundgegenstände, technische
→ Schintoismus
Koka (Betäubungs- und Rauschgift)
→ Inka
vgl.: Betäubungsmittel
vgl.: Drogen
vgl.: Medikamente
Kolchis (mythisches Reich am östlichen Teil des Schwarzen Meeres)
→ Aussetzung von Kindern
→ Sirius-B
Kollas (südamerikanischer Indiostamm) → Höhlenzeichnungen
Kolosimo, Peter *15. 12. 1922 in Modena, Italien. Der wissenschaftliche Journalist, Dr. phil. und Schriftsteller, hat die Staatsbürgerschaft Italiens und der Deutschen Demokratischen Republik. Er ist Koordinator bei der Vereinigung für Prähistorische Studien der DDR. In seinen vielfältigen Büchern, mit denen er sich zur Prä-Astronautik äußert, kommen besonders seine Kontakte zu östlichen Wissenschaftlern zum Ausdruck.
Kolumbien
→ Flugzeugmodelle
→ Götter, bärtige
→ Kuriositäten
→ Schöpfung
→ Sintflut
→ Stollen, unterirdische
Komatsu Kitamura (japanischer Archäologe und Historiker)
→ Erkennen der Götter
Kommagene (vorderasiatisches Reich) → Bauwerke
Kommunikation → Abraham
→ Ägypten
→ Baruch
→ Bundeslade
→ Daniel
→ Dschainismus
→ Elias
→ Erkennen der Götter
→ Esra
→ Ezechiel
→ Gesetze

Kommunikation, interstellare

→ Henoch
→ Humanoiden
→ Kristall
→ Kulturbringer, Götter als
→ K'un-lun-Gebirge
→ Mamre
→ Moses
→ Oannes
→ Sodom und Gomorrha
→ Stollen, unterirdische
→ Telepathie
→ UFO, historische
→ UFO, moderne
→ Waffen der Götter
→ Weltall
→ Weltraumreisen, Probleme bei
→ Zacharias
vgl.: Sprachen
vgl.: Sprachenverwirrung
vgl.: Schriften
vgl.: Schriftzeugnisse der Götter

Kommunikation, interstellare Zwischen April und Juli 1960 wurde 150 Stunden lang mit dem Radioteleskop von Green Bank, W. Va., durch Frank D. *Drake* der Versuch unternommen, Kontakt mit hypothetischen Planeten der Systeme *Epsilon Eridani* und *Tau Ceti*, wo sonnensystemähnliche Bedingungen vorliegen, aufzunehmen. Das Projekt lief unter dem Namen *OZMA*, das *Drake* aus einem imaginären Land Oz bildete, einem Phantasieprodukt des amerikanischen Autors L. Frank *Baum*. Ausgesendet wurden Signale im Bereich von 21 cm, einem wahrscheinlich kosmischen Maß, weil es dem neutralen Wasserstoff entspricht. Q.: Däniken: Beweise S. 45 f; Q.: Kaplan: Extraterrestrial
Mitte der 60er Jahre wurden ähnliche Versuche vom Radiophysikalischen Institut in *Gorki, Sowjetunion,* unternommen. Q.: Dorschner: Suche
Nach den Radioastronomen T. B. H. *Kuiper* und M. *Morris* steht die Suche nach extraterrestrischen Zivilisationen unter der Abkürzung *SETI* (=Search for extraterrestrial intelligence). Mit *ETC*'s sind bei dieser Suche die Außerirdischen bezeichnet (=Extraterrestrial civilizations). Vor Jahrzehnten nannte man die Außerirdischen noch abwertend LGM (= Little green men). Q.: Kuiper/Morris: Searching
Zur kosmischen Verständigung, sollten weitere Versuche erfolgreich verlaufen, könnte das von dem niederländischen Mathematiker Hans *Freudenthal* entwickelte binäre *(Binär-Code)* System der *LINCOS*-Sprache, der Lingua Cosmica *(Sprachen),* dienen. Vielleicht gibt es aber auch noch andere Methoden einer interstellaren Kommunikation. Q.: Fuchs: Leben S. 65 ff; Q.: Sullivan: Signale S. 332; Q.: Däniken: Beweise S. 41
Verfügen Pflanzen *(Flora)* über die Fähigkeit, miteinander und womöglich über kosmische Entfernungen zu kommunizieren? Die Versuche von Dr. George *Lawrence* und Dr. Clyde *Backster* scheinen dies zu beweisen. *Backster* gelang es 1969, als Spezialist für Lügendetektoren sogar eine telepathische Begabung der Pflanzen nachzuweisen, da sie schon elektromagnetisch reagierten, als er nur daran dachte, sie z. B. anzubrennen. Unter dem Begriff »*Cyclops-Project*« wurde nun 1971 in der *Mojave-Wüste* bei Las Vegas ein Groß-Versuch gestartet *(USA; Kalifornien).* In 12 km Distanz zeigten dabei Pflanzen Reaktionen, die scheinbar keine irdischen Ursachen hatten *(Erdmagnetismus).* Es wurde nach Auswertung dieser Ergebnisse daraufhin vermutet, sie seien mit 100facher *Lichtgeschwindigkeit* vom Sternbild *Epsilon Bootes* beeinflußt worden *(Herkunft der Götter).* Q.: Däniken: Meine Welt S. 192 ff; Q.: Däniken: Besucher S. 115 ff
Gerade in der *Mojave-Wüste* gibt es aber *Sagen* der *Chemehuevis*-Indianer, die sprachlich mit den *Mohaves, Cocopas, Halchidhomas, Yumas* und *Maricopas* verwandt sind. Danach sei in der Vorzeit ein »summender

Kommunikation, interstellare

Stern« *(Sterne, fliegende; Akustik; Meteoriten)* vom Himmel gekommen und habe sich in der Wüste vergraben. Dabei seien der *Pisgah-* und der *Amboy-Krater* entstanden *(Unfälle; UFO,* historische). Q.: Däniken: Meine Welt S. 195; Q.: Däniken: Besucher S. 119 f
→ Exobiologie
→ Institute for Extraterrestrial Communication
→ Parapsychologie
→ Satelliten

Konfrontationen der Götter Götterkriege sind eines der verbreitetsten Motive der Überlieferungen. Mythologen scheuen sich aber, sie in Verbindung mit archäologischen Phänomenen zu bringen, die solche Legenden als Tatsachenberichte herausstellen würden. Eine solche Möglichkeit zieht dagegen die Prä-Astronautik in Erwägung, besonders dann, wenn diese Götter in fliegenden Geräten auftraten.
Die *Offenbarung Johannes 12,7* spricht von einem »... Krieg im Himmel, so daß *Michael* und seine *Engel* Krieg führen mit dem Drachen...« *(Drachen,* himmlische) Q.: Däniken: Aussaat S. 66 f; Q.: Mooney: Les dieux S. 73
Das Buch *Drona Parva* des indischen *Mahabharata* berichtet von Kriegen der Götter, die an Atomkriege denken lassen *(Atombomben; Indien).* Q.: Charroux: L'énigme S. 86; Q.: Däniken: Beweise S. 223
Die sechste Strophe des tibetanischen Buches *Dzyan (Tibet)* weiß ebenfalls von Kriegen im Himmel: »In der vierten (Welt) wird den Söhnen befohlen, ihr Ebenbild zu schaffen *(Schöpfung).* Ein Drittel weigerte sich, zwei gehorchten *(Rivalitäten der Götter).* Der Fluch ist ausgesprochen... Die älteren *Räder* drehten sich hinab und hinauf. Der Mutterlaich erfüllte das Ganze. Es fanden Kämpfe statt zwischen den Schöpfern und den Zerstörern, und Kämpfe um den Raum *(Weltall)...*« Interessant ist auch die Bemerkung: »Mache Deine Berechnungen, *Lanoo,* wenn Du das wahre Alter Deines Rades *(Räder; Mathematik)* erfahren willst...« Q.: Däniken: Aussaat S. 67
Chinesische *Sagen* berichten von der Zeit der *(China) Wunder* um ca. 2000 v. Chr., in der die Götter mit den Menschen nicht bekannten Waffen *(Waffen der Götter)* und Fluggeräten *(UFO,* historische) untereinander um die Vorherrschaft im Luftraum kämpften. Q.: Krassa: Gelbe Götter S. 59
Yü, göttlicher Berater und Baumeister des chinesischen Urkaisers *Yao,* soll den *Sagen* nach *(China)* zu Zeiten der *Sintflut* nördlich des *K'un-lun-Gebirges* drachenartige Gebilde vernichtet haben *(Drachen,* himmlische), die Unheil anrichteten. Q.: Krassa: Gelbe Götter S. 136 f; Q.: Kohlenberg: Vorzeit S. 205 f; Q.: Grimal: Mythen Bd. 2
Flugplätze der himmlischen Drachen lagen auf dem Berg *San-wei (China).* Q.: Krassa: Gelbe Götter S. 137; Q.: Kohlenberg: Vorzeit S. 206; Q.: Eberhard: Lokalkulturen
Die *Maori Neuseelands* erzählen die Mythe *(Sagen)* vom Krieg der Götter gegen *Tane,* der die *Sterne* geordnet habe *(Astronomie). Tane* verbannte die Rebellen auf die Erde, wo sie ebenfalls Kriege führten *(Verbannung).* Q.: Däniken: Aussaat S. 69
Der melanesische Kulturbringer *Suganainoni (Melanesien)* flog unter Feuer und Rauch *(UFO,* historische) in den Himmel, um Krieg gegen die Götter zu führen. Q.: Kohlenberg: Vorzeit S. 368; Q.: Fox: Threshold
Die *Kato-*Indianer aus *Kalifornien* kennen den Mythos *(Sagen; USA)* vom Kampf der zwei Götter *Nagaitso* und *Tsenes.* Feuer sei vom Himmel gefallen, Bäume und Felsen seien zersplittert und die Götter wären »auf dem Wasser gewandelt« *(Levitation). Wolken*schlangen seien während

dieser Zeit zu sehen gewesen und hätten auch die Kato aus dem Norden vertrieben (Schlangen). Q.: Kohlenberg: Vorzeit S. 409; Q.: Müller, W.: Sintfluterzählungen
→ Herkunft der Götter
→ Höhlen
→ Katastrophen
→ Kuriositäten
→ Orejona
→ Riesen
→ Rivalitäten der Götter
→ Schlangen
→ Teufel
→ U-Boote
→ UFO, historische
→ Verbindung von Himmel und Erde
→ Vimanas
→ Waffen der Götter
→ Weltraumreisen, Probleme bei
vgl.: Konfrontationen Götter kontra Menschen

Konfrontationen Götter kontra Menschen Konflikte zwischen kosmischen Besuchern und Menschen sind beim ersten Kontakt zwischen solch unterschiedlich fortentwickelten Kulturen vielleicht selbstverständlich. Sie konnten auch im Zusammenhang mit Auseinandersetzungen der Götter-Astronauten untereinander auftreten.
Der Stamm der *Nga-Ti-Hau (Maori; Neuseeland)* wurde die *Sagen* nach von feindlichen Kriegern arg bedroht. Sie erflehen sich daraufhin Hilfe durch den Gott *Rongamai*, der um die Mittagszeit erschien (*UFO, historische*). Seine Erscheinung war wie ein leuchtender Stern *(Sterne, fliegende)*, wie eine Feuerflamme *(Raketen)*, wie eine Sonne. Die Erde wurde aufgewühlt, Staubwolken verhüllten den Blick, der Lärm dröhnte wie Donner *(Donnergötter; Akustik)*, dann wie das Rauschen einer Muschel. Q.: Däniken: Aussaat S. 154 f; Q.: White, J.: Ancient history
In *Chocha (Peru)* hätten die Götter einst *(Sagen)* ganze Felsen mit menschlichen Siedlungen durch ihre »*Blitze*« zum Schmelzen gebracht *(Sandverglasungen; Waffen der Götter)*. Q.: Däniken: Meine Welt S. 111
→ Bunker
→ Erkennen der Götter
→ Esra
→ Herkunft der Götter
→ Höhlen
→ Jakob
→ Jesaja
→ Katastrophen
→ Kulturbringer, Götter als
→ Moses
→ Olmeken
→ Pleiaden, Sternbild der
→ Reue (der Götter)
→ Riesen
→ Rivalitäten der Götter
→ Schöpfung
→ Schußwaffen
→ Sibirien
→ Sintflut
→ Sodom und Gomorrha
→ Tiahuanaco
→ Tula
→ Turm zu Babel
→ UFO, historische
→ Waffen der Götter
vgl.: Konfrontationen der Götter

K'ong-sang (Leuchtender Baum des Ostens, auch Po oder Fu-sang genannt; chinesische Mythologie)
→ Lampen

Konservierung → Manna
→ Pyramiden

Konstantinow, Boris
→ Tunguska-Explosion

Kontakte (der Götter mit den Menschen) (Übersicht über die betreffenden Schlagwörter:)
vgl.: Entführungen
vgl.: Erkennen der Götter
vgl.: Gottessöhne
vgl.: Grausamkeit
vgl.: Humanoiden
vgl.: Kommunikation
vgl.: Konfrontationen Götter kontra Menschen
vgl.: Kulturbringer, Götter als
vgl.: UFO, historische

vgl.: Verbindung von Himmel und
    Erde
vgl.: Verhandlungen
Kontaktler → Baum der Erkenntnis
→ Erkennen der Götter
→ Erscheinungen
→ Esra
→ Kuriositäten
→ Lebensdauer
→ Shata-patha-brâhmana
→ Sirius-B
→ Taoismus
vgl.: Medien, menschliche
(Übersicht über Menschen mit möglichen Beziehungen zu den Götter-Astronauten:) → Aaron
→ Abaris
→ Abihu
→ Abraham
→ Arjuna
→ Awenhai
→ Baduhild
→ Baisbasbata
→ Baruch
→ Buchli-Chara bö
→ Chang Heng
→ Ch'ang-i
→ Chang-Kuei-Feng
→ Ch'en
→ Chih Chiang Tzu-Yu
→ Cho Yüan
→ Chuen
→ Cocox
→ Daniel
→ David
→ Deukalion
→ Eleasar
→ Elias
→ Enkidu
→ Esra
→ Etana
→ Ezechiel
→ Faran
→ Feng-Lin
→ Fu-hsi
→ Ganymed
→ Gilgamesch
→ Hagar
→ Heng-o
→ Henoch
→ Heron

→ Hinaura
→ Hiob
→ Hyrieus
→ Jakob
→ Jason
→ Jeremias
→ Jesaja
→ Jesus
→ Im-Hotep
→ Johannes
→ Joseph
→ Isaak
→ I Yin
→ Kleito
→ Kleitos
→ Ko Hung
→ Ktesibios
→ Kun
→ Kunti
→ Laban
→ Lamech
→ Lao Tse
→ Liu An
→ Lot
→ Manco Capac
→ Manu
→ Ma Tse Yan
→ Meslamtaea
→ Methusalem
→ Moses
→ Musäos
→ Nadab
→ Nio-Pouti
→ Noah
→ No-Cha
→ Pagur Vaircana
→ Perseus
→ Phrixos
→ Ravana
→ Rehua
→ Rupe
→ Sisithros (=Ziusudra)
→ Tamandaré
→ Tang
→ Tespi
→ Tezpi
→ Tobias
→ Utnapischtim
→ Xisuthros (=Ziusudra)
→ Yima
→ Yossé

→ Yudhisthira
→ Yü
→ Yüan-Shih Tien-Wang
→ Zacharias
→ Ziusudra
Kon Tc'hsi Huiracotša (prä-inkaischer Kulturbringer) → Levitation
vgl.: Huiracocha
vgl.: Kon Tiksi Illa Viracocha
vgl.: Uiracocha Tachayachachic
vgl.: Viracocha
Kon Tiksi Illa Viracocha (südamerikanischer Herrscher von höchster Herkunft) → Wortbedeutungen
vgl.: Huiracocha
vgl.: Kon Tiksi Huiracotša
vgl.: Uiracocha Tachayachachic
vgl.: Viracocha
Kontinentaldrift → Erde
→ Osterinsel
→ Schöpfung
Konvergenz-Theorie (Theorie, die annimmt, daß gleiche Umweltzwänge äußerlich ähnliche Lebewesen entwickeln lassen) → Götterrassen
→ Humanoiden
Konversation vgl.: Kommunikation
vgl.: Sprachen
Kop (Donnerwaffe des Gottes Bep-Kororoti; Kayapós-Mythologie; Brasilien) → Kulturbringer, Götter als
Koran (islamische Lehre) Sure 2,28 → Schöpfung
Korinther (Neues Testament) 1. Ko 10,1 → Moses
Koritzer, Richard (Dentist) → Zahnmedizin
Koslov, Petr Kusmitsch (Ärchäologe) → Gobi, Wüste
Kosmos vgl.: Astronomie
vgl.: Weltall
Kosok, Paul (Historiker) → Nazca, Hochebene von
Kosovo-Metohija (Doppel-Ort in Jugoslawien) → Fresken
Kostjenki (Fundort in der Ukraine) → Mutanten
Kotnik, Josip *1923 in Plaski, Jugoslawien. Dr. K' war als Elektrotechniker auch für die *NASA* tätig, arbeitete dann als wissenschaftlicher Journalist für alle Medien. Er war Referent beim 2. Weltkongreß der *Ancient Astronaut Society* und organisierte den dritten in Crikvenica, Jugoslawien.

Kotnik, Josip. Q.: J. Kotnik

Kottos (Sohn des Uranos und der Gaia; griechische Mythologie)
→ Sirius-B
Kramer, Samuel N. (Mythologe)
→ Schöpfung
→ UFO, historische
Krankheiten → Abraham
→ Drachen, himmlische
→ Elias
→ Enkidu
→ Jesaja
→ Isaak
→ Mamre
→ Medizin
→ Moses
→ Mutanten
→ Radioaktivität
→ Schlangen
→ UFO, historische
→ UFO, moderne
→ Waffen der Götter
→ Wiederbelebung
→ Zahnmedizin

vgl.: Ärzte
vgl.: Akupunktur
vgl.: Anästhesie
vgl.: Betäubungsmittel
vgl.: Lebensdauer
vgl.: Medikamente
vgl.: Mund-zu-Mund-Beatmung
vgl.: Operationen (med.)
vgl.: Quarantäne
vgl.: Röntgen-Gerät
vgl.: Sterblichkeit der Götter
vgl.: Untersuchungen an Menschen
(Übersicht über einzelne Krankheiten:) → Aussatz
→ Blindheit
→ Haarausfall
→ Lähmungen
→ Seuchen
→ Strahlenschäden
→ Unfruchtbarkeit

Krassa, Peter * 28. 10. 1938 in Wien. Der Schriftsteller und Journalist beschäftigte sich in seiner ersten Buchveröffentlichung mit *China,* wo er prä-kosmonautische Spuren in Mythologie und Archäologie aufspürte. Im folgenden konzentrierte er sich auf ähnliche Phänomene in der *Bibel* und befaßte sich mit der Persönlichkeit Erich von *Dänikens.*

Kreta → Berge, heilige
→ Felszeichnungen
→ Griechenland
→ Landeplätze der Götter
→ Roboter
→ Schädeldeformationen
→ Sirius-B
→ Unfälle
→ Vernichtung von Schriftzeugnissen

Kri (= Cree; nordwestkanadischer Indianerstamm) → Unfälle

Kriege der Götter vgl.: Konfrontationen der Götter

Krim (Sowjetunion) → Höhlen

Krishna (mythischer König; Sohn des Vasudeva und der Dewaki) → Aussetzung von Kindern

Kristall Eine von oben in eine Quelle gestürzte Scheibe *(Scheiben, fliegende; UFO,* historische) aus K' soll der Sage nach *(Sagen)* den Sonnenkult im *Inka*-Reich begründet haben: Als der *Inka Yupanqui* an einer Quelle vorbeikam, sah er in diese eine K'-Scheibe stürzen, in der eine menschenähnliche Gestalt *(Humanoiden)* sichtbar war – mit drei leuchtenden *Strahlen,* die vom Hinterkopf ausgingen, und mit Schmuck in Gestalt *(Kommunikation)* von *Schlangen* um die Schultern. Die Gestalt sprach zum *Inka:* »Komm herbei, mein Sohn, fürchte dich nicht, denn ich bin dein Vater, der Gott der Sonne. Du sollst dereinst *(Prophetie)* viele Völker unterwerfen. Trage daher Sorge, mir große Ehrfurcht zu erweisen, und gedenke mein bei deinen *Opfern.*« Die Erscheinung verschwand, die an einen runden *Spiegel* erinnernde Scheibe aus K' blieb im Wasser zurück. Der Inka baute danach den Sonnentempel seiner Hauptstadt *Cuzco* prunkvoll aus. – Berichtet die Sage von dem geglückten Versuch in Scheiben fliegender

Krassa, Peter. Q.: Helmut Neuper

Kristall-Schädel 195

Götter, sich Einfluß auf Menschen zu sichern? Q.: Krickeberg: Märchen S. 261 f
→ Erkennen der Götter
→ Ezechiel
→ Henoch
→ Johannes
→ Laser
→ UFO, historische
vgl.: Glas

Kristall-Linsen Mit *Cäsiumoxid* hergestellte K'-L' fanden sich bei Ausgrabungen in *Heluan, Ägypten* (im Besitz des Britischen Museums), und im *Irak*. *Cäsiumoxid* wird heute auf elektrochemischen *(Elektrochemie)* Wegen erzeugt. Dieses Verfahren muß also schon der Vorzeit bekannt gewesen sein. Aufwendige technische Anlagen dazu wurden aber nirgendwo gefunden. Ein Geschenk der Götter? Q.: Däniken: Erinnerungen S. 51; Q.: Däniken, Meine Welt S. 173 Verschwunden sind die K'-L', die man in *Gräbern Libyens* fand, wie auch diejenigen, die bei *Esmeraldas* in *Ecuador* durch Taucher gefunden wurden *(Vertuschungen)*. Q.: Kohlenberg: Vorzeit S. 167; Q.: Braghine: Atlantis; Q.: Wilkins: Secret
Der Archäologe Charles *Brewster* entdeckte im 19. Jahrhundert in den Ruinen von *Ninive* eine K'-L', die präziser geschliffen war, als die Möglichkeiten ihres Jahrhunderts erlaubten *(Sumer)*. Q.: Bergier: Les extraterrestres S. 34; Q.: Charroux: L'énigme S. 116
In den Bergen bei *Vardenis (Armenien; Sowjetunion)* wurden Steinplatten gefunden, die astronomische Gebilde wie *Mond, Planeten,* Sonne und Sternkonstellationen darstellen *(Sternbilder)*. Eine Gruppe von Steinen halten dabei genau die kraterübersäte Oberfläche des Mondes fest. Linsen, die solchen Beobachtungen gedient haben dürften, sollen aus *Obsidian* hergestellt worden sein *(Astronomie; Gravuren)*. Q.: Bauer: Armenien S. 21
→ Astronomie
vgl.: Glas
vgl.: Lupen
vgl.: Teleskope

Kristall-Schädel Ein aus einem Stück *Bergkristall* gearbeiteter Schädel, der bei den *Maya*-Stätten von *Lubaantún (British-Honduras)* gefunden wurde, gibt Rätsel auf. Um 1927 wurden er und der dazugehörige Unterkiefer durch den britischen Archäologen F. A. *Mitchell-Hedges* gefunden *(Kuriositäten)*. Niemand kennt die Art und Weise der Herstellung dieses 5,3 kg schweren Utensils. Wäre er mit der Hand poliert worden, hätten 300 Jahre ununterbrochenes Arbeiten nicht ausgereicht, ihn herzustellen. Durch einen Prismaschliff an der Basis wirkt der Schädel von oben gesehen wie ein Vergrößerungsglas *(Lupen)*. Schon 1889 wurde ein ähnlicher K'-S' in *Mexiko* gefunden, der im Britischen Museum aufbewahrt und den *Azteken* zugeschrieben wird. Auffallend an der Anatomie der Schädel sind die hervorspringenden Nasenstachel und die senkrechte Stellung der Kiefer. Eingehende Untersuchungen haben den Hinweis erbracht, daß ein und dasselbe Modell für beide Schädel Pate gestanden haben könnte. Wurde hier ein Wesen ritualisiert nachge-

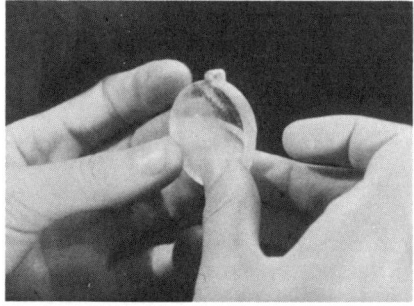

Kristall-Linse aus einem Grab in Heluan, Ägypten. British Museum. Maschinell geschliffen. Q.: Constantin-Film

Kristall-Schädel

bildet, das göttliche Verehrung genoß *(Rituale; Cargo-Kult; Erkennen der Götter; Humanoiden)?* Q.: Däniken: Meine Welt S. 216 f; Q.: Dorland: Kristallschädel; Q.: Garvin: Crystal skull

Kritiker Einige Publikationen zum Thema »Möglichkeit des Besuches außerirdischer Intelligenzen in der Vergangenheit« setzen sich negativ mit der *Prä-Astronautik* auseinander. Sie bringen nicht neue Indizien, sondern versuchen die Ergebnisse anderer Autoren nach ihrer Meinung richtigzustellen. In den meisten Fällen stehen bei diesen Versuchen jedoch Interpretationen gegen Interpretationen, wobei letztendlich dem Leser überlassen bleibt zu entscheiden, welche Interpretation die größere Wahrscheinlichkeit hat. Hier eine Übersicht über bekannte kritische Veröffentlichungen zur *Prä-Astronautik:* Bernhardt, Karl-Heinz: Sind wir Astronautenkinder? Berlin 1978. Breuer, Reinhard: Kontakt mit den Sternen. Frankfurt a. M. 1978. *Coll,* Pieter: Geschäfte mit der Phantasie. Würzburg 1970. *Fuchs,* Walter R.: Leben unter fernen Sonnen? München, Zürich 1973. *Gadow,* Gerhard: Erinnerungen an die Wirklichkeit. Frankfurt a. M. 1971. *Keel*-Leu, Othmar: Zurück von den Sternen. Fribourg 1970. *Schmitz,* Emil-Heinz: Beweisnot. Genf 1978. *Selhus,* Wilhelm (= Pseud.: Sandermann, Wilhelm): Und sie waren doch da. München, Gütersloh, Wien 1975. *Story,* Ronald: The space-gods revealed. New York, Hagerstown, San Francisco, London 1976. *Thiering,* Barry; *Castle,* Edgar (Hrsg.): Some trust in chariots. New York 1972. *Wilson,* Clifford: Crash go the chariots. New York 1973. *Wilson,* Clifford: Gods in chariots... and other fantasies. San Diego 1975

Kronos (Vater des Zeus; griechische Mythologie) → Humanoiden
→ Sintflut

Krupkat, Günther (Schriftsteller)
→ Science Fiction
→ Sodom und Gomorrha

Ksemendra (indischer Dichter)
→ Sintflut

Ktesibios K' war ein alexandrinischer Ingenieur und verfaßte Schriften über Pumpen und mathematische Probleme. Er lebte im 3. Jhd. n. Chr. und griff vermutlich auf Werke des *Heron* zurück.
→ Maschinen

Ktesiphon (Fundort im Irak)
→ Batterien

Kuangsi (Volk aus der chinesischen Mythologie)
→ UFO, historische

Kuan-yin (oder Kwannon; chinesische Göttin des Ostmeeres)
→ Kulturbringer, Götter als
→ U-Boote

Kuba → Bermuda-Dreieck

Kubera (indischer Gott des Reichtums) → Waffen der Götter

Kühe, fliegende (Synonym für die fliegenden Fahrzeuge der Götter)
→ Reue (der Götter)

Ku'ei-hiü (Weltraum der chinesischen Mythologie) → Herkunft der Götter

Kugeln Exakt herausgearbeitete Steinkugeln liegen als massive *Monumente* verstreut an vielen Orten der Welt. Einen gemeinsamen Nenner konnte die Archäologie für diese *Kuriositäten* nicht anbieten. Formte man Abbilder göttlicher Konstruktionen *(Kugeln,* fliegende)? Q.: Däniken: Zurück S. 138 ff
Beispiele finden sich in *Tennessee (USA), Arizona, Kalifornien, Ohio* und vor allem in *Costa Rica,* wo manche auf Berge, z. B. die *Cordillera Brunquera,* und Inseln, z. B. der *Camaronal*-Insel, transportiert wurden *(Transporte)* – trotz eines Gewichtes bis zu 16 Tonnen! Von Steinbrüchen keine Spur. Q.: Däniken: Besucher S. 207 ff; Q.: Bergier: Les extra-terrestres S. 36; Q.: Mooney: Les dieux S. 210

Kulturbringer, Götter als 197

Kugeln. Steinkugeln von Costa Rica. Q.: Constantin-Film

Nicht völlig exakte Kugeln aus *Guatemala* und *Mexiko* von bis zu 3,3 Meter Durchmesser und 12 Tonnen Gewicht sind nach Ansicht der National Geographic Society und des Smithsonian Institute natürliche Gebilde, die während des Tertiär in Matrizen (Gasblasen) aus heißem Tuff entstanden. Q.: Charroux: Welten S. 105; Q.: Mooney: Les dieux S. 210
→ Crespi, Carlo
→ Nan Madol
Kugeln, fliegende (Synonym für die fliegenden Fahrzeuge der Götter)
→ Crespi, Carlo
→ Felszeichnungen
→ Kugeln
→ Mittelalter
→ Osterinsel
→ Tassili-Massiv
→ UFO, historische
→ Vimanas
vgl.: Eier, fliegende
vgl.: Scheiben, fliegende

Kuiper, T. B. H. (Radioastronom)
→ Kommunikation, interstellare
Kujundschik (assyrischer Fundort, Irak) → Aussetzung von Kindern
→ Gilgamesch-Epos
→ Moses
Kukukukus (Stamm auf Neu-Guinea)
→ UFO, historische
Kukulcan (Gott und Kulturbringer der Maya)
→ Kulturbringer, Götter als
→ Mais
→ Maya
→ Palenque
→ Tula
vgl.: Quetzalcoatl
Kukumatz → Kukulcan
Kulik, Leonid Alekseevič (Mineraloge) → Tunguska-Explosion
Kulte vgl.: Cargo-Kult
vgl.: Religionen
vgl.: Rituale
Kulturbringer, Götter als Kulturbringer-Gottheiten tauchen rund um den Globus auf. Ihnen schreibt die Mythologie Erfindungen und Entwicklungen zu. Die Art und Weise, wie diese Götter auftreten, und die Anregungen, die sie gaben, passen in das Bild von zivilisatorisch tätigen Prä-Astronauten. Ob einheitliche Planung dahintersteht, ist nach dem derzeitigen Überblick noch offen.
Das irische Manuskript »*Buch der Eroberungen*« *(Irland)* erzählt von einer fortwährenden, jahrhundertelangen Besiedlung Irlands durch Angehörige verschiedener europäischer und kleinasiatischer Völker. An einem 1. Mai aber kam »von jenseits des Flusses Ozean« der Stamm der *Tuatha Dé Danann,* der allerdings auch mit Angehörigen der *Quiché-Maya* identisch sein könnte. Nach anfänglichen Kämpfen, besonders mit dem Klan der *Formoré* in *Moytura,* der Ebene der Pfeiler (Grafschaft *Mayo),* brachten sie den Menschen allerlei Kultgegenstände und magische Waffen. So das Schwert des *Nuadu,* die Lanze des *Lug,* den Kes-

Kulturbringer, Götter als

sel von *Dagda (Waffen der Götter)*. Einige der Eroberer scheinen auf Fluggeräten gekommen zu sein *(Kessel, fliegende)*: so der König *Bran* auf »einem Fahrzeug, das nie das Wasser berührte« oder sein Bruder *Manannan*, der sich »auf einer Barke ohne Segel und Ruder über das Meer bewegte *(Schiffe)*«. Steinblockhügel in annähernder Form von *Pyramiden* im heutigen *Frankreich*, wie *Irland* ehemals keltisch *(Kelten)*, scheinen eine Verbindung zur Kultur der *Maya* nahezulegen. Waren Transozeanfahrten oder astronautische Götter die Brücke? Q.: Charroux: Welten S. 76 ff

Bestraft wurde *Prometheus* in der griechischen Mythologie *(Sagen)*, da er den Menschen ohne Zustimmung der anderen Götter das Feuer brachte *(Griechenland; Konfrontationen Götter kontra Menschen)*. Q.: Krassa: Gott S. 293; Q.: Däniken: Aussaat S. 68; Q.: Hesiod: Theogonie

Die afrikanischen *Ja-Luo (Afrika)* brachten Kulturgüter vom Himmel. Ähnliches erzählen die afrikanischen *Kuluwe*. Q.: Däniken: Beweise S. 128; Q.: Baumann: Schöpfung

Der Stamm der *Pende* aus dem südlichen *Kongo (Zaire)* nennt den Schöpfergott *Mawese (Schöpfung)*, der die Menschen auch den *Ackerbau* lehrte. Q.: Däniken: Beweise S. 131

Die sudanesischen *Schilluk* oder *Luo* erinnern sich an den ersten Menschen *Nyikang*, der Gerätschaften und Haustiere wie auch Pflanzen vom Himmel brachte *(Sagen; Sudan; Schöpfung)*. Q.: Kohlenberg: Vorzeit S. 141 f; Q.: Dammann: Religionen

Das eigenmächtige Verhalten der abtrünnigen *Gottessöhne* im Buch *Henoch*, die den Menschen viele Dinge des täglichen Gebrauchs lehrten, wurde von anderen Göttern angefeindet *(Rivalitäten der Götter)*. Q.: Krassa: Gott S. 276

In der sumerischen Mythologie brachten die Götter den Menschen die Schrift *(Schriften)* und die Herstellung von Metall bei *(Metalle; Legierungen; Sumerer; Sagen)*. Enki, der Meeresgott, *Inanna, Venus*göttin, und der Luftgott *Enlil* waren solche Kulturbringer. Q.: Däniken: Meine Welt S. 23; Q.: Däniken: Zurück S. 253

Apkullu war einer der babylonischen Kulturbringer *(Babylon)*. Q.: Mooney: Les dieux S. 78

Den sibirischen Völkern *(Sibirien; Sowjetunion)* brachte der Gott *Ulu Tojon*, der Herr des Donners *(Donnergötter)*, das Feuer. Hier scheint die Vorstellung vom göttlichen Blitz vorzuliegen, der die Welt anzündet, weshalb das Feuer auch himmlischen Ursprungs sein mußte *(Anthropomorphismus)*. Q.: Kohlenberg: Vorzeit S. 73; Q.: Grimal: Mythen Bd. 3

Der indische Gott *Ganeša* soll am Entstehen des *Mahabharata* beteiligt gewesen sein, wie auch Menschen aus heiligen Schriften gelehrt haben *(Indien)*. Q.: Krassa: Gelbe Götter S. 194

Der Archäologe Harold T. *Wilkins* berichtet von Überlieferungen in *Indien* mit dem Namen das »*Geheimnis von Agharti*« *(Agharti)*. Nach ihnen soll in einem ehemaligen asiatischen Binnenmeer (vielleicht der Wüste *Gobi*) eine Insel von Göttern bewohnt worden sein. Sie wären vom weißen Stern, der *Venus*, gekommen und hätten den Einwohnern am Ufer Zivilisation gelehrt. Q.: Kolosimo: Viel Dinge S. 148

Die Entwicklung der Kultur schreiben die Chinesen den geschichtlich noch nicht nachweisbaren »Drei Erhabenen«, *San-huang*, und den »Fünf Kaisern«, *Wu-ti*, zu *(China)*. Die nachfolgenden drei ebenfalls legendären Epochen sind die *Hsia-, Shang-* und *Chou-Dynastien*. Die letzten zwei sind inzwischen archäologisch belegt. Q.: Krassa: Gelbe Götter S. 43

Kulturbringer, Götter als 199

Fu-hsi, ein wohlwollender Gott, soll der Überlieferung nach den Chinesen die Seidenraupenzucht *(Seide), Shen-nung* und *Kuan-Yin* den Ackerbau gebracht haben *(China; Sagen).* Q.: Krassa: Gelbe Götter S. 148 f
Maui brachte in der polynesischen Mythologie *(Sagen; Polynesien)* den Menschen das Feuer. Q.: Kohlenberg: Vorzeit S. 77; Q.: Meinicke: Südseevölker
Der zentralkalifornische Stamm der *Maidu (Kalifornien; USA)* glaubt, ihr Ahnherr *Kuksu* sei vom Schöpfergott einst dazu bestimmt worden, die Menschen zu unterrichten. Q.: Krassa: Gott S. 50
Kukulcan war segensreicher Gott der *Maya.* Er entspricht dem mythischen *Quetzalcoatl* der *Tolteken (Azteken).* Der Name bedeutet etwa »Gefiederte Schlange« *(Schlangen).* Q.: Mooney: Les dieux S. 78
Huracán, einer der *Maya*-Götter, war ebenso Lehrmeister. Er wurde der »Große Weiße vom Himmel« genannt. Q.: Däniken: Erscheinungen S. 288
Die *Kayapós*-Indianer vom *Rio Fresco (Para; Brasilien)* erzählen noch heute die Legende vom Wirken des Gottes *Bep-Kororoti.* Der Indianerforscher João Americo *Peret* zeichnete sie auf: Als die *Kayapós* noch am Fuße der Gebirge von *Pukato-Ti* wohnten, erschien eines Tages *Bep-Kororoti,* mit einem *Bo (Overalls)* bekleidet und mit der Donnerwaffe *Kop (Waffen der Götter)* ausgerüstet. Krieger, die ihn berührten, mußten sterben *(Konfrontationen Götter kontra Menschen).* Doch mit der Zeit merkten die *Kayapós,* daß er in Frieden gekommen war und fanden Gefallen an ihm und seiner weißen Haut *(Erkennen der Götter; Kommunikation).* Er seinerseits lehrte das Volk die Jagd und die Unterrichtung der Kinder im *Ng-Obi,* dem Männerhaus. Auch nahm er sich eine Frau und zeugte Söhne und eine Tochter, die *Nio-Pouti (Gottessöhne; Geschlechtsverkehr).* Seine Nahrung unterschied sich von der des Dorfes *(Ernährung).* Nach Jahren aber kam die Zeit des Abschieds. Das ganze Volk wunderte sich, als *Bep-Kororoti* eines Tages zitternd auf dem Dorfplatz stand und alle Krieger, die ihn berührten, umfielen, später dann aber wieder aufstehen konnten *(Lähmungen; Landeplätze der Götter).* Man verfolgte ihn bis in die Berge von *Pukato-Ti,* wo er alle um sich Stehenden mit seinem *Kop* vernichtete und unter gewaltigem Donner und Beben mit Rauch und Feuer in den Himmel verschwand *(Akustik).* Die nun beginnende Hungersnot veranlaßt *Nio-Pouti* und ihren Gemahl, eine Stelle im Gebirge aufzusuchen, die *Mem-Baba-Kent-Kre* genannt wurde. Sie setzte sich dort mit ihrem

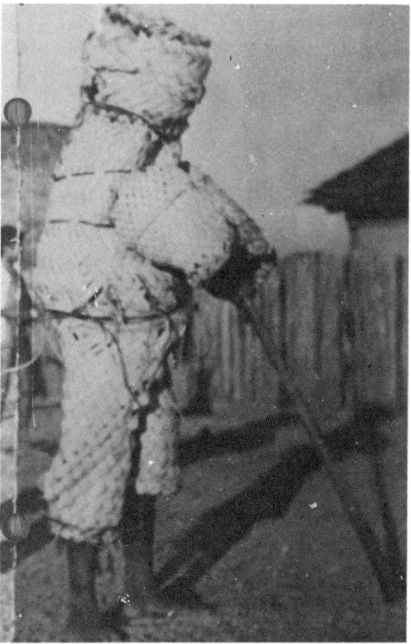

Kulturbringer, Götter als. Bep-Kororoti-Kult der Kayapós. Aufnahme von Dr. João Americo Peret, 1952. Q.: João Americo Peret, Brasilien

Kulturbringer, Götter als

Kind auf »den Ast eines Baumes« *(UFO, historische)*, während ihr Mann diesen Ast bog. Das Resultat war ein Start von ähnlichem Ausmaß wie der *Bep-Kororotis* – mit dem zusammen sie nach Tagen wieder zurückkehrte: mit ihnen gewaltige Mengen von unbekannter Nahrung für das Dorf *(Ernährung)*. Verständlich, daß der Stamm zu diesem Versorgungsplatz zog und *Bep-Kororoti* ihnen beibrachte, Früchte und Gemüse anzubauen *(Ackerbau)*. Noch heute wird der *Bo* in Gestalt von *Ritualgewändern* nachgearbeitet *(Cargo-Kult)*. Q.: Däniken: Meine Welt S. 168; Q.: Däniken: Besucher S. 327 ff, 331 ff; Q.: Däniken: Aussaat S. 190 ff

→ Ägypten
→ Akakor
→ Astronomie
→ Berge, heilige
→ Cargo-Kult
→ Domestizierungen
→ Donnergötter
→ Drachen, himmlische
→ Dschainismus
→ Elias
→ Erkennen der Götter
→ Ezechiel
→ Felsen, fliegende
→ Gesetze
→ Götter, hellhäutige
→ Gottessöhne
→ Griechenland
→ Hopi-Indianer
→ Im-Hotep
→ Inka
→ Inzest
→ Luzifer
→ Mais
→ Maya
→ Moses
→ Oannes
→ Osterinsel
→ Paradies
→ Parapsychologie
→ Pyramiden
→ Räder
→ Riesen
→ Schlangen
→ Schöpfung
→ Schriftzeugnisse der Götter
→ Sintflut
→ Sirius
→ Steiner, Rudolf
→ Sterblichkeit der Götter
→ Stollen, unterirdische
→ Strahlen
→ Thailand
→ Tiahuanaco
→ Tula
→ UFO, historische
→ Verbindung von Himmel und Erde
→ Wunder

Kulturen, versunkene Von verschollenen K' wird in verschiedenen Mythologien und Sagen berichtet. Im Zusammenhang mit vernichtenden Katastrophen, die den Göttern zugeschrieben werden, sollen die meisten zerstört worden sein. Auch die Vermutung, hier ehemalige Götterstützpunkte vorzufinden, ist berechtigt, wenn die Götter mit fremden Astronauten identisch waren.

Zwischen den Oasen *Sebha* und *Gat (Ghat)* im libyschen Wüstengebiet des *Fessan (Libyen)* läuft eine Karawanenstraße über ein weit verzweigtes unterirdisches Tunnelsystem *(Stollen,* unterirdische). Stollen von 3 Meter und mehr Höhe und bis 4 Meter Breite wurden grob in den Kalkfelsen gehauen, *Bunker*gängen nicht unähnlich. Da die Tunnel stellenweise nicht einmal 6 Meter voneinander entfernt liegen, kommen Wasserleitungen nicht in Betracht, auch angesichts ihrer Länge nicht: bis zu 4,8 km. Bis zu 230 derartiger Gänge wurden bis jetzt gezählt. Sie werden *Foggaras* genannt; erbaut worden seien sie von den sogenannten *Garamanten*, die von der nördlichen Küste in die *Sahara* eingewandert sein sollen. Sie waren Bewahrer einer alten Kultur, die auch das Wissen um *Sirius-B* kannten. Die heutigen *Tuareg* sollen ihre Nachfahren sein. Verbergen sich in ihren Mythen

Kulturen, versunkene

noch weitere Spuren antiker Götter-Astronauten-Besuche? Neben diesen Tunnels gibt es ausgedehnte Anlagen von Städten, Festungen, Steinterrassengräber, ähnlich den *Pyramiden (Bauwerke)*, so z. B. die Ruinen von *Sharaba*, vielleicht identisch mit dem heutigen *Djerma*, der ehemaligen Hauptstadt *Garama* (bzw. *Germa* oder *Dschuma)* der Garamanten, bei der Oase *Mursuk (Marzuq)*. Q.: Temple: Sirius-Rätsel S. 235 ff; Q.: Wellard: Lost worlds; Q.: Wissowa: Paulys Real-Encyclopädie
Dem arabischen Gelehrten *Silaki Ali Hassan* nach soll in der Wüste *Rub el Khali* (Rub al-Chali) die verschollene Stadt *El Yafri* gelegen haben *(Saudi-Arabien)*. Sie hätte *Monumente* besessen, deren Größe an Baalbek heranreicht *(Baalbek*, Terrasse von; *Bauwerke)*. Die Angaben stammen von seinem Vater *Philby Ali Hassan*, der wiederum mit Arabern darüber in der Wüste sprach. Spuren verschollender Städte gibt es auch in dem einstigen »Arabia Felix«, dem »glücklichen Arabien« der Antike, das heute von den Wüsten des *Jemen* bedeckt wird. Q.: Bergier: Les extra-terrestres S. 87 ff
Die *Washoe*-Indianer aus *Arizona* und *Neumexiko (USA)* erzählen in einer Sage *(Sagen)* von menschenähnlichen Wesen, denen sie hätten dienen müssen *(Erkennen der Götter; Sklaven)*. Auf einer Insel des *Tahoe-Sees* in der *Sierra Nevada (Nevada; Kalifornien)* hätten sie Tempel und Türme gebaut *(Bauwerke)* und auf einer Säule sei ein Feuerschein immer unterhalten worden *(Lampen)*. 600 km südöstlich im *Death Valley* sollen sich seltsam verglaste Ruinen befinden *(Sandverglasungen)*. Q.: Kohlenberg: Vorzeit S. 197 f; Q.: Bancroft: The native; Q.: Chalfant: Death Valley
1968 entdeckten der Unterwasserforscher Dimitri *Rebikoff* und der Amerikaner Manson *Valentine* bei der Insel *Bimini, Bahamas*, ausgedehnte Unterwasserbauten *(Bauwerke)*. Gigantische Maueranlagen lassen eine monumentale Anlage erkennen *(Monumente)*. Die Mauern ziehen sich bis zu 250 Meter Länge hin. Das Gewicht einiger Quader wurde auf 25 Tonnen geschätzt. Bis in 80 Meter Tiefe sollen Ruinen vorhanden sein. Sollten diese Fundamente, den ersten Schätzungen nach, vor 5000 bis 12 000 Jahren angelegt worden sein, stellt sich vor allem die Frage ihres Transportes *(Transporte)*.

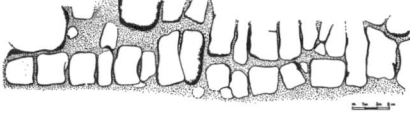

Kulturen, versunkene. Zyklopenmauer von Nord-Bimini, Bahamas. Q.: Umzeichnung nach Dimitri Rebikoff

Für Atlantis-Forscher war es eindeutig, hier die Spuren des versunkenen Kontinentes vor sich zu haben; das besonders, nachdem der Wahrsager Edgar *Cayce* Jahre vorher von dem erneuten Auftauchen *Atlantis'* gerade an dieser Stelle um 1968 gesprochen hatte *(Prophezeiungen)*. Q.: Däniken: Aussaat S. 235 f; Q.: Charroux: Welten S. 115 ff
Ein natürlicher Ursprung der scheinbar von Menschenhand zusammengefügten großen Steinblöcke ist jedoch ebenfalls denkbar. Q.: Biedermann: Länder S. 55 ff
Außer den Blöcken wurden jedoch auch Säulenreste gefunden.
Östlich der Anden im Gebiet von *San Martín* und *La Libertad* wurden drei überwucherte Dschungelstädte mit Mauern und Türmen in den 60er Jahren entdeckt, die den verschollenen, hellhäutigen und blauäugigen *Chachapoyas* zugeschrieben werden *(Götter*, hellhäutige; *Bolivien)*. Q.: Kohlenberg: Vorzeit S. 168 f

Kulturen, versunkene

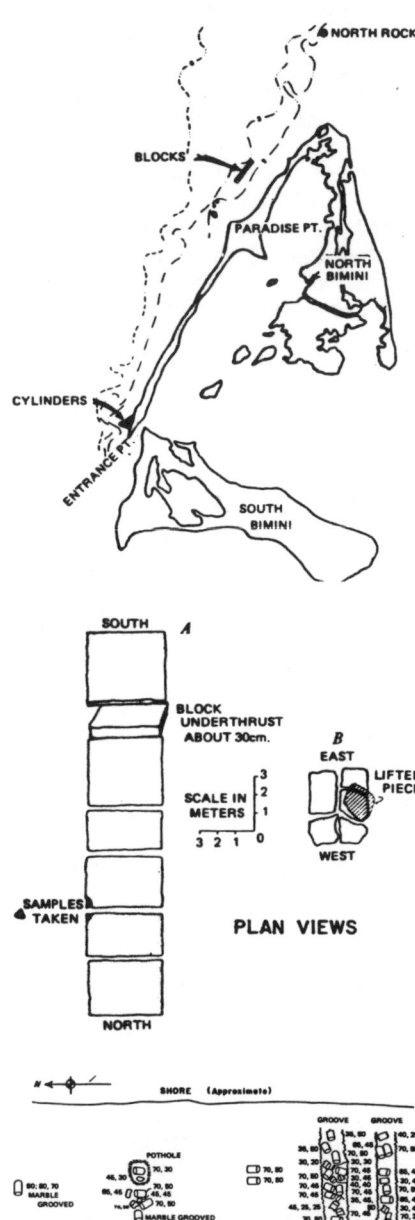

Kulturen, versunkene. Q.: W. Harrison, Atlantis undiscovered, Nature 2. Apr. 1971/W. R. Corliss, Strange artifacts M 2, Glen Arm, Maryl. 1976

→ Akakor
→ Ancient Skies
→ Atlantis
→ Egger, Friedrich
→ Gobi, Wüste
→ Kuriositäten
→ Nan Madol
→ Osterinsel
→ Prä-Astronautik
→ Stollen, unterirdische
Kuluwe (afrikanischer Stamm)
→ Kulturbringer, Götter als
Kumamoto (japanischer Ort)
→ Cargo-Kult
Kun (chinesischer Architekt) Sagen der chinesischen Provinzen *Shensi* und *Shansi (China)* berichten von der Verbannung Kuns, der im südwestlichen *Shansi* mit geflügelten Göttern verkehrte *(Erkennen der Götter; Verbannung).* Q.: Krassa: Gelbe Götter S. 132; Q.: Eberhard: Lokalkulturen
Kun (Flugboot; chinesische Mythologie) → UFO, historische
Kung-kung (chinesischer Gott)
→ Katastrophen
K'un-lun-Gebirge Zusammen mit ihrem Fluggerät, das die Thai-*Sagen (Thailand; UFO,* historische*) Chungming* taufen, wohnte und arbeitete die Göttin *Hsi wang mu* auf dem heiligen *K'-G' (Berge,* heilige). Q.: Krassa: Gelbe Götter S. 132
Ihre Fluggeräte werden oft als Vögel *(Himmelsvögel)* beschrieben, grün mit drei Beinen *(Färbung; Dreibeinigkeit),* die nur auf die Befehle der Göttin reagierten *(UFO,* historische; *China).* Hsi wang mu und andere Götter mit gelb-blauen Helmen *(Erkennen der Götter)* lebten in *Höhlen. Lao Tse,* Begründer des *Taoismus,* war einer der wenigen, die mit ihr von Angesicht zu Angesicht reden *(Kommunikation)* konnten, nachdem sie in ein abseitiges Tal gelangten. Q.: Krassa: Gelbe Götter S. 138
→ Berge, heilige
→ Dzyan, Buch des
→ Entführungen
→ Konfrontationen der Götter

→ Lebensdauer
→ Vakuum
Kun-ming (Ort in China)
→ Maschinen
Kun-ming-See (China)
→ Maschinen
Kunst Motive der Prä-Astronautik sind in der modernen Kunst und Gebrauchsgraphik anzutreffen. So gebraucht der Musiker Carlos *Santana*, der Beziehungen zum Guru Sri Chinmoy hat, 1975 Pyramidenabbildungen im Zusammenhang mit UFO-Darstellungen als Motive eines Schallplattenumschlags zur CBS Ausgabe 66325. Titel: Lotus Darstellungen antiker und moderner Himmelserscheinungen finden sich auch in Bildern des italienischen Malers *Ciriello* bzw. *Cincello,* mit bürgerlichem Namen *Averardo,* sowie bei dem deutschen Künstler Bernard *Stoessel.*
→ Golowin, Sergius
→ Mischwesen
→ Terziev, Kiril
vgl.: Karikaturen
vgl.: Musik
Kunst, chinesische → Drachen, himmlische
Kunti (Figur des Mahabharata)
→ Aussetzung von Kindern
→ Gottessöhne
Kuo P'o (270–324 n. Chr.; chinesischer Dichter)
→ Erkennen der Götter
→ UFO, historische
Kupe (Gottheit der Maori; Neuseeland) → Unfälle
Kupfer → Aluminium
→ Batterien
→ Tiahuanaco
Kupfersulfat → Batterien
Kurgan V (Grabhügel; Ausgrabungsstelle Pazyryk in der Sowjetunion)
→ Mumien
Kuriositäten Über mysteriöse archäologische oder fossile Funde wird in den meisten Fällen nur vom Hörensagen berichtet. Die angezeigten Beispiele können daher vielleicht als Indizien auf prä-astronautische Besucher hinweisen, müssen aber zum Teil mit größter Vorsicht betrachtet werden.
Im Oktober 1944 soll der Linguist Dr. Antonîn T. *Horák* in einer Höhle *(Höhlen)* bei *Plavince* und *Lubočna* in der *Tschechoslowakei* einen schwarzen Silo mit einem Durchmesser von 25 Metern entdeckt haben. Die glasartige Masse, woraus er bestand, konnte nicht eindeutig bestimmt werden *(Sandverglasungen; Bauwerke).* Q.: Bergier: Le livre S. 61 ff
Nach Guinness' »Book of World Records« trug ein am 29. Februar 1904 in Bergedorf bei Hamburg *(Deutschland)* geborener Mann den längsten gebräuchlichen Familiennamen. Er lebte später in Philadelphia unter dem Namen Wolfe + 585, Senior *(Kontaktler).* Liest man sorgfältig den Namen, der sich aus unabhängigen Wörtern zusammensetzt, kommt eine Geschichte zutage, die von dem Besuch fremder Intelligenzen in der Vorzeit berichtet. Da der Name mittelhochdeutsche Wurzeln haben könnte, liegt der Gedanke nahe, jemand habe versucht, sein Wissen über Vorgänge in der Vergangenheit auf diese Weise der Nachwelt zu übermitteln *(Mittelalter).* Mit den Vornamen lautet der Name (zur Verdeutlichung wurden die einzelnen Begriffe und Wörter durch Bindestriche getrennt): Adolph Blaine Charles David Earl Frederick Gerald Hubert Irvin John Kenneth Lloyd Martin Nero Oliver Paul Quincy Randolph Sherman Thomas Uncas Victor William Xerxes Yancy Zeus Wolfeschlegel – stein – hausen – bergerdorff – vor altern – waren – gewissenhaft – schafers – wessen – schafe – waren – wohl – gepflege – und – sorgfaltigkeit – beschutzen – von – angreifen – durch – ihr – raubgierig – feinde – welche – vor – altern – zwolftausendjahres – vor – an – die – erscheinen – van – der

– erste – erdemensch – der – raumschiff – gebrauch – licht – als – sein – ursprung – von – kraft – gestart – sein – lange – fahrt – hin – zwischen – sternartig – raum – auf – der – suche – nach – die – stern – welche – gehabt – bewohnbar – planeten – kreise – drehen – sich – und – sich – erfreuen – an – lebenslanglich – freude – und – ruhe – mit – nicht – ein – furcht – vor – angreifen – von – anderer – intelligent – geschopfs – von – hin – zwischen – sternartig – raum *(Konfrontationen der Götter)*. Q.: Guinness: Book of World Records; Q.: Däniken: Prophet

In einer sowjetischen Kohlenmine im Ural *(Sowjetunion)* soll ein exakter *Eisen*zylinder in einer Millionen Jahre alten Schicht gefunden worden sein *(Fundgegenstände,* technische). Q.: Bergier: Les extra-terrestres S. 26

30 km von *Baku (Sowjetunion)* entfernt untersuchten Geologen einen Felsen, der einem *Saurier* ähnlich sieht und stellten fest, daß er vor 10 000 Jahren mit Werkzeugen bearbeitet wurde. Die Saurier starben dagegen vor etwa 50 Millionen Jahren aus *(Felsbearbeitungen).* Q.: Charroux: L'énigme S. 114

Eine in einem rund 500 000 Jahre alten Geoden eingeschlossene, fast sechseckige Metallschraube in »Zündkerzenform« wurde in *Virginia (USA)* gefunden *(Metalle; Fundgegenstände,* technische; *Versteinerungen).* Q.: Bergier: Le livre S. 47

In einer amerikanischen Kohlenmine bei *Hammondsville, Ohio (USA),* grub der Arbeiter James *Parssons* relativ nahe der Oberfläche. Hinter einer abgelösten Kohleschicht wurde plötzlich eine Mauer mit unbekannten Schriftzeichen entdeckt *(Schriften; Erdaltertum).* Q.: Bergier: Les extra-terrestres S. 25

Im *Fisher Canyon, Nevada (USA),* stieß man in einer kohlehaltigen Schicht auf einen Schuhsohlenabdruck, der sogar Nähte erkennen ließ *(Versteinerungen; Erdaltertum; Fußabdrücke).* Sein Alter wird auf 15 Millionen Jahre geschätzt. Q.: Mooney: Les dieux S. 25; Q.: Tomas: Wir sind; Q.: Däniken: Beweise S. 327

Steinsammler fanden 1961 bei *Olancha (Kalifornien; USA)* in der Wüste von *Amargosa* einen Stein, dessen Inneres ein zusammengeschmolzenes Gesteinsgemisch und – ein 2×17 mm langer Metallstift war *(Metalle).* Q.: Däniken: Aussaat S. 164

Der Paläontologe Homero Henao *Marín* fand im April 1971 bei *El Boquerón* im Teilstaat *Tolima, Kolumbien,* neben einem Iguanodonten-*Saurier*skelett einen Menschenschädel *(Hominiden; Erdaltertum).* Solche Funde wie auch *Versteinerungen* scheinen die Existenz des Menschen weit vorzuverlegen *(Homo sapiens,* Evolution des) Q.: Däniken: Beweise S. 421

Der Archäologe Harold T. *Wilkins* entdeckte in *Ylo,* südlich von *Arequipa (Peru),* ein sog. Grab des Inka. Ein Felsen der Ruinen soll eine phosphoreszierende Inschrift tragen, die den Weg zu versunkenen Welten weisen soll, wie die *Sagen* behaupten *(Schriften; Stollen,* unterirdische; *Fluoreszenzen; Kulturen,* versunkene). Q.: Charroux: Welten S. 7, 112; Q.: Charroux: L'énigme S. 153

1601 entdeckte der Forschungsreisende Barco *Centenera* an den Quellen des *Rio Paraguay* bei den Sieben Seen, *Sete Aguas,* inmitten des *Mato Grosso (Brasilien),* die Ruinen von *El Gran Moxo.* Eine Säule mit einer Kugel an der Spitze spendete dort ununterbrochen Licht *(Lampen).* Q.: Charroux: Welten S. 111

→ Evolutionsprobleme
→ Kristall-Schädel
→ Kugeln
→ Reflektoren
→ Riesen
→ Steine, gravierte
→ Turkestan

→ Versteinerungen
vgl.: Unklarheiten der Definition
Kurnugea (untere Welt der sumerischen Mythologie)
→ Weltraumreisen, Probleme bei
Kusai → Kusaie
Kusaie (Senyavin-Inseln; Karolinen; Mikronesien) → Bauwerke
Kutiala (Bezirk Malis; Westafrika) → Sirius-B
Kuvera → Kubera
Kwakiutl (Indianerstamm im Nordosten der Insel Vancouver)
→ Himmelsvögel
Kyborg (Abkürzung für »kybernetischer Organismus«; durch ein separates menschliches Gehirn gesteuertes Raumschiff) → Weltraumreisen, Probleme bei
Kydai-Bachsy (Urschmied der Schamanen) → Schamanen
Kydon (griechische Mythologie; Sohn des Apollo und der Nymphe Akakallis) → Aussetzung von Kindern
Kyklopen → Zyklopen
Kyomba (erster Mensch der Luba- bzw. Baluba-Mythologie; Zentralafrika) → Unklarheiten der Definition
Kyrene (Stadt in Libyen) → Sirius-B
Kythera (Insel in Griechenland)
→ Unterwasserbasen
Kyushu (Insel des japanischen Archipels) → Fundgegenstände, technische

L

Laban (Figur des Alten Testaments)
→ Erscheinungen
Lacco (Ruinenanlage bei Sacsayhuaman) → Sacsayhuaman
Lae-Atoll (Marshall-Inseln; Mikronesien) → Bauwerke
Lähmungen → Kulturbringer, Götter als
→ Mutanten
→ UFO, moderne
vgl.: Krankheiten
Länder, versunkene vgl.: Kulturen, versunkene
Laesø (dänische Insel im Kattegat)
→ Unterwasserbasen
Lagasch (sumerische Stadt) → Vernichtung von Schriftzeugnissen
Lagoa Santa (Fundort in Brasilien)
→ Felszeichnungen
La Gravette (Fundort in Frankreich)
→ Mutanten
Lahar (Wesen der sumerischen Mythologie) → UFO, historische
La Libertad (Ort in Bolivien)
→ Kulturen, versunkene
Lamaismus (in Tibet entstandene Form des Buddhismus) → Eier, fliegende
→ Herkunft der Götter
→ UFO, historische
Lamech (Sohn des Methusalem; Altes Testament; Henoch-Apokryphe; Qumran-Texte) → Gottessöhne
Lamikaik (mikronesische Göttin)
→ UFO, historische
Lampen Der griechische Historiker *Pausanias* berichtet von einer stetig brennenden Goldlampe im Tempel der römischen Göttin der Kunst und des Handwerks, *Minerva (Römer; Sagen)*. Q.: Mooney: Les dieux S. 180

Der gewaltige »Baum« *Po*, bzw. *Fusang* oder *K'ong-sang* im Osten der Erde beim »leuchtenden Tale *Yangku*«, wie auch der »Baum« *Jo* auf dem Berge *Yen'se* am Flusse *Mong* im Westen sollen »rote, nachts leuchtende Blüten« gehabt haben. Wahrscheinlich handelte es sich hier um technische Anlagen *(China; Sagen; Unklarheiten der Definition)*. Q.: Kohlenberg: Vorzeit S. 205; Q.: Grimal: Mythen Bd. 2
In einer der unteren dunklen Welten, *Xibalba*, wurde dem *Popol Vuh* nach ein Gerät mit scharfer Spitze verwendet, das grünlich leuchtete und wie eine Taschenlampe gebraucht werden konnte. Es wurde *Zaquitac* genannt *(Herkunft der Götter)*. Q.: Kohlenberg: Vorzeit S. 347; Q.: Popol Vuh. Cordan
→ Elektrizität
→ Johannes
→ Kulturen, versunkene
→ Kuriositäten
→ Stollen, unterirdische
vgl.: Fluoreszenzen
Landa, Diego de (1524–1579; mexikanischer Bischof) → Vernichtung von Schriftzeugnissen
Landeplätze der Götter Die in Sagen und Mythologien überlieferten L'd'G', meistens auch gleichzeitig Ort ihres Verschwindens und mögliche prä-astronautische Stützpunkte, sind ideale Gebiete für Nachforschungen. So können zurückgebliebene Gegenstände oder Strahlungen noch heute Aufschluß über das mögliche Dasein solcher kosmischer Besucher sein.

Ein auf dem *Wuno Jukta (Youchtas-Gebirge)* bei *Archanes* angelegtes künstliches Plateau war kretischer Kultplatz zur Verehrung des *Zeus (Kreta; Griechenland).* Q.: Kohlenberg: Vorzeit S. 162

Nach Art der drei großen Felder, auf denen in der Vorzeit ihre Ahnen und Götter vom Himmel kamen, legen die westafrikanischen *Dogon* noch heute ihre Felder spiralförmig an *(Mali; Cargo-Kult; Sagen; Bodenzeichnungen).* Q.: Kohlenberg: Vorzeit S. 77; Q.: Grimal: Mythen Bd. 3

Kay Us, ein nachsintflutlicher König des *Awesta,* soll Paläste mit starker Strahlung *(Strahlen)* aus Metall und Kristall im nordpersischen *Elburs-Gebirge* gehabt haben, dessen höchster Gipfel der *Demawend* ist *(Persien).* Das indische *Rigveda* kennt ebenfalls fünf goldene Städte am Kailasa *(Indien).* Q.: Kohlenberg: Vorzeit S. 166 f; Q.: Carnoy: Iranian mythology

Das *Engel-* oder *Dewata*-Wesen *(Humanoiden),* das in den Mythen der *Toradja (Celebes; Indonesien)* aus Zorn über die Untreue seiner Erdenfrau die *Verbindung von Himmel und Erde* zerstört hatte, hieß *Tamborolangi.* Nachdem die verbindende Stiege eingerissen war, flog er mit seinem Himmelshaus durch die Luft herab *(Häuser,* fliegende; *UFO,* historische) »und landete bei *Ulin,* unweit von Rantepao. Man erkennt im Fels die Stelle, wo sein Haus auf der Erde aufgesetzt hat.« Q.: Tichy: Tau-Tau S. 173

Die Wolkenschlange *(Wolken; Schlangen) Figona* hatte auf *Aoba,* einer Insel der *Neuen Hebriden (Melanesien),* auf dem Berge *Hoto* einen künstlichen eingeebneten Landeplatz. Ein Altar aus Diorit steht ebenfalls an dieser Stelle *(Cargo-Kult).* Ihr befehlender Gott hieß *Hatuibwari.* Q.: Kohlenberg: Vorzeit S. 206, 283; Q.: Fox: Threshold

→ Baalbek, Terrasse von
→ Bauwerke
→ Berge, heilige
→ El Fuerte
→ Ezechiel
→ Fundgegenstände, technische
→ Gottessöhne
→ Henoch
→ Kulturbringer, Götter als
→ Lebensdauer
→ Mischwesen
→ Nazca, Hochebene von
→ Osterinsel
→ Pyramiden
→ Sacsayhuaman
→ Sirius-B
→ Tiahuanaco
→ Tula
→ UFO, historische
→ Unfälle
→ Verbindung von Himmel und Erde
vgl.: Unterwasserbasen

Langbein, Walter-Jörg *16. 8. 1954 in Coburg, Deutschland. Der Theologiestudent W'-J'L' verfaßte mehrere Zeitschriftenartikel speziell zur vergleichenden Mythologie und Archäologie. Außerdem widmet er sich der Übersetzung hebräischer Texte zum Alten Testament. Sein Manuskript »Astronautengötter« steht zur Veröffentlichung an. Unter anderem referierte er beim 5. Weltkongreß der *Ancient Astronaut Society.*

Langrenus, Manfred (= Pseud.: Hecht, Friedrich; Schriftsteller)
→ Science Fiction

Lanka (Ceylon) → Sri Lanka

Lanoo (Gestalt des Buchs des indischen Dzyan) → Konfrontationen der Götter

Lao Tse (zwischen 3. und 6. Jhd. v. Chr.; Begründer des Taoismus)
→ K'un-lun-Gebirge

Lapislazuli (Kristall) → UFO, historische

Lappland → Baum des Lebens
→ Schädeldeformationen

Larak (sumerische Stadt)
→ Lebensdauer

Laser An einigen Stellen der Bibel werden Brand*opfer* durch einen

Laser

»Strahl Gottes« vom Himmel her verzehrt *(Strahlenwaffen),* so etwa im 3. Buch Moses *(Leviticus 9,24),* wo die Fleischstücke samt dem Fett verbrennen. Es wird berichtet, das Feuer ginge aus von dem Herrn. Wahrscheinlich hatte man also vorher die »Herrlichkeit des Herrn« erkannt *(UFO,* historische). Im 1. Buch *Könige 18,38* läßt das göttliche Feuer sogar den aus Steinen errichteten Altar verdampfen *(Elias).* Ähnliches berichtet die 2. *Chronik 7,1* ff, wo auch wieder die »Herrlichkeit Gottes« aktiv im Spiel ist.

Ähnliche Wirkungen hätte, technisch gesehen, ein L'. Das Vorhandensein ähnlicher Geräte wird teilweise überliefert.

In einer chinesischen Überlieferung *(Sagen)* aus dem 1. Jahrtausend v. Chr. findet sich der Hinweis auf die magischen *Yin-Yang-Spiegel.* Die mit komplexen Hochreliefs versehenen *Spiegel* wirkten bei Sonnenlicht als furchtbare Waffe *(Waffen der Götter; Kristall; China).* Überliefert ist uns der Kampf zwischen *Chi'ih* und *Weng-Cheng,* bei dem der letztere den Tod findet. Paarweise zusammengestellt, wirkten die Spiegel offenbar als Mittel für eine *Television.* Experten der *Unesco* erklären das Phänomen mit »kleinen Krümmungsunterschieden«. Q.: Krassa: Gelbe Götter S. 58 f
→ Elias
→ Waffen der Götter
Laufer, Berthold (Autor)
→ UFO, historische
Laura (Ort in Australien)
→ Felszeichnungen
Laussel (Fundort in Frankreich)
→ Mutanten
Lautsprecher → Abraham
Lawrence, George (Experte für Elektromagnetismus) → Kommunikation, interstellare
Lazarus (Figur des Neuen Testaments) → Wiederbelebung
Lde Nag-Khri bean-po (göttliche Dynastie der tibetanischen Mythologie)
→ Schamanen
Leben Adams und Evas, Das (Pseudoepigraphe) → Teufel
→ UFO, historische
Lebensdauer Die Stammvaterreihe der Genesis *(Genesis* 5,1 ff) ist besonders bemerkenswert, da sich alle Mitglieder durch ihre enorm hohen Lebensalter auszeichneten. In diesen Altersangaben – bis zu 969 Jahren im Falle von *Methusalem* – muß ein wichtiges Problem verborgen sein. Wenn wir die Absicht, künstlich lange Zeitabstände herzustellen ebenso wie die Möglichkeit einer anderen Kalenderrechnung *(Kalender)* (hätte man z. B. Monate als Jahre bezeichnet, wären alle Angaben durch 12 zu dividieren) ausschließen wollen, kann es im Rahmen unserer Theorie andere Erklärungen geben. Hatten die Erzväter die gleichen Möglichkeiten, das Leben zu verlängern wie ihr Gott? Nach *Genesis* 5,22 führten sie tatsächlich ein göttliches Leben. Oder war es nur ein gottgefälliges Leben? Und selbst dann: wurden sie zeitweise auf Raumflüge mitgenommen und durch *Zeitdilatation* ihrer Gegenwart entrückt, so daß sie in den Augen ihrer Zeitgenossen weit langsamer alterten *(Entführungen)?* Q.: Dopatka: Spiegelbild; Q.: Däniken: Besucher S. 46; Q.: Navia: Unsere Wiege S. 132 ff

Gebiete, in denen sich noch heute Menschen eines langen Lebens erfreuen, liegen seltsamerweise in den Bereichen frühester Gebirgskulturen – *Kasachstan, Kaschmir, Ecuador.* Q.: Dopatka: Spiegelbild; Q.: Leaf/Laumois: Every day

Häufig stoßen wir in der Mythologie auf Berichte, nach denen Helden versucht hätten – wie die Götter –, hinter das Geheimnis *(Geheimnisse)* des ewigen Lebens zu kommen. *Gilgamesch* war über den Tod seines Freundes *Enkidu* so betrübt, daß er es wagte, eine Reise zu unterneh-

Lebensdauer 209

men, um die Pflanze des ewigen Lebens zu finden *(Gilgamesch-Epos)*. Schließlich, im Park der Götter, warnten ihn die Himmlischen *(Tabus; Baum des Lebens):* »Gilgamesch, wohin läufst du? Das Leben, das du suchst, wirst du nicht finden. Als die Götter den Menschen schufen *(Schöpfung)*, bestimmten sie den Tod für die Menschen, das Leben behielten sie für sich selbst« *(Einschüchterungen; Gesetze)*. Als dann *Gilgamesch* endlich das Gewächs findet, so nur, um es wieder zu verlieren. Das Geheimnis bleibt den Göttern vorbehalten *(Geheimnisse)*. Q.: Däniken: Erinnerungen S. 79
Der Archäologe Sir Leonard *Woolley* stellte eine Liste der mesopotamischen Urkönige, ihrer L' und ihrer Residenzstädte auf *(Sumerer)*. Danach gab es vor der Flut *(Sintflut)*:

Könige	Städte	Umgerechnete L' in Jahren
Alulin	Nunki	28 800
Alalgar	Nunki	36 000
Enmeenluanna	Badtabira	43 200
Enmeengalanna	Badtabira	28 800
Dumuzi	Badtabira	36 000
Ensibzianna	Larak	28 800
Enmeenruranna	Sippar	21 000
Ziusudra	Schuruppak	18 600

Nach der *Sintflut* (u. a.): die 1. Dynastie von *Ur*, ca. 3100–2930 v. Chr.

Mesannipadda	80 Jahre
Meskiag-Nannar	36 Jahre
Elulu	25 Jahre
Balulu	36 Jahre

Q.: Elmayer von Vestenbrugg/Bellamy: Eingriffe S. 392; Q.: Woolley: Vor 5000 Jahren
Die chinesische Geheimlehre des *Ts'an-t'ung-Ch'i* beschreibt in 90 Paragraphen die Herstellung einer Unsterblichkeitspille aus *Gold*, die für den Adepten *(Kontaktler)* bestimmt sei *(Medikamente; China)*. Hier, wie auch im »Buch der Wandlungen«, dem *I-King*, wird außerdem der *Binär-Code* unserer Computer verwandt. Eine Parallele zum *Taoismus* scheinen die Ausdrücke *Yang* und *Yin* für helle (= männl. aktiv) und dunkle (= weibl. passiv) Urkraft anzudeuten. Q.: Krassa: Gelbe Götter S. 52 f; Q.: Pauwels/Bergier: Die Entdeckung; Q.: Pareti: Ancient World Bestrebungen ähnlicher Art, die ein »Lebenselixier« zum Ziel haben, kennzeichnen auch einen Teil des Strebens europäischer Alchimisten des *Mittelalters*. Q.: Biedermann: Handlexikon
Nach der chinesischen Legende *(China; Sagen)* soll jeder der legendären ersten Herrscher, der Söhne des Himmels, 18 000 Erdenjahre gelebt haben. Der Schöpfergott *P'an Ku*, ein Riese *(Riesen)*, muß danach vor 2 229 000 Jahren gewirkt haben *(Schöpfung)*. Die Sage von dieser Gestalt, die mit »Felsen aus dem All« *(Meteoriten)* arbeitete, kam ursprünglich aus *Thailand (Felsen,* fliegende; *UFO,* historische). Q.: Christie: Mythologie; Q.: Däniken: Aussaat S. 106 ff; Q.: Däniken: Beweise S. 164
Chih Chiang Tzu-Yu, ein »Raumfahrer« der chinesischen Mythologie *(Sagen),* besaß die Pille der Unsterblichkeit, die er einst von *Hsi wang mu*, der Herrscherin des »Westlichen *Paradieses*«, in einem Tal des *K'un-lun-Gebirges* bekommen hatte *(China)*. Das Medikament *(Medikamente)* wurde ihm jedoch von *Heng-o,* seiner Gattin, gestohlen und zum *Mond* gebracht. Q.: Krassa: Gelbe Götter S. 97 f
Die Legende kennt auch einen Lebenstrank *(Flüssigkeiten,* chemische) der Göttin *Hsi wang mu,* die auf ihrem Stützpunkt, dem *K'un-lun-Gebirge,* von einem »dreibeinigen Raben« *(Dreibeinigkeit)* mit Lebensmitteln versorgt wurde *(Himmelsvögel; UFO,* historische; *Ernährung; Landeplätze der Götter; Sagen)*. Q.: Kohlenberg: Vorzeit S. 161; Q.: Eberhard: Lokalkulturen

210 Lebensdauer

In *China* werden seit der Kulturrevolution alchimistische Texte, die sich mit dem ewigen Leben befassen, neu entdeckt. *Mao Tse-tung* selbst interessierte sich dafür. Q.: Krassa: Gelbe Götter S. 53
Der legendäre erste Herrscher der *Shang-Dynastie, I Yin,* soll sich der Legende nach *(Sagen)* von *Hsi wang mu* ein Unsterblichkeitselixier geben haben lassen. Es wurde ihm von seiner Gattin *Ch'ang-i* geraubt, die damit zum *Mond* floh *(Flüssigkeiten,* chemische). Q.: Krassa: Gelbe Götter S. 122
→ Abraham
→ Baum des Lebens
→ Etana und Adler
→ Gilgamesch
→ Götter, hellhäutige
→ Gottessöhne
→ Flüssigkeiten, chemische
→ Henoch
→ Herkunft der Götter
→ Jesaja
→ Isaak
→ Moses
→ Mumien
→ Paradies
→ Schöpfung
→ UFO, historische
→ Zeitdilatation
vgl.: Krankheiten
vgl.: Medizin
vgl.: Sterblichkeit der Götter
Lebensmittelversorgung vgl.: Ernährungsproblem
Lebenssuche, Gilgameschs (sumerisches Textfragment) → Sirius-B
Lederberg, Joshua (Genetiker)
→ Exobiologie
→ Genmanipulation
Legenden vgl.: Sagen
Legierungen → Aluminium
→ Baian Kara Ula
→ Batterien
→ Crespi, Carlo
→ Kulturbringer, Götter als
→ Vimanas
Lehm (Stoff in Schöpfungsmythen)
→ Enuma eliš

→ Riesen
→ Schöpfung
Lei (fliegendes Tier der chinesischen Mythologie) → UFO, historische
Lei-chou (Ort in China) → U-Boote
Leiter (hier im Sinne von Himmelsleiter verstanden) → Erscheinungen
→ Verbindung von Himmel und Erde
Lele → Lae-Atoll
Leli → Lae-Atoll
Léon-Portilla, M. (Amerikanist)
→ Maya
Le Poer Trench, Brinsley *18. 9. 1911 in London. Der Autor, Politiker und Earl of Clancarty befaßte sich in einer Reihe von Publikationen mit dem gesamten Spektrum der Prä-Astronautik. Er zählt somit zu den Vätern dieser Theorie und ist Ehrenmitglied der *Ancient Astronaut Society.*

Le Poer Trench, Brinsley. Q.: B. Le Poer Trench

Leptscha (nepalesischer Volksstamm) → Sintflut
Lesö → Laesø
Lespugue (Fundort in Frankreich)
→ Mutanten
Leuchtschriften vgl.: Fluoreszenzen

Levet, Gerardo * 6. 6. 1931 in Mexiko. Der Mexikaner ist Ingenieur im Maschinenbau. Seine Hobbyforschungen betreffen im wesentlichen die Kulturstätten seiner mexikanischen Heimat. Er referierte bei Kongressen der *Ancient Astronaut Society*.

Levet, Gerardo. Q.: G. Levet

Lévi, Eliphas (= Pseud.: Constant, Alphonse-Louis; Okkultist)
→ Elektrizität
Levine, Moshe → Bundeslade
Levitation Irische Überlieferungen, die sich auf die Insel *Sankt Vinzenz* beziehen, erzählen von Zeiten, in denen die Menschen leicht fliegen konnten, indem sie durch den Klang emporgehoben wurden, wenn sie auf *Gold*platten schlugen *(Sagen; Irland; Akustik; Schwerelosigkeit)*. Ähnliches gelang der Sage nach auch den Ureinwohnern der heutigen *Kariben,* wenn sie auf Zimbeln schlugen. Q.: Charroux: Welten S. 293
Den *Sagen* nach besaß man in *China* Pillen zur Überwindung der Gravitation *(Medikamente)*. Q.: Krassa: Gelbe Götter S. 100
Südamerikanische *Sagen* erzählen von vergangenen Zeiten, in denen sich Menschen »durch Schlagen auf eine Art Platte« schweben lassen konnten *(Südamerika).* Q.: Elmayer von Vestenbrugg/Bellamy: Eingriffe S. 422; Q.: Wilkins: Secret
Nach seinem Besuch in Südamerika entschwand der Schöpfergott *Kon Tc'hsi Huiracotša* auf dem Meer, indem er auf dem Wasser ging. Das soll in der Gegend von *Porto Viejo (Ecuador)* geschehen sein *(Sagen).* Q.: Kohlenberg: Vorzeit S. 262; Q.: Tschudi: Beiträge
→ Baruch
→ Ezechiel
→ Gravitation, Aufhebung der
→ Konfrontationen der Götter
→ UFO, moderne
vgl.: Rocket-Belt
Leviticus (3. Buch Mose; Altes Testament)
Le 9,24 → Elias; Laser
Le 10,1–5 → Bundeslade
Le 18,23 ff → Sodomie
Le 20,15–16 → Sodomie
Le 25,10 → Sirius-B
Ley, Willy (Exobiologe)
→ Humanoiden
Lhasa (Gott der brasilianischen Ugha Mongulala) → Akakor
Lhote, Henri (Ethnologe)
→ Sahara
→ Tassili-Massiv
Lhuillier, Alberto Ruz
→ Ruz Lhuillier, Alberto
Li (Gott des Shu-king) → Verbindung von Himmel und Erde
Li (chinesische Maßeinheit, wahrscheinlich für astronomische Entfernungen) → UFO, historische
Liao-Kultur (China) → UFO, historische
Libanon Ca. 2 000 000 kg wiegt der *Stein des Südens, Hadschar el Guble,* im L' *(Bauwerke; Monumente).* Von Menschenhand bearbeitet, muß sein Transport *(Transporte)* ein schier unlösbares Problem gewesen sein. Nicht jedoch für die Technik der

Libanon

Götter. Q.: Däniken: Erinnerungen S. 157; Q.: Däniken: Meine Welt S. 114
→ Baalbek, Terrasse von
→ Radioaktivität
→ Tektite
Libyen → Kristall-Linsen
→ Sirius-B
Lich-shan-Gebirge (China)
→ Höhlen
Lichtgeschwindigkeit Die Einsteinsche Aussage *(Einstein,* Albert), daß die L' die größtmögliche Geschwindigkeit sei, wird mehr und mehr angezweifelt. Diese Formel mag für unsere Welt, für unser Inertialsystem *(Inertialsysteme)* gelten; andere Hyperräume brauchen, wie u. a. Dr. John A. *Wheeler* von der Princeton-Universität meint, nicht dieser Beschränkung zu unterliegen. Die Existenz überschneller Teilchen, der *Tachyonen, Luxonen* und *Tardyonen,* scheinen diese Vermutung zu bestätigen. Q.: Däniken, Aussaat S. 214 f Albert *Einstein* hat durch seine Relativitätstheorie nicht bewiesen, daß es nichts gibt, das sich schneller als das Licht bewegt. Vielmehr hat er festgestellt, daß alle Dinge unseres Erfahrungsbereichs sich unterhalb oder mit Lichtgeschwindigkeit bewegen. Dieser Erfahrungsbereich wird durch neueste Erkenntnisse der Physik ständig erweitert; Einstein zeigte also keine Grenze im Sinne einer Unmöglichkeit der interstellaren Raumfahrt auf. Q.: Fuchs: Leben S. 196 f
→ Kommunikation, interstellare
vgl.: Astronomie
vgl.: Weltraumreisen, Probleme bei
vgl.: Zeitdilatation
Lichtwaffen vgl.: Laser
vgl.: Strahlenwaffen
vgl.: Waffen der Götter
Lilith (dämonische Frau Adams)
→ Gesetze
→ Talmud
Lima (Peru) → Stollen, unterirdische
LINCOS (Lingua Cosmica des Mathematikers Hans Freudenthal)
→ Kommunikation, interstellare

Linehan, Daniel L. (Kartograph)
→ Piri Reis Weltkarten
Line-Inseln (Polynesien)
→ Bauwerke
(Übersicht über einzelne Inseln:)
→ Malden
Lingam (»Kennzeichen« der indischen Mythologie; später als Phallus gedeutet) → Fruchtbarkeitskult
Linsen vgl.: Glas
vgl.: Kristall-Linsen
Li Ssi (chinesischer Minister; ca. 200 v. Chr.) → Vernichtung von Schriftzeugnissen
Literatur vgl.: Science Fiction
Li-tsin (oder Ly-tzyn; Schüler Lao Tses) → Dzyan, Buch des
Liu An (chinesischer Alchimist des 2. Jhds. v. Chr.) → Gravitation, Aufhebung der
Livius, Titus (59 v. Chr.–17 n. Chr.; römischer Schriftsteller) → UFO, historische
Lob Nor-See (China) → Gobi, Wüste
Löwe, Sternbild → Herkunft der Götter
Loki (Gott der Edda) → UFO, historische
London (Großbritannien)
→ Kalender
Losöe → Laesø
Lot (Neffe Abrahams; Altes Testament) → Inzest
→ Sodom und Gomorrha
Lo-Tafeln (chinesische Mythologie)
→ Gesetze
Lovecraft, Howard Phillips *20. 8. 1890 in Providence, Rhode Island, USA.†15.3.1937. Schon in den 30er Jahren integrierte er die spätere Prä-Astronautik, mit Schwergewicht auf die Mythologie, in seine Werke. Zu diesen Science-Fiction-Romanen erklärte er selbst: »Alle meine Geschichten basieren auf dem Mythos, daß unsere Erde schon vormals von einer Rasse bewohnt war, die jedoch zu ihrem Heimatplaneten fliehen mußte.« Q.: Carter, Lin: Lovecraft Kontakte mit fremden Zivilisationen müßten seiner Meinung nach sofort

zur Konfrontation führen. Q.: Golowin: Atomzeit S. 72
→ Science Fiction
Lovell, Bernhard (Radioastronom)
→ Exobiologie
Lu (chinesischer Prinz) → Mumien
Luba (Bantustamm Zentralafrikas)
→ Unklarheiten der Definition
Lubaantún (Fundstelle in Britisch-Honduras) → Kristall-Schädel
Lubočna (Ort in der Tschechoslowakei) → Kuriositäten
Lucretius Carus, Titus (= Lukrez; 97–55 v. Chr.; römischer Philosoph)
→ Exobiologie
Lug (keltischer Gott) → Strahlen
Lukas (Neues Testament) Luk 8,54
→ Wiederbelebung
Lukianos von Samosata (120–180 n. Chr.; Satiriker) → Sirius
Lukrez → Lucretius Carus, Titus
Lunan, Duncan A. (Radioastronom)
→ Satelliten
Lung Hang (chinesische Überlieferung) → Astronomie
Luo (sudanesischer Stamm)
→ Kulturbringer, Götter als

Lupen → Kristall-Schädel
→ Steine, gravierte
vgl.: Glas
vgl.: Kristall-Linsen
vgl.: Teleskope
Lussac (Fundort in Frankreich)
→ Felszeichnungen
Luxonen (überlichtschnelle Teilchen) → Lichtgeschwindigkeit
Luzifer (lateinisch lucifer = Lichtträger) gilt als aufsässiger *Engel (Teufel; Gottessöhne; Wortbedeutungen; Rivalitäten der Götter).* Ursprünglich soll er, wie der Name sagt, den Menschen das Licht gebracht haben und kommt damit in die Nähe der kulturbringenden Götter *(Kulturbringer, Götter als).* Es hat den Anschein, als ob bestimmte Gruppen der Götter die Zusammenarbeit mit den Menschen nicht schätzten – daher vielleicht die spätere Verteufelung? Ein mythologischer Rest einer ehemaligen Tatsache?
→ Engel
→ Gral, heiliger
Ly-tzyn (oder Li-tsin; Schüler Lao Tses) → Dzyan, Buch des

M

Machu Picchu (Inka-Festung)
→ Reflektoren
McConnell, James (Biogenetiker)
→ Intelligenzmanipulation
MacGowan, Roger A. (Exobiologe)
→ Humanoiden
McLuhan, Eric (kanadischer Elektroniker) → Pyramiden
Madagaskar → Opfer
Madi-Moru (afrikanischer Stamm)
→ Verbindung von Himmel und Erde
Madschame (Tansania)
→ Mischwesen
Mänabosho (oder Wisakä; großes Kaninchen; Kulturbringer der Sauk-Indianer; USA) → Riesen
Märchen vgl.: Sagen
Magan (Bezeichnung eines mythologischen Schiffes im sumerischen Textfragment »Gilgameschs Lebenssuche«) → Sirius-B
Magie M' hat mit Religion gemeinsam, daß übernatürliche, von der »normalen Alltagswelt« scheinbar unabhängige Bereiche für existent genommen werden. Während im religiösen Bereich der Mensch sich den Mächten der Überwelt gläubig unterwirft, wirkt der Magier autonom und trachtet, durch seine überlegenen Kräfte *(Parapsychologie)* Welt und Überwelt zu manipulieren. Dazu gehören auch überirdische Wesen wie etwa Gestirngeister und *Engel,* die durch *Rituale* der Beschwörungs-M' in den Dienst des kundigen Magiers gestellt werden sollen. Dadurch gibt es gewisse Anklänge an das weite Feld der *Prä-Astronautik,* da es denkbar ist, daß sich in einschlägigen Überlieferungen die Erinnerung an nur noch mythisch überlieferte Kontakte mit realen Besuchern aus dem Kosmos (Götter-Astronauten) verbirgt. Denkbar ist es auch, daß gelegentlich fremde Technologien, die in vor- und frühgeschichtlichen Epochen nicht verstanden wurden, als »M'« aufgefaßt worden sind. Q.: Biedermann: Handlexikon
→ Charroux, Robert
→ Indien
→ Kelten
→ Osterinsel
→ Prä-Astronautik
Magier, Die drei (Apokryphe)
→ Bethlehem, Stern von
Mag Mell (Welt der keltischen Mythologie)
→ Herkunft der Götter
Magnesium (Metall) → Aluminium
Magnetismus → Drachen, himmlische
→ Pyramiden
→ Schöpfung
→ Stollen, unterirdische
vgl.: Erdmagnetismus
Magnusson, Eirikr (Sprachwissenschaftler) → Baum des Lebens
Magog (Hügel in England)
→ Bodenzeichnungen
Mag Tuireadh → Moytura
Mag Tured → Moytura
Mahabharata Die Entstehungszeit dieses indischen Nationalepos wird teilweise bis 7000 v. Chr. zurückverlegt, obwohl es in der uns geläufigen Form mit den historisch jüngeren indogermanischen Stämmen in Verbindung gebracht wird. Es ist aber gut denkbar, daß diese wesentlich ältere Grundmotive übernommen

und in ihr Epos eingebaut haben. Bei der Entstehung soll *Vyasa,* eine nicht näher zu deutende Figur, eine Rolle gespielt haben. Erst *Sauti,* der letzte mündliche Überlieferer, wurde der erste, der es schriftlich fixierte *(Indien).* Q.: Däniken: Zurück S. 228 ff
→ Aussetzung von Kindern
→ Cukra
→ Donnergötter
→ Entführungen
→ Erscheinungen
→ Gottessöhne
→ Humanoiden
→ Konfrontationen der Götter
→ Kulturbringer, Götter als
→ Mutanten
→ Schlangen
→ Sintflut
→ Telepathie
→ UFO, historische
→ Waffen der Götter
→ Zeitdilatation

Maharshi Bharadwaja (indischer Seher) → Vimanas
Mahatala (Welt des indischen Rigveda) → Herkunft der Götter
Mahavira (Religionsgründer; Zeitgenosse Buddhas) → Dschainismus
Mahaviracarita (dschainistischer Kanon; indische Mythologie)
→ Waffen der Götter
Mahucutah (Figur des Popol Vuh; Maya-Mythologie) → Stollen, unterirdische
Maidu (zentralkalifornischer Stamm) → Kulturbringer, Götter als
Maier, Karl Ludwig Johannes Christian *30. 12. 1920 in Hof/Saale, Deutschland. Der Studiendirektor gab Anregungen zur Deutung der *Ezechiel*-Problematik. Der biblische Prophet soll mit einem Fluggerät der Engel an einen ihm unbekannten Ort gebracht worden sein. Den Beschreibungen nach käme, so auch M's Ansicht, ein Tempel in Kaschmir in Frage. Eine Expedition Erich von *Dänikens* zu diesen Ruinen führte zu einigen Hinweisen.
→ Ezechiel

Majestätsplural (= Abstraktionsplural) »Lasset uns den Menschen machen nach unserem Bilde...« *(Schöpfung; Gottessöhne)* Warum spricht Gott hier *(Genesis 1,26)* und an unzähligen anderen Bibelstellen von sich im Plural? Ist die Annahme vom M' wirklich berechtigt? Waren es nicht ursprünglich Götter, die den Menschen formten *(Genmanipulation),* ihn in seiner Entwicklung mehr oder weniger manipulierten? Q.: Däniken: Erinnerungen S. 61; Q.: Däniken: Aussaat S. 70; Q.: Krassa: Gott S. 32, 245; Q.: Dopatka: Spiegelbild Die ebenfalls gebräuchliche Namensform *Elohim,* die eindeutig mit »Götter« im Plural übersetzt wird, scheint das zu bestätigen.
→ Jahwe

Mais Obwohl der Mais in der Alten Welt unbekannt gewesen sein soll, finden wir auf Reliefen und *Keramiken* in der »Halle der Nationen«, im Palast Königs *Assurnasirpals II.* zu *Kalah* oder *Kalhu,* später *Nimrud (Assyrer),* Männer zusammen mit mannshohen Maisstauden abgebildet. Deutlich sind ebenfalls die Kolben hervorgehoben. Über der Szene schwebt das geflügelte Rad, das Symbol der vorderasiatischen Himmelsgottheit *(UFO,* historische; *Gravuren).* Q.: Kohlenberg: Vorzeit S. 307
Die mexikanischen *Huichól* haben den M' von ihrem Kulturbringergott *Mayakuagy,* der sie gegen die bösen *Riesen,* die *Quinametzin,* beschützte, erhalten *(Kulturbringer,* Götter als; *Mexiko; Sagen; Rivalitäten der Götter).* Q.: Kohlenberg: Vorzeit S. 306; Q.: Krickeberg: Märchen
Der Priesterkönig *Quetzalcoatl,* der in der Stadt *Tollan* im mexikanischen Hochland herrschte *(Kukulcan* lautet die Namensform bei den *Maya,* beides bedeutet etwa »Gefiederte Schlange«), soll in seinem Reich riesige M'-Kolben besessen haben. Q.: Kohlenberg: Vorzeit S. 306

→ Domestizierungen
→ Gottessöhne
→ Maya
→ Schöpfung
→ Tula
Make-Make (»Bewohner der Luft«; Schöpfergott der Osterinsel) → Eier, fliegende
→ Osterinsel
Makkabäer (Altes Testament)
2. Makk 2,4–5 → Bundeslade
Malachath (dämonische Frau Adams) → Talmud
Malakka (indonesische Halbinsel)
→ Unfälle
Malden (Line-Inseln; Polynesien)
→ Bauwerke
Malekula (Neue Hebriden; Melanesien) → Gottessöhne
→ UFO, historische
Mali (afrikanischer Staat)
→ Astronomie
→ Bodenzeichnungen
→ Erde
→ Exobiologie
→ Jesus
→ Kalender
→ Landeplätze der Götter
→ Medizin
→ Mond
→ Mutanten
→ Oannes
→ Planetensystem, eigenes
→ Riesen
→ Saturn
→ Schiffe, fliegende
→ Sintflut
→ Sirius-B
→ Unfälle
→ Verbindung von Himmel und Erde
→ Wiederkehr der Götter
Mallery, Arlington H. (Ingenieur und Hobby-Archäologe) → Piri Reis Weltkarten
Malo (Neue Hebriden; Melanesien)
→ Herkunft der Götter
Malta Die kleine Inselgruppe inmitten des Mittelmeeres ist archäologisch überaus interessant. Bereits um 4000 v. Chr. entstand eine eigenartige Kultur mit Großsteinbauten, gewaltigen Tempelanlagen aus mörtellos gefügten Steinblöcken, unterirdischen, künstlich ausgeschachteten Grotten (Hypogäen) und einer reichen Spiral-Ornamentik, die Symbolwert besessen haben muß. Tief in den Fels eingeschnittene Gleisspuren führen z. T. ins Meer hinaus *(Bodenzeichnungen; Höhlen; Bunker; Gravuren).* Q.: Chatelain: Nos ancêtres S. 91 ff; Q.: Charroux: Welten S. 72; Q.: Kohlenberg: Vorzeit S. 402; Q.: Evans: Malta; Q.: Tetzlaff: Malta Die »Gleisspuren« zeigen eine optische Verwandtschaft zur Felsbearbeitung von *El Fuerte* in Bolivien. Q.: Chatelain: Nos ancêtres
Mama Huaco (südamerikanische Göttin) → Orejona
Mama Ipacura (südamerikanische Göttin) → Orejona
Mama Ocllo (südamerikanische Göttin) → Orejona
Mama Raua (südamerikanische Göttin) → Orejona
Mamenhi (heutiger Name der Tula-Ruinenstätte) → Tula
Mamre (Name eines Haines in Judäa, bei Hebron) Durch *Genesis 18,* vielfach wieder als Halluzinationsbericht *(Erscheinungen)* hingestellt, erhält die Prä-Astronautik wieder ein Indiz. Die Erscheinung von M' berichtet von einem wie selbstverständlichen persönlichen Kontakt der Himmlischen mit *Abraham (Erkennen der Götter).*
Der Patriarch saß, wie allgemein üblich, während der Mittagshitze an der Tür vor seinem Haus. Da bemerkte er drei Männer *(Humanoiden)* vor sich und erkannte gleich seinen Herrn, seinen Gott unter ihnen *(Erkennen der Götter).* Kleidung *(Overalls)* und Aussehen waren für ihn anscheinend exotisch fremd – eben göttlich. Sollte Gott hier Mensch geworden sein *(Inkarnationen)?* Vielleicht flankiert von zwei *Engeln?* Die drei Besucher hingegen benehmen sich nur allzu menschlich. Sie lassen sich be-

Manna 217

Mamre. Spielte sich so das Zusammentreffen ab? Q.: Kiril Terziev, Strumica, Jug.

wirten, Wasser und Milch bringen, Kuchen backen und ein Kalb schlachten – sie essen und trinken *(Ernährung).*
Auch hier weissagt man *Abraham* einen Sohn – und zwar nach Jahresfrist. *Sara* jedoch lauscht dem Gespräch hinter der Haustür und lacht im stillen über die Prophezeiung *(Prophezeiungen)* – ein Kind in ihrem hohen Alter *(Unfruchtbarkeit; Krankheiten)?* Der Gast aber versteht ihre Gedanken, denn er fragt entrüstet *(Kommunikation):* »Sollte mir als Gott etwas unmöglich sein?« *Sara* leugnet ihre Gedanken, worauf die Fremde konsequent bleibt: »Du hast gelacht!« Anscheinend war er sich der Gedankenübertragung *(Telepathie)* vollkommen sicher.
Unsere kleine Gesellschaft macht sich nach dem Mahl zu Fuß nach Sodom *(Sodom und Gomorrha)* auf, um diese Stadt in Augenschein zu nehmen.
Betrachten wir die Verse *20* und *21* des *18*. Kapitels der *Genesis*, wo Gott von der Kunde berichtet, die zu ihm gedrungen sei und die er – (!) – nachprüfen müsse.
Abraham ahnt den nahen Vernichtungsschlag und überwindet sich, mit seinem Gott *(Verhandlungen; Kommunikation)* über das Los der Stadt zu verhandeln.

In Sodom selbst treffen schließlich nur die zwei *Engel* ein – dem Gott dieser Geschichte war das Betreten der Stadt wohl zu heikel. Q.: Dopatka: Spiegelbild
Verblüffend ähnliche Sagen finden wir ebenfalls in anderen Kulturkreisen, so in der Geschichte des *Hyrieus* und dem *Shata-patha-brâhmana.*
→ Hyrieus
→ Shata-patha-brâhmana
→ Sodom und Gomorrha
Manakaure (Berg einer peruanischen Sage) → UFO, historische
Manannan (Figur des irischen »Buches der Eroberungen«)
→ Kulturbringer, Götter als
Manasarovar (See in Tibet)
→ Berge, heilige
Manco Capac (sagenhafter Herrscher und Halbgott der Inka-Legenden) → Inka
→ Orejona
Mandara (Berg in Tibet) → Berge, heilige
Manna Zur Illustration der Fürsorge Jahwes, wie von theologischer Seite vermutet wird, diente ursprünglich *Exodus 16 ff.* Jahwe, als sichtbarer mitziehender Gott beim Auszug aus Ägypten, speiste das hungernde, murrende Volk in der Wüste mit Wachteln und himmlischem Brot, dem Manna *(Ernährungsproblem).* Krampfhaft versuchte man auch hier eine annehmbare Erklärung zu finden, und man stieß – auf den Saft von Tamariskenbäumen, der austritt, wenn bestimmte Schildläuse (oder »Manna-Zikaden«) sie stechen, wie Werner *Keller,* Joachim *Rehork* u.a. feststellten. Schließlich wird auch er gesammelt und dient als Nahrung. Ist damit aber das Problem dieser Episode erledigt? Ein Teil dieser Honigkuchennahrung wird in *Exodus 16,32 ff* zu Jahwe gebracht, damit er die Speise regelrecht konserviert *(Konservierung).* Man wollte auch für spätere Zeiten eine bleibende Erinnerung haben und vertraute auf die

Manna

Technik Jahwes *(Reliquien)*. Wahrscheinlich ahnten die wenigsten etwas davon und sprachen daher vom Segen oder der Heiligung Gottes, die augenscheinlich Wunder wirkte. Q.: Dopatka: Spiegelbild; Q.: Krassa: Gott S. 104 ff; Q.: Rehork: Archäologie; Q.: Keller: Und die Bibel
Zu einer eigenwilligen technologischen Interpretation kamen der britische Elektronik-Ingenieur George Thornycroft *Sassoon* und der Biologe Rodney A. M. *Dale*. Nach dem Studium jüdischer Überlieferungen, vor allem der jüdischen *Kabbala*, konstruierten sie eine Maschine *(Maschinen)* nach, die, auf der Basis von Algenkulturen, eine Nahrung produziert: das Manna. Am 1. April 1976 in der Zeitschrift New Scientist veröffentlicht, war der Artikel von den Verfassern dennoch nicht als Aprilscherz verstanden. Im Zusammenhang mit anderen technologischen Rekonstruktionen biblischer Überlieferungen muß aber auch diese Interpretation berücksichtigt werden. Q.: Sassoon/Dale: Deus est; Q.: Däniken: Beweise S. 389 ff
Im Buch *Hadra Zuta Odisha* (=»Die kleine heilige Verherrlichung«, Teil der *Kabbala)* wird, in Gleichnissen, der »Uralte der Tage« geschildert. Die Darstellung des Heiligen kann sich aber nur schwerlich auf eine Person beziehen. So beschreibt man an seinem Kopf: »... Und alle jene Haare und alle jene Schnüre vom Gehirn sind verborgen und glatt im Behälter. Und der Hals kann nicht ganz gesehen werden... Es gibt einen Pfad, der in der Teilung der Haare vom Gehirn fließt...« Wurden hier Leitungen und Anschlüsse einer technischen Apparatur beschrieben? Auf diese Schilderungen, zu denen ein doppelter Kopf, Auffangbehälter für die Flüssigkeit etc. gehören, ließen sich die Interpretationen ableiten. Die Maschine soll pro Tag 1,5 Kubikmeter M' erzeugt haben. Q.: Däniken: Beweise S. 394 f

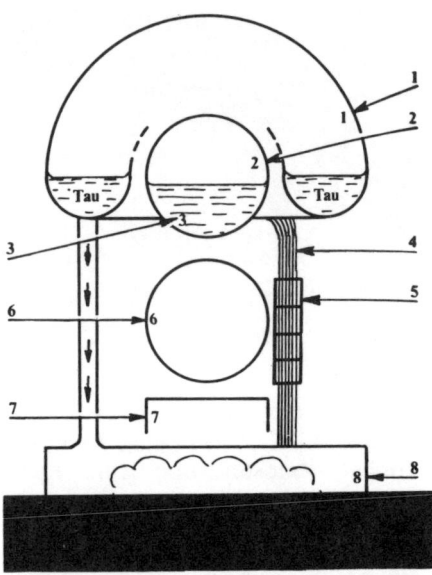

Manna. Technische Zeichnung der Manna-Maschine nach Rodney Dale. 1. Oberer »Schädel« mit gewellter, Wasser kondensierender Oberfläche. 2. Behälter mit Lichtquelle, die eine Algenkultur bestrahlt. 3. Behälter, in dem das Trockenprodukt entsteht. 4. Haare, Schnüre, Leitungen, die... 5. in ein Röhrensystem führen. 6. Der unsichtbare »Kopf«, in dem Malzzucker hydrolisiert wird. 7. Durch den »Hals« wird das Produkt ins Sammelbecken gegeben. 8. Becken, in dem die Produktion gesammelt wird. Q.: Umzeichnung nach Rodney Dale

Nach der *2. Chronik 2,5* wurde die Maschine noch im Tempel zu *Jerusalem* aufbewahrt, bei seiner Plünderung wahrscheinlich vernichtet. Q.: Däniken: Beweise S. 398
→ Dale, Rodney Alexander M.
→ Sassoon, George Thornycroft
Manola (Welt des finnischen Kalewala) → Herkunft der Götter
Manta (chilenische Küstenprovinz)
→ Osterinsel

Mantras (indonesische Eingeborene) → Unfälle
Manu (Flutüberlebender der indischen Mythologie, auch Manu Satyavara oder Vaivasvrata genannt)
→ Sintflut
Manu (helfende, kulturbringende Götter; Indien) → Domestizierungen
Manu Satyavara (Flutüberlebender der indischen Mythologie, auch Manu oder Vaivasvrata genannt)
→ Manu
Mao Tse-tung (chinesischer Staatsmann) → Lebensdauer
Maori (Ureinwohner von Neuseeland) → Donnergötter
→ Gottessöhne
→ Konfrontationen der Götter
→ Konfrontationen Götter kontra Menschen
→ Mutanten
→ Unfälle
→ Weltraumreisen, Probleme bei
Maori Nuinui (Landschaft der Osterinsel-Mythologie) → Osterinsel
Marae (pyramidenähnliche Steinterrassen Polynesiens) → Osterinsel
→ Pyramiden
Maras (südamerikanischer Stamm)
→ Orejona
Marduk (ursprünglich babylonischer Stadtgott) → Baalbek, Terrasse von
→ Sirius-B
Maria Auxiliadora (Kirche des Pater Carlo Crespi) → Crespi, Carlo
Marianen (Mikronesien)
→ Bauwerke
→ Simbabwe
(Übersicht über einzelne Inseln:)
→ Rota
→ Tinian
Maricopas (Indianerstamm; USA)
→ Kommunikation, interstellare
Marin, Homero Henão (Paläontologe) → Kuriositäten
Marlborough (Gebiet der Steinbrüche Stonehenges; Großbritannien)
→ Transporte
Marmadscheidschan, Leonidow (Anthropologe) → Operationen (med.)

Marokko → Riesen
Marquesas (pazifische Inselgruppe)
→ Bauwerke
→ Osterinsel
Mars (Planet) → Katastrophen, kosmische
→ Planetensystem, eigenes
Marshall-Inseln (Mikronesien)
→ Bauwerke
(Übersicht über einzelne Inseln:)
→ Lae-Atoll
Marsmonde → Prophezeiungen
Martial, Jean (französischer Experimentalchemiker und Okkultist)
→ Pyramiden
Marumba (Gott der Pomo-Indianer)
→ Sintflut
Marzuq (auch Mursuk; libysche Oase) → Kulturen, versunkene
→ Sirius-B
Masai (ostafrikanischer Stamm)
→ Götter, hellhäutige
Maschinen Den alten Ägyptern *(Ägypten)* war die Konstruktion von automatischen Türen *(Tore, automatische)*, *Wasser-Sprühanlagen,* künstlich singenden Vögeln *(Spielzeugautomaten)* und anderen Vorrichtungen bekannt.
Diese und andere Erfindungen, wie z. B. das scheinbare Schweben tonnenschwerer Statuen *(Gravitation, Aufhebung der)*, wurden benutzt, um das Volk das Fürchten zu lehren *(Einschüchterungen)* und dessen Glauben an die Macht der Götter zu stärken. Q.: Kiaulehn, Walter: Die eisernen Engel; Q.: Krassa: Gott S. 68 f
Ktesibios und *Heron* sind zwei spätere Vertreter dieser antiken Ingenieure. Kann das Wissen dazu von den Sternen gekommen sein, wie die Mythologien behaupten? Q.: Kiaulehn: Engel; Q.: Krassa: Gott S. 68 f
In der Nähe der Hauptstadt der chinesischen Provinz *Yün-nan, Kunming,* tauchten nach einem Erdbeben *Pyramiden* vom Grund des *Kunming-Sees* auf *(China).* Man fand auf ihnen Gravuren, die zylindrische, maschinenähnliche Konturen hatten

und in den Himmel zu steigen schienen *(UFO,* historische). Q.: Däniken: Erinnerungen S. 159
Angeregt durch ein immer wiederkehrendes Schriftzeichen der *Maya,* besonders im Codex Tro-Cortesianus *(Codex Madrid),* das die Kraft ausdrücken soll, stießen der österreichische Physiker Friedrich *Egger* und Klaus *Keplinger* auf die Konzeption eines sog. *Rotationskolbenmotors (Motoren).* Die Leistung dieses neuen Motors, der nach dem Schraubenprinzip der Durchdringung zweier Rotationsebenen arbeitet, ist ungeheuer. Bei 500 Umdrehungen/min und 40 cm^3 Hohlraum werden 400 PS erzeugt; ein Motor alter Konzeption entwickelt in dieser Größenordnung bei 5000 Umdrehungen/min. nur 200 PS. Q.: Krassa: Gelbe Götter S. 171 ff

Maya-Motor-Modell. Q.: U. Dopatka

Die Arbeiten zum »*Maya*-Motor« liefen im Zusammenhang mit dem *Atarpa-Projekt,* das technische Spuren bei alten Kulturvölkern in die Gegenwart hochzurechnen versucht: eine interdisziplinäre Verbindung von freien Wissenschaftlern. Q.: Krassa: Gelbe Götter S. 173
Die brasilianischen *Guaraní* kennen eine Überlieferung, in der ihre Vorfahren funkenerzeugende M' zum Feuermachen benutzt hätten *(Brasilien; Sagen; Argentinien).* Q.: Kohlenberg: Vorzeit S. 347; Q.: Braghine: Atlantis

→ Akakor
→ Computer
→ Helikopter
→ Manna
→ Osterinsel
→ Sacsayhuaman
→ Sirius-B
→ UFO, moderne
→ Unklarheiten der Definition
→ Waffen der Götter
→ Werkzeuge der Götter
vgl.: Batterien
vgl.: Röntgen-Gerät
Mashekenapek (gehörnte Schlangen der Sauk-Indianer-Mythologie; USA) → Riesen
→ Schlangen
Masken M' gehören zu denjenigen Kultgegenständen, die uns Anhaltspunkte für Aussehen oder Verhalten der Götter geben. Sie sind damit etwa gleichrangig mit den Wiedergaben, die uns Fels- und Höhlenzeichnungen vermitteln.
→ Antennen
→ Erkennen der Götter
→ Palenque
→ Rocket-Belt
→ Sirius-B
→ Stollen, unterirdische
→ Tassili-Massiv
→ Unterwasserbasen
→ Verbindung von Himmel und Erde
vgl.: Atemgeräte
vgl.: Cargo-Kult
vgl.: Ritualgewänder
vgl.: Tarnung
Matapan (Kap; Griechenland)
→ Unterwasserbasen
Materialisierungen Sich *Aladins* Wunderlampe als Empfänger eines Materie-Transmitters vorzustellen, dürfte in der Zukunft noch weniger Schwierigkeiten bereiten *(Tausendundeine Nacht).* Q.: Däniken: Zurück S. 104 f
→ Erscheinungen
→ Schöpfung
vgl.: Entmaterialisierungen
Mathematik Komplizierte Berechnungen und winzige oder riesige

Zahlenwerte, die im praktischen Leben sinnlos sind, entwerfen das Bild einer antiken und prä-antiken M' mit stark theoretischer Ausrichtung. Mit der Götterwelt ist diese M' eng verwoben, so stark, daß man beim Auftreten vergötterter Astronauten an eine Befruchtung auf diesem Gebiet glauben muß. Ob dabei die Einführung des *Dezimalsystems,* z. B. im alten *Ägypten,* wirklich nur auf die 10 Finger des Menschen zurückzuführen ist? Q.: Däniken: Erinnerungen S. 102
→ Astronomie
→ Computer
→ Kalender
→ Konfrontationen der Götter
→ Maya
→ Oannes
→ Pyramiden
→ Thailand
→ Venus
→ Zahlen
vgl.: Binär-Code
vgl.: Venusgleichung
Mathematiker
(Übersicht über einzelne Personen:)
→ Aristarch
→ Chang Heng
→ Pythagoras
Mato Grosso (Urwaldgebiet Brasiliens) → Kuriositäten
→ Verbindung von Himmel und Erde
Ma Tse Yan (chinesischer Arzt)
→ Entführungen
Matsyapurana (indischer Mythos)
→ Baum des Lebens
→ Sintflut
Mattoal (Indianerstamm Neumexikos) → Sintflut
Maui (polynesischer Kulturbringer)
→ Antennen
→ Bauwerke
→ Kulturbringer, Götter als
Maui Mua (Figur einer polynesischen Sage; auch Rupe genannt)
→ Weltraumreisen, Probleme bei
Mauna Kea (Berg auf Hawaii)
→ Sintflut

Mausola Purva (8. Buch des indischen Mahabharata) → Cukra
→ Waffen der Götter
Mawese (Gott der Pende aus Zentralafrika) → Entführungen
→ Kulturbringer, Götter als
Maya Um 600 n. Chr. geschah auf der Halbinsel *Yucatán* etwas bis heute Unerklärliches: Das Volk der M' verließ sein Stammesgebiet, das sie in Jahrhunderten mit gewaltigen und wunderbaren Kultbauten, *Pyramiden,* Wasserspeichern, *Straßen* und anderen *Bauwerken* übersät hatten. Die neue Heimat lag 350 Kilometer entfernt im Norden der Halbinsel. Q.: Däniken: Erinnerungen S. 146 ff; Q.: Däniken: Besucher S. 300 ff

Maya. Übersichtskarte des Siedlungsraumes der Maya. Q.: Nach H. Trimborn, Das alte Amerika, Zürich 1959. Karte: Josefine Trimborn

Wer oder was kann dieses Kulturvolk dazu animiert haben, eine Völkerwanderung auf sich zu nehmen *(Völkerwanderungen)?*

Die Vertreibung durch einen anderen Stamm scheidet aus: Spuren eines Kampfes wurden nicht gefunden.
Bei der – im Weltmaßstab gesehen – geringen Distanz von 350 km kann auch ein Klimaumschwung nicht ausschlaggebend gewesen sein.
Andere Deutungen, wie Seuchen und Bürgerkriege, kamen nach näherer Prüfung ebenfalls nicht in Betracht.
Eines aber bliebe noch: Was, wenn die ganze heilige Anlage der Tempel und Städte ein nach kalendarischen Zyklen *(Kalender)* genau konzipiertes Werk war, das bei seiner Vollendung die *Wiederkehr der Götter* hätte erleben müssen? Die zeitliche Aufeinanderfolge bestimmter Bauabschnitte scheint diese Annahme zu bestätigen.
An dem Tage schließlich, als die M' und ihre *Priester* die Rückkehr der Götter, an ihrer Spitze Kukulcan (=Kukumatz), auch *Quetzalcoatl* genannt, erwarteten – geschah nichts. Nach Monaten enttäuschenden Wartens und auch vielleicht sinnloser *Opfer* verließ man die Städte, um an anderer Stelle wieder neue zu errichten. Q.: Däniken: Erinnerungen S. 146 ff
Das enorme Wissen der Priesterschaft im Staat der Maya könnte direkt auf einen frühen Kontakt mit den Göttern zurückzuführen sein *(Kulturbringer,* Götter als). Q.: Däniken: Erinnerungen S. 90, 148 ff; Q.: Mooney: Les dieux S. 151
Nach Berechnungen geht das Null-Datum des *Kalenders,* also der Beginn der Zeitrechnung, auf das Jahr 3111 v. Chr. zurück, also etwa bis zu dem Zeitpunkt, an dem die Archäologen den Beginn der ägyptischen Zivilisation ansetzen *(Ägypten).* Der Astronom Robert *Henseling* setzte ihn sogar auf den 5. Juni 8498 v. Chr. Vielleicht handelt es sich nicht unbedingt um bloß symbolische Zahlen.
In der Tat waren die M' der historischen Epochen ein Volk, das fast ausschließlich vom *Mais*bau lebte. Ein einfacher agrarischer *Kalender* hätte den praktischen Bedürfnissen völlig genügt. Um so erstaunlicher sind die hochkomplizierten astronomischen Berechnungsmöglichkeiten, die etwa in den *Venus*-Tafeln des Dresdner M'-Codex *(Codex Dresden)* festgelegt sind. Schwierigste mathematische Operationen wurden durchgeführt, um über lange Zeiträume hinweg Sonnenfinsternisse vorhersagen zu können. Die astronomisch fundierte Rechenkunst der M' beweist einen Grad spekulativer Geistesschärfe, der auch den Fachmann immer wieder in Erstaunen versetzt *(Astronomie; Mathematik).* Die M' entwickelten, wie der mexikanische Amerikanist M. *León-Portilla* beobachtete, eine Philosophie der Zeit, die in der Konzeption des ewigen Werdens in Form riesiger Zyklen ihren Ausdruck fand. Die hochentwickelte Kalender-Mathematik, die sich Begriffen wie *»Kinchiltun«* (3 200 000 *Tun*-Zeitabschnitte zu je 360 Tagen) und *»Alautun«* (gleich 64 000 000 Tun) bediente, erlaubte gewissermaßen geistige Reisen durch unvorstellbare Zeiträume, die bei einem Ackerbauvolk auf jeden Fall erstaunlich wirken müssen und deren kosmische Bezogenheit sich bei traditioneller Betrachtungsweise nicht recht erklären läßt.
Alle 374 000 Jahre sollen sich Jahreszyklen wiederholen *(Zahlen).* Q.: Däniken: Meine Welt S. 88
Auch kürzere Perioden kommen in dem Kalenderwesen, wie z. B. die *Venusgleichung* angibt, ebenfalls vor *(Mathematik; Zahlen; Wiederkehr der Götter).* Q.: Däniken: Erinnerungen S. 90, 148 ff
Die Umlaufzeit des *Mondes* war den M'-Priestern bis auf 4 Kommastellen bekannt! Q.: Däniken: Meine Welt S. 88
Das *Popol Vuh (Sagen),* die heilige

Überlieferung der *Quiché-M'*, erzählt von Göttern, die alles hätten erkennen können: das All und sogar das runde Antlitz der Erde *(Astronomie)*. Q.: Däniken: Erinnerungen S. 89
Noch andere Erstaunlichkeiten hinterließen die astronomiebegabten M'. Sie beschäftigten sich nicht nur mit der *Venus,* sondern kannten vielleicht auch die Planeten *Uranus* und *Neptun (Astronomie).* Q.: Däniken: Erinnerungen S. 152
Erstaunlich ist auch ihr Mythos von einem Kulturbringer-Heros mit dem Namen »Vogel-Schlange« *(Schlangen).* Q.: Däniken: Erinnerungen S. 146 ff
Er geht zurück auf den erwähnten *Kukulcan,* der so betitelt wurde. (Kukulcan/Quetzalcoatl ist zunächst der Name einer Gottheit, später auch eines sagenhaften Priesterkönigs von *Tollan.)* Was berichtet die Überlieferung von diesem Gott? Q.: Däniken: Erinnerungen S. 148 ff, 154 f
Aus dem Osten sei er einst gekommen. Besonders auffällig scheint seine weiße Kleidung oder Hautfarbe *(Götter,* hellhäutige; *Overalls)* und der Bart *(Götter,* bärtige) gewesen zu sein. Nachdem er den Maya Kultur und Wissenschaft (hier besonders die Züchtung von sehr großen *Mais*kolben und farbiger *Baumwolle)* vermittelt hatte *(Domestizierungen),* sei er entschwunden – entweder, wie eine Version berichtet, zur *Venus,* oder er sei mit einem Schiff oder Floß über das Meer weggefahren; das Meer kann auch als Symbol für den »Himmelsozean« aufgefaßt werden *(UFO,* historische; *Herkunft der Götter) –* jedoch nicht, ohne vorher seine Wiederkehr zu versprechen *(Wiederkehr der Götter).* Q.: Däniken: Erinnerungen S. 148 ff, 154 f
Die weißen, hellhäutigen und blonden Götter, die bei *Tamoanchan* an der Küste *Yucatáns* landeten, kamen mit *Schiffen,* die »gleich den Schuppen einer *Schlangen*haut glitzerten« *(Mexiko).* Da sie neben sonderbarer Kleidung *(Overalls)* noch *Schlangen* an ihrer Stirn trugen und vom Himmel kamen, entstand der Mythos von den Himmelsschlangen *(Götter,* hellhäutige; *Popol Vuh).* Der erste Eindruck, europäische Seefahrer seien diese Kulturbringer gewesen, ist daher zumindest zweifelhaft *(Erkennen der Götter).* Q.: Kohlenberg: Vorzeit S. 37; Q.: White, A. T.: Kulturen; Q.: Popol Vuh. Cordan
→ Astronomie
→ Baum des Lebens
→ Egger, Friedrich
→ Erkennen der Götter
→ Götter, bärtige
→ Herkunft der Götter
→ Kalender
→ Katastrophen
→ Kristall-Schädel
→ Kulturbringer, Götter als
→ Mais
→ Maschinen
→ Meerwunder
→ Palenque
→ Pleiaden, Sternbild der
→ Popol Vuh
→ Pyramiden
→ Räder
→ Riesen
→ Rocket-Belt
→ Schlangen
→ Spiele der Götter
→ UFO, historische
→ Verbindung von Himmel und Erde
→ Vernichtung von Schriftzeugnissen

Mayakuagy (Kulturbringer-Gott der nordmexikanischen Huichól)
→ Mais

Maylmen (Weltenbaum der Lappen-Mythologie) → Baum des Lebens

Mayo (irische Grafschaft)
→ Kulturbringer, Götter als

Ma Yüan (Ingenieur der chinesischen Mythologie) → Schiffe

Mazacoatl (Hirschschlange der Mythologie mittelamerikanischer Völker) → Schlangen

Mazière, Francis (Ethnologe)
→ Osterinsel
Mbengge (Berg der Fidschi-Inseln)
→ Sintflut
Mead, Margaret (Anthropologin)
→ Humanoiden
→ UFO, historische
Medea (Tochter des Königs Aetes; griechische Mythologie) → Roboter
Medien (Königreich im Nordwestiran) → Vernichtung von Schriftzeugnissen
Medien, menschliche → Ägypten
→ Exobiologie
→ Parapsychologie
→ Telepathie
Medikamente → Etana und der Adler
→ Ezechiel
→ Lebensdauer
→ Levitation
→ Rivalitäten der Götter
→ UFO, historische
vgl.: Betäubungsmittel
vgl.: Drogen
vgl.: Koka
vgl.: Krankheiten
vgl.: Medizin
Medizin Hohe medizinische Kenntnisse gab es nicht in allen Phasen der Entwicklung unserer Menschheit. Neben der Wissenschaftsexplosion in unserer Epoche, die auf fortschreitender Technik aufbauen konnte, gab es nur in prähistorischen Zeiten eine hochentwickelte M'. Die Annahme, daß hohe technische Fertigkeiten hierbei ebenfalls Voraussetzung waren, scheint berechtigt. Für Archäologen kamen diese Errungenschaften wie aus dem Nichts – für die Mythologen von den Göttern, von den Sternen, sprich von Prä-Astronauten.
Die westafrikanischen *Dogon* aus *Mali* vergleichen astronomische Prozesse mit dem Blutkreislauf, bei dem, wie sie sagen, das mit Luft angereicherte Blut vom Herzen her in den Körper zurückgeführt wird. Der Blutkreislauf wurde in Europa ab dem Mittelalter bekannt. Richtig definiert wurde er erst durch den englischen Arzt William Harvey im Jahr 1628. Q.: Griaule/Dieterlen: Le renard; Q.: Temple: Sirius-Rätsel S. 41
In *Exodus 15,26* sichert Gott dem Führer *Moses,* auf dessen Hilfe er auch an dieser Stelle nicht verzichten kann, ärztliche Betreuung zu. Er wird fortan von *Krankheiten,* wie sie die Ägypter trafen, verschont werden. Also waren die ägyptischen Plagen nichts anderes als künstliche Seuchen. Q.: Dopatka: Spiegelbild; Q.: Krassa: Gott S. 104
Der brahmanische Text *Sactya Grantham* berichtet detailliert von *Impfungen (Brahmanen; Indien).* Q.: Mooney: Les dieux S. 172
→ Akupunktur
→ Anästhesie
→ Drachen, himmlische
→ Elias
→ Etana und der Adler
→ Ezechiel
→ Inka
→ Röntgen-Gerät
→ Schlangen
→ Schöpfung
→ Steine, gravierte
→ UFO, historische
→ Wiederbelebung
→ Zahnmedizin
vgl.: Amputationen
vgl.: Betäubungsmittel
vgl.: Herztransplantationen
vgl.: Impfungen
vgl.: Medikamente
vgl.: Operationen (med.)
vgl.: Prothesen
vgl.: Quarantäne
vgl.: Transplantationen
vgl.: Untersuchungen an Menschen
Medzamor → Mezamor
Meerwunder Von einer trockenen Durchwanderung eines Meeres berichtet das *Popol Vuh* der *Quiché-Maya.* Q.: Däniken: Aussaat S. 91
Da das M' der Wandersagen mittelamerikanischer Völker im Gegensatz zu dem betreffenden Bibeltext wenig

bekannt ist, sollen einige Stellen aus den Texten (in der Übersetzung von W. Cordan) zitiert werden. Im *Popol Vuh* heißt es: »Voller Kummer verließen sie Tulan *(Tula)*... Sie merkten es kaum, wie sie das Meer kreuzten. Als ob es kein Meer gäbe, überschritten sie es; über Steine schritten sie. Aus dem Sand stiegen runde Steine, und über die Reihen der Steine schritten sie dahin. ›Treibsand‹ nannte man die Stelle; die das sich teilende Meer überschritten, gaben den Namen. So gelangten sie hinüber.« In den Annalen des *Cakchiquel*-Volkes wird berichtet, daß die Anführer sprachen: »Lasset uns die Spitzen unserer Stäbe in den Sand unter der See stecken, und wir werden rasch das Meer über dem Sand bezwingen. Unsere roten Stäbe, die wir vor den Toren von *Tula* empfingen, werden uns behilflich sein. – So gingen wir über den Sand dahin, als es weit wurde unter der See und über der See.« Q.: Popol Vuh. Cordan S. 116, 208, 209

Beruhte auf einer ähnlichen Treibsandinsel die mosaische Durchquerung eines Meeresarmes? Oder waren bei dieser Geschichte andere Kräfte am Werk? Auch *Moses* hatte einen Wunderstab!

→ Elias
→ Moses
→ UFO, historische
→ Wetterbeeinflussung

Meerwunder. Q.: Rolf Kauka Verlag

Megalithen *Bauwerke* aus großen Steinblöcken, »Großsteine« *(Monumente)*. Es handelt sich um vorgeschichtliche Anlagen, Grabbauten, einzelstehende Steinsäulen und ganze Reihen von Steinblöcken, die offenbar keinen erkennbaren Sinn im alltäglichen Bereich haben, da vergleichbare »zivile« Bauten (Häuser, Burgen usw.) in den Epochen fehlen, aus welchen die M' stammen (etwa 4000 bis 1600 v. Chr.). Ob die zum Teil unglaublich massiven Steintisch-Gräber mit ihren Türöffnungen immer nur für Bestattungen dienten und nicht etwa Fluchtbauten und *Bunker* waren, ist im Sinne der Prä-Astronautik untersuchenswert. Die Steinblock-Alleen von Nordwesteuropa sollen Hilfsmittel für astronomisch-kalendarische Berechnungen gewesen sein und waren damit offenbar irdische Markierungen für eine steinzeitliche *Astronomie* und Kosmos-Bezogenheit. Der gewaltige Trilithen-Rundbau von *Stonehenge* in Südengland wird ebenfalls mit astronomisch-kalendarischen Ritualen in Verbindung gebracht.

Megalithen. Q.: Nach Gale Sieveking, Ursprung und Ausbreitung der Großsteinbauten Europas. In: E. Bacon, Versunkene Kulturen, Zürich 1963

Bei *Transporten* der Steinblöcke wurden Leistungen vollbracht, die auch mit Hilfe moderner Technik schwer nachvollziehbar wären. Wurden die M' deshalb so gewaltig dimensioniert, damit sie auch aus großen Höhen sichtbar sein sollten?

→ Kelten

Megamede (Königin in der griechischen Mythologie) → Sirius-B
Megaphone vgl.: Lautsprecher
Mehlhose, Kurt Franz Edmund *8. 12. 1923 in Leipzig. Der Diplomchemiker Dr. M' sprach beim 2. Weltkongreß der *Ancient Astronaut Society* 1975 in Zürich über relativistische Aspekte der Raumfahrt. Möglichkeiten und Grenzen bemannter Raumflüge sind auch Thema weiterer Veröffentlichungen.

Mehlhose, Kurt. Q.: K. Mehlhose

Meister, William (amerikanischer Hobby-Paläontologe)
→ Versteinerungen
Mekka (islamisches Heiligtum)
→ Hadschar al-Aswad
Mel'akim (oder Maleachim, alttestamentarisch »Boten Gottes«)
→ Engel
Melanesien → Bauwerke
→ Cargo-Kult
→ Eier, fliegende
→ Felsen, fliegende
→ Götter, hellhäutige
→ Gottessöhne
→ Herkunft der Götter
→ Konfrontationen der Götter
→ Landeplätze der Götter
→ Mutanten
→ Simbabwe
→ UFO, historische
(Übersicht über einzelne Inseln:)
→ Aoba (Neue Hebriden)
→ Bismarck-Archipel
→ Iumoran (Neue Hebriden)
→ Malekula (Neue Hebriden)
→ Malo (Neue Hebriden)
→ Neu-Guinea
→ Neue Hebriden
→ Neu-Kaledonien
→ Nukumanu-Atoll (Salomon-Inseln)
→ Pentecost (Neue Hebriden)
→ Swallow (Santa-Cruz-Inseln; Neue Hebriden)
→ Tanna (Neue Hebriden)
→ Tikopia (Santa-Cruz-Inseln; Neue Hebriden)
→ Vanua Lava (Banks-Inseln; Neue Hebriden)
Melaniden (dunkelhäutige Rasse Indiens) → Eier, fliegende
Melchisedek (Sohn des vorsintflutlichen Königs Nir; vorisraelitischer König) → Entführungen
Melhedegaard, Frede *25. 3. 1919 in Kopenhagen. Der phantasievolle Schriftsteller machte nicht nur in Skandinavien mit extravaganten Interpretationen archäologischer Funde von sich reden.
Melo, Vaz de (brasilianischer Sprachforscher) → Osterinsel
Mem-Baba-Kent-Kre (Teil des Gebirges Pukato-Ti; Brasilien)
→ Kulturbringer, Götter als
Memnon (Sohn der Eos und des Kleitos; griechische Mythologie)
→ Gottessöhne
Memphis (Stadt in Ägypten)
→ Vernichtung von Schriftzeugnissen
Mene (ägyptische Prinzessin)
→ Mumien
Meneptah → Merenptah

Metalle 227

Melhedegaard, Frede. Q.: Carsten Larsen

Menschen, Evolution des
vgl.: Homo sapiens, Evolution des
Menschen, künstliche
vgl.: Genmanipulation
vgl.: Roboter
Menschenfresser
vgl.: Kannibalen
Menschwerdungen
vgl.: Inkarnationen
Merenptah (= Meneptah, Pharao; ca. 1235–1227 v. Chr.) → Moses
Mérida (Ort in Yucatán; Mexico)
→ Vernichtung von Schriftzeugnissen
Merkur (römischer Gott des Handels)
→ Sirius
→ UFO, historische
Merkur (Planet)
→ Planetensystem, eigenes
→ Venus
Meru (heiliger Berg Tibets; auch unter Kailasa, Ti-se und Rajatadri bekannt) → Herkunft der Götter
→ Indien
→ Verbindung von Himmel und Erde
vgl.: Kailasa

Mesach → Meschach
Mesannipadda (König der 1. Dynastie von Ur) → Lebensdauer
Meschach (Figur des Buches Daniel; Altes Testament) → Daniel
Meskiag-Nannar (König der 1. Dynastie von Ur) → Lebensdauer
Meslamtaea (Mädchen der sumerischen Mythologie) → Moral (der Götter)
Mesopotamien → Paradies
→ Pyramiden
→ Schöpfung
→ Zikkurats
vgl.: Akkad
vgl.: Babylon
vgl.: Sumer
Messiha, Khalil (Archäologe)
→ Flugzeugmodelle
Mestha (Sohn des Horus; ägyptische Mythologie) → Mutanten
Mestor (Sohn Poseidons; griechische Mythologie) → Gottessöhne
Metalle → Akakor
→ Berge, heilige
→ Eier, fliegende
→ Erkennen der Götter
→ Ezechiel
→ Fundgegenstände, technische
→ Gesetze
→ Jeremias
→ Kulturbringer, Götter als
→ Kuriositäten
→ Prophezeiungen
→ Rivalitäten der Götter
→ Roboter
→ Schamanen
→ Sintflut
→ Sirius-B
→ Stollen, unterirdische
→ UFO, historische
→ Unfälle
→ Unklarheiten der Definition
→ Vimanas
→ Zacharias
(Übersicht über die einzelnen Metalle:) → Aluminium
→ Amalgam
→ Antimon
→ Beryllium
→ Cäsiumoxid

228 Metalle

→ Eisen
→ Gold
→ Kobalt
→ Kupfer
→ Magnesium
→ Platin
→ Quecksilber
→ Silber
vgl.: Legierungen
Meteoriten Zwei M', die 1950 und 1969 in den *USA* und in *Australien* niedergingen, enthielten nachweislich gleiche Gruppen von 18 *Aminosäuren,* die auch den irdischen Bausteinen des Lebens entsprechen *(Exobiologie; Biochemie).* Q.: Fuchs: Leben S. 22
→ Exobiologie
→ Hadschar al-Aswad
→ Katastrophen, kosmische
→ Kommunikation, interstellare
→ Lebensdauer
→ Osterinsel
→ Radioaktivität
→ Tektite
→ Tunguska-Explosion
→ UFO, historische
Methusalem (Sohn des Henoch; Altes Testament; Henoch-Apokryphe)
→ Gottessöhne
→ Lebensdauer
Metrodoros (griechischer Philosoph) → Exobiologie
Metsamor (Heiligtum in der Nähe des Ararat) → Sintflut
Mexiko → Cargo-Kult
→ Elektronik
→ Felszeichnungen
→ Götter, bärtige
→ Kristall-Schädel
→ Kugeln
→ Mais
→ Maya
→ Mutanten
→ Palenque
→ Pyramiden
→ Räder
→ Schlangen
→ Schöpfung
→ Sintflut
→ Steine, gravierte

→ Stollen, unterirdische
→ Tula
→ UFO, historische
→ Unklarheiten der Definition
→ Unterwasserbasen
→ Verbindung von Himmel und Erde
→ Vernichtung von Schriftzeugnissen
vgl.: Azteken
Meyerowitz, Eva L. R. (Ethnologin)
→ Sirius-B
Mezamor (Kulturzentrum Armeniens) → Erde
→ Observatorien
Miao (chinesischer Volksstamm)
→ Miaou
Miaou (chinesischer Volksstamm)
→ Erkennen der Götter
→ Sintflut
Michael (Erzengel; Altes Testament)
→ Entführungen
→ Gral, heiliger
→ Konfrontationen der Götter
Michanowsky, George (amerikanischer Archäologe) → Astronomie
Michoacán (Ort in Mexiko)
→ Sintflut
Mictlantecuhtli (aztekischer Totengott) → Elektronik
Midgard (germanische Bezeichnung der Erde) → Erde
Midgardschlange (germanische Mythologie) → Schlangen
Midianiter (syrisches Nomadenvolk)
→ Jahwe
Midrash Rabba Der altjüdische Kommentar des M'R' zur *Genesis* berichtet von »Welten, die Gott errichtet und zerstört« *(Sagen; Schöpfung; Humanoiden; Götterrassen).* Q.: Puccetti: Intelligenz S. 177; Q.: Dopatka: Spiegelbild
Sollte das ursprünglich nicht religiös, sondern als Hinweis auf gottähnliche, kosmische Besucher verstanden worden sein, so wurde nicht nur unsere Erde, sondern es wurden auch andere Welten besucht.
Mikku (unbekannter Gegenstand, aus dem Huluppu-Baum gefertigt; sumerische Mythologie)
→ Weltraumreisen, Probleme bei

Mikronesien → Bauwerke
→ Herkunft der Götter
→ Nan Madol
→ Simbabwe
→ UFO, historische
(Übersicht über einzelne Inseln:)
→ Karolinen
→ Kusaie (Senyavin-Inseln; Karolinen)
→ Lae-Atoll (Marshall-Inseln)
→ Marianen
→ Ponape (Senyavin-Inseln; Karolinen)
→ Rota (Marianen)
→ Temuen (Senyavin-Inseln; Karolinen)
→ Tinian (Marianen)
Mila Räpa (1040–1123 n. Chr.; tibetischer Magier) → UFO, historische
Milazzi, Danica *30. 7. 1925 in Zagreb. Die Keramik-Expertin stellte auf jugoslawischer *Keramik* des 9. vorchristlichen Jahrhunderts Ornamente und Figuren fest, die präastronautische Deutungen zulassen. Sie referierte auf dem 3. Weltkongreß der *Ancient Astronaut Society (Jugoslawien)*.

Milazzi, Danica. Q.: D. Milazzi

Milchstraßen vgl.: Galaxien
Milet (Stadt in Kleinasien)
→ Exobiologie
Millou, André (Journalist)
→ Palenque
Minas Gerais (brasilianischer Distrikt) → Felszeichnungen
Mincopi (Eingeborene der indischen Andamanen-Inseln) → Sintflut
Minen vgl.: Bergwerke
Minerva (römische Göttin des Handwerks und der Künste) → Lampen
Minianka (westafrikanischer Stamm)
→ Sirius-B
Minis'ei (Berg im Ural) → Berge, heilige
Minoer (Träger der altkretischen Kultur) → Vernichtung von Schriftzeugnissen
Minos (kretischer König) → Unfälle
Minyas (böotischer König Griechenlands) → Sirius-B
Minyer (Mitglieder der Familie des böotischen Königs Minyas)
→ Sirius-B
Mjölnir (Hammer des germanischen Thor) → Schlangen
→ UFO, historische
→ Waffen der Götter
Miriamlied (vielleicht ältestes Bibelfragment des Buches Exodus)
→ Moses
Mirtlok (indische Bezeichnung der Erde) → Erde
Mischwesen M' ist der in der Religionsforschung übliche Ausdruck für fremdartige Geschöpfe der Mythologie, die tierische und menschliche Attribute vereinigen, wie etwa tierköpfige Götter, *Fischmenschen* oder Zentauren. Auch geflügelte Menschengestalten wie die *Engel* der christlichen *Kunst* sind zu den M' zu rechnen, die nicht nur in der alten *Kunst,* sondern auch in Mythen und *Sagen* eine große Rolle spielen *(Mutanten).*
Im Sinne der Prä-Astronautik lassen sich für derartige nicht aus der Naturbeobachtung, sondern offenbar aus anderen Quellen entnommene

230 Mischwesen

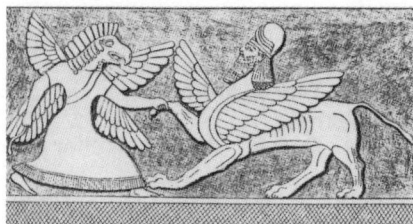

Mischwesen. Chaldäische Darstellungen von kämpfenden, übernatürlichen Wesen. Q.: Archiv Dopatka

Mischwesen. Skorpion-Menschen unter dem Göttersymbol der geflügelten Scheibe. Q.: Archiv Dopatka

Gestalten verschiedene Erklärungen erbringen. Am wahrscheinlichsten ist die Annahme, daß Besucher aus dem Kosmos der irdischen Bevölkerung trotz weitgehender Menschenähnlichkeit *(Humanoiden)* doch irgendwie fremdartig vorkamen und daß sie diese beobachtete Absonderlichkeit, die auf unfaßbaren Fähigkeiten und auf fremder Kleidung basieren mochte, durch Vergleiche mit mächtigen Tierwesen *(Totemismus)* in ihr Weltbild einfügte. Eine Sage der *Wadschagga* (Dschagga), die am Fuß des Kilimandscharo leben, berichtet, daß einst eine Wolke *(Wolken)* »auf- und niedergegangen sei«. Darin sei ein Mann und eine Frau gesessen, die geschwänzt wie Rinder gewesen seien *(UFO, historische)*. Diese »Leute aus dem Himmel« hätten den Dschagga erzählt, sie suchten auf der Erde einen Platz zum Leben, worauf ihnen geantwortet worden wäre: »Ihr könnt hier wohnen, aber laßt uns eure Schwänze abschneiden, denn hier hat man keine.« Die Fremden seien einverstanden gewesen und hätten sich rasch vermehrt, ebenso die Rinder, die am folgenden Tag ebenfalls auf einer Wolke angekommen seien. »Heute noch opfert die Sippe auf dem Hügel *Molama (Berge,* heilige), wo die Ahnen herabkamen.« Ist der Hügel *Molama* in *Madschame (Tansania)* einer der *Landeplätze der Götter?* Q.: Schulz: Sagen
→ Engel
→ Etrusker
→ Exobiologie
→ Fischmenschen (bzw. -götter)
→ Humanoiden
→ Indien
→ Kelten
→ Mumien
→ Mutanten
→ Osterinsel
→ Totemismus
vgl.: Genmanipulation
vgl.: Kentauren
vgl.: Schöpfung
Mississippi (US-Bundesstaat)
→ UFO, moderne
Mitchell-Hedges, F. A. (Archäologe)
→ Kristall-Schädel
Mitlá (Fundort in Mexiko) → Götter, bärtige
Mitra (Sanskrit: wahrscheinlich Anode) → Batterien
Mittelalter Eine aufgeregte Menschenmenge und dunkle und helle Kugeln sind auf einem Basler Flugblatt von Samuel *Coccius* vom 7. August 1566 abgebildet. Zur Zeit des Sonnenaufgangs »seind vil grosser schwartzer kugelen *(Kugeln,* fliegende; *UFO,* historische; *Basel; Schweiz)* im lufft gesehen worden, welche für die Sonnen / mit grosser schnelle vnnd geschwinde gefahren / auch widerkeert gegen einandern

gleichsam die ein streyt fürten / deren etlich roht und fhürig worden / volgends verzeert vnd erloschen«. Die Bewegung der Objekte läßt nicht auf einen Meteoritenschwarm schließen, wenn der Verdacht einer solchen Beobachtung auch durch das Verlöschen einiger Objekte naheliegt. Am 14. April 1561 wurde ein ähnliches Schauspiel bei *Nürnberg (Deutschland)* beobachtet. Auch hier wurden die Himmelszeichen zeichnerisch festgehalten, wenngleich der Formenreichtum, u. a. Kreuzsymbole, auf die Psyche der Beobachter zurückzuführen ist. Daneben fallen aber auch längliche Objekte auf, die Kugeln verschlucken oder freigeben. Interpretationen von Mutterschiffen Außerirdischer bis *Raumbasen* blieben nicht aus. Mit »großem Dampf« sollen einige der Kugeln auf dem Erdboden verlöscht sein *(Unklarheiten der Definition)*. Q.: Jung: Mythus S. 94 ff
→ Erkennen der Götter
→ Exobiologie
→ Fresken
→ Gral, heiliger
→ Herkunft der Götter
→ Kuriositäten
→ Lebensdauer
→ Piri Reis Weltkarten
→ Prä-Astronautik
→ Sirius-B
→ UFO, historische
Mixcóatl (= »Wolkenschlange«; aztekischer Gott des Polarsterns)
→ Gottessöhne
→ Tula
Mixteken (mittelamerikanisches Volk) → Elektronik
→ Verbindung von Himmel und Erde
Miyagi (japanischer Bezirk)
→ Dogus
Mnačko, Ladislav (Autor) → Science Fiction
Mneseus (Sohn Poseidons; griechische Mythologie) → Gottessöhne
Moab (Landschaft; Altes Testament)
→ Moses

Moab (Ort in Utah; USA)
→ Felszeichnungen
Moabiter (Stamm; Altes Testament)
→ Inzest
Moais (Steinstatuen) → Osterinsel
Moche-Kultur Die nordperuanische M'-K' *(Peru)* überlieferte uns Figuren, die die naturgetreuen Abbilder ihrer Originale zu sein scheinen. Neben vorherrschend indianischen Gesichtern gibt es solche, die einwandfrei europide, negride und mongolide Züge tragen *(Rassen)*. Q.: Disselhoff: Imperium; Q.: Dopatka: Spiegelbild
Ein Umstand, den sowohl die *Diffusionstheorie* als auch, durch die Umsiedlung einiger Menschen, die Prä-Astronautik erklären kann.
→ Peru
Mochica (südamerikanischer Indiostamm) → Mutanten
vgl.: Chibcha
vgl.: Muisca
Mohammed Fani (Scheich; Historiker) → Planetensystem, eigenes
Mohaves (Indianerstamm; USA)
→ Kommunikation, interstellare
Mohenjo Daro (Industal-Kultur)
→ Osterinsel
Mojave-Wüste (Kalifornien; USA)
→ Kommunikation, interstellare
Molama (Hügel in Tansania)
→ Mischwesen
Moldenke, Harold N. (Exeget)
→ Moses
Molina, Christobal de (spanischer Chronist) → Stollen, unterirdische
Mollendo (Ort in Peru)
→ Nazca, Hochebene von
Mond Die westafrikanischen *Dogon (Mali)* wußten, daß der M' trocken und tot sei *(Sagen; Astronomie)*. Q.: Griaule/Dieterlen: Le renard; Q.: Temple: Sirius-Rätsel S. 38
→ Astronomie
→ Baian Kara Ula
→ Exobiologie
→ Kalender
→ Kristall-Linsen
→ Lebensdauer

→ Maya
→ Satelliten
→ Thailand
→ UFO, historische
→ Venus
Mong (chinesischer Fluß) → Lampen
Mongolei → Aussetzung von Kindern
→ UFO, historische
→ Verbindung von Himmel und Erde
Monod, Jacques (Chemiker)
→ Teilhard de Chardin, Marie-Joseph
Monolithe vgl.: Megalithen
vgl.: Monumente
Montague, Ashley (Anthropologe)
→ Humanoiden
Monte Albán (Fundort in Mexiko)
→ Elektronik
→ Felszeichnungen
Montesinos, Fernando (Jesuitenpater und Chronist) → Vernichtung von Schriftzeugnissen
Monumente → Baalbek, Terrasse von
→ Bauwerke
→ Berge, heilige
→ El Fuerte
→ Felsbearbeitungen
→ Felszeichnungen
→ Fruchtbarkeitskult
→ Im-Hotep
→ Indien
→ Kelten
→ Kugeln
→ Kulturen, versunkene
→ Libanon
→ Megalithen
→ Mounds
→ Nan Madol
→ Nazca, Hochebene von
→ Olmeken
→ Osterinsel
→ Palenque
→ Pyramiden
→ Sacsayhuaman
→ Sirius-B
→ Stollen, unterirdische
→ Tiahuanaco
→ Transporte
→ Tula
→ Zikkurats

Moodie, R. L. (Historiker und Arzt)
→ Inka
Moon City (Ort in Australien)
→ Felszeichnungen
Moral (der Götter) In der sumerischen Mythologie *(Sumerer; Sagen)* vergewaltigte der Luftgott *Enlil* das Erdenmädchen *Meslamtaea (Geschlechtsverkehr).* Q.: Däniken: Meine Welt S. 23
Das ist nur ein Beispiel für das allzumenschliche Auftreten der Götter, das zwar durch *Anthropomorphismus,* aber ebenso durch die Annahme, die Götter seien humanoider Natur gewesen, zu deuten ist.
→ Entführungen
→ Enuma eliš
→ Gottessöhne
→ Herkunft der Götter
vgl.: Exopsychologie
vgl.: Geschlechtsverkehr
vgl.: Sodomie
Moral (der Menschen)
→ Gottessöhne
→ Inzest
→ Schöpfung
→ Sodom und Gomorrha
→ Verbindung von Himmel und Erde
vgl.: Sodomie
Moricz, Juan (argentinischer Archäologe) → Flugzeugmodelle
→ Stollen, unterirdische
Mormonentum (1830 in den USA gegründete Religionsgemeinschaft)
→ Smith, Joseph
Morona-Santiago (ecuadorianische Provinz)
→ Stollen, unterirdische
Morozow, Yuriy Nikolayewich *10. 3. 1952 in Moskau. Der russische Philologe hat einige Artikel über archäologische Phänomene und Kuriositäten herausgegeben. Spuren des präastronautischen Besuches in der gegenwärtigen Folklore sind Thema weiterer Publikationen. Morozow arbeitet teilweise in Verbindung mit Wladimir Wassiliewich *Rubtsow,* einem sowjetischen Physiker.
Morris, M. (Radioastronom)
→ Kommunikation, interstellare

Morrison, Philip (Physiker)
→ Green-Bank-Konferenz
Mosambique → Simbabwe
Moscheh → Moses
Moses Wahrscheinlich Pharao *Ramses II.* (1290—1224 v. Chr.), vielleicht auch *Seti I.* (Reg. 1302–1290 v. Chr.), erließ eine Bestimmung, nach der jeder erstgeborene Israelit im übervölkerten *Ägypten* zu töten sei *(Tod der Erstgeborenen).* Der Israelit Moses entkam der Bibel nach diesem Gebot, da ihn seine Mutter nach der Geburt in einem Körbchen auf dem Nil aussetzte *(Aussetzung von Kindern).* Von der Tochter des Pharao soll er, so berichtet das Buch Exodus, anschließend gerettet und adoptiert worden sein. Der Name M' lautet ägyptisch »*moscheh*« und bedeutet soviel wie »der Herr hat's gegeben«. Welcher Herr käme in Betracht, nähmen wir das wörtlich *(Gottessöhne)*? Q.: Dopatka: Spiegelbild; Q.: Krassa: Gott S. 54
Die Gestalt des M' wird allgemein im 13. Jhd. v. Chr. angesiedelt. Q.: Navia: Unsere Wiege S. 106
M' Kindheitsgeschichte deckt sich in vielen Punkten mit der Geschichte des Königs *Sargon* aus dem Raum *Babylon.* Der Archäologe George *Smith* stieß im Palast des *Sennacherib* oder Sanherib, König von *Assyrien,* in *Kujundschik* auf Tafelbruchstücke, die die Aussetzung des neugeborenen Königs von *Akkad* beschreiben *(Aussetzung von Kindern).* Da einige Details dieser Sagen *(Sagen)* mit der Mosessage übereinstimmen, könnte man an eine Verbindung glauben. Doch das Motiv der Kindesaussetzung ist vielseitig und uralt.
Der entscheidende Einschnitt im Leben des M' begann am Berge *Horeb* durch eine ausführliche Diskussion mit Gott, von der eindrucksvoll in *Exodus* 3 ff die Rede ist.
In der gleichen Art der Umschreibung, wie sie uns z. B. von Genesis 15

Moses. Eine Begegnung zweier Welten, künstlerisch rekonstruiert. Q.: Kiril Terziev, Strumica, Jug.

her bekannt ist, erscheint auch hier wieder Jahwe, der Herr. Mit der gleichen Routine läuft auch hier – mit unseren Augen gesehen – eine faszinierende Schau ab *(Einschüchterungen; Erscheinungen):* »Und der *Engel* des Herrn erschien ihm in einer feurigen Flamme aus dem Busch. Und er sah, daß der Busch mit Feuer brannte und ward doch nicht verzehrt.« Nirgendwo ist von einer körperlichen Erscheinung die Rede. Was muß geschehen sein, daß eine so plastische Schilderung entstehen konnte? Q.: Dopatka: Spiegelbild; Q.: Krassa: Gott S. 59 ff
Wenn der *Engel* des Herrn etwa einem befehlsausführenden Astronauten entsprach, dann mußte er auch vom Himmel mit einem Fahrzeug »herniedergefahren« sein, wie die gebräuchliche Umschreibung lautete. Dieser Passus ist auch tatsächlich in *Exodus 3,8* verbürgt. Eine dabei vielleicht entstandene »Rückstoßflamme« kann hier allerdings schwerlich das beschriebene Feuer gewesen sein. Der Bericht erinnert mehr an ein kaltes, metallisches Licht, das den Busch und die Person umgab, eine Art elektrisches Leuchten. Mittel zum Zweck? War das Raumschiff, in dem sich der *Engel* des Herrn zweifellos aufhielt, mit einem elektrischen Feld umgeben *(Elektrizität)?* Q.: Dopatka: Spiegelbild; Q.: Krassa: Gott S. 71 ff

Moses

Sah M' vielleicht in Wirklichkeit den *Kirlianeffekt* an einem Wüstenbusch – diese durch die Kirlianfotografie inzwischen nachgewiesene Aura, die jedes lebende Wesen auszustrahlen scheint? Q.: Andreas/Kilian: Wissenschaft S. 108
Bestimmt ist der brennende Busch aber nicht in einem bestimmten rotblühenden Strauch zu suchen, wie Dr. Harold N. *Moldenke* annimmt. Moses kannte die Wüste und ihre Pflanzen! Q.: Krassa: Gott S. 74 ff
Die Offenbarung des Gottes aus einem brennenden Dornbusch ist auch in der *Esra*-Apokryphe überliefert. Q.: Krassa: Gott S. 311
In *Exodus 4 ff* gab Gott seinem Schützling die Fähigkeit, einige bestimmte *Wunder* zu vollbringen. Sein Wanderstab wandelte sich zur Schlange, seine Hand konnte unter dem Hemd aussätzig *(Krankheiten; Aussatz)* und wieder rein werden und letztlich sollte er auch aus Wasser Blut zaubern können. Vor solchen Zeichen würden selbst die hartnäckigsten Zweifler kapitulieren.
»Da wandte sich Moses an Jahwe«, scheinbar wie eine Person zu einer anderen, heißt es in *Exodus 5,22*. War das ursprünglich wörtlich zu verstehen *(Erkennen der Götter; Kommunikation)*? Der Gesprächspartner Moses' antwortet, er werde Moses dem störrischen Pharao gegenüber legitimieren, er solle seine Macht demonstrieren können. So hat Jahwe nicht die Absicht, zu beschwichtigen oder sonst die Situation problemlos zu lösen. Im Gegenteil! Eine trotzige Haltung des Pharao war nur von Nutzen.
Es folgten die *Wunder* Moses' *(Grausamkeit)*. Der Stab wurde zur Schlange, der Nil zu Blut, die Frosch-, Stechmücken- und Bremsenplagen verheerten das Land, Vieh*seuchen* – vielleicht durch Bakterien hervorgerufen *(B-Waffen; Waffen der Götter)* – die Beulenpest und Unwetter taten das übrige, ganz zu schweigen von den bekannten Heuschreckenschwärmen *(Krankheiten)*. Benutzte Moses *Ultraschall*, um Frösche und Heuschrecken anzulocken? Q.: Dopatka: Spiegelbild; Q.: Krassa: Gott S. 67 f
Auch eine unheimliche, drei Tage dauernde Finsternis *(Finsternisse)* verbreitete Entsetzen im Land. Moses schien seinem Ziel nahe *(Wetterbeeinflussung)*. Wie verhält sich das Überlieferte zu den Tatsachen? Naturkatastrophen *(Katastrophen)* gewaltigen, anscheinend erwähnenswerten Ausmaßes zur Regierungszeit *Ramses II.* sind archäologisch verbürgt. Eine hochinteressante Bestätigung hierfür bietet die Hieroglyphenschrift von El Arish *(El Arish, Hieroglyphenschrift von)*. Sie berichtet: »Das Land war in großer Not, Unglück befiel die Erde, es war ein ungeheurer Aufruhr in der Hauptstadt. Niemand konnte den Palast verlassen neun Tage lang. Während dieser neun Tage war ein solcher Sturm, daß weder Menschen noch Götter (!) die Gesichter um sich sehen konnten.« Erinnert uns dieser Passus, der die Götter selbst als betroffen bezeichnet, nicht an das *Gilgamesch-Epos?* Dort hieß es, die *Sintflut* sei so gewaltig gewesen, daß selbst die Götter gefährdet worden seien. Lebten die Götter unter den Sterblichen? Q.: Dopatka: Spiegelbild; Q.: Spanuth: Atlantis S. 32
Der Papyrus Ipuwer *(Ipuwer,* Papyrus) – eine Anklageschrift an den Pharao von ca. 1200 v. Chr. – bestätigt die Plagen, die das Land heimsuchen. Die Krisenzeit dürfte sich also etwa zwischen 1230 und 1200 v. Chr. abgespielt haben. Der Herrscher dieser Periode, *Ramses II.,* ließ die Städte *Pithom* und *Ramses* errichten, die namentlich in *Exodus 1,11* erwähnt sind. Warum sollten nicht auch Juden beim Bau dieser Anlagen, die eine Grenzfeste gegen Asien und ei-

Moses

nen Herrschersitz darstellten, Frondienste geleistet haben *(Sklaven)*?
Q.: Spanuth: Atlantis S. 25; Q.: Dopatka: Spiegelbild
Auch die anderen *Katastrophen (Seuchen,* Sandstürme, die tagelang den Himmel verdunkelten, Heuschreckenplagen, Mückenschwärme, die Verfärbung des Nils) haben bestimmt realen Background. Selbst die Verwandlung des Stabes zur Schlange konnten die Magier des Pharao, wie die Bibel berichtet, nachvollziehen. *Erscheinungen, Wunder* oder versteckte Realitäten? Jahwe selbst sorgt in der letzten Schikane für den Tod sämtlicher Erstgeborenen *(Tod der Erstgeborenen; Grausamkeit).* Der Exodus des Volkes Israel (nach *Exodus 12,37* an die 600 000 Männer, die Familien nicht mitgerechnet) begann, dem Wunsche Moses' entsprechend. Q.: Dopatka: Spiegelbild
Gottes Hilfe und die seiner *Engel* stehen auch weiterhin Moses zur Verfügung, so in *Exodus 23,20–21,* wo einer der Himmlischen ihm zur Seite gestellt wird – dessen Stimme er aber zu gehorchen hat. Ein *Roboter?* Q.: Däniken: Zurück S. 271 f
Exodus 13,21 zeigt in nüchterner Art und Weise die Besonderheit dieser Völkerwanderung, denn »Jahwe zog vor ihnen her, bei Tag in einer *Wolken*säule, um ihnen den Weg zu zeigen, bei Nacht in einer Feuersäule, um ihnen zu leuchten, damit sie bei Tag und Nacht wandern könnten. Nicht wich die Feuersäule bei Nacht von der Spitze des Volkes« *(Völkerwanderungen).* Haben wir es hierbei nicht mit einem jener *historischen UFOs* zu tun? Ein Flugkörper, der Rauch entwickelt und Feuer ausstrahlt? Eine Rauchentwicklung fällt am Tage natürlich mehr auf als bloßes Feuer, während in der Nacht gerade Feuerschein weiter zu erkennen ist *(Tarnung).* Q.: Dopatka: Spiegelbild; Q.: Krassa: Gott S. 95 ff

Waren die *Wolken,* die den göttlichen Führer verbargen, vielleicht nicht auch notwendig *(Tarnung)*?
Ein sich ständig erneuernder Rauchpilz flößt zweifellos mehr Respekt und Ehrfurcht ein als ein, aus der Ferne betrachteter, relativ kleiner, eherner Flugkörper, bei dem man noch auf den Gedanken kommen könnte, er sei von Menschenhand geschaffen. Ein *Erkennen der Götter* wäre verhängnisvoll verlaufen. Gott scheint Wert darauf gelegt zu haben, repräsentativ zu wirken, wie *Exodus 19,9* beweist *(Einschüchterungen):* ». . . Siehe, ich will zu dir (Moses) kommen in einer dichten Wolke, auf daß dies Volk es höre, wenn ich mit dir rede, und glaube dir ewiglich . . .«
Q.: Dopatka: Spiegelbild; Q.: Krassa: Gott S. 109 f
Von dieser Wolke, die »sich herniederließ«, ist eingehender in *Numeri 9, 15–23, 1. Korinther 10,1* und Psalm *(Psalmen) 18,8 ff* die Rede, wo auch noch die uns bekannte *Akustik* der Wolke überliefert ist. *Donnergötter* überall *(Wolken)!* Q.: Dopatka: Spiegelbild
An einer Stelle, an der das Volk die Meeresenge bei *Pi-Hachirot* gegenüber von *Baal-Zaphon* überqueren wollte, schlugen die nachsetzenden Ägypter zu. Vielleicht war der Angriff selbst für Jahwes »Oberkommando« unvorhersehbar und die Aktion wurde erst später als Racheakt interpretiert. Auf diesen Gedanken könnte man kommen, da der Gott Israels nicht sofort handelte, sondern nach *Exodus 14,19* der Astronaut, der die Wolkensäule bediente, sie zwischen Ägypter und Israeliten stellen mußte. Wohlgemerkt, nicht von Gott selber, sondern von einem seiner *Engel* ist die Rede, von einem der uns schon geläufigen Befehlsempfänger. Von der Spitze des Trecks wechselte das rauchende Gebilde zum bedrohten Ende, um die Ägypter zurückzuschrecken. Erst am anderen Morgen

Moses

hatte »ein nächtlicher Ostwind«, dem Text nach auf Befehl Moses', das Wasser gespalten, so daß die Israeliten hinüberziehen konnten, während die Ägypter überspült wurden *(Konfrontationen Götter kontra Menschen; Grausamkeit)* Q.: Dopatka: Spiegelbild; Q.: Krassa: Gott S. 98 ff

Das *Meerwunder* hat ohne Zweifel eine Beziehung zu 2. *Samuel 22,10*, wo der Herr auch wieder donnernd *(Donnergötter)* auftritt und in Vers 16 sogar den Meeresboden sichtbar werden läßt. War es möglich, durch physikalische Kräfte so auf das Wasser einzuwirken, daß es tatsächlich an beiden Seiten wie Mauern stand? Sie müßten auf den Allzweckstab Moses' zurückgehen *(Elias)!* Q.: Dopatka: Spiegelbild; Q.: Krassa: Gott S. 223 ff

Das *Miriamlied,* so genannt nach der Schwester Aarons, soll mit seiner Entstehungszeit (13. Jhd. v. Chr.) das älteste Bibelfragment überhaupt darstellen. Darin wird *(Exodus 15, 14 f)* ausdrücklich die Bestürzung der umliegenden Reiche festgehalten, was nicht unbedingt als Zwecklegende aufgefaßt werden muß.

Dieselbe Tendenz, nämlich eine Auslegung zu finden und dann darauf zu bestehen, bemerkt man gerade in neueren Bibelausgaben. Wenn Luther in *Exodus 16,10* die Herrlichkeit des Herrn in einer Wolke erscheinen läßt, so findet man in überarbeiteten Texten häufig die Interpretation »in Form einer Wolke«, was nicht unbedingt die gleiche Bedeutung haben muß *(Wolken),* sprachlich aber dem hebräischen Urtext entspricht. Q.: Dopatka: Spiegelbild

Hellmuth M. *Böttcher* stellt in »Gott hat viele Namen«, München 1964, sehr deutlich und zu Recht den nüchternen und realistisch denkenden Moses dar, den »Herren- und Tatenmensch«. Diese Eigenschaft voraussetzend, sucht Böttcher auch nach einer Erklärung für die Schilderungen der Begegnung am *Sinai.* Ihm erscheinen die Berichte so plastisch und logisch erzählt, so exakt, daß er sie nicht als Erfindungen verwerfen kann. Deswegen müßten sie auf Halluzinationen *(Visionen)* beruhen, *Erscheinungen,* die der langen Fastenzeit Moses' zuzuschreiben seien. Q.: Böttcher: Gott S. 223; Q.: Dopatka: Spiegelbild

Moses sollte die Zehn Gebote, die heiligen *Gesetze,* von Gott erhalten (*Kulturbringer,* Götter als). Dazu bestieg er den mit Tabu *(Tabus)* belegten Berg Gottes auf dem *Sinai.* Als Moses ungewöhnlich lange auf dem Berge blieb, um die Gebote Gottes zu empfangen, begann das Volk unruhig zu werden. Sie gossen sich ein Götzenbild, ein goldenes Kalb, ein himmlisches Symbol, das damals stark verbreitet war. Damit schufen sie sich einen Ersatz für Moses, keineswegs aber für Jahwe, der wohl immer noch rauchend und donnernd Respekt erzeugte. Die Astronauten waren über diese Entwicklung anscheinend so erbost, daß sie das Volk radikal austilgen wollten. Moses wagte einzuwenden, was denn die Ägypter von einem Gott halten müßten, der erst umständlich ein Volk befreit, um es dann barbarisch auf einen Schlag auszulöschen. Der Einwand hatte Erfolg: Gott ließ mit sich verhandeln *(Kommunikation).* War hier der gleiche Person beteiligt, mit der auch Abraham auf dem Weg nach Sodom so erfolgreich diskutierte *(Verhandlungen)?* Doch Rache sollte sein: nach der Schrift mußten 3000 Israeliten ihr Leben lassen *(Grausamkeit).* Q.: Dopatka: Spiegelbild; Q.: Krassa: Gott; Q.: Elmayer von Vestenbrugg/Bellamy: Eingriffe S. 408; Q.: Mooney: Les dieux S. 159 ff

Nach *Exodus 19,13* würde jeder Israelit, der sich der Heiligkeit Gottes auf dem Berg näherte, gesteinigt oder – erschossen! Nachträglich

Moses 237

wurde in Bibelausgaben in Klammern ergänzt: mit Pfeilen. Eine reine Annahme, denn, wie wir heute zu wissen glauben, gibt es noch andere Schußwaffen *(Waffen der Götter).* Q.: Krassa: Gott S. 110 f
Der Gott der Bibel scheint vergeßlich und zerstreut gewesen zu sein. Diese Schwächen werden im Buch *Exodus 19,21 ff* erstaunlich deutlich überliefert. Jahwe verbietet *Priestern,* sich seinem Heiligtum auf dem Sinai zu nähern. Mose entgegnet darauf seinem Gott *(Panik):* »Das Volk kann gar nicht zum Berge *Sinai* hinaufsteigen, denn Du selbst hast es uns eingeschärft: Ziehe eine Grenze um den Berg und erkläre ihn für heilig.« *(Angst; Vergeßlichkeit)* Der menschliche Gott reagiert nervös: »Geh, steige hinab...« *(Kommunikation)* Weshalb wohl hätte man einen Gott mit menschlichen Schwächen in eine heilige Überlieferung aufnehmen sollen – oder gab es reale Hintergründe? Q.: Krassa: Gott S. 115 f

Nachdem schließlich Ruhe eingekehrt war und die von Mose zerstörten Gesetzestafeln erneuert worden waren, ergreift in *Exodus 40,34* Jahwe (vielleicht nur kontrollierend) Besitz von den ihm geweihten Utensilien. Die *Bundeslade,* der Leuchter, die Gewänder der Priester – alles wird fortan als Heiligtum betrachtet. Immer hinter der Herrlichkeit Gottes herziehend, erreicht das Volk das Gelobte Land *(Reliquien).* Q.: Dopatka: Spiegelbild; Q.: Krassa: Gott; Q.: Däniken: Zurück S. 267 ff
Gegen 1250–1225 v. Chr. fand unter *Josua* die Besetzung Kanaans statt. Gerade in dieser Zeit erwähnte Pharao *Merenptah* (ca. 1235–1227 v. Chr.) das Volk Israel offiziell in seiner etwa 1230 v. Chr. errichteten Siegesstele. Q.: Dopatka: Spiegelbild
Moses' Ende liegt im dunkeln. Das Buch Deuteronomium nennt ein Tal im Lande *Moab,* gegenüber von *Beth-Peor,* in dem sein Grab liegen könnte *(Deuteronomium 34,6; Gräber).* 120 Jahre soll er alt geworden sein *(Lebensdauer).* Nicht ausgeschlossen werden aber darf ein Kidnapping der himmlischen Macht, die ihn sein ganzes Leben lang beschattete *(Entführungen)* Q.: Dopatka: Spiegelbild; Q.: Krassa: Gott S. 136

→ Aussetzung von Kindern
→ Bundeslade
→ Donnergötter
→ Elias
→ Entführungen
→ Erkennen der Götter
→ Esra
→ Gesetze
→ Maschinen
→ Medizin
→ Meerwunder
→ Smith, Joseph
→ Sprengstoffe
→ Tarnung
→ UFO, historische
→ Waffen der Götter
→ Wunder

Moses. Eine Möglichkeit, sich die Szene am Sinai vorzustellen. Q.: Kiril Terziev, Strumica, Jug.

Motoren → Maschinen
vgl.: Antriebe (der Götter-Fahrzeuge)
Motunui (der Osterinsel vorgelagertes Eiland) → Osterinsel
Mou-a-ura (roter Berg auf Uporu; Polynesien) → Berge, heilige
Mounds In den südlichen Ländern der *USA* stößt man auf z. T. gewaltige künstliche Hügel *(Monumente; Bauwerke)*. Die »Temple M'« sind meist regelmäßig und symmetrisch konstruiert und dienten als Unterbau für Heiligtümer auf ihren Spitzen, wodurch sie sich mit den Tempelpyramiden Altmexikos oder auch mit den (älteren) Zikkurats Mesopotamiens vergleichen lassen *(Pyramiden)*. Q.: Krassa: Gott S. 50 f; Q.: Charroux: L'énigme S. 255; Q.: Kohlenberg: Vorzeit S. 196
In der Vorgeschichte Nordamerikas spielen jedoch auch andere Bauten aus aufgehäuftem Erdreich eine Rolle, und zwar die »effigy mounds« (Figurenhügel), die oft sehr groß sind und in ihrer ganzen Gestalt nur von der Luft her überblickt werden können. Ein Beispiel hierfür ist der *»Great Serpent Mound«* (der große *Schlangen*hügel) in Ohio. Viele Anlagen dieser Art wurden durch Umpflügen des Landes eingeebnet und sind nur noch durch Luftaufnahmen bei bestimmtem Sonnenstand sichtbar *(Bodenzeichnungen)*. Q.: Kohlenberg: Vorzeit S. 196
→ Bauwerke
→ Berge, heilige
Mount Taylor → Taylor, Mount
Mount Vernon (Kentucky, USA)
→ Versteinerungen
Moyoc Marca (Ort in Peru)
→ Stollen, unterirdische
Moytura (Ebene der Pfeiler, Irland)
→ Kulturbringer, Götter als
→ Mutanten
Müller, Paul Alfred (Schriftsteller) → Holk, Freder van (= Pseud.)
Mugulu (Gott der ostafrikanischen Dschagga) → Sterblichkeit der Götter

Muisca (südamerikanischer Stamm; Synonym für Chibcha) → Götter, bärtige
→ Schlangen
→ Sintflut
vgl.: Chibcha
vgl.: Mochica
Mumien Warum war die Sitte des Mumifizierens bei fast allen Kulturvölkern der Erde so weit verbreitet? Warum gerade bewahrten sie ihre einbalsamierten Fürsten und *Priester* in nahezu atombombensicheren Monumentalbauwerken auf? Die *Sagen* geben die Antwort.
Vorstellbar wäre etwa: Die Götter hatten versprochen wiederzukommen *(Wiederkehr der Götter)* und angedeutet, die »frisch erhaltenen« Toten aufzuerwecken *(Wiederbelebung)*. Ihre, ursprünglich vielleicht perfekte, Technik der Einbalsamierung wurde allerdings mit der Zeit immer verwilderter. Innereien, Gehirn etc. wurden entfernt, die verwendeten Essenzen wurden mangelhafter. Auch hier erkennt man das Phänomen, daß scheinbar urplötzlich eine hohe, ausgefeilte Technik auftritt, mit den Jahrhunderten jedoch verfällt.
Im März 1963 konnten Biologen der Universität Oklahoma lebensfähige Hautzellen an der ägyptischen Prinzessin *Mene* feststellen *(Ägypten)*. Q.: Däniken: Erinnerungen S. 123 ff
Bei der Pyramide *(Pyramiden)* von *Sakkara* wurde 1954 ein Grab *(Gräber)* entdeckt. Gold und Juwelen lagen unberührt. Die Mumie aber, in einem Sarkophag mit Schiebedeckel untergebracht, war verschwunden! Zogen Grabräuber die Mumie dem Schatz vor – oder waren bestimmte Grabräuber im Spiel? Q.: Däniken: Erinnerungen S. 130
Nicht allein die *Mumifizierung,* auch andere Techniken zur Verlängerung der *Lebensdauer* kommen in Betracht.
Das *Einfrieren* (Hibernieren) von Le-

Mumien. Kopf der wohlerhaltenen Mumie von Pharao Seti (Sethos) I., 1304–1290 v. Chr. Q.: Archiv Dopatka

bewesen soll 1965 schon in der *Sowjetunion* mit zwei Hunden gelungen sein: ein Verfahren, das Astronauten – nicht nur prähistorische – für lange Raumflüge vielleicht anwenden werden. Q.: Däniken: Erinnerungen S. 125 ff
Kurgan V von *Pazyryk,* eine Ausgrabungsstelle in der *Sowjetunion,* 80 km von der mongolischen Grenze entfernt, enthielt eine Grabkammer *(Gräber),* die vollständig mit Eis ausgefüllt war. Neben den üblichen kostbaren Grabbeigaben stieß man auf zwei außerordentlich gut erhaltene M'. Kurgane sind Hügelgräber von oft großen Ausmaßen, die meist mit dem Steppenvolk der Skythen in Zusammenhang gebracht werden. Die vielfach überreichen Grabbeigaben zeigen u. a. figural verzierte Teppiche mit Darstellungen von geflügelten Fabelwesen, die an Greife erinnern *(Mischwesen).*
Eisgräber *(Gräber)* sollen sich ebenso in den *Anden (Südamerika)* finden, und die Technik der *Mumifizierung* läßt sich sogar bis nach *Südafrika* verfolgen. Q.: Däniken: Erinnerungen S. 131
Chu Tans (?) ist eine Begräbnisstätte des Prinzen von *Lu (Gräber).* Bei den Ausgrabungen von *Tsouksien (China),* Provinz *Shantung,* wurden Schreibzeug, Tinte und Papier, eine Art Schachspiel, kostbare Malereien und mindestens 300 Bücher gefunden. Der Leichnam befindet sich in einem erstaunlich guten Zustand. Bestehen Beziehungen zu Ägypten? Alle Gegenstände werden im Museum von *Shantung* aufbewahrt. Q.: Krassa: Gott S. 46 f
In der chinesischen Provinz *Honan (China)* fanden Archäologen die mit einer roten Tinktur mumifizierte Leiche einer ca. 50jährigen Frau, die so gut erhalten war, daß ihre Haut sich in Farbe und Elastizität unverändert zeigte. Eier, Pfirsische und andere Lebensmittel waren ebenfalls auf unbekannte Weise konserviert. Q.: Krassa: Gelbe Götter S. 47
Auf den pazifischen *Gambier-Inseln (Tuamotu-Inseln; Polynesien)* wurden neben Mauerwerken *(Bauwerke)* auch M' gefunden. Q.: Charroux: Welten S. 145
Immer wieder wird von Göttern berichtet, die unverändert in ihrem Aussehen über Generationen hinweg sich den Menschen zeigten. Waren sie auf ihren himmlischen Fahrten der *Zeitdilatation* ausgesetzt *(Erkennen der Götter)?* Q.: Däniken: Erinnerungen S. 125 ff
→ Akakor
→ Radioaktivität
→ Steine, gravierte
→ Zahnmedizin
Mumifizierung → Auferstehung
→ Mumien
→ Pyramiden
→ Sirius
Mundurucú (Indio-Stamm aus dem Amazonasgebiet) → Verbindung von Himmel und Erde

Mund-zu-Mund-Beatmung
(Wiederbelebungstechnik)
→ Wiederbelebung
vgl.: Krankheiten
Munin (Rabe des germanischen Odin) → Waffen der Götter
Mura (karibischer Gott)
→ Schöpfung
Murchison-Meteorit → Exobiologie
Mursuk (auch Marzuq; libysche Oase) → Kulturen, versunkene
→ Sirius-B
Musaios (Sänger der griechischen Mythologie) → UFO, historische
Musala Parva → Mausola Purva
Muscheln, fliegende (Synonym für die fliegenden Fahrzeuge der Götter)
→ Eier, fliegende
→ Sibirien
→ UFO, historische
→ Unterwasserbasen
Musik Kontakt und Besuch außerirdischer Lebewesen ist auch Thema einiger Musiksongs. So in dem Titel: »Calling occupants of interplanetary craft« der Gruppe *Klaatu*. (Platte: Capitol Rec./EMI E-ST 11542. – 1976)
Erich von *Dänikens* Filme, die das gesamte Spektrum der Prä-Astronautik behandeln, wurden von einer Musik untermalt, die auch separat auf Schallplatten erschienen ist. Seine Veröffentlichungen veranlaßten auch andere Musiker, sich auf die Thematik zu berufen. Hier eine Übersicht:
In search of ancient gods. An experience in sound and music based on the books of Erich von Däniken. Warner Bros Records K 56192. – 1976
The gold of the gods. Absolute elsewhere. Earthbound. Adapted from the album »In search of ancient gods«. Based on the books of Erich von Däniken. Warner Bros Records K 16697. – 1976
Erinnerungen an die Zukunft. Filmmelodien aus dem Farbfilm nach den Roman-Bestsellern. The Peter Thomas Sound Orchestra. Polydor 2371 035. – 1970
Botschaft der Götter. Original Soundtrack des gleichlautenden Däniken-Films. Peter Thomas Sound Orchestra. Polydor 2371 655. – 1976.
Gebet 2000. Daniela Ricar nach Erich von Däniken. MSP-Modern Sound Production A – 100 – 4. – 1973
vgl.: Kunst
Muspelheim (Welt der germanischen Mythologie)
→ Herkunft der Götter
Mutanten *Sagen* und Mythen berichten von den abenteuerlichsten Göttergestalten. Q.: Däniken: Zurück S. 248 ff
Wurden die verschiedenen Götterwesen zwar als humanoid, als menschenähnlich, erkannt, obwohl sie nicht vollständig mit den Menschen identisch waren? Wollte man diese Verschiedenheit in den Anomalien andeuten? Oder konnte man nicht recht zwischen Kleidung, Ausrüstung etc. und den Wesen selbst unterscheiden? Eine Kamera hatte vielleicht nur ein Auge – ergo überlieferte sich der Bericht von einem Gotteswesen mit einem Auge etc. Oder existierten in der kosmischen Umgebung der Erde mehrere raumfahrende Götterrassen?
Odin war bei den *Germanen* einäugig und *Balder,* der Frühlingsgott, hatte einen blinden Bruder, den *Hödr (Blindheit).* Q.: Holliger: Steinzeit; Q.: Dopatka: Spiegelbild
Nuadu mit der Silberhand hatte (wie der Kriegsgott *Tyr* der Nordgermanen) nur eine Hand; es heißt, er habe die andere in der Schlacht von *Moytura* verloren *(Irland; Kelten).* Sie wurde ihm durch eine silberne Prothese so geschickt, mit den Sehnen verbunden, ersetzt, daß er auch die Finger bewegen konnte *(Prothesen; Operationen).* Q.: Vries: Religionen
Seine zwei Söhne waren blind oder einäugig, bzw. hinkend oder lahm *(Blindheit; Lähmungen).*
Der irische *Balor* war einäugig *(Irland).*

Mutanten

Plutus, der römische Gott des Reichtums, war blind *(Römer; Blindheit)*.
Pomona, Göttin der Gartenfrüchte, und *Vertumnus*, Gott des Herbstes, hatten einen blinden Sohn, den *Cäculus (Blindheit)*.
Der griechische Feuer- und Schmiedegott *Hephaistos* war an einem Fuße lahm *(Griechenland; Sagen; Lähmungen; Krankheiten)*.
Untergeordnete Feuergötter, seine Gehilfen, waren fette, hinkende *Zwerge*. Q.: Holliger: Steinzeit; Q.: Dopatka: Spiegelbild
Ein bekanntes Beispiel für viele fremdartig anmutende *Mischwesen* sind die *Kentauren* (Zentauren), Gestalten mit menschlichem Oberkörper auf einem Pferdeleib *(Griechenland)*. Q.: Däniken: Zurück S. 249
Plutarch beschreibt in »Isis und Osiris« eine Mythentradition, nach der *Zeus* nicht laufen konnte, da ihm die Beine *(Griechenland)* zusammengewachsen waren. Er beruft sich dabei auf den Gelehrten *Eudoxos von Knidos* (ca. 400–350 v. Chr.). Ähnliche Wesen werden in den vorderasiatischen *Oannes*-Sagen und der Mythologie der *Dogon*-Neger aus *Mali* beschrieben. Sie waren amphibischer Natur. Q.: Temple: Sirius-Rätsel S. 67
Aus der Vielzahl der befremdlich wirkenden halbmenschlichen Mischwesen der altägyptischen Götterwelt *(Ägypten)* können etwa die vier Söhne erwähnt werden, die *Horus* mit seiner Mutter *Isis* gezeugt haben soll; nur *Mestha* oder Amset hatte einen Menschenkopf, *Hapi* hatte den eines Affen, *Tuamutef* den eines Schakals und *Qebhsennuf* einen Habichtkopf *(Mischwesen)*.
Die Vorstellung des urmenschlich wirkenden *Enkidu*, stark behaart und in seiner Lebensweise eher tierisch, ist uns aus dem *Gilgamesch-Epos* überliefert.
Die *Asuras* des *Mahabharata* wurden als verwilderte Menschenfresser und *(Kannibalen)* Gegenspieler der Götter verteufelt *(Rivalitäten der Götter)*.
Hidimbas und *Vakas*, zwei dieser Dämonen, zeichneten sich durch ihre auffällige *Rothaarigkeit* aus *(Götter, bärtige; Rassen)*.
Dem ältesten Urahn Chinas *(China)* war es versagt, die Füße zu gebrauchen *(Lähmungen)*. Q.: Dopatka: Spiegelbild; Q.: Holliger: Steinzeit
Geht darauf der Kult zurück, bei dem im alten China – bis hinein in die Gegenwart – die Füße der Frauen (»Lilienfüße«) sofort nach der Geburt künstlich eingeschnürt werden, so daß sie später verklumpen *(Cargo-Kult; Rituale)* müssen?
Der Sohn des japanischen Urgötterpaares *Izanagi* und *Izanami* war verkrüppelt *(Japan)* und wurde »Blutegelkind« genannt. Q.: Grimal: Mythen Bd. 2
In *Australien* bei den *Aranda* soll der Sohn der höchsten Allmutter und des höchsten Gottes *Bajame* oder *Daramulum* ebenfalls einbeinig gewesen sein. Q.: Dopatka: Spiegelbild; Q.: Holliger: Steinzeit
Götter, die nicht alle Glieder hatten, kannten auch die *Maori* (*Neuseeland*), die Inder und *Etrusker* (*Italien; Indien*). Q.: Däniken: Aussaat S. 50
In *Melanesien* und *Polynesien* wurde das mißgestaltete Embryowesen *Quat* angebetet. In *Polynesien* kannte man Schmuckanhänger in Gestalt gnomenartiger Wesen, die »*Hei-Tiki*« hießen.
Gnomenartige Wesen mit fremdartigen Eigentümlichkeiten stellen auch die Plastiken der mittelamerikanischen *Olmeken* dar.
Tezcatlipoca, Hauptgott von *Texcoco, Mexiko*, ist uns als einbeiniges Wesen überliefert.
Ein Gott der südamerikanischen *Huaylas*, einem Nachbarvolk der peruanischen *Mochica*, hatte keine Arme *(Peru)*.
In der christlichen Weltanschauung hatte schließlich auch der *Teufel*

Mutanten

»Fell, Schwanz und einen Pferdefuß«. Q.: Dopatka: Spiegelbild; Q.: Holliger: Steinzeit
Unnatürlich fettleibig wirkende Frauenfiguren sind von verschiedenen Fundorten her vom Ende der Eiszeit bekannt. Waren die Vorbilder der sogenannten »Venus-Figuren« womöglich undefinierte Wesen, die die Künstler nur von weitem sahen *(Statuen)*? Ihre Bedeutung als Fruchtbarkeitssymbole braucht deshalb nicht abgestritten zu werden. Q.: Däniken: Besucher S. 48
Figuren dieser Art wurden in *La Gravette, Laussel, Lespugue (Frankreich), Cukurca (Türkei), Kostjenki (Ukraine, Sowjetunion), Willendorf (Österreich)* und *Petersfels (Deutschland)* gefunden.
Für Mutationen hält auch der Schriftsteller Leonard Alfred George *Strong* in seinem Buch »Flight to the stars« bestimmte mythologische Figuren, wie z. B. die *Zyklopen*. Q.: Mooney: Les dieux S. 98 f
→ Akakor

→ Baian Kara Ula
→ Crespi, Carlo
→ Elias
→ Gottessöhne
→ Herkunft der Götter
→ Mischwesen
→ Orejona
→ Riesen
→ Schädeldeformationen
→ Schlangen
→ Sodomie
→ Schöpfung
→ Thailand

Muyacmarca (Festungsgebäude von Sacsayhuaman) → Sacsayhuaman
Mykene (Mykenä; Fundort in Griechenland) → Simbabwe
Myler, Lok (= Pseud.: Müller, Paul Alfred; Schriftsteller) → Science Fiction
Mysaros (»abstoßend«, Bezeichnung der Fischwesen des Persischen Golfes) → Oannes
Mysien (kleinasiatisches Reich) → Vernichtung von Schriftzeugnissen
Mythen vgl.: Sagen

N

Nacxitl (Beiname des mexikanischen Quetzalcoatl) → Tula
Nadab (Sohn Aarons; Altes Testament) → Bundeslade
→ Erkennen der Götter
Nagaitso (Gott der Kat-Indianer Kaliforniens) → Konfrontationen der Götter
Nagas (göttliche Wesen der indischen Mythologie) → Schlangen
Nagoya (Ort in Japan)
→ Fundgegenstände, technische
Nahamah (dämonische Frau Adams)
→ Talmud
Nahmepashe (unterirdische »Panther« der Sauk-Indianer-Mythologie; USA) → Riesen
→ UFO, historische
Nahusha (indische Legende)
→ UFO, historische
Nai (Kulturbringer-Gott der chinesischen Mythologie) → Gesetze
Naletale (südostafrikanische Fundstelle) → Simbabwe
Namibia → Felszeichnungen
Nanahuatzin (aztekischer Gott)
→ Pyramiden
→ UFO, historische
Nandi (Stamm aus Kenia)
→ UFO, historische
Nan Madol (auch Nan Matol, Nan Madaol), Ruinenstätte unbekannten Alters in der Südsee, und zwar auf der Karolinen-Insel *Ponape* (= *Temuen; Senyavin-Inseln, Karolinen, Mikronesien).*
Ponape umfaßt mit den ihr vorgelagerten Inselchen eine Fläche von nur 347 Quadratkilometern und wurde 1595 durch portugiesische Seefahrer entdeckt.

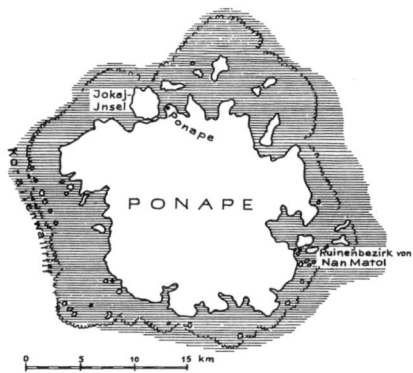

Nan Madol. Skizze der Insel Ponape, Temuen. Q.: H. Biedermann, Die versunkenen Länder, Graz 1975

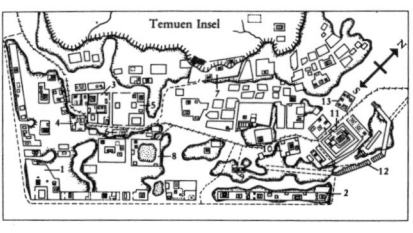

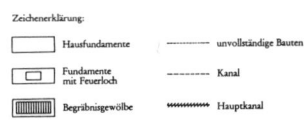

Nan Madol. Skizze der Ruinenanlagen von Nan Madol. Q.: Erich von Däniken

Der Ruinenbezirk von N'M' ist erstaunlich groß; *Bauwerke (Monumente)* aus sechs- und achtkantigen Basaltsäulen (angeblich 400 000 Stück), über eine Distanz von mehr als 15 Meilen herangebracht, die an

244 Nan Madol

Größe und Gewicht zum Teil die Bausteine der Cheopspyramide übertreffen *(Transporte)*. Die Ruinenstätte trug einst den Namen *Soun Nal-Leng*, d. h. Himmelsriff, und *Sagen* der Mikronesier berichten, die Steinsäulen wären einst durch die Luft zu ihrem Bestimmungsort geflogen. Manche Mauern sind über 10 Meter hoch. Rätselhaft sind in den Steinruinen gefundene, gut gerundete Schleuder*kugeln* von Straußeneigröße, denn die Mikronesier kannten in historischer Zeit keine Schleuderkatapulte. Öffnungen im Boden führen zu unterirdischen Räumen *(Stollen,* unterirdische). Ein Großteil der Bauwerke liegt aber nicht auf dem Festland, sondern viele Mauern und Straßen (Kanäle) laufen in das Meer hinaus, das die Bauten umgibt: vermutlich ist N'M' der Rest einer durch Überflutung betroffenen Südseekultur *(Kulturen,* versunkene), deren Alter und Herkunft ungeklärt ist. Radiokarbon-Daten für die Bauzeit um 1180 n. Chr. liegen vor, passen aber nicht recht zu dem erstaunlichen Gesamtbild der menschenleeren Steinstadt; die heutigen Mikronesier scheuen sich, die Ruinen zu betreten, aus Furcht vor Geistern. In ihren Sagen spielen vorgeschichtliche *Riesen* (»kauna«) und Gnomen *(Zwerge)* mit unterirdischer Lebensweise eine große Rolle. Auch von einem *Drachen*zauberer, der die Basaltbrocken durch die Luft lenkte, wird erzählt *(UFO,* historische). Seltsam bleibt, daß vor 1939 Japaner in dem Archipel *Platin* förderten, das sie angeblich unter anderem *Schätzen* auf dem Meeresgrund fanden. Q.: Biedermann: Länder S. 133 ff; Q.: Däniken: Aussaat S. 129 ff; Q.: Däniken: Meine Welt S. 142 ff; Q.: Däniken: Besucher S. 156 ff; Q.: Rittlinger: Ozean; Q.: Charroux: Welten S. 145; Q.: Mooney: Les dieux S. 224
In der Übersetzung heißt N'M' soviel wie »Ort der Zwischenräume«, was

Nan Madol. Q.: Erich von Däniken

immer das zu bedeuten hatte. Q.: Däniken: Aussaat S. 168
Die Ruinen wurden im 19. Jhd. von dem Missionar J. *Hale* untersucht. Die Eingeborenen erinnern sich in ihren *Sagen* an eine Besetzung der Insel durch »Männer mit so fester Haut, daß man sie nur durch die Augen habe verwunden können« *(Overalls)*. Hier können allerdings auch Erinnerungen an Besuche und Konfrontationen mit Spaniern Erklärungen bringen. Um 1595 sollen Seefahrer in diesen Gegenden gekreuzt haben, und vielleicht wunderte man

sich über ihre Rüstungen. Q.: Kohlenberg: Vorzeit S. 327 f; Q.: Waitz: Anthropologie
Naram-Sin (ca. 2260–2223 v. Chr.; akkadischer König) → UFO, historische
Narkose vgl.: Anästhesie
NASA (National Aeronautics and Space Administration; amerikanische Raumfahrtbehörde)
→ Blumrich, Josef F.
→ Chih Chiang Tzu-Yu
→ Kotnik, Josip
→ Ruppe, Harry O.
Naubandhanam (indischer Berg)
→ Sintflut
Nautilus (amerikanisches U-Boot)
→ Telepathie
Navia, Luis E. * 28. 1. 1940 in Cali, Kolumbien. Dr. N' ist Professor für Philosophie an der Universität New York (1963 Bachelor of Arts am Queens College, N. Y., 1967 Master of Arts an der Universität New York). Sein besonderes Interesse gilt der Astronomie. Zahlreiche philosophische Publikationen unterstützen die Theorie der Paläo-Astronautik. Er war Redner an Weltkongressen der *Ancient Astronaut Society.*
Navoy (Ort in Usbekistan)
→ Höhlenzeichnungen
Nawoi → Navoy
Nazca, Hochebene von Auf einer Fläche, die sich über mehr als 500 Quadratkilometern erstreckt, ist die H'v'N' (Pampa von Nazca) im Süden von *Peru* durch in den trockenen Erdboden eingegrabene Linien bedeckt, die vom Erdboden aus weder überblickt noch gedeutet werden können. Zum Teil handelt es sich um riesige Tierbilder (Affen, Spinnen, Delphine) mit Längen von 50 bis 300 Metern, zum Teil um über viele Kilometer hinweg schnurgerade verlaufende Linien, die einander mehrfach überkreuzen und von der Luft aus auf den ersten Blick den Eindruck eines Flughafens vermitteln *(Landeplätze der Götter).* Q.: Däniken: Erinnerungen S. 37 ff; Q.: Däniken: Zurück S. 179 ff; Q.: Däniken: Meine Welt S. 197 ff; Q.: Däniken: Besucher S. 355 ff; Q.: Däniken: Beweise S. 424 ff; Q.: Bergier: Les extra-terrestres S. 41, 46 ff, 69, 74, 86; Q.: Charroux: L'énigme S. 89, 96, 205 ff, 213, 235, 238, 255, 264 ff, 360; Q.: Kohlenberg: Vorzeit S. 191 ff; Q.: Reiche: Mystery; Q.: Navia: Unsere Wiege S. 232 ff; Q.: Mooney: Les dieux S. 206
60 km lang und bis 15 km breit ist diese Anlage. Q.: Kohlenberg: Vorzeit S. 193
Dr. Richard Nikolaus *Wegner* hielt 1939 die Anlage noch für ein Bewässerungssystem; 1941 wurde sie näher vom Historiker der Long Island Universität, Paul *Kosok,* und dessen Assistenten John *Harward* untersucht. Q.: Kohlenberg: Vorzeit S. 192; Q.: Charroux: L'énigme S. 207
Die Deutung dieses Phänomens als riesiger astronomischer *Kalender* fällt schwer, weil, wie schon die Forscherin Maria *Reiche,* die sich seit 1946 mit diesem Weltwunder be-

Navia, Luis E. Q.: L. E. Navia

Nazca, Hochebene von

Gravuren; Bodenzeichnungen) nicht von den Eingeborenen nachträglich in dieser Vielfalt geschaffen worden sein, um die Götter damit wieder herbeizurufen *(Wiederkehr der Götter)?*
Q.: Däniken: Erinnerungen S. 37 ff
In diesem Falle wären die nur von oben sichtbaren rätselhaften Markierungen Spuren einer Art von *Cargo-Kult* vorgeschichtlicher Indianervölker.

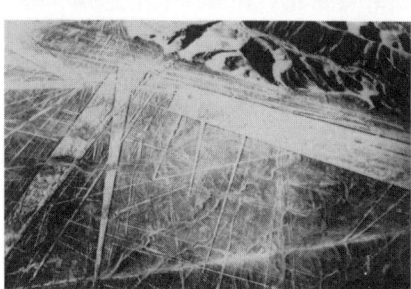

Nazca. Q.: Maria Reiche

Nazca. Q.: Constantin-Film

schäftigt, feststellte, nur sehr wenige Linien mit astronomischen Punkten des Himmels übereinstimmen *(Astronomie).*
Der Amerikanist Prof. Thomas *Barthel*, Tübingen, bestätigt, daß die astronomische Deutung der Linien unhaltbar ist. Q.: Däniken: Beweise S. 425
Könnte diese Ebene in prä-inkaischer Zeit *(Prä-Inka)* nicht wirklich ein Flughafen der Götter gewesen sein? Könnten die verschiedenen, in den trockenen Boden gekratzten Linien und Figuren *(Felszeichnungen;*

Um die mysteriöse Hochebene herum finden sich in den Felsen Zeichnungen von Menschen mit Strahlen an den Köpfen *(Felszeichnungen; Antennen; Erkennen der Götter).* Besteht ein kausaler Zusammenhang?
Q.: Däniken: Zurück S. 187
Figürliche Zeichnungen, Abstraktionen von Spinnen, Vögeln, Schlangen und Blumen etc. sind wahrscheinlich jüngeren Datums als die geraden

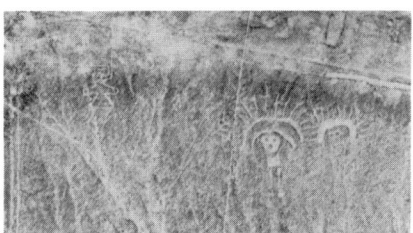
Nazca-Bodenzeichnungen. Q.: Maria Reiche

geometrischen Linien. Q.: Charroux: Welten S. 19 ff, 25 ff
Eine völlig neue Theorie über die Entstehung der Scharrbilder und Linien brachte der Fotograf und Pilot Jim *Woodman* vor. Er glaubt, die Zeichnungen seien mit Hilfe von Heißluft-Ballons *(Ballonflüge,* prähistorische) konstruiert und überschaut worden. Nach prähistorischen Vorbildern, wie er glaubt, baute der Ingenieur Ken *TeKrony* eine winkelige Hülle und eine Gondel aus dem Material nach, das auch den südamerikanischen Völkern zur Verfügung stand. 1976 stieg der Ballon Condor I. mit *Woodman* und dem Piloten Julian *Nott* in den Himmel Nazcas. Trotzdem kann diese Deutung im Zusammenhang mit der präastronautischen gesehen werden, denn auch *Woodman* glaubt, die Bilder seien für die Götter angefertigt. Q.: Woodman: Nazca
Am Ende der Start- oder Landebahnen wurden außerdem Gruben gefunden, deren Böden einer starken Hitze ausgesetzt gewesen waren. Untersuchungen des Wissenschaftlers Michael *DeBakey* fanden jedoch keine Spuren »irgendwelcher Strahlung«, sagt Jim *Woodman,* dem prähistorische Feuerplätze natürlich in seine Ballontheorie passen. Welche Vermutungen veranlaßten eigentlich, nach evtl. *Strahlungen* zu suchen *(Strahlen)?* Q.: Woodman: Nazca; Q.: Schmitz: Beweisnot S. 187
Auch südlich von Nazca, bei dem peruanischen *(Peru) Mollendo,* 400 km entfernt, und in der chilenischen Provinz *Antofagasta (Chile)* wurden *Bodenzeichnungen* in Form von Pfeilen und Vierecken gefunden. Eine weitere Einflugschneise, neben der der Bucht von *Pisco,* zu vermuten, liegt auf der Hand. Q.: Däniken: Zurück S. 188 f
Bestätigt werden könnte diese Hypothese durch die Entdeckung weiterer chilenischer *(Chile)* Bodenzeichnungen in der Wüste von *Tarapacár* und den *Pintados*-Hügeln. 1968 wurde geradezu eine archäologische Sensation publik, als man Einzelheiten über die Ebene von *El Enladrillado* (d. h. »gepflasterter Platz«) erfuhr. Ein ganzer Berg scheint hier in Form eines Amphitheaters ausgehöhlt worden zu sein. Behauene Blöcke bis 8 Meter Länge und 10 000 kg Gewicht liegen wirr durcheinander. Monolithe *(Monumente)* steckten tief im Boden – an ihrer Unterseite stieß man auf eingekerbte Gesichter. Bestimmte Formationen lassen zwar auf astronomische Anliegen schließen, die Gesamtkonzeption jedoch bleibt rätselhaft *(Landeplätze der Götter; Transporte).* Q.: Däniken: Zurück S. 190 ff; Q.: Däniken: Besucher S. 365 ff
→ Orejona
→ Osterinsel
→ Pisco, Bucht von
Nazca-Kultur (prä-inkaische Kultur Perus) → Peru
→ Rocket-Belt
→ Venus
Ndahla Gorge (Fundort in Australien) → Felszeichnungen
Ndegei (Wolkenschlange der Fidschi-Mythologie) → Eier, fliegende
Nebo (Berg in Jordanien; Altes Testament) → Bundeslade
vgl.: Berge, heilige
Nebukadnezar II. (605–562 v. Chr.; babylonischer König) → Daniel
→ Ezechiel
→ Wolken

Nechuschtan (eherne Schlange; Altes Testament) → Schlangen
Nemrud Dag (Berg und Ruinenstätte in der Türkei) → Bauwerke
Nepal → Sintflut
Nephele (griechische Wolkengöttin) → Sirius-B
Nephilim (Riesen; Altes Testament) → Riesen
Nephthys (Schwester der obersten ägyptischen Göttin Isis) → Sirius-B
Neptun (Planet) → Maya
→ Planetensystem, eigenes
Neue Hebriden (Melanesien)
→ Bauwerke
→ Cargo-Kult
→ Felsen, fliegende
→ Gottessöhne
→ Herkunft der Götter
→ Landeplätze der Götter
→ UFO, historische
(Übersicht über einzelne Inseln:)
→ Aoba
→ Iumoran
→ Malekula
→ Malo
→ Pentecost
→ Swallow (Santa-Cruz-Inseln)
→ Tanna
→ Tikopia (Santa-Cruz-Inseln)
→ Vanua Lava (Banks-Inseln)
Neu-Guinea (Melanesien) → UFO, historische
Neu-Kaledonien (Melanesien)
→ Simbabwe
Neumexiko (US-Bundesstaat)
→ Berge, heilige
→ Hopi-Indianer
→ Kulturen, versunkene
→ Sintflut
→ Versteinerungen
Neuseeland → Donnergötter
→ Gottessöhne
→ Konfrontationen der Götter
→ Konfrontationen Götter kontra Menschen
→ Mutanten
→ Unfälle
→ Weltraumreisen, Probleme bei
Nevada (US-Bundesstaat)
→ Bauwerke

→ Kulturen, versunkene
→ Kuriositäten
→ Sandverglasungen
→ Sintflut
→ Versteinerungen
Nezah (Welt der jüdischen Kabbala)
→ Herkunft der Götter
Nga Ara (König der Osterinsel)
→ Osterinsel
Nga-Ti-Hau (Maoristamm; Neuseeland) → Konfrontationen Götter kontra Menschen
Ng-Obi (Männerhaus der brasilianischen Kayapós-Indianer)
→ Kulturbringer, Götter als
Ngwenya (Fundort in Südafrika)
→ Eisen
Nibelungenlied (anonymes mittelhochdeutsches Epos, in dem nordisch-germanische mythologische Quellen verarbeitet wurden)
→ Aussetzung von Kindern
Nichtwissen der Götter N'd'G' bzw. des Gottes allein ist an vielen Stellen der Bibel überliefert, gerade dort, wo Gott doch allmächtig und allwissend sein soll. So fragt Gott in *Genesis 3,9 Adam:* »Wo bist du?« In *Genesis 3,11* in bezug auf die Verführung des *Teufels:* »Wer hat dir gesagt, daß du nackt bist?« Auch in *Genesis 4,6 ff* stellt er einige Fragen an *Kain.* Q.: Däniken: Beweise S. 267 f
→ Esra
Nidung (König in der germanischen Wilkina-Sage) → UFO, historische
Nierenberg, Marshall W. (Genetiker)
→ Genmanipulation
Niflheim (Welt der germanischen Mythologie) → Herkunft der Götter
Niger → Sirius-B
Nihongi (japanischer Mythos; um 720 n. Chr. vom Prinzen Toneri aufgezeichnet) → Donnergötter
→ Schintoismus
→ Schöpfung
→ Verbindung von Himmel und Erde
Nikolaus von Kues (Cusanus, 1401–1464, Philosoph, Kardinal)
→ Exobiologie
Nimingarra (Fundort in Australien)
→ Felszeichnungen

Nimrud (Stadt in Mesopotamien)
→ Mais
Ninhursag → Aruru
Ninigi (japanischer Gott) → Dogus
→ Fundgegenstände, technische
Ninive (Stadt in Mesopotamien)
→ Kristall-Linsen
→ Vernichtung von Schriftzeugnissen
→ Zahlen
Ninth Lake (Kanada)
→ Felszeichnungen
Nin-ti (lebenschaffende Göttin)
→ Schöpfung
Ninurta (Sohn Enlils; sumerische Mythologie) → Sirius-B
Nio-Pouti (Tochter des Gottes Bep-Kororoti; brasilianische Legende)
→ Kulturbringer, Götter als
Nippur (Stadt in Mesopotamien)
→ Ezechiel
→ Sintflut
→ Vernichtung von Schriftzeugnissen
Nir (vorisraelitischer König; Vater des Melchisedek) → Entführungen
Nisir (mesopotamischer Berg)
→ Sintflut; vgl.: Berge, heilige
Noah (Figur des Alten Testaments)
→ Gottessöhne
→ Sintflut
No-Cha (Figur der chin. Mythologie)
→ Waffen der Götter
Nommo (Schöpfergott der westafrikanischen Dogon) → Jesus
→ Sirius-B
→ Unfälle
→ Wiederkehr der Götter
Nommos (Gesamtbegriff für die kulturbringenden, amphibischen Götter der westafrikanischen Dogon)
→ Jesus
→ Sirius-B
→ Wiederkehr der Götter
Noorlangie (Fundort in Australien)
→ Felszeichnungen
Nordamerika
→ Schädeldeformationen

(Übersicht über einzelne Länder und Gebiete:) → Bahamas
→ Bermudas
→ Costa Rica
→ Guatemala
→ Honduras
→ Kanada
→ Karibik
→ Kuba
→ Mexiko
→ Panama
→ USA
→ Yucatán
Nordenskiöld, Nils Erland Herbert (Ethnologe) → Venus
Nott, Julian (Pilot) → Nazca, Hochebene von
Nuadu (= Kriegsgott Tyr; keltisch-irische Mythologie) → Kulturbringer, Götter als
→ Mutanten
Nü-kua (chinesische Göttin)
→ Berge, heilige
Nürnberg (Deutschland)
→ Mittelalter
Nukumanu-Atoll (Salomon-Inseln; Melanesien) → Eier, fliegende
Numeri (4. Buch Mose; Altes Testament)
Nm 9,15–23 → Moses
Nm 13,33 → Riesen
Nm 16,28 ff → Sprengstoffe
Nunki (Stadt in Mesopotamien)
→ Lebensdauer
Nusaku (Berg auf der indonesischen Insel Seram) → Sintflut
Nut (Schöpfermutter der ägyptischen Mythologie) → Verbindung von Himmel und Erde
Nyikang (erster Mensch der Schilluk- und Luo-Mythologie; Sudan)
→ Kulturbringer, Götter als
Nymphen (Naturgöttinnen; griechische Mythologie) → Aussetzung von Kindern
→ Sirius-B
Nzame (Schöpfergott der Bantu-Völker Afrikas) → Schöpfung

O

Oannes In der sumerischen Mythologie *(Sumer; Sagen)* wird von einem Fischwesen namens O' erzählt, das dem Meer entstieg und das Volk unterrichtete *(Kulturbringer,* Götter als; *Erkennen der Götter; Herkunft der Götter; Fischmenschen).* Q.: Sagan/Shklovsky: Intelligent S. 457
Und das nicht nur in Dingen des täglichen Lebens, sondern auch besonders in der *Mathematik.* Danach sei es wieder im Meer untergetaucht. Q.: Chatelain: Nos ancêtres S. 18 ff
Nach der Lehre des Oannes habe es über die Tiere und Urwesen der Vorzeit eine göttliche Herrscherin gegeben namens *Omroka.* Q.: Temple: Sirius-Rätsel S. 324
Rollsiegel geben ein Bild dieses Geschöpfes wieder.

Oannes. Q.: Erich von Däniken, British Museum

Der Bericht von diesem Wesen wurde durch den Archivar *Alexander Polyhistor von Milet* (1. Jhd. v. Chr.) der Nachwelt übermittelt. Er griff dabei auf Schilderungen des Baalspriesters *Berossos* (3. Jhd. v. Chr.) und des Griechen *Apollodoros* aus Athen (2. Jhd. v. Chr.) zurück. Nie soll dieses Wesen als göttlich beschrieben worden sein – dennoch aber mit einem Schiff *(Schiffe,* fliegende) zu den Göttern zurückgekehrt sein. Q.: Temple: Sirius-Rätsel S. 27
Auf *Berossos* zurückgehend schrieb *Alexander Polyhistor aus Milet:* »Der gesamte Körper des Tieres glich dem eines Fisches *(Fischmenschen),* unter dem Fischkopf besaß es einen anderen Kopf, und unten am Körper hatte es auch Füße, ähnlich denen eines Menschen. Sie waren unterhalb des Fischschwanzes angewachsen. Auch seine Stimme *(Kommunikation)* und seine Sprache waren klar und menschlich, und noch bis auf den heutigen Tag bewahrt man eine Darstellung von ihm auf. Sank die Sonne, so pflegte dieses Wesen ins Meer zu springen, und die ganze Nacht brachte es in der Tiefe zu, denn es war ein Amphibium« *(Erkennen der Götter).* Bei den Menschen soll das Wesen keine Nahrung zu sich genommen haben *(Ernährung).* Q.: Temple: Sirius-Rätsel S. 250, 323
O' bedeutet auf altsyrisch soviel wie »Fremdling«. Sein Erscheinen soll nicht nur auf den Persischen Golf beschränkt gewesen sein, sondern auch am Roten Meer belegt sein. Q.: Charroux: Welten S. 311
Der babylonische O' war nur der erste von zehn anderen Gestalten, die aus dem Persischen Golf, früher oft »Rotes Meer« genannt, stiegen. Q.: Kohlenberg: Vorzeit S. 46; Q.: Creuzer: Symbolik

Oannes 251

Nach *Berossos* tauchte nach O' auch ein anderes Wesen namens *Odakon* (bzw. *Dagon*) aus dem erythräischen Meer auf. Das erythräische Meer war ein Sammelbegriff für das Rote Meer, den Persischen Golf und den Indischen Ozean. Alle diese Fischwesen wurden von ihm mit dem Namen *Annedotoi* bezeichnet. *Annedotos* bzw. auch die Titulierung *Mysaros (Wortbedeutungen)*, die jenen Wesen gegeben wurden, bedeuten aber »scheußlich« und »abstoßend«. Sollte man nicht eher annehmen, daß die Kulturbringer des Vorderen Orients als herrliche Göttergestalten verehrt wurden? Statt dessen sollen sie ekelerregend gewesen sein – ein Indiz, das für die Echtheit der Berichte spricht *(Erkennen der Götter)*. Würden wir uns heute nicht ähnlich verhalten beim Anblick eines außerirdischen Lebewesens? – Andere Eigennamen jener O'-Wesen waren *Euedokos, Eneugamos, Eneuboulos* und *Anementos*. Q.: Temple: Sirius-Rätsel S. 248 f, 320 ff

Oannes. Assyrisches Relief von Nimrud (Kalach), ein Oannes-Wesen darstellend. Q.: Archiv Dopatka

Fischmenschen auf einem akkadischen Siegelzylinder. Q.: Archiv Dopatka

Nach dem bei *Photios* (820–ca. 893 n. Chr.) erhalten gebliebenen Fragment des ägyptischen Philologen *Helladios* (Datierung ungewiß) kam ein Mann namens *Oe* aus dem Persischen Golf. Er hatte einen fischähnlichen Körper *(Fischmenschen)*. Gelandet sein soll er in einem Ei *(Eier, fliegende)*, das ins Meer gefallen war, vorher aber »von leuchtendem Aussehen« gewesen sei *(Feuerbälle)*. Ergänzt wird der Bericht durch den byzantinischen Historiker *Sozomenos* (5. Jhd.). Q.: Temple: Sirius-Rätsel S. 330 f
O' ist auch unter dem Namen *Eridu*, Herr der Wogen, bekannt. *Eridu* war die südlichste sumerische Stadt. Teilweise wurde er auch mit dem Gott *Ea* bzw. *Enki* gleichgesetzt, jenem Gott, der den Befehl zum Bau der *Arche* vor der *Sintflut* gab. *Enkis* Stern, der ihm zugeordnet wurde, war *Canopus* im Sternbild der *Argo (Sternbild Argo)*. Dieses Sternbild stand im Zusammenhang mit dem *Sirius-B*-Mysterium. Stammte O' aus jenem kosmischen Bereich? Q.: Temple: Sirius-Rätsel S. 144, 176
Noch konkretere Überlieferungen ähnlicher, wahrscheinlich identi-

scher Wesen bewahrten die *Dogon* aus *Mali.* Vgl. dazu das Kapitel über das *Sirius-B*-Mysterium.
→ Mutanten
→ Sirius-B
vgl.: Fischmenschen (bzw. -götter)
Oaxaca (Fundort in Mexiko)
→ Räder
Obadja (Figur des Alten Testaments)
→ Elias
Oberem, Udo (deutscher Völkerkundler) → Stollen, unterirdische
Oberth, Hermann (Raumfahrt-Ingenieur) → Exobiologie
Observatorien In *Armenien (Sowjetunion),* in der Gegend von *Mezamor,* wurde durch die Archäologin E. S. *Parsamian* das sogenannte »Observatorium von *Burakan*«, eine Anlage aus 30 Beobachtungsstellen, entdeckt. Sie sollen speziell zur Beobachtung des *Sirius* gedient haben. Berechnungen hätten angeblich eine Beobachtung vom 22. Juni anno 2800 v. Chr. 4 Uhr morgens ergeben *(Astronomie).* Q.: Charroux: L'énigme S. 272
Ein Datum also, das rein mythologischen Charakter zu haben scheint, da diesem Kulturkreis zu der Zeit keine Zivilisation zugestanden wird. Die besondere Rolle des *Sirius,* der auch bei anderen Kulturen hohe Bedeutung hatte, deutet aber auf ein reales Datum hin.
→ Chichen Itzá
Obsidian (Mineral) → Kristall-Linsen
→ Osterinsel
Odakon (Fischwesen des Persischen Golfes) → Oannes
Odin (Gott der germanischen Mythologie) → Baum des Lebens
→ Mutanten
→ Pferde, fliegende
→ Waffen der Götter
Odysseus (Irrfahrer der griechischen Mythologie) → Sirius-B
Oe (Fischwesen des Persischen Golfes) → Oannes
Ödipus (Figur der griechischen Mythologie; Sohn des Laios, König von Theben) → Aussetzung von Kindern
Öfen, fliegende (Synonym für die fliegenden Fahrzeuge der Götter)
→ Donnergötter
→ UFO, historische
Öl → Weltraumreisen, Probleme bei
Österreich → Mutanten
vgl.: Tirol
Oeta (oder Oite; Berg in Anatolien) → Berge, heilige
Offenbarung Johannes (Neues Testament) → Johannes
OJh 1,12 ff → Erkennen der Götter
OJh 8 → Prophezeiungen
OJh 9 → Prophezeiungen
OJh 12,7 → Konfrontationen der Götter
OJh 20 ff → Johannes
Og (König und Riese; Altes Testament) → Riesen

Observatorien. Bronzezeitliches Felsbild aus Armenia, Kaukasus. Angeblich Weltenbaum, in den als Planetenscheiben gedeuteten Symbolen scheinen sich Wesen aufzuhalten. Q.: Umzeichnung nach Miroslav Kšica, Umění Staré Eurasie, *Brno 1974*

Ogereth (dämonische Frau Adams) → Talmud
Ogotemmeli (Priester der westafrikanischen Dogon) → Sirius-B
Ohio (US-Bundesstaat) → Kugeln → Kuriositäten
Ohlmeyer, Harold Z. (Kommandant und Kartograph) → Piri Reis Weltkarten
Oite (oder Oeta; Berg in Anatolien) → Berge, heilige
Okeanos (Außenmeer oder Weltall der griechischen Mythologie) → Eier, fliegende
Okolnir (Welt der germanischen Mythologie) → Herkunft der Götter
Olancha (Ort in Kalifornien) → Kuriositäten
Ollantaytambo (vermutlich präinkaische Ruinenstadt) → Sacsayhuaman
Olmeken Mexikanischer Volksstamm an der Golfküste, nach dem eine prähistorische Kultur dieses Raumes benannt wurde (auch La-Venta-Kultur); ihr Beginn wird heute mit etwa 1500 v. Chr. angesetzt. Herkunft und erste Phasen der O'-Kultur sind unerforscht. Viele Kunstwerke lassen an eine in Altamerika sonst unbekannte Menschenrasse *(Rassen)* denken.

Zeremonialbeile aus Jade haben oft Menschengestalt mit fremdartigen Attributen: geflügelte Augen, Reißzähne, wulstige Lippen, zwerghafte Proportionen. Berühmt wurden jedoch vor allem die steinernen Kolossalköpfe der O' *(Monumente)*, bis $2^{1}/_{2}$ Meter hoch: gewaltige, aus dem Felsen gehauene Riesenschädel, helmtragende Götterköpfe *(Overalls)* mit bis zu 37 Tonnen Gewicht liegen über das Land verstreut. Nur wenige Kräne heben heute diese Lasten – und damals *(Transporte)*? Q.: Däniken: Erinnerungen S. 140

Die Kunst der O' ist reich an fremdartig wirkenden Eigenheiten: drachenartige *Schlangen* und zoologisch undefinierbare Fabeltiere tauchen auf

Olmeken. Völlig »unindianisch« muten die gigantischen, körperlosen Steinköpfe dieses alten Kulturvolkes Mittelamerikas an.
Q.: Archiv Dopatka

olmekischen Felsreliefs auf. Neben den berühmten steinernen Riesenköpfen – sie sind nicht etwa Teile von kompletten Menschenfiguren, sondern körperlos – gibt es zahllose Plastiken *(Statuen)* von zwerghaften Wesen mit koboldartigem Aussehen, mit raubtiermaulartig gekräuselten Lippen und einem V-förmigen Einschnitt auf dem Scheitel. Die Geisteswelt, die hinter diesen eindrucksvollen Kunstwerken steht, wirkt auf den unbefangenen Betrachter faszinierend in ihrer Unerklärlichkeit. – Ein monolithischer Sarkophag *(Gräber)* von *Tres Zapotes* zeigt Körper gefiederter *Schlangen* unter einem Himmelsstreifen und eine Kampfszene, bei der Himmelsgötter zu siegen scheinen. Menschenfiguren auf der Vorderseite der Skulptur scheinen vom Himmel herabzustürzen *(Konfrontationen Göt-*

ter kontra Menschen). Q.: Krickeberg: Kulturen S. 544 f
→ Götter, bärtige
→ Mutanten
→ UFO, historische
→ Unklarheiten der Definition
Olymp (Berg; Sitz der Götter Griechenlands) → Berge, heilige
→ Entführungen
→ Rivalitäten der Götter
Omphalossteine (»Nabelsteine«, heilige Steine, vielleicht geodätische Marken) → Sintflut
Omroka (Urzeit-Göttin der sumerischen Mythologie) → Oannes
On (= Heliopolis; Stadt in Ägypten)
→ Gravitation, Aufhebung der
Onan (Figur des Alten Testaments)
→ Inzest
Ontario (kanadische Provinz)
→ Felszeichnungen
Operationen (medizinische) Eine 1969 ausgeführte Expedition des sowjetischen Professors Leonidow *Marmadscheidschan* führte im Auftrag der Gesellschaft für Anthropologie von Turkmenistan nach Zentralasien *(Sibirien; Sowjetunion).* In einer Höhle fand man ein Massengrab *(Höhlen; Gräber)* mit 30 Skeletten, die bis zu 100 000 Jahre alt sein sollen. An einem der Skelette fand man eindeutige Spuren eines chirurgischen Eingriffes an der linken Seite des Brustkorbes. Nach der Operation hat der Patient noch mindestens 3 bis 5 Jahre gelebt, was die Dicke der nachgewachsenen Knochenhaut beweist. Anzeichen sprechen sogar für eine Herzoperation. Q.: Charroux: Welten S. 54 f
→ Akupunktur
→ Anästhesie
→ Inka
→ Isaak
→ Mutanten
→ Osterinsel
→ Schöpfung
→ Steine, gravierte
→ Zahnmedizin
vgl.: Betäubungsmittel
vgl.: Krankheiten
vgl.: Medizin
vgl.: Untersuchungen an Menschen
Opfer Mit Tierschädeln, die über Baumstümpfe gestülpt werden, opfert man auf *Madagaskar* noch den »Göttern, die von den Sternen kamen« *(Sagen).* Q.: Kolosimo: Viel Dinge S. 164
→ Abraham
→ Bundeslade
→ Cargo-Kult
→ Elias
→ Indien
→ Kristall
→ Laser
→ Maya
→ Sintflut
→ UFO, historische
Ophanim (Engel der Henoch-Apokryphe) → Henoch
Ophion (Nordwind-Schlangenwesen der vorgriechischen Mythologie)
→ Schlangen
→ Schöpfung
Orakel → Sintflut
vgl.: Prophezeiungen
Ordway, Frederick I. (Exobiologe)
→ Humanoiden
Orejana → Orejona
Orejona Alte *Sagen* verschiedener Volksstämme von *Peru* verlegen den Ursprung der Menschheit in den Kosmos *(Schöpfung).* Die Mythen nordperuanischer Küstenstämme erzählen von der Rivalität der Götter *Pachacamac* und *Uichama (Konfrontationen der Götter),* in dessen Verlauf vom letztgenannten die Luft in Brand gesetzt worden sei und ein Feuerregen *(Atombomben; Fallout)* das Land verheert habe *(Katastrophen).* Die Menschen dieser Epoche seien anschließend in Stein verwandelt worden, was an die biblische Erzählung von Lots Weib erinnert *(Sodom* und *Gomorrha).* Der Sonnengott und *Uichama* hätten dann Reue empfunden *(Reue der Götter).* So sandte der Sonnengott »drei Eier vom Himmel herab, eines aus Gold,

das zweite aus Silber, das dritte aus Kupfer *(Eier,* fliegende; *UFO,* historische).« Aus dem Goldei stammten die Adeligen, aus dem Silberei ihre Frauen, aus dem Kupferei das gewöhnliche Volk. Q.: Krickeberg: Märchen S. 216 f
Andere Versionen der Sage berichten, der Gott *Pachacamac* »sandte vier Sterne *(Sterne,* fliegende), zwei männliche und zwei weibliche, auf die Erde hinab, aus denen einerseits die Könige und Edelleute, andererseits das gemeine Volk, die Armen und Dienenden, hervorgingen«. Q.: Krickeberg: Märchen S. 217
Sagen aus der *Inka*zeit wieder lassen die Menschheit aus drei Fenstern des Berges *Tambotoco (Berge,* heilige) in der Nähe von *Cuzco* hervorkommen *(Felsgeburten).* Aus einem der Fenster stammt das Volk der *Maras,* aus dem zweiten die *Tambo*-Indianer, aus dem dritten acht Geschwister, vier Männer und vier Frauen. Die Namen der Männer waren *Manco Capac, Ayar Auca, Ayar Cache* und *Ayar Ucu;* die der Frauen *Mama Ocllo, Mama Huaco, Mama Ipacura* und *Mama Raua. Manco Capac* und *Mama Ocllo* wurden die Stammeltern der *Inkas.* Von *Ayar Auca* wird erzählt, daß er fliegen konnte und in Stein verwandelt wurde: in den Grenzstein *Cozco,* nach dem die Stadt *Cuzco* ihren Namen erhielt. *Manco Capac* und *Mama Huaco* sollen bei der Eroberung des Landes viele Grausamkeiten verübt haben *(Grausamkeit).* Q.: Krickeberg: Märchen S. 254 ff
Mythen dieser Art bzw. einzelne Motive von Sagen über von den Sternen stammende Urelterm spielen auch in der Volksüberlieferung von der Stammutter O' eine Rolle, die noch in neuerer Zeit von peruanischen Indios erzählt wurde. Der Name O' leitet sich vermutlich von dem spanischen Wort »orejón« (Großohr) ab, mit dem die Eroberer von Peru die Adeligen bezeichneten, die große goldene Ohrpflöcke trugen. O' bedeutet demnach etwa »adelige Dame der Zeit des Inkareiches«.
Die mythische *(Prä-Inka)*Urmutter O' (ihr Name wird auch in Varianten wie *Orejana, Orjana* usw. wiedergegeben) soll diesen *Sagen* zufolge von den Sternen gekommen sein, und von ihr soll die Menschheit abstammen *(Schöpfung, Gottessöhne).* Q.: Däniken: Erinnerungen S. 43; Q.: Charroux: L'énigme S. 126, 238, 270; Q.: Kohlenberg: Vorzeit S. 46; Q.: Desjardins: Le Pérou
Sie soll vier statt fünf Finger besessen haben *(Mutanten),* die durch *Schwimmhäute* miteinander verbunden waren *(Erkennen der Götter; Fischmenschen).* Q.: Däniken: Erinnerungen S. 43; Q.: Charroux: Welten S. 311, 315 f
Ihr Schädel sei schmal und hochgewachsen gewesen *(Erkennen der Götter; Schädeldeformationen).* Q.: Hutin: Hommes S. 26; Q.: Charroux: Welten S. 311, 315
Nach ihrem Auftrag – sie gebar 70 Erdenkinder – flog sie in ihrem goldenen Sternenschiff zurück auf ihre Welt *(UFO,* historische; *Färbung).* Q.: Däniken: Erinnerungen S. 43
Wesen mit vier Fingern finden wir tatsächlich auf Steinplastiken und Reliefs *(Felszeichnungen)* bei *Tiahuanaco* (Peru). Q.: Däniken: Erinnerungen S. 43
→ Eier, fliegende
→ Nazca, Hochebene von
vgl.: Fischmenschen (bzw. -götter)
Orgel, Leslie E. (Genetiker)
→ Schöpfung
Orjana → Orejona
Origenes (185–254 n. Chr., Kirchenlehrer) → Exobiologie
Orinoko (Fluß in Venezuela)
→ Götter, hellhäutige
→ Verbindung von Himmel und Erde
Orion (Sternbild) → Sirius-B
Orion (griechische Mythologie; Sohn Poseidons) → Hyrieus

Orito (Hügel auf der Osterinsel)
→ Osterinsel
Ornamente vgl.: Bodenzeichnungen
vgl.: Felsbearbeitungen
vgl.: Felszeichnungen
vgl.: Fresken
vgl.: Gravuren
vgl.: Höhlenzeichnungen
vgl.: Schriften
vgl.: Schriftzeugnisse der Götter
Oro (polynesischer Gott)
→ Gottessöhne
Oromazes (Plutarchs Begriff für den parsistischen Ahura Mazda)
→ Sirius-B
Ortiz, Jose (Archäologe)
→ Pyramiden
Osiris (ägyptischer Gott; Gemahl der Göttin Isis) → Eier, fliegende
→ Götter, hellhäutige
→ Sirius-B
→ Unfälle
Osterinsel (Polynesien) Zu den großen archäologischen Rätseln unseres Planeten zählt ein winziges Eiland, 4600 km vor der chilenischen Küste gelegen. Die O' (spanisch Isla de Pascua, polynesisch *Rapanui)* hat ihren Namen von der Entdeckung durch den Holländer Roggeveen am Ostertag des Jahres 1722. Ihre Fläche beträgt 165 Quadratkilometer, die heutige Einwohnerzahl 1200 (die polynesischen Siedler wurden durch Krankheiten dezimiert; die jetzigen Bewohner sind meist mit Weißen und Tahitiern gemischt). Hunderte der gewaltigsten, aus Vulkangestein gehauenen Riesenstatuen sind über die Insel verteilt *(Monumente).* Q.: Däniken: Erinnerungen S. 135 ff; Q.: Däniken: Zurück S. 201 ff; Q.: Däniken: Meine Welt S. 117 ff; Q.: Däniken: Besucher S. 129 ff; Q.: Charroux: Welten S. 150 ff; Q.: Mazière: Fantastique; Q.: Charroux: L'énigme S. 126 ff; Q.: Mooney: Les dieux S. 223 f
Die Statuen werden von den Eingeborenen *Moais* genannt. Sie bilden nicht ganze Menschenfiguren ab, sondern nur den Kopf und Oberkörper bis zur Hüftgegend. Einige der Figuren tragen *Gravuren,* vermutlich Symbolzeichen. Q.: Däniken: Zurück S. 211
Die Gesichtszüge der Riesenfiguren entsprechen auch mit ihren schmalen Lippen, langen geraden Nasen und tiefliegenden Augen nicht den polynesischen *Rassen.* Wer waren hier die Vorbilder? Q.: Däniken: Meine Welt S. 117 ff

Osterinsel. Q.: Constantin-Film   *Osterinsel. Q.: Constantin-Film*

Die meisten Statuen sind etwa 6 Meter hoch, einige jedoch wesentlich höher (10 und 12 Meter). Am Abhang des Vulkans Rano-Raraku jedoch liegt eine fast vollendete Großfigur von 22 Meter Länge. Kopf und Hals messen 7 Meter, die Nase allein 3,40 Meter, der Körper ist 13 Meter lang. Das Gesamtgewicht dieses Kolosses, dessen Höhe etwa der eines siebenstöckigen Hauses entspricht, beträgt 50 Tonnen. Diese Figur ist zu drei Vierteln vollendet, aber nicht völlig vom Fels losgelöst *(Monumente)*. Die Gewichtsangabe von Francis *Mazière* ist jedoch viel zu niedrig, wenn jene von Thor *Heyerdahl* stimmt, der für eine »nur« 10 Meter hohe Steinfigur ebenfalls ein Gewicht von 50 Tonnen (sie trug einen Kopfaufsatz von 6 Kubikmetern Rauminhalt) berechnete. Q.: Mazière: Insel S. 105 f; Q.: Heyerdahl: Aku Aku S. 63

Osterinsel. Q.: Constantin-Film

Die trommelförmigen Kopfaufsätze der großen Steinfiguren tragen den Namen »*Pukao*« und sehen aus, als sollten sie Turbane oder große Haarknoten darstellen. Sie wurden nicht aus dem gleichen Gestein geformt wie die Statuen, sondern aus rötlichem Tuff – ein Hinweis auf die *Rothaarigkeit* der Bauherren? Es ist nicht klar, ob ursprünglich alle Moais diesen Kopfschmuck trugen. Wie wurden diese schweren Steinzylinder auf die Häupter der hochragenden Steinriesen aufgesetzt? Q.: Däniken: Zurück S. 213
53 *Pukao* sollen bis jetzt gefunden worden sein. Q.: Charroux: Welten S. 160
Nicht nur die Größe, sondern auch die Anzahl der Moais läßt den geradezu unglaublichen Arbeitsaufwand ermessen, der mit Herstellung und Transport *(Transporte)* der Steinfiguren verbunden war. Man schätzt ihre Zahl auf »mehr als siebenhundert ... unmittelbar an den Hängen des Rano Raraku stehen heute noch gegen hundertfünfzig Statuen. Weitere hundertfünfzig liegen im Steinbruch.« Archäologen der Expedition *Heyerdahls* fanden unter Geröll und Gras »einige *Moais,* die weder Pater Englert (der die ihm bekannten Figuren katalogisiert hatte) noch andere zeitgenössische Bewohner der O' kannten.« Da noch nicht alle Fundstätten restlos durchforscht sind, dürfte die O' insgesamt an die 1000 Steinfiguren aufweisen. Q.: Stingl: Südsee S. 21–28
Nach den Untersuchungen von Thor *Heyerdahl* lassen sich nachweislich 3 Kulturperioden feststellen, von denen die älteste große Steinplattformen und Terrassen *(Bauwerke),* die nächste die Steinfiguren entstehen ließ. Spätere Epochen bieten Anzeichen für den Verfall der alten Kultur. An den Steinbrüchen, wo die Giganten herausgearbeitet worden waren, lagen primitive Steinbeile in Massen – gerade so, als sei die Arbeit urplötzlich aus irgendeinem Grunde unterbrochen worden. Q.: Heyerdahl: Aku Aku
Die Bauunterbrechung erinnert an jene von *Tiahuanaco* im Andenraum Südamerikas.
Wurden die steinernen Götter aber wahrhaftig mit diesen Beilchen herausgearbeitet? Und wenn: Wie transportierte man sie über die Höhen und Tiefen der Insel zu ihren Standorten

Osterinsel

(Transporte)? Auf Holzrollen? Große und dicke Baumstämme hat es auf der O' nie gegeben – auch wenn ihre Vegetation früher üppiger gewesen sein mag.
Erstaunlich ist die beobachtete Tatsache, daß die Steinfiguren bei ihrem Transport von den Steinbrüchen – wo sie völlig vollendet, nicht bloß roh geformt wurden – über die ganze Insel hinweg verteilt wurden, ohne dabei im geringsten beschädigt zu werden. Die Beförderung gelang, »ohne den Statuen auch nur den geringsten Schönheitsfehler zuzufügen.« Q.: Stingl: Südsee S. 26
Das Aufstellen der Kolosse kann zwar durchaus mit der von *Heyerdahl* praktizierten »Stein-Unterschieb-Methode« erfolgt sein; dazu aber bedarf es einer großen Zahl von kräftigen Männern.
Nun hat es jedoch auf der Insel nie sehr viele Menschen gegeben (die Bewohnerzahl in der Blütezeit der alten Kultur wird auf maximal 4000–5000 geschätzt, kann aber auch geringer gewesen sein), so daß es nicht ganz erklärlich ist, auf welche Weise gleichzeitig für die Nahrung der Bevölkerung und das Errichten der *Monumente* gesorgt werden konnte *(Ernährungsproblem).*
Wo kann des Rätsels Lösung liegen? Können die *Sagen* der O' helfen, diese Frage zu beantworten?
Mythen und Religion der alten Bewohner der O' unterscheiden sich von jenen anderer Inseln *Polynesiens. Tangaroa* ist hier nicht Gott, sondern ein König der Frühzeit. Als Schöpfer der Welt *(Schöpfung)* gilt der Gott *Make-Make,* der immer wieder in Verbindung mit Vogelwesen erwähnt wird. Er schuf den ersten Menschen aus roter Erde und dessen Frau aus der Rippe des Urvaters *(Operationen)* (christlicher Einfluß auf dieses Motiv ist freilich nicht auszuschließen). Die O' selbst soll vom »Erdteil *Hiva«* und der Landschaft »*Maori Nuinui«* aus besiedelt worden sein, als diese langsam in den Fluten versank *(Sintflut)* und König Hotu Matua sie mit seinen Leuten zu Schiff verlassen mußte *(Katastrophen).* Er landete beim »Nabel der Erde« *(Te Pito O Te Henua,* wie die O' früher hieß), einem Land, das früher größer war: so groß wie das heutige Festland *(Südamerika?).*, *Uoke,* der Gott der Zerstörung, besaß einen Hebebalken, mit dem er das Land nach Belieben hob oder senkte. »Wenn er *Rapanui* hob, reichte seine Oberfläche bis zum Festland. Eines Tages, als *Uoke* sich damit vergnügte, einen Teil *Rapanuis* zu senken, um das Festland zu heben, brach der Hebel. *Rapanui,* das sich in diesem Augenblick unten befand, blieb klein, während das Festland groß blieb« *(Kontinentaldrift).* Q.: Felbermayer: Sagen S. 28; Q.: Mazière: Insel S. 32
Diese *Sagen* von untergegangenen Landstrichen *(Kulturen,* versunkene) enthalten das Motiv, daß *Katastrophen* auf das Eingreifen von Göttern zurückzuführen sein können. Noch heute herrscht Furcht vor Meteor-Feuerkugeln aus dem Weltall. In diesem Zusammenhang ist eine Beobachtung von F. *Mazière* interessant: Am Abhang des Vulkans Rana-Kao »umgibt eine gewaltige Rille einen *Orito* genannten Hügel. Hier liegt der Fundplatz für *Obsidian*... Dieses in einer mächtigen, klar begrenzten Zone verlaufende *Obsidian*lager macht den Eindruck, als stamme es vom Bremsstrahl eines Raumschiffes. Hat jemals einer all die Entstehungsmöglichkeiten eines derartigen Gesteins untersucht? Mir schien das Gelände und der Verlauf des achthundert Meter langen, zweihundert Meter breiten Streifens abnorm... Wie eine gewaltige Aufschlagstelle wirkt dieses vollkommene Kreisrund (des *Obsidian*-Hügels).« *(Geologie; Sandverglasungen)* Q.: Mazière: Insel S. 143

Werke der bildenden Kunst (Plastiken und *Statuen* aus Holz und Stein) zeigen die merkwürdigsten *Mischwesen:* Vogelmänner, Eidechsenmänner, Fischmänner *(Fischmenschen), Tangata-Ika* genannt. Dazu paßt die Überlieferung, der Mensch stamme nach zehn Wandlungen, die durch Änderungen des Klimas *(Klimabeeinflussung)* und der Nahrung verursacht worden seien, von dem mit Füßen versehenen Fisch »*Patuki*« ab *(Schöpfung)*. Q.: Mazière: Insel S. 149, 153

Osterinsel. Q.: Constantin-Film

Mischwesen aus Vogel und Mensch sind in Mythen und Plastiken einerseits vogelköpfige Menschenleiber, mit dem Kult des *Make-Make* verknüpft (viele Steinreliefs im Südwesten der Insel in der Nähe der Klippe Motunui stellen sie dar), weiters die Vorstellung von *Hena Naku,* dem Gott der Federn: einem Vogel mit Menschengesicht. Auch dem Ei *(Eier,* fliegende) wurde große Verehrung zuteil. Jener Mann, der auf der Klippe Motunui das erste Vogelei des Jahres fand, galt das Jahr über als zweiter Führer der Inselbevölkerung – sein Rang kam gleich nach dem des Königs *(Cargo-Kult)*. Q.: Felbermayer: Sagen S. 34, 37; Q.: Däniken: Zurück S. 123 f

Dieser »Vogel-Mann« *(Tangata-Manu)* verkörperte das neue Jahr wie auch den Schöpfergott *Make-Make* und garantierte mit seiner Person die Gegenwart höherer Mächte auf der O'. Q.: Mazière: Insel S. 67–77

Der Beiname »Insel der Vogelmenschen«, den die O' in der Fachliteratur trägt, ist jedenfalls berechtigt. Kann es sein, daß sich in den reichen *Sagen* von fliegenden Götterwesen und dem Ritus um das kostbare Ei eine ferne Erinnerung an reale Außerirdische mit nur teilweise humanoidem Aussehen *(Humanoiden)* verbirgt, die etwa auch mit den der Überlieferung noch geläufigen *Katastrophen* früherer Zeiten etwas zu tun hatten? *Mischwesen* aller Arten stellen auch viele der *Aku-Aku-Höhlensteine (Statuen)* (Zeugen geheimer Kulte aus neuerer Zeit) dar, die Thor *Heyerdahl* beschrieben hat. Q.: Heyerdahl: Aku Aku

Weitere *Sagen* befassen sich mit dem Transport *(Transporte)* der *Moai*-Steinstatuen. Danach hatten zwei Bildhauer die Fähigkeit, die Plastiken auf ihren Befehl allein zu ihrem späteren Standplatz wandern zu lassen – durch Zauberkraft (Mana). Es heißt, daß sich die Statuen in aufrechter Stellung fortbewegten, indem sie mit ihrer runden Fußfläche wechselseitig halbkreisförmige Vorwärtsbewegungen machten. F. *Mazière* schließt daran die Überlegung: »Was wäre, wenn bestimmte Leute zu einer bestimmten Zeit über elektromagnetische Kräfte oder die Macht der Antigravitation *(Gravita-*

tion, Aufhebung der) verfügt hätten? ... Man hat hier wirklich den Eindruck eines auf begrenztem Gebiet elektromagnetisch betätigten Mechanismus.« *(Elektrizität)* – Eine Dämonin habe durch einen Fluch, erzählt die Sage, die beiden Bildhauer der Kraft beraubt, die *Moai* wandern zu lassen *(Parapsychologie; Magie)*. Q.: Felbermayer: Sagen S. 108 ff; Q.: Mazière Insel S. 104 f; Q.: Heyerdahl: Aku Aku S. 64 f

Andere Sagen beschäftigen sich mit einem verheerenden Krieg von zwei Menschenrassen, den Langohrmenschen *(Hanau Eépe)* – sie werden als die Schöpfer der Moai-Steinbilder bezeichnet – und den Kurzohrmenschen *(Hanau Momoko)*. Die Langohrmenschen sollen ihren Namen von großen Schmucksteinen erhalten haben, die sie in den Ohrläppchen trugen. Erinnert dies nicht an die »Großohrmenschen« im Andenraum Südamerikas, die »orejones« *(Orejona)?* Im Verlauf eines Vernichtungskrieges seien die kunstreichen *Hanau Eépe* von den Kurzohrigen fast völlig ausgerottet worden. Q.: Felbermayer: Sagen S. 129–132; Q.: Mazière: Insel S. 47; Q.: Charroux: Welten S. 157 ff

Wäre es nicht möglich, daß die einsame O' ein Stützpunkt *(Landeplätze der Götter)* der Götter-Astronauten war? War es ihren Plänen vielleicht nur nützlich, wenn die Bevölkerung sie als überirdische Götter verehrte? Gaben sie den Eingeborenen Werkzeuge, mit denen man auf bequeme Art und Weise die Figuren herausarbeiten konnte *(Werkzeuge der Götter; Kulturbringer,* Götter als)? Benutzte man auch hier – wie den Überlieferungen und dem Augenschein nach auch an anderen Stellen der Erde – die Technik von der Aufhebung der Gravitation *(Gravitation, Aufhebung der)* beim Transport *(Transporte)* der Steinfiguren vom Steinbruch zu ihrem späteren Standort an der Meeresküste?

Und was bedeuten die Steinbeilfunde? Versuchten die Insulaner, nach Verschwinden ihrer »Götter« die Arbeit fortzusetzen, nun mit ihren eigenen Werkzeugen? Ein hoffnungsloses Unterfangen! Resignierend ließ man die Steinbeile fallen.

Ein ähnliches Verhalten zeigten auch die Stämme der Hochebene von Nazca *(Nazca,* Hochebene von), die die Spuren der Götter in dem trockenen Wüstengrund vervielfältigten – vielleicht auch in der Hoffnung, sie damit wieder herbeizulocken. Geographisch könnte man sogar auf eine Verbindung der O' über die Bucht von Pisco *(Pisco,* Bucht von) mit dem »Flughafen von Nazca« *(Landeplätze der Götter)* schließen.

Die O' hält immer neue Überraschungen bereit. Die französische Expedition, der F. *Mazière* angehörte, entdeckte auf einem Felsbrocken im Vulkankrater Rano-Kao die Gravierung *(Gravuren; Felszeichnungen)* eines völlig fremdartigen Gesichtes mit brillenartig umrahmten Augen *(Brillen),* einem langen Kinnbart *(Götter,* bärtige), langen Auswüchsen neben den Augen und gegabelten Hörnern; diese Darstellung hat offenbar nichts mit dem übrigen Kulturgut der O' zu tun – geweih- und horntragende Tiere kamen hier nie vor. Die Eingeborenen bezeichneten die Ritzung als »Insektenmann« *(Antennen; Erkennen der Götter)*. Q.: Mazière: Insel S. 142; Q.: Däniken: Aussaat S. 219 f; Q.: Biedermann: Bildsymbole

Eine bislang unverständliche Felszeichnung der O' ist von dem Deutschen Horst *Haas* als mögliche Darstellung eines *Staustrahl-Triebwerkes* angedeutet worden *(Maschinen; Felszeichnungen)*. Q.: Däniken: Aussaat S. 218 f

Bauwerke der O' (Plattformen und Terrassen aus Stein) zeigen in der Konstruktion ihrer Mauern die haargenau gleiche ausgefeilte Technik,

Osterinsel 261

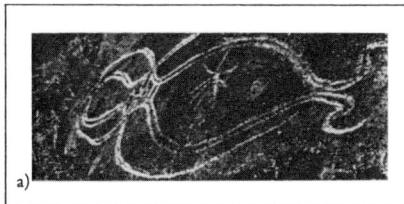
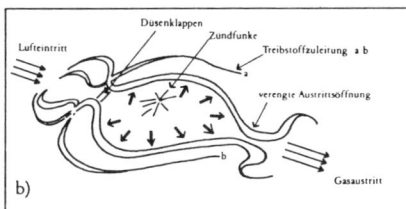
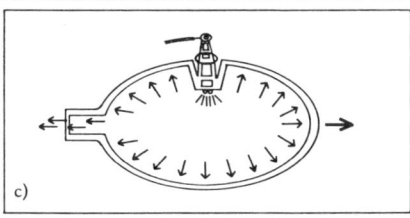

Osterinsel. a) Petroglyphe an der Osterinsel-Küste. b) Deutung als Staustrahl-Triebwerk. c) Zum Vergleich: Querschnitt einer modernen Verbrennungsrakete. Q.: H. Haag

wie sie uns in *Tiahuanaco* und *Sacsayhuaman* begegnet. Der polynesische Name der Plattformen lautet »*ahu*«; auf ihnen standen einst die meisten Steinfiguren, nahe an der Meeresküste. Die meisten der *Ahu*-Plattformen sind etwa 100 Meter lang und 4 Meter hoch. Die Basis besteht vielfach aus mörtellos zusammengefügten unregelmäßig geformten (»Polygonalbau«) oder quaderförmigen Steinblöcken. Der Überlieferung nach dienten diese Steinterrassen dazu, um auf ihnen die Leichen Verstorbener auszusetzen und sie später in Hohlräumen der Bauten zu bestatten. Berühmt ist das zyklopische Bauwerk des »*Ahu Vinapu*« mit seinen fugenlos verlegten Steinblöcken. »Wir kennen ... die aus Korallenkalk an Ort und Stelle bearbeiteten und errichteten Platten und Steine, die die Großartigkeit der *Marae (Pyramiden*-Bauten) auf den *Marquesas-* und *Raiatea*-Inseln ausmachen, aber wir können nur bestätigen, daß die *Vinapu*-Architektur einmalig ist und sich in allen Kriterien der prä-inkaischen *(Prä-Inka)* Bauweise nähert.« Q.: Mazière: Insel S. 46; Q.: Charroux: Welten S. 151
Der norwegische Forscher Thor *Heyerdahl* schreibt über die Steinbauwerke von *Vinapu:* die Fachleute seiner Expedition hätten mehrere Monate hindurch dort gearbeitet und »schon nach den ersten Wochen war das Resultat im wesentlichen klar: die berühmte Mauer von Vinapu gehörte, entgegen den bisherigen Theorien, der allerältesten Bauperiode an ... Gigantische Blöcke aus hartem Basalt hatte man wie Käse geschnitten und sorgfältig, ohne Fugen und Löcher, aneinandergepaßt. Diese rätselhaften Schöpfungen mit ihren eleganten, glatten Wänden standen lange Zeit wie Altäre und kleine Festungen überall auf der Insel.« Q.: Heyerdahl: Aku Aku S. 71 f
Ein Radiokarbondatum (eine Altersangabe, ermittelt mit Hilfe des radioaktiven Kohlenstoff-Isotops C 14) von hier gefundenen Menschenknochen soll aus der Zeit um 857 n. Chr. stammen. *Ahu Vinapu* besteht eigentlich aus drei verschiedenen Bauwerken, die erst teilweise durchforscht sind. Die ganze O' weist gegen 350 *Ahu*-Plattformen auf. Q.: Stingl: Südsee S. 29 ff
Der *Ahu Tongariki* hat eine Gesamtlänge von 164,5 Metern und trug einst nicht weniger als 15 große Steinfiguren. Q.: Stingl: Südsee S. 40
Der südamerikanische Kulturbringer *Viracocha (Kulturbringer,* Götter als), der den Andenvölkern u. a. auch architektonische Kenntnisse übermittelte, entschwand in der Küstenprovinz *Manta,* auf den Wellen rei-

262 Osterinsel

tend, über den Ozean. Zur Osterinsel?
Ein Überrest vergangener O'-Kultur sind die mit Schrift- oder Sinnzeichen bedeckten Holztafeln, *Kohau-Rongorongo*. Nur noch wenige Tafeln dieser Art sind erhalten geblieben, was die Bemühungen der Wissenschaft um die Entzifferung sehr schwierig macht *(Schriften)*. Die Deutungsweise der Zeichen schwand mit den letzten Gelehrten der Insel dahin.

Beispiel der Osterinsel-Schriftzeichen. Q.: Archiv Dopatka

Heute sind insgesamt 21 mit Schriftzeichen bedeckte Holzbrettchen bekannt. Noch im vorigen Jahrhundert soll König *Nga Ara* eine »Bibliothek« von einigen Hundert der »sprechenden Hölzer« besessen haben. Sein Erbe versteckte diesen kulturgeschichtlichen Schatz in einer der zahlreichen Höhlen der O' und war auch auf dem Totenbett nicht bereit, den Aufbewahrungsort zu verraten. Bisher haben alle Anthropologen vergeblich nach diesen Schriftzeugnissen, die vermutlich unentdeckt bleiben werden, gefahndet. Q.: Stingl: Südsee S. 46
Aus den 21 erhalten gebliebenen Schrifttafeln lassen sich 600 eigenständige Zeichen isolieren. 160 der O'-Schriftzeichen stimmen mit denjenigen der Kultur von *Mohenjo Daro* des *Indus*-Tales überein *(Pakistan; Schriften; Indien)*. Zwischen der Kultur der O' und derjenigen von *Mohenjo Daro*, als auch jener der *Harappa*-Kultur, liegen jedoch über 3500 Jahre, wenn die Besiedlung der O' um 350 n. Chr. angesetzt wird. Hinweis für eine – vielleicht bewußte – astronautische Verbindung, die als archäologisches Zeichen für das Dasein der Astronauten gedeutet werden könnte, ist die Tatsache, daß sich beide Kulturen direkt gegenüber auf dem Erdball befinden, »unter den Füßen« der O' also der Indus fließt. Von der O' als isoliertes Eiland ausgehend könnten die Kosmonauten also absichtlich Kulturgut aus dem entgegengesetzten Winkel der Erde verfrachtet haben: vielleicht, um spätere Archäologen auf ihre Spur zu bringen! Q.: Kohlenberg: Vorzeit S. 323 f; Q.: Berlitz: Geheimnisse S. 147 ff; Q.: Ziehr: Göttervogel S. 237

Schriftzeichen der Mohenjo-Daro-Kultur und Osterinsel-Schrift, ein Beispiel für Übereinstimmungen. Q.: Archiv von Däniken

Ähnliche oder verwandte schriftähnliche Symbole wie jene auf den *Rongo-Rongo-Tafeln* der O' sollen auf Felsen in *Kalifornien* eingraviert sein *(USA; Gravuren; Schriften)*. Q.: Hutin: Hommes S. 63
Ein ehemaliger Osterinsulaner erklärte dem tahitianischen Bischof Tepano *Jaussen* einige Schriftzeichen. Q.: Berlitz: Geheimnisse S. 148
Es handelt sich um die Grundlagen für die Rezitation kultischer Gesänge, die durch die Zeichen (mit Silbenwert, zum Teil auch durchsetzt von

Sinnzeichen) fixiert wurden. Die Grundlagen zur Entzifferung stellte der deutsche Ethnologe Thomas Barthel zusammen.
Barthels Entzifferung der O'-Schrift hat ergeben, daß die Schriftzeichen nicht auf der Insel selbst entwickelt worden sein können, sondern aus einer anderswo gelegenen Urheimat mitgebracht wurden. Auf den Tafeln werden Pflanzen erwähnt, die auf der O' nicht vorkommen, so etwa der Brotfruchtbaum. Die meisten Ethnologen sehen die Marquesas-Inseln als die Heimat der Bewohner von Rapanui an. Q.: Stingl: Südsee S. 70 Andererseits (nach dem brasilianischen Sprachwissenschaftler Vaz de Melo) erzählen einige der Tafeln den Bericht einer Flutkatastrophe (Katastrophen). So soll eine gewaltige Feuerkugel (Kugeln, fliegende) auf einen Teil einer Insel gestürzt sein, wobei eine Flutwelle von 30 Meter Höhe entstand, die alles Land – bis auf die Osterinsel – vernichtete (Unfälle; Meteoriten; Sintflut). Q.: Ziehr: Göttervogel S. 237
→ Bauwerke
→ Gottessöhne
→ Indien
→ Peru
→ Schöpfung
→ Tiahuanaco

Ot (mongolische Göttin)
→ Verbindung von Himmel und Erde

Othrys (Berg Griechenlands)
→ Sintflut

Otuzco (Ort in Peru) → Stollen, unterirdische

Oulefat (Gott einer Karolinen-Inseln-Sage) → UFO, historische

Ovenden, Michael (Astronom)
→ Sirius-B

Overalls In der Sowjetunion soll die bronzene Figur eines Wesens mit einem eng anliegenden Mantel gefunden worden sein. Der Kopf scheint in einem Helm zu stecken. Helm, Schuhe und Handschuhe sind mit dem Overall verbunden. Q.: Däniken: Erinnerungen S. 158
Eine Statue von Tokomai in Japan trägt charakteristisch einen Overall und Helm mit modern anmutenden Verschlüssen und Sichtblenden. Q.: Däniken: Erinnerungen S. 220
→ Atemgeräte
→ Baruch
→ Bundeslade
→ Cargo-Kult
→ Crespi, Carlo
→ Daniel
→ Dogus
→ Entführungen
→ Erkennen der Götter
→ Ezechiel
→ Felszeichnungen
→ Fischmenschen (bzw. -götter)
→ Gravuren
→ Henoch
→ Jakob
→ Kulturbringer, Götter als
→ Mamre
→ Maya

Osterinsel. Vom Himmel stürzende Kugeln zeigen auch Metallfolien der Sammlung Crespi. Q.: Erich von Däniken

Overalls

- → Nan Madol
- → Olmeken
- → Rocket-Belt
- → Schöpfung
- → Stollen, unterirdische
- → Tassili-Massiv
- → Tiahuanaco
- → UFO, historische
- → UFO, moderne
- → Verbindung von Himmel und Erde
- → Vimanas
- → Waffen der Götter
- → Weltraumreisen, Probleme bei
- → Zwerge

Ozeanien (allgemein) (vgl. auch die Teilübersichten: Melanesien; Mikronesien; Polynesien) → Erkennen der Götter
→ Verbindung von Himmel und Erde
(Übersicht über einzelne Länder und Gebiete:)
- → Aoba (Neue Hebriden; Melanesien)
- → Banks-Inseln (Neue Hebriden; Melanesien)
- → Bismarck-Archipel (Melanesien)
- → Bora Bora (Gesellschafts-Inseln; Polynesien)
- → Fidschi-Inseln (Polynesien)
- → Gambier-Inseln (Tuamotu-Inseln; Polynesien)
- → Gesellschafts-Inseln (Polynesien)
- → Gilbert-Inseln (Polynesien)
- → Hawaii (Polynesien)
- → Iumoran (Neue Hebriden; Melanesien)
- → Karolinen (Mikronesien)
- → Kusaie (Senyavin-Inseln; Karolinen; Mikronesien)
- → Lae Atoll (Marshall-Inseln; Mikronesien)
- → Line-Inseln (Polynesien)
- → Malden (Line-Inseln; Polynesien)
- → Malekula (Neue Hebriden; Melanesien)
- → Malo (Neue Hebriden; Melanesien)
- → Marianen (Mikronesien)
- → Marquesas (Polynesien)
- → Marshall-Inseln (Mikronesien)
- → Melanesien
- → Mikronesien
- → Neue Hebriden (Melanesien)
- → Neu-Guinea (Melanesien)
- → Neu-Kaledonien (Melanesien)
- → Neuseeland
- → Nukumanu-Atoll (Salomon-Inseln; Melanesien)
- → Osterinsel (Polynesien)
- → Pentecost (Neue Hebriden; Melanesien)
- → Pitcairn (Tuamotu-Inseln; Polynesien)
- → Polynesien
- → Ponape (Senyavin-Inseln; Karolinen; Mikronesien)
- → Raiatea (Gesellschafts-Inseln; Polynesien)
- → Rapa Iti (Tubuai-Inseln; Polynesien)
- → Raroia (Tuamotu-Inseln; Polynesien)
- → Rota (Marianen; Mikronesien)
- → Salomon-Inseln (Melanesien)
- → Samoa-Inseln (Polynesien)
- → Santa-Cruz-Inseln (Neue Hebriden; Melanesien)
- → Senyavin-Inseln (Karolinen; Mikronesien)
- → Swallow (Santa-Cruz-Inseln; Neue Hebriden)
- → Tahiti (Gesellschafts-Inseln; Polynesien)
- → Tanna (Neue Hebriden; Melanesien)
- → Temuen (= Ponape; Senyavin-Inseln; Karolinen; Mikronesien)
- → Tikopia (Santa-Cruz-Inseln; Neue Hebriden; Melanesien)
- → Tinian (Marianen; Mikronesien)
- → Toamarama (Gesellschaftsinseln; Polynesien)
- → Tonga-Inseln (Polynesien)
- → Tongatapu (Tonga-Inseln; Polynesien)
- → Tuamotu-Inseln (Polynesien)
- → Tubuai-Inseln (Polynesien)
- → Upolu (Samoa-Inseln; Polynesien)
- → Vanua Lava (Banks-Inseln; Neue Hebriden; Melanesien)

OZMA (Projekt zur interstellaren Kommunikation) → Kommunikation, interstellare

P

Pacal (Maya-Fürst) → Palenque
Pachacamac (südamerikanischer Gott) → Orejona
Pachacutec Yupanqui (1438–1471; Inka) → Sacsayhuaman
Pachayachachic (Inka-Gott) → Tiahuanaco
Padmasambhava (Kulturbringer des tibetanischen Buddhismus) → Schriftzeugnisse der Götter
Pagur Vairočana (Schüler des tibetanischen Gottes Padmasambhava) → Schriftzeugnisse der Götter
Pahl, Joachim (Autor)
→ Bundeslade
→ Gesetze
Pai (chinesischer Volksstamm)
→ Paradies
Painted Cave (Fundort in Kalifornien) → Felszeichnungen
→ Räder
Pakistan → Indien
→ Osterinsel
Paläo-Astronautik vgl.: Prä-Astronautik
Paläozoikum vgl.: Erdaltertum
Pa-la-ne-a-pa-pa (indianischer Dichter) → Homo sapiens, Evolution des
Palenque In der *Maya*-Pyramide *(Pyramiden)* von P' im mexikanischen Staat Chiapas *(Mexiko)* wurde durch Zufall 1949, nicht wie oft geschrieben 1952, von dem Archäologen Alberto *Ruz Lhuillier* ein Grab *(Gräber)* entdeckt. Der »Tempel der Inschriften« wurde in archäologischen Kreisen zur Sensation, läßt sich doch eine Parallelität zu den Grabpyramiden Ägyptens *(Ägypten)* nicht mehr verkennen *(Monumente)*. Bisher war immer die Meinung vertreten worden, die Stufenpyramiden Altmexikos seien ausschließlich Unterbauten für Tempelheiligtümer, im Gegensatz zu den ägyptischen Pyramiden, deren Funktion als Graböberbauten bekannt ist.

Palenque-Kammer. Q.: Erich von Däniken

Q.: Däniken: Erinnerungen S. 149 f
Q.: Däniken: Meine Welt S. 90 ff; Q.: Däniken: Besucher S. 176 ff; Q.: Däniken: Beweise S. 423 ff; Q.: Krassa: Gelbe Götter S. 165 ff; Q.: Dolezol: Aufbruch S. 52; Q.: Elmayer von Vestenbrugg/Bellamy: Eingriffe S. 414 ff; Q.: Hutin: Hommes S. 121; Q.:

Charroux: L'énigme S. 86; Q.: Brunhouse: In search; Q.: Navia: Unsere Wiege S. 237
Nach Alberto *Ruz Lhuillier* soll ein Datum an dem Bauwerk identifiziert worden sein: der 27. Januar 633 n. Chr. Wurde damals mit dem Aufbau der Pyramide begonnen? Q.: Schmitz: Beweisnot S. 208
Der Zugang zum Grabgewölbe war durch einen fünf Tonnen schweren Sarkophagdeckel verschlossen, der eine sehr detailreiche, aber nur schwer deutbare Reliefdarstellung aufweist. Die Steinplatte hat die Dimensionen 3,80×2,20 Meter, und an ihrem Rand laufen Bänder mit hieroglyphischen Zeichen *(Schriften).* Das Mittelfeld wird von einer figuralen Darstellung im reifen Maya-Stil eingenommen. Bei der üblichen Betrachtungsweise zeigt es einen mit angezogenen Knien gekrümmt auf dem Rücken liegenden Mann, dessen Kopf auch durch eine in dem Grabraum gefundene Stuckplastik wiedergegeben erscheint. Hinter ihm scheint sich ein kreuzförmiges Gebilde zu erheben, dessen Querbalken durch eine beidendköpfige Drachenschlange gebildet werden und auf dessen oberem Ende vermutlich ein stilisierter Quetzalvogel sitzt. Schlange und Vogel sind das Symbol des Kulturbringers *Kukulcan (Kukumatz,* bei den Tolteken *Quetzalcoatl:* Gefiederte Schlange). Mayaforscher sind der Ansicht, es handle sich um eine symbolische Darstellung eines Maya-Priesterfürsten namens *Pacal* (=Schild), der dem Maya-Tempelzentrum P' durch sein Wirken zu großer Bedeutung verhalf (die Glanzzeit der Metropole dauerte von etwa 650–800 n. Chr.) – so lautet das Ergebnis eines im Dezember 1974 durchgeführten Fachkongresses (»Mesa Redonda de Palenque«). Ungeklärt ist die Symbolik der Grabplattendarstellung, die etwas mit einer Wiedergeburtssymbolik zu tun haben könnte; der Fürst kauert auf einer Regengottmaske, der eigenartige Kreuzbaum mit zweiköpfiger Schlange und dem Vogel sproßt aus ihm empor (?).

Palenque. Q.: Archiv Dopatka

Anders lautet die bereits bekannte Interpretation im Sinne der Prä-Astronautik: das Bild sei seitlich umgeklappt zu betrachten und gewinne dadurch einen völlig neuen Sinn. Die bei traditioneller Anschauung krampfartig verkrümmt aussehende Haltung des Fürsten wirkt nun wie eine uns heute geläufige »Rennfahrerpose«, der Kreuzbaum erscheint als »Vehikel«, die Zähne der Regengottmaske als Düsenaggregat, die bartartigen Linien unter (bzw. neben) ihr als »züngelnde Feuerflamme«. Bei dieser Betrachtungsweise wirken die andernfalls »verbogen« aussehenden Hände des Fürsten wesentlich organischer angesetzt, und es sieht aus, als hantierten sie an irgendwelchen (uns im Detail unbekannten) Armaturen. Handelt es sich etwa um das Zubringerfahrzeug eines fremden Fluggerätes, dessen technische Details durch die Maya-Künstler in ihre eigene Formensprache und Symbolik übertragen wurde *(Raketen; UFO,* historische)? Das Grundproblem ist die Frage, aus welcher Perspektive das Steinrelief zu betrachten ist. Es gibt nun Hinweise darauf, daß die Bildwerke der Kulturen des alten Amerika manchmal »Vexierbild-Charakter« haben und nicht bloß eine Bezugsebene erlauben. Ein berühmtes Steinrelief aus dem Andengebiet, die *»Raimondi-Stele«* der *Chavin*-Kultur, wurde kürzlich durch einen Ethnologen, der der prä-astronautischen Ansicht keineswegs positiv gegenübersteht, auf diese Weise überzeugend neu interpretiert: als von »oben« und »unten« anzuschauendes Bildwerk, das in jeder Ansicht andere Aspekte deutlich werden läßt. Q.: Biedermann: Bildsymbole, Fig. 313, 314

Läßt sich diese Perspektive auch auf die Kunst der Maya ausdehnen, so sind beide Betrachtungsweisen auf ihre Art »richtig« – die vordergründige und im Sinne der Mayaforschung traditionelle, nach welcher der Mayafürst verkrümmt auf dem Rücken liegt, wie auch die prä-astronautische, die ihn bei seitlichem Umklappen des Bildes in gespannter, durchaus lebendig wirkender Haltung zeigt. Dann hat Erich von Däniken das Rätsel des »Vexierbildes« durch eine originelle Art der Anschauung gelöst und als eine mit Maya-Symbolik verbrämte Darstellung eines fremdartigen Fluggerätes mit *Rakete*nantrieb *(UFO,* historische) definiert. Eine angebliche Entzifferung des um die figurale Darstellung laufenden Hieroglyphentextes durch H. H. Pantel wird von der Mayaforschung einmütig abgelehnt (»Hitze-todesstacheln windet die Todesschlange zum stachligen Sonnenhitzetod« usw.). Q.: Pantel: Die Fürsten

Ähnliche Wiedergaben des pfeilartigen Gebildes mit dem schräg liegenden Menschen finden wir auch bei den Darstellungen der Bäume des Nordens, Südens, Ostens und Westens der *Maya.* Deutliche Indizien aber bleiben, die eine prä-astronautische Interpretation rechtfertigen. Q.: Brockhaus Enzyklopädie

Es gibt verschiedene technische Rekonstruktionsversuche der P'-Abbildung.

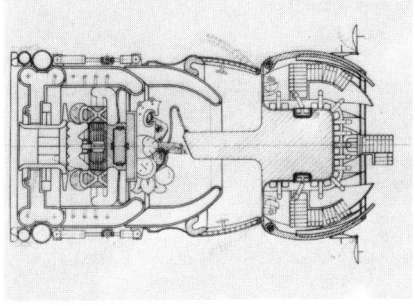

Palenque. Technische Palenque-Rekonstruktion durch den ungarischen Ingenieur László Tóth. Q.: László Tóth, Nagykanizsa, Ungarn

Der amerikanische Flugingenieur John *Sanderson* untersuchte ebenfalls die Zeichnung – mit positivem Ergebnis. Q.: Däniken: Meine Welt S. 367

Schon 1966 wurde in der Oktober-Ausgabe der Turiner Zeitschrift Clypeus von den Journalisten Guy *Tarade* und André *Millou* die Idee vom Raumfahrer von P' angedeutet. Q.: Kolosimo: Sie kamen S. 55

Unter dem Sarkophagdeckel lag, wie man nach der Hebung feststellte, das Skelett eines Mannes, dessen Gesicht mit einer *Jade*maske *(Masken)* bedeckt war.

Der Tote hatte nach Alberto *Ruz Lhuillier* neben zahlreichen Schmuck-

Palenque

stücken eine Maske aus Jade und – noch rätselhaft – in der rechten Hand eine würfelförmige, in der linken eine runde Perle. Seine Körpergröße betrug 1,73 Meter, er starb im Alter von 40 bis 50 Lebensjahren. Q.: Schmitz: Beweisnot S. 207 f
Der sowjetische Archäologe und Rekonstrukteur Andranik *Dshagarjan* versuchte, aus der Jadetotenmaske das Gesicht des Unbekannten nachzuformen. Demnach muß er einer fremden Rasse *(Rassen)* angehört haben, bei der die Nasenwurzel über den Augenbrauen sitzt. Q.: Krassa: Gelbe Götter S. 169 f
→ Pyramiden
→ Zahlen

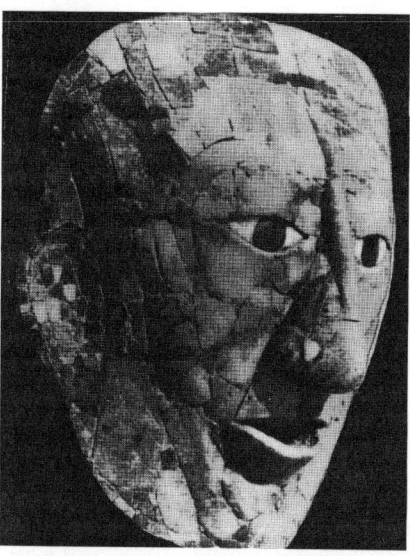

Palenque. Q.: Archiv Dopatka

Pali-uli (Welt der polynesischen Mythologie; dunkles Gebirge)
→ Herkunft der Götter
Paluxy River (Texas, USA)
→ Versteinerungen
Pangwe (Bantu-Stamm Afrikas)
→ Eier, fliegende
Panama → Räder
Panchaia (mythische Insel im Indischen Ozean; vielleicht mit Ceylon identisch) → Humanoiden
Panik Im Zusammenhang mit unerwarteten Götterbesuchen oder Konfrontationen mit ihnen gerieten die Eingeborenen z. T. in P': vielleicht ein Hinweis auf die Authentizität dieser Besuche.
→ Baian Kara Ula
→ Donnergötter
→ Esra
→ Moses
→ Sodom und Gomorrha
→ UFO, historische
P'an Ku (göttliches Wesen der chinesischen Mythologie; auch erster Mensch und Schöpfergott der Thai-Mythologie)
→ Eier, fliegende
→ Lebensdauer
Panspermietheorie (Theorie über die Verbreitung pflanzlicher Sporen und Keime im Kosmos)
→ Humanoiden
Papa (pazifische Gottheit)
→ Verbindung von Himmel und Erde
Papyrus Tulli (ursprünglich vatikanische Schrift) → Vernichtung von Schriftzeugnissen
Pará (brasilianische Region)
→ Cargo-Kult
→ Kulturbringer, Götter als
Parabrahma (»Zeit ohne Grenzen«; indische Kosmosvorstellung)
→ Eier, fliegende
Paracelsus (1494–1541; Arzt und Naturforscher)
→ Exobiologie
Paradies Das Wort P' kommt vom altpersischen »pairidaeza«, d. h. umzäunter Garten. Es bezeichnet den biblischen »Garten Eden«, in dem die Ureltern *Adam* und *Eva* vor der Verführung durch die Schlange gelebt haben sollen. Im übertragenen Sinne wird der Begriff P' auch für den endzeitlichen Glückzustand des »Himmels« gebraucht, der die selige und sündenlose Urzeit wiederherstellen soll. Die biblischen Schilderungen des P'es *(Genesis 2 ff)*

sind widersprüchlich und verschwommen.
Eden selbst soll im Gebiet der Quellen von *Euphrat* und *Tigris* gelegen haben.
In *Genesis 2,8* wird der Garten Eden als »gegen Osten« liegend bezeichnet, nach *Genesis 3,24* läßt Gott *Adam* und *Eva* »östlich vom Garten Eden« wohnen.
Vielleicht hilft es weiter, sich das biblische Paradies in *Mesopotamien* allgemein vorzustellen. Q.: Dopatka: Spiegelbild; Q.: Krassa: Gott S. 28 ff
Paradiesische Zustände beschreibt auch der chinesische *Huai-Nan-Tzu-* oder Huai-nan-tsu-Text *(China)*. Die Welt lebte in Frieden, das Klima war mild *(Klimabeeinflussung)*, es bestand Verbindung mit den Göttern, die die Menschen lehrten *(Verbindung von Himmel und Erde; Kulturbringer,* Götter als). Die *Pai* und auch Eingeborene von *Yün-nan* wissen von dieser Epoche noch zu berichten, daß man verstand, die Schwerkraft aufzuheben *(Gravitation,* Aufhebung der) und das Leben zu verlängern *(Lebensdauer)*. Q.: Krassa: Gelbe Götter S. 103
Spekulativ könnte das P' auch eine andere Welt, ein fremder Planet gewesen sein: nach einer kosmischen Katastrophe retteten sich die Lebewesen auf unsere Erde . . . *(Katastrophen,* kosmische). Q.: Krassa: Gelbe Götter S. 223; Q.: Golowin: Atomzeit S. 67
Letzten Endes war und ist es aber ein fiktives Wunschbild der alten und neuen Völker *(Wunschbilder)*. Q.: Dopatka: Spiegelbild
→ Cargo-Kult
→ Cheruben
→ Herkunft der Götter
→ Lebensdauer
→ Schlangen
→ UFO, historische
Paraguay (Fluß in Brasilien)
→ Kuriositäten
Paraíba (Staat in Brasilien)
→ Felszeichnungen

Parapsychologie Die P' hat insofern Verbindung zur Prä-Astronautik, als man fortgeschrittenen Kulturen die Anwendung derartiger Techniken und Möglichkeiten zugesteht. Über solche Mittel können demnach auch die irdischen Prä-Astronauten verfügt haben. Die Mythologien scheinen das zu bestätigen.
Ein Beispiel, wie auch die P' der *Prä-Astronautik* Hinweise geben kann: 1966 erhielt man über ein Medium *(Medien,* menschliche) mit dem Pseudonym *Charles* den Bericht über ein Wesen namens *»Ischkomar«*. Vor 30 000 Jahren sei es in die Nähe der Erde gebracht worden, wo es die Evolution der Menschheit durch direkten Einfluß um 200 000 Jahre verkürzte. Die Menschen würden einst in die Lage kommen, mit *Ischkomar* zu kommunizieren *(Kulturbringer,* Götter als; *Kommunikation,* interstellare; *UFO,* moderne; *UFO,* historische). Haben wir hier ein astrales oder ein physisches Gebilde vor uns *(Satelliten; Raumbasen)*? Auch das Buch *Dzyan* soll mit Hilfe von P'-Phänomenen zustandegekommen sein. Q.: Navia: Abenteuer S. 235 f; Q.: Steiger: Revelation
→ Charroux, Robert
→ Indien
→ Magie
→ Osterinsel
→ Prä-Astronautik
→ Steinhäuser, Gerhard R.
(Übersicht über einzelne Zweige und Motive:) → Entmaterialisierungen
→ Erscheinungen
→ Inkarnationen
→ Kirlianeffekt
→ Levitation
→ Materialisierungen
→ Medien, menschliche
→ Meerwunder
→ Prophetie
→ Prophezeiungen
→ Telekinese
→ Telepathie
→ Visionen

→ Wiederbelebung
→ Wunder
→ Zungenreden
vgl.: Akupunktur
vgl.: Gravitation, Aufhebung der
Parhaspur (Ruinenstätte in Kaschmir) → Ezechiel
Parker, Calvin (UFO-Beobachter)
→ UFO, historische
→ UFO, moderne
Parnassos (Berg in Mittelgriechenland) → Berge, heilige
→ Sintflut
Parry, Michel (Autor) → Science Fiction
Parsamian, E. S. (sowjetische Archäologin) → Observatorien
Parsismus (Religion der Parsen, der vorislamischen Perser) Die heutige Form einer Religion, die von Zoroaster oder *Zarathustra* (ca. 630–553 v. Chr.) geoffenbart wurde. Es handelt sich um eine dualistische Weltsicht, in der sich dem reinen Schöpfergott *Ahura Mazda* der böse Dämon *(Dämonen) Ahriman* entgegenstellt und erst beim Weltgericht endgültig überwunden wird. Der Mensch lebt in einem Zwischenreich und bestimmt durch sein Denken, Reden und Handeln seine Rolle in dem Kampf zwischen Gut und Böse. Symbol des *Ahura Mazda* ist das Feuer, das nicht verunreinigt und entehrt werden darf. Auf Felsreliefs (z. B. *Bisutun* im *Iran,* um 520 v. Chr.) wird *Ahura Mazda* in menschlicher Gestalt dargestellt, aus einer geflügelten und mit einem Vogelschwanz versehenen Scheibe emporsteigend, ebenso auf den Reliefs von *Persepo-*

Parsismus. Q.: Archiv Dopatka

lis (Felszeichnungen; UFO, historische). Reste von Anhängern der Parsi-Religion leben noch heute bei Bombay, Indien. → Erde
→ Planetensystem, eigenes
→ Sirius-B
→ Vernichtung von Schriftzeugnissen
→ Zahlen
vgl.: Awesta
Parssons, James (Bergwerksarbeiter) → Kuriositäten
Parther (indoeuropäisches Volk Vorderasiens) → Batterien
Parvati (indische Göttin; »Tochter des Berges«) → Waffen der Götter
Pascagoula River (Mississippi; USA)
→ UFO, moderne
Patuki (mit Füßen versehener »Fisch« der Osterinsel-Mythologie)
→ Osterinsel
Pausanias (griechischer Historiker)
→ Lampen
Pauwels, Louis *2. 8. 1920 in Paris. Der französische Schriftsteller, Chevalier de la Légion d'Honneur, verfaßte gemeinsam mit Jacques *Bergier* das Werk »Le matin des magiciens«, Paris 1960, in dem sie die Theorie der Prä-Astronautik befürworten. Neben anderen Buchveröffentlichungen widmete sich L'P' zusammen mit Jacques *Bergier* der Zeitschrift »Planète«, einer Revue, die neben politischen Themen auch Artikel zur Götter-Astronauten-Theorie und zu den Grenzwissenschaften berücksichtigt.
→ Bergier, Jacques
Payute (Indianerstamm; USA)
→ Verbannung
Pazifik → Ozeanien
Pedra de Gáveà (Fundort in Brasilien) → Felszeichnungen
Pedra de Inga (brasilianisches Felsrelief) → Felszeichnungen
Pedra Pintada (Fels in Brasilien)
→ Felszeichnungen
Pegasos (geflügeltes Pferd der griechischen Mythologie) → Pferde, fliegende

Pelasger (vorindogermanische Stämme) → Griechenland
→ Schöpfung
Pelota (baskisches Ballspiel)
→ Spiele der Götter
Peña, Matheus (Rechtsanwalt)
→ Stollen, unterirdische
Pende (Stamm aus Zentralafrika)
→ Entführungen
→ Kulturbringer, Götter als
P'eng (Himmelsvogel; chinesische Mythologie) → UFO, historische
Pentateuch (fünf Bücher Mose)
→ Bibel
Pentecost (Neue Hebriden; Melanesien) → Cargo-Kult
Peret, João Americo (Indianerforscher) → Cargo-Kult
→ Kulturbringer, Götter als
Pergamon (Stadt in Mysien; Kleinasien) → Vernichtung von Schriftzeugnissen
Perlen, fliegende (Synonym für die fliegenden Fahrzeuge der Götter)
→ UFO, historische
Perseus (Sohn des Zeus und der Danaë; griechische Mythologie)
→ Aussetzung von Kindern
→ UFO, historische
Persien → Entführungen
→ Erde
→ Herkunft der Götter
→ Landeplätze der Götter
→ Planetensystem, eigenes
→ Schlangen
→ Sintflut
→ Sirius-B
→ Strahlen
→ UFO, historische
→ Verbindung von Himmel und Erde
→ Vernichtung von Schriftzeugnissen
→ Zahlen
Peru und andere heutige Staaten in seinem Umkreis, an den Küsten des Pazifiks und im Bergland der Anden gelegen, beherbergten in vorkolumbischer Zeit zahlreiche alte, zum Teil erst wenig erforschte Kulturen. Die meisten von ihnen wurden ab ca. 1200 n. Chr. in das *Inka*-Reich eingegliedert. Die kulturhistorisch interessantesten von diesen *Prä-Inka*-Kulturen sind jene von *Chavín, Tiahuanaco, Huari, Chimu, Moche, Recuay* und *Nazca*. Schon ab etwa 1500 v. Chr. entstanden in P' große Steinbauwerke, vorwiegend Göttertempel, ohne daß bisher der sonst für Kulturen dieser Höhe charakteristische Gebrauch der Schrift hätte eindeutig nachgewiesen werden können (ihre Elemente tauchen erst im Inkareich nachweisbar auf). Architektur und Plastik des alten P' wurden mit den Resten der *Osterinsel-Kultur* verglichen.
→ Bauwerke
→ Bunker
→ Computer
→ Gottessöhne
→ Götter, bärtige
→ Inka
→ Karten
→ Konfrontationen Götter kontra Menschen
→ Moche-Kultur
→ Mutanten
→ Nazca, Hochebene von
→ Orejona
→ Pisco, Bucht von
→ Pyramiden
→ Reflektoren
→ Röntgen-Gerät
→ Sacsayhuaman
→ Schlangen
→ Simbabwe
→ Sintflut
→ Steine, gravierte
→ Stollen, unterirdische
→ UFO, historische
→ Vertuschungen
Peter, Heinz H. (österreichischer Künstler) → Blumrich, Josef F.
→ Däniken, Erich von
Petersfels (Fundort in Deutschland)
→ Mutanten
Petroglyphen (wörtlich: Stein-Zeichen) vgl.: Bodenzeichnungen
vgl.: Felszeichnungen
vgl.: Gravuren
vgl.: Höhlenzeichnungen

Pfeile (Synonym für die fliegenden Fahrzeuge der Götter) → UFO, historische

Pferde, fliegende (Synonym für die fliegenden Fahrzeuge der Götter) Odins Himmelsroß *Sleipnir*, achtfüßig, hinterließ am Himmel eine feurige Spur *(Germanen; Sagen; UFO, historische)*. Q.: Kohlenberg: Vorzeit S. 265; Q.: Magnusson: Odin's horse Der griechische *Pegasos* war Träger des Blitzes des Zeus *(Griechenland; Sagen; UFO,* historische; *Waffen der Götter)*. Q.: Kohlenberg: Vorzeit S. 264 f
→ Baum des Lebens
→ El Fuerte
→ Schriftzeugnisse der Götter
→ UFO, historische

Pflanzenwelt vgl.: Flora

Phaëton (Sohn des Helios; griechische Mythologie) → Unfälle

Phaiaken (Volk der Odyssee; griechische Mythologie) → Atlantis

Phanes (»Der Erscheinende« oder »Der Offenbarer«; identisch mit Eros; griechische Mythologie)
→ Eier, fliegende

Philatelie 1977 gab die Post Paraguays eine Sonderbriefmarke mit dem Motiv der geplanten Marslandung heraus. Auf dem Bogen wird mit Text und einer Darstellung der Grabplatte von Palenque auf die Theorie der *Prä-Astronautik* und die Aktivitäten Erich von *Dänikens* hingewiesen.

Philberth, Bernhard (Kernphysiker) → Prophezeiungen

Philby Ali Hassan (Vater des Gelehrten Silaki Ali Hassan) → Kulturen, versunkene

Philister (Volk Palästinas)
→ Bundeslade

Phillips, Gene Montague *17. 12. 1926 in Beaver, West Virginia, USA. Dr. P' ist Gründer der *Ancient Astronaut Society,* die weltweit die Aktivitäten auf dem Gebiet der Paläo-Astronautik koordinieren und systematisieren will. Er ist als Anwalt in Chicago ansässig. Als Präsident der AAS organisiert er jährliche Weltkonferenzen, auf denen neue Ergebnisse diskutiert werden. 1974 wurde die erste in Chicago eröffnet. Es folgten Zürich, Crikvenica in Jugoslawien und Rio de Janeiro, noch einmal Chicago und München. P' beabsichtigt, die AAS zu einer Weltdokumentationszentrale auszubauen.
→ Ancient Astronaut Society

Philatelie. Q.: Republica del Paraguay

Phillips, Gene M. Q.: G. M. Phillips

Philon von Byblos (64–141 n. Chr.; Geschichtsschreiber)
→ Sprechfunkanlagen
Philosophen (Übersicht über einzelne Personen:) → Anaxagoras
→ Anaximander
→ Bruno, Giordano
→ Chang Heng
→ Demokritos
→ Kant, Immanuel
→ Livius, Titus
→ Lucretius Carus, Titus
→ Metrodoros
→ Paracelsus
→ Plinius Secundus, Caius d. Ä.
→ Platon
→ Plotin
→ Plutarch
→ Proklos
→ Puccetti, Roland
→ Pythagoras
→ Seneca, Lucius Annaeus
→ Teng Mu
Philosophie Der Begriff bezeichnet wörtlich die »Liebe zur Weisheit«, nach dem üblichen Sprachgebrauch jedoch das Suchen nach den letzten Antworten mit den Mitteln des disziplinierten Denkens, die helfen sollen, die Urgründe des Wesens und des Zusammenhanges aller Dinge und die Rolle des Menschen im Weltganzen zu erfassen, und zwar zunächst unabhängig von einer »gläubigen Grundhaltung«, wie sie in der Religion *(Religionen)* die beherrschende Rolle spielt. Die Tatsache, daß eine von ihr unabhängige Position der P' im Laufe der Geistesgeschichte erst relativ spät erreicht wurde, brachte es mit sich, daß in den älteren Stadien der Naturphilosophie auch überlieferte Mythen eine Rolle spielten, die z. T. auch Einflüsse von *Sagen* enthalten, welche im Sinne der *Prä-Astronautik* bemerkenswert sind, etwa über die *Schöpfung* und über die Herkunft des Menschen.
→ Exobiologie
→ Religionen, kosmische
→ Teilhard de Chardin, Marie-Joseph

Phönizier (mediterranes Seefahrer-Volk, dem transozeanische Reisen zugesprochen werden)
→ Schlangen
→ Sprechfunkanlagen
Phokas (oströmischer Kaiser; 602–610 n. Chr.)
→ Vernichtung von Schriftzeugnissen
Photios (820–ca. 893 n. Chr.; byzantinischer Historiker) → Oannes
Photographie → Piri Reis Weltkarten
Photonenantrieb Mögliches Antriebssystem für interstellare Flüge *(Antriebe der Götter-Fahrzeuge; Weltraumreisen,* Probleme bei), bei dem elektromagnetische Partikel ausgestoßen werden, die nach dem *Rückstoßprinzip* das Raumschiff antreiben. Das Problem der Energiebündelung sowie die hohe Wärmebelastbarkeit der Materialien sind Gründe für weitere theoretische Forschungen.
Phrygier (indogermanisches Volk)
→ Herkunft der Götter
Phrixos (Sohn des Königs Athamas; griechische Mythologie)
→ Aussetzung von Kindern
→ Sirius-B
Phthia (mythisches Königreich Griechenlands) → UFO, historische
Pi (Ludolfsche Zahl, die das Verhältnis von Kreisumfang zu Kreisdurchmesser bestimmt = 3,1416 . . .)
→ Pyramiden
Pictún (Maya-Epoche) → Kalender
Piedra de Saihuite (Monolith in Peru) → Sacsayhuaman
Pi-Hachirot (Ort im Alten Testament) → Moses
Piktographien (Bilderschriften)
vgl.: Felszeichnungen
vgl.: Höhlenzeichnungen
vgl.: Schriften
Pilcomayo (Fluß und Ort in Argentinien) → Verbindung von Himmel und Erde
Pillen vgl.: Medikamente
Pilze → Drogen
Pinaka (Dreizack Shivas; indische Mythologie) → Waffen der Götter

Pintados

Pintados (chilenisches Hügelland)
→ Nazca, Hochebene von
Pioneer F (Weltraum-Sonde)
→ Exobiologie
Piri Ibn Haji Mehmed
→ Piri Reis Weltkarten
Piri Reis Weltkarten Zu Beginn des 18. Jahrhunderts wurden im *Topkapi-Palast* in *Istanbul (Türkei)* alte Land- bzw. Seekarten gefunden, die einem Offizier der türkischen Marine, Kapitän Piri Reis, exakt *Piri Ibn Haji Mehmed,* auch Pirî Re'is Ibn Hadji Mehmet geschrieben, gest. 1554, gehörten *(Karten).* Sie wurden im Jahr 1513 gezeichnet. Q.: Hapgood: Maps; Q.: Ferryn/Verheyden: Chroniques; Q.: Däniken: Erinnerungen S. 35 ff; Q.: Däniken: Meine Welt S. 135 ff; Q.: Däniken: Besucher S. 98 ff; Q.: Däniken: Beweise S. 422; Q.: Dolezol: Aufbruch S. 51; Q.: Bergier: Les extra-terrestres S. 59, 74 ff, 86; Q.: Mooney: Les dieux S. 154, 188 ff, 227; Q.: Bagrow: Geschichte; Q.: Pauwels/Bergier: Entdeckung S. 49 ff

In einem nicht öffentlichen Saal des Palastes untergebracht, wurden die *Karten* von dem Neutestamentler Adolf *Deissmann* und dem Direktor des türkischen Nationalmuseums, Malil *Edhem,* 1929 bei Katalogisierungsarbeiten wiederentdeckt. Die ersten wissenschaftlichen Veröffentlichungen über diese Karten stammen aus den Jahren 1931 und 1932, ohne daß damals die Besonderheiten der Karten beachtet worden wären. Q.: Schmitz: Beweisnot S. 197; Q.: Hutin: Hommes S. 13; Q.: Kahle: Columbus-Karte

Dieses Kartenpaket wurde 1956 dem amerikanischen Ingenieur Arlington H. *Mallery* zur Begutachtung übergeben. 1957 befaßten sich auch Daniel L. *Linehan,* Kartograph der US-Navy und Direktor des Weston Observatory of Boston College, und Francis *Heyden,* Direktor des Georgetown University Observatory, damit. Q.:

Hapgood: Maps S. 2; Q.: Däniken: Erinnerungen S. 35 ff; Q.: Däniken: Meine Welt S. 136; Q.: Pauwels/Bergier: Entdeckung S. 53, 57; Q.: Schmitz: Beweisnot S. 197

Ebenso befaßten sich damit der Kartograph Prof. Charles H. *Hapgood* und der Kommandant Harold Z. *Ohlmeyer.* Q.: Däniken: Besucher S. 103

Die folgenden Interpretationen der westlichen P'R'-Karte mit dem amerikanischen Kontinent gehen zu ihrem größten Teil auf die Erkenntnisse Arlington H. *Mallery's* zurück. Q.: Pauwels/Bergier: Entdeckung S. 53 ff

Man stellte fest, daß viele Angaben auf der Karte der Wirklichkeit exakt entsprechen, allerdings mit einer Verzerrung, die den Eindruck erweckt, als wäre sie aus großer Höhe aufgenommen worden. Man verglich sie mit modernen kartographischen Aufnahmen in »azimutal-äquidistanter Projektion« mit dem Zentrum Kairo *(Ägypten).* Unter dieser Voraussetzung zeigt die Karte, trotz einiger Verzeichnungen im mittelamerikanisch-westindischen Raum, zahlreiche überraschende Übereinstimmungen mit der Realität, die mit den Mitteln traditioneller Betrachtung nur als unwahrscheinliche Zufälle bezeichnet werden könnten. Q.: Däniken: Erinnerungen S. 35 ff

Südamerika und selbst die *Antarktis* sind an der richtigen Stelle projiziert. Selbst die einzelnen Buchten unter dem Eis – sie wurden erst heute genau festgelegt – stimmen ihren Umrissen nach peinlich genau. Q.: Däniken: Erinnerungen S. 35 ff

Die auf den Karten verzeichnete Landbrücke zwischen *Feuerland* und der *Antarktis* soll es vor 11 000 Jahren gegeben haben. Q.: Däniken: Meine Welt S. 136

Kritiker rechnen diese Linien zu den Verzierungen, die nachträglich aufgetragen wurden. Mit Recht? Q.: Däniken: Erinnerungen S. 35 ff

Sicherlich als Fabeln zu bezeichnen sind freilich die Begleittexte, die von den türkischen Kartographen – etwa in das Gebiet der Antarktis – eingetragen wurden.
Die Geschichtsforschung glaubt, daß Piri Reis das Kartenmaterial von einem Gefangenen, einem früheren Reisegefährten des Kolumbus, erhalten hätte. Dessen Angaben hätte der Admiral noch verbessert. Die Fahrten des Kolumbus begannen 1492. 1499 wurde Brasilien von dem Spanier V. Yañez Pinzón entdeckt, und auf anonymen Karten des Jahres 1502 waren die Küstenlinien *Südamerikas* eingezeichnet, bis herunter zur Mündung des La Plata. Die Fortsetzung dieser Linien in Richtung Antarktis kann demnach ein Phantasieprodukt sein. Mysteriös bleiben jedoch die erwähnten Übereinstimmungen, die auf Kartenmaterial zurückgehen können, das Piri Reis den angeblichen Kolumbuskarten hinzugefügt hatte. Nicht von der Hand zu weisen sind auch die Einzeichnungen der Anden im westlichen Teil Südamerikas – von dessen Existenz man noch nichts ahnen konnte; auch die dargestellten Tiere, deutlich ein Puma und wahrscheinlich auch ein Lama, allerdings mit Hörnern, können auf noch unbekannte Quellen hindeuten. Q.: Kahle: Columbus-Karte; Q.: Bagrow: Geschichte
Wurden diese Karten, die Kopien von Kopien sind, nicht doch ursprünglich mit »modernsten« Hilfsmitteln geschaffen? Q.: Däniken: Erinnerungen S. 35 ff
Vorstellbar wären unter der Voraussetzung prä-astronautischer Betrachtungsweise etwa ein Raumschiff, das in sehr großer Höhe über *Ägypten* schwebte und zur kartographischen Erfassung *(Photographie)* der sichtbaren Erdhälfte über Mittel verfügte, Trübungen der Atmosphäre, Wolken usw. zu durchdringen.
Eine andere Karte des *Hadji Ahmed* aus dem Jahre 1559 *(Mittelalter)* zeigt uns, präzise angegeben, eine Kü-

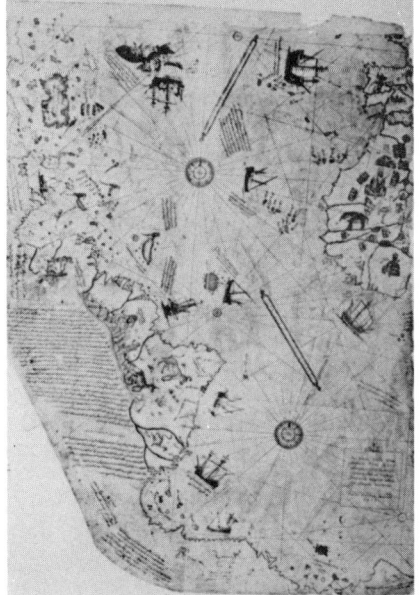

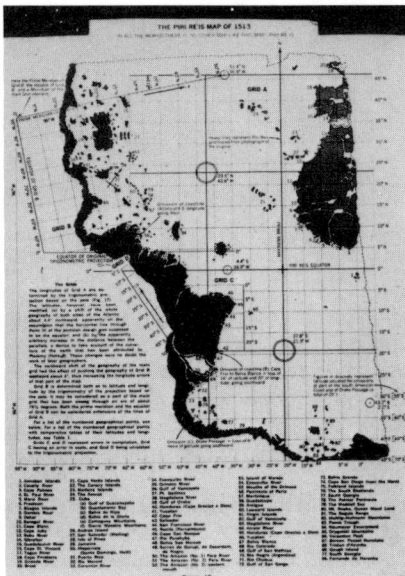

Piri Reis Karte, Original und Expertise. Q.: Charles Hapgood, Maps of the Ancient Seakings

stenlinie der *Antarktis,* einen Teil des Pazifiks, die sehr genaue Küstenwiedergabe der *USA* und eine Landbrükke zwischen Sibirien und Alaska *(Bering-Straße).* Q.: Bergier: Les extraterrestres S. 63; Q.: Bagrow: Geschichte
Eine chinesische Karte aus dem Jahre 1137 n. Chr. *(Mittelalter; China),* in Stein eingemeißelt *(Gravuren),* könnte identisch mit derjenigen des Piri Reis sein. Q.: Bergier: Les extra-terrestres S. 65
Der venezianische Kartograph Nicolo *Zeno* (1515–1565) gab 1558 eine Karte des nördlichen Atlantik mit den Küsten Labradors *(Kanada)* heraus. Angeblich hätten 1380 seine Verwandten, die Brüder Nicolo und Antonio *Zeno,* dieses Land besucht und dabei eine Karte angefertigt. Auch sollen diese Seefahrer auf Kartenmaterial zurückgegriffen haben, das 1204 bei der Eroberung von Konstantinopel auftauchte. Die Darstellung der Westküste von *Grönland* auf der Zeno-Karte ist verblüffend genau. Ein ähnliches Phänomen ist auf der 1957 aufgetauchten sog. *Vinlandkarte* zu erkennen. Sie soll den Angaben der Wissenschaftler des Britischen Museums und der Yale-Universität nach um 1400 angefertigt worden sein. Auf dieser Karte ist nicht nur ein

Piri Reis Weltkarten. Sogenannte Vinlandkarte, 1957 entdeckt. Vermutlich 1440 entstanden. Q.: Rand McNally & Comp. in Bricker/Tooley, Gloria Cartographiae

Teil Nordamerikas, sondern (!) auch *Grönland* als Insel wiedergegeben, seinen Umrissen nach exakt: ein Faktum, das die Experten an der Echtheit der Karte zweifeln ließ. Q.: Bergier: Les extra-terrestres S. 66; Q.: Bagrow: Geschichte; Q.: Bricker/Tooley: Gloria Cartographiae
Pisco, Bucht von Die 250 Meter hohe pfeil- oder kandelaberartige, in den Boden eingegrabene Figur in der Bucht von P', *Peru,* weist in Richtung der Hochebene von Nazca. Eine Art Wegweiser *(Nazca,* Hochebene von)? Q.: Däniken: Erinnerungen S. 39 f; Q.: Däniken: Zurück S. 176 ff; Q.: Däniken: Besucher S. 353 ff; Q.: Charroux: L'énigme S. 209, 236 ff; Q.: Kohlenberg: Vorzeit S. 194 ff; Q.: Navia: Unsere Wiege S. 236; Q.: Mooney: Les dieux S. 207

Pisco, Bucht von. Q.: Constantin-Film

Allerdings zeigt der Kandelaber nur ungefähr in die Richtung der Hochebene von *Nazca,* da eine genaue Verbindung etwa 250 Kilometer daran vorbeilaufen soll. Q.: Schmitz: Beweisnot S. 179; Q.: Woodman: Nazca S. 23
Das archäologische Phänomen wird *Candelabro* oder *Tres Cruces* genannt. Q.: Charroux: Welten
Da es sich nicht um eine Steilwand, sondern um einen flach ansteigenden, behauenen Bergrücken handelt, ist eine Leuchtturmfunktion für

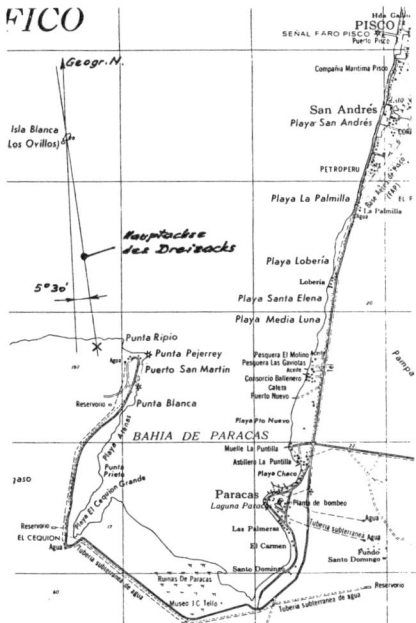

Pisco, Bucht von (Karte). Q.: J. F. Blumrich

die Seefahrt so gut wie ausgeschlossen. Außerdem schreiben die Historiker den südamerikanischen Urvölkern keine intensive See- bzw. Hochseeschiffahrt zu *(Prä-Inka)*. Wozu also? Q.: Däniken: Erinnerungen S. 39 f
Man glaubt außerdem eine Art Lebensbaum *(Baum des Lebens)* vor sich zu haben. Q.: Charroux: Welten S. 17
Beide Phänomene, die Hochebene von *Nazca* und der Kandelaber von Pisco, lassen nach der Prä-Astronautik auf einen regen Luftverkehr schließen. Q.: Däniken: Erinnerungen S. 39 f
→ Nazca, Hochebene von
→ Osterinsel
Pisgah-Krater (Mojawe-Wüste; USA) → Kommunikation, interstellare
Pitcairn (Tuamotu-Inseln; Polynesien) → Bauwerke

Pithom (ägyptische Grenzfeste gegen Asien) → Moses
Pizarro, Francisco (gest. 1478; spanischer Eroberer) → Stollen, unterirdische
Planetarien (Anlagen zur künstlichen Projektion des Himmelsgewölbes) → Astronomie
Planeten Auf akkadischen *(Akkad)* Tontafeln sind *Sterne* abgebildet, die von P' umkreist werden *(Gravuren; Astronomie; Planetensysteme, fremde)*. Q.: Dolezol: Aufbruch S. 51
Dies wäre die erste bildliche Darstellung eines Planetensystems: ein Wissen, das den mit realen Fakten kosmischen Geschehens vertrauten »Göttern« zugeschrieben werden kann.
Auch sumerische Keilschrifttafeln scheinen die Existenz von Planeten zu beweisen *(Sumerer)*, ebenso Rollsiegel aus den assyrischen und babylonischen Epochen *(Assyrien; Babylon)*. Q.: Däniken: Meine Welt S. 21
→ Akakor
→ Astronomie
→ Baian Kara Ula
→ Herkunft der Götter
→ Humanoiden
→ Jesus
→ Kristall-Linsen
→ Planetensystem, eigenes
→ Planetensysteme, fremde
→ Sirius-B
→ Zikkurats
Planetensystem, eigenes Die westafrikanischen *Dogon* aus *Mali* wissen, daß die *Planeten* nicht – wie augenscheinlich – um die Erde, sondern um die Sonne kreisen. ». . . Jupiter folgt Venus (am Himmel), indem er langsam um die Sonne kreist . . .« heißt es in ihrer Mythologie *(Sagen)*. *Jupiter* wird von ihnen auf Zeichnungen immer mit seinen vier hellsten Monden – die nicht mit bloßem Auge zu sehen sind! – dargestellt *(Jupitermonde)*. Diese Himmelskörper sollen sich auch um ihre eigene Achse drehen.

278 Planetensystem, eigenes

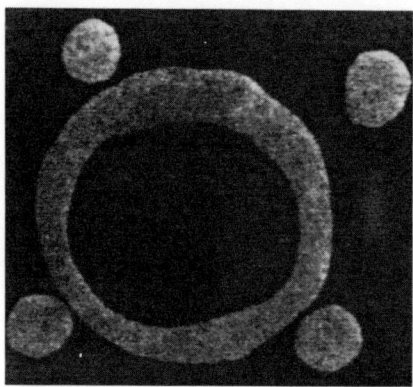

Planetensystem, eigenes. Jupiter mit den vier hellsten Monden. Q.: R. K. G. Temple

Unser gesamtes Planetensystem sei der *Dogon*-Mythologie nach aus der Sonnen-»Plazenta«, wie sie den Vorgang umschreiben, hervorgegangen. Eine gemeinsame Entstehung der *Sonne* und des Planetensystems bestätigt auch die Astronomie. Q.: Griaule/Dieterlen: Le renard; Q.: Temple: Sirius-Rätsel S. 38 ff, 44
Die *Planeten* waren für die Parsen kugelförmige Körper. Das behauptet der Scheich *Mohammed Fani* in seinem Buch »Dabistan«. In den Tempeln, die den jeweiligen *Planeten* bestimmt waren, standen Modelle der Planetenkugeln *(Astronomie; Rituale; Parsismus; Persien)*. Q.: Däniken: Beweise S. 205 f; Q.: Dalberg: Scheik
Unter den *Höhlenzeichnungen* von *Varzelândia (Brasilien)* scheint man auf die Darstellung unseres Planetensystems gestoßen zu sein. Es zeigt, mit der *Sonne* im Zentrum, in richtigen Abständen und richtiger Reihenfolge *Merkur, Venus,* die *Erde* mit *Mond, Mars* mit einem Mond, *Jupiter* mit dreien, *Saturn* mit Ring und zwei Monden, *Uranus* sowie *Neptun.* Auch dieser Planet ist von zwei Monden umkreist. Die Tatsache, daß die letzten zwei Planeten für das Auge unsichtbar sind und auch die Monde erst durch Teleskope erkannt wurden, macht diese Höhlenzeichnung umso mysteriöser. Q.: Däniken: Meine Welt S. 80
→ Astronomie

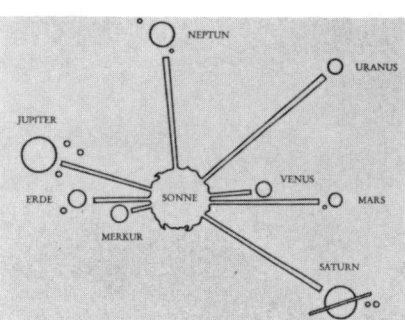

Planetensystem, eigenes. Nach einer Höhlenzeichnung bei Varzelândia, Brasilien. Unser Sonnensystem? Q.: Erich von Däniken

Planetensysteme, fremde Die Existenz fremder Planetensysteme war bislang noch nicht bewiesen. Nur ihr Vorhandensein kann aber Grundlage für das Entstehen außerirdischen Lebens, so wie wir es kennen, sein *(Exobiologie; Humanoiden; Green-Bank-Konferenz)*.
Die Tatsache solarer Planeten wurde 1965 durch den Astronomen Peter *van de Kamp* fundiert, indem er einen *Planeten* aufspürte, der in einer Distanz von 672 Millionen km um den 1916 entdeckten *Barnard*-Stern kreist. Der Nachbarstern ist für das Auge nicht sichtbar und befindet sich in einer Entfernung von 5,97 Lichtjahren zur Sonne. Der dunkle Begleiter besitzt eine Masse von 0,0015 Sonnenmassen und unterscheidet sich somit von dem 1969 ebenfalls von *van de Kamp* entdeckten weiteren *Planeten* in diesem System. Dieser besitzt 0,8 Erdmassen. Fremde Planetensysteme scheinen demnach ähnlich wie unseres aufgebaut sein, da dieser kleine Planet in

viel engerer Bahn um das Muttergestirn zieht als der wesentlich größere. Q.: Navia: Unsere Wiege S. 57; Q.: Däniken: Beweise S. 36
→ Exobiologie
→ Planeten
→ Sirius-B
Plasma (Materie im Sterninneren)
→ Astronomie
→ Sirius-B
Plastiken
vgl.: Statuen
Platin (Edelmetall) → Nan Madol
Platon (427–347 v. Chr.; griechischer Philosoph) → Astronomie
→ Atlantis
→ Griechenland
→ Humanoiden
Plavince (Ort in der Tschechoslowakei) → Kuriositäten
Pleiaden, Sternbild der Das *Popol Vuh* der *Quiché*-Indianer *(Maya)* aus *Guatemala* erzählt, 400 himmlische Jünglinge wären nach ihren nicht gerade friedlichen Kontakten mit den Menschen *(Konfrontationen Götter kontra Menschen)* zum S'd'P' zurückgekehrt *(Humanoiden; Erkennen der Götter)*. Q.: Däniken: Meine Welt S. 89; Q.: Däniken: Zurück S. 273
Nach den *Sagen* der prä-inkaischen Völker *(Prä-Inka)* waren die Götter einst von den P' gekommen *(Herkunft der Götter)*. Q.: Däniken: Erinnerungen S. 90
→ Zeitdilatation
Plinius Secundus, Caius d. Ä. (23–79 n. Chr.; römischer Schriftsteller)
→ UFO, historische
Plotin (205–270 n. Chr.; griechischer Philosoph) → Exobiologie
Plouézoch (Fundort in Frankreich)
→ Pyramiden
Plutarch (50–125 n. Chr.; griechischer Philosoph) → Exobiologie
→ Mutanten
→ Sirius-B
→ Unfälle
Plutus (Gott des Reichtums; römische Mythologie) → Mutanten

Po (leuchtender Baum des Ostens, auch Fu-sang oder K'ong-sang genannt; chinesische Mythologie)
→ Lampen
Poitou (Bezirk in Frankreich)
→ Felszeichnungen
Polyhistor aus Milet vgl.: Alexander Polyhistor aus Milet
Polynesien → Antennen
→ Baum des Lebens
→ Bauwerke
→ Berge, heilige
→ Cargo-Kult
→ Eier, fliegende
→ Felszeichnungen
→ Flüssigkeiten, chemische
→ Götter, bärtige
→ Götter, hellhäutige
→ Gottessöhne
→ Herkunft der Götter
→ Kulturbringer, Götter als
→ Katastrophen
→ Mumien
→ Mutanten
→ Osterinsel
→ Pyramiden
→ Rocket-Belt
→ Schöpfung
→ Sintflut
→ Stollen, unterirdische
→ Tiahuanaco
→ Weltall
→ Weltraumreisen, Probleme bei
(Übersicht über einzelne Inseln:)
→ Bora Bora (Gesellschafts-Inseln)
→ Fidschi-Inseln
→ Gambier-Inseln (Tuamotu-Inseln)
→ Gesellschafts-Inseln
→ Gilbert Inseln
→ Hawaii
→ Malden (Line-Inseln)
→ Marquesas
→ Osterinsel
→ Pitcairn (Tuamotu-Inseln)
→ Raiatea (Gesellschafts-Inseln)
→ Rapa Iti (Tubuai-Inseln)
→ Raroia (Tuamotu-Inseln)
→ Tahiti (Gesellschafts-Inseln)
→ Tonga-Inseln
→ Tongatapu (Tonga-Inseln)
→ Tuamotu-Inseln
→ Upolu (Samoa-Inseln)

Pomo (Zweig der Hoka-Indianer; USA) → Sintflut
Pomona (Göttin der Gartenfrüchte; römische Mythologie) → Mutanten
Ponape (Senyavin-Inseln; Karolinen; Mikronesien) → Nan Madol
Ponnaperuma, Cyril (Biochemiker) → Exobiologie
Popol Vuh Das »Buch des Rates« der *Quiché-Maya* wurde um 1530 von schreibkundigen Indianern zum ersten Mal in lateinische Schrift übertragen. Um 1700 wurde es von Pater Francisco *Ximénes* ins Spanische übersetzt. Q.: Kohlenberg: Vorzeit S. 18; Q.: Popol Vuh. Cordan.
Es beschreibt die Schöpfung der Welt, die Zeit der mythischen Dämonen und Heroen, die Epoche der Urväter und die Ära der *Quiché*-Könige. Thematisch mit dem P'V' verwandt sind die Annalen des *Cakchiquel*-Volkes. → Astronomie
→ Daniel
→ Erkennen der Götter
→ Herkunft der Götter
→ Katastrophen
→ Lampen
→ Maya
→ Meerwunder
→ Pleiaden, Sternbild der
→ Riesen
→ Schöpfung
→ Stollen, unterirdische
→ Turm zu Babel
→ UFO, historische
Porapora → Bora Bora
Porsenna (König der etruskischen Sagenwelt) → Etrusker
Porto Viejo (Küstenort in Ecuador)
→ Levitation
→ Tiahuanaco
Poseidon (Meeresgott; griechische Mythologie) → Götter, bärtige
→ Gottessöhne
→ Hyrieus
→ Unterwasserbasen
Posnansky, Arthur (Amerikanist)
→ Tiahuanaco
Po Tolo (Begleiter des Sirius in der Dogon-Mythologie; Mali) → Sirius-B

Pou-Rangahua (Gottheit der Maori; Neuseeland)
→ Weltraumreisen, Probleme bei
Po wy tschih (chinesische Überlieferung; aufgezeichnet im 3. Jhd. n. Chr.)
→ UFO, historische
Poyslee, Arthur (Aeronautiker)
→ Flugzeugmodelle
Prä-Astronautik Unterschiedlichste Fragen und Phänomene in der Vergangenheit unserer Erde sind lösbar, zieht man die Möglichkeit mehrerer Landungen humanoider kosmischer Besucher in Betracht. Die P'-A' schuf mit dieser Theorie einen gemeinsamen Nenner, der sich vom Diskussionsbeitrag zur Randwissenschaft entwickelte.
Die Theorie stützt sich
1. auf Überlieferungen mythologischer als auch historisch abgesicherter Art;
2. auf archäologische Funde und Phänomene;
3. auf evolutionäre und kulturelle Charakteristiken des Menschen und ebenso seiner biologischen Umwelt. Diese könnten durch das direkte Eingreifen der Außerirdischen entstanden sein. Q.: Navia: Unsere Wiege S. 210
Dementsprechend liegen die Indizien zum überwiegenden Teil in der Antike und der Erdneuzeit, etwa ab dem Tertiär. Ohne dabei das Gebiet der modernen *UFOlogie* zu streifen, werden aber auch markante Fälle, wie Beobachtungen fremder Himmelserscheinungen etc. aus dem *Mittelalter* berücksichtigt, etwa bis 1500 n. Chr. Die Grenzen sind dabei fließend... Ebenso in das *Erdaltertum* hinein, denn auch hier finden sich kuriose Artefakte, die die Landung außerirdischer Intelligenzen beweisen könnten.
Nicht zentrale Themen der P'-A' sind daher *UFOlogie, Parapsychologie, Magie* und die Forschung nach versunkenen irdischen Kulturen *(Kultu-*

Prä-Astronautik

ren, versunkene) wie *Atlantis.* Nur wenn diese Grenzwissenschaften im Zusammenhang mit der Landung prähistorischer Astronauten genannt werden, werden sie mit einbezogen. Anderenfalls können sie voneinander profitieren. Das gilt im weiteren auch für die *Science-Fiction-*Literatur.

1973 wurde in den USA eine Fernseh-Serie unter dem Titel »In search of Ancient Astronauts« ausgestrahlt, was der Verbreitung der Theorie dort großen Auftrieb gab. Q.: Navia: Unsere Wiege S. 200

Anläßlich der Terre-des-Hommes-Ausstellung »Man and His World« vom 22. Juni bis zum 4. September 1978 in Montreal, Kanada, wurde ein besonderer Pavillon eröffnet. Er stand unter dem Oberbegriff »Strange, strange world« und zeigte das ganze Spektrum rätselhafter Funde aus der Vergangenheit. Von antiken Flugzeugmodellen über Dogus-Statuen bis zu der Rekonstruktion des Ezechiel-Raumschiffes war alles zum Thema Prä-Astronautik aufgeführt.

Das Evidenz-Erlebnis breiter Bevölkerungsmassen kommt am besten durch die explosionsartige Vermehrung der einschlägigen Publikationen und deren Verkaufserfolg zum Ausdruck. Bis Ende 1977 wurden weit über 150 Millionen Exemplare in der Welt abgesetzt, bei denen Erich von *Däniken* mit seinen Büchern den größten Anteil eingenommen hat. Zögernd, aber eindeutig nahm Carl Gustav *Jung* zum Thema Stellung. Im Band »Ein moderner Mythus«, 1958, kommt er zum Schluß: »Es scheint mir – mit allen nötigen Vorbehalten – eine dritte Möglichkeit (nach psychologischen Deutungsversuchen) zu geben: Die UFOs *(UFO,* moderne) sind reale stoffliche Erscheinungen, Wesenheiten unbekannter Natur, die, vermutlich aus dem Weltraum kommend, vielleicht schon seit langen Zeiten *(UFO,* historische) den Erdbewohnern sichtbar waren, aber sonst keinerlei erkennbaren Bezug zur Erde oder deren Bewohnern haben...« Zehn Jahre später sollten durch verschiedene Publikationen solche Bezüge durch archäologische und mythologische Indizien hergestellt werden. Fremde Kosmonauten waren nicht nur sichtbar, was Felszeichnungen und Überlieferungen bezeugen, sondern wirkten direkt auf menschliche Kulturen ein, was sowohl die Übergabe technischer Hilfsmittel und damit verbundener Bauwerke als auch die Mythen von den göttlichen Kulturbringern beweisen. Q.: Jung: Mythus S. 108 f

Prof. Dr. Jacob *Eugster* schreibt in »Die Forschung nach außerirdischem Leben«, Zürich 1969: »... Wenn wir zurückgehen in die Mythologie und Legende *(Sagen),* finden wir faszinierende Geschichten von Besuchern aus dem Weltall. Sollte also im Universum Leben häufiger vorkommen, als wir ahnen, dann besteht die Möglichkeit, daß direkte Kontaktversuche in der Vergangenheit schon stattgefunden haben. Eine sorgfältige Nachforschung nach möglichen Berechungen solcher Ereignisse durch historische Archive, insbesondere aus mythologischen Quellen, wäre eine vorteilhafte Beschäftigung für einen qualifizierten Geschichtsforscher.«

→ Ancient Astronaut Society
→ Ancient Skies
→ Anthropomorphismus
→ Atlantis
→ Dopatka, Ulrich
→ Ezechiel
→ Humanoiden
→ Kritiker
→ Magie
→ Parapsychologie
→ Philatelie
→ Philosophie
→ Religionen
→ Remythologisierung

Prä-Astronautik

→ Science Fiction
vgl.: Atarpa-Projekt
vgl.: Diffusionstheorie
vgl.: Exobiologie
vgl.: Exopsychologie
vgl.: Totemismus
Prä-Inka → Bunker
→ Eier, fliegende
→ Götter, bärtige
→ Herkunft der Götter
→ Nazca, Hochebene von
→ Orejona
→ Osterinsel
→ Peru
→ Pisco, Bucht von
→ Pleiaden, Sternbild der
→ Riesen
→ Sacsayhuaman
→ Schlangen
→ Schöpfung
→ Tiahuanaco
vgl.: Inka
Präkambrium (Erdfrühzeit)
vgl.: Erdaltertum
Pranavayu (Sanskrit: wahrscheinlich Sauerstoff) → Batterien
Price, Derek de Sulla → Sulla Price, Derek de
Priester → Ägypten
→ Akakor
→ Aussetzung von Kindern
→ Elektrizität
→ Kelten
→ Maya
→ Pyramiden
→ Schamanen
→ Sintflut
→ Sirius-B
(Übersicht über einzelne Personen:)
→ Abaris
→ Daniel
→ Elias
→ Ezechiel
→ Im-Hotep
→ Moses
→ Ogotemmeli
Probleme bei Weltraumreisen vgl.: Weltraumreisen, Probleme bei
Proklos (410–485 n. Chr.; griechischer Philosoph) → Akustik (der Götter-Fahrzeuge)
→ Astronomie

Prometheus (göttlicher Kulturbringer der griechischen Mythologie)
→ Kulturbringer, Götter als
Propeller vgl.: Helikopter
Prophetie → Ägypten
→ Esra
→ Kristall
vgl.: Prophezeiungen
Prophezeiungen Der Anhang des Neuen Testaments, die geheime *»Offenbarung Johannes«*, enthält, mit den Augen der Gegenwart betrachtet, Hinweise auf *Umweltverschmutzung, Helikopter* und Kernexplosionen *(Atombomben)*. Kapitel 8: »... und es fuhr wie ein großer Berg mit Feuer brennend ins Meer, und der dritte Teil des Meeres ward bitter *(Radioaktivität)*... und der dritte Teil der lebendigen Kreaturen im Meer starben...« Kapitel 9: »Und die *Heuschrecken* hatten Panzer wie eiserne Panzer *(Metalle)*, und das Rasseln ihrer Flügel war wie das Rasseln an den Wagen vieler Rosse... und sie hatten Schwänze gleich den Skorpionen, und es waren Stacheln an ihren Schwänzen...« Q.: Däniken: Erscheinungen S. 242 f Zu einer ähnlichen technologischen Exegese kommt der Kernphysiker Bernhard *Philberth*. Q.: Philberth: Prophetie Bereits Ende des 17. Jahrhunderts erzählte Jonathan *Swift* in »Gullivers Reisen« von den beiden *Marsmonden*. Zu seiner Zeit waren sie unbekannt. Größe und Umlaufzeiten sind den tatsächlichen Verhältnissen verblüffend ähnlich. Q.: Hutin: Hommes S. 32; Q.: Leslie/Adamski: Flying saucers
→ Abraham
→ Elias
→ Erscheinungen
→ Jesaja
→ Kulturen, versunkene
→ Mamre
→ Sibirien
→ Tiahuanaco
vgl.: Orakel
vgl.: Prophetie

Prothesen → Mutanten
vgl.: Medizin
vgl.: Operationen (med.)
Psalmen (Altes Testament)
Ps 18,8 ff → Moses
Ps 29,7–9 → UFO, historische
Ps 90,4 → Zeitdilatation
Ps 104,4–4 → UFO, historische
Pseudoepigraphen (auch Pseudepigraphien) – einem berühmten Autor fälschlich zugeschriebene Schriften, z. B. die »homerischen Hymnen«, die nicht vom Dichter der Ilias und Odyssee stammen. Oft zitiert werden die P' zum Alten Testament, und zwar: Psalmen Salomons, das Buch Henoch, das vierte Buch Esra, die Apokalypse des Baruch, die Testamente der zwölf Patriarchen, das Leben von Adam und Eva, die Himmelfahrt des Moses und einige andere Bücher ähnlicher Art, die schriftlich meist um 150 v. Chr. fixiert wurden, jedoch z. T. viel ältere Überlieferungen enthalten. Die heute noch erhalten gebliebenen P' sind nur ein Bruchteil einer einst sehr umfangreichen Literatur aus dem geistigen Umkreis der Bibel, wie Erwähnungen von verschollenen Texten dieser Art zeigen. Obwohl nicht in den biblischen Kanon aufgenommen, wurden sie im Mittelalter als ehrwürdige Quellen sehr geschätzt.
(Übersicht über einzelne Bücher:)
→ Buch der Jubiläen
→ Leben Adams und Evas, Das
vgl.: Apokryphen
vgl.: Bibel
vgl.: Kabbala, jüd.
PSI-Forschung vgl.: Parapsychologie
Psychologie → Exopsychologie
Ptah (ägyptischer Gott, Vater des Re; von den Griechen mit Hephaistos gleichgesetzt) → Eier, fliegende
→ Im-Hotep
→ Sirius-B
Ptolemäus (87–150 n. Chr.; alexandrinischer Astronom und Kartograph) → Karten

Puccetti, Roland (Philosoph)
→ Exobiologie
→ Humanoiden
Pukao (Hüte der Osterinsel-Statuen)
→ Osterinsel
Pukato-Ti (brasilianisches Gebirge)
→ Kulturbringer, Götter als
Pukku (unbekannter Gegenstand, aus dem Huluppu-Baum gefertigt; sumerische Mythologie)
→ Weltraumreisen, Probleme bei
Puma Puncu (Ruinenfeld; Bolivien)
→ Tiahuanaco
Puno (Ort am Titicacasee)
→ Höhlenzeichnungen
Puppen vgl.: Ritualgewänder
Pura (karibischer Gott)
→ Schöpfung
Purva (altindische Texte des Dschainismus) → UFO, historische
Pushpaka (Himmelswagen Kuberas; indische Mythologie) → Waffen der Götter
Puttkamer (Schriftsteller) → Science Fiction
Pygmäen (zentralafrikanischer Stamm) → Schöpfung
Pyramiden Der Begriff P' wird häufig nur mit den bekannten Königsgräbern des alten *Ägypten* in Verbindung gebracht. Das Wort stammt vom griechischen »pyramis« (Spitzkuchen), der ägyptische Ausdruck lautete »mer«. Es handelt sich um Überbauten von königlichen Grabkammern, um auf quadratischer Grundfläche errichtete Steinberge von regelmäßiger Form. Die traditionelle Ägyptologie leitet den Typus der P' von dem einfachen Mastaba-Grab ab; das Wort bedeutet »Bank« und charakterisiert den Bautyp einer nicht sehr hohen, rechteckig-quaderförmigen Terrasse, wie sie in großer Zahl um die echten P' gruppiert anzutreffen sind. Denkt man sich mehrere, immer kleiner werdende Mastaba-Gräber übereinandergestellt, so entsteht der Typus einer Stufenpyramide, aus der sich dann die glatte Pyramide entwickelt. Die-

Pyramiden

ser einfache Gedanke trägt jedoch der Tatsache nicht Rechnung, daß die monumentalen, genau nach den Himmelsrichtungen orientierten, spitzen Steinberge auf quadratischer Basis offenbar die Weltharmonie wiedergeben sollten und sich von den einfachen »Steinbankgräbern« doch wesentlich unterscheiden. Nur bei den P' wurden in großem Maßstab raffinierte Zahlenverhältnisse verwendet, um den bestatteten Königen ein den kosmischen Gesetzen angepaßtes Leben nach dem Tode zu schenken. Die älteste der ägyptischen P' ist jene des Königs *Djoser* aus der 3. Dynastie, die von 2778 bis 2723 v. Chr. an der Macht war. Es handelt sich um einen 60 Meter hohen Stufenturm bei *Sakkara* (Saqqara), erbaut von dem legendären und später zur Gottheit erhobenen Künstler *Im-Hotep*. Von dieser Zeit an wurden zahlreiche P' gebaut, die vorwiegend im Raum von Dahschur und Kairo liegen. Der normale Neigungswinkel der Seitenwände ist 51°52'. Die ältere Form der Stufenpyramide steht nicht isoliert da, sondern erinnert auffällig an die Zikkurat-Götterberge Altmesopotamiens *(Zikkurats)*. Da es Handelsbeziehungen zwischen dem Zweistromland *(Mesopotamien)* und Ägypten gab, ist anzunehmen, daß auch die Bauidee des Terrassenturmes vom Osten her nach Ägypten übertragen wurde; ein Gedanke, der den nur ihren eigenen Fachbereich betrachtenden Ägyptologen offenbar nicht geläufig ist. Der Hamburger Ethnologe Theodor *Danzel* (1886–1954) war der Meinung, es handle sich um »erlebten Weltgehalt, verwirklicht in monumentalen Bauten«, in Form von Weltstufen, Weltsphären, Erlösungsstufen, Erlösungssphären. »In den Ziqqurat Assyriens, Babyloniens finden wir ein gleiches. Und auch für die chinesischen Pagoden *(China)* wie für die altmexikanischen Teocalli (Tempelstufenpyramiden) *(Mexiko)* haben einmal ähnliche Auffassungen zugrunde gelegen. Auch in *Ägypten* weisen die kosmischen Tempelhallen, deren Decken mit Sternenschmuck verziert sind, sowie die – genau nach den Himmelsrichtungen und astronomisch orientierten – Pyramiden auf verwandte Vorstellungen, wie wir auch bei altperuanischen Bauten die vielsagende astronomische Orientierung von Bauwerken wiederfinden *(Peru; Astronomie)*.« *Danzel* spricht in diesem Zusammenhang von einer »kosmosophischen Monumentalität« dieser Bauten. All dies klingt wesentlich anders als die simple Theorie, die Ägypter hätten einfach in Gedanken die Mastaba-Quadergräber übereinandergestellt, bis die Form der P' fertig war. Q.: Danzel: Magie S. 193 ff Der erwähnte Gelehrte konnte noch nicht wissen, daß die Übereinstimmungen größer sind, als es die Fachwissenschaft wahr haben wollte. Auch in Altmexiko waren Pyramiden nicht bloß terrassenförmige Unterbauten für Heiligtümer, sondern in ihnen wurden gelegentlich auch Grabkammern gefunden: so etwa im »Tempel der Inschriften« von *Palenque*, in *Chichen Itzá* und in *Altun Ha (Maya)*. Ein weiteres Grab wurde kürzlich in der Maya-Ruinenstätte *Chikin Tikal* in *Guatemala* entdeckt, und zwar unter der Tempelpyramide »Struktur A« 2 Meter tief in den felsigen Untergrund des Bauwerkes eingemeißelt. Es enthielt die Skelette einer dreißigjährigen Frau und eines sechsjährigen Kindes aus der Zeit um 450 n. Chr. sowie reiche Grabbeigaben (Alabastervase, Jadeschmuck, Meeresmuscheln und den Rückendorn eines Schwertfisches). Darüber berichtete »Ethnologia Americana« (Düsseldorf, Juli–August 1978). Andererseits ist es unsicher, ob etwa einst die oberste Stufe der ägyptischen *Djoser*-Pyramide

Pyramiden

von Sakkara ein Heiligtum trug, wie es angesichts der mesopotamischen Parallelen denkbar wäre.
Die ägyptischen P' *(Ägypten)* stellen, darin sind sich Experten einig, die größten Baudenkmäler der Menschheit dar *(Bauwerke; Monumente)*. Unter ihnen ist die *Cheops-Pyramide* die bekannteste, auch die am genauesten konstruierte. Q.: Däniken: Erinnerungen S. 118 ff; Q.: Däniken: Besucher S. 281 ff; Q.: Alimen/Steve: Die altorientalischen Reiche; Q.: Leslie/Adamski: Flying saucers; Q.: Mooney: Les dieux S. 67, 113, 156

Pyramiden/Ägypten. Q.: Constantin-Film

Einige Daten über die *Cheops-Pyramide,* größte der P' des alten *Ägypten:* ihre Höhe betrug einst 146,60 Meter; da die Spitze nicht erhalten ist, fehlen heute davon etwa 9 Meter. Jede Seite ist 230,30 Meter lang, was der alten Maßeinheit von 440 ägyptischen Ellen entsprechen soll. Zu ihrem Bau wurden 2,3 Millionen Steinblöcke verwendet. Der Eingang liegt an der Nordseite 16,5 Meter über dem Erdboden und führt durch schräge Gänge zu drei Kammern. Eine liegt tief unter der Erde und blieb unvollendet, eine weitere befindet sich im Herzen des P'-Körpers, doch wurde dann eine dritte Kammer geplant, die etwas exzentrisch darüber lag. Sie besteht ganz aus Granitblöcken. Ihre Dachsteine allein haben ein Gesamtgewicht von 400 Tonnen. Über ihnen befinden sich fünf völlig leere Räume in ebenso vielen Stockwerken. In der Königsgrabkammer (5,2 × 10,4 Meter) wurde nur noch der Unterteil des Sarkophages entdeckt. Diese Kammer liegt 42,2 Meter über dem Bodenniveau der Pyramide. Die traditionellen Ansichten über den Sinn dieses Großbauwerkes gehen z. T. auseinander. Die P' werden zum Teil als Abbilder des mythischen Urhügels aufgefaßt, der zu Beginn der Weltschöpfung aus dem Wasser auftauchte, zum Teil soll es sich um eine Treppe handeln, die den Aufstieg zum Sonnengott ermöglicht *(Djoser-Pyramide)*. Die Seitenansicht soll mit den Kanten die »Strahlen der Sonne« abbilden, »so wie man sie sieht, wenn sie durch einen Wolkenriß leuchtet«. Über die Bautechnik gehen die Meinungen der Fachleute zum Teil beträchtlich auseinander, was angesichts der geradezu unvorstellbaren Arbeitsleistung allein zu kultischen Zwecken (also unabhängig von allen praktischen Erwägungen zur Sicherung des materiellen Lebens) nicht verwunderlich ist. Q.: Posener: Lexikon S. 207 ff; Q.: Hirmer/Otto: Kunst Bd. 1 S. 80 ff
Auf ihrer Grundfläche sollen die Kathedralen von Florenz und Mailand sowie die von St. Peter in Rom und die St. Pauls-Kathedrale in London Platz haben. Q.: Alimen/Steve: Die altorientalischen Reiche
Pharao *Cheops* (2551–2528 v. Chr.), ägyptisch *Chufu* oder *Khufu,* soll nur 23 Jahre regiert haben. Das bedeutet: Jeden Tag mußten im Durchschnitt 300 Kalksteinquader von insgesamt 800 Tonnen Gewicht gebrochen, behauen, herangeschafft und verlegt werden *(Transporte)*.
Die Archäologen glauben, daß 100 000 Arbeiter, die nicht unbedingt alle *Sklaven* gewesen waren, ununterbrochen in Aktion, ausgereicht hätten, um diese Leistung zu erbrin-

gen. Q.: Alimen/Steve: Die altorientalischen Reiche
Die Zahl von 100 000 Arbeitern ist bei Herodot zu finden und ist größer als Ziffern, die in der ägyptologischen Fachliteratur auftauchen. Genaue Angaben über die Zahl der Arbeitskräfte, die in den Steinbrüchen, beim Transport und direkt beim Bau eingesetzt wurden, lassen sich jedoch nicht machen.
Man darf jedoch nicht vergessen, daß *Cheops* außerdem alle Tempel seiner Vorfahren renovierte, fünf Kanäle bis zur Pyramide graben und unzählige neue Tempel hatte errichten lassen.
Genügt die Annahme einer »guten Verwaltung«, um diese Leistung zu erklären? Oder besaß *Cheops* wie auch sein Thronfolger *Chephren* (2520–2494 v. Chr.) uns heute noch teilweise unbekannte Hilfsmittel – und woher hatte er sie *(Kulturbringer,* Götter als)?
Zweifellos war das Grabmal *(Gräber)* nicht nur dazu bestimmt, den Pharao sicher ins Jenseits zu geleiten, sondern sollte ebenso seinem Hof diese Reise ermöglichen – was die unzähligen Nebengräber dieser gigantischen Anlagen beweisen. Grund genug also für die Bediensteten, verbissen zu arbeiten. Fragwürdig aber bleibt, wie denn das Land überhaupt die Arbeiterheere ernähren konnte, wo doch nur ein bestimmter Teil des Volkes an der Arbeit teilnehmen konnte. Neben diesen Massen müssen noch Männer für Handwerk und Soldatendienst frei gewesen sein *(Ernährungsproblem).*
Cheops' Grabmal birgt aber noch andere in Stein verewigte Rätsel *(Geheimnisse; Gräber).* Q.: Däniken: Erinnerungen S. 118 ff
Wie ist es möglich, daß die Höhe der P', multipliziert mit einer Milliarde, etwa die Distanz der Erde zur *Sonne* ergibt *(Mathematik)?*
Ein durch sie laufender Meridian teilt Kontinente und Ozeane in zwei gleiche Hälften *(Geographie).*
Ihre Grundfläche, dividiert durch die doppelte Höhe des Monuments *(Monumente),* ergibt die berühmte Zahl Pi = 3,1416... *(Zahlen; Mathematik).*
Rollt man an der Längsseite der Pyramide einen Kreis ab und bestimmt man die Höhe der Pyramide durch Addition des Durchmessers dieses Kreises, so gelangt man natürlich zwangsläufig zu dieser geheimnisvollen Zahl *(Zahlen).* Fragwürdig aber bleibt, was die Ägypter veranlaßte, gerade den Kreis in der Pyramide zu verewigen. Genügt da die Ansicht, der Kreis als Sonnensymbol sei den Priestern sowieso heilig gewesen?
Genau im Schwerpunkt der Kontinente gelegen *(Geographie),* könnte sie ein von den kosmischen Göttern leicht wieder aufzufindendes Bauwerk *(Bauwerke)* darstellen *(Wiederkehr der Götter).* Q.: Däniken: Erinnerungen S. 118 ff
P'bauten finden sich an vielen weit auseinanderliegenden Orten der Welt. Wie ist eine solche globale Verbreitung zwischen Kulturen denkbar, die sonst keinen Bezug zueinander haben?
Pyramidenähnliche vorgeschichtliche Trockenstein-Bauwerke in *Frankreich,* in Stufen oder Terrassen angelegt, stammen aus vorkeltischer Zeit *(Kelten).* Eine gewisse Ähnlichkeit mit den P' Altmexikos *(Mexiko)* ist nicht zu leugnen. Zu erwähnen sind die terrassierten Anlagen von *Falicon* bei Nizza, *Couhard* bei Autun und (stark zugeschüttet) in *Carnac.* Die P' bei *Plouézoch,* Departement *Finistère,* ist sogar noch heute 77 Meter lang, 17 Meter breit und etwa 10 Meter hoch. Sie weist noch ganze 4 Etagen auf, obwohl jahrhundertelang Baumaterial von ihr abgetragen wurde. Wer brachte die architektonischen Verbindungen über den Atlan-

tik zustande? Q.: Charroux: Welten S. 7, 79 ff
P' bis zu 300 Meter Höhe sollen im chinesischen *Tungting-See* versunken sein. Das behauptet eine Expedition unter Leitung des Archäologen *Chi Pen Lao (China; Honan-Gebirge)*. Q.: Charroux: L'énigme S. 115
Eine Unzahl kleiner P' findet man auf den *Gilbert-* oder Kingsmill-*Inseln (Polynesien)* zwischen Mikronesien und Polynesien unter dem Äquator. Q.: Kolosimo: Viel Dinge S. 151
Die Pyramide auf der Insel *Raiatea, (Gesellschafts-Inseln; Polynesien)* nordwestlich von *Tahiti*, ist aus Korallenblöcken gebaut und an ihrer Grundfläche 90 Meter lang. Sie erreicht eine Höhe von 15 m bei 10 Stufen. Q.: Ziehr: Göttervogel S. 230
Maraes werden die polynesischen P' genannt. Q.: Kohlenberg: Vorzeit S. 163; Q.: Nevermann: Götter
Mittelamerikanische Pyramiden halten jeden Vergleich mit ihren Vettern im Orient aus. Q.: Däniken: Erinnerungen S. 145 f; Q.: Däniken: Besucher S. 304 ff
Guatemala und die Halbinsel *Yucatán* sind voll von Beispielen dafür. Q.: Däniken: Erinnerungen S. 145 f
Die Grundfläche der P' von *Cholula*, 100 Kilometer südlich von Mexiko-City *(Mexiko)*, ist größer als die der *Cheops-P'*.
50 km nördlich der Hauptstadt *Mexikos* liegt *Teotihuacán*, jenes ausgedehnte Kultzentrum, das heute einen gewaltigen Touristenrummel auszuhalten hat. Der Sage *(Sagen)* nach kamen hier die Götter zusammen, noch ehe es das Menschengeschlecht überhaupt gab *(Landeplätze der Götter)*. Q.: Mooney: Les dieux S. 68, 110
Die Götter *Tecciztecatl* und *Nanahuatzin* sollen an diesem sagenumwobenen Ort zu Sonne und Mond geworden sein. Die Sonnenpyramide dieser alten Stadt ist 63 Meter hoch, hat eine Grundfläche von 222×225

Pyramiden. Tempelanlagen von Teotihuacán. Q.: Erich von Däniken

Metern und einen Rauminhalt von mehr als einer Million Kubikmetern. Sie wurde nicht in mehreren Bauphasen, sondern in einem Zug errichtet; andere Bauten dieser Fundstätte sind die »Mondpyramide« und die durch ihren reichen Fassadenschmuck berühmte *Quetzalcoatl*-Pyramide.

Pyramiden. Pyramide von Teotihuacán. Q.: Constantin-Film

Die Sonnenpyramide von *Teotihuacán* trug jedoch nicht nur ein Heiligtum auf ihrer Spitze, sondern birgt auch in ihrem Inneren bisher kaum bekannt gewordene Probleme. 1971 wurde ein 103 Meter langer, leicht gewundener Gang entdeckt, dessen Eingang sich an der Westseite des Gebäudes befindet. Er führt zu einer Kammer, die etwa unter der Pyramidenspitze liegt und durch vier halbrunde Seitenkammern einen etwa

kleeblattförmigen Grundriß aufweist. Zerstörte Zwischenwände teilten den Gang in etwa 30 Meter lange Abschnitte. Ob die Kammer unter der Pyramide einst Begräbnisstätte, Verehrungsplatz für Erdgottheiten, das Heiligtum eines Geheimkultes war, ist unbekannt.
Die Bauten von *(Bauwerke) Chichen Itzá, Tikal, Copán, Palenque* etc. sind von den *Maya* peinlich genau nach kalendarischen *(Kalender)* und astronomischen Prinzipien *(Astronomie)* ausgerichtet worden *(Mathematik)*. Q.: Däniken: Erinnerungen S. 145 ff

Pyramiden. Rekonstruktionsversuch der Maya-Stadt Pedras Negras (Guatemala). Q.: Tatjana Proskouriakoff, nach: S. G. Morley, The Ancient Maya, 1947

Den Forschern Byron S. *Cummings,* Dr. Manuel *Gamio* und José *Ortiz* gelang es, unter einem Lavafeld in *Mexiko* bei *Cuicuilco* eine Pyramide zu entdecken, deren Alter auf 7 000 Jahre geschätzt wurde. Q.: Bergier: Les extra-terrestres S. 72
Die P' des alten *Peru* weichen von jenen Mittelamerikas insofern ab, als sie meist nicht aus quadratischen, sondern aus rechteckigen Terrassen bestehen, die stufenartig übereinander gebaut wurden. Freitreppen führen auch hier zu der obersten Plattform. Ein Beispiel für diese Bauten ist die Pyramide von *Etén* aus dem nördlichen Reichsgebiet der *Chimu* mit drei Stufen und einer Grundfläche von 70×100 Metern. Ein anderes Bauwerk dieser Art ist die Pyramide *»Huaca de Chira«* in Nordperu nahe von Sujo mit einer Basisfläche von 90×120 Metern. Q.: Leicht: Kunst S. 197, 205
Als größter P'-Bau von Südamerika wird das Bauwerk *»Huaca Juliana«* bei Lima bezeichnet, das bei einer Grundfläche von 800×400 Metern heute noch etwa 30 Meter hoch ist und aus vielen Millionen von lufttrockneten Lehmziegeln besteht.
Ein bislang unbekanntes Phänomen der P' entdeckte der Prager Radioingenieur Karel *Drbal* wieder – seit 1959 ist seine Entdeckung sogar patentiert.
An die Experimente des Franzosen Jean *Martial* anknüpfend, erkannte er Zusammenhänge zwischen der *Mumifizierung* und der spezifischen Form der P' *(Geometrie)*.
Tote Fische, Eier und andere Lebensmittel wurden konserviert *(Konservierung)* und stumpfe Rasierklingen – wieder geschärft *(Regenerierung)*.
All das geschah, wenn die künstlichen Minipyramiden, in die er die Gegenstände legte, in Nord-Süd-Richtung, dem *Erdmagnetismus (Magnetismus)* nach, ausgerichtet waren. Q.: Krassa: Gott S. 63 f
Zu gleichen Resultaten kam der kanadische Elektroniker Eric *McLuhan.* Q.: Däniken: Meine Welt S. 58 f; Q.: Däniken: Besucher S. 288 ff
Dr. Louis *Alvarez* von der Universität Ain Shams, Kairo, versuchte, Strahlungsmessungen außerhalb der Pyramide des *Chephren* vorzunehmen. Nach Ansicht Dr. Amr *Goheds,* Leiter eines Experimentes zur Messung von Strahlungen im Inneren der *Chephren*-Pyramide, verhalten sich kosmische Partikel, die auf die Pyramide treffen, völlig abnormal *(Strahlen)*. Q.: Mooney: Les dieux S. 111 f; Q.: Däniken: Meine Welt

In einem Manuskript des koptischen Schreibers *Abu'l Hassan Ma'sudi,* das in der Bodleian-Bibliothek von Oxford aufbewahrt wird, heißt es: »*Surid,* ein König *Ägyptens* vor der großen Flut *(Sintflut),* ließ zwei P' bauen. Er befahl seinen *Priestern,* darin die Erkenntnisse der Wissenschaften und Weisheiten zu hinterlegen . . . Damit diese für die Nachfahren, welche die Zeichen lesen können, für immer erhalten bleiben« *(Bibliotheken).* Q.: Däniken: Meine Welt S. 58
→ Bauwerke
→ Crespi, Carlo
→ El Fuerte
→ Felsbearbeitungen
→ Im-Hotep
→ Indien
→ Kulturbringer, Götter als
→ Kulturen, versunkene
→ Maschinen
→ Maya
→ Mounds
→ Mumien
→ Osterinsel
→ Palenque
→ Tula
→ Turm zu Babel
→ Zikkurats

Pyramiden, fliegende (Synonym für die fliegenden Fahrzeuge der Götter)
→ UFO, historische

Pyrrha (Gemahlin Deukalions; griechische Mythologie) → Sintflut
→ UFO, historische

Pythagoras (570–496 v. Chr.; griechischer Mathematiker und Philosoph) → UFO, historische

Q

Qebhsennuf (Sohn des Horus; ägyptische Mythologie) → Mutanten
Quarantäne (Abschirmung von Lebewesen, um z. B. die Ausbreitung von Krankheiten zu verhindern)
→ Sirius-B
Quat (melanesischer Kulturbringer)
→ Felsen, fliegende
→ Gottessöhne
→ Mutanten
→ UFO, historische
Quecksilber → Batterien
→ UFO, historische
Quetzalcoatl (Gott und Kulturbringer der Azteken bzw. Maya-Kulturen)
→ Cargo-Kult
→ Götter, bärtige
→ Götter, hellhäutige
→ Kulturbringer, Götter als
→ Mais
→ Maya
→ Palenque
→ Pyramiden
→ Schöpfung
→ Sintflut
→ Tula
→ Verbindung von Himmel und Erde vgl.: Kukulcan
Quiché (Maya-Stamm aus Guatemala) → Astronomie
→ Daniel
→ Erkennen der Götter
→ Herkunft der Götter
→ Katastrophen
→ Kulturbringer, Götter als
→ Maya
→ Meerwunder
→ Pleiaden, Sternbild der
→ Popol Vuh
→ Riesen
→ Schöpfung
→ Stollen, unterirdische
→ Turm zu Babel
→ UFO, historische
Quinametzin (Riesen der Huichól-Mythologie; Nordmexiko) → Mais
Quipus vgl.: Knotenschnüre
Qumran-Texte Prof. Modest M. *Agrest* übersetzte eine Stelle der Q'-T'. Nach seiner Version lautet sie: »Menschen sind vom Himmel gekommen, und andere Menschen sind von der Erde in den Himmel aufgehoben worden *(Entführungen)*. Die vom Himmel gekommenen Menschen sind lange auf der Erde geblieben.« Q.: Krassa: Gott S. 278
→ Gottessöhne
→ Sodom und Gomorrha

R

Ra → Re
Rachewiltz, Prinz Boris von (Übersetzer) → Vernichtung von Schriftzeugnissen
Radar → Atlantis
→ Akustik (der Götter-Fahrzeuge)
→ Vimanas
Radioaktivität 30–40 Archäologen, die in altägyptischen *Gräbern* forschten, sollen unter merkwürdigen Umständen mit den gleichen Symptomen gestorben sein *(Strahlenschäden; Ägypten; Strahlen).* Alle verspürten vor ihrem Tod Übelkeit, Schüttelfrost und Fieber – Anzeichen, die auch bei Strahlungsgeschädigten auftreten *(Krankheiten).* Q.: Krassa: Gott; Q.: Vandenberg: Fluch
Versahen altägyptische Priester die *Mumien* mit radioaktiven Stoffen? Eine Vermutung, die bis jetzt noch nicht bestätigt ist.
In *Australien, Frankreich, dem Libanon, Indien* und *Chile* liegen mysteriöse schwarze Steine *(Meteoriten)* mit einem hohen Prozentsatz von *Aluminium* und *Beryllium.* Die Steine waren einmal hohen Temperaturen und starker R' ausgesetzt. Q.: Däniken: Erinnerungen S. 158
→ Enkidu
→ Erkennen der Götter
→ Ezechiel
→ Prophezeiungen
→ Sandverglasungen
→ Schlangen
→ Sodom und Gomorrha
→ Tektite
→ Tunguska-Explosion
→ Waffen der Götter

vgl.: Atombomben
vgl.: Strahlen
Radioteleskope, Interstellare Verbindung durch vgl.: Kommunikation, interstellare
Räder Der praktische Gebrauch des Rades war den alten amerikanischen Kulturen unbekannt – dennoch aber hatten sie Kenntnis von Rädern und ihrer Anwendung. Q.: Berlitz: Geheimnisse S. 67
Oft werden in Mittelamerika Tonfiguren gefunden, die eindeutig aus vorkolumbischen Horizonten stammen, dennoch aber vom Prinzip des Rades Gebrauch machen. Es handelt sich meist um Plastiken in Gestalt kleiner Tiere, die auf tönernen Hohlachsen stehen, neben denen kleine Scheiben aus Ton entdeckt wurden. Ein durch die Achsen gestecktes Stäbchen macht solche Figuren zu mobilen kleinen Wägelchen in Tiergestalt. »Spielzeugfunde« z. B. in *Cholula, Oaxaca, Tres Zapotes, El Tajín* und bei *Vera Cruz* in *Mexiko* als auch in *Panama* beweisen dies.
Auch die kompliziert ineinandergreifenden Datumszyklen im *Kalender* der *Maya* sind nur mit Hilfe von ineinandergreifenden Zahnrädern darstellbar. Es sieht so aus, als wäre in Altmexiko das Prinzip des Rades zwar den Priestern bekannt gewesen, aber mit einem Tabu *(Tabus; Geheimnisse)* belegt worden. Zahnradartige Scheiben sind auch in der Felsbildkunst kalifornischer Indianerstämme festgehalten worden (z. B. *Painted Cave* bei *Santa Barbara; Kalifornien).* Q.: Biedermann: Felsbildkunst S. 86

292 Räder

Räder. Höhlenzeichnung bei Santa Barbara, Kalifornien. Räder, als Sonnenräder gedeutet, in Verbindung mit Sternen. Q.: H. Biedermann, Lexikon der Felsbildkunst, Graz 1976

Geheimnisvolle Räder spielen auch in den Berichten des Propheten *Ezechiel* eine bedeutende Rolle. Q.: Dopatka: Spiegelbild; Q.: Blumrich: Da tat sich; Q.: Krassa: Gott S. 173 ff; Q.: Däniken: Aussaat; Q.: Däniken: Zurück; Q.: Däniken: Meine Welt; Q.: Däniken: Erinnerungen S. 65 ff
→ Abraham-Apokryphe
→ Baian Kara Ula
→ Blumrich, Josef F.
→ Crespi, Carlo
→ Daniel
→ Erscheinungen
→ Ezechiel
→ Felszeichnungen
→ Konfrontationen der Götter
→ Kulturbringer, Götter als
→ Schöpfung
→ Tiahuanaco
→ UFO, historische
→ Waffen der Götter
Räpa, Mila → Mila Räpa
Rafiel → Raphael
Rajatadri (heiliger Berg Tibets; auch unter Kailasa, Meru und Ti-se bekannt) vgl.: Kailasa
vgl.: Meru
Raiatea (Gesellschafts-Inseln; Polynesien) → Osterinsel
→ Pyramiden
→ Sintflut
Raimondi-Stele (Steinrelief der Chavín-Kultur) → Palenque

Raketen → Berge, heilige
→ Katastrophen
→ Konfrontationen Götter kontra Menschen
→ Palenque
→ Sirius-B
→ Tula
→ UFO, historische
vgl.: Rückstoßprinzip
Ramani (assyrisch: die »Hohen«)
→ Wortbedeutungen
Ramayana (indisches Nationalepos des Dichters Walmiki) → UFO, historische
→ Waffen der Götter
Ramses II. (Pharao; 1290–1224 v. Chr.) → Moses
Rangi (pazifische Gottheit)
→ Verbindung von Himmel und Erde
Rapa Iti (Tubuai-Inseln; Polynesien)
→ Bauwerke
Rapanui (polynesischer Name der Osterinsel) → Gottessöhne
→ Osterinsel
Raphael (biblischer Erzengel)
→ Erkennen der Götter
→ Gesetze
Raroia (Tuamotu-Inseln; Polynesien) → Schöpfung
Rasch, Carlos (Schriftsteller)
→ Science Fiction
Rassen (der Menschen) → Baian Kara Ula
→ Erkennen der Götter
→ Ezechiel
→ Gottessöhne
→ Moche-Kultur
→ Mutanten
→ Olmeken
→ Osterinsel
→ Palenque
→ Schöpfung
vgl.: Götterrassen
Ras Shamra Texte (Texte von Ras Shamra, Syrien) → Gesetze
Raumanzüge vgl.: Overalls
Raumbasen → Abraham
→ Akustik (der Götter-Fahrzeuge)
→ Baruch
→ Henoch
→ Herkunft der Götter

→ Mittelalter
→ Parapsychologie
→ Schöpfung
→ Sirius-B
→ UFO, historische
→ Vimanas
vgl.: Satelliten
vgl.: Weltraumreisen, Probleme bei
Raumflüge, prähistorische vgl.: Antriebe (der Götter-Fahrzeuge)
vgl.: Reparaturen
vgl.: UFO, historische
vgl.: Unfälle
vgl.: Weltraumreisen, Probleme bei
Ravana (Fürst im indischen Ramayana) → Waffen der Götter
Rayi (assyrisch: die »Kontrolleure« bzw. »Beobachter«)
→ Wortbedeutungen
Re (ägyptischer Himmelsgott)
→ Eier, fliegende
→ Reue (der Götter)
Rebikoff, Dimitri (Unterwasserforscher) → Kulturen, versunkene
Rechenmaschinen vgl.: Computer
Recuay (Prä-Inka-Kultur) → Peru
Reflektoren Der Geologe John R. *Tkach* konnte sich nur über einen 6×6 Fuß großen, halbrunden Reflektor im Fels wundern, der theoretisch *Strahlen* zurückwerfen konnte. Solche Messungen fanden im Herbst 1972 bei *Huayna Picchu* und *Machu Picchu (Peru)* statt *(Kuriositäten)*. Q.: Däniken: Meine Welt S. 196
→ Satelliten
Regenerierung → Pyramiden
Rehork, Joachim (Autor und Bearbeiter archäologischer und mythologischer Werke) → Manna
→ Remythologisierung
→ Wunder
Rehua (Figur einer polynesischen Sage) → Weltraumreisen, Probleme bei
Reiche, Maria (Amerikanistin)
→ Nazca, Hochebene von
Reinl, Harald (Regisseur)
→ Däniken, Erich von
Relativitäts-Theorie (Einsteins Theorie mit dem Effekt von Zeitverschiebungen in unterschiedlich beschleunigten Bezugssystemen) vgl.: Lichtgeschwindigkeit
vgl.: Weltraumreisen, Probleme bei
vgl.: Zeitdilatation
Reliefdarstellungen vgl.: Gravuren
Religionen Dieser Begriff kennzeichnet die Unterwerfung des Menschen unter übermenschliche Mächte, die Anerkennung ihrer Existenz und die Ausrichtung auf ihre Forderungen durch Gebete, *Rituale* und Befolgung ihrer *Gesetze*. Die Art dieser übernatürlichen Mächte ist nicht überall gleich erlebt worden – es mag sich um einen einzigen Gott, um ein von Propheten geoffenbartes Weltgesetz, um eine Vielzahl von Göttern oder um Geister und vergöttlichte Ahnen und Heroen handeln. Wenn auch aufgrund individueller Unterschiede die Intensität der Ausrichtung auf die Übernatur bei den Menschen ungleich ausgebildet ist, so gibt es doch in der ganzen Menschheitsgeschichte nirgendwo Völker ohne eine Art von R' (total diesseitsbezogene Lebenshaltungen treten erst in der technisch-ökonomisch bedingten Lebensform der Gegenwart auf). Die Frage nach dem Ursprung der R' hängt vom weltanschaulichen Standpunkt des Einzelmenschen ab. Vielfach wird eine angeborene, dem Menschen grundsätzlich eigene Religiosität postuliert, ein Suchen nach letzten Antworten außerhalb seiner Persönlichkeit. Die *Prä-Astronautik* vertritt die Meinung, daß kosmische Besucher mit dem Erdenmenschen weit überlegenem Wissensniveau von diesen als Götter erlebt wurden, daß daher viele Gottheiten der alten Völker ursprünglich reale (außerirdische) Vorbilder hatten und erst im Laufe der Zeit »verabsolutiert« wurden: eine Anschauung, die sich mit der als *Euhemerismus* bezeichneten Theorie vom Ursprung des Götterglaubens vergleichen läßt. Es wäre jedoch si-

cherlich eine zu weitgehende Vereinfachung der Vielfalt menschlicher religiöser Erfahrung, für alle einschlägigen Glaubensinhalte, Riten, Mythen und Sittengesetze nur diese eine Art des Erlebnisses annehmen zu wollen. Sicherlich gab und gibt es auch andersartige Erlebnisse, die den Menschen den Glauben an eine übernatürliche Sphäre und seine Abhängigkeit von ihr nahebringen. Daß jedoch bestimmte Erscheinungsformen der R' durch außerirdische Besucher geprägt worden zu sein scheinen, muß bei objektiver Betrachtung des hier vorgelegten Indizienmaterials als erwägenswert bezeichnet werden.

In einigen R' findet sich Gedankengut vor allem zur Frage der *Exobiologie*, dies vor allem dann, wenn Gestirne wie etwa die Planeten oder der Himmel im allgemeinen Gegenstand der Verehrung oder Wohnort übernatürlicher Wesen ist.

→ Jesus
→ Philosophie
→ Religionen, kosmische
(Übersicht über einzelne R' und religiöse Bünde:) → Bon-Religion
→ Brahmanismus
→ Buddhismus
→ Cargo-Kult
→ Christentum
→ Dschainismus
→ Euhemerismus
→ Fruchtbarkeitskult
→ Hinduismus
→ Judentum
→ Lamaismus
→ Mormonentum
→ Parsismus
→ Religionen, kosmische
→ Schamanismus
→ Schintoismus
→ Tantrismus
→ Taoismus
→ Totemismus
vgl.: Inkarnationen
vgl.: Opfer
vgl.: Orakel
vgl.: Philosophie
vgl.: Priester
vgl.: Reliquien
vgl.: Rituale
vgl.: Tätowierungen

Religionen, kosmische Die Frage nach der Existenz außerirdischer Intelligenzen, in welcher Form auch immer, läßt philosophische *(Philosophie)* und religiöse Probleme *(Religionen)* entstehen. Schon in der Antike machten sich bekannte Geisteswissenschaftler Gedanken über diese Fragen. Vergleiche dazu das Kapitel *Exobiologie*. Mehrere Möglichkeiten bieten sich in der Theorie an: 1. Auf einzelnen Planeten können sich individuelle Kulte und Religionen bilden. 2. Bei allen kosmischen Zivilisationen bilden sich nach einer Entwicklung identische Religionen oder atheistische Vorstellungen. 3. Durch den Besuch fremder Intelligenzen auf Planeten können an verschiedenen Orten identische Religionen, sogenannte *Cargo-Kulte*, entstehen, weil die Raumfahrer als Götter verehrt wurden. 4. Mögliche stellare Astronauten bringen ihre Gottesvorstellungen mit und versuchen sie in andere Zivilisationen zu verpflanzen. Alle vier Möglichkeiten können bei dem jetzigen Stand der Erkenntnisse in Betracht gezogen werden. Weitere Forschungen, besonders auf dem Gebiet der Mythologie *(Sagen)*, hinsichtlich des Charakters und des Gedankengutes der Götter *(Exopsychologie)*, falls sie kulturbringende Astronauten waren, werden wahrscheinlich eine Kombination der vier Möglichkeiten ans Licht bringen.

Reliquien (Hinterlassenschaften von Heiligen, allg.: verehrte Heiligtümer)
→ Bundeslade
→ Cargo-Kult
→ Exobiologie
→ Fundgegenstände, technische
→ Gral, heiliger
→ Manna

→ Moses
→ Rocket-Belt
→ UFO, historische
Remus (römische Mythologie; Bruder des Romulus) → Aussetzung von Kindern
Remythologisierung Wie der Schriftsteller Joachim *Rehork* sind auch andere Kritiker der *Prä-Astronautik* der Meinung, sie sei eine Form der R'. Diese Auffassung wird durch die Tatsache einer prähistorischen Technik widerlegt, so wie sie sich in archäologischen Funden widerspiegelt. Eine R' kann daher nicht ohne einen solchen Bezug auf die Archäologie postuliert werden. Woher diese Techniken kamen, spielt dabei keine Rolle: aus den Kulturen selber, von versunkenen, noch unbekannten irdischen Hochkulturen – oder aber von Prä-Astronauten. Eine technologische Interpretation der Mythologien allein (die Aussage also, daß sie nicht Phantasien, sondern Wahrheiten berichten) wäre in der Tat eine Art R'. Dennoch ist auch eine solche Interpretation denkbar und gewinnt, im Zusammenhang mit archäologischen Bestätigungen, an Gewicht. Diese Bestätigungen brauchen nicht die technischen Werkzeuge selber, sondern können ebensogut ihre Werke darstellen: direkte und indirekte Belege.
Reparaturen (der Götter-Fahrzeuge) → Ezechiel
vgl.: Unfälle
vgl.: Weltraumreisen, Probleme bei
Resatala (Welt der indischen Mythologie) → Herkunft der Götter
Reue (der Götter) Im *2. Samuel 24* straft Gott die *Juden* mit einer Pestepidemie *(Seuchen; Einschüchterungen; Grausamkeit)*. Ein *Engel* führt diesen Befehl aus *(B-Waffen)*. Ganz ungöttlich, eher menschlich, reut Gott nach Vers *16* diese Tat und er läßt den *Engel* abziehen. 70 000 Opfer soll dieser taktische Fehler gekostet haben. Q.: Krassa: Gott S. 225

Vom ägyptischen Himmelsgott *Re* soll einer Legende nach eine Götterversammlung einberufen worden sein, die eine Bestrafung der Menschheit beschloß. Einige Völker waren vorher gegen die Götter aufsässig geworden *(Konfrontationen Götter kontra Menschen; Ägypten; Sagen)*. Eine der Gottheiten, *Hathor-Sechmet*, soll das Unternehmen ausführen. *Re* reute jedoch sein Entschluß und er versuchte, die Göttin vom Unternehmen abzubringen *(Rivalitäten der Götter)*, was ihm anscheinend nicht gelang: denn bald stieg er auf der »von acht Geistern gestützten Himmelskuh« in den Himmel hinauf. Diese »Kuh« symbolisiert häufig das Himmelsgewölbe *(Symbole; UFO, historische; Kühe, fliegende; Cargo-Kult).* Q.: Kohlenberg: Vorzeit S. 257 f; Q.: Roeder: Religion Bd. 2
→ Sintflut
→ Tiahuanaco
→ Tula
Reva (Welt der mikronesischen Mythologie) → Herkunft der Götter
Reyna, Ruth (Sanskrit-Forscherin) → UFO, historische
Rhadamanthys (Bruder des Minos; Richter auf einer anderen Welt; griechische Mythologie) → Atlantis
Rhodesien → Schußwaffen
→ Simbabwe
→ Sirius-B
Riacho Salado (Fluß in Argentinien) → Verbindung von Himmel und Erde
Riesen Großwüchsige Menschen gab es sicher zu allen Zeiten auf der Erde. Die Wesen, von denen uns die Legenden berichten, waren damit aber nicht zu verwechseln. Sie hatten Beziehungen zu den Göttern oder waren, noch realer, teilweise Kreuzungen zwischen Göttern und Menschen. Ob nun Mischungen, Angehörige einer Götterrasse oder Mutationen: Ausgrabungen scheinen ihre Existenz zu bestätigen. Q.: Weidenreich: Apes; Q.: Saurat: Atlantis

Auch die Mythologie der *Eskimos* kennt die Zeit, in denen die R' auf Erden waren *(Sagen).* Q.: Däniken: Beweise S. 329 f; Q.: Freuchen: Book
Die Griechen *(Griechenland)* nannten ihre Riesen *Zyklopen* (eigentlich »Rundaugen«), weiters Titanen und Giganten, die Inder *Daityas (Indien; Sagen).* Q.: Kohlenberg: Vorzeit S. 112
Zin heißen die R' in der Mythologie *(Sagen)* der *Songhai*-Neger des *Sudan,* die heute in der Gegend von Timbuktu *(Mali)* ansässig sind. Sie und der gewaltigste unter ihnen, *Holey,* wurden von dem Fischer *Faran* erschlagen *(Konfrontationen Götter kontra Menschen).* Sie waren *Kannibalen.* Q.: Kohlenberg: Vorzeit S. 112; Q.: Dammann: Religionen
Knochenreste von großwüchsigen Frühmenschen wurden 1936 von dem deutschen Anthropologen L. *Kohl-Larsen* am *Eyasi*-See in Zentral-*Afrika* gefunden *(Hominiden).* Der wissenschaftliche Name des Wesens lautet Meganthropus africanus; verwandte Formen wurden auf Java entdeckt (Meganthropus palaeojavanicus). Q.: Däniken: Beweise S. 327
Nach *Genesis 6,4* war die Erde neben den Menschen und den *Gottessöhnen* auch noch mit R', auch *Nephilim* genannt, bevölkert. Auch diese Mutanten kreuzten sich mit den Erdenmenschen *(Genmanipulation?).* Q.: Däniken: Erinnerungen S. 62; Q.: Däniken: Zurück S. 65 f; Q.: Dopatka: Spiegelbild; Q.: Krassa: Gott S. 264 f
Dr. Lovis *Burkhalter* schrieb 1950 in der »Revue du Musée de Beyrouth«, daß die Existenz von riesenhaften Menschen während der altsteinzeitlichen *Acheuléen-Epoche* als Tatsache betrachtet werden muß. Q.: Däniken: Zurück S. 63 f; Q.: Däniken: Besucher S. 239
Waren diese Giganten Nebenprodukte bei der Erschaffung des Menschen *(Schöpfung)* oder stellten sie eine eigene Gattung fremder Götter dar *(Götterrassen)?* Q.: Dopatka: Spiegelbild; Q.: Däniken: Erinnerungen S. 62

R' kommen noch an vielen anderen Stellen der Bibel vor, z. B. von *Genesis 14,5, Numeri 13,33* und *Deuteronomium 3,11,* wo vom König *Og* von *Basan* die Rede ist, der von den R' noch übrig sei (Sein eisernes Bett maß 9 Ellen in der Länge und hatte 4 Ellen Breite. Die hebräische Elle maß 48,4 cm!), über *Deuteronomium 9,2, Ezechiel 32,27* bis zur Geschichte von *Goliath* in 1 *Samuel 17,4–54.* Q.: Dopatka: Spiegelbild; Q.: Däniken: Zurück S. 65; Q.: Däniken: Besucher S. 240
Bemerkenswert ist auch, daß *David* nicht nur gegen *Goliath,* sondern auch gegen R' mit sechs Zehen und Fingern kämpfte, wie einige Übersetzungen berichten *(2. Samuel 21, 16–22; Mutanten).* Q.: Dopatka: Spiegelbild; Q.: Däniken: Erinnerungen S. 71; Q.: Däniken: Besucher S. 226
Der *Baruch-Apokryphe* nach soll es einst auf der Erde 4 090 000 R' gegeben haben. Wie kamen die Verfasser dieser Texte auf solche differenzierten *Zahlen?* Q.: Däniken: Beweise S. 329
Gilgamesch (Gilgamesch-Epos; Sagen) soll eine Körperhöhe von 11 Ellen (5,5 Meter) und eine Breite von 9 Spannen (2 Meter) gehabt haben. Auf der 9. Tafel des *Gilgamesch-Epos* begegnet *Gilgamesch* einigen R', die ihm aber nichts anhaben können – schließlich besteht der Held zu zwei Dritteln aus göttlicher Substanz *(Gottessöhne).* Q.: Dopatka: Spiegelbild; Q.: Däniken: Erinnerungen S. 79
Riesige Faustkeile mit 3,8 kg Gewicht wurden in *Sasnych, Syrien,* gefunden. Ebenso in *Ain Fritissa,* östliches *Marokko,* mit 4,2 kg Gewicht und 32 cm Länge.
Weitere Funde lassen auf R' in *Java (Indonesien),* im südlichen *China* sowie in *Transvaal, Südafrika,* schlie-

ßen. Q.: Däniken: Zurück S. 64; Q.: Däniken: Beweise S. 328 f
Wie sind die Ausgrabungen von Dr. Rex *Gilroy*, Direktor des Mount York Naturel History Museums bei der Stadt Bathurst, N.S.W., *Australien,* zu beurteilen? Q.: Weltphänomen S. 106; Q.: Däniken: Meine Welt S. 181; Q.: Däniken: Besucher S. 65; Q.: Däniken: Beweise S. 328; Q.: Dopatka: Spiegelbild
Er fand riesige vorgeschichtliche Werkzeuge *(Werkzeuge der Götter),* Handbeile, Mörser, Keulen etc. zusammen mit einem übergroßen menschlichen Wirbelsäulenskelett und einem ungeheuren Backenzahn von 5,8 cm Länge und 4,5 cm Breite. Auch *Fußabdrücke (Versteinerungen)* von 60 × 18 cm Größe lassen auf ein hominides Wesen von gigantischen Ausmaßen schließen *(Kuriositäten; Erdaltertum).*

Riesen. Versteinerungen (Australien). Fußabdruck. Q.: R. Gilroy, Australien

Nach Angaben des Wissenschaftlers muß dieses Wesen zwischen 4 und 6 Meter hoch gewesen sein.
Die *Sauk*, ein zur *Algonkin*-Gruppe gehörender Stamm *(USA),* berichten in ihren Sagen von den Urzeitriesen *Aiyamwoi*, die die »gehörnten Schlangen« *Mashekenapek* und unterirdischen »Panther« *Nahmepashe* beherrschten *(UFO,* historische). Gott aber habe *Wisakä* oder *Mänabosho*, das »große Kaninchen«, auf die Erde geschickt, damit es den Menschen das Feuer bringen und die Riesen vernichten konnte *(Kulturbringer,* Götter als; *Konfrontationen der Götter).* Q.: Kohlenberg: Vorzeit S. 106
Von nackten und primitiven R' spricht das *Popol Vuh* der *Quiché-Maya.* Q.: Kohlenberg: Vorzeit S. 171; Q.: Popol Vuh. Cordan
Viracocha soll einst ebenfalls ein Geschlecht von Riesen aus Ton *(Lehm)* geformt, es aber später vernichtet haben, da sie Kannibalen wurden *(Pä-Inka; Schöpfung).* Q.: Kohlenberg: Vorzeit S. 112; Q.: Krickeberg....: Religionen
→ Bodenzeichnungen
→ Eier, fliegende
→ Gilgamesch
→ Gottessöhne
→ Katastrophen
→ Lebensdauer
→ Mais
→ Nan Madol
→ Roboter
→ Schöpfung
→ UFO, historische
→ Verbindung von Himmel und Erde
→ Versteinerungen
→ Waffen der Götter
→ Wortbedeutungen
→ Zyklopen
Rigveda (indischer Mythos)
→ Dzyan, Buch des
→ Herkunft der Götter
→ Landeplätze der Götter
→ Schöpfung
→ Waffen der Götter
Rigveda-Samhita (indischer Mythos) → Baum des Lebens
Rio Abancay (Fluß in Peru)
→ Sacsayhuaman
Rio Apurimac (Fluß in Peru)
→ Sacsayhuaman

Rio Araguaya (Fluß in Brasilien)
→ Götter, hellhäutige
Rio Branco (Fluß in Brasilien)
→ Felszeichnungen
Rio Fresco (Fluß in Brasilien)
→ Cargo-Kult
→ Kulturbringer, Götter als
Rio Gila (Fluß in Arizona)
→ Sandverglasungen
Rio Paraguay (Fluß in Brasilien)
→ Kuriositäten
Rio Pilcomayo (Fluß in Argentinien)
→ Verbindung von Himmel und Erde
Rio Salado (Fluß in Argentinien)
→ Verbindung von Himmel und Erde
Rio Santo (Fluß in Peru) → Bauwerke
Rio Trombetas (Fluß in Brasilien)
→ Schöpfung
Rituale (Zeremonien)
→ Auferstehung
→ Cargo-Kult
→ Kristall-Schädel
→ Magie
→ Mutanten
→ Planetensystem, eigenes
→ Religionen
→ Schamanen
→ Sirius-B
→ Vimanas
Ritualgewänder → Cargo-Kult
→ Kulturbringer, Götter als
vgl.: Erkennen der Götter
vgl.: Masken
vgl.: Overalls
Rivalitäten der Götter Nicht immer wird in den Mythologien von direkten Kampfhandlungen der Götter mit allen technischen Mitteln gesprochen. Teilweise handelte es sich auch nur um Auseinandersetzungen.
Im finnischen *Kalewala* versucht der Held *(Finnland) Wäinämöinen* aus der Welt des *Tuoni* die »Zaubermühle« *Sampo*, vielleicht einen Flugkörper, zu rauben. Er gelangt zwar in die von neun Metalltoren und einem Zaun *(Metalle)* aus »eisernen Speeren, hinter denen sich unsichtbares Feuer verbirgt«, abgeschirmte Höhle *(Höhlen),* wird aber gefangengenommen. In Gestalt eines »eisernes Wurmes« *(Schlangen)* entkommt er einem »kupfernen Netz« *(UFO,* historische). Bei seinem zweiten Versuch schläfert er die Wächter durch einen »Schlafdorn« *(Medikamente; C-Waffen)* ein, nachdem er sie vorher durch seinen »Gesang« vorübergehend betäubt hatte *(Betäubungsmittel).* Der Raub gelingt. Q.: Kohlenberg: Vorzeit S. 374; Q.: Kalewala. Lönnrot
Die 12 *Titanen,* Kinder des *Uranos* (= Himmel) und der *Gaia* (Gäa = Erde) rebellierten in der griechischen Mythologie gegen den *Olymp (Griechenland; Sagen; Konfrontationen der Götter; Konfrontationen Götter kontra Menschen).* Q.: Däniken: Aussaat S. 68
→ Gral, heiliger
→ Konfrontationen der Götter
→ Kulturbringer, Götter als
→ Luzifer
→ Mais
→ Mutanten
→ Reue (der Götter)
→ Schöpfung
→ UFO, historische
→ Verbannung
→ Vimanas
Roboter *Hephaistos,* griechischer Götterschmied *(Griechenland),* wurde der Sage nach *(Sagen)* von zwei goldenen Mädchen bedient. Sie waren aus Metall *(Metalle),* sollen jedoch fähig gewesen sein, zu denken. Q.: Mooney: Les dieux S. 182
Hephaistos stellte auch »goldene Dreifüße« *(Dreibeinigkeit)* auf Rädern her, die zu den Versammlungen der Götter gehen konnten und auch automatisch wieder zurückkehrten *(Griechenland; Sagen; Färbung).* Q.: Kohlenberg: Vorzeit S. 357
Interessant in diesem Zusammenhang ist auch der Riese *Talos,* ein metallener Gigant, vom göttlichen *Hephaistos* hergestellt. Er sollte die Insel *Kreta* bewachen und wurde später von *Medea* außer Betrieb gesetzt, indem diese den Verschluß seiner »Blutbahn« öffnete. *Talos* konnte

glühen und sprechen *(Riesen; Griechenland; Sagen)*. Q.: Kohlenberg: Vorzeit S. 356
→ Cheruben
→ Daniel
→ Henoch
→ Hopi-Indianer
→ Schöpfung
→ Unklarheiten der Definition
→ Waffen der Götter
vgl.: Maschinen

Roboter. Roboterähnlicher Gegenstand im Museum State Bank, Bogotá. Q.: Erich von Däniken

Rocket-Belt Die chinesische Mythe *Yang-hsin* erzählt von Vogelkleidern, mit denen Menschen in den Himmel flogen *(China; Overalls)*. Fluggürtel? Q.: Krassa: Gelbe Götter S. 132
Vasen *(Keramik)* im Besitz der Familie Springensguth, El Salvador, und des Amerikanischen Museums von Madrid (Museo de América), zeigen Göttinnen der *Maya*- bzw. der *Nazca*-Kultur mit sauerstoffflaschenähnlichen Geräten auf dem Rücken, die sich als Fluggürtel deuten lassen *(Erkennen der Götter; Gravuren)*. Q.: Däniken: Aussaat S. 233 f; Q.: Däniken: Meine Welt S. 95
Manche *Masken* und *Reliquien* der Südsee-Insulaner *(Polynesien)* erinnern an moderne R'-B's *(Cargo-Kult)*. Q.: Däniken: Aussaat S. 152 f
→ Chih Chiang Tzu-Yu
→ Elias
Rodadero (Felsen bei Sacsayhuaman) → Sacsayhuaman
Römer → Aussetzung von Kindern
→ Exobiologie
→ Lampen
→ Mutanten
→ Sirius
→ Sirius-B
→ UFO, historische
→ Vernichtung von Schriftzeugnissen
vgl.: Etrusker
vgl.: Italien
Röntgen-Gerät Der Kaiser *Ts'in Shi* (259–210 v. Chr.) besaß einen »Zauberspiegel«, mit dem man, wie er sagte, die »Knochen erhellen konnte«. In rechteckiger Form war er 122 cm breit und 176 cm hoch. Im Jahre 206 v. Chr. wurde dieser Spiegel angeblich im Palast *Hien-Yang* in *Shensi* gefunden *(China)*. Q.: Krassa: Gelbe Götter S. 19; Q.: Charroux: Welten S. 71; Q.: Mooney: Les dieux S. 172
Eine Felszeichnung *(Felszeichnungen)* von *Toro Muerto (Peru)* braucht nicht einen geöffneten Thorax, sondern kann auch die Funktion eines R's darstellen *(Medizin)*. Q.: Däniken: Zurück S. 164
»Röntgen-Zeichnungen« (engl. X-ray drawings) sind auch sonst in der alten Felsbildkunst weit verbreitet und zeigen nicht nur den äußeren Körperumriß von Jagdtieren, sondern auch deren innere Organe. Q.: Biedermann: Felsbildkunst S. 102 f
vgl.: Krankheiten
vgl.: Maschinen

vgl.: Medizin
vgl.: Strahlen
Roerich, Nicholas (Orientalist)
→ Stollen, unterirdische
Rollsiegel (ursprünglich sumerische Stempel) → Etana und der Adler
→ Oannes
→ UFO, historische
→ Unterwasserbasen
→ Wortbedeutungen
Romulus (mythischer Gründer Roms) → Aussetzung von Kindern
Rongamai (Gottheit der Nga-Ti-Hau; Neuseeland) → Konfrontationen Götter kontra Menschen
Rongo (tahitianischer Gott)
→ Cargo-Kult
Rongo-Rongo-Tafeln (Schriften der Osterinsel) → Kohau-Rongorongo
Rosemary (Pseudonym der Mrs. Ivy B.; Medium) → Ägypten
Rota (Marianen; Mikronesien)
→ Bauwerke
Rotation der Himmelskörper
→ Astronomie
→ Sirius-B
vgl.: Erdrotation
Rotationskolbenmotor
→ Egger, Friedrich
→ Maschinen
Rothaarigkeit (der Götter)
→ Erkennen der Götter
→ Götter, bärtige
→ Mutanten
→ Osterinsel
Rub el Khali (= Rub al-Chali; saudiarabische Wüste) → Kulturen, versunkene
Rubtsow, Wladimir Wassiliewich *10. 12. 1948 in Kharkov, Sowjetunion. Der Physiker behandelte in mehreren Zeitschriftenpublikationen das breite Spektrum der Prä-Astronautik. Der Exkurs zu UFO-Phänomenen unserer Tage stellt dabei öfter eine aktuelle Beziehung her.
→ Morozow, Yuriy Nikolayewich
Rudibras (mythischer englischer König) → Unfälle
Rückkehr der Götter vgl.: Wiederkehr der Götter

Rubtsow, Wladimir W. Q.: W. W. Rubtsow

Rückstoßprinzip (Antriebsprinzip der Raketen) → Baruch
→ China
→ Esra
→ Photonenantrieb
→ Sirius-B
→ UFO, historische
vgl.: Raketen
vgl.: Weltraumreisen, Probleme bei
Ruiz, Alberto
→ Ruz Lhuillier, Alberto
Rumahuasi (Steinarbeiten)
→ Sacsayhuaman
Rumia (fliegende Muschel des Gottes Ta'aroa bzw. Tangaroa; Tahiti)
→ Eier, fliegende
Rupa (Welt der indischen Mythologie) → Herkunft der Götter
Rupe (Figur einer polynesischen Sage; auch Maui Mua genannt)
→ Weltraumreisen, Probleme bei
Ruppe, Harry O. * 1929 in Leipzig. Dr. R' ist Professor für Raumfahrttechnik an der Universität München. Vorher war er enger Mitarbeiter von Dr. Wernher von *Braun* und von Josef F. *Blumrich* bei der *NASA*. Er sprach am 3. Weltkongreß der *Ancient Astronaut Society* in Crikvenica, Jugo-

Ruppe, Harry O. Q.: Harry O. Ruppe

slawien, über das technologische Niveau der irdischen und außerirdischer Zivilisationen.
Rurema (Gott der zentralafrikanischen Pygmäen) → Schöpfung
Rusoff, Garry (Autor) → Science Fiction
Ruz, Alberto → Ruz Lhuillier, Alberto → Palenque

S

Sabaoth (Jehova)
→ Wortbedeutungen
Sabbat (heiliger jüdischer Wochentag) → Gesetze
Sacharja → Zacharias
Sachi (Figur des indischen Mahabharata; Gemahlin Arjunas)
→ Entführungen
Sacsahuaman → Sacsayhuaman
Sacsayhuaman Zehn Kilometer oberhalb der Stadt *Cuzco (Peru)* liegt die berühmte *Inka*-Festung S' (Horst des Falken), der Tradition nach unter dem Inka *Pachacutec Yupanqui* (1438–1471) geplant und unter *Huayna Capac* (1493–1527) vollendet, aus drei terrassenförmig übereinandergebauten Reihen von zackenförmig vorspringenden Bastionen aus mörtellos zusammengefügten Riesensteinen von unregelmäßiger Form errichtet *(Monumente; Bauwerke)*. Q.: Däniken: Meine Welt S. 96 ff; Q.: Bergier: Les extra-terrestres S. 46; Q.: Leslie/Adamski: Flying saucers; Q.: Mooney: Les dieux S. 76
Fachleute zweifeln an dem geringen Alter der Anlage. »Diese Mauern erwecken den Eindruck, als ob sie seit Anbeginn der Welt dort gestanden hätten . . . 30 000 Indios sollen 70 Jahre lang mit dem Bau beschäftigt gewesen sein. Teile des S' müssen jedoch viel älter sein, meinen die Archäologen, besonders die unterste 5 km lange Mauer mit ihren zyklopischen Steinen«, deren größter mehr als 5 Meter hoch ist. Q.: Helfritz: Südamerika S. 174
Der spanische Chronist Garcilaso *de la Vega* nannte S' »das größte und

Sacsayhuaman. Q.: Constantin-Film

stolzeste Werk, das die *Inka* je aufführten . . . seine Größe ist unvorstellbar für alle, die es nicht gesehen haben.« Die gewaltigen Steinblöcke sind in Polygonalbauweise ineinander verzahnt und völlig fugenlos ohne Bindemittel zu unzerstörbaren Bastionen verbunden. Sie haben jedem der Erdbeben, die hier häufig vorkommen, standgehalten. Eine Baukunst, die Blöcke aus Granit und Porphyr von solchen Dimensionen brechen, formen, glätten und zusammenfügen konnte, ist in einer Zivilisation ohne Technik fast unvorstellbar. Riesige Steinblöcke finden sich vor allem an den vorspringenden Ecken. Das Zentralgebäude der Festung *(Muyacmarca)*, der »Schutzraum«, war durch unterirdische *Stollen* mit quadratischen Türmen über den Bastionen verbunden. Q.: Helfritz: Südamerika S. 175 ff
Die meisten Touristen besichtigen nur das Weltwunder der Bastionen

Sacsayhuaman

und übersehen die übrigen Ruinenfelder im Umkreis von S', die zum Teil älter sein müssen und große Rätsel aufgeben. Hierzu gehört vor allem die »*Kenko*« oder »*K'enko*« genannte Anlage auf einer von Spalten und Höhlen durchzogenen Felsplattform, gewundenen Rinnen für Flüssigkeitsopfer und geheimnisvollen Reliefs, die über die Steinflächen hin verstreut sind und von der Wissenschaft nicht gedeutet werden konnten. Aus dem Gestein wurde eine heute nur noch fragmentarisch erhaltene monolithische Plastik geformt, die etwa 5 Meter hoch gewesen sein muß und einen Puma darstellte – sicherlich ein Monument der *Prä-Inka*-Epoche. »Unter dem Fels befindet sich der Eingang zu einer Höhle *(Höhlen)*, die irgendwo im Innern Zugang zum Reich der Unterirdischen gewährt... Der *Lacco,* auch Kenko grande genannt, ist eine noch größere, zerklüftete Felsmasse, in der zwei Höhlen mit gemeißelten Stufen bekannt sind und bei der eine eigentümliche Treppe mit gemeißelten Stufen uns wieder vor vermutlich astronomische Geheimnisse stellt.« Q.: Wedemeyer: Sonnengott S. 138; Q.: Charroux: Welten S. 59

Ein riesiger, trommelförmig gewölbter Trachytfelsen, den Bastionen gegenüberliegend, wird »*Suchuna*« oder (spanisch) »*Rodadero*« genannt und weist Stufen und ausgemeißelte Steinsitze auf (»Thron des Inka«). Die unnatürlich geglättet anmutende, wie poliert wirkende Oberfläche des Gesteins soll nach traditioneller Ansicht durch Gletscherschliff entstanden sein, was jedoch nicht sicher ist. Angesichts auch an anderen Orten sichtbarer *Sandverglasungen* muß auch die Möglichkeit einer Katastrophe *(Katastrophen)* mit großer Hitzeentwicklung *(Landeplätze der Götter; Atombomben)* ins Auge gefaßt werden, die auch für Zerstörungen verantwortlich gewesen sein könnte, wie sie in den Bauwerken nahe von S' vielfach sichtbar sind. Q.: Däniken: Erinnerungen S. 44 f

Sacsayhuaman (Inkafestung und oberhalb davon). Q.: Erich von Däniken

Völlig rätselhaft ist ein 6 Meter hoher Felsblock mit bildhauerischer Ausgestaltung, von dem Garcilaso *de la Vega* die Sage berichtet, er sei durch 30 000 Mann transportiert worden, habe aber dann 3000 Arbeiter erschlagen und sei an seinem heutigen Fundort liegengeblieben *(Transporte)*. Er trägt den Namen »*Chingana Grande*« und ist mit labyrinthischen Treppen, Gängen, Hohlräumen, Sitzen und Altären scheinbar wahllos skulptiert, keiner durchschaubaren menschlichen Logik zugänglich: ein »magischer Komplex« oder Denkmal einer fremden Rasse? Das gesamte Kalksteinplateau *Chingana* ist rätselhaft genug. »Natürliche Spalten wurden künstlich erweitert, und man

Sacsayhuaman

schlug neue Durchgänge, die zu kleinen Gemächern mit Nischen und Sitzen führen. Heute hat man den Zugang zu dem äußerst verwickelten Netzwerk von Gängen verschlossen, denn es kam.mehrmals vor, daß Menschen in den Irrgärten den Weg verloren und im Innern verhungerten.« Q.: Helfritz: Südamerika S. 177
Auch der Steinblock »*Chingana Grande*« trägt den volkstümlichen Namen »Thron des Inka«, was zu Verwechslungen mit dem »*Rodadero*« führt. Der deutsche Amerikanist Eduard *Seler* bestaunte schon 1910 die undeutbare Anlage mit ihren »Sitzen, Treppchen, Kanälen, Höhlungen und unklassifizierbaren Ausarbeitungen«, während Max *Uhle* darauf hinwies, daß die kunstvolle Anlage sich »auf einer ganzen Zahl anderer aus dem Plateau herausragender Felsmassen in ähnlicher Weise wiederholt« und »mit Gräbern in Verbindung steht«, was ihn vermuten ließ, »daß es Geistersitze, Geistertreppen und Altäre für die Toten waren.« Q.: Seler: Abhandlungen Bd. 5, S. 109
Ein mit dieser rätselhaften Anlage vergleichbarer monolithischer Block ist das »Welt-Ei *(Welten-Ei) Corincancha*« mitten im einsamen Hochgebirge des Hinterlandes von *Cuzco*. Es »zeigt in plastischer Steinmetzarbeit von höchster Vollendung ein Abbild der Welt mit Menschen, Tieren, Tempeln, Stufen – ein Abbild der Himmlischen Stadt, in der sich die Götter paaren« *(Geschlechtsverkehr).* Der etwa eiförmige Monolith ist 2,40 Meter hoch, 4,15 Meter lang und 3,10 Meter breit. Es wird angenommen, daß in der Umgebung ein Heiligtum lag, dessen Spuren noch schwach sichtbar sind. Q.: Wedemeyer: Sonnengott S. 126 ff
Eine andere Bezeichnung des Welt-Eies ist *»Piedra de Saihuite«.* Der Steinblock liegt zwischen *Rio Abancay* und *Rio Apurimac.* Arbeiten dieser Art werden in der Ketschua-Sprache *Rumahuasi* oder *Intihuasi* (Sonnenhaus) genannt *(Häuser, fliegende).* Q.: Däniken: Zurück S. 197
Ein weiteres verblüffendes Beispiel fand Erich von *Däniken:* Aus dem Fels herausgeschnitten wurde ein rechteckiger Block von 2,16 m Höhe, 3,40 m Breite und 0,83 m Tiefe. Präzise und glatt – was jedoch verwundert, ist, daß auch die Rückseite ebenso glatt herausgeschnitten wurde. *Maschinen,* die um die Ecke schneiden konnten? *(Werkzeuge der Götter)* Wir kennen noch nicht die Antwort *(Unklarheiten der Definition).* Q.: Däniken: Zurück S. 71
Der Versuch, mit humaner Logik *Bauwerke* fremder Kulturen zu deuten, führt immer wieder zu der Ausflucht, es habe sich um Denkmäler gehandelt, die aus irrational-religiösem Gefühl errichtet worden seien. Fremdartigkeit kann jedoch auch bedeuten, daß hier Intelligenzen mit andersartiger Psyche am Werk waren *(Exopsychologie).* Dieser Schluß wird vor allem dann plausibel, wenn nochmals darauf hingewiesen wird, daß auch die Bautechnik das in einer angeblich maschinenlosen Zivilisation denkbare menschliche Maß bei weitem übersteigt. Der spanische Chronist Juan de *Acosta* schrieb über die peruanischen Bauten um 1590: »Sie bauten mit Steinen von so ungeheurer Großartigkeit, daß man sich bei bestem Willen nicht vorstellen kann, wie sie diese zerschnitten, transportierten *(Transporte)* und an ihren Platz setzten ... es muß eine ungeheure Menge von Leuten aus allen Provinzen daran gearbeitet haben, ist die Arbeit doch staunenswert, ja einfach erschreckend ... und das Erstaunlichste ist, daß die Steine nicht gleichmäßig zugeschnitten sind, sondern ganz unregelmäßig in Form und Bruch; dennoch sind sie ohne Mörtel in vollkommenster Weise ineinanderge-

schachtelt – hierzu mußte man doch viele Male ausprobieren, ob der Stein paßt; das bedeutet, die Giganten immer wieder hochzuwuchten.« Diese Ahnung von ungeahnten, unmenschlichen Kräften flößte auch den spanischen Eroberern von Peru immer wieder das Gefühl ein, hier könnten nur Wesen wie Teufel und Dämonen am Werk gewesen sein, was die Zerstörung vieler alter Kulturgüter zur Folge hatte. Q.: Wedemeyer: Sonnengott S. 66 f
Ähnlich dimensioniert wie die Grundsteine der Bastion von S' sind gigantische, fein bebauene Steinblöcke in der Ruinenstätte von *Ollantaytambo.* Sie sind 4 Meter hoch, bestehen aus Granit, und ihr Gewicht wird auf 50 Tonnen geschätzt. Es handelt sich um die Reste eines Heiligtums, das aus unbekannten Gründen nie fertiggebaut wurde. »Wie wurden die riesigen Monolithe aus besonders hartem, rötlichen Granit, die ebenso wie das andere Baumaterial auf der anderen Seite des Flusses (Vilcanota) geschlagen wurden, die steile Felswand hinauftransportiert?« *(Transporte)* Q.: Helfritz: Südamerika S. 205; Q.: Däniken: Aussaat S. 60
→ Exopsychologie
→ Osterinsel
→ Stollen, unterirdische
→ Transporte
Sactya Grantham (brahmanische Überlieferung; indische Mythologie) → Medizin
Sadrach (Figur des Buches Daniel; Altes Testament) → Schadrach
Säcke, fliegende vgl.: Beutel, fliegende
Sänger, Eugen (Raketeningenieur) → Exobiologie
Sagala (überschwere Materie aus der Dogon-Mythologie; Westafrika) → Sirius-B
Sagan, Carl Edward (Astronom und Astrophysiker) → Exobiologie
→ Green-Bank-Konferenz
→ Humanoiden
→ Sodom und Gomorrha
Sagen Der Begriff S' im engeren Sinn der volkskundlichen Erzählforschung bedeutet mündlich überliefertes Wissensgut: Berichte über außerordentliche Dinge, die nicht bloß wie Märchen dem freien Spiel der – Motive beliebig aneinanderknüpfenden – Phantasie unterworfen waren, sondern von welchen anzunehmen ist, daß sie in früheren Epochen geglaubt werden sollten (oft berichten die S' von der Bestrafung Ungläubiger). Glaubens-S' können durch Überhöhung in geistige Bereiche zu Mythen werden. Historische S' vermitteln (freilich oft entstelltes) Wissen von früheren Zeiten. Allgemein sollen S' in ihrem Bereich Glauben und Kenntnisse vermitteln und sind daher meist räumlich an bestimmte Orte gebunden und auch zeitlich fixiert. Sie verdienen es, von der Forschung ernstgenommen und auf ihren Gehalt hin befragt zu werden, obwohl wir es in der modernen Welt gewohnt sind, S' und Märchen abschätzend bloß dem Bereich der Kinderstube zuzuordnen.
Nicht nur Phantastisches, sondern also auch Reales verbirgt sich in Mythen, S' und Legenden. »Die ältere Ansicht, daß die Mythen eine Paraphrase von Naturphänomenen seien, eine plastische und populäre Physik und Astronomie, und die Götter Personifikationen der in der Natur wirksamen Kräfte und Mächte *(Anthropomorphismus),* hat sich schon lange als unrichtig erwiesen«, meint der Mythologe Jan *Gonda.* Q.: Gonda: Religionen; Q.: Kohlenberg: Vorzeit S. 22; Q.: Dopatka: Spiegelbild
Besteht bei der Entschleierung der Überlieferungen, der Entmythologisierung, nicht eine Gedankensperre? Das wäre der Fall, wenn in der Vergangenheit eine Technologie vorhanden gewesen wäre, wie sie erst wieder in unseren Tagen den

Sagen

Erdball beherrscht. Spuren und Hinweise auf diese geheimnisvollen Epochen finden sich in fast allen Sagen der Welt. Q.: Dopatka: Spiegelbild

Oft verdankt der Archäologe einer Sage überhaupt erst den Hinweis, wo er den Spaten anzusetzen hat. Q.: Rehork: Archäologie S. 188; Q.: Dopatka: Spiegelbild

(Übersicht über Kapitel, in denen anonyme Mythologien angesprochen werden:) → Akakor
- → Akustik (der Götter-Fahrzeuge)
- → Atmosphären, außerirdische
- → Auferstehung
- → Aussetzung von Kindern
- → Baian Kara Ula
- → Baum des Lebens
- → Berge, heilige
- → Betäubungsmittel
- → Cargo-Kult
- → Cheruben
- → Chi Chiang Tzu-Yu
- → China
- → Domestizierungen
- → Donnergötter
- → Drachen, himmlische
- → Dschainismus
- → Eier, fliegende
- → El Fuerte
- → Elias
- → Entführungen
- → Erde
- → Erkennen der Götter
- → Eskimos
- → Exobiologie
- → Felsen, fliegende
- → Flüssigkeiten, chemische
- → Gesetze
- → Gilgamesch
- → Gottessöhne
- → Götter, bärtige
- → Götter, hellhäutige
- → Gral, heiliger
- → Gravitation, Aufhebung der
- → Griechenland
- → Helikopter
- → Henoch
- → Herkunft der Götter
- → Himmelsvögel
- → Hopi-Indianer
- → Humanoiden
- → Hyrieus
- → Im-Hotep
- → Indien
- → Inka
- → Katastrophen
- → Kelten
- → Kommunikation, interstellare
- → Konfrontationen der Götter
- → Konfrontationen Götter kontra Menschen
- → Kristall
- → K'un-lun-Gebirge
- → Kulturbringer, Götter als
- → Kulturen, versunkene
- → Kuriositäten
- → Lampen
- → Landeplätze der Götter
- → Laser
- → Lebensdauer
- → Levitation
- → Mais
- → Maschinen
- → Maya
- → Mischwesen
- → Mond
- → Moral (der Götter)
- → Moses
- → Mumien
- → Mutanten
- → Nan Madol
- → Oannes
- → Opfer
- → Orejona
- → Osterinsel
- → Pferde, fliegende
- → Philosophie
- → Planetensystem, eigenes
- → Pleiaden, Sternbild der
- → Prä-Astronautik
- → Pyramiden
- → Religionen, kosmische
- → Reue (der Götter)
- → Riesen
- → Rivalitäten der Götter
- → Roboter
- → Saturn
- → Schamanen
- → Schiffe
- → Schiffe, fliegende

Sagen

→ Schlangen
→ Schöpfung
→ Sibirien
→ Sintflut
→ Sodomie
→ Sterblichkeit der Götter
→ Stollen, unterirdische
→ Strahlen
→ Telepathie
→ Thailand
→ Tiahuanaco
→ Tula
→ U-Boote
→ UFO, historische
→ Unfälle
→ Unklarheiten der Definition
→ Unterwasserbasen
→ Vakuum
→ Verbannung
→ Verbindung von Himmel und Erde
→ Waffen der Götter
→ Weltall
→ Weltraumreisen, Probleme bei
→ Wiederkehr der Götter
→ Wolken
→ Zeitdilatation
→ Zyklopen
vgl.: Schriften
vgl.: Schriftzeugnisse der Götter
(Übersicht über namentlich fixierte Überlieferungen):
→ Agastya Samhita
→ Apokryphen
→ Augenstern des Kosmos, Der
→ Awesta
→ Bibel
→ Bragaroedhur
→ Brihath Sakatha
→ Buch der Eroberungen
→ Bücher, Sibyllinische
→ Chronik von Akakor
→ Codex Dresden
→ Codex Madrid
→ Codex Paris
→ Dzyan, Buch des
→ Edda
→ El Arish, Hieroglyphenschrift von
→ Enlil-Hymnus
→ Enuma eliš
→ Etana und der Adler
→ Feng-shen-yen-i
→ Geheimnis von Agharti
→ Gesang des Ullikummi
→ Ghatotrachabadma
→ Gilgamesch-Epos
→ Gyelrap
→ Huai Nan Tzu
→ I-King
→ I yü kuo tschih
→ Kabbala, jüd.
→ Kalewala
→ Kanjur
→ Kojiki
→ Koran
→ Lebenssuche, Gilgameschs
→ Lung Hang
→ Mahabharata
→ Mahavira
→ Mahaviracarita
→ Matsyapurana
→ Midrash Rabba
→ Nahusha
→ Nibelungenlied
→ Papyrus Tulli
→ Popol Vuh
→ Po wy tschih
→ Pseudoepigraphen
→ Purva
→ Qumran-Texte
→ Ramayana (des Dichters Walmiki)
→ Ras Shamra Texte
→ Rigveda
→ Rigveda-Samhita
→ Sactya Grantham
→ Samarangana Sutradhara
→ Samsaptakabadha
→ Schu tsch'êng lu
→ Shata-patha-brâhmana
→ Shu-king
→ Sohar
→ Surya Siddhanta
→ Talmud
→ Tango-Fudoki
→ Tanjur
→ Tausendundeine Nacht
→ Totenbuch (ägyptisches)
→ Tchi-Handschrift
→ Ts'an-t'ung-Ch'i
→ Vayapurana
→ Vedas
→ Walam Olum
→ Wilkina-Sage

Sagen

→ Yang-hsin
→ Yu-Fu-King
→ Yurupari-Mythos
(Übersicht über historische Schriftsteller): vgl.: Abu'l Hassan Ma'sudi (Manuskript des)
vgl.: Alexander Polyhistor aus Milet
vgl.: Anaxagoras
vgl.: Anaximander
vgl.: Aristarch
vgl.: Berossos
vgl.: Bhavabhuti (Dramen des)
vgl.: Bruno, Giordano
vgl.: Chang Heng
vgl.: Chilam Balam (Chronik des)
vgl.: Chi Meng: Hsuan Yeh
vgl.: Cho Yüan: Li Sao
vgl.: Coccius, Samuel (Flugblatt des)
vgl.: Demokritos
vgl.: Helladois
vgl.: Herodot: Historiés Apodexis 2. Buch
vgl.: Homer: Odyssee
vgl.: Jen Fang: Schu i tschi
vgl.: Lukianos von Samosata
vgl.: Kant, Immanuel
vgl.: Ksemendra: Dasavatacarita
vgl.: Kuo P'o: Schang hai tsching
vgl.: Livius, Titus
vgl.: Lucretius Carus,Titus: De rerum naturae
vgl.: Maharshi Bharadwaja (Texte des)
vgl.: Metrodoros
vgl.: Mohammed Fani: Dabistan
vgl.: Pa-la-ne-a-pa-pa: Chon-oopa-sa
vgl.: Paracelsus
vgl.: Photios
vgl.: Platon: Kritias; Der Staat; Timaios-Dialog
vgl.: Plinius Secundus, Caius d. Ä.
vgl.: Plotin
vgl.: Plutarch: Isis und Osiris
vgl.: Proklos
vgl.: Pythagoras
vgl.: Sanchuniaton (Texte des)
vgl.: Sandales (Texte des)
vgl.: Seneca, Lucius Annaeus
vgl.: Sozomenos
vgl.: T'ao Hung Tsching: Tschên kao

vgl.: Teng Mu
vgl.: Toneri: Nihongi
vgl.: Tschu-Tehjun: Ku yü t'u
vgl.: Vaimanika Sasrea (Texte des)
vgl.: Walmiki: Ramayana
vgl.: Yüan-Ti: Tschin lau tzü

Sahara Dieses Wüstengebiet mit insgesamt 8 Millionen Quadratkilometern nimmt heute fast den gesamten Inlandraum Nordafrikas ein: das größte Wüstengebiet der Erde. Zahllose Fundstücke zeigen, daß in diesem Gebiet in früheren menschheitsgeschichtlichen Epochen völlig andere Klimaverhältnisse herrschten – der Mensch lebte hier von der Großwildjagd, vom Fischfang und vom Sammeln von Wildpflanzen, vom Anbau primitiver Getreidearten und von der Rinderzucht, ehe die fortschreitende Austrocknung des Landes seinen Lebensraum auf winzige Oasen beschränkte. Vor allem Felsmalereien und Gravierungen aller Art geben Aufschluß über die »grüne Sahara« vergangener Jahrtausende, so etwa jene des Hoggar, des Tassili-Massivs, von Fezzan und aus den Atlas-Tälern. Tier- und Menschenwelt werden minutiös genau wiedergegeben; manche Details legen eine prä-astronomische Deutung nahe. Henri *Lhote* schreibt über die Felsmalereien *(Felszeichnungen)* der »Rundkopfzeit«, 7000 bis 5000 v. Chr.: »Die Köpfe erinnern sämtlich an Taucher- oder Astronautenhelme und zeigen immer die gleiche Ausführung. Ein Kreis, in dem geometrische Zeichen die Sinnesorgane vertreten. Diese werden z. T. bis auf einen kleinen Kreis oder ein Oval reduziert und erinnern so an einen *Zyklopen.*« In dieser Epoche tauchen auch Malereien von Ringsystemen auf – diese »kreisförmigen Gebilde mit den nach unten laufenden Strahlen scheinen kultische Bedeutung zu haben« (oder handelt es sich um die Darstellungen von Flugobjekten: *UFO*, historische?). Die fortschreitende Er-

forschung der Vor- und Frühgeschichte der S' verspricht noch manche Überraschung. Q.: Sahara – 10 000 Jahre
→ Felszeichnungen
→ Kulturen, versunkene
→ Sirius-B
→ Tassili-Massiv
St. Bartholomew (älterer Name)
→ Malo
Saint-Sauveur, Rameau de (Archäologe) → Gobi, Wüste
Saizew, Wjatscheslaw (Philologe)
→ Baian Kara Ula
→ Bethlehem, Stern von
→ Humanoiden
→ Jesaja
→ Jesus
→ Zeitdilatation
Sakkara (=Saqqara; Fundort in Ägypten) → Flugzeugmodelle
Sakkara (= Saqqara), **Stufenpyramide von** (Ägypten) → Im-Hotep
→ Mumien
→ Pyramiden
Salado (Fluß in Argentinien)
→ Verbindung von Himmel und Erde
Salomon-Inseln (Melanesien)
→ Eier, fliegende
(Übersicht über einzelne Inseln:)
→ Nukumanu-Atoll
Samaipata (Ort in Bolivien) → El Fuerte
Samani (assyrisch: die »Himmlischen«) → Wortbedeutungen
Samar → Samarangana Sutradhara
Samarangana Sutradhara (indisches Nationalepos)
→ UFO, historische
→ Vimanas
→ Waffen der Götter
Samayi (assyrisch: die »Himmlischen«) → Wortbedeutungen
Sambation (Fluß der jüdischen Mythologie) → Wolken
Samen → Hyrieus
→ Sintflut
Samoa-Inseln (Polynesien)
→ Berge, heilige
(Übersicht über einzelne Inseln:)
→ Upolu

Sammael (Haupt der von Jahwe abgefallenen Engel, »Giftengel«)
→ Engel
Sampo (Zaubermühle des finnischen Kalewala) → Rivalitäten der Götter
Samsaptakabadha (indische Überlieferung) → Gottessöhne
Samuel (Altes Testament)
1. Sm 5 f → Bundeslade
1. Sm 13,1 → UFO, historische
1. Sm 17,4–54 → Riesen
2. Sm 6,6 f → Bundeslade
2. Sm 21,16–22 → Riesen
2. Sm 22,7 ff → UFO, historische
2. Sm 22,10 ff → Moses
2. Sm 24 → Reue (der Götter)
2. Sm 37,22 → UFO, historische
Samvara (buddhistische Gottheit)
→ Verbindung von Himmel und Erde
San Antonio (Ort in Ecuador)
→ Stollen, unterirdische
San Augustin (Ort in Kolumbien)
→ Stollen, unterirdische
Sanchoniaton → Sanchuniaton
Sanchuniaton (um 1250 v. Chr.; phönizischer Geschichtsschreiber)
→ Schlangen
→ Sprechfunkanlagen
Sandales (Brahmane; ca. 200 n. Chr.) → Höhlen
Sanderson, John (Flugingenieur)
→ Palenque
Sandverglasungen Der Begriff umfaßt hier auch Felsverglasungen. So sollen sich in *Irland* und *Schottland (Großbritannien)* geheimnisvolle Festungsanlagen befinden, die Granitverglasungen aufweisen *(Bunker)*. Dieses Gestein würde aber erst bei atomaren Temperaturen von über 1000° C schmelzen *(Atombomben; Katastrophen)*. Q.: Hutin: Hommes S. 11
Im berüchtigten *Death Valley, Nevada, USA,* liegen die Ruinen einer alten Stadt. Spuren von Fels- und S' finden sich in der ganzen Gegend. Welche Hitze muß hier eingewirkt haben! Vulkanische Aktivitäten kommen nicht in Betracht. Was bleibt? Seltsamer- oder bezeichnenderwei-

Sandverglasungen

se wächst hier keine Pflanze mehr *(Radioaktivität)*. Q.: Däniken: Erinnerungen S. 157
Regelrecht verglaste Ruinen finden sich am Rio *Gila (Arizona; USA; Bauwerke)*. Q.: Kohlenberg: Vorzeit S. 389; Q.: Mooney: Les dieux S. 108
→ Gobi, Wüste
→ Konfrontationen Götter kontra Menschen
→ Kulturen, versunkene
→ Kuriositäten
→ Osterinsel
→ Sacsayhuaman
→ Tektite
→ Turkestan
vgl.: Glas
Sanherib → Sennacherib
San-huan (Epoche der »Drei Erhabenen«; chinesische Mythologie)
→ Kulturbringer, Götter als
Sankt Vinzenz (irische Insel)
→ Levitation
San Martín (Ort in Bolivien)
→ Kulturen, versunkene
Sanskrit-Texte → UFO, historische
vgl.: Wortbedeutungen
Santa Barbara (Ort in Kalifornien)
→ Felszeichnungen
→ Räder
Santa Cruz (Ort in Bolivien) → El Fuerte
Santa-Cruz-Inseln (Neue Hebriden; Melanesien) → Bauwerke
→ Felsen, fliegende
(Übersicht über einzelne Inseln:)
→ Swallow
→ Tikopia
Santana, Carlos (Musiker) → Kunst
Santiago, Rio (Fluß in Ecuador)
→ Stollen, unterirdische
Santo (Fluß in Peru) → Bauwerke
San-wei (heiliger Berg der ostasiatischen Mythologie)
→ Konfrontationen der Götter
→ UFO, historische
Sapaqi (assyrisch: die »Weltraumfahrer«)
→ Wortbedeutungen
Sapari (assyrisch: die »Reisenden«)
→ Wortbedeutungen

Saphir (Mineral) → Ezechiel
vgl.: Glas
vgl.: Schätze
Sara (Gemahlin Abrahams; Altes Testament) → Hagar
→ Isaak
→ Mamre
Saraja (Schreibkundiger Esras; Altes Testament) → Esra
Sarazenen (Araber) → Vernichtung von Schriftzeugnissen
Sargina (König von Akkad)
→ Sargon
Sargon (ca. 2350–2295 v. Chr.; König von Akkad) → Aussetzung von Kindern
→ Moses
→ UFO, historische
→ Vernichtung von Schriftzeugnissen
Sasnych (Ort in Syrien) → Riesen
Sassoon, George Thornycroft *30. 10. 1936 in London, Großbritannien. Der Elektronik-Ingenieur veröffentlichte 1974 einen Artikel über Radio-Echos, die einem künstlichen Satelli-

Sassoon, George. Q.: G. Sassoon

ten im Sonnensystem entstammen könnten und beschäftigt sich auch mit Interpretationen jüdischer Überlieferungen. Aus dieser technologischen Sichtung glaubt er nachgewiesen zu haben, die Israeliten seien einst im Besitz einer *Manna*-Maschine gewesen, die das Volk speiste. In Zukunft widmet S' sich auch mit Phänomenen und Relikten aus *Schottland*.
→ Dale, Rodney Alexander M.
→ Manna

Satan → Teufel

Satelliten Radiowellen, die mit mehr als 1 Sekunde Verspätung zur Erdoberfläche zurückkehren, können nicht von der Ionosphäre reflektiert worden sein *(Reflektoren)*. Wie schon 1960 der amerikanische Astronom Prof. Ronald F. *Bracewell* vermutete und der Schotte Duncan A. *Lunan* nachprüfte, sollen diese Verzögerungen durch einen künstlichen Satelliten in der Mondumlaufbahn verursacht worden sein. Ca. um 12 600 v. Chr. hätten fremde Kosmonauten vom System *Epsilon Bootes (Herkunft der Götter)* ihn installiert, schreibt *Lunan* in »Spaceflight«, April 1973 (*UFO*, historische; *UFO*, moderne). Ort und Zeit errechnete *Lunan* aus einem Koordinatensystem, in das er alle Daten integrierte und das ihm schließlich das Bild der nördlichen Sternenhemisphäre entwarf, in dessen Zentrum *Epsilon Bootes* stand *(Kommunikation,* interstellare*).*
Aus den Auswertungen der Arbeiten des Norwegers Prof. Carl *Störmer* und der Amerikaner A. H. *Taylor* und L. C. *Young* von 1927–1929 erhielt *Lunan* 6 solcher Sternkarten. Q.: Lunan: Space; Q.: Andreas/Kilian: Wissenschaft S. 191 f; Q.: Däniken: Meine Welt S. 212 ff; Q.: Däniken: Besucher S. 120 ff; Q.: Däniken: Beweise S. 263 ff
→ Parapsychologie
→ Sassoon, George Thornycroft

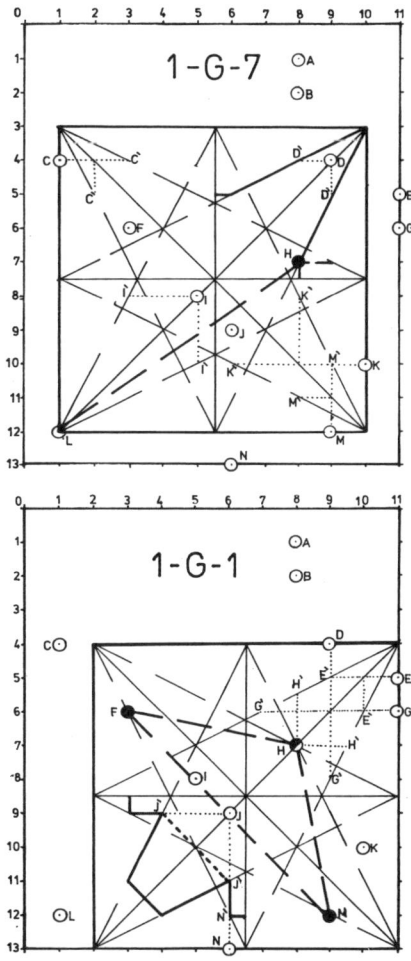

Satelliten. Q.: Duncan Lunan

vgl.: Pioneer F
vgl.: Raumbasen

Saturn Wenn die afrikanischen *Dogon* aus *Mali* die Planeten zeichnen, stellen sie den S' mit seinem Ring dar *(Astronomie; Sagen).* Bei diesem Ring soll es sich um einen anderen Ring handeln, sagen die Eingeborenen deutlich, als man ihn bisweilen um den Mond – gemeint ist die Korona – sieht. Q.: Griaule/Dieterlen: Le renard; Q.: Temple: Sirius-Rätsel S. 38, 40

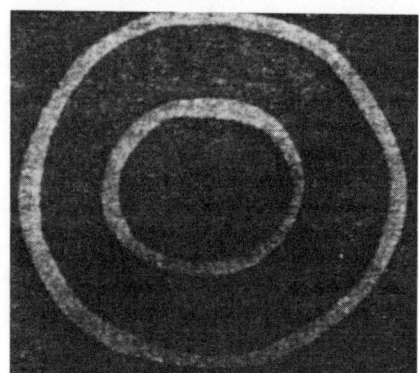

Saturn. Saturn mit Ring. Q.: R. K. G. Temple

Saturn (Planet) → Planetensystem, eigenes
Satyaloka (Welt der indischen Mythologie) → Herkunft der Götter
Saudi-Arabien
→ Hadschar al-Aswad
→ Kulturen, versunkene
Sauerstoff → Batterien
Sauk (nordamerikanischer Indianerstamm) → Riesen
→ Schlangen
→ UFO, historische
Saurier S' bedeutet »Echsen«; der Name bezeichnet im heutigen Sprachgebrauch meist Dinosaurier, »Schreckens-Echsen«, die Reptilien des Erdmittelalters von meist riesigen Körpermaßen. Unter ihnen gab es gewaltige Raubechsen, die den Rekonstruktionen der Paläontologen zufolge so aussahen, als wären sie das direkte Vorbild der Drachen der verschiedenen Mythologien. Der Mensch soll jedoch nie Zeitgenosse der S', die fast 100 Jahrmillionen vor seinem ersten Auftreten ausstarben, gewesen sein. Gibt es außermenschliche Chroniken, die den unvorstellbar langen Zeitraum überbrücken und dem Menschen Kunde von den einstigen Lebewesen seines eigenen Planeten brachten? Einzelne alte *Felszeichnungen* sehen wie naturgetreue Wiedergaben jener Reptilien

aus, die der Mensch nie leibhaftig erblickt haben kann. Der deutsche Ethnologe Leo *Frobenius* ließ u. a. eine rötliche Felsmalerei des Fundortes Mrewa in Südrhodesien kopieren, die anscheinend ein Fabelwesen mit Zacken oder Auswüchsen auf dem Rücken repräsentiert. Q.: Frobenius: Madsimu Dsangara Taf. 60

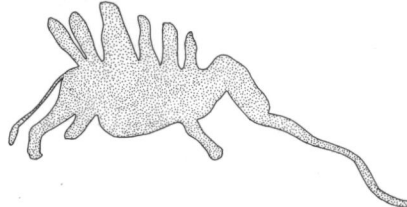

Saurier. Q.: Umzeichnung nach Frobenius, Madsimu Dsangara, *Taf. 60*

Tatsächlich gab es in der Jura- und Kreide-Formation des Erdmittelalters S', deren Körperumriß frappant an das südrhodesische Fabelwesen erinnert: die Stegosaurier (Dach-S') mit einer Körperlänge von etwa 8 Metern. Ihre Verwandten in Afrika waren pflanzenfressende Reptilien der Gattung Kentrurosaurus, deren Rücken teilweise von Knochenplatten, teilweise von hornartigen Stacheln besetzt war, vermutlich als Schutz vor von hinten angreifenden Raubsauriern.

Saurier. Q.: Archiv Dopatka

Ein Vergleich der Felsmalerei und des Rekonstruktionsbildes zeigt, daß eine mit traditionellen Mitteln uner-

klärliche Übereinstimmung zwischen einem vor vielen Jahrmillionen ausgestorbenen Lebewesen und einer Felsmalerei unbekannten Alters in der Tat besteht.
→ Felszeichnungen
→ Kuriositäten
→ Steine, gravierte
→ Stollen, unterirdische
→ Versteinerungen
Sauti (indischer Erzähler)
→ Mahabharata
Schadrach (jüdischer Jüngling, Gestalt des Buches Daniel; Altes Testament) → Daniel
Schädel vgl.: Kristall-Schädel
Schädeldeformationen S' kamen im alten *Ägypten* wie im ganzen Orient *(Asien)*, sowie in *Afrika, Nord-, Mittel-* und *Südamerika*, und zwar im Bereich der andinen Hochkulturen, und vor allem in *China* vor.
Bis in neuerer Zeit war die Sitte, Schädel zu verformen, noch in *Lappland* und auf *Kreta* üblich.
Wenn ein künstlich verformter Kopf auch in jüngerer Zeit als Schönheitsideal gegolten haben mag – ursprünglich muß man sich davon etwas versprochen haben. Hatte man bestimmte Vorbilder, denen man nacheiferte *(Erkennen der Götter; Götterrassen)?* Nicht immer waren die Götter äußerlich vollendete Menschengestalten *(Mutanten; Cargo-Kult)*. Q.: Dopatka: Spiegelbild; Q.: Holliger: Steinzeit
→ Orejona

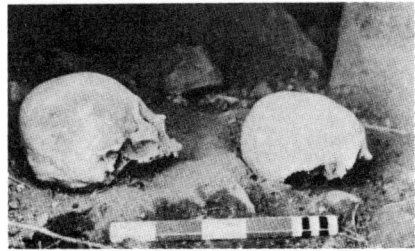

Schädeldeformationen. Prä-inkaische Schädeldeformation. Q.: John Hyslop, New York

Schätze → Herkunft der Götter
→ Nan Madol
vgl.: Gold
vgl.: Saphir
Schaffer, Herbert (österreichischer Paläontologe und Geologe)
→ Ezechiel
Schaltkreise vgl.: Elektronik
Schamanen sind *Priester* oder Medizinmänner, die sich willentlich in Trance versetzen können und im Geiste höhere Weltetagen und Himmelsräume besuchen, wo sie mit dämonischen Wesen für ihre Stammesbrüder kämpfen. Die Kaste der S' *(Schamanismus)* soll nach totemistischer Anschauung *(Totemismus)* aus Vögeln *(Himmelsvögel; UFO,* historische) geboren sein, deren Schnäbel ehernen Hacken ähnlich sahen *(Metalle)*. Q.: Krassa: Gelbe Götter S. 109 f
Buchli-Chara bö, erster und mächtigster S', konnte wie seine Nachfolger mit Hilfe von »Trommeln« *(Trommeln,* fliegende), auf denen er saß, fliegen. *Entführungen* von S' in himmlische Gefilde werden ebenfalls berichtet *(Sagen)*. Q.: Krassa: Gelbe Götter S. 113 ff; Q.: Findeisen: Schamanentum
Ein tibetanisches *(Tibet)* Manuskript *(Sagen)* soll von der Dynastie der sieben Throne sprechen, als *Krhi-Nag-Krhi bean-po* und *Lde Nag-Khri bean-po*, deren Fürsten, lebendig in den Himmel auffuhren *(Entführungen)*. Q.: Krassa: Gelbe Götter S. 117 f; Q.: Charroux: Meister
Wie auch in anderen Teilen der Welt besaßen die *Schmiede* gerade im Schamanentum große Achtung. Der Urschmied bei den S' war *Kydai-Bachsy*, ein Gottmensch. *Wieland,* der Schmied des germanischen Kulturkreises, konnte mit eisernen Flügeln fliegen *(Germanen; UFO,* historische). Q.: Krassa: Gelbe Götter S. 113 ff; Q.: Findeisen: Schamanentum; Q.: Hennig: Zur Vorgeschichte
Sicherlich lassen sich durch bewußt-

seinsverändernde *Drogen* und tranceerzeugende *Rituale* Flug-Halluzinationen hervorrufen; es ist jedoch möglich, daß es sich dabei um einen Ersatz für in früheren Epochen möglich gewesenes echtes Fliegen mit Hilfe von fremden Fluggeräten handelt! *Schamanismus* ist in der völkerkundlichen Literatur vorwiegend mit sibirischen Stämmen verknüpft, kam aber auch in anderen Kontinenten vor, etwa in Nordamerika. Manche *Felszeichnungen* (z. B. von Gestalten mit hörnerähnlichen Kopfauswüchsen: *Antennen)* werden als Bilder von S' gedeutet. Q.: Wellmann: Muzzinabikon
→ Drogen
→ Sibirien
Schamanismus → China
→ Schamanen
Scheer, Karl H. (Schriftsteller)
→ Science Fiction
Scheiben, fliegende (Synonym für die fliegenden Fahrzeuge der Götter)
→ Akakor
→ Kristall
→ UFO, historische
→ UFO, moderne
→ Waffen der Götter
Schievella, Pasqual Sebastian * 13. 3. 1914 in Bayonne, New Jersey, USA. Dr. S' ist Professor für Philosophie und Gründer und Herausgeber des »Journal of critical Analysis« und des »Journal of Pre-college Philosophy«. Als Referent war er bei Weltkongressen der *Ancient Astronaut Society* anwesend. Dr. S' versucht philosophische Konzepte anzubieten, die die Paläo-Astronautik rechtfertigen. Er beschäftigt sich auch biographisch mit der Person Erich von *Dänikens.*
Schiffe Eine schwimmende Götterbasis der Thai-Legenden *(Thailand)* war *Chiao.*
Thai-*Sagen (Thailand)* nach gab es in Urzeiten riesige kupferne Schiffe. Ähnliche *Sagen* sind aus Südchina *(China)* und *Annam* bekannt. Sie sol-

Schievella, P. S. Q.: P. S. Schievella

len dort das Werk von *Ma Yüan* gewesen sein. Q.: Krassa: Gelbe Götter S. 135 f
→ Atlantis
→ Eier, fliegende
→ Kulturbringer, Götter als
→ Maya
→ Sintflut
→ U-Boote
→ UFO, historische
→ Vimanas
vgl.: Arche
Schiffe, fliegende (Synonym für die fliegenden Fahrzeuge der Götter) Die Vorfahren der westafrikanischen *Dogon* sollen in einer silbernen Arche vom Himmel gekommen sein, behaupten ihre Mythen *(Mali; UFO,* historische; *Färbung; Sagen).* Q.: Kohlenberg: Vorzeit S. 141; Q.: Grimal: Mythen Bd. 3
→ Akakor
→ Berge, heilige
→ Cargo-Kult
→ Etrusker
→ Indien
→ Oannes
→ Schöpfung

→ Sirius-B
→ Stollen, unterirdische
→ UFO, historische
→ Unfälle
vgl.: Sternenschiffe
Schilde, fliegende (Synonym für die fliegenden Fahrzeuge der Götter)
→ Stollen, unterirdische
→ UFO, historische
Schildkröten (Synonym für die fliegenden Fahrzeuge der Götter)
→ Gesetze
→ Herkunft der Götter
→ Schöpfung
→ Sintflut
vgl.: UFO, historische
Schilf-Schößlinge, fliegende (Synonym für die fliegenden Fahrzeuge der Götter) → Verbindung von Himmel und Erde
Schilluk (sudanesischer Stamm)
→ Kulturbringer, Götter als
Schindler, Hans (= Bellamy, Hans S.: Pseud.) * 29. 3. 1901 in Wien. Der ehemalige College Professor (English History and Literature) und Professor h. c. für Archäologie widmete sich besonders der biblischen und südamerikanischen Archäologie und Mythologie. Viele seiner Werke über diese Themen lassen prä-astronautische Schlußfolgerungen aufkommen. Daneben liegen zahllose Veröffentlichungen über englische Philologie vor. H'S', der oft unter seinem Pseudonym schrieb, ist unter anderem Honorary Member of the Bolivian Archaeological and Geographical Societies. Er sprach beim 2. Weltkongreß der *Ancient Astronaut Society* in Zürich.
Schintoismus (Shinto) Die japanische Religion des S' bewahrt in ihren Mythen Hinweise auf die Landung von Prä-Astronauten. So speziell in den Büchern *Kojiki*, etwa um 712 n. Chr. verfaßt, und dem *Nihongi*, das um 720 n. Chr. von dem Prinzen *Toneri* verfaßt wurde *(Japan)*. Q.: Däniken: Beweise S. 152
Schlaf, künstlicher → Eier, fliegende
Schlangen (Synonym für die fliegenden Fahrzeuge der Götter) Die S' gehören wohl zu den ältesten und auch verbreitetsten Gottheiten der Welt. Je weiter wir sie in der Geschichte zurückverfolgen, um so deutlicher haben sie ihren Platz aber nicht auf der Erde, sondern am Himmel.
Die nordische Mythologie *(Germanen; Sagen)* kennt die *Midgardschlange* als riesiges Wesen, das Gefahr und Verderben heraufbeschwört. Ihr Gegner ist der Gott *Thor*, der sie mit seinem Wurfhammer *Mjölnir* zu zerschmettern sucht *(Waffen der Götter)*. Ihr nordgermanischer Name lautet *Jörmungandr*. Q.: Däniken: Aussaat S. 38; Q.: Kohlenberg: Vorzeit S. 121; Q.: Vollmer: Wörterbuch
Die *Wolken*schlange der *Kelten* trug ein Widdergehörn; *Mazacoatl*, die Hirschschlange der *Maya*, *Azteken* und *Tolteken* ebenfalls ein Gehörn *(Sagen; UFO, historische; Hirsche, fliegende; Antennen)*. Q.: Kohlenberg: Vorzeit S. 282; Q.: Vries: Religionen; Q.: Krickeberg: Märchen

Schindler, Hans. Q.: Photo Simonis

Schlangen

Mit Feuer und Rauch, erzählen die afrikanischen *Dinka (Afrika)*, stieg eine göttliche Schlange zum Himmel und wurde dann zum Regenbogen *(Sagen)*. Q.: Kohlenberg: Vorzeit S. 211; Q.: Dammann: Religionen
Illuyanka hieß die Sturm- und Wolkenschlange bei den *Hethitern (Sagen)*. Q.: Kohlenberg: Vorzeit S. 122; Q.: Zimmern: Religionen
Über das Nordwind-Schlangenwesen *Ophion* vorhellenisch-griechischer Mythen wird im Stichwort *Schöpfung* berichtet. Deutlich mit dem Luftraum verknüpft ist jene Schlange, die den Wagen *(Wagen, fliegende)* des *Kulturbringer*-Heros *Triptolemos* schmückt oder begleitet: sie trägt mächtige Vogelflügel an den Seiten und ist offenbar dazu ausersehen, ihren Besitzer, der die Menschen den *Ackerbau (Domestizierungen)* lehrt, im Fluge über die Länder hinwegzutragen.

Schlangen. Der Kulturbringer Triptolemos auf seinem Wagen, der von geflügelten Schlangen getragen wird (altgriechisches Vasenbild). Q.: Archiv Dopatka

Irenäus, Bischof von Lyon, gest. 202 n. Chr., berichtet über die »Ophiten« (Schlangenverehrer) der Spätantike, die ein höheres Wesen mit dem Namen *Jaldabaoth* in ihren geheimen Texten erwähnten. Es soll auch mit der Schlange im *Paradies* gleichgesetzt worden sein. Q.: Dopatka: Spiegelbild

Dazu scheinbar im Gegensatz berichtet eine jüdische Legende im *Talmud (Sagen; Juden)* vom Geschlechtsverkehr der Schlange mit *Eva*. Q.: Dopatka: Spiegelbild; Q.: Däniken: Zurück S. 251; Q.: Däniken: Besucher S. 255
Ob nun Männchen oder Weibchen, die Schlange in der Mythologie war entweder ein Ding oder eine Person, vielleicht sogar eine Person aus einem Ding – auf alle Fälle etwas, das Macht selbst gegen den obersten Gott hatte. Q.: Dopatka: Spiegelbild
Die Schlange in *Genesis* 3 ff hebt sich in vielem von dem Tier »Schlange« ab. Die Macht gegenüber Gott mit seinen ängstlichen Geboten und seiner Geheimniskrämerei, der Wille, dem Intellekt des Menschen, dem Erkennen auf die Sprünge zu helfen,

Fliegende Schlangen, in der Kunst des Mittelalters: Johannes zeigt auf das satanische »Tier« der Apokalypse, das als geflügelte Schlange dargestellt ist. Ottonische Buchmalerei, um 1000 n. Chr. Q.: Archiv Dopatka

sind bezeichnend *(Kulturbringer, Götter als)*. Man darf mit Gewißheit annehmen, in der Schlange des Paradieses *(Paradies)* schimmere die, nicht ganz versunkene, Gestalt einer älteren Gottheit durch.
Ältere Überlieferungen geben hier sicher konkretere Angaben. In der babylonischen Dichtung *(Babylon)* ist vom Drachen *Tiamat* die Rede, der sich gegen die oberen Götter in Form einer feuerspeienden Schlange erhoben hatte *(Waffen der Götter)*. Nach der Sage soll *Tiamat*, wie auch andere Schlangen, aufrecht gegangen sein *(Erkennen der Götter)*. Auf einem babylonischen Siegelzylinder fand man die Abbildung von einem Mann und einer Frau, die rechts und links nackt neben einem früchtetragenden Baum stehen *(Gravuren)*. Mit den Händen versuchen sie, die Früchte zu ergreifen *(Baum des Lebens; Baum der Erkenntnis)*. Im Rükken der Frau erhebt sich als dünner Strich die berüchtigte Schlange. Nach dem 2. *Könige 18,4* bewahrte der Jerusalemer Tempel auch eine eherne Schlange, *Nechuschtan*, auf. Q.: Krassa: Gott S. 33 ff
Das auf der Erde kriechende Tier, allerdings mit Flügeln und 2 Beinen versehen, wird auch bei den Ägyptern zum übernatürlichen Wesen *(Ägypten)*. Q.: Däniken: Meine Welt S. 95
Die ältesten babylonischen Götter *(Babylon)* stammen hauptsächlich von metallen schimmernden »Schlangen« und »Fischen« ab *(UFO, historische)*. Sind sie diesen Gebilden entstiegen? Sah man das Verlassen, das Herauskommen aus diesen »Göttertieren« vielleicht als die Geburt dieser Götter an? Q.: Dopatka: Spiegelbild
Sanchuniaton, Geschichtsschreiber um 1250 v. Chr., definierte die Schlange der phönizischen Mythologie *(Phönizier; Sagen)*: Danach hat die Schlange »eine Geschwindig-

Schlangen. Fliegende Schlange aus dem Tal der Könige, Ägypten. Q.: Constantin-Film

keit«, die auf Grund ihres Atems nichts übertreffen kann. Sie verleiht den Spiralen, die sie bei ihrer Fortbewegung beschreibt, jede beliebige Geschwindigkeit... Ihre Energie ist außergewöhnlich... Mit ihrem Glanz hat sie alles beleuchtet...« *(UFO, historische)* Q.: Däniken: Aussaat S. 35; Q.: Charroux: Meister
Ali Budhuya hieß die doppelköpfige Himmelsschlange der Perser *(Persien)*, die Verderben brachte *(Awesta)*. Q.: Kohlenberg: Vorzeit S. 119 f; Q.: Awesta. Wolff
Kerešaspa nannten die Perser *(Persien)* einen gehörnten Schlangendrachen *(Drachen, himmlische; Zend-Awesta)*. Q.: Kohlenberg: Vorzeit S. 282
Was hat es mit den geheimnisvollen *Nagas* des *Mahabharata* und der indischen Mythologie *(Indien; Sagen)* auf sich, die Schlangen, Götter, aber doch Menschen waren *(Erkennen der Götter)*? Q.: Dopatka: Spiegelbild
Die Inder nannten sie *Vrtra (Indien)*. Q.: Kohlenberg: Vorzeit S. 120; Q.: Waldschmidt: Indien
Die Thai *(Thailand)* berichten in ihren *Sagen* von der doppelköpfigen Himmelsschlange *Tien-she*, die die *Sonne* verdunkelte *(Finsternisse)* und

318 Schlangen

weißen Staub zur Erde rieseln ließ *(Fallout)*. Menschen und Tiere starben dahin *(Strahlenschäden; Katastrophen)*. Solche Schlangenüberlieferung findet sich auch bei den *Sumerern, Germanen,* Persern *(Persien),* Indern *(Indien),* Prä-Inka, *Maya, Azteken* und *Algonkin*-Indianern *(USA).* Q.: Krassa: Gelbe Götter S. 130; Q.: Kohlenberg: Vorzeit S. 119 ff; Q.: Eberhard: Lokalkulturen
In *Thailand* bewirkte das *Fallout* Mutationen, besonders in der Tierwelt *(Genmanipulation; Mutanten).* Q.: Kohlenberg: Vorzeit S. 121
Yü-kiang, chinesischer Herrscher des Himmelsmeeres *(Weltall; China)* und Gott des Windes, wurde mit Vogelkörper und Schlangen in den Ohren tragend dargestellt *(Himmelsvögel).* Q.: Kohlenberg: Vorzeit S. 42; Q.: Eberhard: Lokalkulturen
Gehörnte S' kennen die *Sauk*-Indianer der *Algonkin*-Gruppe und nannten sie *Mashekenapek (USA; Sagen).*

Q.: Kohlenberg: Vorzeit S. 282; Q.: Müller, W.: Sintfluterzählungen
Die mexikanischen *Huichól* berichten, daß die Sonne durch die »zwei Köpfe« der Schlange auf ihrer Bahn hindurchmußte – was immer unter dem Doppelkopf zu verstehen ist *(Unklarheiten der Definition; Mexico).* Q.: Kohlenberg: Vorzeit S. 121; Q.: Grimal: Mythen Bd. 3
Mit einer Schlangenkrone versehen die *Tolteken (Azteken)* ihren Regengott *Tlaloc,* wie auch die Griechen den »zweimal geborenen« *Dionysos.* Beide wurden außerdem von einem Blitz gezeugt *(Blitze; Griechenland).*
Q.: Kohlenberg: Vorzeit S. 41 f

Schlangen. Vom Himmel herabstoßende gefiederte Schlange. Relief eines altmexikanischen Steingefäßes, vermutlich eines Sarkophages. Q.: *Umzeichnung nach T.-W. Danzel,* Magie und Geheimwissenschaft, *Stuttgart 1924*

Schlangen. Eine durch Wolkensymbole als himmlisch gekennzeichnete Schlange, die einen knienden Tolteken im Rachen trägt. Seine eigenartig geformte Brustplatte entspricht jenen der Großsteinfiguren von Tula. Relief auf einer Golfscheibe aus dem heiligen Brunnen der Maya-Stadt Chichen Itzá. Q.: *Zeichnung nach M. D. Coe,* Die Maya, Bergisch Gladbach 1977

Die *Muisca (Chibcha)* und *Chimú* stellen auf ihrer *Keramik* doppelköpfige Himmelsdrachen dar *(Drachen, himmlische; Kolumbien).* Q.: Kohlenberg: Vorzeit S. 122; Q.: Kutscher: Chimu
Solche doppel- oder besser: beidendköpfige Schlangenwesen spielen auch in den Sagen der Indianer des nordwestlichen Nordamerika eine große Rolle *(USA; Kanada).* Q.: Biedermann: Bildsymbole S. 190 f
Elipas ist der Held einer Sage aus dem Amazonas-Gebiet *(Brasilien; Sagen).* Er soll zusammen mit einer Schlange auf einem Hügel gewohnt haben. Die Leiden und *Krankheiten* der Eingeborenen heilte er durch Zauberkraft *(Medizin).* Trotzdem bekam er Ärger mit den »einheimischen Göttern«, die die »bösen Männer vom Wald« auf ihn hetzten *(Götterrassen).* Da begann die Schlange Feuer zu speien und den Wald mitsamt den Feinden zu vertilgen *(Konfrontationen der Götter). Elipas* aber verschwand danach, auf seiner Schlange sitzend, in den Himmel *(UFO,* historische). In einer anderen Sage aus dem Amazonasgebiet wird der Held kurz vor seinem Rückflug zu den Sternen sogar von der Schlange »verschluckt«. Q.: Krassa: Gott S. 154 f
Die peruanischen *Colla* und *Aymará* verwechselten zwar den Regenbogen mit diesem Schlangengebilde, kannten aber dennoch den ausschlagbringenden Staub *(Aussatz).* Ursprünglich werden sie die Himmelsschlange und den Regenbogen zu unterscheiden gewußt haben *(Peru; Seuchen).* Q.: Kohlenberg: Vorzeit S. 121; Q.: Grimal: Mythen Bd. 3
→ Crespi, Carlo
→ Eier, fliegende
→ Elias
→ Entführungen
→ Gottessöhne
→ Griechenland
→ Konfrontationen der Götter
→ Kristall
→ Kulturbringer, Götter als
→ Landeplätze der Götter
→ Maya
→ Mounds
→ Olmeken
→ Riesen
→ Rivalitäten der Götter
→ Schöpfung
→ Tula
→ UFO, historische
→ Waffen der Götter
vgl.: Etrusker
Schmiede → Schamanen
→ Schöpfung
→ Unfälle
vgl.: Ingenieure
(Übersicht über einzelne Personen:)
→ Ilmarinen
→ Kydai-Bachsy
→ Wieland
Schmitz, Emil-Heinz (Autor)
→ Kritiker
Schnitzereien vgl.: Gravuren
Schöpfung Die Molekularstruktur aller Lebewesen auf der Erde ist ihrem Aufbau nach »linksgedreht«. Beim Aufbau der Doppel-Helix des spiralförmigen DNS-Moleküls kann dies veranschaulicht werden. Nun sind aber bei allen Laborversuchen, die die zufällige Entstehung von verschiedenen Stufen komplexer Lebensmoleküle nachvollzogen, immer links- und rechtsgedrehte Strukturen aufgetaucht *(Evolutionsprobleme).* Da die Frage des Verschwindens der vielleicht auch auf der Erde einst existenten rechtsgedrehten Lebensformen nicht geklärt ist, liegt der Verdacht einer künstlichen Urschöpfung nahe. Kann dieser Umstand vielleicht als Botschaft der Prä-Astronauten aufgefaßt werden? Ähnliche Gedanken mögen die Mitentdecker der Doppel-Helix DNS, Francis H. *Crick* und Leslie E. *Orgel,* veranlaßt haben, die Theorie aufzustellen, fremde Intelligenzen hätten Leben im Weltall nach dem gleichen Schema entstehen lassen. Sie glau-

ben, daß es möglich sei, Planeten mit Mikroorganismen zu infizieren – ein ähnliches Projekt, wie es zur Kultivierung der Venus von heutigen Wissenschaftlern vorgeschlagen wurde. »Eine Nutzlast von 1000 kg könnte 100 Proben mit ihrer Nährlösung transportieren, wobei jede Probe 10^{15} Mikroorganismen enthalten würde. Es wäre nicht einmal notwendig, dieses Raumschiff auf extreme Beschleunigung zu bringen, denn die Ankunftszeit ist unwesentlich. Der Radius unserer Galaxis beträgt 10^5 Lichtjahre. Also könnte man innerhalb von 10^8 Jahren viele Planeten dieser Galaxis infizieren, auch wenn sich das Raumschiff mit einem Tausendstel der Lichtgeschwindigkeit bewegen würde.« So die beiden Genetiker in ihrem Aufsatz in der Zeitschrift Icarus 19, 1973. Q.: Crick/Orgel: Directed; Q.: Däniken: Beweise S. 275 ff, 300 ff

Der Begriff der S' wird im Zusammenhang mit der Prä-Astronautik auch im Rahmen der Schöpfungsmythen behandelt. Es scheint darin Hinweise zu geben, die auf aktive, reale Götterwesen hindeuten, die den Menschen und seine Biosphäre vorübergehend beeinflußten. Ob und inwieweit das geschah, ist das Thema, das die folgenden Beispiele umreißen, wobei S' in diesem Fall freilich nicht als »Entstehung des Weltalls und der Erde«, sondern lediglich im Sinne einer »Entstehung der Menschenwelt« verstanden werden soll:

Die Schöpferschlange nannten die *Pelasger* Griechenlands *Ophion (Griechenland; Sagen)*. Es handelt sich um Mythen der vorindogermanischen Besiedler der späteren Wohngebiete der Griechen, die besagen: der aus dem Nordwind entstandene *Ophion* habe sich mit der Allmutter *Eurynome* vereinigt und sie habe das *Welten-Ei* geboren, aus dem alles hervorgekommen sei, ausgebrütet durch den *Schlangengott*. Q.: Kohlenberg: Vorzeit S. 68; Q.: Ranke-Graves: Griechische Mythologie Bd. I S. 23 f

Bei den Ägyptern spielt die Himmelsschlange *Apophis* eine wichtige Rolle *(Ägypten; Schlangen)*. Q.: Kohlenberg: Vorzeit S. 68; Q.: Grimal: Mythen Bd. 1

Diese fliegenden oder mit dem Urhimmel verbundenen *Schlangen* hatten, vgl. dazu das Kapitel *Schlangen*, eine fast eindeutig »technische« Natur. Mit ihnen kamen die Schöpfer-Götter.

Nach dem *Koran*, Sure Kap. *2*, Vers *28*, wird der erste Mensch in einer anderen Welt geboren und auf die Erde gebracht. Der abtrünnige Engel, der mit dem Plan Gottes nicht einverstanden ist, heißt dort *Eblis (Teufel; Rivalitäten der Götter)*. Vgl. dazu das Kapitel *Hadschar al-Aswad*. Q.: Charroux: Welten. S. 291

Die afrikanischen *Bantu*-Völker lassen ihren Schöpfergott *Nzame* ebenfalls zwei Schöpfungen vornehmen. Nach der Erschaffung des *Fam*, der sich aber gegen ihn erhob, schuf der Gott *Sekumeh,* von dem die heutigen Menschen abstammen sollen *(Konfrontationen Götter kontra Menschen; Sagen; Afrika)*. Q.: Kohlenberg: Vorzeit S. 142; Q.: Baumann: Schöpfung

Die *Pygmäen*-Mythologie *(Sagen)* kennt ein humanoides himmlisches Wesen, *Rurema*, das auch erst von einem Gott, dem *Imana*, erschaffen werden mußte *(Humanoiden)*. In seiner Welt lebten auch *Schmiede*, die jedoch nie direkt auf die Erde kamen *(Zaire)*. Q.: Däniken: Beweise S. 133; Q.: Baumann: Schöpfung

»Und Gott schuf den Menschen nach seinem Bilde, nach dem Bilde Gottes schuf er ihn *(Humanoiden)*, als Mann und Frau schuf er sie«, heißt es in *Genesis 1,27*. Wenn dieser Passus in der Überlieferung auf eine reale Beobachtung zurückgeht, so drängt sich die Frage auf, welcher Gott denn

Schöpfung

aussieht wie wir *(Erkennen der Götter)!* Manipulierten die Götter unsere Entwicklung *(Genmanipulation)?* Q.: Krassa: Gott S. 38 ff; Q.: Dopatka: Spiegelbild; Q.: Däniken: Zurück S. 52 ff, 258; Q.: Dolezol: Aufbruch; Q.: Charroux: Welten S. 291; Q.: Kohlenberg: Vorzeit S. 129 ff
Nach den anthropologischen Datierungen für die Entwicklung des Menschengeschlechtes zu schließen, müßte die erste künstliche *Genmanipulation* zwischen 40 000 und 20 000 v. Chr., die zweite zwischen 7000 und 3500 v. Chr. stattgefunden haben. Q.: Däniken: Zurück S. 57
Nicht nur *Adam* in der Schöpfungsgeschichte der Bibel, sondern auch *Enkidu* wurde von *Aruru* (= Mondmutter) aus *Lehm* geknetet, wie uns das *Gilgamesch-Epos* überliefert *(Sumerer).* Und *Enkidu* war nicht der erste Mensch! Wird hier von etwas gar nicht so Sensationellem berichtet? Q.: Dopatka: Spiegelbild
Menschen, die von den Göttern aus »Lehm« geformt wurden – ein Gedanke, der auch im *Popol Vuh (Quiché-Maya)* auftaucht. Q.: Krassa: Gott S. 250; Q.: Dolezol: Aufbruch S. 52; Q.: Däniken: Besucher S. 197 ff
Bei der Erschaffung der Frau *(Genesis 2,22)* entfernte Gott dem *Adam* eine Rippe und schnitzte daraus seine Lebensgefährtin *Eva* (Mythen von der *Osterinsel* schildern einen ganz ähnlichen Vorgang). Wir sollten uns wirklich fragen, ob hier vielleicht persönliche Beobachtungen und Augenzeugenberichte, die in Wirklichkeit etwas anderes wiedergeben sollten, vorliegen. So können Menschen Zeuge gewesen sein, wie die Raumfahrer einem Menschen Zellgewebe entnahmen *(Operationen)* und für biogenetische Experimente verwendeten *(Genmanipulation; Untersuchungen an Menschen).* Q.: Dopatka: Spiegelbild; Q.: Däniken: Zurück S. 259; Q.: Däniken: Besucher S. 46; Q.: Schmid: Steine S. 23

Nach Ansicht einiger Theologen soll der Tiefschlaf bei dieser Operation *(Operationen)* nicht eine *Anästhesie* andeuten, sondern stände symbolisch, um dem Vorgang den Charakter des Geheimnisses zu geben *(Betäubungsmittel).* Q.: Keel: Texte Bd. 2 S. 73; Q.: Dopatka: Spiegelbild
Reguläre operative Eingriffe dagegen sind in allen versunkenen Hochkulturen mit hoher Kunstfertigkeit ausgeführt worden *(Medizin).* Q.: Dopatka: Spiegelbild
Die Vorstellung der Bibel von der Erschaffung eines Menschen aus der Rippe kann aber, nach Untersuchungen des Prof. Samuel N. *Kramer,* der Fehlinterpretation eines sumerischen Gedichtes entsprungen sein *(Sumerer).* Das *Dilmun*-Gedicht berichtet von der Erkrankung *Enkis,* des Gottes, der einmal vergeblich die Schöpfung inszenierte. Auch eine Rippe war betroffen. Sumerisch heißt Rippe jedoch »ti«, was gleichzeitig »Leben schaffen« bedeutet *(Wortbedeutungen).* »Nin-ti« war anschließend die Göttin, die die Rippe heilte – nach der Übersetzung könnte sie als »Herrin, die Leben schafft«, angesehen werden. Q.: Krassa: Gott S. 258 f; Q.: Kramer: Geschichte; Q.: Däniken: Zurück S. 253; Q.: Däniken: Besucher S. 252
Die hebräische Übersetzung des Wortes »ti« lautet »chawa«, was später zu »Eva«, der Urmutter, wurde. Q.: Krassa: Gott S. 292
Die jüdische *Kabbala* weiß von einem Wesen, das vor *Adam* geschaffen wurde und als Mann auch Kinder bekam, bevor es sich mit der Schlange *(Schlangen)* paarte. Q.: Däniken: Zurück S. 238 f
Was wollte die Bibel wirklich überliefern, wenn sie in *Genesis 2,7* und *2,22* von der zweiten Erschaffung des Menschen erzählt oder auch die erste *(Genesis 1,27)* wiederholt? Gab es wirklich im Raum *Mesopotamiens* eine zweite Schöpfung, die den ei-

gentlichen Menschen formte? Ursprünglich entstand das Menschengeschlecht wahrscheinlich auf einer anderen Welt. Q.: Krassa: Gott S. 38 ff; Q.: Dopatka: Spiegelbild
Die Bücher der Textgruppe *Bereshith*, die biblische Urfassung, sprechen von *Elohim*, von den Göttern, die Himmel und Erde machten. Q.: Kohlenberg: Vorzeit S. 14
Die sumerische Überlieferung *(Sumerer; Sagen)* kennt auch mehrere Schöpfungsanläufe. *Enki* war eine Gottheit, die eine mißlungene Menschheit formte *(Mutanten)*, welche anschließend vernichtet wurde *(Konfrontationen Götter kontra Menschen)*. Q.: Krassa: Gott S. 251
Von mehreren Schöpfungen berichtet auch die Bibel. Selbst wenn die Unterschiede auf die Zusammensetzung von jahwistischen, elohistischen und u. U. priesterlichen Texten zurückzuführen ist, so bleiben Unklarheiten, wie sie z. B. vom französischen Bibelforscher Arthur Adolphe *Vaschalde* aufgespürt werden.
Die mysteriöse Hinduschrift *(Hinduismus; Indien)* das »Buch des *Dzyan*« *(Sagen)* berichtet in einer teilweise viel deutlicheren Art und Weise als die Bibel von der Erschaffung der Erde und des Menschen. Mit erstaunlichen Einzelheiten erfahren wir hier von mehreren *Rassen,* die auf der Erde nacheinander gelebt haben sollen und in direktem Kontakt mit den Göttern standen. Nach der Vernichtung der »Wassermenschen« durch eine kosmische Katastrophe *(Katastrophen,* kosmische), die wohl durch die Zerstörung des zwischen Jupiter und Mars gelegenen Planeten herrührt, beginnen die Götter selbst eine neue Art Mensch zu züchten. Mutationen *(Mutanten)* brachten mißgebildete Wesen hervor – dennoch gelang es, eine Menschheit zu formen, die einen rasanten Entwicklungsaufschwung nahm. Ihre Technik war hochzivilisiert, ihre *Moral* dagegen sollte sie vernichten. Große Wasser kamen *(Sintflut)* und löschten diese Rasse aus *(Katastrophen)*. Die Menschen, die übrigblieben, sind unseren heutigen Rassen zuzuordnen – die »mondfarbene« Rasse aber war vergangen. Nach der Flut stiegen wieder die *Schlangen* vom Himmel und lehrten die Zivilisation *(Kulturbringer,* Götter als). Q.: Krassa: Gott S. 41 ff; Q.: Däniken: Zurück S. 240 ff; Q.: Däniken: Besucher S. 89 ff; Q.: Leslie/Adamski: Flying saucers
Das »Lied von der Schöpfung« im indischen *Rigveda (Indien)* beschreibt eingehend den Zustand vor der Schöpfung mit »Lautlosigkeit und Schwerelosigkeit und dem Lebenskräftigen, das von der Leere *(Vakuum)* eingeschlossen war« *(Weltall)*. Q.: Däniken: Besucher S. 200 ff; Q.: Frischauer: Es steht
Das Buch des *Dzyan* nennt außerdem für eine konstruktive, kosmische Kraft den Begriff »*Fohat*«, ein Synonym für Energie? Q.: Däniken: Besucher S. 93
In der 6. Strophe des *Dzyan* heißt es: »Die Materie von *Fohat* kreist, das unsichtbare Rad *(Räder)* kreist mit schneller Umdrehung im Inneren des Rades, außen langsamer ...« Dies kann im Zusammenhang mit magnetischen Wegen, auf denen die *Vimanas* fliegen *(UFO,* historische), zu verstehen sein *(Magnetismus)*. Q.: Leslie/Adamski: Flying saucers
Zur S' landete *Vishnu* in einer Schildkröte auf dem Gipfel des *Kailasa* und setzte mit Hilfe des Gottes *Vairočana (Indien)* die *Erde* in Rotation *(UFO,* historische; *Schildkröten)*. Das geschah mit Hilfe der Schlange *Ananta (Schlangen)*. Q.: Kohlenberg: Vorzeit S. 68; Q.: Grimal: Mythen Bd. 2
Bei den sibirischen *Tungusen* kam das erste Menschenpaar mit einer silbernen Gondel *(Schiffe,* fliegende) vom Himmel *(UFO,* historische; *So-*

Schöpfung

wjetunion; Sibirien). Q.: Kohlenberg: Vorzeit S. 30; Q.: Rynin: Kontakte
Wie soll u. a. die Überlieferung *(Sagen)* der ostindonesischen *(Indonesien)* Insel *Sumbawa* verstanden werden, die nüchtern feststellt, Gott habe diese Welt erschaffen, weil sein eigener Wohnort zu eng war? Kennt der Himmel die *Bevölkerungsexplosion?* Q.: Dopatka: Spiegelbild
Eine Schöpfungsmythe parallel zur Bibel erzählt auch eine Überlieferung der Insel *Raroia* der *Tuamotu-Inseln (Polynesien).* Danach hieß der erste Mensch »*Tiki*«. Q.: Däniken: Zurück S. 118 ff; Q.: Mooney: Les dieux S. 48 f
Das um 720 n. Chr. von dem Prinzen *Toneri* verfaßte *Nihongi,* das auf ältere Mythen zurückgeht *(Japan),* spricht in seinem Schöpfungsbericht unzweideutig von der *Kontinentaldrift* der Landmassen.«... Hierauf entstanden zwischen ihnen göttliche Wesen. Daher heißt es, daß im Anfang der Weltschöpfung das Umherschwimmen des Länderbodens mit dem Schwimmen eines spielenden Fisches auf dem Wasser zu vergleichen war...« Die moderne Kontinentaldrift-Theorie wurde erst um 1912 formuliert. Woher wußten japanische Mythen, daß das Bewegen der Kontinente auf dem Erdmagma überhaupt möglich ist und Einfluß auf die Entwicklung der Erde hatte *(Erdaltertum; Geologie; Geographie)?* Q.: Däniken: Beweise S. 156
Der Stamm der *Kato* in *Kalifornien (USA)* erzählt, daß einst die »Donnerer« die Welt und die Menschen schufen *(Donnergötter).* Q.: Krassa: Gott S. 50
Die *Winnebago (Siouxstamm* in den *USA)* haben eine denkwürdige Überlieferung *(Sagen)* bewahrt: in ihr wirkt der »Erdmacher« als universaler Schöpfer und bildet schließlich auch den Menschen. Mit seiner Schöpfung unzufrieden, schickt er nacheinander vier Sendboten zur Erde, die die Menschen aber auch nicht nach seinen Vorstellungen ändern können. Schließlich läßt er seinen »ganz aus der Kraft seiner Gedanken« geborenen *(Materialisierungen)* »Supermann« namens Hase zur Erde niederfahren. Ein *Roboter?* Aber auch Hase macht Fehler, verrät den Menschen viele *Geheimnisse* des Himmels und schleudert endlich aus Wut über die Menschen durch die Kraft seiner Gedanken Felsen auf die Erde *(Telekinese).* Vermutlich waren auch andere Waffen im Spiel *(Waffen der Götter),* denn es wird auch von Vögeln, die tot vom Himmel fielen, berichtet *(Strahlen).* Erdmacher läßt ihn daraufhin in den Himmel zurückkehren. Hase steigt hinauf *(UFO,* historische) zu den Donnervögeln, um von dort aus in seine Welt zurückzufliegen; unter gewaltigem Donner, wie berichtet wird *(Donnergötter).* Führte sein Weg über eine Raumbasis *(Raumbasen)?* Mit neuen Instruktionen ausgerüstet, kehrte er dann doch wieder zurück und brachte den Erdbewohnern den *Mais* als Geschenk *(Domestizierungen)* der Götter mit *(Kulturbringer,* Götter als). Q.: Krassa: Gott S. 46 ff
Das *Popol Vuh* berichtet von 4 verschiedenen Schöpfungen des Menschengeschlechtes. Q.: Krassa: Gott S. 248 ff; Q.: Sänger-Bredt: Spuren; Q.: Mooney: Les dieux S. 62, 79, 150, 167
Das *Popol Vuh* der *Quiché*-Indianer *(Guatemala)* erzählt ebenfalls von der Schaffung mißlungener Menschen *(Mutanten),* die jedoch vernichtet *(Konfrontationen Götter kontra Menschen)* wurden. Die Götter kehrten anschließend nach *Dabavil,* ihrer kosmischen Zentrale, übersetzt: zu dem, »der-im-Dunkelnsieht«, zurück *(Herkunft der Götter).* Q.: Däniken: Zurück S. 120 f
Von mehreren, durch zyklisch wiederkehrende *Katastrophen* vernich-

Schöpfung

teten Weltzeitaltern und ihren herrschenden Wesen berichtet auch der nachkolumbische »*Codex Vaticanus A*« aus dem Hochland von *Mexiko*.
Bachue, die Muttergöttin der *Chibcha* in *Ecuador* und *Kolumbien*, entstieg der Lagune von *Tunja (Fischmenschen)*. Q.: Kohlenberg: Vorzeit S. 28; Q.: Krickeberg . . .: Religionen
Eine Überlieferung der *Chibcha (Kolumbien; Sagen)*, die vom Spanier Pedro *Simón* aufgezeichnet wurde, spricht vom großen »Etwas-Haus« *(Häuser, fliegende) Chiminigagua (UFO, historische)*, das Licht und S' in sich trug. Q.: Krassa: Gott S. 37; Q.: Däniken: Meine Welt S. 21; Q.: Däniken: Besucher S. 198 ff; Q.: Däniken: Beweise S. 185; Q.: Däniken: Zurück S. 121 f
Ein Indiostamm *(Brasilien)* am *Rio Trombetas* erzählt uns von den Göttern *Pura* und *Mura*, die die Welt schufen und weder Eltern noch Frauen hatten *(Sagen)*. Es waren kleine Wesen *(Zwerge)*, die nicht sterben mußten *(Lebensdauer)*, weil sie sich wie die Spinnen *(Insekten)* häuten konnten. Wechselten sie nur ihre *Overalls? Mura* und *Pura* schnitzten schließlich die Menschen aus Holz und brachten ihren Geschöpfen Zivilisation bei *(Kulturbringer, Götter als)*. Danach kehrten sie wieder in den Himmel zurück. Q.: Krassa: Gott S. 49
Der Schöpfer der *Prä-Inka, Uiracocha Tachayachachic* (identisch mit *Viracocha* und vergleichbar mit *Quetzalcoatl)*, schuf, nachdem er sich in *Tiahuanaco* angesiedelt hatte, ein Geschlecht von *Riesen*. Q.: Däniken: Zurück S. 123
Die *Selknam*, ein ausgestorbener Stamm aus *Feuerland*, hinterließen eine Legende *(Sagen)*, die vom Gott *Temaukl* und seinem Gehilfen *Kenos* berichtet. *Kenos* wurde auf die Erde geschickt, um das Schöpfungswerk abzurunden *(Kulturbringer, Götter als)*. Aus Erde *(Lehm)* formte er die menschlichen Genitalien, aus denen die Menschen wurden. Später lehrte er sie sprechen *(Sprachen)* und brachte ihnen Gebote *(Gesetze)* und Sittengesetze bei. Danach stieg er hinauf in den Himmel *(UFO, historische)* und »wurde wieder Stern«. Welche Augenzeugenberichte schimmern hier noch durch? Q.: Krassa: Gott S. 49 f

→ Akakor
→ Astronomie
→ Berge, heilige
→ Dzyan, Buch des
→ Eier, fliegende
→ Enuma eliš
→ Erde
→ Exobiologie
→ Gesetze
→ Gottessöhne
→ Griechenland
→ Konfrontationen der Götter
→ Kulturbringer, Götter als
→ Lebensdauer
→ Majestätsplural
→ Midrash Rabba
→ Orejona
→ Philosophie
→ Riesen
→ Schlangen
→ Sirius-B
→ Stollen, unterirdische
→ Talmud
→ Teilhard de Chardin, Marie-Joseph
→ Teufel
→ Tiahuanaco
→ UFO, historische
→ Verbindung von Himmel und Erde
→ Wortbedeutungen

Schottland → Sandverglasungen
→ Sassoon, George Thornycroft

Schriften Auf den Kanarischen Inseln *(Kanaren)* finden sich – unter modernen Felsritzungen – alte Symbol- und echte Schriftzeichen, die den Ureinwohnern, den *Guanchen*, zugeschrieben werden *(Felszeichnungen)*. Q.: Charroux: Welten S. 125 ff
Unter den Symbolen nehmen Spira-

len und konzentrische Kreise den ersten Platz ein, vor allem auf der Insel La Palma.
Rätsel geben aber nicht nur unentschlüsselte S', sondern auch ihre Verbreitung in Gegenden auf, in denen die Archäologen bisher keine Kenntnis von der Existenz schriftbesitzender Hochkulturen hatten. Dies, wie auch die Ähnlichkeit einiger S' in weit auseinanderliegenden Gebieten, ist ein Phänomen, das kulturverbindende Götter-Astronauten entstehen lassen konnten.
→ Aluminium
→ Crespi, Carlo
→ Esra
→ Exobiologie
→ Felszeichnungen
→ Gilgamesch-Epos
→ Humanoiden
→ Im-Hotep
→ Inka
→ Kulturbringer, Götter als
→ Kuriositäten
→ Indien
→ Osterinsel
→ Palenque
→ Schriftzeugnisse der Götter
→ Sintflut
→ Stollen, unterirdische
→ Vernichtung von Schriftzeugnissen
vgl.: Kommunikation
vgl.: Sagen

Schriftzeugnisse der Götter In *Exodus 32,32* ist beiläufig das Buch Gottes erwähnt, das Personen registrierte. Enthielt das Logbuch auch die Geschehnisse insgesamt? Eine Dokumentation des Projekts »Auszug aus Ägypten«? Q.: Dopatka: Spiegelbild
Ähnliche Aufzeichnungen der Götter wurden auch in anderen Kulturkreisen registriert.
Sagen des tibetanischen *Buddhismus* zufolge lebte auf der Erde der kulturbringende Gott und »große Lehrer« *Padmasambhava*, auch bekannt unter U-Rgyan Pad-Ma *(Tibet; Kulturbringer,* Götter als). Seine Sprache konnte zunächst niemand verstehen und die Schriften, die er mitbrachte, versteckte er zum großen Teil in *Höhlen,* wo sie bis zu einer Zeit aufbewahrt werden sollten, in der man sie besser zu deuten wissen werde. Sein Schüler *Pagur Vairočana* beobachtete seine Rückkehr in den Himmel. Er bestieg dazu ein goldenes und silbernes Pferd *(Färbung).* Bei seinem Abflug beobachtete der Schüler, wie sich Padmasambhava mit seinem Gefährt ständig verkleinerte, bis er zuletzt als Punkt am Himmel verschwand *(Pferde,* fliegende; *UFO,* historische). Daß nicht Einbildungskraft diese Geschichten geschaffen zu haben braucht, beweisen heilige Texte aus Tibet, die noch heute Überschriften und Titel in einer völlig unbekannten Sprache tragen *(Schriften).* Q.: Däniken: Beweise S. 187 f; Q.: Grünwedel: Mythologie
→ Akakor
→ Baian Kara Ula
→ Bundeslade
→ Gesetze
vgl.: Kommunikation
vgl.: Sagen
vgl.: Schriften

Schriftzeugnissen, Vernichtung von
vgl.: Vernichtung von Schriftzeugnissen

Schuruppak (Stadt in Sumer)
→ Lebensdauer
→ Sintflut

Schußwaffen Im naturhistorischen Museum von London wird der Schädel eines Vormenschen aufbewahrt, den man in einer Höhle in Nord*rhodesien* gefunden hat. Die rechte Schläfe weist eine Art Einschußloch auf, das nicht von einem Pfeil stammen kann. Der hintere Schädel ist aufgerissen *(Konfrontationen Götter kontra Menschen).* Q.: Mooney: Les dieux S. 118
Im Museum für Paläontologie in Moskau *(Sowjetunion)* liegt ein Bison-Schädel, dessen Stirn ein kreis-

rundes Einschußloch aufweist. Man datiert den Fund in die Zeit zwischen 8000 bis 2700 v. Chr. *(Bisons)!* Q.: Däniken: Aussaat S. 125 f; Q.: Däniken: Meine Welt S. 173; Q.: Däniken: Besucher S. 352 f; Q.: Charroux: L'énigme S. 115; Q.: Mooney: Les dieux S. 118
→ Moses
→ Stollen, unterirdische
→ Tula

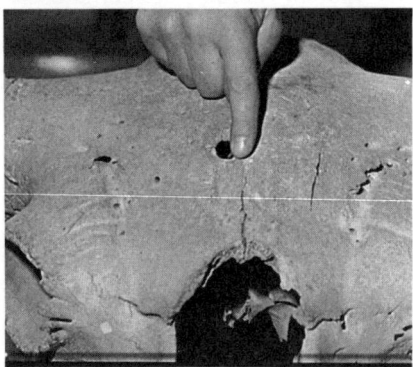

Bisonschädel des Paläontologischen Museums, Moskau. 10 000 Jahre alter Bisonschädel. Q.: Constantin-Film

Schuster (Begleiter des Sirius in der Dogon-Mythologie; Westafrika)
→ Sirius-B
Schu tsch'êng lu (chinesische Überlieferung) → UFO, historische
Schutzräume, unterirdische vgl.: Bunker
vgl.: Stollen, unterirdische
Schwarzalfenheim (Welt der germanischen Mythologie) → Herkunft der Götter
Schweben (von Gegenständen) vgl.: Gravitation, Aufhebung der
vgl.: Telekinese
Schweben (von Personen)
vgl.: Levitation
Schweben des göttlichen Geistes Wie soll das S'd'g'G' in *Genesis 1,2* verstanden werden? Handelt es sich wirklich nur um eine Allegorie der Allgegenwart Gottes, oder liegt hier ein anderes Verständnis verborgen? Sah man vielleicht das Himmelsschiff *(UFO,* historische) Gottes über den Wassern schweben? Q.: Dopatka: Spiegelbild
Schweden → Felszeichnungen
Schweiz → Felszeichnungen
→ Mittelalter
Schwerelosigkeit → Gravitation, Aufhebung der
→ Herkunft der Götter
→ Levitation
→ Schöpfung
vgl.: Schwerkraft
Schwerkraft → Astronomie
→ Enkidu
→ Etana und der Adler
→ Ezechiel
→ Sirius-B
vgl.: Schwerelosigkeit
Schwerta (Welt der Götter Akakors; Brasilien) → Akakor
Schwimmhäute → Erkennen der Götter
→ Orejona
vgl.: Fischmenschen (bzw. -götter)
Science Fiction Das Thema der *Prä-Astronautik,* der Besuch außerirdischer Intelligenzen in der Vorzeit, ist auch Stoff vieler SF-Romane. So in der folgenden Auswahl von Titeln, die teilweise kurz besprochen sind:
Darlton, Clark (= Pseud.: Ernsting, Walter): Das ewige Gesetz. Rastatt 1957. In diesem Roman hat eine fremde Rasse, Lichtjahre entfernt von der Erde, sich den Auftrag gestellt, auf leblosen Planeten Leben in der Form von Urschlamm zu erzeugen. Auch die Erde wurde auf diese Weise befruchtet. In späteren Zeiten zu ihr zurückgekehrt, kommt es zu Konflikten mit den Eingeborenen. Das Ergebnis sind Götterkriege, Bestrafungen und der Untergang von Atlantis.
Darlton, Clark (= Pseud.: Ernsting, Walter): Planet Lerks III. Rastatt 1957. Außerirdische besuchen die Erde in

der Vorzeit und hinterlassen Spuren und Relikte, die erst von einer späteren, technischen Zivilisation zu deuten sind.
Darlton, Clark (= Pseud.: Ernsting, Walter): Und Satan wird kommen. Rastatt 1956. Amerikaner landen als erste Menschen auf dem Mond und finden Spuren einer außerirdischen Rasse, die die Erde seit Jahrtausenden beobachten. Manchmal greifen sie auch in unsere Entwicklung ein, und da sie so aussehen, wie die Menschen sich den Teufel vorstellen, werden dadurch Sagen und religiöse Mythen gedeutet.
Darlton, Clark (= Pseud.: Ernsting, Walter): Vater der Menschheit. Rastatt 1958. In ferner Zukunft entdeckt eine irdische Raumstation eine Roboterrasse, die Experimente mit organischem Leben durchführt. Eines dieser Experimente mißlang, es entstand eine kriegerische und störrische Rasse: die Menschen. Die Roboter waren unsere Väter und späteren Götter.
Darlton, Clark (= Pseud.: Ernsting, Walter): Die Zeit ist gegen uns. Rastatt 1956. Mit einer Photonenrakete kommen Menschen aus der Zukunft zurück zur Erde, auf der sich gerade der primitive Mensch entwickelt. Ihre Spuren sind noch heute in Sagen und Mythen zu finden. Die »Götter« waren Mensch ein- und derselben Erde, die infolge der Überschreitung der Lichtgeschwindigkeit in die Vergangenheit stürzten.
Derleth, August: The house in the valley. In: Weird Tales. New York 1953.
Derleth, August: The return of Hastur. In: Weird Tales. New York 1939. Zwei Männer sind auf der Suche nach den Götter-Astronauten. Dabei werden sie mit ihnen persönlich konfrontiert.
Derleth, August: The sandwin compact. In: Weird Tales. New York 1940.
Derleth, August; *Lovecraft,* Howard Phillips: Something in the wood. In: Weird Tales. New York 1947.
Dolezal, Erich: Von Göttern entführt. Wien, München 1972. Aus den archäologischen Spuren der Außerirdischen machen Wissenschaftler deren Heimatplaneten ausfindig. Eine Expedition startet...
Erler, Rainer: Die Delegation. München, Gütersloh, Wien 1973. Kam der Fernsehreporter Will Roczinski bei einem Verkehrsunfall ums Leben – oder wurde er Opfer außerirdischer Besucher? Dokumentarisch verfolgt der Autor die Protokolle seines Lebens. Die Spuren von Filmrollen, Tonbändern und Tagebuchnotizen führen ihn nach Nazca in Peru. Geschah im Gebiet der riesigen Scharrbilder prähistorischer Zeit erneut eine Landung außerirdischer Intelligenzen?
Ernsting, Walter (= Darlton, Clark: Pseud.): Das Geheimnis im Atlantik. Stuttgart 1976. Zu allen Zeiten verschwanden Menschen im geheimnisvollen Bermuda-Dreieck. Sie finden sich wieder in einem unterseeischen Reich, einer eigenen Welt. Verlegten sich dorthin die Atlanter, nachdem sie aus dem Weltall angegriffen wurden? Gibt es ein Entrinnen aus diesem gigantischen Gefängnis?
Ernsting, Walter (= Darlton, Clark: Pseud.): Le jour ou moururent les dieux. Paris 1975. = The day the gods died. New York 1976. = Der Tag, an dem die Götter starben. Düsseldorf 1979. Der Roman beschreibt die fiktive Zuendeführung der Theorie der Prä-Astronautik, also einen realen Kontakt mit denjenigen Außerirdischen, die in ferner Vergangenheit unseren Vorfahren erschienen.
Ernsting, Walter (= Darlton, Clark: Pseud.): Das Rätsel der Urwaldhöhlen. München 1973. In den Höhlen der Anden entdeckt ein Forscher ein intaktes Raumschiff Außerirdischer,

die vor fünfzigtausend Jahren auf der Erde notlandeten und blieben, weil sie Feinde im Weltall besaßen. Filme zeigen, was damals geschah. Man hat das Geheimnis der »Götter« entdeckt.

Ernsting, Walter (= Darlton, Clark: Pseud.): Das Weltraumabenteuer. Gütersloh 1965. Eine Expedition zum Mars macht auf einem Asteroiden eine Zwischenlandung und findet dort die automatische Warnstation einer außerirdischen Rasse, die vor Jahrtausenden die Erde besuchte.

Die *Götter* aus dem All. Bergisch Gladbach 1978 ff. In dieser Comic-Serie nach Erich von *Däniken* werden seine Theorien und Spekulationen in Bildergeschichten erzählt.

Holk, Freder van (= Pseud.: Müller, Paul Alfred): Blaue Kugel. 3. Aufl. München 1949. Thema ist die Landung von Außerirdischen in den Anden. Forscher finden dort in 4000 Meter Höhe ihr noch intaktes Raumschiff.

Hughes, Zach: Seed of the gods. New York 1974. Erich von *Dänikens* Weltbild – UFO's in der Vergangenheit – wird romanhaft nachempfunden.

Kiaulehn, Walther: Die eisernen Engel. Berlin 1935.

Krupkat, Günther: Als die Götter starben. Ost-Berlin 1967. Sodoms und Gomorrhas Untergang wird durch die Götter-Astronauten verursacht.

Langrenus, Manfred (= Pseud.: Hecht, Friedrich): Reich im Mond. Würzburg, Wien 1958. Die nach einem kosmischen Krieg Überlebenden des Planeten Atlan siedeln sich auf dem Mond und einem Kontinent der Erde an. Sie schufen den »Archäopithecus lunaris«, den Vorfahren der Menschen. Atlantis, ihre Siedlung, ging in einer Katastrophe unter.

Lovecraft, Howard Phillips: At the mountain of madness. In: Astounding Stories. New York 1936. Eine Expediton der Miscatonic Universität entdeckt einen verlassenen Götterstützpunkt in der Antarktis.

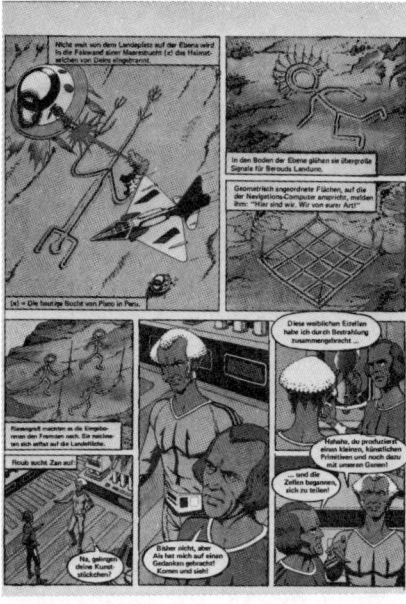

Science Fiction. Q.: Bastei-Verlag, Bergisch Gladbach

Lovecraft, Howard Phillips: The call of Cthulhu. In: Weird Tales. New York 1928. Mysteriöse Reliefdarstellungen mit Fischwesen, Schriften und kultischen Gegenständen, auf der ganzen Welt zusammengetragen, führen zu dem Wesen Cthulhu, das auf einer Insel im Pazifik haust. Vor langer Zeit kam es aus dem All zur Erde.
Lovecraft, Howard Phillips: The haunter of the dark. In: Weird Tales. New York 1936. Robert Blake findet in einer alten Kirche einen Trapezoeder, der von einer nichtirdischen Rasse in der Vorzeit auf die Erde gebracht wurde. Sobald man in den Trapezoeder schaut, erkennt man eine fremde Landschaft auf einem unbekannten Planeten. Blake stirbt anschließend unter mysteriösen Umständen.
Lovecraft, Howard Phillips: The nameless city. In: Weird Tales. New York 1938. In einer versunkenen Stadt in der arabischen Wüste werden mehrere mumifizierte, reptilienartige Wesen mit menschlichen Händen und Füßen in Särgen gefunden: Götter von außerhalb der Erde.
Lovecraft, Howard Phillips: Dagon. In: Weird Tales. New York 1923. Ein Schiffbrüchiger strandet an einer pazifischen Insel, auf der Monolithe mit unbekannten Schriftzeichen stehen und eingravierte Zeichnungen von fischartigen Wesen auf den Besuch von Göttern hindeuten.
Lovecraft, Howard Phillips: The shadow out of time. In: The outsider and others. Sauk City, Wisc. 1939. Thema ist die Entdeckung eines antiken unterirdischen Götter-Astronautenstützpunktes in der Wüste von West-Australien.
Lovecraft, Howard Phillips: The whisperer in the darkness. In: Weird Tales. New York 1931. Ein alter, in den Bergen von Boston wohnender Mann nimmt Kontakt auf mit Wesen eines fremden Planeten, die schon vor der Existenz der Menschheit auf der Erde waren. Der Mann wird später zu ihrem Heimatplaneten entführt.
Mnačko, Ladislav: Der Gigant. München, Wien 1978. Im Bermuda-Dreieck verschwinden Frauen – sämtlich alle unbekleidet. Ein Geheimagent versucht in dieser Persiflage das Rätsel zu lösen.
Myler, Lok (= Pseud.: *Müller,* Paul Alfred): Die Schleier des Kondors. Leipzig 1934. Sun Koh. Bd. 20. In den Anden finden sich seltsame Relikte, die nur durch den Besuch außerirdischer Intelligenzen erklärt werden können. Die Wesen müssen sich sehr lange auf der Erde aufgehalten haben.
Parry, Michel: Chariots of fire. Aylesbury 1974. Boaz, ein Jäger im peruanischen Dschungel, entdeckt einen »flammenden Mond«, der auf die Erde hinabschwebt und am Titicacasee landet. Wesen, die dem Fahrzeug entsteigen, nehmen Kontakt mit den Einheimischen auf – eine neue Kulturepoche bricht an.
Rasch, Carlos: Der blaue Planet. Berlin (Ost) 1963.
Rusoff, Garry: Spear of fire. New York 1977.
Rusoff, Garry; *Parry,* Michel: Throne of fire. New York 1977.
Sun Koh. Leipzig: A. Bergmann. Verschiedene Einzelstories in der Serie »Sun Koh« handeln von den Themen Atlantis, Raumschiffe vor vielen tausend Jahren und vom Eingreifen Außerirdischer in die kulturelle Entwicklung des Menschen. Profilierter Autor dabei ist Paul Alfred *Müller,* auch bekannt unter den Pseudonymen Freder van *Holk* und Lok *Myler.* Q.: Krassa: Däniken S. 176
Tuschel, Karl-Heinz: Die Terrasse von A'hi-nur. Berlin (Ost) 1968. Meridian 12. Aus mythologischen Quellen wird in dieser SF-Geschichte auf den Untergang von Atlantis geschlossen. An der Terrasse von Baalbek erkennt

330 Science Fiction

man, daß die Ereignisse der Vergangenheit mit außerirdischen Kosmonauten zusammenhängen müssen. Unglaubliche Ereignisse folgen.
UFO – Begegnungen der dritten Art. Frankfurt a. M. 1978 ff. In den SF-Taschenbüchern, in Comic-Art gestaltet, werden erlebte Begegnungen mit Außerirdischen geschildert. Die Redaktion der ursprünglich amerikanischen Beiträge haben Wolfgang M. *Biehler,* Helga *Biehler* und Robert *Wantke.* Dabei wurden nicht nur UFO-Kontakte aus unserem Jahrhundert, sondern auch historische nachgezeichnet.

Science Fiction. Q.: Condor Print & Verlag GmbH, Frankfurt a. M.

→ Däniken, Erich von
→ Ernsting, Walter
→ Flindt, Max H.
→ Prä-Astronautik
→ Sirius
→ Sodom und Gomorrha
→ Teilhard de Chardin, Marie-Joseph
Sebha (libysche Oase) → Kulturen, versunkene
Segnungen → Jakob
Segu (Bezirk Malis; Westafrika)
→ Sirius-B
Seide → Kulturbringer, Götter als
Seiner, Franz (ehemaliger Mitarbeiter Erich von Dänikens)
→ Stollen, unterirdische
Seisithros vgl.: Sisithros

Seismographen Wie in Joseph Needhams monumentaler Geschichte der Wissenschaft in China festgestellt, verfügte man im alten *China* über hochempfindliche S' und fertigte vollständige Verzeichnisse der *Erdbeben* von 780 v. Chr. bis 1644 n. Chr. an. Einer jener begabten *Ingenieure* war der Hofastronom *Chang Heng* (78–139 n. Chr.). Q.: Krassa: Gelbe Götter S. 54 f
Wenn andere Erfindungen auf Anregungen der Götter zustande kamen – warum denn nicht auch hier?
Sekumeh (Schöpfung des Gottes Nzame; Afrika) → Schöpfung
Selemia (Schreibkundiger Esras; Altes Testament) → Esra
Seler, Eduard (Amerikanist)
→ Sacsayhuaman
Seleuka (mesopotamischer Fundort) → Batterien
Selhus, Wilhelm (= Pseud.: Sandermann, Wilhelm; Autor) → Kritiker
Selknam (oder Ona; Stamm aus Feuerland) → Schöpfung
Semantik vgl.: Wortbedeutungen
Semele (griechische Mythologie; Geliebte des Zeus; Mutter des Dionysos) → Aussetzung von Kindern
Semjasa (jüdische Mythologie; Anführer der revoltierenden *Engel)*
→ Gottessöhne
Seneca, Lucius Annaeus (4 v. Chr.–65 n. Chr.; römischer Philosoph) → UFO, historische
Sennacherib (auch Sanherib; König von Assyrien; 704–681 v. Chr.; Nachfolger Sargons II.) → Moses
Senyavin-Inseln (Karolinen; Mikronesien) → Bauwerke
→ Nan Madol
(Übersicht über einzelne Inseln:)
→ Kusaie
→ Ponape
Seram (indonesische Insel)
→ Sintflut
Serapeion (Serapis-Heiligtum, Standort der Bibliothek in Alexandria) → Vernichtung von Schriftzeugnissen

Seraphen (Seraphim; schlangengestaltige, sechsflügelige Engel des Alten Testaments) → Jesaja
→ UFO, historische
Seraphim (Erzengel; Altes Testament und Apokryphen) → Henoch
Sete Aguas (»Sieben Seen«; Brasilien) → Kuriositäten
Sete Cidades (»Sieben Städte«; Felsenanlage in Brasilien)
→ Felszeichnungen
SETI (Search for extraterrestrial intelligence) → Kommunikation, interstellare
Seti I. (Pharao; 1307–1290 v. Chr.)
→ Moses
Seuchen → Moses
→ Reue (der Götter)
→ Schlangen
→ UFO, historische
vgl.: B-Waffen
vgl.: Krankheiten
Shambala (mysteriöses unterirdisches Reich; vielleicht in der Wüste Gobi) → Stollen, unterirdische
Shang-Dynastie (China)
→ Kulturbringer, Götter als
→ Lebensdauer
→ Thailand
Shan-hai-ching (= Schang hai tsching; Werk des Kuo P'o) → Kuo P'o
Schang hai king (= Schang hai tsching; Werk des Kuo P'o) → Kuo P'o
Shansi (chinesische Provinz) → Kun
Shantung (chinesische Provinz)
→ Gravuren
→ Mumien
Sharaba (Ruinenanlage bei der Oase Marzuq, Libyen) → Kulturen, versunkene
Shata-patha-brâhmana Im S'-p'-b', einer Erläuterungsschrift zu den *Vedas*, wird die Geschichte eines Königs erzählt *(Sagen),* der trotz seines gewaltigen Harems kinderlos geblieben war.
Zwei Götterboten, die auf Besuch weilten, rieten ihm, sich doch an den Gott *Varuna* zu wenden. Tatsächlich wurde dem Fürsten (und *Kontaktler?)* geholfen – allerdings unter der Bedingung, eben diesen Sohn dem Gott wieder zu opfern. Das Versprechen wurde jedoch so lange hinausgeschoben, daß der Sohn entkommen konnte. Ein Brahmane *(Brahmanen)* sprang in die Bresche und bot seinen Sohn an Stelle des Prinzen an.
Diese Geschichte hat so enge Beziehung zur Erscheinung von *Mamre* des Alten Testaments, daß man die Hypothese wagte, Indien sei das Ursprungsland dieser Sage *(Sagen).* Die Wörter »Abraham« und »Brahmane« *(Brahmanen)* und das betroffene Königsgeschlecht der »*Ikschwakiden*« und der Name »*Isaak*«, auch »*Ischâk*« genannt, könnten verwandt sein. Q.: Dopatka: Spiegelbild; Q.: Böttcher: Gott Beziehungen bestehen ebenfalls zur Geschichte des *Hyrieus*.
→ Hyrieus
→ Mamre
Shen-nung (ochsenköpfige chinesische Gottheit) → Höhlen
→ Kulturbringer, Götter als
Shensi (chinesische Provinz) → Kun
→ Röntgen-Gerät
Sherda (Oase im Bergland von Tibesti; Zentral-Sahara) → Sirius-B
Shesha (indische Gottheit)
→ Waffen der Götter
Shi-Chi (chinesischer Literat)
→ Erkennen der Götter
Shi Ching → Shu-king
Shih Huang-ti (chinesischer Kaiser; 221–210 v. Chr.) → Vernichtung von Schriftzeugnissen
Shippee, Robert (Expeditionsleiter)
→ Bauwerke
Shiva (hinduistische Gottheit)
→ Fruchtbarkeitskult
→ Verbindung von Himmel und Erde
→ Waffen der Götter
Shklovsky, Iosif Samuilovich (Astronom) → Exobiologie
→ Humanoiden
Shoo King → Shu-king

Shu-king Das chinesische Buch der Urkunden soll zwischen 800 und 600 v. Chr. entstanden sein. Q.: Kohlenberg: Vorzeit S. 17; Q.: Shoo King. Legge
→ Berge, heilige
→ Höhlen
→ Teleskope
→ Verbindung von Himmel und Erde
Shuruppak → Schuruppak
Si (Mondgott der Chimu) → Götter, bärtige
Sibirien Mehrere sibirische *Sagen* berichten von einem anonymen Krieger mit »blendenden Pfeilen«. Wer ihn verspottete, wurde in Luft »aufgelöst« *(Entmaterialisierungen; Konfrontationen Götter kontra Menschen).* Schließlich flog er auf einer goldenen Muschel *(Muscheln, fliegende; Färbung)* zurück zu den Sternen *(Waffen der Götter; UFO,* historische). Er taucht auch in *Schamanen*erzählungen auf, wo es heißt, er habe geweissagt *(Prophezeiungen).* Zahlreiche alte *Felszeichnungen,* z. T. göttliche Wesen mit Köpfen in Form von konzentrischen Kreisen und mit Sonnenstrahlen darstellend, deuten darauf hin, daß die vorgeschichtlichen Bewohner des Großraumes S' dem Kosmos große Beachtung schenkten. Q.: Krassa: Gott S. 154; Q.: Biedermann: Bildsymbole S. 110 f
→ Berge, heilige
→ Kulturbringer, Götter als
→ Operationen (med.)
→ Schöpfung
→ Tunguska-Explosion
→ UFO, historische
vgl.: Sowjetunion
Sichtbarwerden
vgl.: Erscheinungen
vgl.: Materialisierungen
Siddim (fiktiver Name Sodoms in einer Science-Fiction-Geschichte)
→ Sodom und Gomorrha
Siegfried (Figur des Nibelungenliedes)
→ Aussetzung von Kindern

Sierra Nevada (USA) → Bauwerke
→ Kulturen, versunkene
→ Sintflut
Sigui (=Sirius der westafrikanischen Dogon und anderer Stämme)
→ Sirius-B
Silaki Ali Hassan (arabischer Gelehrter) → Kulturen, versunkene
Silber → Crespi, Carlo
Silex (Feuerstein) → Gral, heiliger
Simbabwe (auch Zimbabwe) ist der Name eines 1871 entdeckten Ruinenfeldes am Oberlauf des Sabi in Südostafrika. Die bekanntesten Anlagen sind der »elliptische Tempel« mit seinen 10 Meter hohen Umfassungsmauern, die an der Basis 4,50 Meter breit sind, mit dem »konischen Turm« sowie der »Akropolis«. Die S'-Bauwerke sind mörtellos aus Granitblöcken zusammengefügt, die z. T. in formschönen Ornamenten ausgelegt sind. Die Anlage von S' in *Rhodesien* steht nicht isoliert von anderen Kulturen da. Auch wenn sie

Simbabwe. Q.: Erich von Däniken

jüngeren Datums ist und nicht vor das 5. Jhd. zurückreichen soll, kommen ähnliche Baustile in aller Welt vor.
Der stumpfkegelförmige Turm von S' hat Parallelen in Südamerika *(Bauwerke; Rhodesien)*. Die Türme dort wurden bei den *Inkas* »Zimmer der fliegenden Menschen« *(UFO,* historische; *Humanoiden)* genannt und sind unter dem Namen »*Chullpas*« bekannt. Q.: Hutin: Hommes S. 57 Während jedoch die *Chullpas* im Inneren hohl sind und in der Vorinkazeit *(Prä-Inka)* als Begräbnisplätze dienten, ist der konische Turm von S' kompakt gebaut – sein Zweck ist daher völlig unbekannt.
Nicht nur in *Peru,* sondern auch im *Vallone del Gravio (Italien),* in *Tiryns* und *Mykene (Griechenland)* wurden ähnliche kegelförmigen Bauten entdeckt *(Bauwerke).* Q.: Kolosimo: Viel Dinge S. 138
Ruinen wie diejenigen S's befinden sich nicht nur in *Rhodesien,* sondern auch in *Mosambique* und dem nördlichen *Transvaal (Südafrika).*
Fundstellen ähnlicher Art wie S' sind im südlichen Afrika *Khami, Dhlo-Dhlo, Naletale* und die *Terraces.* Q.: Baker: Rassen
Ähnliche, allerdings nur etwa 1,5 Meter hohe und bis 2,5 Meter breite Kalkmörtelbauten findet man auf *Neu-Kaledonien (Melanesien)* und nach Angaben des Forschers Louis Claude de *Freycinet* auf *Tinian (Marianen; Melanesien).* Sie alle haben Zylinderform. Q.: Bergier: Le livre S. 77 ff
Kegelstumpfförmige Säulen findet man auf den *Marianen (Mikronesien),* eine befriedigende Erklärung kennen die Archäologen nicht *(Bauwerke).* Q.: Kolosimo: Viel Dinge S. 151
→ Sirius-B
Simón, Pedro (spanischer Chronist) → Schöpfung
Simon bar Jochai (130–170 n. Chr.; Rabbiner) → Herkunft der Götter

Sin (sumerischer Mondgott)
→ Götter, bärtige
Sinai (Halbinsel, Berg)
→ Gesetze
→ Moses
→ Wunder
vgl.: Berge, heilige
Sinkaia (ehemaliger Häuptling der brasilianischen Ugha-Mongulala-Indios) → Akakor
Sinnbilder vgl.: Ideogramme
vgl.: Symbole
Sintflut Der Name (althochdeutsch »sintfluot«) bedeutet »große Flut«; die volkstümliche Schreibung »Sündflut« deutet auf das in der Bibel erzählte Strafgericht Gottes hin, der durch eine allgemeine Überschwemmung die sündige Menschheit zum Großteil ausgerottet haben soll. Ähnliche Flutsagen sind fast über die ganze Erde verbreitet und berichten allgemein: Eine (oder mehrere) Überschwemmungskatastrophe(n) verwüsteten weite Gebiete unserer Erde *(Katastrophen).* Hatten sie künstliche Ursachen, waren die Götter-Astronauten direkt beteiligt *(Wetterbeeinflussung; Grausamkeit)*? Q.: Dopatka: Spiegelbild; Q.: Kohlenberg: Vorzeit S. 406 ff
Genügend Menschen retteten sich, teilweise mit Booten, teilweise auf Berge oder in nicht betroffene Gebiete, so daß das Fortbestehen der Menschheit ungefährdet blieb. Die Kunde aber drang in alle Gebiete unseres Planeten. Die Übriggebliebenen erlebten die Aktivitäten der außerirdischen Kulturbringer natürlich umso intensiver. Q.: Dopatka: Spiegelbild
Robert *Charroux* und auch Immanuel *Velikovsky* machen sogar das »Eindringen des Planeten *Venus* in unser Sonnensystem« für die Sintflut verantwortlich *(Katastrophen,* kosmische). Vielleicht ist diese Hypothese falsch – der Grundgedanke, eine weltumspannende Katastrophe, die ihre Ursache im Kosmos hat, kann

dagegen durchaus ernst genommen werden. Q.: Charroux: Welten; Q.: Marx: Aus den Hochburgen
Dem *Kalewala (Finnland)* zufolge löscht eine Flut den Weltbrand, den ein flammender Feuerball *(Feuerbälle)* bei seinem Sturz vom Himmel ausgelöst hatte. Q.: Kohlenberg: Vorzeit S. 416; Q.: Kalewala. Lönnrot *Noah* entspricht im mediterranen Raum *Deukalion.* Q.: Dopatka: Spiegelbild
Mit *Deukalion* wurde dessen Frau *Pyrrha* gerettet. Q.: Navia: Unsere Wiege S. 112
In *Griechenland* werden als Landeplätze der Arche die Berge *Parnassos, Othrys* und *Athos* genannt. Q.: Kohlenberg: Vorzeit S. 424 f; Q.: Andree: Flutsagen
Die späteren *Orakel*stätten *Dodona* mit dem *Tomarosmassiv (Berge,* heilige), Westgriechenland, und *Delphi* stritten sich, ob die Arche in ihrer Nähe auf Grund lief. Seltsamerweise liegen *Dodona* und der biblische *Ararat,* bei dem das Heiligtum *Metsamor* lag, auf demselben Breitengrad. *Metsamor,* das Zeus-Heiligtum *Dodona* und das ägyptische *Theben* liegen genau an den Endpunkten eines gleichseitigen Dreiecks. Zufälle oder Zusammenhänge? Q.: Temple: Sirius-Rätsel S. 144
Die Erklärung für derartige geographische *(Geographie)* Zusammenhänge könnte ein geodätisches System sein, das von *Ägypten* ausging *(Geodäsie).* Hierbei waren die Städte *Behdet* (später *Canopus,* Nordägypten) und *Theben* Ausgangspunkte, die etwa die Stellung des heutigen Greenwich hatten. An wichtigen Punkten der nach diesen Zentren entstandenen Längen- und Breitengrade wurden Heiligtümer geschaffen und sogenannte *Omphalos-*(Nabel-)*steine* aufgestellt. Ein Omphalos im Tempel von *Theben* symbolisierte sogar den Gott *Amun (Ägypten).*

Sintflut. Q.: R. K. G. Temple

Die Änderung dieses geodätischen Systems durch den Pharao *Echnaton* (1372–1354 v. Chr.) hatte die Revolte der *Priester*schaft zur Folge. Seine neuen Markierungssteine wurden fast restlos vernichtet. Vieles deutet darauf hin, daß mit diesem geographischen System auch Informationen für spätere Generationen überliefert werden sollten: so z. B. durch das Abbild des Sternbildes *Argo*

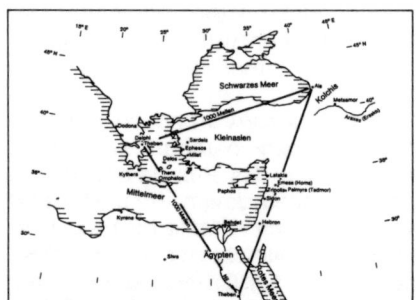

Sintflut. Q.: R. K. G. Temple

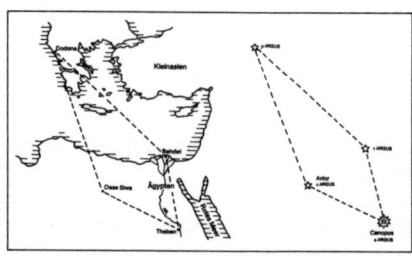

Sintflut. Q.: R. K. G. Temple

Sintflut 335

(Sternbild *Argo),* bestimmte Hinweise auf das *Sirius-B*-Mysterium.
Nach der Mythologie der *Dogon* aus *Mali* ist *Sirius* der Nabel der Welt. Q.: Temple: Sirius-Rätsel S. 139 ff, 366
Nach *Genesis 6,6* »... reute es den Herrn, daß er den Menschen geschaffen hatte ...« *(Reue),* und er versuchte ihn zu vernichten. Q.: Däniken: Zurück S. 265; Q.: Navia: Unsere Wiege S. 111 ff; Q.: Däniken: Beweise S. 267
Die S' – künstlich hervorgerufen oder eine gewöhnliche Naturkatastrophe, die die Götter für ihre Pläne ausnützten? Das Buch *Henoch* (10,2) scheint diese Annahme zu bestätigen. Danach war eine »... Wasserflut im Begriff, über die ganze Erde zu kommen«. Verbürgt ist uns das Hervortreten der Wasser der Tiefe. Stieg der Meeresspiegel etwa plötzlich durch das abrupte Schmelzen des Inlandeises einiger Polgebiete?
Im Buch *Henoch* (67,2) heißt es sogar: »Und nun werden die *Engel* ein hölzernes Gebäude zurechtmachen.« Die *Arche* – Werk der Götter? Q.: Dopatka: Spiegelbild
Sie mußte stabil konstruiert sein, falls es sich nun um den viereckigen Kasten des *Gilgamesch-Epos'* oder um das Urschiff der Bibel handelte. Q.: Däniken: Erinnerungen S. 79 ff
Ob man in unseren Tagen von ihr noch Reste finden wird, bleibt fraglich. Dabei hat der Berg *Nisir,* 2600 Meter, allerdings mehr Chancen als der 5165 Meter hohe *Ararat,* der nicht direkt im Überschwemmungsgebiet lag.
Jüngste Satellitenaufnahmen des *Ararat* geben aber wieder Anlaß zur Spekulation, da man Wrack-Umrisse erkannt haben will – was man sehr skeptisch beurteilen muß. Auch wird angenommen, das nicht der Berg, sondern das Land *Ararat* in der Bibel gemeint war. Dies würde das Bergland *Urartu* (Wohngebiet des Volkes der Urartäer) bedeuten.

Aus dem Versprechen Gottes, nicht mehr die Erde zu vernichten um des Menschen willen *(Genesis 8,21),* spricht ganz ungöttlich wieder *Reue* heraus.
Die Sintflutgeschichte der Bibel, *Genesis 6,13 ff,* steht nicht isoliert in dem Überlieferungsreigen. Dem alttestamentarischen *Noah* entspricht im *Gilgamesch-Epos* der Held *Utnapischtim (Sagen).*
Aus dem sumerisch-babylonischen Mythenkreis *(Sumer; Babylon; Sagen)* ist uns eindeutig überliefert, daß die Götter, bzw. das Königtum, nach der Sintflut wieder vom Himmel herabstiegen *(Wiederkehr der Götter).* Q.: Dopatka: Spiegelbild
Nach den in *Nippur* gefundenen sumerischen *(Sumer)* Tontafeln *(Schriften)* hieß der Noah der Sumerer *Ziusudra* und soll seine Arche in *Schuruppak* gebaut haben. Das *Gilgamesch-Epos* mit seinen Schilderungen geht aller Wahrscheinlichkeit nach auf diesen noch älteren Mythos zurück. Q.: Däniken: Erinnerungen S. 89 f
Nach Fragmenten des babylonischen Baal-Priesters *Berossos* (3. Jhd. v. Chr.), die in der griechischen Überlieferung bewahrt wurden *(Babylon; Griechenland),* soll ein König *Seisithros* (=*Sisithros* = *Ziusudra*) vom Gott *Kronos* (=*Enlil?*) aufgefordert worden sein, alle *Schriften* in der »Sonnenstadt der *Sipparer*« (heute: *Abu-Habba), Sippar,* niederzulegen. Danach folgten Wolkenbrüche, und nachdem der König Vögel aussandte (der dritte Versuch hatte Erfolg), wurde er »aus der Menschen Mitte entrückt« *(Entführungen).* Damit braucht nicht unbedingt der Tod gemeint worden zu sein, da der König schon die Zeit davor »von Gott erfüllt« war. Man landete in *Armenien (Sowjetunion).* In einer Version dieser Erzählung des *Alexander Polyhistor aus Milet* (1. Jhd. v. Chr.) hieß der König *Xisuthros* (= *Ziusudra),* der

Schriften, in denen sich das Wissen seiner Zeit befand, bei den *Sipparern* vergrub. Nach der Strandung seiner Arche brachten er und einige Begleiter ein Dankopfer *(Opfer).* Daraufhin wurden er und alle entführt, und er konnte den vom Schiff zur Hilfe Eilenden nur noch den Rat aus dem Himmel zurufen, sie sollten die *Schriften* wieder ausgraben und sich an ihren Inhalt halten. Teile und Stückchen der Arche wurden von den einheimischen Armeniern als Heiligtümer und *Amulette* verehrt. Q.: Temple: Sirius-Rätsel S. 322 ff
Noah entspricht auch der persische *Yima (Persien).*
Kein Boot, sondern die Festungsanlage *Vara* nimmt in der persischen Mythologie *(Sagen)* Tiere und Pflanzen samt auserwählten Menschen auf. Verantwortlich dafür ist der Urkönig *Yima* oder *Dschamsid* in Zusammenarbeit mit der Gottheit *Ahura Mazda,* dem Prinzip des Lichten und Guten *(Persien).* Q.: Kohlenberg: Vorzeit S. 398 f; Q.: West: Grundriß
Die indische Mythologie weiß von *Manu,* auch Manu Satyavara oder Vaivasvrata genannt, der die Flut im *Himalaya* überlebte und danach von *Brahma,* dem Allgott, Gesetze erhielt *(Indien; Sagen).* Q.: Däniken: Erscheinungen S. 288
In *Ksemendra's* Dasavatacarita wird der indische Noah *Manu* von einem riesigen goldenen Fisch *(Schiffe)* gerettet, der ein gewaltiges funkensprühendes Horn auf dem Rücken trägt. Um dieses Horn kann er eine Schlange werfen und sich abschleppen lassen. Dabei erzeugt der Fisch eine gewaltige Bugwelle und zieht ein ebenso großes Wellental nach sich, schwimmt bzw. fährt also mit erheblicher Geschwindigkeit. Die hier durchscheinenden *Sagen* enthalten viele technische Aspekte, die an ein Vorhandensein von Motorschiffen glauben lassen. Q.: Kohlenberg: Vorzeit S. 350 f

Noah entspricht bei den Hindus *(Hinduismus) Baisbasbata (Indien).* Q.: Dopatka: Spiegelbild
Dem indischen *Matsyapurana* nach bauten die Götter auch selbst das Schiff *Devanavam (Schiffe).* Q.: Kohlenberg: Vorzeit S. 411
Dem *Mahabharata (Indien)* nach baut *Manu* oder Vaivasvrata nach Plänen *Vishnus* ein Schiff, auf dem er auch *Samen* verschiedener Art zu retten hat. Q.: Kohlenberg: Vorzeit S. 410 f; Q.: Mahabharata. Roy
Schiffe landeten auf dem indischen *Neubandhanam* und dem nepalesischen *Tendung* der *Leptscha (Indien; Nepal).*
Die *Mincopi* der *Andamanen-Inseln* nennen den Berg *Wolaemi (Indien).* Q.: Kohlenberg: Vorzeit S. 424 f; Q.: Andree: Flutsagen
Die *Sagen* der *Miaou* (Meau, Miaotse), eines chinesischen Volksstammes, berichten, daß zwei Menschenpaare sich in ehernen *(Metalle)* Trommeln gerettet haben sollen. Eine davon aber versank *(Unfälle; China; Schiffe).* Q.: Krassa: Gelbe Götter S. 135
Yü war Flutüberlebender der chinesischen Mythologie *(China).* Q.: Däniken: Aussaat S. 108
Auf dem Berg *Nusaku* auf *Seram* sollen sich noch Überreste des rettenden Schiffes finden bzw. soll vor Urzeiten ein Schiff gelandet sein *(Indonesien).* Q.: Kohlenberg: Vorzeit S. 424 f; Q.: Andree: Flutsagen
Auf den *Fidschi-Inseln (Polynesien)* gilt der Berg *Mbengge* als Landeplatz der Arche.
Ihm entspricht auf den *Gesellschafts-Inseln (Polynesien)* die Insel *Toa-marama,* eine Nachbarinsel von *Raiatea.* Q.: Kohlenberg: Vorzeit S. 424 f; Q.: Andree: Flutsagen
Die Eingeborenen *Hawaiis (Polynesien)* erinnern sich einer Flut, die die zornige *Hine* angestiftet hatte und die die ganze Welt untertauchte. Zwei Menschen wären dann auf dem

Sintflut 337

Mauna Kea mit einem Boot gerettet worden. Q.: Kohlenberg: Vorzeit S. 416; Q.: Jarves: History
Die Ost-*Pomo*, ein Stamm der *Hoka*-Indianer *(USA)*, erzählen *(Sagen)* von einer Menschheit, die grausam und böse war, in ehernen *(Metalle)* Schildkröten *(UFO, historische)* flog und sich im Boden damit eingrub. Sie wurden vom Gott *Marumba* mit der Flut ertränkt. Q.: Kohlenberg: Vorzeit S. 106; Q.: Müller, W.: Sintfluterzählungen
Die amerikanischen Ost-*Pomo* glauben auch, daß die durch *Marumba* hervorgerufene Vernichtung geschah, weil die Menschen »gleich den Göttern zu fliegen« verstanden *(USA; Hoka*-Indianer; Angst; Sagen). Q.: Kohlenberg: Vorzeit S. 407; Q.: Müller, W.: Sintfluterzählungen
Eine Tempelanlage inmitten des *Tahoe*-Sees *(Kalifornien; Sierra Nevada; Nevada; USA)* soll durch die Flut vernichtet worden sein. Dabei sei es in *Panik* zu Handgreiflichkeiten zwischen Menschen und Göttern gekommen, da die Vorfahren der heutigen *Washoe*-Indianer die »Fremden« gehindert hätten, den zentralen Turm zu betreten. Ein großer Geist in Form eines riesigen Vogels *(UFO, historische; Himmelsvögel)* habe die Überlebenden gerettet *(Konfrontationen Götter kontra Menschen; Sagen)*. Q.: Kohlenberg: Vorzeit S. 419; Q.: Bancroft: Native
Im Sintflutbericht der *Delawaren*-Indianer *(USA; Algonkin*-Gruppe), dem bilderschriftlich aufgezeichneten *Walam Olum*, wird von einer dreibeinigen *(Dreibeinigkeit)* Schildkröte *(Schildkröten)* berichtet, die im Wasser wie zu Land ein Kampffahrzeug der Götter war *(Schiffe; UFO, historische)*. Q.: Kohlenberg: Vorzeit S. 353
Die *Mattoal*-Indianer kennen den Mount *Taylor* in Neumexiko *(USA)* als Landeplatz eines Flutschiffes. Q.: Kohlenberg: Vorzeit S. 425; Q.: Andree: Flutsagen

Der Überlebende der mexikanischen Sintflutsage der *Tarasken* in *Michoacán (Mexiko)* war der Priester *Tespi*. Er rettete seine Familie und einen begrenzten Hausstand. Q.: Kohlenberg: Vorzeit S. 410; Q.: Disselhoff: Geschichte
Noah entspricht schließlich *Cocox* bzw. *Tespi* bei den *Azteken (Mexiko)*. Q.: Dopatka: Spiegelbild
Erdgott *Chibchacum* (Chipchacum) der *Muisca (Kolumbien)* überschwemmte einst das Land im Zorn. Er wurde vom Kulturbringer *Bochica* *(Kulturbringer,* Götter als) (der Beziehung zum mexikanischen *Quetzalcoatl* haben könnte – er brachte wie dieser *Gesetze* und war bärtig) *(Götter,* bärtige) nach der Tat auf die gleiche Weise wie der hellenische *Atlas* verurteilt. Q.: Disselhoff: Imperium S. 52; Q.: Dopatka: Spiegelbild
In *Peru* ist der *Ancasmarca* als Landeplatz einer Arche überliefert. Q.: Kohlenberg: Vorzeit S. 525; Q.: Andree: Flutsagen
In den Legenden *(Sagen)* der brasilianischen *Guaraní (Brasilien; Argentinien)* taucht eine gleiche Figur namens *Tamandaré* auf. Q.: Dopatka: Spiegelbild

→ Akakor
→ Entführungen
→ Etana und der Adler
→ Gesetze
→ Gilgamesch
→ Herkunft der Götter
→ Katastrophen
→ Katastrophen, kosmische
→ Konfrontationen der Götter
→ Lebensdauer
→ Moses
→ Oannes
→ Osterinsel
→ Pyramiden
→ Schöpfung
→ Sirius-B
→ Tiahuanaco
→ UFO, historische
→ Verbindung vom Himmel und Erde
→ Zeitdilatation

Sion

Sion (heiliger Berg, südöstlich von Jerusalem) → Berge, heilige
→ Tarnung
Sioux (Indianerstamm; Nordamerika) → Domestizierungen
→ Schöpfung
Sippar (Stadt der Sipparer in Babylonien; heute Abu-Habba)
→ Lebensdauer
→ Sintflut
Sipparer (babylonischer Stamm)
→ Sintflut
Sirenen (»Singende«, fliegende Wesen der griechischen Mythologie)
→ Akustik (der Götter-Fahrzeuge)
Sirius ist ein Fixstern erster Größe, wegen seiner Helligkeit auffällig. Er gehört zum Sternbild des Großen Hundes. Seine Distanz von der Erde beträgt $8^1/_2$ Lichtjahre. Dem S' *(Sterne)*, Sothis genannt, wurde in Ägypten eine ganz besondere Bedeutung beigemessen. Obwohl er nur bei Beginn der Nilüberschwemmung sehr schwach im Morgengrauen dicht über dem Horizont zu sehen war, erstellten die Astronomen einen speziellen S'-*Kalender,* der jedoch unmöglich die einsetzende Nilschwemme ankündigen konnte, da diese von anderen Faktoren abhängt *(Astronomie).* Wozu also? Q.: Däniken: Erinnerungen S. 101 f
Im Zusammenhang mit dem Verschwinden des S' unter den Horizont legte man in *Ägypten* die Dauer der Mumifizierungs-Zeremonie, nämlich 70 Tage, fest *(Mumifizierung).* Q.: Temple: Sirius-Rätsel S. 48, 101
S' war der Stern *(Sterne)* des Merkur und des Buddha *(Römer; Indien).* Er galt als der »große Unterweiser der Menschheit« *(Kulturbringer,* Götter als). Q.: Krassa: Gott S. 46
Brachen von diesem Gestirn die antiken Götter auf *(Herkunft der Götter)?* Q.: Krassa: Gott S. 46
Der Satiriker *Lukianos von Samosata* (120–180 n. Chr.) ließ in einer Art früher *Science-Fiction*-Geschichte 5000 Krieger vom S' mit Hundegesichtern auf fliegenden Eichen oder Eicheln kämpfen *(UFO,* historische). Evtl. mögen hierbei mythologische Quellen durchscheinen. Q.: Wissowa: Paulys Real-Encyclopädie
→ Eier, fliegende
→ Erde
→ Kalender
→ Observatorien
→ Sintflut
→ Sirius-B
→ Strahlen
Sirius-B Der Begleiter des Sirius, ein »weißer Zwergstern« mit unvorstellbar hoher Dichte, wird als Fixstern neunter Größe klassifiziert. Der Wissenschaft ist er erst seit 1844 bekannt und wurde erst 1861 optisch beobachtet; seine Umlaufszeit wurde mit

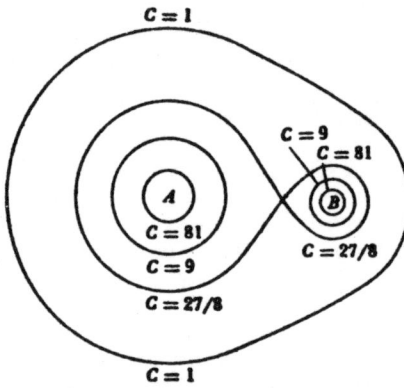

Sirius-B. Dr. Su-Shu Huangs Diagramm möglicher Umlaufbahnen bewohnter Planeten in einem Doppelsternsystem. Bei den Kurven mit verschiedenen Zahlenangaben für C handelt es sich um gedachte Planetenbahnen, eine davon hat die Form einer 8. Die jüngste veröffentlichte Äußerung eines modernen Astronomen für die problemlose Existenz bewohnbarer Planeten in Doppel- oder Mehrsternsystemen stammt von Dr. B. M. Oliver: Proximity of Galactic Civilizations *(»Nähe galaktischer Hochkulturen«),* in ICARUS 25 *(1975), 360–367.* Q.: R. K. G. Temple

Sirius-B

50 Jahren errechnet. Obwohl seine Masse jener der Sonne entspricht, beträgt sein Durchmesser nur 41 000 Kilometer, wodurch er sehr lichtschwach ist. Ob es in einem Doppelsternsystem stabile Planetenbahnen geben kann, wird von den Astronomen unterschiedlich beurteilt. Der Mathematiker Dr. *Su-Shu Huang* berechnete solche hypothetische Bahnen.

Vier Völkerstämme, etwa auf dem Gebiet des westafrikanischen Staates *Mali,* haben ein verblüffendes Wissen um den mit bloßem Auge nicht sichtbaren, dunklen Begleiter des *Sirius,* S'-B.

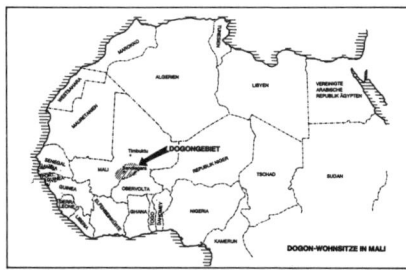

Sirius-B. Q.: R. K. G. Temple

Wie der Linguist und Orientalist Robert K. G. *Temple* nach 8jährigem Studium, aufbauend auf die Veröffentlichungen des Anthropologen Marcel *Griaule,* in dem Buch »The Sirius Mystery«, London 1976, veröffentlichte, zelebrieren die Stämme der *Dogon,* die in den *Homboribergen* auf dem Plateau von *Bandiagara* leben, die *Bambara* und *Bozo* des Bezirks *Segu* und die *Minianka* des Bezirks *Kutiala* noch heute einen Kult, in dessen Mittelpunkt gerade dieser Sirius-Begleiterstern steht *(Cargo-Kult; Astronomie; Rituale).* Dieser unsichtbare Stern wird *Po Tolo* genannt. Der Name stammt von der Bezeichnung Po für ein kleines Getreidekorn, und nach dessen Namen (botanisch *Digitaria* Exilis) ist *Po Tolo* den Mythologen geläufig als *Digitaria*-Kult. Die *Dogon* und die anderen Stämme nennen es die *Sigui*-Feier. Die Stämme zeigen bei dieser Zeremonie nahezu exakt die komplizierte Bahnbewegung des *Sirius*-

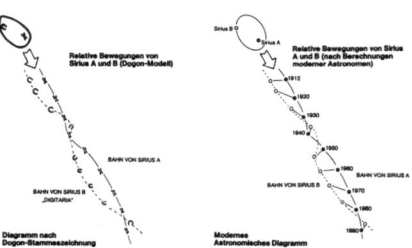

Sirius-B. Q.: R. K. G. Temple

Systems und ebenso die Umlaufzeit des Begleiters, etwa 50 Jahre: das Intervall, in dem das Sigui-Fest wiederholt wird.

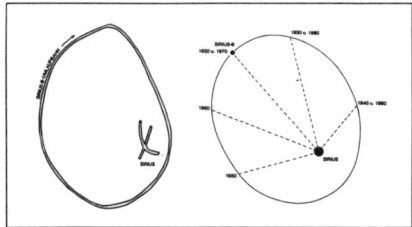

Sirius-B. Q.: R. K. G. Temple

Die *Dogon* behaupten weiter, daß *Po Tolo* zwar der kleinste Stern im *Sirius*-System sei – aber der schwerste. Er solle aus dem superschweren Material *Sagala* bestehen, das sich am ehesten mit dem *Plasma* umschreiben läßt, wie es im Inneren von stark komprimierten Sternen enthalten ist. Die Dogon kennen auch noch weitere Begleiter des *Sirius,* so *Emme Ya* und *Schuster. Emme Ya* soll viermal leichter als *Po Tolo* sein.

Sirius-B

Da bei dem Fest *Masken* und rituelle Gefäße hergestellt und archiviert werden, lassen sich die Anfänge des Kultes bis ins 12. Jhd. *(Mittelalter)* zurückverfolgen. Nach Ansicht des Astronomen Michael *Ovenden* können diese Kenntnisse aus anderen Kulturkreisen, vielleicht aus *Ägypten,* zu den Stämmen gelangt sein. Nach den *Dogon* stammt dieses Wissen jedoch von den Göttern. Ein Einfluß der astronomischen Erkenntnisse unserer Tage muß dagegen ausgeschlossen werden. In der Zeit, als Marcel *Griaule* bei den Dogon weilte, 1931 und 1946, waren moderne wissenschaftliche Erkenntnisse bei den Dogon nicht gegeben. Ihr Traditionsgut ist zweifellos ungleich älter. Der *Dogon-Priester Ogotemmeli* kennt außerdem die Geschichte eines Schöpfergottes *Nommo,* der zurück zu den Sternen flog *(Schöpfung).* Ein Kontakt zwischen Göttern und Menschen sei ansonsten nicht möglich gewesen (eine Parallele zu anderen Kulturkreisen). Die Göttin der *Dogon,* die dennoch diesen Kontakt hatte, mußte auf der Erde bleiben. Eine *Quarantäne*-Maßnahme? *Ogotemmeli* weist außerdem auf die Ähnlichkeit von Göttern und Menschen hin *(Humanoiden; Erkennen der Götter).* Die Tatsache, daß diese Informationen vor den sie bestätigenden, astronomischen Erkenntnissen unserer Zeit entstanden, ist Beweis für die Landung von Prä-Astronauten, die dieses Wissen vermittelten. Die *Dogon* kennen außerdem auch Planeten *(Planetensysteme,* fremde; *Herkunft der Götter)* des *Sirius*-Systems. Schon allein die Kenntnis von heliozentrischen Systemen kann als Beweis für das von kosmischen Besuchern vermittelte Wissen gewertet werden. Q.: Temple: Sirius-Rätsel; Q.: Griaule/Dieterlen: Un système; Q.: Däniken: Beweise S. 107 ff; Q.: Griaule/Dieterlen: Le renard; Q.: Drake: Ancient east S. 112

Emme ya, einer dieser Planeten, soll der Mythologie nach im Gegensatz zu Sirius-B eine Umlaufzeit von 32 Jahren haben. Die Existenz dieses Himmelskörpers ist noch ungewiß. Q.: Temple: Sirius-Rätsel S. 46; Q.: Griaule/Dieterlen: Le renard
Bezeichnenderweise setzen die *Dogon* den Hauptstern *Sirius* nicht in den Mittelpunkt der elliptischen, oder wie sie sagen, der eiförmigen Bahn des Sirius-B, sondern in einen entfernten Brennpunkt. Mit solchen Einzelheiten stimmen auch die Ergebnisse der modernen Astronomie überein. Die Vorstellung von elliptischen Bahnen der Himmelskörper ist eine der eindrucksvollsten Erkenntnisse der afrikanischen Stämme dieses Gebietes. Q.: Temple: Sirius-Rätsel S. 30

Zu diesen Einzelheiten gehört auch die Erwähnung der Eigenrotation der Himmelskörper *(Astronomie; Rotation der Himmelskörper).* Es heißt, der Begleiter des *Sirius* ». . . bewegt

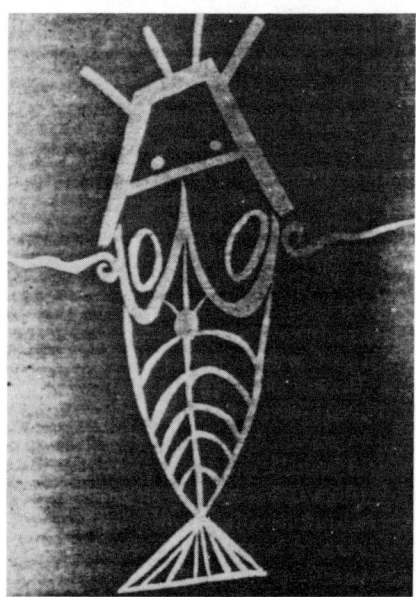

Sirius-B. Q.: R. K. G. Temple

Sirius-B

sich nicht nur im Raum *(Weltall)*, sondern dreht sich auch in einem Jahr um sich selbst ...« Welches Jahr damit gemeint sein kann, bleibt unklar; die Dauer eines Erdenjahres könnte nach Ansicht der Astronomen allerdings nicht ausgeschlossen werden. Q.: Temple: Sirius-Rätsel S. 34

Nommo war der Schöpfergott der *Dogon – Nommos* werden insgesamt auch die Kulturbringer in der *Dogon*-Mythologie genannt. Sie gelten als amphibische Kreaturen *(Fischmenschen)* und werden auch so abgebildet.

Neben einem Kopf mit *Antennen*-Fühlern haben sie einen Fischleib. Frappante Ähnlichkeit hat diese Sage mit den *Oannes*-Mythen des Nahen Ostens. Q.: Griaule/Dieterlen: Le renard; Q.: Temple: Sirius-Rätsel S. 43, 251, 253

Die ägyptische Göttin *Isis* wurde gelegentlich auf Abbildungen *(Gravuren)* ebenfalls, vielleicht nur noch symbolhaft, mit einem Fischschwanz

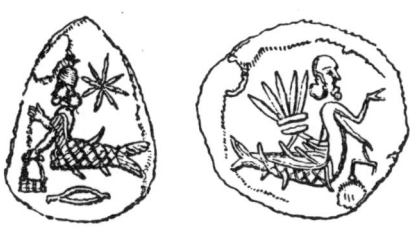

am Hinterkopf dargestellt. Q.: Temple: Sirius-Rätsel Tafel 5

Die *Nommos* hätten durch die Schlüsselbeine geatmet *(Erkennen der Götter)*. Q.: Temple: Sirius-Rätsel S. 261

Der Allgott *Amma* habe, den Mythen der *Dogon* zufolge, die *Nommos* zur Erde gesandt. Sie landeten in einer Arche *(Schiffe, fliegende; UFO, historische)*, die in der Luft wirbelte. Unter einem donnerähnlichen Geräusch *(Akustik)* und starken Luftwirbeln landete das Fahrzeug im Nordosten des *Dogon*-Gebietes (vielleicht ein Hinweis auf die Abstammung der *Sirius*-Mythologie aus *Ägypten?)* *(Landeplätze der Götter)*. »Die Arche landete auf dem trockenen Land des Fuchses und versetzte einen Haufen Staub, den der von ihr erzeugte Wirbelwind hochriß... Die Heftigkeit des Aufpralls rauhte den Boden auf... Er (bzw. sie) ist wie Flamme, die ausging, sobald er (sie) die Erde berührte... Der *Nommo* war so rot wie Feuer...« Wurde hier eine Raketenlandung mit Bremsraketen geschildert? *(Masken* stellen solche *Raketen*gebilde dar.) *(Antriebe; Rückstoßprinzip)*. Auf primitiven Zeichnungen versuchten die *Dogon*, dieses Ereignis darzustellen und nennen die Gebilde »Häuser mit Stockwerken« *(Häuser, fliegende)*. Einige *Nommos* blieben auch bei *Amma* im *Weltall*. Q.:Griaule/Dieterlen: Le renard; Q.: Temple: Sirius-Rätsel S. 252 ff

Nach der Landung des Flugschiffes erschien (aus dem Landefahrzeug heraus?) etwas wie ein »Vierfüßler« *(Maschinen)* und zog das Gebilde in eine Grube. Nachdem sich mit einem Regen die Grube gefüllt war, tauchte den *Dogon* nach eine Art »Wasser-Insekt« auf, das die Arche beschädigen wollte. Drückte man auf diese Weise unerklärliche technische Vorgänge aus? »In der Mitte« der Arche aber stand *Nommo* – als Pilot *(Insek-*

Sirius-B. Oannes-Darstellungen auf Gemmen und einem assyrischen Rollsiegel im British Museum. Q.: R. K. G. Temple, British Museum

Sirius-B

ten). Q.: Temple: Sirius-Rätsel S. 258
Die *Dogon* sprechen auch noch von einem anderen, sternartigen Objekt am Himmel, das in einem Kreis roter Strahlen glühte und sich in seiner Helligkeit veränderte. Wurde mit *le pelu tolo* das Mutterfahrzeug, eine Raumbasis *(Raumbasen; Strahlen),* benannt? Q.: Temple: Sirius-Rätsel S. 256
Jene *Nommos* würden nach Ansicht der Eingeborenen eines Tages wiederkommen *(Wiederkehr der Götter).* Dann erst würde sich auch *le pelu tolo,* der Stern des zehnten Monats, wieder neu bilden: ein weiterer Hinweis darauf, daß dies kein Stern war. Q.: Temple: Sirius-Rätsel S. 256 f
Die *Bozo,* ein den *Dogon* verwandter Stamm, bezeichnen den Sirius-B als »Augenstern«, während er sonst als »Hundsstern« bekannt ist. In *Ägypten* war die oberste Göttin *Isis* identisch mit *Sirius,* während ihr Gemahl *Osiris* mit dem Sternbild *Orion* gleichgesetzt worden sein soll. Sein Symbol in den Hieroglyphen war das Auge. Nicht nur hier wird eine Parallele zu den Mythen der nach *Mali* eingewanderten Neger-Stämme deutlich. Schon *Plutarch* ging dem *Sirius*-Mysterium der Ägypter nach. *Isis,* als Stern *Sothis,* beschrieb einen horizontalen Kreis (eine Ellipse) in der Welt des Lichts – über dem Horizont also. *Anubis* wurde dagegen der horizontale Kreis in der Dunkelheit genannt – unter dem Horizont laufend. Er wurde von der Schwester der *Isis,* der *Nephthys,* beschritten. *Anubis* wird als hund- oder schakalköpfig dargestellt. Er half *Isis* bei der Wiederbelebung des ermordeten *Osiris.* Somit ergeben sich Hinweise auf das afrikanische *Sirius*-System, sollten die Ägypter damit die elliptischen Bahnen von *Sirius*-A und *Sirius*-B verstanden haben. Auch ein dritter Begleiter – genau wie er in der *Dogon*-Mythologie angesprochen wird – war den Ägyptern unter dem Namen *Anukis,* einer göttlichen Gefährtin des *Sothis,* bekannt. Sie wird mit Wasserkrügen dargestellt – ein Hinweis auf einen wasserreichen Himmelskörper, wie er auch in der afrikanischen Mythologie als Planet beschrieben wird? Eine ähnliche Verbindung könnte die Andeutung der griechischen Bezeichnung für den *Sirius* sein, nämlich »Wezen«, was von arabisch »Al-wazn« = Gewicht abgeleitet ist. Wollte man nur sein schweres Erheben über den Horizont andeuten oder steckt darin noch eine Kenntnis der Struktur des Sternes bzw. seines dunklen Begleiters *(Griechenland; Astronomie; Wortbedeutungen)?* Q.: Temple: Sirius-Rätsel S. 57 ff; Q.: Allen: Star names
Ein weiteres Zeichen für Kenntnisse des *Sirius*-Systems in der Mythologie *Griechenlands* könnte auch der Hinweis auf die 50 Ruder des Schiffes der *Argonauten* unter der Führung *Jasons* sein. Sein Schiff *Argo* soll einst von *Ägypten* nach Rhodos gefahren sein, wobei es ». . . mit dem Heck voran vom Schwanz des Großen Hundes gezogen wurde . . .« Ebenfalls mit einem Himmelsschiff wurde die Göttin *Isis* bzw. *Sothis* dargestellt *(Schiffe,* fliegende). Q.: Temple: Sirius-Rätsel S. 60 f, 117; Q.: Allen: Star names
Nach *Plutarch* setzten die Ägypter oft *Isis* mit *Athene* gleich, wenn sie veranschaulichen wollten, daß *Isis* sich aus eigenem Antrieb fortbewegte. Auch aus eigenem Antrieb wurde *Athene* aus *Zeus* geboren *(Griechenland). Athene* wiederum war es, die einen Balken vom Holz der heiligen Eiche von *Dodona,* dem Heiligtum des Flutüberlebenden *Deukalion,* in die *Argo* einfügte. Mit diesem Kiel versehen, fand das Schiff aus eigener Kraft den Weg von selbst. Ein automatisches Fahrzeug der Götter oder eine Versinnbildlichung der Bahn des Sirius-B? Q.: Temple: Sirius-Rätsel S. 68 f

Die 50 Griechen der *Argo* stammten aus der Familie des *Minyas* und wurden als *Minyer* bezeichnet. *Minyas* war ein böotischer König. *Hyrieus*, ein böotischer Greis *(Böotien)*, war bei der Erschaffung des *Orion* beteiligt. Das Sternbild *Orion* war den Ägyptern mit Osiris identisch. *Orion* = *Osiris/Anubis* = System des Sirius-B? Liegen in diesen Verbindungen wieder neue Parallelen? Q.: Temple: Sirius-Rätsel S. 91
Jene Fahrt der *Argonauten* sollte das sogenannte goldene *Vlies* aus *Kolchis*, in etwa mit *Georgien (Sowjetunion)* identisch, holen. Dieses »Widderfell« gehörte ursprünglich *Phrixos* und *Helle*, Sohn und Tochter des Königs *Athamas*, der wiederum Sohn des Windgottes *Aiolos* war. Bei einer Flucht aus ihrem Königreich schenkte die Wolkengöttin *Nephele* dem *Phrixos* und der *Helle* einen geflügelten Widder *(Tiere, fliegende; Widder, fliegende; UFO, historische)*. Sie hatte ihn ursprünglich vom Gott Hermes erhalten. Erhalten blieb im Exil des Landes *Kolchis* später davon nur ein Teil, das sogenannte Fell. *Kolchis* war, den Mythen nach, in der Frühzeit eine Kolonie *Ägyptens*. Das vermutete schon *Herodot*. Gibt es dafür weitere Indizien? Q.: Temple: Sirius-Rätsel S. 113 ff
Welche Beziehung die Sage vom Schiff *Argo* zur ägyptischen Kultur *(Ägypten)* und zur *Sirius*-Tradition haben kann, wird an einigen Wortverwandtschaften *(Wortbedeutungen)* deutlich. Die Wörter »*Argo*«, »*Arche*« und »*Argos*«, der Name des Hundes, der *Odysseus* nach seiner Irrfahrt begrüßte und starb, zeigen eine Lautübereinstimmung zum ägyptischen »*arq*« und auch »*arqi*«. Die Wörter bedeuten »vollenden, einen Zyklus beenden« bzw. »das Ende einer Periode«. »*Arqu*« nannte man die Eingeweihten in *Ägypten (Kontaktler)*. Waren sie diejenigen, die in das Geheimnis *(Geheimnisse)* des Begriffes »*arq*« eingeweiht waren? Q.: Temple: Sirius-Rätsel S. 211 f
Die Verbindung zu *Ägypten* wird noch deutlicher, wenn man weiß, daß ursprünglich nicht *Jason*, sondern *Herakles* Anführer der *Argonauten* war. *Herakles* soll aber, den Griechen nach, ursprünglich aus *Ägypten* gekommen sein. Q.: Temple: Sirius-Rätsel S. 147
Die bekannte griechische Sage von der Fahrt der *Argonauten* zum goldenen *Vlies* findet ihren Vorläufer sogar schon in einer sumerischen Quelle. Das sumerische Textfragment »Gilgameschs *Lebenssuche*« enthält Einzelheiten, die ihre Entsprechung in der griechischen und ägyptischen Mythologie finden. Auch diese Überlieferung kennt 50 Ruderer, ihr Schiff hieß »*Magan*«, eine Bezeichnung für Ägypten. Hatte nicht auch die *Argo* Beziehung zu *Ägypten*? Q.: Temple: Sirius-Rätsel S. 88 ff
In dem sumerischen *(Sumer)* Text »Gilgameschs *Lebenssuche*« heißt es weiter ».. . (Gilgameschs weise Mutter) . . . spricht zu *Gilgamesch*: ›Dein Rivale, – der Stern vom Himmel *(Sterne)*, Der auf dich herabkam wie *(Anus* Wesen); (Du suchtest ihn zu heben), er war zu massig für dich *(Schwerkraft)*; (Du wolltest ihn wegbringen), aber du konntest ihn nicht beseitigen; (Du hast ihn) mir zu Füßen (gelegt); (Denn ich war es, die) ihn mit dir wettstreiten (ließ); Du wurdest zu ihm hingezogen wie zu einer Frau.‹« Die Beschreibung eines Sternes, der sich im Gebiet der 50 Heroen befindet, steht hier im Mittelpunkt. Bezeichnend ist wiederum die Schwere des Sternes, seine Masse. Das Wort »Wesen« bei »*Anus* Wesen« läßt sich mit »Essenz« oder »Konzentration« übersetzen *(Plasma)*. Zwar lassen sich die Texte auch anders übersetzen – der Sinn jeder Interpretation bleibt jedoch in etwa ähnlich. Wiederum ein altes Frag-

ment auf der Spur eines Wissens von der Existenz des Sirius-B? Q.: Temple: Sirius-Rätsel S. 98 f, 108
Verbindungen zwischen dem ägyptischen *Sirius*-Wissen und dem sumerischen *(Sumerer)* gab es dagegen zweifellos – vielleicht durch eine gemeinsame Quelle. Das sumerische Wort für den Himmelsgott *Anu* bedeutet im Sanskrit »Anupa« *(Wortbedeutungen)*, was – man vergleiche – »Wasserreiches Land« bedeutet. Er wird – man vergleiche wieder – mit dem Symbol des Schakals in Verbindung *(Indien)* gebracht: genau das Symbol *(Symbole)* des ägyptischen *Anubis*. Verblüffend wird es, wenn man weiß, daß *Osiris*, alias *Anubis*, auch als *An* bezeichnet wird. In einem Hymnus heißt er »... Gott *An*, der Millionen *(Zahlen)* Jahre.« »Anda« heißt im Sanskrit *(Indien)* »Ellipse«, »Anu« soviel wie winzig klein – vielleicht alles Hinweise auf eine Übereinstimmung, der konkretes Wissen um die Gestalt des *Sirius*-Systems zugrunde liegt *(Wortbedeutungen)*. Q.: Temple: Sirius-Rätsel S. 62 ff
Die Parallelen der *Dogon*-Mythologie bzw. der ägyptischen Sagenwelt zu der vorderasiatischen wird überdeutlich am akkadisch-babylonischen *Enuma eliš (Akkad; Babylon)*. *Anu* war der Himmelsgott, hundsköpfig wie der ägyptische *Anubis*, der als *Osiris* Sirius-B verkörpern kann. *Anunnaki* werden nun im *Enuma eliš* jene Gottessöhne genannt, die im mesopotamischen Raum überliefert sind. Sie können Verbindung haben zu den *Nommos* der *Dogon*. Ihre Zahl jedoch, und das ist das Frappante, betrug: 50. Die Überlieferung von dem System des *Sirius* und dessen Bewohnern ist in mehr oder weniger großer Klarheit in verschiedenen Kulturkreisen vorhanden. Im Etana-Mythos *(Etana und der Adler)* nennt man jene *Anunnaki Igigi* und ihre Zahl sei sieben gewesen. Q.: Temple: Sirius-Rätsel S. 88

Einige dieser *Anunnaki* hießen *Asaru, Asarualim, Asarualimnunna,* womit eine enge sprachliche Beziehung zum ägyptischen *Asar* deutlich wird, der, identisch mit *Osiris,* Sirius-B vertreten kann. Q.: Temple: Sirius-Rätsel S. 103
Übereinstimmungen zwischen der ägyptischen Kultur und der Altsumers *(Sumerer)* werden auch an der sumerischen Göttin *Bau* deutlich. Sie war, wie die 50 *Anunnaki,* ein Kind des Himmelgottes *An,* seine Tochter. Sie wurde – wie der ägyptische *(Ägypten) Anubis* – hundsköpfig verehrt. Der Gemahl *Baus* war *Ninurta,* ein Sohn *Enlils. Enlils* Stellung ist mit der *Ans* gleichzusetzen, der in sumerischen Urzeiten Himmelsgott war. Später wurde *Enlil* wieder durch *Marduk* entthront. Q.: Temple: Sirius-Rätsel S. 109
Die Verehrung des *Anubis* in Ägypten war von jeher eine Geheimlehre *(Geheimnisse)*. Ähnlich wie die Ägypter die Kraft, die die Umdrehung der Sonne bewirkt, Horus nannten, könnte auch mit *Anubis* die Bahn des *Sirius*-Begleiters bezeichnet worden sein. Teilweise übersetzte man *Anubis* mit »gemeinsame Beziehung der Dinge« *(Wortbedeutungen),* was Schlüsse rechtfertigen läßt. Q.: Temple: Sirius-Rätsel S. 64 ff
Nach einem um die Zeitenwende verfaßten umstrittenen Traktat des Neu-Platonismus »Der *Augenstern des Kosmos*«, soll *Isis* sich mit *Osiris* verbinden, der selber in völliger Dunkelheit herrscht: vielleicht wieder ein Hinweis auf frühe Kenntnisse eines dunklen *Sirius*-Begleiters. In diesem Traktat wird auch von den Göttern als Wesen gesprochen, die die Menschen nicht ständig, aber hin und wieder besuchen und dann eingreifen, wenn die Lage hoffnungslos ist *(Kulturbringer,* Götter als). Eines dieser Wesen wurde *Hermes* genannt. Er flog zurück zu den Sternen. Es heißt: »... Auf ihn *(Hermes)* folgte

Tat (= Thoth), der gleichzeitig sein Sohn und der Erbe dieses Wissens war, und nicht lange darauf *Asklepios-Imuthes* nach dem Willen des *Ptah*, der *Hephaistos* ist, und alle die anderen, die die sichere Gewißheit himmlischer Absichten erforschen sollten...« *Asklepios-Imuthes* jedoch ist identisch mit dem altägyptischen Wissenschaftler *Im-Hotep*, ohne Zweifel also ein Eingeweihter des göttlichen Wissens. Für die Griechen verband sich sein Name auch ganz richtig mit der Heilkunst, weshalb sie ihn mit Asklepios, dem Gott der Heilkunst, gleichsetzten. *Im-Hotep* lebte etwa um 2900 v. Chr. Q.: Temple: Sirius-Rätsel S. 71; Q.: Mead: Thrice
Der *Augenstern des Kosmos* endet mit der Darstellung des Zieles der Menschheit: »... (Die Menschen) werden ausforschen ... das innere Wesen der heiligen Räume *(Weltall)*, die kein Fuß zu betreten vermag, und sie werden in die Höhe hinaufjagen, vom Verlangen getrieben, die Natur der Himmelsbewegungen zu erforschen *(Futurologie)*. Doch das ist noch bescheiden. Denn es bleibt nichts mehr als der Erde fernste Bereiche, ja in ihrem Wagemut werden sie sogar die Nacht aufspüren.« Wurde mit dem »Aufspüren der Nacht« die Entschlüsselung des Sirius-B-Rätsels angedeutet? Q.: Temple: Sirius-Rätsel S. 76; Q.: Mead: Thrice
Von dieser Nacht, dem »Schwarzen Ritus«, der *Isis* ehrt, heißt es in dem Traktat: »... sie webte ihr Gewebe mit raschem Licht, wenn dieses auch geringer ist als das der Sonne.« Eine Nacht, in dem ein Licht regiert, das fast so groß ist wie das der Sonne? Auf einen von der Erde unsichtbaren Zwergstern paßt diese Beschreibung. Q.: Temple: Sirius-Rätsel S. 84; Q.: Mead: Thrice
Die griechische Mythologie *(Griechenland; Sagen)* ist reich an noch mehr *Sagen*, in denen die Zahl 50 eine Rolle spielt, ebenso der Hund.

So hetzte die Göttin *Artemis* 50 Hunde auf *Aktaion*, weil dieser sie im Bade überraschte. Der in irgendeinem Zusammenhang mit dem *Sirius-Mysterium* stehende *Herakles* soll mit seinem *Hades* (Höllen)hund *Kerberos* aus der *(Römer)* Unterwelt gekommen sein. *Kerberos* oder lateinisch *Cerberus* hatte 50 Köpfe und wurde von den *Doriern* mit dem ägyptischen *Anubis* identifiziert. Der König *Thespios* (bzw. auch *Thestios*) und seine Frau *Megamede*, Tochter des *Arneus*, hatten 50 Töchter, die *Herakles* bei einer 50tägigen Rast im Palast schwängerte. *Kottos, Briareos* und *Gyes* waren die Söhne des *Uranos* (des Himmels) und der *Gaia* (der Erde). Sie hatten 100 Arme und 50 Köpfe, die sie auf dem Rücken trugen. *Briareos* bedeutet *(Wortbedeutungen)* aber »stark bzw. schwer«, was im Zusammenhang von Bedeutung sein kann; *Kottos* (aus dem Ägyptischen abgeleitet) »Umlauf« und *Gyes* etwa »erdgeboren«, was auch »vom Horizont erhoben« bedeuten kann. *Herakles*, bzw. auch *Herkules*, soll nach Ansicht von Mythologen auch dem *Briareos* entsprechen. Q.: Temple: Sirius-Rätsel S. 127, 130, 179 ff, 185, 191, 209; Q.: Ranke-Graves: Greek myths
Wenn Verbindungen zwischen den Mythologien der *Dogon* und den ägyptischen, griechischen und mesopotamischen Kulturen nun einwandfrei bestehen, taucht die Frage auf, welche Kultur die andere ursprünglich befruchtete. Spuren in der griechischen *(Griechenland)* Mythologie weisen nun einen solchen Informationsstrom nach, der zu den *Dogon* hinführt. Wir sprachen von den Kindern des *Uranos* und der *Gaia*. *Kottos, Briareos* und *Gyes* sollen nun noch einen Bruder, den *Garamas* gehabt haben. *Garamanten* bzw. *Gamphasanten* nannten sich jedoch die Einwohner der Region *Fessan* mit der Hauptstadt *Garama*

(auch *Germa* oder *Dschuma* genannt), heute vermutlich die Ruinenanlagen von *Djerma* bei der Oase *Mursuk (Marzuq; Libyen)*. Ihr Gebiet reichte bis zur Oase *Djado (Niger)*. Dort, im westlichen Teil des Berglandes von *Tibesti*, finden sich auch monolithische Steinsetzungen, deren Bedeutung z. Zt. noch dunkel ist. So beim *Enneri* (Wadi) *Sherda (Monumente; Bauwerke)*. Q.: Temple: Sirius-Rätsel S. 186 ff; Q.: Wissowa: Paulys Real-Encyclopädie; Q.: Krüger: Sahara; Q.: Heyden: Bildatlas
Nach einer anderen Version soll *Garamas* auch *Amphithemis* gewesen sein. Er war Sohn des *Apollon* und der *Akakallis*. Deren Vater war König *Minos* aus *Kreta (Griechenland)*, der sie als Schwangere verstieß und nach *Libyen* verbannte, wo *Amphithemis* geboren wurde. Als *Garamas* heiratete er die meerjungfrauenähnliche Nymphe *Tritonis* aus dem im Altertum bekannten *Triton-See (Fischmenschen; Nymphen)*. Sein Sohn *Kaphauros* wurde von den *Argonauten* einiger Schafe wegen getötet, womit wiederum ein Zusammenhang hergestellt ist. Die Nymphe *Tritonis* verdient aber noch weitere Aufmerksamkeit. Der See, in dem sie und auch *Triton* (fischleibiger Meerdämon) lebten *(Fischmenschen)*, wird an der algerisch-tunesischen Grenze vermutet *(Algerien; Tunesien)*. Es soll eine Verbindung zum Meer gegeben haben.
Herodot schreibt in seinen Historien (4,179): »*Jason* . . . nahm auch einen ehernen *(Metalle)* Dreifuß *(Dreibeinigkeit)* mit (in die *Argo*). Er fuhr . . . nach *Delphi* . . . Auf dieser Reise packte ihn . . . ein Nordwind und verschlug ihn nach *Libyen*. Noch ehe er Land gesehen hatte, geriet er auf die Untiefen des *Triton-Sees*. . . Es erschien *Triton* und forderte *Jason* auf, ihm den Dreifuß zu geben. Dafür versprach er ihm die Durchfahrt . . . *Jason* ging darauf ein . . . Den Dreifuß

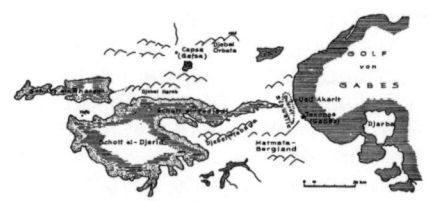

Sirius-B. Skizze des alten Tritonislandes, Tunesien. Heute trennt die Bodenschwelle von Oudref die Schotts vom Meer. Q.: H. Biedermann, Die versunkenen Länder, *Graz 1975*

stellte er *(Triton)* in seinem Heiligtum auf . . . Die einheimischen Libyer . . . versteckten (später?) den Dreifuß.« Von welchem technischen Gerät wird hier geredet? Hat es Beziehung zu den anderen Mythologien der Welt, in denen dieser »Dreifuß« direkt als Fahrzeug der Götter identifiziert wird *(UFO,* historische)? Q.: Herodot: Historien; Q.: Wissowa: Paulys Real-Encyclopädie; Q.: Tripp, E.: Reclams Lexikon; Q.: Temple: Sirius-Rätsel S. 187
Die Vorfahren der *Garamanten,* nach ihrem Ahnherrn *Garamas* benannt, sollen demnach aus Griechenland eingewandert sein. So soll die Stadt *Kyrene (Libyen)* auch direkt von den *Argonauten Jasons* gegründet worden sein. Nachdem die *Garamanten* vom römischen Feldherrn Lucius Cornelius *Balbus* geschlagen und unterworfen worden waren (19 v. Chr.), wanderten sie nach dem 2. Jahrhundert an den oberen Niger *(Mali)* aus. Sie vermischten sich mit der einheimischen Bevölkerung. Der verwandte Stamm der *Akan* zog sogar noch weiter nach Süden in Richtung *Ghana*. In der Mythologie der *Dogon* aus *Mali* aber blieb das Wissen der mediterranen (bzw. vorderasiatischen) Kulturen um Sirius-B. Die Ethnologin Eva L. R. *Meyerowitz* beschäftigte sich mit diesen Volkswanderungen *(Völkerwanderungen)*.

Q.: Temple: Sirius-Rätsel S. 186 ff;
Q.: Meyerowitz: Divine Kingship;
Q.: Ranke-Graves: Greek myths; Q.: Wissowa: Paulys Real-Encyclopädie
Vielleicht sollte man, unabhängig von der Theorie, das Wissen vom Sirius-B sei über die *Garamanten* nach Westafrika eingeflossen, auch an eine direkte Verpflanzung ägyptischer *Astronomie* und Mythologie in dieses Gebiet durch Ägypter *(Ägypten)* selbst denken. Solche Expeditionen müssen unternommen worden sein, denn wie anders lassen sich typisch ägyptische Motive in Felsmalereien *(Felszeichnungen)* im *Tassili-Massiv* der Westsahara *(Sahara)* erklären?! Q.: Bacon: Kulturen
Wie *Plutarch* in seiner Schrift »*Isis und Osiris*« mitteilt, scheinen auch die vorislamischen Perser im Besitz einer *Sirius*-Tradition *(Persien)* gewesen zu sei, in der Anklänge an Sirius-B zu finden sind. Die zwei Grundprinzipien des *Parsismus Zarathustras* sind *Ahura Mazda,* Symbol des Lichts und des Guten, und *Ahriman,* des Dunklen und Bösen. *Plutarch* nennt diese Kräfte *Oromazes* und *Areimanios*. Er sagt: »*Oromazes,* aus dem reinsten Licht geboren, und *Areimanios,* der Dunkelheit entsprossen, liegen miteinander in ständigem Kampf ... Dann dehnte sich *Oromazes* auf das Dreifache seiner früheren Größe aus *(Sternexpansionen)* und entfernte sich soweit von der *Sonne,* wie die *Sonne* von der Erde entfernt ist. Und er *(Astronomie)* schmückte den Himmel mit *Sternen*. Einen setzte er als Hüter und Wächter über alle anderen ein: den Hundsstern *(Sirius)*. Auch 24 andere Götter schuf er noch und brachte sie in einem Ei unter. Die aber, die *Areimanios* geschaffen hatte, und den anderen an Zahl glichen, durchdrangen das Ei und fanden innen ihren Weg ...« Beide Götterkontrahenten schufen 25 Götter, zusammen also 50. *Sirius* wurde hier, wahrscheinlich durch die Überlieferungen, zu den 50 gerechnet, stellt wohl aber ursprünglich den 51. Komponenten dar.»In einem Ei zusammengedrängt« sollte wahrscheinlich durch dieses Bild die elliptische Umlaufbahn des dunklen *Sirius*-Begleiters ausdrücken? Haben sich somit alte astronomische Tatsachen *(Astronomie)* in mythologischen bzw. religiösen Allegorien erhalten? Q.: Temple: Sirius-Rätsel S. 225 ff
Einen *Kalender* mit einem heiligen Zyklus von 52 Jahren kannten auch die *Azteken*. Q.: Rehork: Der jüngste Tag
Auch in der Bibel *(Leviticus 25,10)* wird im 3. Buch Mose von der Heiligkeit der Zahl 50 gesprochen. Kamen die Israeliten nicht aus Ägypten *(Judentum)*? Q.: Temple: Sirius-Rätsel S. 227
Parallelen zu dem Phänomen der *Dogon*-Erzählung lassen sich vielleicht auch in anderen Teilen Schwarzafrikas finden. Sollte vielleicht die Anlage der Bauwerke von *Simbabwe* in *Rhodesien* etwas damit gemein haben? Die scheinbar sinnlos verlaufenden, teilweise doppelt gezogenen Mauern, Türme, die keine Wehrtürme oder Vorratskammern waren, lassen aus der Luft Gemeinsamkeiten mit der von den *Dogon* gezeichneten Bahn des Sirius-B erkennen. Auch solche Hypothesen sollten in die Diskussion mit einbezogen werden, besonders dann, wenn man die Wanderwege afrikanischer Völker von Nordostafrika *(Ägypten)* und Westafrika in dieses Gebiet kennt. Q.: Bacon: Kulturen
Da *Sirius* in den alten Kulturen teilweise als achter Planet *(Planeten)* angesehen wurde, ist auch der Verdacht nicht von der Hand zu weisen, daß man den Planeten *Uranus* vielleicht mit Sirius-B verwechselte. *Uranus* ist mit dem bloßen Auge unsichtbar, trotzdem wußten die ägypti-

Sirius-B

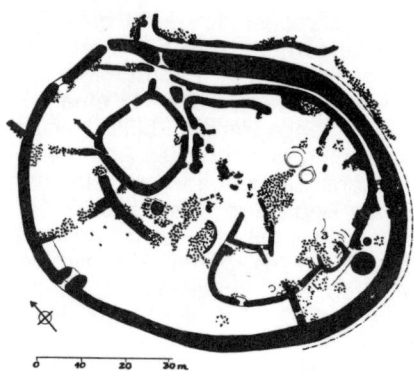

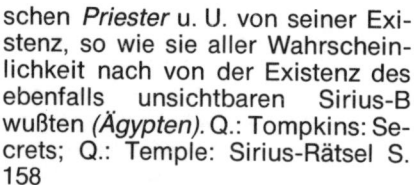

Sirius-B. Q.: Nach Roger Summers, Das Geheimnis von Simbabwe. In: E. Bacon, Versunkene Kulturen, Zürich 1963

Sitchin, Z. Q.: Z. Sitchin

schen *Priester* u. U. von seiner Existenz, so wie sie aller Wahrscheinlichkeit nach von der Existenz des ebenfalls unsichtbaren Sirius-B wußten *(Ägypten)*. Q.: Tompkins: Secrets; Q.: Temple: Sirius-Rätsel S. 158
→ Astronomie
→ Kulturen, versunkene
→ Oannes
→ Sintflut
→ Temple, Robert K. G.
Sisithros (sumerisch-babylonischer Urkönig = Ziusudra) → Sintflut
Sitchin, Zecharia *11. 1. 1920 in der Sowjetunion. Der Journalist und Herausgeber S' wurde durch seine Publikation über den bewohnten »zwölften Planeten« unseres Sonnensystems bekannt. Seine Theorie über kosmische Katastrophen in unserer astronomischen Nachbarschaft hat Anklänge zu den Ideen Immanuel *Velikovskys*. Er war Redner beim 5. Weltkongreß der *Ancient Astronaut Society*.
Sizilien → Unfälle
Skandinavien → Karten
Skeaf (angelsächsische Mythologie; Schwanenritter) → Aussetzung von Kindern

Sklaven → Gesetze
→ Kulturen, versunkene
→ Moses
→ Pyramiden
Skulpturen vgl.: Statuen
Sleipnir (Odins Himmelsroß; nordisch-germanische Mythologie)
→ Baum des Lebens
→ Pferde, fliegende
→ UFO, historische
Smith, George (Archäologe)
→ Moses
Smith, Joseph Nach J'S', Gründer der Mormonen *(Mormonentum)*, »erblickte« *Moses* viele Länder; und jedes dieser Länder hieß Erde, und es waren Bewohner auf ihrer Oberfläche *(Humanoiden; Götterrassen)*. Q.: Dopatka: Spiegelbild; Q.: Puccetti: Intelligenz S. 177
Smith, Lionel Percy (Biologe)
→ Exobiologie
Sodom und Gomorrha Nach *Genesis 19 ff* gingen zwei *Engel*, die vorher in Begleitung eines dritten *Abraham* in *Mamre* aufgesucht hatten, die berüchtigten Städte S'u'G' zu erkunden. Berichtet wird dagegen nur von einer Stadt, von Sodom. Die dritte Person, zweifellos ihr Führer, hatte sich offenbar vorher abgesetzt *(Angst)*.

In S', wo ihr Erscheinen allein Aufregung verursachte *(Erkennen der Götter),* besuchten sie die Familie des *Lot.* Als die aufgebrachte Bevölkerung versuchte, ihrer habhaft zu werden – was nicht unbedingt sexuelle Gründe gehabt zu haben brauchte *(Moral)* –, schlugen sie kurzerhand das Volk mit *Blindheit (C-Waffen; Krankheiten).*
Sodann drängten sie *Lot* und seine Angehörigen, die Stadt zu verlassen und sich – vielleicht bezeichnenderweise – in die Berge zu flüchten, da ein Vernichtungsschlag kurz bevorstehe *(Konfrontationen Götter kontra Menschen).*
Die Eile der *Engel* fällt besonders auf, als sie nach *Genesis 19,16* sogar handgreiflich versuchen, *Lot* fortzuzerren *(Panik).* Obwohl selbst Götterwesen, sind sie hilflos und mahnen ihre Schützlinge zur Eile *(Genesis 19,22; Kommunikation):* »Schnell, rette dich dorthin, denn ich kann nichts tun, bis du dorthingekommen bist.« Der Countdown lief, würden wir heute sagen *(Waffen der Götter).* Und wirklich: die Schilderungen in *Genesis 19,24* können an die Explosion einer *Atombombe (Bomben)* erinnern. Feuer und Schwefel – wie anders sollte der damalige Mensch das Unfaßbare in Worte kleiden – regneten vom Himmel *(Grausamkeit).*
Lots Frau aber blickte hinter sich, sah die Atomhölle und starb – aus was für Gründen auch immer *(Strahlenschäden; Unfälle).*
»... und ein Rauch ging auf vom Land wie ein Rauch vom Ofen«, heißt es im Vers *28* des *19.* Kapitels der *Genesis.*
Gehört diese detailreiche Schilderung tatsächlich ins Land der Phantasie? Verbergen sich hinter den einzelnen Angaben nicht eher bisher unerkannte Realitäten?
Zwar hätte man für den Fall eines Riesenmeteoriten oder den Ausbruch eines Vulkans ebenfalls ähnliche Vokabeln gefunden, doch scheiden beide Ereignisse im Palästina der damaligen Zeit aus. Was bleibt?
Q.: Däniken: Erinnerungen S. 62 ff; Q.: Däniken: Besucher S. 220 ff; Q.: Dopatka: Spiegelbild; Q.: Krassa: Gott S. 160 ff; Q.: Kohlenberg: Vorzeit S. 389 f
Interessant und vielsagend ist auch der Hinweis, daß die Kosmonauten-Engel unbedingt darauf bestehen, die Familie ins Bergland zu führen. Sie wußten – nur hier war man einigermaßen vor der radioaktiven Strahlung sicher *(Radioaktivität; Strahlen)!* Q.: Dopatka: Spiegelbild; Q.: Krassa: Gott S. 156; Q.: Däniken: Erinnerungen S. 62 ff
Der russische Ethnologe Modest M. *Agrest* nimmt deshalb auch an, hier werde von einer Atombombenexplosion berichtet *(Atombomben).* Schon 1959 äußerte er diesen Gedanken.
Q.: Sagan/Shklovsky: Intelligent S. 454; Q.: Hutin: Hommes S. 24
Seine Argumente beurteilte 1966 der Astronom Carl *Sagan* als »völlig vernünftig und sorgfältiger Analysen wert«. Q.: Sagan/Shklovsky: Intelligent; Q.: Navia: Unsere Wiege S. 198
Die *Qumran-Texte* vom Toten Meer ergänzen in mancher Hinsicht Partien des Alten Testaments hervorragend. Und was bemerkenswert ist: in vielem sind sie deutlicher und gehen in ihrer Beschreibung einige Schritte weiter. So ist auch vom Untergang Sodoms die Rede: »Eine Säule aus Rauch und Staub erhob sich, gleich einer Rauchsäule, die aus dem Herzen der Erde kommt. Sie überschüttete Sodom und Gomorrha mit einem Schwefel- und Feuerregen und zerstörte die Stadt, die ganze Ebene, alle Bewohner und alle Pflanzen. Und die Frau Lots wandte sich um und verwandelte sich in eine Statue aus Salz. Und Lot lebte in *Zoar,* dann siedelte er sich in den Bergen an, denn er fürchtete sich, in *Zoar* zu

bleiben. Die Menschen wurden angewiesen, die Stätten der künftigen Explosion zu verlassen, sich nicht an ungeschützten Orten aufzuhalten, die Explosion nicht anzusehen und sich unter der Erde zu verbergen ... *(Bunker).* Die Flüchtigen, die sich umdrehten, wurden blind und starben.« In diesem Textabschnitt wird der Eindruck erweckt, die Götter hätten um Sodom ein regelrechtes Sperrgebiet für Atomversuche eingerichtet. Deutlich wird die Auswirkung der *Radioaktivität* auf die Pflanzen und den Gesundheitszustand der Menschen beschrieben. Wer solche Texte in ihrem Kern der Phantasie zuschreibt, scheint wahrhaft mit Blindheit geschlagen! Q.: Krassa: Gott S. 169 ff

In seinem Roman »Als die Götter starben« flicht der DDR-Autor Günther *Krupkat* die Vernichtung Sodoms, er nennt es *Siddim,* durch die kosmischen Götter ein *(Science Fiction).* Der phantasievolle Text bietet allerhand Lösungsmöglichkeiten. So könnte *Lots* Frau durch den Atomblitz regelrecht entmaterialisiert *(Entmaterialisierungen)* worden sein. Nur noch ein Schatten ihrer selbst blieb zurück und *Lot* bildete daraufhin zum Angedenken eine Säule aus Stein. Q.: Krassa: Gott S. 166 ff
→ Mamre
→ Orejona
→ Tiahuanaco

Sodomie Die S' als eine Kultform ist auf der ganzen Erde verbreitet gewesen. *Sagen,* Mythen und Berichte kennen aber nicht nur die Paarung mit Tieren, sondern auch das Entstehen mißgestalteter Wesen daraus *(Mutanten).* Konnte dies durch *Genmanipulation* Außerirdischer Realität gewesen sein? Q.: Däniken: Zurück S. 248
Die Götter verboten *(Gesetze)* diese Perversion entschieden. So in *Leviticus 18,23 ff* und *20,15–16.* Q.: Däniken: Zurück S. 260 f

vgl.: Geschlechtsverkehr
vgl.: Inzest
vgl.: Moral (der Götter)
vgl.: Moral (der Menschen)
Sohar (ältestes Kapitel der jüd. Kabbala) → Henoch
→ Herkunft der Götter
Solla Price, Derek J. de (Mathematiker) → Computer
Solon (640–561 v. Chr.; Athener Gesetzgeber) → Atlantis
Solotow, Alexej (Geophysiker)
→ Tunguska-Explosion
Somerset (englische Grafschaft)
→ Bodenzeichnungen
Songhai (sudanesischer Stamm)
→ Riesen
Sonne → Astronomie
→ Baian Kara Ula
→ Chih Chiang Tzu-Yu
→ Herkunft der Götter
→ Kalender
→ Planetensystem, eigenes
→ Pyramiden
→ Sirius-B
→ UFO, historische
Sonnen (Beobachtung mehrerer Sonnen am irdischen Himmel oder Berichte über außerplanetare Systeme mit mehreren Sonnen) → Chih Chiang Tzu-Yu
→ Exobiologie
→ Herkunft der Götter
Sonnentor (von Tiahuanaco)
→ Tiahuanaco
Sonnenwagen (Synonym für die fliegenden Fahrzeuge der Götter)
→ Unfälle
Sothis (Stern Sirius in Ägypten; mit der Göttin Isis identifiziert) → Eier, fliegende
→ Sirius-B
Soun Nal-Leng (Namen der Ruinenstätte Nan Madol)
→ Nan Madol
Sowjetunion → Berge, heilige
→ Erde
→ Felszeichnungen
→ Höhlen
→ Höhlenzeichnungen
→ Kommunikation, interstellare

Sprengstoffe 351

→ Kristall-Linsen
→ Kulturbringer, Götter als
→ Kuriositäten
→ Mumien
→ Mutanten
→ Operationen (med.)
→ Overalls
→ Schöpfung
→ Schußwaffen
→ Sintflut
→ Sirius-B
→ Tunguska-Explosion
→ UFO, historische
→ Vernichtung von Schriftzeugnissen
→ Wortbedeutungen
Sozomenos (byzantinischer Historiker; 5 Jh. n. Chr.) → Oannes
Spanien → Bunker
→ Felszeichnungen
→ Spiele der Götter
Sphären (außerirdische Bereiche der Mythologie) → Akustik (der Götter-Fahrzeuge)
→ Astronomie
→ Herkunft der Götter
Spiegel → Fundgegenstände, technische
→ Kristall
→ Laser
Spiele der Götter Das *Ballspiel* der alten Kulturvölker des mexikanischen Hochlandes und der *Maya*, bei dem der Ball, als Abbild eines Gestirns gedeutet, nur mit Knie oder Hüfte von zwei Parteien gespielt wurde, war ritualisiert *(Cargo-Kult)*. Ursprünglich hätten es die Götter selbst gespielt, was auf einen universellen Charakter der Spielbegeisterung hinweisen könnte *(Exopsychologie)*. Diese *Ballspiel*art ist auch in *Thailand* verbreitet. Und das baskische *Pelota*, das allerdings von nur vier Spielern gespielt wird, hat ebenfalls dazu Beziehung *(Basken; Spanien; Frankreich)*. Q.: Kohlenberg: Vorzeit S. 65 f; Q.: Landa: Relación; Q.: Cordan: Mexiko
Spielzeugautomaten Vollautomatisches Spielzeug gab es in *China*

schon um 200 v. Chr. Q.: Krassa: Gelbe Götter S. 58
→ Maschinen
Spionage unter Göttern → Vimanas
Sprachen Die sumerische Ursprache *(Sumerer)* wurde durch das Akkadische *(Akkad)*, eine semitische Sprache, abgelöst und später noch mehr durch das Babylonische verdrängt *(Babylon)*. Verbindungen zu diesen Sprachen gibt es jedoch nicht. Das Sumerische steht beziehungslos zu den anderen Sprachen der Welt. Hat diese Besonderheit Parallelen zu dem urplötzlichen Auftreten der sumerischen Kultur, die von den Göttern abstammen will? Q.: Temple: Sirius-Rätsel S. 27
→ Herkunft der Götter
→ Kommunikation, interstellare
→ Schöpfung
→ Tiahuanaco
→ UFO, moderne
→ Wortbedeutungen
vgl.: Kommunikation
vgl.: Sprachenverwirrung
Sprachenverwirrung → Turm zu Babel
vgl.: Sprachen
vgl.: Wortbedeutungen
Sprachverwandtschaften
vgl.: Wortbedeutungen
Sprechfunkanlagen Der phönizische Geschichtsschreiber *Sanchuniaton* erwähnte um 1250 v. Chr., ebenso wie später *Philon von Byblos* um 15 n. Chr., sogenannte »belebte Steine«, mit denen man mit den Göttern in Verbindung treten konnte *(Phönizier)*. Q.: Mooney: Les dieux S. 162
→ Bundeslade
Sprengstoffe Im 4. Buch Mose *(Numeri 16,28 ff)* wendet *Moses* eine Waffe an *(Waffen der Götter)*, die der Herr ihm gegeben hat. Der Beschreibung nach spaltete sich der Boden unter den Opfern und verschlang sie mitsamt ihren Familien. Ist uns hier der Fall einer Bombe *(Bomben)* überliefert? Q.: Krassa: Gott S. 113 ff
vgl.: Werkzeuge der Götter

Sri Lanka (Ceylon) → Humanoiden
→ UFO, historische
→ Waffen der Götter
Srinagar (Hauptstadt von Kaschmir)
→ Ezechiel
Städte, verschollene vgl.: Kulturen, versunkene
Stair, Ralph (Radiologe) → Tektite
Stais, Valerois (Archäologe)
→ Computer
Startplätze der Götter vgl.: Landeplätze der Götter
Statuen → Bauwerke
→ Dogus
→ Götter, bärtige
→ Höhlen
→ Mutanten
→ Olmeken
→ Osterinsel
→ Stollen, unterirdische
→ Tula
vgl.: Felsbearbeitungen
Staustrahl-Triebwerke
→ Osterinsel
Steinbearbeitungen vgl.: Felsbearbeitungen
Stein der Weisen (heilbringender Stein der Alchimisten, der Metalle in Gold verwandeln, Krankheiten beseitigen konnte etc.) → Gral, heiliger
Stein des Südens → Libanon
Steine, gravierte Von 1945 bis 1952 sammelte der deutsche Kaufmann Waldemar *Julsrud* und sein Gehilfe Odilon *Tinajero* bei *Acambaro (Guanajato, Mexiko)* über 30 000 gravierte Steine. Sie zeigen neben unklaren Mustern vermutlich ausgestorbene *Saurier* und Säugetiere als auch mumienartige Gebilde *(Mumien)*. Man datierte diese Funde auf etwa 1600 v. Chr. Nachforschungen wurden auch durch den Kartographen Charles H. *Hapgood* betrieben. Q.: Bergier: Le livre S. 20 ff
Bei *Ica, Peru,* fand man über 10 000 Steine mit bis zu 200 kg Gewicht, die voller eingravierter Zeichnungen sind *(Gravuren; Felszeichnungen)*. Aufbewahrt sind sie im Privatmuseum des Chirurgen Dr. Javier *Cabrera.*

Steine, gravierte. Q.: Erich von Däniken

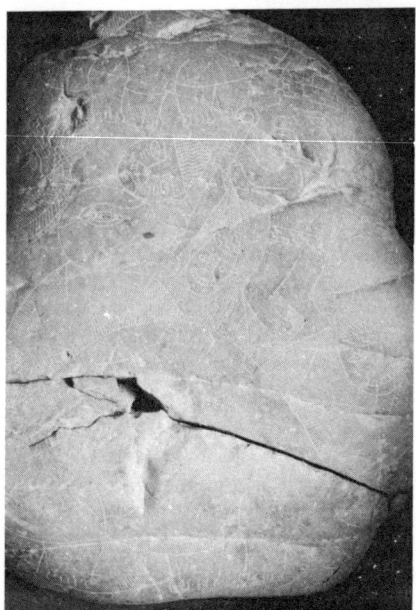

Steine, gravierte. Saurier. Q.: Erich von Däniken

Man erkennt als Beispiele die Abbildung eines Mannes, der mit einer Lupe Fossilien untersucht *(Versteinerungen; Lupen)*, einen anderen, der mit einem Teleskop in der Hand in den Himmel schaut *(Teleskope)*.

Steine, gravierte. Lupen. Q.: Erich von Däniken

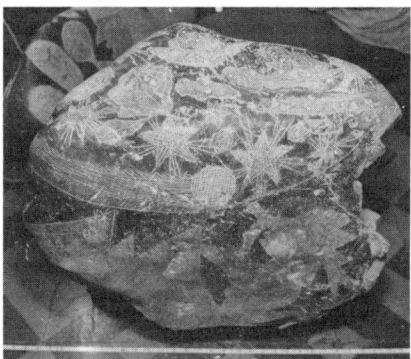

Steine, gravierte. Teleskope. Q.: Erich von Däniken

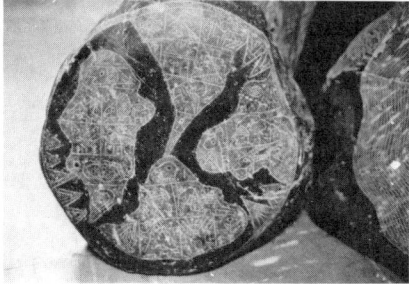

Steine, gravierte. Kontinentalverschiebungen. Q.: Erich von Däniken

Steine, gravierte. Pyramiden. Q.: Erich von Däniken

Neben *Karten* unbekannter Landstriche sind Darstellungen von *Sauriern* zu finden. Chirurgische Eingriffe am Hirn *(Operationen)* finden sich neben kompletten *Herztransplantationen*, wobei auch kleinste Details exakt wiedergegeben sind *(Transplantationen; Medizin; Kuriositäten)*. In jüngster Zeit werden diese Steine den Touristen zuliebe allerdings nach Abbildungen aus modernen Zeitschriften nachgearbeitet. Hunderte, vielleicht Tausende dieser Steine können daher gefälscht sein. Dennoch gibt es eine Methode, durch mikroskopische Untersuchungen falsche und echte Exemplare zu trennen. Demnach sind einige dieser scheinbar aus der Gegenwart stammenden Motive trotzdem prähistorisch. Q.: Charroux: L'énigme S. 17 ff, 98 ff, 114, 118 f, 126 ff, 132 ff, 157 ff, 164 ff, 206 f, 269 f, 319 f; Q.: Däniken: Beweise S. 411 ff

Wie der Geologe Dr. Eric *Wolf* von der Minengesellschaft Mauricio Hochschild, Lima, und die Ingenieure Fernando *de las Casas und* César *Sotillo* von der peruanischen Nationalen Technischen Hochschule feststellten, zeigen die Steine *und* deren Oberflächenritzungen altersbedingte Oxydationserscheinungen. Auf diese Weise lassen sich geologisch die echten, alten *Gravuren* von den modernen, gefälschten trennen. Zu

354 Steine, gravierte

Steine, gravierte. Mikro-Aufnahme der Oxydationsschicht. Q.: J. F. Blumrich

den alten *Gravuren* gehören die erwähnten Ritzzeichnungen. Q.: Däniken: Beweise S. 417 ff
→ Astronomie
vgl.: Felsbearbeitungen
Steiner, Rudolf (*27. 2. 1861, † 30. 3. 1925) In seiner Schrift »Unsere atlantischen Vorfahren«, Dornach 1934, gibt der Anthroposoph S' Hinweise auf den versunkenen Kontinent *Atlantis*. Seiner Ansicht nach verstanden es die Atlanter, aus der Kraft der Samen eine Art Lebensenergie, kinetische Energie, zu produzieren. ». . . So wurden die in geringer Höhe über dem Boden schwebenden Fahrzeuge der Atlanter fortbewegt. Diese Fahrzeuge *(UFO,* historische) fuhren in einer Höhe, die geringer war als die Höhe der Gebirge der atlantischen Zeit, und sie hatten Steuervorrichtungen, durch die sie sich über diese Gebirge erheben konnten.« Über die Quellen seiner Spekulationen sagt S': ». . . Über die Quellen der hier zu machenden Mitteilungen bin ich heute noch verpflichtet, Schweigen zu beobachten. Wer über solche Quellen überhaupt etwas weiß, wird verstehen, warum das so sein muß *(Geheimnisse).*« Seiner Ansicht nach wurden die Atlanter auch von Göttern, höheren Wesenheiten, wie er es nennt, unterrichtet *(Kulturbringer,* Götter als). Q.: Dopatka: Spiegelbild S. 27 ff

Steinhäuser, Gerhard R. *19. 9. 1920 in Brünn, CSSR. Der deutsche Staatsangehörige hat seinen dauernden Wohnsitz in Wien. Als freier Journalist arbeitete er für verschiedene Zeitungen und Zeitschriften. Mit seinen Buchveröffentlichungen geht er auf das Thema der Paläo-Astronautik wie auch auf Grenzwissenschaften ein *(Parapsychologie).* S' war Referent beim 2. Weltkongreß der *Ancient Astronaut Society.*

Steinhäuser, Gerhard R. Q.: H. G. Trenkwalder

Stelen → Crespi, Carlo
→ Stollen, unterirdische
→ UFO, historische
Sterblichkeit der Götter Die *Dschagga*, ein *Bantu*-Stamm aus dem ostafrikanischen Gebiet, berichten in ihren *Sagen* von Personen und Göttern, die starben, wenn sie in den Himmel zurückgeschickt wurden *(Afrika).* Q.: Däniken: Beweise S. 129; Q.: Frobenius: Volksmärchen
So geschehen mit ihrem Himmelsgott *Mugulu,* nachdem er den Men-

schen Lebensmittel und verschiedene Früchte gebracht hatte. Er starb bei seiner Rückkehr in den Himmel genau wie die Himmelsfrau *Unyoro (Kulturbringer,* Götter als). Q.: Däniken: Beweise S. 136; Q.: Gorju: Entre
Sternbild Argo → Oannes
→ Sintflut
Sternbild der Hyaden
→ Zeitdilatation
Sternbild der Pleiaden → Pleiaden, Sternbild der
→ Zeitdilatation
Sternbild Löwe → Herkunft der Götter
Sternbild Orion → Sirius-B
Sternbild Stier → Zeitdilatation
Sternbilder → Felszeichnungen
→ Herkunft der Götter
→ Kristall-Linsen
Sterne → Astronomie
→ Donnergötter
→ Erkennen der Götter
→ Exobiologie
→ Felszeichnungen
→ Henoch
→ Höhlenzeichnungen
→ Hopi-Indianer
→ Konfrontationen der Götter
→ Planeten
→ Sirius
→ Sirius-B
Sterne, fliegende (Synonym für die fliegenden Fahrzeuge der Götter)
→ Bethlehem, Stern von
→ Kommunikation, interstellare
→ Konfrontationen Götter kontra Menschen
→ Orejona
→ Wiederkehr der Götter
vgl.: UFO, historische
Sternenkarten → Astronomie
→ Bodenzeichnungen
→ Höhlenzeichnungen
Sternenschiffe (Synonym für die fliegenden Fahrzeuge der Götter)
→ UFO, historische
Sternexpansionen → Sirius-B
Sternwarten vgl.: Observatorien
Stiche (in der Kunst) → UFO, historische

Stier, Sternbild → Zeitdilatation
Stingl, Miloslav (tschechischer Ethnologe) → Bauwerke
→ Crespi, Carlo
Störmer, Carl (Professor für Elektromagnetismus) → Satelliten
Stoessel, Bernard *1948 in Erlangen, Deutschland. Der Graphiker und freie Künstler S' kam über Zeichnungen nach Science-Fiction-Art zur phantastischen Malerei. In Ausstellungen sowie SF-Texten wurden seine Bilder einer breiten Öffentlichkeit zugänglich gemacht. Dazu gehören auch Darstellungen von Besuchen außerirdischer Wesen in der Vergangenheit der Erde.
→ Kunst
Stollen, unterirdische Welche Geheimnisse umgeben die künstlichen Stollenbauten, z. B. im Tal der Könige *(Bauwerke; Monumente),* in Ägypten? Mit einer sagenhaften Präzision führen diese plan gebauten Tunnel immer tiefer in den Felsen. Und je weiter man in sie eindringt, umso herrlicher und prächtiger leuchten die phantastischen Gemälde *(Höhlenzeichnungen)* an ihren Wänden und Decken. Nirgends aber findet sich eine Spur von Rauch- und Rußverschmutzungen. Wenn aber keine Fackeln bei diesen Arbeiten benutzt wurden – was dann? Die damals üblichen Metallspiegel verschlucken das Sonnenlicht schon nach wenigen Metern. Das Innere der Stollen bleibt damit finster. Benutzten die ägyptischen Baumeister elektrische, vielleicht mit *Batterien (Elektrizität)* gespeiste *Lampen?* Und woher bezogen sie sie? Q.: Däniken: Erinnerungen S. 117, 120; Q.: Dolezol: Aufbruch S. 48 ff; Q.: Däniken: Besucher S. 283
Im Norden *Afghanistans* sollen sich, wie Lamas noch heute erzählen, Tunnel, Gänge und Hallen befinden, in die sich Reste einer ehemaligen Menschheit flüchteten. Das System wird mit dem Namen der mysteriösen

Stollen, unterirdische

Kultur *Agharti* bezeichnet *(Kulturen, versunkene; Sagen).* Q.: Kohlenberg: Vorzeit S. 399; Q.: Ossendowski: Tiere
Der chinesische Archäologe *Chi Pen Lao* fand 1961 westlich von *Yoyang* an den Ausläufern des *Honan-Gebirges* im »*Tal der Steine*« Eingänge zu einem unterirdischen Labyrinth. Die glatt und plan gearbeiteten Gänge und Hallen führen bis unter das Südufer des *Tungting-Sees*. Höhlenzeichnungen stellen fliehende Tiere und sie jagende Menschen mit »Blasrohren« dar. Einige von ihnen scheinen auf einem Schild zu fliegen *(Schilde,* fliegende) und mit Gewehren *(Schußwaffen)* auf die Tiere zu zielen. Sie tragen lange Hosen und eng anliegende Jacken *(Overalls).* Q.: Däniken: Aussaat S. 124
Tibetanischen Mönchen nach soll es im Himalaya ein Volk geben, das mit Hilfe einer unbekannten Energie, einer Art Lebensenergie, unter der Erde lebt. Dies schon seit einer gewaltigen Erdkatastrophe der Vorzeit *(Tibet; Katastrophen; Sagen).* Q.: Kolosimo: Viel Dinge S. 150
Das mysteriöse Buch von *Dzyan* berichtet von einer Insel, auf der Götter von der Venus lebten, die mit einem Himmelsschiff *(Schiffe,* fliegende) gekommen seien. Durch unterseeische Stollen hätten sie Verbindung zum Festland gehabt. Nach einer Katastrophe *(Katastrophen)* seien die Götter verschwunden. Q.: Kolosimo: Viel Dinge S. 148
Der Orientalist Nicholas *Roerich* glaubte ein unterirdisches Reich namens *Shambala* aufgespürt zu haben, dessen Städte mit Stollen verbunden gewesen sein sollen und dessen Bewohner von den Sternen kamen. Q.: Kolosimo: Viel Dinge S. 148
Als »von schneebedeckten Bergen umgeben« und im Norden von Tibet gelegen wird »*Shambala*« auch in dem Buch »Mein Tibet« vom Bruder des Dalai Lama erwähnt. Q.: Norbu/Turnbull: Tibet S. 321
Den *Sagen* der Ureinwohner von *Hawaii (Polynesien)* nach sollen die einzelnen Inseln mit unterseeischen Tunneln verbunden sein. Q.: Kolosimo: Viel Dinge S. 151
Geheimnisvolle Höhlen kennt auch das *Popol Vuh* der *Quiché*-Indianer. ».... der Name des Ortes aber, zu welchem *Balam-Quitze, Balam-Acab* und *Iqui-Balam* zogen, war: die Höhle von *Tula,* sieben *Höhlen,* sieben Schluchten. Auch die *Tamub* und *Ilocab* zogen dahin. Dies war der Name der Stadt, wo selbst sie ihre Götter empfingen *(Kommunikation)...* Der Reihe nach ließen sie die Götter zurück und *Hacavitz* war der erste... Auch *Mahucutah* hinterließ seinen Gott. *Hacavitz* aber wurde nicht in einem Wald versteckt, sondern in einem nackten Berg *(Berge,* heilige) verschwand *Hacavitz...*« Q.: Däniken: Aussaat S. 89; Q.: Dolezol: Aufbruch S. 55
Kilometerlange Stollen mit regelrechten Hallen sind bei *Cholula, Mexiko,* vorhanden. Q.: Däniken: Aussaat S. 243
1965 entdeckte der Argentinier Juan *Moricz* in der östlichen Region *Ecuadors,* der Provinz *Morona-Santiago,* kilometerlange unterirdische, in den Fels hineingeschnittene Stollen *(Höhlen).* Drei Jahre später wandte er sich an die Öffentlichkeit und ließ sich die Besitzrechte von seinem Anwalt und Notar Dr. Gustavo *Falconi* bestätigen. In den Gängen sollten sich Gegenstände aus Stein *(Statuen)* und Metallplatten *(Metalle)* mit Schriftzeichen und Bildern *(Schriften; Gravuren)* befinden *(Stelen).* Am 4. März 1972 besuchten Erich von Däniken, Juan *Moricz,* der Rechtsanwalt Dr. Matheus *Peña* und EvDs Begleiter Franz *Seiner* die Stollen. Sie befanden sich im Städtedreieck *Gualaquiza – San Antonio – Yaupi* und machten den Eindruck gewaltiger *Bunker.*

Stollen, unterirdische 357

Stollen, unterirdische. Q.: Juan Moricz; Erich von Däniken

In den *Höhlen* arbeitete ihr Kompaß nicht normal *(Magnetismus).* In einem Saal, der den Grundriß von 110×130 m haben soll, stehen Stühle aus Stein, Figuren von Tieren, selbst von *Sauriern,* und *Gold*platten, besser hauchdünne Metallfolien von 96×48 cm Größe. Das Modell eines Kuppelbaues *(Bauwerke)* läßt einen hohen Stand architektonischer Kunst vermuten. Die um die Höhleneingänge lebenden Indios fertigen noch heute *Masken* von Göttern mit »langen Nasen« an, *Atemgeräte* der Vorzeit? *(Erkennen der Götter; Cargo-Kult)* Q.: Däniken: Aussaat S. 8 ff; Q.: Däniken: Beweise S. 376 ff; Q.: Charroux: L'énigme S. 161 ff; Q.: Mooney: Les dieux S. 76
In regelmäßigen, etwa 1100 m großen Abständen sind die Gänge mit Luftschächten verbunden, von 1,80 m bis 3,10 m Länge und etwa 80 cm Breite, gerade aus dem Fels heraus nach oben führend. Q.: Däniken: Aussaat S. 85 f
Gegenstände ähnlich jenen der Höhlensysteme lagern auch in der Sammlung des Pater Carlo *Crespi.* Q.: Däniken: Aussaat S. 31 ff
1965 will Juan *Moricz* die Stollen aufgespürt haben, dann aber, nach einer fehlgeschlagenen Expedition um 1969, darüber geschwiegen haben. Q.: Krassa: Däniken S. 19

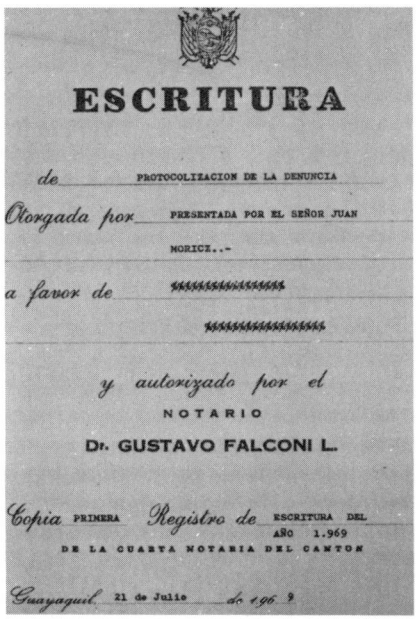

Stollen, unterirdische. Notarielle Urkunde über den Besitzer der Höhlen unter Ecuador, Juan Moricz. Q.: Erich von Däniken

Die Media Associates Company, eine Filmgesellschaft aus den USA, wagte 1973 unter Leitung des Forschers Pino *Torrola* eine weitere Expedition. *Torrola* hatte Jahre vor *Moricz* die gleichen oder ähnlichen Gänge untersucht, und man griff auf ihn zurück, da die Bedingungen von Juan *Moricz* unannehmbar waren. In der Tat sollen auch Gegenstände und Kammern am Flußlauf des *San-*

Stollen, unterirdische

tiago Rivers dabei aufgestöbert worden sein. Angeblich sollen bestimmte künstlich angelegte Säle bis zu 6000 Menschen fassen können. Abgedrehte Filme jedoch wurden, aus unverständlichen Gründen, niemals der Öffentlichkeit oder Interessierten gezeigt. Negativ verlief ebenfalls eine vom Verlag Erich von *Dänikens* im Frühjahr 1973 gestartete Kontrollexpedition unter dem deutschen Völkerkundler Prof. Udo *Oberem*. Schlechter Wegverhältnisse wegen konnte der Wissenschaftler nicht zum Ziel vordringen. Q.: Krassa: Däniken S. 22 ff
Ebenso verzweigte und weitläufige Höhlensysteme sollen in *Peru* vorhanden sein. Q.: Däniken: Aussaat S. 8,37
In der Nähe der peruanischen Siedlung *Otuzco (Peru)* sollen, nach Angaben einer Expedition aus dem Jahre 1971, kilometerlange Gänge bis zum Ozean hinunterlaufen. Ihre Eingänge werden von 8 Meter hohen, 5 Meter breiten und über 2 Meter dicken Steintoren verschlossen, die dennoch von 4 Männern bewegt werden können, da sie sich in Steinpfannen drehen. Die Stollen dahinter sind mit quergeriffeltem Boden versehen, also rutschsicher. Ihr Ende soll 25 Meter unter dem heutigen Meeresspiegel liegen – in der Nähe der Insel *Guanape,* auf der jedoch kein Ausgang zu finden ist. Q.: Bild der Wissenschaft. Dez. 1971: Ein weiteres Geheimnis der Inkas; Q.: Däniken: Aussaat S. 58 f
Während der letzten Eiszeit war der Meeresspiegel fast 25 Meter tiefer – ein Hinweis auf das Alter der geheimnisvollen Anlagen *(Eiszeiten)?*
Schon Francisco *Pizarro* entdeckte am Berg *Huascarán* (6768 m ü.d.M.) Höhlen, die mit Felsplatten verschlossen waren. Da er jedoch Vorratskammern und kein *Gold* vermutete, schenkte er ihnen keine Beachtung. Q.: Däniken: Aussaat S. 57 f

Der spanische Chronist Pater Christobal de *Molina* beschäftigte sich in seinem Werk »Ritos y fabulos de los Incas«, 1572, mit den Höhlensystemen. Danach soll sich den *Sagen* nach der Urvater nach der *Schöpfung* darin zurückgezogen haben, um ab und zu als Kulturbringer aufzutauchen *(Kulturbringer,* Götter als). Q.: Däniken: Aussaat S. 62
Auch in *San Augustín (Kolumbien)* finden sich unterirdische Kammern mit Verbindungsgängen. Q.: Däniken: Aussaat S. 243; Q.: Charroux: L'énigme S. 173
Johann Jakob *Tschudi* berichtet in seinen »Reisen nach Chile, Peru usw.«, Wien 1862, aus dem brasilianischen Amazonasgebiet *(Brasilien).* Ein System von *Höhlen* soll dort Vasen, Skulpturen und andere Zeugnisse einer hohen Zivilisation beherbergen *(Keramik; Statuen).* Q.: Charroux: Welten S. 112; Q.: Wilkins: Secret; Q.: Grégor: Journal
In *Moyoc Marca* bei *Sacsayhuaman* soll sich der Eingang eines unterirdischen Netzes von Stollen befinden, das sogar *Cuzco* mit dem heutigen *Lima* verbindet *(Peru).* Q.: Charroux: L'énigme S. 154 f
→ Akakor
→ Hopi-Indianer
→ Inka
→ Kulturen, versunkene
→ Kuriositäten
→ Nan Madol
→ Sacsayhuaman
Stonehenge (Kultstätte der Jungsteinzeit; bei Salisbury, England)
→ Megalithen
→ Transporte
Story, Ronald (Autor)
→ Kritiker
Strahlen *Hermes,* griechischer Götterbote, als auch sein ägyptisches Pendant *Anubis* bzw. »*Thoth* von der Säule« *(UFO,* historische), der den Beinamen *Aureus* trug und in Verbindung mit dem *Sirius* stand, werden als ebenso hell leuchtende,

strahlende Gestalten geschildert wie der keltische *Lug,* den kein menschliches Wesen anschauen konnte. Alle diese Götter waren als Lehrer und göttliche Vermittler tätig *(Kulturbringer,* Götter als; *Griechenland; Sagen; Ägypten; Kelten).* Q.: Kohlenberg: Vorzeit S. 38 f; Q.: Rolleston: Myths
Ähnlich strahlende Wesen, *Engel,* treten im Buch *Henoch* in Erscheinung. Q.: Kohlenberg: Vorzeit S. 39; Q.: Dillmann: Buch Henoch
Als ebenso strahlend, leuchtend oder schimmernd werden der persische Urkönig *Dschamsid,* die keltischen *Teutates, Grannos* und *Belenus* wie der germanische Regenbogengott *Heimdall* beschrieben *(Persien; Kelten; Germanen; Sagen).* Q.: Kohlenberg: Vorzeit S. 38 f; Q.: Creuzer: Symbolik; Q.: Grimal: Mythen Bd. 3
Wichtiger noch als die S', die von den Personen ausgingen, waren Beobachtungen von S', die von Geräten wie Waffen erzeugt wurden. Gerade diese Beobachtungen können Beziehungen zur Prä-Astronautik herstellen.
→ Bundeslade
→ Daniel
→ Erkennen der Götter
→ Ezechiel
→ Felszeichnungen
→ Isaak
→ Kristall
→ Landeplätze der Götter
→ Nazca, Hochebene von
→ Pyramiden
→ Reflektoren
→ Schöpfung
→ Sirius-B
→ Sodom und Gomorrha
→ UFO, historische
→ UFO, moderne
→ Waffen der Götter
vgl.: Radioaktivität
vgl.: Röntgen-Gerät
vgl.: Strahlenschäden
vgl.: Strahlenwaffen

Strahlenschäden → Enkidu
→ Schlangen
→ Sodom und Gomorrha
→ UFO, moderne
→ Waffen der Götter
vgl.: Krankheiten
vgl.: Radioaktivität
vgl.: Strahlen
vgl.: Strahlenwaffen
Strahlenwaffen → Elias
→ Enkidu
→ Laser
→ Tula
→ UFO, historische
→ Waffen der Götter
vgl.: Strahlen
vgl.: Strahlenschäden
Strahlenwagen (Synonym für die fliegenden Fahrzeuge der Götter)
→ UFO, historische
vgl.: Wagen, himmlische
Straßen
→ Maya
Strom, elektrischer vgl.: Elektrizität
Stromspeicher vgl.: Batterien
Strong, Leonard Alfred George (Schriftsteller)
→ Mutanten
Struve, Otto (Astronom)
→ Exobiologie
→ Green-Bank-Konferenz
Stuckarbeiten vgl.: Gravuren
Stuhlinger, Ernst (Raumfahrtingenieur) → Exobiologie
Subis, Berge von (Borneo)
→ Höhlen
Suchuna (Felsen bei Sacsayhuaman) → Sacsayhuaman
Sudan → Kulturbringer, Götter als
→ Riesen
Südafrika → Eisen
→ Felszeichnungen
→ Mumien
→ Radioaktivität
→ Riesen
→ Simbabwe
Südamerika → Felszeichnungen
→ Levitation
→ Mumien
→ Piri Reis Weltkarten
→ Schädeldeformationen

Südamerika

(Übersicht über einzelne Länder und Gebiete:)
→ Argentinien
→ Bolivien
→ Brasilien
→ Chile
→ Ecuador
→ Feuerland
→ Karibik
→ Kolumbien
→ Osterinsel
→ Peru
→ Venezuela
Südsee-Inseln → Ozeanien
Südwestwales (England)
→ Transporte
Suganainoni (melanesischer Kulturbringer) → Konfrontationen der Götter
Sumbabwa (ostindonesische Insel) → Schöpfung
Sumer Wie aus dem Nichts entstand vor über 4000 Jahren vor Christus die vielleicht erste Hochkultur der Erde, S'. Seine Mythologie und bestimmte archäologische Funde lassen eine mögliche außerirdische Einflußnahme vermuten. Q.: Sagan/Shklovsky: Intelligent S. 456; Q.: Chatelain: Nos ancêtres S. 18 ff (und viele andere Quellen)
→ Baalbek, Terrasse von
→ Etana und der Adler
→ Gilgamesch-Epos
→ Kristall-Linsen
→ Oannes
→ Sintflut
→ Sirius-B
→ Unterwasserbasen
→ Vernichtung von Schriftzeugnissen
vgl.: Akkad
vgl.: Babylon
vgl.: Mesopotamien
Sumerer → Astronomie
→ Batterien
→ Entführungen
→ Gesetze
→ Gilgamesch
→ Götter, bärtige
→ Herkunft der Götter
→ Kulturbringer, Götter als
→ Moral (der Götter)
→ Lebensdauer
→ Planeten
→ Schöpfung
→ Schlangen
→ Sirius-B
→ Sprachen
→ UFO, historische
→ Unterwasserbasen
→ Weltraumreisen, Probleme bei
→ Zahlen
→ Zeitdilatation
Sung-Dynastie (China)
→ Exobiologie
Surid (mythischer Pharao vor der Sintflut) → Pyramiden
Surya (indischer Sonnengott)
→ Waffen der Götter
Surya Siddhanta (indische Überlieferung) → Astronomie
Susa (Fundort am Ostrand Mesopotamiens; Persien) → Vernichtung von Schriftzeugnissen
Susa no Wo no Mikoto (Gott des japanischen Nihongi)
→ Donnergötter
Su-Shu-Huang (Mathematiker)
→ Green-Bank-Konferenz
→ Humanoiden
→ Sirius-B
Suttung (Riese der nordisch-germanischen Edda) → UFO, historische
Svargaloka (Welt der indischen Mythologie) → Herkunft der Götter
Svetadvîpa (indische Götterwelt) → Indien
Swadilfari (Himmelsroß der germanischen Mythologie) → UFO, historische
Swallow (Santa-Cruz-Inseln; Neue Hebriden; Melanesien) → Bauwerke
Swaziland (Südafrika) → Eisen
Swedenborg, Immanuel (Medium und Seher; 1688–1772)
→ Exobiologie
Symbole → Baum des Lebens
→ Cargo-Kult
→ Fruchtbarkeitskult
→ Hopi-Indianer
→ Reue (der Götter)

→ Sirius-B
→ UFO, historische
vgl.: Felszeichnungen
vgl.: Ideogramme

Syrien → Henoch
→ Riesen
→ Vernichtung von Schriftzeugnissen

T

Ta'aroa (oder Tangaroa bzw. Tangaloa; polynesischer Gott)
→ Gottessöhne
→ Eier, fliegende
vgl.: Tangaloa
vgl.: Tangaroa
Tabus → Baum der Erkenntnis
→ Baum des Lebens
→ Berge, heilige
→ Bundeslade
→ Cheruben
→ Erkennen der Götter
→ Ezechiel
→ Gottessöhne
→ Lebensdauer
→ Moses
→ Räder
→ Tassili-Massiv
vgl.: Geheimnisse
Tachayachachic → Uiracocha Tachayachachic
Tachyonen (überlichtschnelle Teilchen) → Lichtgeschwindigkeit
Tätowierungen → Cargo-Kult
vgl.: Rituale
Tahiti (Gesellschafts-Inseln; Polynesien) → Antennen
→ Bauwerke
→ Cargo-Cult
→ Eier, fliegende
→ Pyramiden
Tahoe (See in Kalifornien, Nevada)
→ Bauwerke
→ Kulturen, versunkene
→ Sintflut
Taiarapu (Halbinsel Tāhitis; Gesellschafts-Inseln; Polynesien)
→ Antennen
T'ai-chan (chinesisches Gebirge)
→ Vakuum
Tainaron (heute Kap Matapan; Griechenland) → Unterwasserbasen

Taiowa (Gottheit der Hopi-Indianer; USA) → Hopi-Indianer
Taipi-Tal (Marquesas) → Bauwerke
Taiwan (Nationalchina) → Gravuren
Talatala (Welt der indischen Mythologie) → Herkunft der Götter
Tal der Könige (Ägypten)
→ Zahnmedizin
Tal der Steine (Honan-Gebirge; China) → Stollen, unterirdische
Talmini, Fred (Assyrologe)
→ Wortbedeutungen
Talmud Der T', die jüdische *(Judentum)* Sammlung der *Gesetze* und religiösen Überlieferungen *(Sagen)*, gesteht dem *Adam* in der Schöpfungsgeschichte *(Schöpfung)* noch eine dämonische *(Dämonen)* Frau, Lilith, zu. Q.: Dopatka: Spiegelbild; Q.: Krassa: Gott S. 259; Q.: Kohlenberg: Vorzeit S. 134
Sie wird danach u. a. in der Walpurgisnacht-Szene von Goethes »Faust« erwähnt. Ihr Name war schon den Akkadern *(Akkad)* um 2300 v. Chr. bekannt und wurde von den Hebräern geerbt. War sie später, besonders im Mittelalter, Sinnbild für das Verführerische, kann diese Gestalt ursprünglich auf tatsächliche Kontakte der Götter mit irdischen Frauen zurückgehen. Neben ihr waren noch *Nahamah, Ogereth* und *Malachath* bekannt. Q.: Döbler: Hexenwahn S. 138 f
Nur ein Beispiel der ergänzenden Funktion des T', der Einzelheiten der christlich-jüdischen Bibel näher verständlich machen kann. Hinweise auf mehrere kosmische Parteien in der Realität?

→ Donnergötter
→ Gesetze
→ Schlangen
vgl.: Bibel
Talos (Roboterriese auf Kreta; griechische Mythologie) → Roboter
Tamadaré (Figur der Guaraní-Legenden, Brasilien) → Sintflut
Tambo (südamerikanischer Stamm) → Orejona
Tamborolangi (Dewata-»Engel« in der Mythologie der Toradja, Celebes)
→ Landeplätze der Götter
→ Verbindung von Himmel und Erde
Tamoanchán (mythischer Ort auf Yucatán; Mexiko) → Maya
Tambotoco (Berg bei Cuzco, Peru)
→ Inka
→ Orejona
Tampu-Tocco → Tambotoco
Tamu (karibischer Gott) → Götter, hellhäutige
Tamub (Volk des Popol Vuh; Maya-Mythologie) → Stollen, unterirdische
Tandschur → Tanjur
Tane (Gott der Maori; Neuseeland)
→ Konfrontationen der Götter
→ Weltraumreisen, Probleme bei
T'ang (chinesischer Kaiser; ca. 1760 v. Chr.) → UFO, historische
Tangaloa (oder Tangaroa bzw. Ta'aroa; Stammvater der Polynesier)
→ Gottessöhne
vgl.: Ta'aroa
vgl.: Tangaroa
Tangaroa (oder Ta'aroa bzw. Tangaloa; polynesischer Gott) → Götter, bärtige
→ Osterinsel
vgl.: Ta'aroa
vgl.: Tangaloa
Tangata-Ika (Fischmänner der Osterinsel-Mythologie) → Osterinsel
Tangata-Manu (»Vogelmann« der Osterinsel) → Osterinsel
Tang-Dynastie (China) → Erkennen der Götter
Tango-Fudoki (japanische Überlieferung) → Zeitdilatation
Tanjur (übersetzte Lehre; Kommentar zum Kanjur; indische Mythologie)

→ Herkunft der Götter
→ UFO, historische
→ Vimanas
Tanna (Neue Hebriden; Melanesien)
→ Cargo-Kult
Tansania (Afrika) → Mischwesen
Tantrismus (indische Religionsgemeinschaft, aus dem Dschainismus hervorgegangen) → Vimanas
Tanum (Fundort in Schweden)
→ Felszeichnungen
T'ao Hung Tsching (451–536 n. Chr.; chinesischer Chronist) → UFO, historische
Taoismus (philosophisch-religiöse Lehre Chinas) Im T' ist es den »vollkommenen Menschen«, den »chen-yen«, möglich, durch die Wolken zu fliegen und viele Welten zu besuchen *(Entführungen; Kontaktler)*. Q.: Krassa: Gelbe Götter S. 91
→ K'un-lun-Gebirge
→ Lebensdauer
Taorama → Toa-marama
Tarade, Guy (Journalist)
→ Palenque
Tarapacár (chilenische Wüste)
→ Nazca, Hochebene von
Tarasken (altmexikanischer Volksstamm) → Sintflut
Tardyonen (überlichtschnelle Teilchen) → Lichtgeschwindigkeit
Tarnung Wolken, aus denen Feuer lodert, sind als göttliches Fahrzeug *(UFO, historische)* nicht nur bei *Moses* (Exodus), sondern auch im Buch *Jesaja 19,1, 30,27* und *60,8* überliefert. Versteckte man dahinter die wahre Natur des metallenen Götterschiffes *(Angst)?* Q.: Krassa: Gott S. 227 f
Am Fuße des Berges *Sion* versammelten sich die Juden, als nach *Jesaja 4,5* der Herr sich am Tag in einer Wolke verbirgt und in der Nacht Feuerglanz sichtbar wird. Weiter heißt es ».. . über dem ganzen Lichtglanz wird eine Schutzhülle sein.« (*UFO, historische; Unangreifbarkeit der Götter)* Q.: Krassa: Gott S. 241 f
→ Abraham

Tarnung

→ Donnergötter
→ Elektrizität
→ UFO, historische
→ Waffen der Götter
vgl.: Masken
Tarsis-Stein (Mineral) → Ezechiel
vgl.: Glas
Tasita (Welt der indischen Mythologie) → Herkunft der Götter
Tassili-Massiv In der Zentral-*Sahara*, genauer im T'-M', finden sich Abertausende der prächtigsten *Felszeichnungen*. Der französische Ethnologe Henri *Lhote* registrierte und erkundete einen großen Teil von ihnen. Q.: Däniken: Erinnerungen S. 57 f; Q.: Elmayer von Vestenbrugg/Bellamy: Eingriffe; Q.: Kohlenberg: Vorzeit S. 39, 246; Q.: Lhote: A la découverte; Q.: Mooney: Les dieux S. 119 ff
Das Erstaunlichste: Neben, daß muß betont werden, exakt naturgetreu wiedergegebenen Tierdarstellungen kommen zuhauf Abbildungen von skurrilen, seltsamen Götterwesen vor. Sie tragen seltsame Auswüchse und Fortsätze ähnlich wie *Antennen* auf den Köpfen und bewegen sich in eng anliegenden *Overalls*. Zauberer, Medizinmänner in ihrer Kluft? Q.: Däniken: Erinnerungen S. 57 f

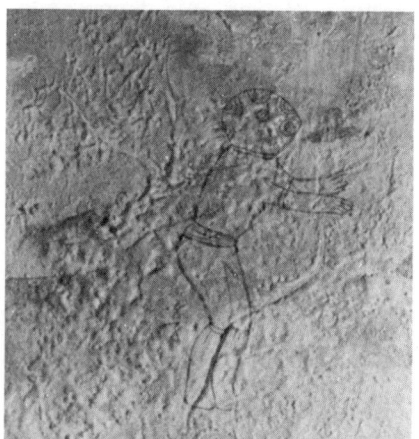

Tassili. Felszeichnung im Tassili-Gebirge. Q.: Constantin-Film

Mysteriös muß auch die sogenannte Tassilikugel (*Kugeln, fliegende*) gelten, die schon Henri *Lhote* entdeckte. Was den Archäologen rätselhaft erscheinen muß, Vorsprünge, *Antennen*, aufgeklappte Luken, kann mit der Interpretation der Prä-Astronautik auch als Fahrzeug gedeutet werden (*UFO, historische*). Q.: Däniken: Zurück S. 131

Tassili-Massiv. Q.: Dr. R. Gardi, Bern

Und warum werden dann die Gesichter so merkwürdig entstellt wiedergegeben *(Atemgeräte?)*. Für *Masken* hält die Forschung diese Abbildungen. Doch hartnäckige Prä-Astronautiker haben Erfolg. Denn was wollten die Eingeborenen mit einer riesigen Figur – Henri *Lhote* nannte sie spontan den »Großen Marsgott« – bezwecken, die ursprünglich über sechs Meter hoch an die Felswand aufgetragen wurde? Q.: Däniken: Erinnerungen S. 57 f; Q.: Sagan/Shklovsky: Intelligent S. 455
Ist es nicht einleuchtender anzunehmen, die Götter hätten die Ureingeborenen nicht zu dicht an sich herankommen lassen *(Tabus)*, so daß unsere Künstler ihre Objekte, aus Ehrfurcht zitternd, mehr oder weniger skurril wiedergeben mußten *(Erkennen der Götter)?* Und ist das, was sie uns überlieferten, nicht deutlich genug? Q.: Däniken: Erinnerungen S. 57 f
Eine der *Felszeichnungen* stellt ein Gebilde aus 5 Kreisen dar, die an den

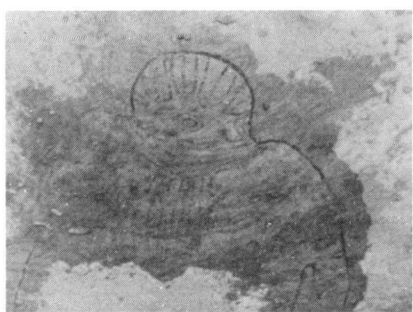

Tassili-Massiv. Q.: Constantin-Film

Endpunkten und dem Schnittpunkt eines Kreuzes liegen. Präkosmonautisch gedeutet, haben wir es hier mit einer der möglichen *Raumbasen* zu tun. Q.: Däniken: Meine Welt S. 74
→ Felszeichnungen
→ Sirius-B
Tanna (Insel der Neuen Hebriden) → Cargo-Cult
Tat (vermutlich identisch mit Thoth; ägyptisches Götterwesen, vielleicht auch symbolhaft für die Priesterkaste gebraucht) → Sirius-B
Tatunca Nara (Häuptling der brasilianischen Ugha-Mongulala-Indios) → Akakor
Tau Ceti (Stern) → Kommunikation, interstellare
Taulipáng (venezolanischer Indiostamm) → Baum des Lebens
Tausendundeine Nacht (Märchensammlungen orientalischen Ursprungs) → Materialisierungen
Tawhaki (Maoristamm; Neuseeland) → Gottessöhne
Taylor, Mount (Berg in Neumexiko) → Sintflut
Taylor, A. H. (Radiofunker) → Satelliten
Tch'e-yeu (mysteriöse Maschinen der chinesischen Urzeit)
→ Unklarheiten der Definition
Tchi-Handschrift → China
Tchoga Zanbil (= Tschoga Zenbil; iranische Stufenpyramide) → Turm zu Babel
→ Zikkurats

Tecciztecatl (aztekischer Gott)
→ Pyramiden
→ UFO, historische
Techniken, prähistorische
vgl.: Fundgegenstände, technische
Tegea (Ort im klassischen Griechenland) → Aussetzung von Kindern
Teilhard de Chardin, Marie-Joseph
*1. 5. 1881 auf Schloß Sarcenat bei Clermont-Ferrand, Frankreich. † 10. 4. 1955 in New York. Als Priester, Paläontologe und Philosoph versuchte T'd'C', die Kluft zwischen wissenschaftlichem *Schöpfungs*verständnis und religiöser Anschauung zu überbrücken. Er faßte den Schöpfungsplan als von Anfang an programmiert auf im Gegensatz zur Meinung des Nobelpreisträgers Jacques *Monod,* der die Zufallsschöpfung postulierte. Eine solche Ansicht läßt bewußtes außerirdisches Eingreifen fremder Mächte zu. »Im kosmischen Maßstab, so lehrt uns die moderne Physik, hat nur das Phantastische eine Chance, wahr zu sein«, meinte T'd'C' *(Philosophie; Science Fiction).* Q.: Delfgaauw, Bernard: Teilhard de Chardin
TeKrony, Ken (Ingenieur) → Nazca, Hochebene von
Tektite T', glasartige Felsbrocken *(Sandverglasungen; Meteoriten),* finden sich u. a. im *Libanon.* Dr. Ralph *Stair* entdeckte in ihnen nach seinen Untersuchungen radioaktive *(Radioaktivität)* Aluminium-Isotopen. Q.: Däniken: Erinnerungen S. 51 Nach den jüngsten Isotopen-Untersuchungen ist anzunehmen, das T' beim Auftreffen kosmischer Materie auf die Erde entstehen. T' findet man über den Globus verstreut, dennoch scheinen sich aus den Altersuntersuchungen vier *Katastrophen* abzuleiten. Vor 700 000 Jahren in Südostasien, vor 1 000 000 Jahren in Westafrika, vor 14,6 Mill. Jahren in Mitteleuropa und vor rund 34 Mill. Jahren in den USA. Q.: Ditfurth: Kinder S. 256 ff

Telekinese → Schöpfung
→ Telepathie
→ Waffen der Götter
Telepathie Hinweise auf die Fähigkeit, Gedanken anderer Menschen außersinnlich wahrzunehmen, sind in allen Mythenkreisen stark verbreitet. So soll der vergöttlichte *Vasudeva* im *Mahabharata* willentlich Gedanken erkennen können *(Sagen)*. Im gleichen Mythos wird von Waffen berichtet, die mit Gedanken abgefeuert werden können *(Waffen der Götter; Telekinese)*. Q.: Dopatka: Spiegelbild
T' könnte vielleicht als Mittel zur *Kommunikation* mit fremden *Humanoiden* dienen.
Im August 1959 wurde ein historischer Versuch gewagt. Edgar *Cayce*, ein begabtes Medium, brachte es fertig, von der tiefgetauchten *Nautilus (U-Boote)* Gedankenverbindung mit einem Empfänger an Land zu bekommen. Radioverbindungen vom getauchten U-Boot aus sind dagegen unmöglich (*Medien,* menschliche). Q.: Däniken: Erinnerungen S. 196 ff; Q.: Däniken: Besucher S. 110 ff
→ Drachen, himmlische
→ Erscheinungen
→ Hagar
→ Mamre
Telephos (Figur der griechischen Mythologie) → Aussetzung von Kindern
Teleskope Schon vor 7000 bis 8000 Jahren kannten die Chinesen, dem *Shu-king* nach, das Teleskop *(China)*. Q.: Charroux: L'énigme S. 116
→ Astronomie
→ Steine, gravierte
vgl.: Glas
vgl.: Kristall-Linsen
vgl.: Lupen
Television → Laser
→ Vimanas
Telika (vermutlich vierte Frau des Pharao Amenophis III.)
→ Ägypten

Tell Halaf (Fundort in Mesopotamien)
→ UFO, historische
Temaukl (feuerländischer Gott)
→ Schöpfung
Temple, Robert Kyle Grenville *15. 1. 1945 in Philadelphia, Penn., USA. T' studierte in Philadelphia Sanskrit und Orientalistik. Er ist Mitarbeiter verschiedener Zeitschriften, z. B. des New Scientist, und veröffentlichte nach mehrjähriger Arbeit 1976 das Buch »Das Sirius-Rätsel«, Umschau-Verlag Frankfurt a. M. Das in diesem Buch detailliert beschriebene Wissen eines afrikanischen Eingeborenenstammes um einen mit dem bloßen Auge unsichtbaren Stern im Sirius-System *(Sirius-B)* gilt als ein Hauptglied in der Kette von Indizien zur Prä-Astronautik. T' ist Mitglied der *Ancient Astronaut Society* und war Referent bei Weltkongressen.
→ Sirius-B

Temple, Robert K. G. Q.: R. K. G. Temple

Temuen (auch Ponape; Karolinen; Mikronesien) → Nan Madol
Tendung (nepalesischer Berg)
→ Sintflut
Teng Mu (420–479 n. Chr.; chinesischer Philosoph)
→ Exobiologie
Tennessee (US-Bundesstaat)
→ Kugeln
Teotihuacán (voraztekisches Kultzentrum im Hochland von Mexiko)
→ Pyramiden
→ Tula
→ UFO, historische
→ Unterwasserbasen
Te Pito O Te Henua (= Nabel der Erde; alter Name der Osterinsel)
→ Osterinsel
Te Putahi Hui O Rehua (Ort der Götter der Maori-Mythologie; Neuseeland) → Weltraumreisen, Probleme bei
Terraces (Fundort in Südafrika)
→ Simbabwe
Terziev, Kiril *19. 2. 1936 in Strumica, Jugoslawien. Der Physiklehrer veröffentlichte einige Artikel zur Prä-Astronautik, insbesondere zum Fall

Terziev, K. Q.: K. Terziev

des Propheten Ezechiel. Bekannt wurde der Jugoslawe jedoch durch seine graphischen Darstellungen biblischer Themen *(Kunst).* Die Szenen sind den prä-astronautischen Theorien nachempfunden und stellen Landungen und Aktivitäten der Götter-Astronauten in damaliger Zeit dar.
Tesedjebest (Gebiet im Hoggar-Massiv, Sahara) → Felszeichnungen
Tespi (mexikanischer Flutüberlebender) → Sintflut
Teufel Der T' der biblischen Mythologie hatte keine Macht, die dem Gott gefährlich werden konnte. Eher läßt sich eine Zersplitterung des geschlossenen Auftretens der Götter rekonstruieren, die einsetzte, als man die Schaffung des Menschengeschlechtes ins Auge faßte *(Konfrontationen der Götter; Schöpfung; Gottessöhne).* Die Pseudoepigraphie »Das *Leben Adams und Evas*« läßt den Teufel bekennen: »... Adam, was sagst du da zu mir? Um deinetwillen bin ich von dort verstoßen worden. Als du gebildet wurdest, ward ich von Gottes Antlitz verstoßen und aus der Gemeinschaft der *Engel* verbannt« *(Verbannung).* Q. Krassa: Gott S. 243 f
→ Engel
→ Gottessöhne
→ Gral, heiliger
→ Luzifer
→ Mutanten
→ Nichtwissen der Götter
→ Schöpfung
Teutates (keltischer Gott)
→ Strahlen
Texas (US-Bundesstaat)
→ Versteinerungen
Texcuco (Kultort in Mexiko)
→ Mutanten
→ Vernichtung von Schriftzeugnissen
Tezcatlipoca (aztekischer Gott, Mexiko) → Mutanten
Tezcoco → Texcuco
Tezpi → Tespi

Thailand

Thailand Den *Sagen* nach fiel auf das Haus der Thai-Familie *Ch'en* ein Ei (*Eier,* fliegende) mit einem Himmelsbewohner (*UFO,* historische). Die *Sagen* kennen auch das Ei (*Eier,* fliegende) des knochenlosen Königs *(Mutanten)* von *Hsü (Erkennen der Götter).* Nach einem Absturz *(Unfälle)* lehrte der Fremde das Volk (*Kulturbringer,* Götter als). Q.: Krassa: Gelbe Götter S. 121 f; Q.: Eberhard: Lokalkulturen; Q.: Kohlenberg: Vorzeit S. 28, 214, 333
Der chinesische *Yao-*Stamm *(China)* kennt sogar den Namen des Knochenlosen. *Ch'ang-i* soll auch Vater der *Mond*berechnung gewesen sein *(Mathematik).* Allerdings glaubt man in ihm eine Frau erkannt zu haben, nämlich die Gemahlin des ersten Herrschers der *Shang-Dynastie,* des *I Yin.* Q.: Krassa: Gelbe Götter S. 122
→ Eier, fliegende
→ Erkennen der Götter
→ K'un-lun-Gebirge
→ Lebensdauer
→ Schiffe
→ Schlangen
→ Spiele der Götter
→ U-Boote
→ UFO, historische
→ Unfälle
Thebel (Welt der jüdischen Kabbala)
→ Herkunft der Götter
Theben (Ort in Ägypten) → Ägypten
→ Sintflut
→ Vernichtung von Schriftzeugnissen
Theodosius I. (379–395 n. Chr.; oströmischer Kaiser) → Vernichtung von Schriftzeugnissen
Thespios (oder Thestios; König in der griechischen Mythologie)
→ Sirius-B
Thestios (oder Thespios; König in der griechischen Mythologie)
→ Sirius-B
Thetis (griechische Göttin; identisch mit Eurynome und Aphrodite)
→ Eier, fliegende
→ Unterwasserbasen

Thiassi (auch Thiazi; Riese der nordisch-germanischen Edda) → UFO, historische
Thiering, Barry (Autor) → Kritiker
Thompson, Robert (Biogenetiker) → Intelligenzmanipulation
Thor (germanischer Gott; Sohn Odins) → Götter, bärtige
→ Schlangen
→ UFO, historische
→ Waffen der Götter
Thoth (ägyptisches Götterwesen, vielleicht als Personifikation für die Priesterkaste gebraucht) → Strahlen
→ Sirius-B
Thrymheim (Welt der germanischen Mythologie) → Herkunft der Götter
Thursen (=Jöten; Riesen in der germanischen Mythologie) → UFO, historische
Thuthmosis III. (1490–1436 v. Chr.; Pharao der 18. Dynastie des Neuen Reiches) → UFO, historische
→ Vernichtung von Schriftzeugnissen
Ti (sumerisch: »Rippe« oder »Leben schaffen«) → Schöpfung
Tiahuanaco Sarmiento de *Gamboa,* spanischer Chronist der Eroberung des *Inka*reiches, weiß zu berichten: *Viracocha,* der Schöpfergott, habe sich in T' aufgehalten *(Landeplätze der Götter)* und auf großen Steinplatten Reliefbilder und Zeichnungen *(Gravuren)* entworfen, als Plan für alles, was er zu schaffen gedachte; die Menschen, die er dort ins Leben rief *(Schöpfung),* hätten noch alle dieselbe Sprache *(Sprachen)* gesprochen und sich von T' aus über alle Welt ausgebreitet, nachdem sie *Bauwerke (Monumente)* dieses Platzes zu Ehren ihres Schöpfers errichtet hätten. Die Völker des *Inka*reiches sahen in den großen Steinfiguren der zu ihrer Zeit bereits sehr alten Ruinenstätte von T' versteinerte *Riesen* der Vorzeit und konnten sich offenbar nicht vorstellen, daß die gewaltigen *Bauwerke* und Plastiken von Menschen stammten.

Tiahuanaco 369

T' liegt in *Bolivien*, 60 km von La Paz und heute 20 km von dem 3812 Meter hoch gelegenen *Titicacasee* entfernt im *Altiplano* – einem Hochland, das »Tibet der Neuen Welt« genannt wurde und sehr rauhes Klima hat.

Es wurde aus einem einzigen Andesitblock herausgemeißelt und hat ein Gewicht von etwa 10 Tonnen. Der Figurenschmuck zeigt den Sonnengott mit Kondorzeptern in den Händen, umgeben von 148 kleineren, geflügelten Gestalten.

Tiahuanacu. Q.: Constantin-Film

Sonnentor von Tiahuanacu. Q.: Erich von Däniken

Die sagenumwobene Ruinenstätte hat eine Gesamtfläche von etwa 450 000 Quadratmetern und besteht aus zahlreichen Großbauten, die zum Teil aus Sandstein, zum Teil aus sehr hartem Andesit mörtellos gefügt wurden. Ein Teil der *Bauwerke* ist dem Anschein nach unvollendet geblieben. Derzeit versuchen bolivianische Archäologen, mehrere Bauten zu restaurieren, vor allem die »*Kalasasaya*« genannte Anlage, zu der auch das berühmte, mit reichem Reliefschmuck verzierte »*Sonnentor*« gehört.

Tiahuanaco. Q.: Josefine Welk, 1955 in H. Trimborn, Das alte Amerika, Zürich 1959

Der Bezirk »*Acapana*« besteht aus einer aufgeschichteten Terrasse von 15 Metern Höhe und wurde als Tempel, Befestigungsanlage oder Opferstätte gedeutet. Interessanter ist aber das Ruinenfeld »*Puma Puncu*« mit gewaltigen Bausteinen aus Andesit und Trachyt, das leider seit Jahrhunderten als Steinbruch ausgebeutet und beraubt wurde. Nur die gewaltige Größe vieler Steinblöcke hat verhindert, daß noch mehr von dem einstigen Reichtum verschleppt wurde: Fachleute erwähnen steinerne Basisplatten für Einzelbauten mit einem Gewicht von über 100 Tonnen! Die Gesamtanlage wurde jedoch nie fertiggebaut – wie bei den Steinfiguren der *Osterinsel* sieht man auch hier kolossale Werkstücke, die ihren Bestimmungsort nie erreicht haben: die Ursache für die Bauunterbrechung ist unbekannt und wird auch in den *Sagen* der *Inka*-Zeit nicht direkt genannt. Mit schweren Steinplatten überdachte Räume, die an *Bunker* erinnern, sind nur durch winzige Öffnungen zugänglich und werden von den Archäologen als »Grabkammern« interpretiert, andere als »unterirdische Behausungen von Priestern«. Der Anlage von *Puma-Puncu* sind riesige Molen aus Steinblöcken vorgelagert, die ein doppeltes Hafenbecken bilden. In der Zeit ihrer Errichtung muß T' unmittelbar am *Titicacasee* gelegen haben, dessen Spiegel damals etwa 35 Meter höher lag als heute. Die imposante Anlage stammt aus *Prä-Inka*-Epochen, und die Wissenschaft glaubte ihr vor einigen Jahrzehnten eine Entstehungszeit »um 1000 n. Chr.« zuweisen zu können. Neuere Datierungen lassen sie T'-Kultur »100 v. Chr.« einsetzen, während ihr der Archäologe Arthur *Posnansky* ein »vorsintflutliches Alter« zuschrieb. Ob die *Aymará*-Indios, wie angenommen wurde, mit den Erbauern von T' identisch sind, ist ebenso ungewiß wie das tatsächliche Alter der Bauten. Auch die traditionelle Archäologie hat keine Erklärung dafür, wie das rauhe Hochland Boliviens die Menschenmassen ernährt haben soll, die für den Bau nötig waren *(Ernährungsproblem),* und wie mit den einfachen Steinwerkzeugen der damaligen Zeit sehr hartes Baumaterial in Form gigantischer Steinblöcke millimetergenau bearbeitet und transportiert worden sein soll *(Transporte).* Der Amerikanist Hans Dietrich *Disselhoff* schrieb die Sätze: »War T' zur Zeit seiner Hochblüte mehr als ein Mekka im höchsten bewohnten Hochland, wo die Luft für gewöhnliche Sterbliche schwer zu atmen ist...? Welche Völkerschaften waren Träger der T'-Kultur?... Der nächste Steinbruch liegt über fünf Kilometer weit entfernt. Diese Tatsache ließ immer wieder moderne Legenden entstehen. Zum Transport der schweren Blöcke waren außer vielen Armen auch Rollen aus Baumstämmen nötig. Wo wuchsen die Bäume? I-förmige Krampen aus *Kupfer* hielten diese Steine zusammen...« Die Tatsache, daß auch Vertreter der Fachwissenschaft Fragezeichen setzen, ist bemerkenswert. Vom Standpunkt der Prä-Astronautik ist zu erwähnen, daß »fliegende Götter« auch über später vergessene Technologien verfügt haben können. »Wasserleitungsrinnen«, 2 Meter lang und einen halben Meter breit, lassen sich vernünftiger als *Kabel*leitungen interpretieren.

Tiahuanacu. Q.: Erich von Däniken

Sie sind mit einer Präzision ausgeführt, die an heutige Betongüsse erinnert. Der absonderliche Nasenschmuck der Steinfiguren erinnert an *Atemgeräte,* die geflügelten Genien des Sonnentores gemahnen an die weltweit verbreiteten *Sagen* von flugfähigen Götterwesen. Kann die rätselhafte Bauunterbrechung auf eine unbekannte Katastrophe *(Katastrophen)* zurückzuführen sein? Hyatt A. *Verrill* und Wendell C. *Bennett* erwähnen riesenhafte *Räder* aus Stein, mit denen der Transport der Felsen vor sich gegangen sein soll. In anderen Quellen wird davon nichts berichtet. *Sagen* aus der Inkazeit sprechen von Blitzstrahlen, mit welchen der Gott *Pachayachachic* die

aufsässigen Menschen bestraft haben soll *(Blitze; Konfrontationen Götter kontra Menschen; Waffen der Götter)*, und von vernichtenden Wasserfluten *(Sintflut)*. Viracocha habe einst die Sterblichen, die ihn mißachteten, bestraft, indem er Feuer vom Himmel regnen ließ: »Aus der Höhe regnete Feuer *(Fallout)* über sie und verbrannte den ganzen Ort; Erde und Steine brannten wie Stroh ... Viracocha, von Mitleid erfaßt, ging zum Feuer und löschte es mit seinem Stabe ...« *(Reue der Götter)*. Q.: Krickeberg: Märchen S. 240
Handelt es sich um eine Überlieferung, die an die Vernichtung von *Sodom und Gomorrha* erinnert? Hat der Feuerregen, der den Ort *Cacha* in der Provinz *Collao* vernichtet haben soll, etwas mit dem Ende von T' zu tun? Sollten die »*Bunker*« von *Puma Puncu* gegen derartige Angriffe aus der Luft schützen? Viracocha soll später an die Küste des Meeres bei *Porto Viejo* gezogen sein, den Peruanern künftige Dinge verkündet haben *(Prophezeiungen)* und schließlich über die Meeresoberfläche in den Pazifik hinausgewandert sein *(Polynesien)*, mit der Versprechung, einst wiederzukehren *(Wiederkehr der Götter)*. Dies erinnert an den Abschied anderer *Kulturbringer*. Q.: Däniken: Erinnerungen S. 41 ff; Q.: Däniken: Zurück S. 75, 78; Q.: Däniken: Meine Welt S. 104 ff; Q.: Däniken: Besucher S. 140 ff, 165; Q.: Hutin: Hommes S. 117 ff, 168 ff; Q.: Charroux: Welten S. 144; Q.: Charroux: L'énigme S. 86, 119, 126 ff; Q.: Leslie/Adamski: Flying saucers; Q.: Mooney: Les dieux S. 78, 223, 232; Q.: Kohlenberg: Vorzeit S. 90 f, 207; Q.: Bergier: Les extra-terrestres S. 54, 56; Q.: Kolosimo: Viel Dinge S. 157; Q.: Disselhoff: Imperium S. 388; Q.: Helfritz: Südamerika S. 116 ff, 177 ff; Q.: Krickeberg: Märchen S. 236 ff, 335 f; Q.: Verrill/Verrill: Americas ancient; Q.: Orbigny: Voyage

→ Bunker
→ Karten
→ Orjana
→ Osterinsel
→ Peru
→ Schöpfung
→ Transporte
Tiamat (sumerisch-babylonische Mythologie; Ungeheuer und Gott in Schlangenform) → Schlangen
Tibesti (zentrales Bergland der Sahara) → Sirius-B
Tibet → Baum des Lebens
→ Berge, heilige
→ Dzyan, Buch des
→ Eier, fliegende
→ Herkunft der Götter
→ Höhlen
→ Konfrontationen der Götter
→ Schamanen
→ Schriftzeugnisse der Götter
→ Stollen, unterirdische
→ UFO, historische
→ Verbindung von Himmel und Erde
→ Vimanas
vgl.: China
Tiefschlaf vgl.: Anästhesie
vgl.: Betäubungsmittel
Tien-shan (chinesisches Gebirge)
→ Berge, heilige
Tien-she (Himmelsschlange der chinesisch-thailändischen Mythologie)
→ Schlangen
Tiere, fliegende (Synonym für die fliegenden Fahrzeuge der Götter)
→ Enkidu
→ Sirius-B
→ UFO, historische
Tigris (Fluß in Mesopotamien)
→ Paradies
Tikal (Maya-Kultstätte) → Pyramiden
Tiki (menschlicher Urahn; polynesische Mythologie) → Schöpfung
Tikopia (Santa-Cruz-Inseln; Neue Hebriden; Melanesien) → Felsen, fliegende
Tilmun → Dilmun
Tinajero, Odilon (Mexikaner)
→ Steine, gravierte
Tinian (Marianen; Mikronesien)
→ Bauwerke
→ Simbabwe

Tir nan-og (Welt der keltischen Mythologie) → Herkunft der Götter
Tirol (Österreich) → UFO, historische
Tiryns (Fundort in Griechenland)
→ Simbabwe
Ti-se (heiliger Berg Tibets; auch unter Kailasa, Meru und Rajatadri bekannt) vgl.: Kailasa
vgl.: Meru
Titanen (Kinder des Uranos; griechische Mythologie) → Rivalitäten der Götter
Titicacasee (Südamerika)
→ Gottessöhne
→ Höhlenzeichnungen
→ Tiahuanaco
Titus Livius → Livius, Titus
Tkach, John R. (Geologe)
→ Reflektoren
Tlaloc (toltekischer Regengott)
→ Schlangen
→ Unterwasserbasen
Tlalocan (mystische Welt des Tlaloc; Mexiko) → Unterwasserbasen
Tlapallan (»Land der Morgenröte«; toltekische Mythologie) → Tula
Tlatlasikoala (nordamerikanischer Indianerstamm) → Unfälle
Tlingit (nordwestamerikanischer Indianerstamm) → Cargo-Kult
Toa-marama (Gesellschafts-Insel; Polynesien) → Sintflut
Toba (Indiostamm des Gran Chaco; Argentinien) → Verbindung von Himmel und Erde
Tobias (Zentralfigur im apokryphen Buch Tobit) → Erkennen der Götter
Tobit (apokryphes Buch)
→ Erkennen der Götter
Tod der Erstgeborenen (als Strafmaßnahme in der Mythologie verbreitetes Motiv) → Aussetzung von Kindern
→ Moses
Tohoku (japanischer Ort)
→ Dogus
Tokio (japanische Stadt)
→ Fundgegenstände, technische
Tokomai (Fundort in Japan)
→ Overalls

Toktela (Schöpfergott der Hopi-Indianer; USA) → Hopi-Indianer
Tolima (kolumbianischer Teilstaat)
→ Kuriositäten
Tollan (Ort in Mexiko; heute vermutlich Tula) → Mais
→ Maya
→ Tula
Tolteken (voraztekisches Kulturvolk des mexikanischen Hochlandes)
→ Götter, bärtige
→ Götter, hellhäutige
→ Kulturbringer, Götter als
→ Schlangen
→ Tula
→ Unterwasserbasen
Tomarosmassiv (Griechenland)
→ Sintflut
Tomas, Andrew *1913 in St. Petersburg, Rußland. T' lebte über 20 Jahre im Fernen Osten und ist heute als australischer Staatsbürger mit seinen Veröffentlichungen noch immer um die Entschleierung der Mythologie Asiens bemüht. Bei den Kongressen der *Ancient Astronaut Society* ist T' als Redner aufgetreten.

Tomas, Andrew. Q.: A. Tomas

Toneri (Prinz; Verfasser des japanischen Nihongi) → Donnergötter
→ Schintoismus
→ Schöpfung
→ Verbindung von Himmel und Erde
Tonga-Inseln (Polynesien)
→ Atmosphären, außerirdische
→ Bauwerke
(Übersicht über einzelne Inseln:)
→ Tongatapu
Tongariki, Ahu von (Name einer Steinplattform) → Osterinsel
Tongatapu (Tonga-Inseln; Polynesien) → Bauwerke
Topas (Mineral) → Ezechiel
vgl.: Glas
Topkapi-Palast (Istanbul) → Piri Reis Weltkarten
Toradja (= Toradscha; altmalaiischer Volksstamm auf Celebes, Indonesien) → Landeplätze der Götter
→ Verbindung von Himmel und Erde
Tore, automatische → Erkennen der Götter
→ Maschinen
Toro Muerto (Felsbilder-Fundort in Peru) → Röntgen-Gerät
Torrola, Pino (Amerikanist)
→ Stollen, unterirdische
Totemismus T', nach einem indianischen Wort »ototeman«, bezeichnet den Glauben an eine verwandtschaftliche Herkunftsbeziehung zwischen bestimmten Menschengruppen und außermenschlichen Wesen – am häufigsten mit bestimmten Tieren, seltener mit Pflanzen, gelegentlich auch mit Gestirnen, Blitz und Donner usw. Es besteht ein mystisches Schutz- und Freundschaftsverhältnis einzelner Menschen oder (häufiger) verschieden gearteter Kollektive zu einem übernatürlichen Wesen, das als Ahnenwesen aufgefaßt wird und sich im Totem verkörpert haben soll. Die in vor- und frühgeschichtlichen Kunstwerken, z. B. *Felszeichnungen,* nicht selten anzutreffenden tierisch-menschlichen *Mischwesen* werden meist als Ausdruck eines T' gedeutet. Q.: Biedermann: Felsbildkunst S. 55

Der weltweit verbreitete Glaube an göttliche Tierwesen oder Tiermenschen braucht nicht allein den Wunsch der Menschen nach der Kraft, der Schnelligkeit etc. jener Tiere zur Quelle gehabt zu haben. Waren Wesen von anderen Planeten auf der Erde tätig, so mußten sie von der Bevölkerung nicht immer als humanoid verstanden werden. Ihre Möglichkeit, zu fliegen wie der Vogel, in ihren Overalls auszusehen wie Fische und dank ihrer unbegreiflichen Waffen stark wie Löwen zu sein, mußten Allegorien entstehen lassen. Q.: Kohlenberg: Vorzeit S. 44 ff
→ Mischwesen
→ Schamanen
Totenbuch (ägyptisches) Dieser »Reiseführer für die Seele im Jenseits« soll um 1700 v. Chr. verfaßt worden sein. Q.: Kohlenberg: Vorzeit S. 17; Q.: Sethe: Totenliteratur
→ UFO, historische
Tóth, László *im Oktober 1945 in Ungarn. Der Betriebsingenieur geht in seinen Publikationen technischen Indizien prä-astronautischer Besucher nach. Er sprach am 3. Weltkongreß der *Ancient Astronaut Society.*

Tóth, László. Q.: L. Tóth

To-Ti-Tu (Schöpfergott der Uros; Peru, Bolivien) → Gottessöhne
Townes, Charles Hard (Physiker)
→ Exobiologie
Tpereake (mikronesischer Gott)
→ UFO, historische
Träume → Erscheinungen
→ Henoch
→ Isaak
Transozeanfahrten
→ Kulturbringer, Götter als
vgl.: Diffusionstheorie
Transplantationen → Inka
→ Steine, gravierte
vgl.: Herztransplantationen
vgl.: Medizin
Transporte Gewaltige *Monumente*, Kolossalstatuen und gigantische Steinblöcke *(Bauwerke)* wurden in vor- und frühgeschichtlicher Zeit an vielen Stellen der Welt mit scheinbarer Leichtigkeit transportiert. In *Ägypten* wurden die Obelisken kilometerweit aus *Assuan* geholt. Q.: Däniken: Erinnerungen S. 140
Stonehenge wurde zum Teil mit Felsen aus *Südwestwales* und *Marlborough* errichtet. Q.: Däniken: Erinnerungen S. 140; Q.: Mooney: Les dieux S. 76, 196, 204, 230
Tiahuanaco und *Sacsayhuaman* sind voll von Steinblöcken bis zu 100 Tonnen Gewicht – fein säuberlich aufeinandergesetzt. Q.: Däniken: Erinnerungen S. 140
Wurden dazu technische Mittel gebraucht, wie man sie heute vielleicht noch nicht kennt?
→ Baalbek, Terrasse von
→ Bauwerke
→ Exopsychologie
→ Gravitation, Aufhebung der
→ Kugeln
→ Kulturen, versunkene
→ Libanon
→ Megalithen
→ Nan Madol
→ Nazca, Hochebene von
→ Olmeken
→ Osterinsel
→ Pyramiden
→ Sacsayhuaman
→ Tiahuanaco
Transvaal (Südafrika) → Riesen
→ Simbabwe
Tres Cruces (Bezeichnung der Bodenzeichnung von Pisco) → Pisco, Bucht von
Tres Zapotes (Fundstätte in Mexiko)
→ Olmeken
→ Räder
Trhi (»Sieben himmlische Könige« der tibetanischen Mythologie)
→ Verbindung von Himmel und Erde
Trilithen (Bausteine der Terrasse von Baalbek) → Baalbek, Terrasse von
Trinkwasserbereitung → Wunder
Triptolemos (griechischer Kulturbringer) → Griechenland
→ Schlangen
Tr'i-qumtsen-po (tibetanischer Himmelskönig) → Verbindung von Himmel und Erde
Triton (Sohn Poseidons, Meerdämon der griechischen Mythologie)
→ Sirius-B
Tritonis (Nymphe des Triton-Sees, Nordafrika) → Sirius-B
Triton-See (vermutlich an der heutigen algerisch-tunesischen Grenze gelegener antiker See) → Sirius-B
Trombetas (Fluß in Brasilien)
→ Schöpfung
Trommeln, fliegende (Synonym für die fliegenden Fahrzeuge der Götter)
→ Schamanen
→ UFO, historische
Trompeten von Jericho Josua 6,20 überliefert: ». . . Als nun der Schall der Posaunen ertönte, stürzte die Mauer in sich zusammen, und das Volk erstieg die Stadt, ein jeder gerade vor sich hin.« Verfügten die Israeliten über von den Göttern geliehenen *Ultraschall*-Waffen *(Waffen der Götter)*? Ähnliche Geräte wurden von dem französischen Prof. Vladimir *Gavreau* entwickelt. Schon eine »Todesposaune« von 37 Hertz und 2000 Watt hatte vernichtende Auswirkungen. Q.: Däniken: Zurück S. 60 ff; Q.: Krassa: Gott S. 68, 160; Q.:

Däniken: Besucher S. 105 ff; Q.: Leslie/Adamski: Flying saucers
→ Bundeslade

Trompeten von Jericho. Q.: Rolf Kauka Verlag

Tsab (jüdische Ursilbe)
→ Wortbedeutungen
Tsabaoth (Sabaoth = Jehova)
→ Wortbedeutungen
Ts'an-t'ung-Ch'i (chinesische Geheimlehre) → Lebensdauer
Tschatski, George (sowjetischer Archäologe) → Felszeichnungen
Tschechoslowakei → Kuriositäten
Tscheng (chinesischer Kaiser)
→ UFO, historische
Tschicoma (Berg in Neumexiko)
→ Berge, heilige
Tschi-kung → Chi-kung
Tschi Pen-Lao (chinesischer Ethnologe) → Chi Pen Lao
Tschi Pu Tei (chinesischer Archäologe) → Chi Pu Tei
Tschoga Zenbil → Tchoga Zanbil
Tschou-Dynastie (1115–1077 v. Chr.; China) → UFO, historische
vgl.: Chou-Dynastie
Tschuan-hiu (chinesischer Urkaiser)
→ Katastrophen
Tschudi, Johann Jakob von (Forschungsreisender) → Stollen, unterirdische
Tschufut-Kale (Höhlenanlage auf der Krim) → Höhlen
Tschu-Myn Tschen (chinesischer Wissenschaftler) → Versteinerungen

Tschu-Tehjun (chinesischer Schriftsteller des Mittelalters) → UFO, historische
Tschuwaschen (sibirisches Volk)
→ Wortbedeutungen
Tschu Yuan → Cho Yüan
Tsenes (Gott der Kato-Indianer, Kalifornien) → Konfrontationen der Götter
Tsikomo → Tschicoma
Ts'in Shi (259–210 v. Chr.; chinesischer Kaiser) → Röntgen-Gerät
Tsin Shin Hwang-ti → Shih Huang-ti
Tsum Um Nui (angeblich: chinesischer Wissenschaftler) → Baian Kara Ula
Tsutsukaha (Ort der Tango-Fudoki-Überlieferung; Japan)
→ Zeitdilatation
Tuamotu-Inseln (Polynesien)
→ Bauwerke
→ Mumien
→ Schöpfung
(Übersicht über einzelne Inseln:)
→ Gambier-Inseln
→ Pitcairn
→ Raroia
Tuamutef (Sohn des Horus; ägyptische Mythologie) → Mutanten
Tuareg (Volk der Sahara)
→ Kulturen, versunkene
Tuatha Dé Danann (Stamm des irischen »Buchs der Eroberungen«)
→ Kulturbringer, Götter als
Tubuai-Inseln (Polynesien)
→ Bauwerke
(Übersicht über einzelne Inseln:)
→ Rapa Iti
Türen, automatische
vgl.: Tore, automatische
Türkei → Bauwerke
→ Berge, heilige
→ Höhlen
→ Mutanten
→ Piri Reis Weltkarten
→ UFO, historische
→ Wortbedeutungen
Türkis (Mineral) → Ezechiel
Tula T' ist eine berühmte Ruinenstätte *Mexikos,* im Staat Hidalgo nördlich von Mexico City gelegen. Seit

Tula

1940 werden hier Ausgrabungen durchgeführt, die zu der Entdeckung erstaunlicher Bauwerke führten, unter welchen eine Tempelpyramide *(Pyramiden; Monumente; Bauwerke)* mit monumentalen Steinfiguren *(Statuen)* besonders auffällt. T' wird mit der sagenhaften Hauptstadt des *Tolteken*-Reiches *Tollan* (der Stadt des Priesterkönigs *Quetzalcoatl)* in Verbindung gebracht, dessen aztekischer Name »Gefiederte Schlange« *(Schlangen)* bedeutet. Dieser Priesterfürst wird als »Inkarnation eines göttlichen Wesens« angesehen, »das ursprünglich am Sternenhimmel seinen Sitz hatte und später mit dem Morgenstern *(Venus)* in enge Verbindung gebracht wurde« *(Sagen)*. Q.: Krickeberg: Kulturen S. 285
Der Name *Tollan* wurde von den *Azteken* mit »Binsenstadt« wiedergegeben, bedeutete aber ursprünglich einfach »Metropole« – ebenso wie der heutige Otomí-Name *»Mamenhi«* des jetzigen T', das dem alten *Tollan* entspricht. Jüngere Versuche, Mythen und Geschichte zu vereinheitlichen, führten zu dem von aztekischen Chronisten vermittelten Gesamtbild: *Quetzalcoatl* habe von 947 bis 999 n. Chr. in Tollan gelebt und sei 977 als Priesterkönig eingesetzt worden. Während seiner Regierung seien die Maiskolben *(Mais)* so schwer gewesen, daß man sie über den Boden rollen mußte, Baumwolle sei bereits in allen Farben gewachsen, es habe ein märchenhafter Reichtum an Lebensmitteln, Gold und Edelsteinen geherrscht *(Kulturbringer,* Götter als). Der König sei von fremdartiger Gesichtsbildung *(Humanoiden)* und langbärtig *(Götter,* bärtige) gewesen – Sohn eines Himmelsgottes mit dem Namen »Wolkenschlange« *(Mixcoatl)*. Später sei er von Dämonen zu sündhaftem Leben verführt worden und schamerfüllt *(Reue* der Götter) mit seinen Dienern davongezogen, zum »Land der Morgenröte« *(Tlapallan)*, wo er sich nach einer Version verbrannte, woraufsein Herz zum Morgenstern wurde (dies erinnert an die Mythe von der Entstehung von Sonne und Mond in *Teotihuacán)*; nach einer anderen Version sei er auf einem »Schlangenfloß« über das Meer davongefahren, mit der Verheißung künftiger Rückkehr *(Wiederkehr der Götter)*. Mexikanisten glauben, daß um 1000 n. Chr. tatsächlich eine Toltekengruppe vom Hochland zur Golfküste und nach *Yucatán* ausgewandert sei und u. a. in der Stadt *Chichen Itzá* ihre Denkmäler hinterlassen habe, die z. T. an die Bauten von T' erinnern. Die *Maya* kennen *Quetzalcoatl* unter dem wörtlich übersetzten Namen *Kukulcan*. Ein altes Gedicht eines aztekischen Poeten, das den Auszug des Fürsten aus T' schildert, erzählt u. a.: »Noch ragen dort die *Schlangen*säulen. In die Ferne zog unser Fürst *Nacxitl* (Beiname des *Quetzalcoatl)*, und auch unsere Fürsten, die ihn beweinten, brachen auf. Wehe, schon geht er ins Verderben – dorthin nach *Tlapallan* . . .« Q.: Krikkeberg: Kulturen S. 284 ff
Der »Morgensterntempel« von T', durch den Archäologen Jorge R. *Acosta* ausgegraben, ist eine Pyramide mit einer Seitenlänge von 43 Metern, auf deren oberster Plattform außer zwei Schlangensäulen acht riesige Steinfiguren mit einer Höhe von je 4,60 Metern das Dachgebälk trugen. Sie waren ursprünglich wahrscheinlich bunt bemalt und gehören zu den eindrucksvollsten Beispielen altmexikanischer Monumentalplastik, die je entdeckt wurden. W. Krickeberg beschreibt sie so: »Die vorderen haben die Gestalt von Kriegern in toltekischer Tracht mit türkisinkrustierten Stirnbinden, die von einer Krone steifer Adlerfedern überragt werden; viereckigen Ohrschmuck, Brustplatten in Gestalt eines stilisierten Schmetterlings, drei-

Tula 377

eckige Hüfttücher, Gürtel, die hinten einen Kreuzspiegel tragen, Knie- und Hüftgelenkbinden und Sandalen, deren Hackenkappen mit einer gefiederten Schlange geschmückt sind. Die Arme liegen, wie bei strammstehenden Soldaten, den Körperseiten an, und die Hände halten Speerschleudern, Speere, eine Art Krummschwert und eine Tasche.« Q.: Krikkeberg: Kulturen S. 314 f

schnellfüßiger« als die heutigen Menschen geschildert werden. Haben wir in Erzählungen dieser Art den Nachklang von Mythen über Wesen vor uns, die in Mexiko »Exoten« aus anderen Räumen waren und sich von den Indios äußerlich und durch ihren Kulturbesitz unterschieden? Die *Statuen, Bauwerke* und die übrigen *Monumente* von T' müssen noch in aztekischer Zeit, als sie längst zerstört waren, überaus eindrucksvoll gewirkt haben. Lagen hier einst *Landeplätze der Götter?* Sind etwa die sonderbaren »stilisierten Schmetterlinge« und »viereckigen Ohrplatten« der Kolossalfiguren in Wahrheit Elemente einer fremdartigen Technologie, die schwer deutbaren Gegenstände in ihren Händen fremdartige *Waffen der Götter (Schußwaffen; Strahlenwaffen)?*

Tula. Q.: Constantin-Film

Tula. Q.: Constantin-Film

Auch die im Sinne der traditionellen Mexikanistik formulierte Beschreibung enthält Hinweise auf mysteriös und exotisch erscheinende Elemente (»eine Art Krummschwert«). Im Sinne der Prä-Astronautik sind zunächst die Details der Sage des Fürsten von T' bemerkenswert, die ihn als »häßlich und von fremdartiger Gesichtsbildung« und als »bärtig« *(Götter,* bärtige) schildern, die Erwähnung der unter seiner Herrschaft wachsenden märchenhaften Kulturpflanzen und der Hinweis, daß die Tolteken insgesamt »größer und

Zu erwähnen ist schließlich die Sage von einer dramatischen Konfrontation *(Konfrontationen Götter kontra Menschen)* des bärtigen Fürsten mit feindlichen Gruppen (die von den Mexikanisten als Stammesgötter wenig kultivierter Volksstämme aufgefaßt werden), die *Quetzalcoatl* schließlich zum Verlassen seiner Metropole zwangen, vor allem aber sein rätselhaftes »Selbstverbrennen« und »Aufsteigen als Morgenstern« – vielleicht ein von den Zurückbleibenden mißverstandener *Raketen*start! Das »Entschwinden über das Meer auf

378 Tula

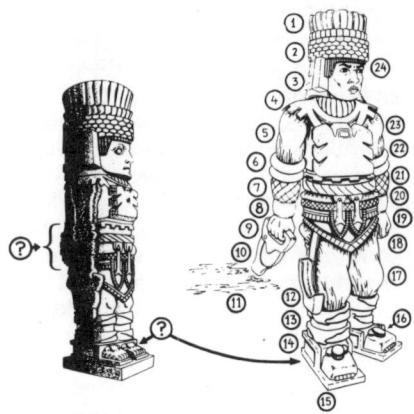

Versuch einer Tula-Figuren-Interpretation. Q.: Raymond P. Boisvert

einem *Schlangen*floß« läßt sich ähnlich deuten, da Meer und dunkler Nachthimmel in den alten Mythen oft synonym gebraucht werden. In diesem Fall liegen aber die mythischen Ereignisse sicherlich viel weiter zurück als die Zeitepochen, die in den Chroniken der aztekischen Ära angegeben werden. Q.: Däniken: Meine Welt S. 111; Q.: Däniken: Besucher S. 246 ff
→ Cargo-Kult
→ Meerwunder
Tulare Region (Kalifornien)
→ Felszeichnungen
Tulli, Gustave (Verfüger des Papyrus Tulli) → Vernichtung von Schriftzeugnissen
Tullum (Fundstätte in Mexiko)
→ UFO, historische
Tun (Maya-Zeitzyklus von 360 Tagen)
→ Kalender
→ Maya
Tunesien → Sirius-B
Tungfling-See → Tungting-See
Tungting-See (See im Honan-Gebirge, China) → Erkennen der Götter
→ Pyramiden
→ Stollen, unterirdische
Tungusen (sibirisches Volk)
→ Schöpfung

Tunguska-Explosion Am 30. Juni 1908 um 7 Uhr und 17 Minuten ereignete sich in der sibirischen Taiga *(Sibirien; Sowjetunion)* eine ungeheure Explosion, verbunden mit einer Druckwelle, die um die ganze Welt lief und in Europa und Amerika deutlich spürbar war. Q.: Däniken: Erinnerungen S. 180 ff; Q.: Däniken: Beweise S. 212; Q.: Bergier: Les extra-terrestres S. 174 ff; Q.: Baxter/Atkins: Sonne
Reisende in der Transsibirischen Eisenbahn hörten einen gewaltigen Donnerschlag und beobachteten eine »leuchtende Masse«, die in Süd-Nord-Richtung abzog. Rentierherden und Nomaden sollen dabei umgekommen sein. Was war geschehen?
Erst 1927 startete Prof. Leonid Alekseevič *Kulik* eine Expedition, die dem Ereignis auf den Grund gehen sollte. Er vermutete einen *Meteoriten*einschlag, fand jedoch zu seiner Überraschung nicht die Spur eines Einschlagkraters und etwaiger Restteile des *Meteoriten (Entmaterialisierungen)*. Q.: Kolosimo: Schatten S. 396 f
Je weiter sich die Expedition aber dem Zentrum näherte, umso kahler wurde die Landschaft. Baumriesen lagen wie Strohhalme nach außen vom Explosionszentrum weg umgeknickt. Den Rest der Vegetation muß ein gewaltiger Waldbrand vernichtet haben. Fast 20 Jahre nach der Katastrophe *(Katastrophen)* war hier die Taiga noch immer nicht nachgewachsen.
Expeditionen in dieses Gebiet fanden 1921, 1927, 1928, 1929/30, 1938/39, 1959, 1961, 1963, 1968 und 1976 statt.
Nach der Expedition im Jahre 1961 fanden diejenigen 1963 und 1976 unter der Leitung des Geophysikers Alexej *Solotow* statt. Er kam zu dem Ergebnis, daß an diesem Ort eine Atomexplosion stattgefunden haben

müsse *(Atombomben)*. Alle Anzeichen, so die Schädigung von über 200 km entfernten Bäumen durch einen gewaltigen Lichtblitz *(Blitze)*, bestätigen dieses Ergebnis. Die Lichtenergie muß um $2,8 \times 10^{23}$ erg gelegen haben, was einer Atombombe von über 10 Megatonnen entspräche. Q.: Krassa: Gelbe Götter S. 37 f; Q.: Däniken: Zurück S. 86
Auch der ehemalige Vizepräsident der Moskauer Akademie der Wissenschaften, Boris *Konstantinow*, kam zu diesem Ergebnis.
Noch heute ist die *Radioaktivität* in der Tunguska doppelt so hoch wie andernorts.
Die Verdickung der Jahresringe der betroffenen Baumstämme ist mit der Auswirkung einer nuklearen Explosion in 5 km Höhe vergleichbar. Detonation eines mit *Antimaterie* angetriebenen Raumschiffes? Q.: Krassa: Gelbe Götter S. 38
Was für andere Erklärungen kommen angesichts dieser Tatsachen in Betracht?
Sollte vielleicht ein *Antimaterie*-Teilchen die Bahn der Erde gekreuzt haben? Die verheerende Wirkung könnte diese Theorie rechtfertigen. Doch scheint es fast ausgeschlossen, daß dieses Teilchen, und sei es auch nur ein Atom gewesen, auf seinem Weg durchs All unterwegs nicht noch andere Materie getroffen hätte. Die Chance, daß die Erde durch solche Gebilde bombardiert wird, ist fast Null. Die Kollision mit einem Kometenkopf würde dagegen wahrscheinlich nicht die gleiche Wirkung gehabt haben.
Und wenn nun eines der mysteriösen UFOs bei seinem Eindringen in die Erdatmosphäre oder beim Landeversuch verunglückt wäre *(UFO*, moderne)? Wir wissen noch nicht, wodurch diese Maschinen fliegen, wir müssen aber annehmen, daß sie an Bord größte Energien gespeichert haben, die eine solche Explosion ermöglichen könnten *(Unfälle)*. Q.: Däniken: Erinnerungen S. 180 ff
Die Annahme wurde zuerst vom sowjetischen Prähistoriker und Autor Alexander *Kasanzew* in der sowjetischen Zeitschrift »Rund um die Welt«, 1. 1946, vertreten, im Artikel: Die Explosion
Tunja (Ort in Ecuador) → Schöpfung
Tunnel vgl.: Stollen, unterirdische
Tuonela (Stadt auf der Welt Tuonis des finnischen Kalewala) → Herkunft der Götter
Tuoni (Göttin des finnischen Kalewala) → Rivalitäten der Götter
Tuonis (Welt des finnischen Kalewala) → Herkunft der Götter
Tupac Cauri Pachacuti (Inka) → Vernichtung von Schriftzeugnissen
Tupan (donnernder Gott der brasilianischen Guaraní) → UFO, historische
Tupi (Indiostamm aus dem Amazonasgebiet) → Verbindung von Himmel und Erde
Turkestan In T' wurden merkwürdige halbkreisförmige Gebilde *(Kuriositäten)* aus einer Art Glas *(Sandverglasungen)* gefunden. Ein Rätsel für die Archäologen, wird doch vermutet, sie könnten von Menschenhand stammen *(Unklarheiten der Definition)*. Q.: Däniken: Erinnerungen S. 157
Turm zu Babel Daß es terrassenartig gestufte Kultpyramidentürme zu Babel *(Babylon)*, fachlich *Zikkurats (Bauwerke)* genannt, gab und als Ruinen noch heute gibt, ist eine unbestreitbare Tatsache. Bekannte Vertreter sind wohl *Agar-Quf* in der Nähe von Bagdad und *Tchoga Zanbil (Pyramiden)*.
Bestimmt wurde aber nicht aus dem Verwitterungsprozeß der Überreste des alten Bauwerks die großartige Vernichtungsgeschichte in *Genesis 11 ff* konstruiert. Wieder müssen wir das reale Ereignis annehmen. Q.: Dopatka: Spiegelbild

Turm zu Babel

Auch in prä-biblischen Überlieferungen wird der Untergang eines solchen *Bauwerkes* durch den Windsturm der Götter beschrieben *(Babylon)*. Erwähnt ist ebenfalls die *Sprachenverwirrung*. Q.: Temple: Sirius-Rätsel S. 322

Die Beschreibung der Bibel dabei, wie der Gott niederfuhr *(UFO,* historische), um erst einmal die Stadt und den Turm in Augenschein zu nehmen, erinnert mehr an den Bericht eines Piloten als an die Tat eines Gottes. Aus den verschiedensten Gründen, vielleicht weil man Strafen oder *Einschüchterungen* praktizieren wollte, mögen die Götter-Astronauten das Bauwerk zerstört haben *(Katastrophen; Konfrontationen Götter kontra Menschen; Grausamkeit)*.

Das *Buch der Jubiläen,* eine pseudoepigraphische Schrift *(Pseudoepigraphen)*, berichtet noch deutlicher sogar von einem Gott, der mit den *Engeln* herabsteigt und nach dem Angriff die Sprachen verwirrt *(Sprachenverwirrung)*.

Was die *Sprachenverwirrung* betrifft, so stoßen wir wieder auf eine Unlogik der Bibel, hinter der man aber trotzdem Realitäten vermuten darf. Wenn schon in *Genesis 10,20* von verschiedenen Sprachen die Rede war, warum sollte dann beim T'z'B' *Sprachenverwirrung* erzeugt werden? War es nicht, daß für die verschiedenen Sprachen eine einleuchtende Erklärung gefunden oder gegeben werden sollte? Q.: Dopatka: Spiegelbild

Eine einheitliche Ursprache kennt auch das *Popol Vuh* der *Quiché*-Indianer. Q.: Däniken: Aussaat S. 90

Babylonisch heißt »T'z'B'« soviel wie »Tor der Götter«, »*bab-ilani*«. Hebräisch jedoch »*babal*« = »Verwirrung« *(Wortbedeutungen)*. Die Gedankenbrücke, die *Juden* hätten vor den Trümmern der *Zikkurats* gestanden und wären durch diesen Anblick verwirrt worden, dürfte zur Erklärung dieses Ereignisses wohl nicht ausreichen. Q.: Dopatka: Spiegelbild

→ Zikkurats

Tuschel, Karl-Heinz (Schriftsteller)
→ Science Fiction

Tyr (germanischer Kriegsgott)
→ Mutanten

Tziah (Welt der jüdischen Kabbala)
→ Herkunft der Götter

Tzolkin (Maya-Kalendersystem)
→ Kalender

Tzu-Yu → Chih Chiang Tzu-Yu

U

U-Boote Chinesische *Sagen* sprechen vom Riesenfisch *(China)*, der bei *Lei-chou* mit dem Donnergott *(Donnergötter)* gekämpft habe *(Konfrontationen der Götter)*. Wahrscheinlich ist er identisch mit dem ehernen Fisch *Ao* der *Yüeh-Kultur*, von dem in Thai-*Sagen (Thailand)* die Rede ist. Er soll der Göttin *Kuan-yin* unterstanden haben. Q.: Krassa: Gelbe Götter S. 135
Der metallene Fisch *Ao* der Göttin des Ostmeeres, *Kuan-yin*, soll, den Überlieferungen der *Yüeh-Kultur* nach, wie ein Drache ausgesehen haben und feuerfressend gewesen sein *(China; Sagen)*. Q.: Kohlenberg: Vorzeit S. 350; Q.: Eberhard: Lokalkulturen
→ Esra
→ Telepathie
→ UFO, historische
vgl.: Schiffe
vgl.: Unterwasserbasen
Udanavayu (Sanskrit: wahrscheinlich Wasserstoff) → Batterien
Überlieferungen vgl.: Sagen
Überschwemmungen vgl.: Sintflut
Uenuku (Figur einer polynesischen Sage) → Weltall
Uffington (England) → Kelten
UFO – Begegnungen der dritten Art → Science Fiction
UFO, historische Unbekannte, unidentifizierte Flug-Objekte sind nicht nur in der Gegenwart gesehen worden. Historisch und mythologisch belegt finden sie sich in Überlieferungen der ganzen Welt. Es ist freilich zu berücksichtigen, daß Berichte dieser Art, wenn sie mit allgemeinen Ausdrücken formuliert sind, auch auf natürliche Phänomene (Kugelblitze, Meteore, auffällige Wolkenformationen usw.) zurückgehen können. Wenn jedoch von menschenähnlichen Wesen im Zusammenhang mit Erscheinungen dieser Art die Rede ist, sollte die Möglichkeit eines weit zurückliegenden Kontaktes mit »Spähtrupps aus dem Kosmos« erwogen werden. Entweder erkannte man sie ohne jemanden oder etwas in ihnen und man beschrieb sie mit Begriffen der Umwelt – oder es entstiegen ihnen Wesen, die ungleich mächtiger waren als die Menschen: die Götter. Die technische Beschreibung dieser fliegenden Fahrzeuge, die Betonung von Einzelheiten, wie Metalle und Räder, sowie der Bericht von humanoiden Göttern mit technischer Ausrüstung deuten zwingend auf Prä-Astronauten hin – kamen diese Wesen doch aus dem All.
Das finnische *Kalewala*-Nationalepos *(Finnland)* beschreibt eingehend die Herstellung eines ehernen Adlers *(Himmelsvögel; Metalle)* durch den Schmied *Ilmarinen*. Q.: Hennig: Zur Vorgeschichte
Im finnischen *Kalewala* fliegt *Akko* mit einer goldenen Wiege durch die Lüfte *(Finnland; Wiegen,* fliegende; *Färbung)*. Q.: Kohlenberg: Vorzeit S. 30; Q.: Kalewala. Lönnrot
Alte nordische Überlieferungen *(Sagen)* enthalten wertvolle Hinweise. Die Göttin *Frigg* hatte eine Dienerin, *Gna*. Mit einem fliegenden Roß *(Pferde,* fliegende) schickt sie die Dienerin in ferne Welten. Q.: Däniken: Erin-

382 UFO, historische

nerungen S. 103; Q.: Däniken: Zurück S. 273
Die Mythologie der Nordgermanen kennt auch den durch die Wolken fliegenden Wagen des Donnergottes *(Donnergötter)* Thor (Thunarr), der von zwei Böcken gezogen wird *(Wagen, fliegende)*. Thor bekämpft von der Luft aus die *Jöten* oder *Thursen (Riesen)*, die er mit seinem Hammer *Mjölnir* (Zermalmer) tödlich trifft. Diese wunderbare Waffe hat die Eigenschaft, nach jedem Wurf wieder in die Hand des Werfers zurückzukehren *(Waffen der Götter)*. Er ist auch Kampfmittel bei zeitweiligen Auseinandersetzungen der *Asen* (Göttergeschlecht, dem Thor angehört) mit den zauberkundigen *Vanen* oder *Wanen (Konfrontationen der Götter)*. Es ist denkbar, daß sich in diesen Berichten Erinnerungen an halbvergessene, fremde Fluggeräte und an wunderbare Waffen widerspiegeln.
Die nordischen Totenbegleiterinnen, die *Walküren* (eigentl. Valkyrien), sollen auf fliegenden Pferden erschienen sein *(Pferde,* fliegend; *Sagen; Germanen)*. Q.: Däniken: Erscheinungen S. 287
Die *Wilkina-Sage* behandelt die Geschichte vom Flug *Wieland* des Schmieds. Nach einem Kampf mit dem Sohn des Königs *Nidung (Aemilias* in *Tirol)* wurde *Wieland* gefangengesetzt, indem man ihm die Kniekehlensehnen durchschnitt *(Konfrontationen Götter kontra Menschen)*. Doch in der Gefangenschaft tötete er die Söhne des Königs und schwängerte die Tochter *Baduhild*, die dann den Riesen *Wittich* gebar *(Geschlechtsverkehr)*. Wieland floh daraufhin mit einem Flügelkleid, das sein Bruder *Egil* vorher erprobt hatte. Er wohnte in Zukunft in dem Heim seines Vaters, *Wade* des Riesen *(Konfrontationen Götter kontra Menschen)*. Q.: Hennig: Zur Vorgeschichte

Die *Edda* berichtet in *Bragaroedhur*, Bragis Gespräche, vom *Riesen Thiassi*, der in einem Adlerkleid die Göttin *Iduna* raubte. Gott *Loki*, versehen mit dem Falkengewand der Göttin *Freyja*, holte sie aus *Jötunheim*, dem Wohnsitz *Thiassis*, zurück *(Himmelsvögel)*. Die Überlieferung kennt dabei folgende Wendung: »... Da wandelte sich *Loki* in Nußgestalt, hielt sie in seinen Klauen und flog, was er konnte...« Ist dies als eine Andeutung der aerodynamischen Form des Fluggerätes Lokis zu verstehen? Q.: Hennig: Zur Vorgeschichte
Auch in der *Edda* ist von dem *Riesen Suttung* mit dem Adlerhemd die Rede. Q.: Hennig: Zur Vorgeschichte
Die germanische *Yggdrasil*-Esche, das Wunderroß *Sleipnir*, der Höllenhund *Garm* oder das Roß *Swadilfar* können Flugkörper verschiedener Art gewesen sein *(Germanen; Pferde,* fliegende). Q.: Kohlenberg: Vorzeit S. 226 f
Unsterbliche erschienen den *Kelten* in »flammenden Kriegswagen« *(Wagen,* himmlische), von ihrem leuchtenden Palast im Himmel kommend *(Raumbasen; Sagen; Lebensdauer)*. Q.: Leslie/Adamski: Flying saucers
In der ungarischen Mythologie ist häufig von *Csodasiuszarvas*, einem fliegenden Hirsch, die Rede *(Ungarn; Sagen; Hirsche,* fliegende). Q.: Däniken: Erscheinungen S. 287
Der Autor des ersten berühmten magischen Buches »Comte de *Gabalis*, ou entretiens sur les sciences secrètes«, der »Hermetiker« Abbé Nicolas de Montfaucon de Villarceaux (oder *Villars)*, 1635–1673, berichtete u. a., daß im Jahre 814 ein Flugkörper landete, dem Männer und eine Frau entstiegen *(Sagen; Mittelalter)*. Im allgemeinen Aufruhr *(Panik)* hielt man sie für Vertreter des Herzogs von Beneventum, Grimaldus, dem Feind König Karls des Großen *(Karl der Große)*. Da niemand ihre Geschichte, sie seien

UFO, historische

von seltsamen Männern in einem Flugschiff mitgenommen worden *(Entführungen)*, glaubte, wollte man sie schon verbrennen. In letzter Stunde kam jedoch der Bischof *Agobard von Lyon* hinzu und erklärte die Angelegenheit für erledigt, da niemand vom Himmel kommen könne *(Vertuschungen)*. Was der Bischof verkündete, mußte stimmen. Die eigenen Augen zählten nicht mehr – ein Beispiel für den wahren Glauben! Q.: Dopatka: Spiegelbild; Q.: Buttlar: Schneller S. 146 f; Q.: Jöcher: Gelehrten Lexikon
Die *Römer* tauften diese Phänomene »fliegende Schilde« *(Schilde, fliegende; Scheiben, fliegende)*. Q.: Krassa: Gelbe Götter S. 77
Belegt werden diese Sichtungen in den Werken von Titus *Livius*, 59 v. Chr.–17. n. Chr., und Plinius dem Älteren (Caius *Plinius* Secundus d. Ä., 23–79 n. Chr.). Q.: Elmayer von Vestenbrugg/Bellamy: Eingriffe S. 409
Der römische Philosoph Lucius Annaeus *Seneca* (4. v. Chr.–65 n. Chr.) *(Römer)* versuchte, diese »fliegenden Schilde« *(Schilde, fliegende)* als Luftverdichtungen zu erklären. Q.: Kolosimo: Schatten S. 360 f
Die »geflügelten Schuhe« des griechischen Gottes *Hermes*, des römischen *Merkur*, können als vereinfachte Darstellung eines technischen Hilfsmittels, eines Fluggerätes, angesehen werden *(Griechenland; Sagen; Römer)*.
Diese »Schuhe« erhielt *Perseus* als Leihgabe von *Hermes*. Auch er konnte damit fliegen *(Griechenland; Kontakte)*.
Ebenfalls in der griechischen Mythologie *(Sagen)* wird vom Sänger *Musäos* berichtet, der mit Hilfe eines Geschenkes des Nordwindes habe fliegen können *(Griechenland)*.
Der Hyperboreer-Priester und angebliche Schüler des *Pythagoras*, *Abaris*, sei während einer großen Seuche mit einem Zauberpfeil nach *Griechenland* geflogen *(Pfeile)*. Er trug den Beinamen: der »Luftwandler« *(Sagen; Seuchen)*. Q.: Hennig: Zur Vorgeschichte
Götter-Fahrzeuge scheinen wiederholt auch als felsenartige Gebilde angesehen worden sein, aus denen die Götter oder die Menschen »geboren« wurden *(Felsgeburten; Felsen, fliegende; Griechenland)*. So schufen *Deukalion*, König von *Phthia*, und seine Gemahlin *Pyrrha* nach der Sintflut am Ufer des *Kephissos* auf Geheiß der Göttin *Themis* Menschen, die aus weggeworfenen Steinen entstanden *(Landeplätze der Götter)*. Q.: Kohlenberg: Vorzeit S. 31 f
Ein Fragment aus der Zeit von *Thuthmosis III*. (1490–1436 v. Chr.) berichtet von Schriftgelehrten, die einen Feuerball *(Feuerbälle)* am Himmel daherkommen sahen. Sein Atem sei von üblem *Geruch* gewesen. Schließlich entschwand das Phänomen in südlicher Richtung *(Ägypten)*. Q.: Däniken: Erinnerungen S. 95

UFO, historische. *Geflügelte »Sonnen«-Scheibe aus dem Tal der Könige, Ägypten.* Q.: *Constantin-Film*

Im ägyptischen *Totenbuch* wird zu dem »Welten-Ei« *(Eier, fliegende)* gebetet. Q.: Däniken: Zurück S. 129; Q.: Däniken: Meine Welt S. 22; Q.: Däniken: Besucher S. 202; Q.: Däniken: Beweise S. 184

UFO, historische

Bei den Negerstämmen am Nordwestrand des Viktoriasees *(Afrika)* ist eine andere Sage bekannt *(Sagen):* Im Kampf zweier Stämme wurden von einem Krieger namens *Kibango* vom Himmel herab Steine auf die Krieger der *Wanyoro* geworfen. Durch seine geraubte Frau wurde jedoch das Geheimnis des fliegenden Kriegers bekannt. Bei einem weiteren Krieg achteten die Gegner auf ein schwirrendes Geräusch *(Akustik)* in der Luft. Im Pfeilregen wurde *Kibango* getroffen und getötet. Q.: Hennig: Zur Vorgeschichte; Q.: Stanley: Through
Die *Nandi* aus *Kenia* kennen einen Gott namens *Chepkeliensokol,* was übersetzt »ein Ding mit neun *Strahlen*beinen« bedeutet. Q.: Däniken: Beweise S. 129
Die *Herrlichkeit des Herrn* im Alten Testament der Bibel dürfte eine der möglichen Umschreibungen der Götterschiffe gewesen sein.
Das Tieropfer *Abrahams* wird in Genesis 15,17 von einer riesigen Stichflamme *(Strahlenwaffen)* verschlungen *(Opfer).* Man beachte die allessagende Umschreibung von einem »rauchenden Ofen« und einer »brennenden Fackel«, die zwischen den (Opferfleisch-)Stücken hindurchgeht« *(Öfen,* fliegende).
Ähnlich donnernd tritt auch der Herr im 2. Buch *Samuel 22,7 ff* in Erscheinung, wie *David* berichtet: »Die Erde bebte und ward bewegt; die Grundfesten des Himmels regten sich und bebten, da er zornig war. Dampf ging auf von seiner Nase und verzehrend Feuer von seinem Mund, daß es davon blitzte. Er neigte den Himmel und fuhr herab, und Dunkel war unter seinen Füßen. Und er fuhr auf dem Cherub *(Cheruben)* und flog daher, und er schwebte auf den Fittichen des Windes. Sein Gezelt um ihn her war finster und schwarze, dicke Wolken *(Tarnung).* Von dem Glanz vor ihm brannte es mit *Blitzen (Strahlen).* Der Herr donnerte *(Donnergötter)* vom Himmel, und der Höchste ließ seinen Donner aus. Er schoß seine *Strahlen (Strahlenwaffen)* und zerstreute sie (die Feinde); er ließ blitzen und schreckte sie. Da sah man das Bett der Wasser *(Meerwunder),* und des Erdbodens Grund ward aufgedeckt von dem Schelten des Herrn, von dem Odem und Schnauben seiner Nase ...« Q.: Dopatka: Spiegelbild; Q.: Krassa: Gott S. 223 ff
Parallel und als Ergänzung zur *Genesis* gibt es pseudoepigraphische Texte mit interessanten Anregungen, die zum Nachdenken aufmuntern sollten. So »Das *Leben Adam und Evas«,* das in griechischer, lateinischer und slawischer Fassung vorliegt. Der unbekannte Erzähler läßt *Adam* seinem Sohn folgende Geschichte anvertrauen: »Ich sah einen Wagen *(Wagen,* himmlische) dem Winde gleich, feurig waren seine *Räder;* und ich ward entrückt *(Entführungen)* ins *Paradies* der Gerechtigkeit. Und ich sah den Herrn dasitzen *(Erkennen der Götter);* sein Anblick war unerträgliches Feuer, und viele tausend *Engel* waren zur Rechten und zur Linken jenes Wagens. Als ich das sah, ward ich bestürzt; Furcht ergriff mich, und ich fiel anbetend nieder vor Gott auf den Erdboden« *(Einschüchterungen).* Weitere Beobachtungen werden in der gleichen Geschichte auch *Eva* zugeschrieben. Q.: Dopatka: Spiegelbild; Q.: Däniken: Erinnerungen S. 71; Q.: Krassa: Gott S. 259 f
»Der *Engel* spricht zu ihr: Erhebe dich vom Irdischen *(Entführungen)!* Da blickte *Eva* gen Himmel und sah einen Lichtwagen kommen, gezogen von vier glänzenden Adlern, deren Herrlichkeit kein vom Mutterleibe Geborener auszusprechen noch ihr Antlitz anzusehen vermochte, und *Engel* gingen dem Wagen voran. Als sie an den Ort kamen, wo euer Vater *Adam* lag, hielt der Wagen und die

UFO, historische

Seraphen (= schlangenartiger Engel) *(Schlangen)* zwischen dem Vater und dem Wagen.« Q.: Dopatka: Spiegelbild; Q.: Däniken: Erinnerungen S. 71
Im 1. Buch *Könige* 19,11 ff wird von einer Begegnung *Elias'* mit dem Herrn berichtet. Die Schilderung weist einige hochinteressante Einzelheiten auf. Es geschah am Berge *Horeb:* ». . . Siehe, da zog der Herr vorüber: Ein starker mächtiger Sturm, der die Berge zerriß und die Felsen zerbrach, ging vor dem Herrn einher, doch im Sturm war der Herr nicht. Nach dem Sturm kam ein Erdbeben, doch der Herr war nicht im Erdbeben *(Donnergötter).* Nach dem Erdbeben kam ein Feuer, doch auch im Feuer war der Herr nicht. Nach dem Feuer kam ein leises, zartes Säuseln *(Akustik).* Elias vernahm es, hüllte sein Gesicht in einen Mantel, trat hinaus und stellte sich an den Eingang der Höhle . . .« Der Flug des Raumschiffes muß Lärm und Donner verursacht haben – dann jedoch, in der letzten Flugphase, wurden alle Geräusche dann zum leisen Säuseln. Genau dieses Geräusch wurde am 11. Oktober 1973 von Charles *Hickson* und Calvin *Parker* bei ihrem Kontakt mit dem UFO der neueren Bauart beschrieben *(UFO, moderne).* Ein Indiz? Genau wie *Moses,* wenn er sich dem Herrn nähert *(Bundeslade),* muß auch Elias sein Gewand anlegen. Ein Schutz vor Strahlungen *(Strahlen)?* Q.: Krassa: Gott S. 148
Elias' Himmelfahrt (2. *Könige 2,11)* scheint sich ähnlich dramatisch abgespielt zu haben. *Elisa* und Elias waren zusammen auf einem Fußmarsch, »und da sie miteinander gingen und redeten, siehe, da kam ein feuriger Wagen *(Wagen,* himmlische) mit feurigen Rossen, die schieden die beiden voneinander; und Elias fuhr also im Wetter gen Himmel.« Also laut und donnernd *(Donnergötter; Entführungen)!* Q.: Dopatka: Spiegelbild; Q.: Krassa: Gott S. 152 ff
Nach dem 104. Psalm *(Psalmen),* Vers *3* und *4,* fährt Gott in einem Wagen *(Wagen,* himmlische), aus dem Feuerflammen lodern. Q.: Krassa: Gott S. 226; Q.: Däniken: Besucher S. 245; Q.: Däniken: Beweise S. 151
Der Psalm *29,7–9 (Psalme)* läßt die Stimme des Herrn Feuerflammen sprühen, die die Wüste erbeben und Wälder kahlreißen lassen. Q.: Däniken: Zurück S. 257; Q.: Däniken: Besucher S. 245; Q.: Däniken: Beweise S. 151
Nach dem 2. Buch *Samuel 37,22* kommt »von Norden goldener Glanz, über Gott schwebt furchterregend Herrlichkeit«. Auch beim Propheten *Ezechiel* kam »ein Sturmwind von Norden her, eine gewaltige Wolke und loderndes Feuer mit Glanz . . .«. Q.: Krassa: Gott S. 227
Nicht immer ließen sich die Götter sehen. In Perioden ihrer Abwesenheit wurde man leicht ungeduldig. So in 1. *Samuel 13,1:* ». . . geschah es selten, daß ein Priester oder Prophet ein Wort von Gott hörte, oder eine Weisung von Gott empfing . . .« *(Wiederkehr der Götter)* Q.: Däniken: Zurück S. 269
Der Eingeweihte *Jeremias* (1,13) überliefert: »Nochmals erging des Herrn Wort an mich: Was siehst du? Ich entgegnete *(Kommunikation):* ›Einen siedenden Kessel *(Kessel,* fliegende) sehe ich, seine Öffnung schaut von Norden her.‹« Die Öffnung »normaler« Kessel zeigt aber nach dem Himmel. Q.: Krassa: Gott S. 234
Ganz ähnlich läuft auch die Begegnung des Propheten *Hiob (37,22)* ab: ». . . Vom Norden kommt goldener Glanz, über Gott schwebt furchterregend Herrlichkeit.«
Nach *Jesaja 66,15* erscheint im Feuer der Herr, »seine Wagen *(Wagen,* himmlische) sind ein wirbelnder

386 UFO, historische

Sturm...« Im Kapitel *5,28* werden seine »*Räder* dem Wirbelwind...« verglichen. Q.: Krassa: Gott S. 227 ff Sumerische Tontafeln, die von Prof. Samuel N. Kramer *(Sumerer; Sagen)* übersetzt wurden, berichten von den göttlichen Wesen *(Gottessöhne) Lahar* und *Aschnan,* die aus dem *Duku* auf die Erde hinabsteigen, nachdem sie dort geschaffen wurden, um den Menschen *(Schöpfung) Ackerbau* zu lehren *(Kulturbringer,* Götter als). War das *Duku* mit einem Heimatplaneten *(Herkunft der Götter),* einem Raumschiff oder einer Raumbasis *(Raumbasen)* identisch? Q.: Krassa: Gott S. 252 f; Q.: Däniken: Aussaat S. 90; Q.: Däniken: Zurück S. 254 f; Q.: Däniken: Besucher S. 258

Mond, daneben aber noch eine Kugel abgebildet *(Kugeln,* fliegende), zu der die Menschen heraufschauen *(Gravuren).* Hier verschiedene Beispiele, Modelle, fliegender Götterfahrzeuge, dargestellt auf *Rollsiegeln* und Kultgegenständen. Q.: Däniken: Meine Welt S. 128
Eine Reliefdarstellung auf dem mesopotamischen *Tell Halaf (Babylon),* ca. 9. Jhd. v. Chr., zeigt eine von Tiermenschen gehaltene Flügelsonne, einem Symbol *(Symbole),* auch in

UFO, historische. Assyrisches Rollsiegel, Anbetung der Göttin Ischtar. Q.: Archiv Dopatka, British Museum

Sumerische Überlieferungen sprechen von *(Sagen)* Barken und Feuerschiffen, mit denen die Götter zur Erde kamen *(Schiffe,* fliegende; *Sumerer).* Q.: Däniken: Meine Welt S. 23; Q.: Däniken: Besucher S. 387 ff

UFO, historische. Sumerisches Rollsiegel. Q.: Umzeichnung nach A. *Moortgat,* Die Kunst des alten Mesopotamien, *Köln 1967*

Auf der bekannten Stele *(Stelen)* des akkadischen Königs *(Akkad) Naram-Sin* (ca. 2260–2233 v. Chr.), Enkel des *Sargon I.,* sind zwar Sonne und

UFO, historische 387

UFO, historische (British Museum). Q.: Erich von Däniken

reich liegen muß.»... *Ekur (Kristall)*, das *Lapislazuli*haus, hochragende Wohnstatt, ehrfurchtgebietend, an Ehrfurcht und Schauer dem Himmel am nächsten, sein Schatten liegt über dem Land, seine ragende Höhe rührt an des Himmels Herz...« *(Häuser, fliegende)* Q.: Temple: Sirius-Rätsel S. 110; Q.: Kramer: History S. 91–94
In einem geflügelten, fliegenden Rad *(Räder)* befindet sich der persische Gott *Ahura Mazda*. So nach den *Gravuren* von Persepolis *(Persien)*. Q.: Kohlenberg: Vorzeit S. 270 ff

UFO, historische. Beispiel eines Rollsiegels der churrisch-mitannischen Epoche. Q.: Erich von Däniken, Harvard Semitic Museum, Cambridge

sumerischen Zeiten *(Sumerer)*. Der runde Zentralkörper, oft als Rad dargestellt (so auf eine hethitische Inschrift bei *Karakuyu, Türkei)*, hat bei diesem Beispiel an der Unterseite vier quadratische Kammern, Düsen nicht unähnlich *(Antriebe; Räder; Gravuren; Hethiter; Cargo-Kult)*. Q.: Kohlenberg: Vorzeit S. 268 f; Q.: Bittel/Naumann/Otto: Yazilikaya
Im sumerischen *Enlil-Hymnus (Sumerer)* ist von einer Wohnstätte der Götter die Rede, die im stellaren Be-

Die tibetanische Sagenwelt kennt die Geschichte *(Tibet; Sagen)* vom Kampf des Magiers *Mila Räpa* (1040–1123 n. Chr.) mit dem *Schamanen Bon-po*, Oberhaupt einer gleichnamigen Sekte. *Bon-po* flog, um seine Macht zu beweisen, mit einer *Trommel (Trommeln,* fliegen-

UFO, historische

de) den *Kailasa*-Berg hinauf. Der Magier aber bannte ihn, so daß die Trommel abstürzte. Ob von ihr noch Reste zu finden wären? Q.: Krassa: Gelbe Götter S. 118
Eine tibetanische Überlieferung berichtet von einem eiförmigen Gebilde *(Eier, fliegende)*, das mit weißem Licht landete und schwebte, obwohl keine Flügel zu sehen waren *(Tibet; Sagen)*. Geräusche wie Stimmen waren überdies noch zu hören *(Akustik)*. Nach ganzen fünf Monaten stieg ein Mensch *(Humanoiden; Erkennen der Götter)* aus dem Gebilde heraus. Q.: Krassa: Gelbe Götter S. 116 f; Q.: Olschak: Tibet
Yehi, erster sagenhafter König Tibets, soll ebenfalls aus einer Muschel oder einem Ei geboren worden sein *(Tibet)*. Q.: Krassa: Gelbe Götter S. 117
UFOs wurden zu allen Zeiten, in allen Gegenden der Erde beobachtet. In indischen Schriften und *Sagen* werden sie genau beschrieben und als *Vimanas* bezeichnet *(Indien)*.
Im *Ramayana*, dem Nationalepos der Inder, wird von zweistöckigen, himmlischen Wagen *(Wagen, himmlische)* gesprochen. Ihre Attribute waren rote Flammen, das Brüllen wie Löwen *(Donnergötter)*, das kometenhaft in den Himmel Steigen und die geflügelten *Blitze (Strahlen)*. Q.: Dopatka: Spiegelbild; Q.: Däniken: Erinnerungen S. 91; Q.: Krassa: Gelbe Götter S. 77
Im *Ramayana (Indien)* erfährt man auch genaueres über die altindischen Vimanas. Sie waren voll manövrierbar und flogen mit Hilfe von *Quecksilber* und einem ungeheuren Antriebswind *(Rückstoßprinzip; Raketen)*.
Ein Fahrzeug des *Ramayana (Indien)* wird als »fliegende Pyramide« *(Pyramiden, fliegende)* beschrieben und sei auf einem Flug von Ceylon bzw. *Sri Lanka* nach *Indien* geflogen. Q.: Däniken: Beweise S. 213

Bhima im *Mahabharata* flog mit seiner Vimana auf einem Strahl *(Strahlen)*, der den Glanz der Sonne hatte und dessen Lärm wie das Donnern eines Gewitters war *(Donnergötter; Akustik)*. Q.: Däniken: Erinnerungen S. 91 f; Q.: Däniken: Beweise S. 159
Im *Samarangana Sutradhara* wimmelt es von Luft-Schiffen, aus deren Ende Feuer und *Quecksilber* sprühen *(Rückstoßprinzip; Schiffe, fliegende)*. Q.: Däniken: S. 94; Q.: Däniken: Beweise S. 215 f
Prof. H. L. *Hariyappa* von der Universität Mysore befaßt sich mit dieser Interpretation. Q.: Mooney: Les dieux S. 154
Erinnern wir uns auch an *Indras Strahlenwagen!* Q.: Dopatka: Spiegelbild
Nach Ansicht der Professorin Ruth *Reyna* starteten Inder 3000 v. Chr. zu Weltraumflügen. Sie wollten sich damit vor einer drohenden *Sintflut* retten. So jedenfalls soll es in indischen *Sanskrit-Texten* stehen *(Indien; Sagen)*. Q.: Däniken: Aussaat S. 234
In den bisher übersetzten Teilen des *Kanjur* und *Tanjur*, den »übersetzten Worten Buddhas« und dessen Kommentar *(Buddhismus; Lamaismus)*, finden sich Hinweise auf Götter, die in durchsichtigen Kugeln oder Perlen *(Perlen, fliegende; Kugeln, fliegende)* die Menschen in großen Intervallen *(Wiederkehr der Götter)* besuchen. Q.: Däniken: Zurück S. 124; Q.: Däniken: Besucher S. 200
Die altindischen Texte des *Dschainismus*, das *Purva (Indien)*, sprachen von Weltraumschiffen, die Kugelgestalt *(Kugeln, fliegende)* hatten, die Erde umkreisen *(Raumbasen)* und den halben Kosmos erreichen konnten. Q.: Elmayer von Vestenbrugg/Bellamy: Eingriffe S. 409
Der indischen *Nahusha*-Legende nach flieht *(Indien)* Indra in einem hohlen Lotosstengel ins Universum, nach Auseinandersetzungen mit anderen Göttern *(Rivalitäten der Göt-*

UFO, historische 389

ter; Weltall; Raketen). Q.: Kohlenberg: Vorzeit S. 238; Q.: Grimal: Mythen
Nach den Überlieferungen der sibirischen *Wogulen (Sibirien; Sowjetunion; Sagen)* kam der ihnen heilige Bär mit einer silbernen Wiege vom Himmel *(Wiegen, fliegende; Färbung).* Q.: Kohlenberg: Vorzeit S. 30; Q.: Grimal: Mythen der Völker, III
Ein mächtiger *Kalmücken*-Chan *(Mongolei)* hatte einst eine Frau geraubt. Einer ihrer Brüder baute daraufhin den Wundervogel *Garudin* aus Holz und befreite seine Schwester *(Sagen).* Q.: Hennig: Zur Vorgeschichte
Die Sibirier kennen weiterhin einen Krieger, durch dessen Pfeile alles zu Staub zerfiel. Er flog mit einer Goldmuschel *(Muscheln, fliegende; Färbung)* zum Himmel *(Konfrontationen Götter kontra Menschen; Waffen der Götter).* Q.: Mooney: Les dieux S. 104
Die *Chi-Kung*, ein geheimnisvolles Volk, 40 000 *Li* jenseits des *Jadetores,* sollen fliegende Wagen *(Wagen, himmlische)* besessen haben, die mit Propellern angetrieben wurden *(Helikopter).* Auf Zeichnungen erkennt man deutlich technische Details, *Räder* und Getriebe. Kaiser *T'ang* (ca. 1760 v. Chr.) versteckte die Geräte nach Gebrauch jeweils vor den Augen der Menschen in *Yüchow (Vertuschungen),* um keine Unruhe hervorzurufen *(China).* Q.: Krassa: Gelbe Götter S. 57 f, 89; Q.: Breuer: Kolumbus; Q.: Giles: Spuren; Q.: Hennig: Zur Vorgeschichte
Auf Geheiß Kaiser *T'angs* mußte der Ingenieur *(Ingenieure) Ki Kung Shi* einen solchen Himmelswagen nachbauen. Es gelang ihm, und der Kaiser flog bis in die Provinz *Honan.* Das Gefährt wurde später vernichtet, um das Geheimnis zu wahren *(Vertuschungen).* Q.: Krassa: Gelbe Götter S. 89; Q.: Giles: Adversaria; Q.: Hennig: Zur Vorgeschichte
Diese Geschichten werden uns im Schang hai tsching des Dichters *Kuo P'o,* 270–324 n. Chr., verbürgt. Q.: Giles: Spuren; Q.: Hennig: Zur Vorgeschichte
Im Schang hai tsching ist auch folgende Geschichte einer Stadt *Ki-Keng-kué* verzeichnet: »Einige hundert *Li* von *Ki-Keng-kué* ist ein Königreich, dessen Einwohner Haare und Haut von weißer und blasser Farbe haben *(Götter, hellhäutige).* Ihre Lebensdauer ist ungefähr 3000 Jahre.« Q.: Giles: Spuren
Ähnlich erzählt wird die Geschichte der fliegenden Wagen zusammenfassend in den Werken: Schang hai tsching von *Kuo P'o,* 270–324 n. Chr., Tschên kao von *T'ao Hung Tsching,* 451–536 n. Chr., Schu i tschi von *Jen Fang,* Tschin lau tzü von Kaiser Yüan-Ti und Ku yü t'u von *Tschu-Tehjun,* 1341 veröffentlicht, wo die Geschichte unter einem Kaiser *Tscheng* in der *Tschou-Dynastie,* etwa 1115–1077 v. Chr., spielt. Ebenso in den anonymen Werken: *Po wy tschih* aus dem 3. Jhd. n. Chr., *I yü kuo tschih,* veröffentlicht um 1368–1398 n. Chr., das auch die Abbildung eines solchen fliegenden Wagens *(Wagen, himmlische; Mittelalter)* enthält, und *Schu tsch'êng lu,* im Ku yü t'u von *Tschu-Tehjun* erwähnt. Q.: Giles: Spuren
Im Schang hai tsching des *Kuo P'o,* auch genannt chinesischer Berg- und Fluß-Mythos *(China),* wird der Windgott *Yü-ch iang* als ein Wesen beschrieben, das seine Gestalt problemlos ändern kann *(Tarnung).* Seine Erscheinung ist auch als Riesenvogel *(Himmelsvögel) P'eng* und als Riesenwal *Kun* bekannt *(Erkennen der Götter).* Überliefert wird seine Fähigkeit, aus dem Wasser in den Himmel zu steigen *(U-Boote).* Q.: Krassa: Gelbe Götter S. 143 f
Der Autor Berthold *Laufer* zeigt in seinem Buch »The Prehistory of Aviation« chinesische *Stiche* von 1300 n. Chr., die Flugzeuge mit *(China; Mittelalter)* unbekannten Antrie-

UFO, historische

ben darstellen *(Antriebe; Unklarheiten der Definition)*. Q.: Kolosimo: Schatten S. 343; Q.: Krassa: Gelbe Götter S. 58; Q.: Laufer: Prehistory *Chih Chiang Tzu-Yu*, auch als Yi, Chiang Tzu-Yu und Hou-Yih bekannt, war ein Ingenieur des chinesischen Kaisers *Yao (China)*. Nachdem er von einem »Himmelsvogel« *(Himmelsvögel)* genau informiert wurde, wann die *Sonne* aufging, wann sie am höchsten stand und wann sie wieder unterging, bestieg er das Gefährt und trat eine Mondreise an. Q.: Krassa: Gelbe Götter S. 123; Q.: Mooney: Les dieux S. 153
Nach der Überlieferung *(Sagen)*, die auf 2300 v. Chr. zurückdatiert wird, bestieg er den »Strom aus leuchtender Luft«. Ebenso soll er die Bewegungen der *Sonne* nicht mehr haben verfolgen können.
Die Beschreibung eines Flugschiffes mit Triebwerken *(Rückstoßprinzip)*? Ebenso ist es denkbar, daß Hou-Yih sich durch einen *Computer* genaueste Daten über den Stand der *Sonne* geben ließ. Und auch in der heutigen Raumfahrt ist es unmöglich, den Lauf der *Sonne* zu verfolgen.
Nach der chinesischen Erzählung erblickte *Chih Chiang Tzu-Yu* den »wie zu Eis erstarrten Horizont des Mondes« *(Mond)*, bevor er die Basis »Palast Große Kälte« erreichte. Q.: Krassa: Gelbe Götter S. 14, 123
Der Ingenieur war mit Chang-Ngo, besser unter *Heng-o* bekannt, verheiratet. Auch sie bestieg selber ein Raumschiff und folgte ihrem Gemahl. Sie beschrieb den *Mond* als »leuchtende, wie Glas schimmernde Kugel von gewaltiger Größe und beträchtlicher Kälte«. Auch Astronauten unserer Tage geben den Mond in ihren Schilderungen manchmal als wie von einer glänzenden Substanz überzogen wieder.
Chang-Ngo war auch der Ansicht, »das Licht des Mondes sei in der *Sonne* geboren«. Moderne Erkenntnisse der *Astronomie* in Legenden!

Nach der Pekinger Zeitschrift »China Reconstructs« (August 1961) gibt es chinesische Mythologien, die von *Sternenschiffen* mit hell erleuchteten *Fenstern* sprechen, die in den Zeiten *Chih Chiang Tzu-Yus* bzw. Hou-Yihs mehr als 12 Jahre zwischen Erde und Mond verkehrten. Q.: Krassa: Gelbe Götter S. 123
Der *Hun-tun*-Vogel *(Himmelsvögel)* der gleichen Mythe wird als gelber Beutel beschrieben, mit sechs Füßen und vier Flügeln *(Färbung)*. Bezeichnenderweise hatte er kein Gesicht *(Beutel, fliegende)*. Q.: Krassa: Gelbe Götter S. 144 f
Sechs Füße und vier Flügel *(Helikopter)* hatten auch rotgoldene Eier *(Eier, fliegende)* ohne Gesichter, von denen uns in Legenden der *Liao-Kultur* berichtet wird *(Sagen)*. Das Geräusch der Fahrzeuge wird als »Singen« gedeutet *(Akustik; Färbung)*. Ihre Bewegungen wären »tanzend« gewesen. Sie wären »großen, gelben Säcken« ähnlich gewesen *(Beutel, fliegende)*, hätten ebenfalls sechs Füße und kein Gesicht gehabt, auch keine Augen, dafür aber vier Flügel. Was liegt einer derart konkreten Beschreibung zugrunde? Q.: Krassa: Gelbe Götter S. 145; Q.: Kohlenberg: Vorzeit S. 214; Q.: Eberhard: Lokalkulturen; Q.: Däniken: Beweise S. 184; Q.: Christie: Mythologie
In der chinesischen *Yüeh*-Provinz kursieren in Sagen Geschichten von fliegenden Glocken *(China; Glocken, fliegende)*. Q.: Krassa: Gelbe Götter S. 138
Überlieferungen aus der Region Süd-*Kuangsi* erzählen von einem Einbaum, der vor langer Zeit als Drache zum Himmel gestiegen sei *(China; Sagen; Drachen, himmlische; Raketen)*. Q.: Kohlenberg: Vorzeit S. 231; Q.: Eberhard: Lokalkulturen
Sagen in *China* sprechen von einem »Tier« *Lei*, das weder Kopf, Augen und Glieder gehabt haben soll, aber unter Donner *(Donnergötter)* vor-

nehmlich bei Dunkelheit flog *(Tiere, fliegende)*. Q.: Kohlenberg: Vorzeit S. 280; Q.: Eberhard: Lokalkulturen
Die Thai-*Sagen (Thailand)* berichten vom neunköpfigen Vogel *Hsiu-liu (Himmelsvögel)* und der Eule *Ch'ih-hsiaou* mit einem Kopf und drei Körpern. Q.: Krassa: Gelbe Götter S. 130 f; Q.: Kohlenberg: Vorzeit S. 274
Noch heute schützen sich die Thai gegen Blitzschlag mit dem Bild der Eule an der Decke ihres Hauses *(Cargo-Kult)*. Q.: Kohlenberg: Vorzeit S. 274; Q.: Eberhard: Lokalkulturen
Thai-Legenden verlegen den Sitz der Götterwagen auf den Berg *San-wei (Thailand)*. Q.: Krassa: Gelbe Götter S. 131
Ähnliche *Sagen*, aber von fliegenden Eiern, sind ebenfalls aus *Thailand* bekannt *(Eier, fliegende)*. Q.: Kohlenberg: Vorzeit S. 28 f; Q.: Grimal: Mythen Bd. 3
Eine ausgesprochen primitive Kultur beschreibt Flugzeuge etwa als Donnervögel. Der Beweis dafür wurde in unseren Tagen gebracht. So stellte die angesehene amerikanische Anthropologin Margaret *Mead* fest, daß auf den Inseln des *Bismarck-Archipels (Melanesien)* nach dem zweiten Weltkrieg Modelle verehrt wurden, die echten Kampfflugzeugen nachgebildet waren *(Reliquien; Cargo-Kult)*. Uns unbekannte fliegende Objekte werten wir heute allerdings - weil wir es uns aus dem Alltag so vorstellen können - als Flugmaschinen. Wie aber sieht es in einer Art Zwischenkultur, wie wir sie uns etwa zur Zeit des Alten Testaments vorstellen müssen, aus? Dort verglich man sie nicht m e h r mit Vögeln, aber n o c h n i c h t mit Flugkörpern, sondern mit Errungenschaften des täglichen Lebens - wie z. B. beim Opfer Abrahams mit einem Ofen *(Humanoiden)*. Q.: Dopatka: Spiegelbild
Gleiche Erlebnisse wie Margaret *Mead* machte auch der dänische Reiseschriftsteller Arne *Falk-Rønne*. Mit einem District-Offizier fuhr er ins Innere von *Neu-Guinea (Melanesien)*, wo sie auf Angehörige des Stammes der *Kukukukus* stießen. Ihr Häuptling warf sich den vermeintlichen Göttern ebenso vor die Füße wie einst *Ezechiel* und andere. Er litt an starker Malaria - ein paar Pillen wirkten Wunder. Das Bild von den weißen Göttern war perfekt *(Medikamente; Medizin; Krankheiten)!* Ein paar Jahre später stand an dieser Stelle das neue Heiligtum des Stammes: Ein aus Lianen und Holz nachgebautes Flugzeug *(Reliquien)*. Q.: Krassa: Gott S. 192 ff; Q.: Falk-Rønne: Spuren
Im australisch-melanesischen Raum entstand dafür der Begriff »Cargo-Kult«. Q.: Krassa: Gott S. 195
Australiens *Aborigines* (Ureinwohner) versuchen noch heute mit einem Schwirrholz die Stimme ihres Stammvaters nachzuahmen *(Australien)*. Imitieren sie ein (Motoren?)Geräusch, das im Zusammenhang mit ihren Göttern stand *(Akustik)*? Q.: Krassa: Gott S. 51
Ist die Sage von dem Gott *Oulefat* der pazifischen *Karolinen*-Inseln *(Mikronesien)* mehr als eine nur gute Beobachtung über das Verhalten heißer Luft? Jener Gott wäre einem von ihm entfachten Feuer zum Himmel gefahren *(Sagen)*. Q.: Hennig: Zur Vorgeschichte
Yetar, ein himmlisches Kind, wurde von Fischern in den *Sagen* der *Neuen Hebriden* auf See in einem »phallischen Felsen« *(Felsen, fliegende)* gefunden *(Schiffe)*. Q.: Kohlenberg: Vorzeit S. 32 f; Q.: Capell: Stratification
Später flog es wieder zurück zu den Sternen.
Ambat und seine fünf Brüder, Götter der *Neuen Hebriden*, seien in Steinen vom Himmel gekommen. Dies behaupten noch heute *Sagen* auf der Insel *Malekula (Neue Hebriden; Melanesien)*. Sie seien alle so weißhäu-

tig gewesen, daß man noch später die ersten europäischen Seefahrer als Götter ansah *(Götter,* hellhäutige; *Cargo-Kult; Felsen,* fliegende). Auf der Nachbarinsel *Iumoran* werden noch immer heilige Steine als »Penis des Ambat« verehrt *(Cargo-Kult).* Q.: Kohlenberg: Vorzeit S. 33; Q.: Deacon: Malekula
Aus einer vom Himmel gekommenen Kokospalme *(Raketen),* die sich auf der Erde von selbst öffnete, sei, den Sagen der *Neuen Hebriden,* speziell *Malekula,* nach, der erste Mensch gekommen *(Schöpfung).* Sein Name: *Barakulkul.* Q.: Kohlenberg: Vorzeit S. 140; Q.: Capell: Stratification
Der melanesische Gott-Geist *Quat* trat aus einem Felsen *(Felsen,* fliegende) hervor *(Melanesien).* Q.: Kohlenberg: Vorzeit S. 33; Q.: Grimal: Mythen Bd. 3
In der *Sagen-*Welt *Mikronesiens* tauchen bei der *Schöpfung* der Gott *Tpereake* und die Göttin *Lamikaik* aus einem Felsen *(Felsen,* fliegende) heraus, der aus dem Nachtmeer *(Weltall)* stammte *(Meteoriten).* Q.: Kohlenberg: Vorzeit S. 33 f; Q.: Grimal: Mythen Bd. 3
Die *Sauk-*Indianer *(Algonkin; USA)* erzählen von den *Nahmepashe,* den Kampfmaschinen der *Aiyamwoi-Riesen,* die feuersprühend über das Land und durch das Wasser krochen und gegen Wolkenschlangen *(Schlangen)* kämpften *(Konfrontationen der Götter).* Sie bezeichnen sie heute als Panther oder Pumas *(Waffen der Götter).* Q.: Kohlenberg: Vorzeit S. 354
Die *Maya* nannten sie Donnervögel *(Himmelsvögel).* Q.: Krassa: Gelbe Götter S. 77
Der *»Drachen-Monolith«* im *Olmeken-*Park von *Villahermosa (Mexiko)* kann auch als Ein-Mann-Raumschiff interpretiert werden *(Kugeln,* fliegende). Q.: Däniken: Zurück S. 197
Der Tempel der Fresken in *Tulúm, Mexiko,* stellt Wesen, die mit allerlei technischem Zubehör vom Himmel stürzen, dar, die *Ah-Muzencab.* Ähnliche Wesen findet man stilisiert im Codex Tro-Cortesianus *(Codex Madrid)* wieder, der in Madrid aufgehoben wird (»Bienengötter«?). Q.: Däniken: Aussaat S. 229 ff

UFO, historische. Ein anderes Beispiel ist der vom Himmel stürzende Gott auf der Stele von *Cozumalhualpa, Guatemala.* Q.: Walter Steinkopf, Museum für Völkerkunde, Berlin. In: H. Trimborn, Das alte Amerika, Zürich 1959

Die *Quiché-Maya Yucatáns* kennen ebenfalls Götter, die in phallischen Steinen zu ihnen gekommen waren *(Felsen,* fliegende; *Mexiko; Popol Vuh).* Q.: Kohlenberg: Vorzeit S. 34; Q.: Popol Vuh. Cordan
Vom Aufstieg der beiden Götter der *Azteken, Tecciztecatl* und *Nanahuatzin,* zum Himmel berichten alte *Sagen* aus *Mexiko.* Beide müssen unter speziellen Vorbereitungsritualen (Tragen einer Kleidung; *Overalls)* in einen vier Tage lang vorgeheizten

UFO, historische

großen *Ofen* springen, worin sie verschwinden (»verbrennen«). Zum Dank für ihr Selbstopfer steigen beide zum Himmel auf – *Tecciztecatl* wird zum Mond, *Nanahuatzin* erscheint als Sonne. Dieses mythische Geschehen soll sich in der alten Tempelstadt *Teotihuacán* zugetragen haben. Handelt es sich vielleicht um die im Laufe der Zeit entstellte Beschreibung eines Raketenstarts? Q.: Kohlenberg: Vorzeit S. 118; Q.: Krickeberg: Religionen

Keramikgegenstand auf 6 Metern Tiefe, in der Pyramide von Tlateloco gefunden. »Weihrauchgefäß« des Anthropologischen Museums von Mexiko. Q.: Constantin-Film

Eine alte peruanische Flugsage *(Peru; Sagen)* erzählt von dem Versuch des *Ayar Utsu*, sich vom Berg *Manakaure* zu erheben. Mit seinen Flügeln stieg er bis zur Sonne hinauf. Sein Bruder *Ayar Katsi* kam einmal mit zwei bunten Flügeln auf die Erde hinunter mit den Worten: »Fürchtet euch nicht, denn ich komme, damit das Reich der *Inka* anfange, bekannt zu werden.« Seinen Brüdern empfahl *Ayar Katsi*, die Stadt *Cuzco* zu gründen. Weiter heißt es in der Sage, daß andere Stämme, die den Flug beobachtet hätten, des »Götzen Bild mit Steinen beworfen« hätten *(Konfrontationen Götter kontra Menschen)*. Dabei brachen sie ihm einen Flügel, wodurch sich das Gebilde nicht mehr in den Himmel erheben konnte. Q.: Tschudi: Beiträge; Q.: Hennig: Zur Vorgeschichte

Das sogenannte *Yurupari-Mythos* aus Südamerika enthält eine Flugsage der Indios. Q.: Hennig: Zur Vorgeschichte; Q.: Stradelli: Leggenda

Die oberste Gottheit der *Inka* wurde als eiförmiges Steinobjekt *(Eier, fliegende)* verehrt, der Mondgott als silberne Scheibe dargestellt. An manchen Orten der Welt machte man sich sehr wohl ein richtiges Bild von den Göttern! Q.: Dopatka: Spiegelbild; Q.: Disselhoff: Imperium S. 227

Sagen, die noch heute in *Peru* grassieren, erzählen von der *Schöpfung* der Menschen aus bronzenen, silbernen oder goldenen Eiern, die vom Himmel fielen *(Eier, fliegende; Färbung).* Q.: Elmayer von Vestenbrugg/Bellamy: Eingriffe S. 405

Der Donnergott der brasilianischen *Guaraní*, *Tupan*, flog mit einem »Holzblock«, von riesigen Vögeln begleitet. Wagen waren diesem Stamm unbekannt, vermutlich hätten sie sonst diese Umschreibung gewählt *(Himmelsvögel; Sagen; Brasilien; Argentinien; Blöcke,* fliegende). Q.: Kohlenberg: Vorzeit S. 281; Q.: Nimuendaju-Unkel: Sagen

→ Abraham
→ Akakor
→ Akustik (der Götter-Fahrzeuge)
→ Baruch
→ Baum des Lebens
→ Berge, heilige
→ Bethlehem, Stern von
→ Cargo-Kult
→ Chih Chiang Tzu-Yu
→ China
→ Computer
→ Crespi, Carlo
→ Daniel
→ Donnergötter
→ Drachen, fliegende
→ Eier, fliegende
→ El Fuerte
→ Elias
→ Enkidu

UFO, historische

→ Entführungen
→ Erkennen der Götter
→ Erscheinungen
→ Eskimos
→ Esra
→ Etana und der Adler
→ Ezechiel
→ Felsen, fliegende
→ Felszeichnungen
→ Flugzeugmodelle
→ Fresken
→ Fruchtbarkeitskult
→ Gesetze
→ Gottessöhne
→ Gravuren
→ Helikopter
→ Henoch
→ Herkunft der Götter
→ Himmelsvögel
→ Hiob
→ Höhlenzeichnungen
→ Hou-Yih
→ Jakob
→ Jeremias
→ Jesaja
→ Indien
→ Kalender
→ Katastrophen
→ Kommunikation, interstellare
→ Konfrontationen der Götter
→ Konfrontationen Götter kontra Menschen
→ Kristall
→ Kulturbringer, Götter als
→ K'un-lun-Gebirge
→ Laser
→ Lebensdauer
→ Mais
→ Maschinen
→ Maya
→ Mischwesen
→ Mittelalter
→ Moses
→ Nan Madol
→ Orejona
→ Osterinsel
→ Palenque
→ Parapsychologie
→ Parsismus
→ Pferde, fliegende
→ Prä-Astronautik

→ Reue (der Götter)
→ Riesen
→ Rivalitäten der Götter
→ Sahara
→ Satelliten
→ Schamanen
→ Schiffe, fliegende
→ Schlangen
→ Schöpfung
→ Schriftzeugnisse der Götter
→ Schweben des göttlichen Geistes
→ Sibirien
→ Simbabwe
→ Sintflut
→ Sirius
→ Sirius-B
→ Steiner, Rudolf
→ Strahlen
→ Tarnung
→ Tassili-Massiv
→ Thailand
→ Turm zu Babel
→ Unfälle
→ Unterwasserbasen
→ Vakuum
→ Verbindung von Himmel und Erde
→ Vernichtung von Schriftzeugnissen
→ Vimanas
→ Waffen der Götter
→ Weltraumreisen, Probleme bei
→ Wiederkehr der Götter
→ Zacharias
(Übersicht über die Synonyme der fliegenden Fahrzeuge der Götter:)
→ Beutel, fliegende
→ Blöcke, fliegende
→ Donnergötter
→ Drachen, fliegende
→ Eier, fliegende
→ Felsen, fliegende
→ Feuerbälle
→ Glocken, fliegende
→ Häuser, fliegende
→ Herrlichkeit des Herrn
→ Heuschrecken
→ Himmelsvögel
→ Hirsche, fliegende
→ Kessel, fliegende
→ Kühe, fliegende
→ Kugeln, fliegende

→ Muscheln, fliegende
→ Öfen, fliegende
→ Perlen, fliegende
→ Pfeile
→ Pferde, fliegende
→ Scheiben, fliegende
→ Schiffe, fliegende
→ Schilde, fliegende
→ Schildkröten
→ Schilf-Schößlinge, fliegende
→ Schlangen
→ Sonnenwagen
→ Sterne, fliegende
→ Sternenschiffe
→ Strahlenwagen
→ Tiere, fliegende
→ Trommeln, fliegende
→ Wagen, himmlische
→ Wiegen, fliegende
→ Wolken
→ Zylinder, fliegende
vgl.: Akustik (der Götter-Fahrzeuge)
vgl.: Antriebe (der Götter-Fahrzeuge)
vgl.: Ballonflüge, prä-historische
vgl.: Dreibeinigkeit (der Götter-Fahrzeuge)
vgl.: Färbung (der Götter-Fahrzeuge)
vgl.: Fenster (der Götter-Fahrzeuge)
vgl.: Flugzeugmodelle
vgl.: Geruch (der Götter-Fahrzeuge)
vgl.: Helikopter
vgl.: Kyborg
vgl.: Raketen
vgl.: Raumbasen
vgl.: Reparaturen (der Götter-Fahrzeuge)
vgl.: Rocket-Belt
vgl.: Satelliten
vgl.: Schiffe
vgl.: Schweben (von Gegenständen)
vgl.: U-Boote
vgl.: UFO, moderne
vgl.: Unterwasserbasen
(Übersicht über die namentlich genannten fliegenden Fahrzeuge der Götter:) → Ali Budhuya
→ Ananta
→ Apophis
→ Brahmanda
→ Cheruben
→ Ch'ih'hsiaou

→ Csodasiuszarvas
→ Figona
→ Garm
→ Garudin
→ Gish-gana
→ Herrlichkeit des Herrn
→ Hiranyagarbha
→ Hochhoku
→ Hsiu-liu
→ Hun-tun
→ Illuyanka
→ Jörmungandr
→ Keresaspa
→ Lingam
→ Mashenapek
→ Nagas
→ Nahmepashe
→ Nai
→ Ndegei
→ Nechuschtan
→ Ophion
→ Pegasos
→ P'eng
→ Pushpaka
→ Rumia
→ Seraphen
→ Sleipnir
→ Swadilfari
→ Tch'e-yeu
→ Tiamat
→ Tien-she
→ Vrtra
→ Yggdrasil
→ Zu

UFOlogie (Forschung nach unidentifizierten Flug-Objekten)
→ Charroux, Robert
→ Prä-Astronautik
→ UFO, moderne

UFO, moderne Aus dem umfangreichen Gebiet der *UFOlogie* unserer Gegenwart soll an dieser Stelle nur ein markantes Beispiel herausgegriffen werden. Obwohl als Randgebiet nicht mit der Prä-Astronautik identisch, kann die moderne UFO-Forschung Beweise für die Existenz der Götter-Astronauten erbringen. Eine solche Beweisführung kann aber auch umgekehrt die Prä-Astronautik für die *UFOlogie* liefern – denn waren

die Außerirdischen in der Vergangenheit auf unserem Planeten, können sie es auch in der Gegenwart wieder sein.
Ein außerordentliches Ereignis fand am 11. Oktober 1973 am Ufer des *Pascagoula River (Mississippi)* in den *USA* statt. In den Abendstunden dieses Tages angelten der 43jährige Schiffsarbeiter Charles *Hickson* und der 20jährige Calvin *Parker* an einem stillen Platz des Ufers. Die folgenden Vorfälle aber werden die Betroffenen wohl ihr Leben lang nicht vergessen. Konzentriert auf das Angeln, hörten beide hinter sich ein summendes Geräusch *(Akustik)*. Sie drehten sich um und sahen entsetzt einen im Durchmesser etwa 8–13 Meter großen diskusförmigen Flugkörper *(Scheiben, fliegende)*, der dicht über dem Boden schwebte. Er strahlte in einem intensiven blauen Licht *(Strahlen)*. *Hickson* und *Parker* war nicht nur der Fluchtweg abgeschnitten, sie waren auch aus irgendeinem Grund zu keiner Bewegung fähig *(Lähmungen)*. Da öffnete sich an dem UFO eine Luke – die man vorher jedoch nicht bemerkt hatte –, aus der drei menschenähnliche Wesen herausschwebten *(Levitation; Erkennen der Götter)*. In den Aussagen der beiden Männer wird ausdrücklich festgehalten, daß die *Humanoiden* nicht die Füße bewegten. Die unheimlichen Gestalten nahmen die zwei in ihre Mitte und alle fünf schwebten jetzt auf die Einstiegsluke zu. Im Inneren des Flugkörpers herrschte ein außerordentlich grelles Licht, in dem auch einige technische Apparaturen zu erkennen waren *(Maschinen)*. Die Sprache der Außerirdischen bestand aus einem seltsamen monotonen Murmeln *(Sprachen; Kommunikation)*. Die Gekidnappten *(Entführungen)* wurden auf eine schräge Liege gelegt, worauf sich ein fußballähnlicher Gegenstand von der Decke löste und schwebend die Körper der Männer entlangfuhr *(Untersuchungen an Menschen)*. An seiner Unterseite war eine Öffnung, wie ein Auge gestaltet, zu erkennen. Nach einer Weile beendete man die Untersuchung, führte die Patienten wieder schwebend hinaus und legte sie, völlig starr, ins Gras. Danach stieg das UFO mit unglaublicher Geschwindigkeit in den Himmel. Beim Start war wieder das seltsame Summen *(Akustik)* zu hören. Etwa 20 Minuten mag der Vorfall gedauert haben. Das aufsteigende UFO wurde von drei ortsansässigen Männern erkannt. Der Wahrheitsgehalt der Aussagen von *Hickson* und *Parker* wurde noch und noch untersucht. Unter der Aufsicht des Astrophysikers Dr. Allen *Hynek* blieben sie selbst unter (freiwilliger) Hypnose und Anschluß an den Lügendetektor bei ihrer Aussage. Und: *Parker* wurde, während sein Freund verhört werden sollte, allein in einem Raum zurückgelassen. Versteckte Kameras und Abhörgeräte registrierten seine flehenden Gebete an die heilige Maria, die ihm helfen sollte, den Vorfall glaubhaft zu machen. Ohne Grund wird niemand, wenn er sich unbeobachtet glaubt, ein solches Verhalten zeigen.
Nach den Aussagen der Betroffenen wurden von den Außerirdischen Zeichnungen gefertigt. Sie trugen einen eng anliegenden Overall *(Overalls)* mit einer elefantenfarbenen Oberfläche. Im großen und ganzen erhält man aus den Bildern den Eindruck von irdischen Astronauten – so, wie sie in der Zukunft aussehen werden.
Für die beiden Männer sollten die Folgen der Begegnung spürbar bleiben. *Parker* ist seit dem 11. Oktober 1973 nicht mehr arbeitsfähig und *Hickson* klagt seitdem über ständige Kopfschmerzen *(Strahlenschäden; Krankheiten)*. Q.: Krassa: Gott S. 18 ff
→ Bermuda-Dreieck
→ Eier, fliegende

→ Ezechiel
→ Parapsychologie
→ Prä-Astronautik
→ Satelliten
→ Tunguska-Explosion
→ UFO, historische
vgl.: Weltraumreisen, Probleme bei
Ugha Mongulala (brasilianischer Indiostamm) → Akakor
Uhle, Max (Amerikanist)
→ Sacsayhuaman
Uhren Götterabbildungen aus vielen Teilen der Welt weisen an den Handgelenken armbanduhrenähnliche Geräte auf. Besonders deutlich wird dies bei assyrischen Gestalten *(Assyrien)*. Q.: Däniken: Meine Welt S. 20
Uichama (südamerikanischer Gott)
→ Orejona
Uighur (mysteriöse Kultur in Zentralasien) → Gobi, Wüste
Uiracocha
→ Viracocha
Uiracocha Tachayachachic (präinkaischer Kulturbringer)
→ Schöpfung
vgl.: Huiracocha
vgl.: Kon Tc'hsi Huiracotsa
vgl.: Kon Tiksi Illa Viracocha
vgl.: Viracocha
Ukraine (Sowjetunion) → Mutanten
→ Zeitdilatation
Ulin (Ort auf Celebes, Indonesien)
→ Landeplätze der Götter
Ullikummi, Gesang des (hurrithischer Mythos) → Verbindung von Himmel und Erde
Ultraschall → Bundeslade
→ Gravitation, Aufhebung der
→ Moses
→ Trompeten von Jericho
Ulu-kapu-a-Kane (Lebensbaum Kanes; polynesische Mythologie)
→ Baum des Lebens
Ulu Tojon (Kulturbringer der sibirischen Mythologie) → Kulturbringer, Götter als
Uma (indische Göttin) → Waffen der Götter
Umweltverschmutzung
→ Prophezeiungen

Unangreifbarkeit der Götter
→ Daniel
→ Drachen, himmlische
→ Tarnung
→ Vimanas
→ Waffen der Götter
Unesco (United Nations Educational Scientific and Cultural Organisation)
→ Laser
Unfälle Im *Kalewala*, dem finnischen Nationalepos *(Finnland)*, stürzt das eiserne Ei des göttlichen Sängers *Wäinämöinen* ins Meer *(Eier,* fliegende; *Eisen)*. Q.: Kohlenberg: Vorzeit S. 28; Q.: Kalewala. Lönnrot
Ähnliche Sagen gibt es bei den westafrikanischen *Fali*. Ein vom Himmelsherrn *Nommo* gesandter göttlicher Schmied *(Schmiede)* landet in der *Sagen*welt der *Dogon* dagegen unbeschadet auf einer »beschnittenen«, wahrscheinlich geebneten Fläche *(Landeplätze der Götter; Mali)*. Q.: Kohlenberg: Vorzeit S. 29; Q.: Grimal: Mythen Bd. 3
Liegt der bekannten griechischen Mythe *(Sagen; Griechenland)* vom Absturz des *Ikarus* eine Realität zugrunde? Sein Vater *Dädalus,* Schmied des Königs *Minos,* soll dagegen erfolgreich von *Kreta* nach *Sizilien* geflogen sein: vielleicht im Kern mehr als eine Geschichte, die den Wunsch des Fliegens ausdrücken soll *(Italien)*. Q.: Hennig: Zur Vorgeschichte
Ein ähnliches Geschick wie *Ikarus* soll dem britischen *(England)* König *Bladud,* Sohn des *Rudibras,* widerfahren sein. Während seiner Studien in *Athen (Griechenland)* mißlang ihm ein Experiment, bei dem er sich mit angepaßten Flügeln in die Luft erhob. Er stürzte über seiner Heimat ab *(Sagen)*. Q.: Pits: Relationum; Q.: Hennig: Zur Vorgeschichte
In der griechischen Mythologie erhielt *Phaëton* »der Leuchtende« *(Sagen; Griechenland)* von seinem Vater *Helios* die Erlaubnis, den *Sonnenwagen (Wagen,* himmlische) steuern zu

dürfen. Er stürzte ab und setzte die Erde in Brand *(Katastrophen)*. Q.: Däniken: Aussaat S. 68
Plutarch behauptet, vor dessen Reise nach *Ägypten* habe man dort noch Teile aus rotgoldenem Metall auf einer oberen Nilinsel liegen sehen. Sie stammten von einem Schiff *(Schiffe,* fliegende), mit dem *Osiris* aus dem Nachtmeer gekommen sei *(Metalle; Weltall)*. Q.: Kohlenberg: Vorzeit S. 167
Im Bezirk *Yen-ling-hsien* und auch bei *Hsou-an-chou,* heute *Wu-hu (China),* stürzten schwarze Donnerwagen *(Färbung; Donnergötter; Wagen,* himmlische) ab *(Sagen).* Q.: Kohlenberg: Vorzeit S. 280; Q.: Eberhard: Lokalkulturen
Auch thailändische *Sagen* berichten von Abstürzen *(Thailand)* unbekannter Fluggeräte in denselben chinesischen Provinzen *(UFO,* historische). Die Trümmer werden als schwarz und mit Fledermausflügeln, Tierkrallen u. ä. beschrieben. Q.: Krassa: Gelbe Götter S. 133
Beim Berge *Ophir (Berge,* heilige) auf der Halbinsel *Malakka (Indonesien)* sollen sich noch Teile eines Götterschiffes befinden, das vom Himmel kam, behaupten die einheimischen *Mantras (Sagen; Schiffe,* fliegende; *UFO,* historische; *Fundgegenstände,* technische). Q.: Kohlenberg: Vorzeit S. 215; Q.: Cameron: Our tropical
Die *Maori,* Ureinwohner von *Neuseeland,* kennen die *(Sagen)* Sage vom Gottkönig *Kupe,* der mit seinen Töchtern nicht habe in die Heimat zurückkehren können, da seine zwei Vögel bei der Erkundung des Landes nicht zurückkehrten *(Karten; UFO,* historische). Q.: Däniken: Aussaat S. 147; Q.: Däniken: Besucher S. 309 ff
Ayaz, das heißt »der Fremde«, war auf einer einsamen Insel ausgesetzt, berichtet die Legende der *Kri*(Cree)-Indianer aus Nordwest-*Kanada.* Mit Hilfe einer Möwenhaut gelang ihm die Flucht, doch erlahmten seine Kräfte, und er fiel ins Meer, wo er aber von einem riesigen Fisch gerettet wurde *(Sagen)*. Q.: Petitot: Traditions; Q.: Hennig: Zur Vorgeschichte
Ähnliche *Sagen* kennen die *Tlatlasikoala*-Indianer aus den *USA* und *Kanada.* Q.: Hennig: Zur Vorgeschichte
→ Donnergötter
→ Enkidu
→ Kommunikation, interstellare
→ Osterinsel
→ Sintflut
→ Sodom und Gomorrha
→ Thailand
→ Tunguska-Explosion
Unfruchtbarkeit → Abraham
→ Isaak
→ Mamre
→ Sirius-B
Ungarn → UFO, historische
Ungerechtigkeit (der Götter)
vgl.: Exopsychologie
vgl.: Grausamkeit (der Götter)
Unklarheiten der Definition (präastronautischer Errungenschaften, Funde und Attribute) In manchen Fällen bietet uns die Technologie unserer Zeit die Möglichkeit, scheinbar mythische Details bei Himmelsschiffen, wunderbaren Waffen und ähnlichen Traditionsgütern mit einem hinreichenden Ausmaß an Wahrscheinlichkeit wiederzuerkennen und zu enträtseln. Jedoch: nicht alle Einzelheiten der Überlieferungen können mit heute bekannten technischen Mitteln erklärt werden: ein Hinweis darauf, daß die Götter-Astronauten unserer Technologie voraus gewesen sein mußten.
»Sie hatten Köpfe aus Eisen, Stirnen aus Kupfer, an den Schläfen Haare wie Schwerter; der Körper war menschenähnlich, die Füße wie Rinderhufe. Sie hatten vier Augen, sechs Arme und acht Finger, fraßen Sand und stellten Waffen her.« So werden in den alten *Sagen* von *China* die feindlichen *Tch'e-yeu* beschrieben, gegen die der Urkaiser *Huang-ti* zu

Unklarheiten der Definition 399

kämpfen hatte. Eine Deutung dieser Erscheinung fällt auch mit dem Vokabular unserer heutigen Technologie schwer (automatische Stationen? *Roboter?*), doch läßt die wiederholte Erwähnung von *Metallen* an Produkte einer fremdartigen Technik denken. Q.: Kohlenberg: Vorzeit S. 354; Q.: Grimal: Mythen
Die *Luba* oder *Baluba,* ein *Bantu*volk aus dem südlichen *Zaire,* kennt einen *Kyomba,* einen ersten Menschen, der unter anderem »ein Ding, das Feuer entfacht«, mit zur Erde herabbrachte *(Maschinen).* Q.: Däniken: Beweise S. 133 f; Q.: Baumann: Schöpfung
Wie ist es zu erklären, daß zwei Figuren von fliegenden Göttern der *Olmeken* und *Assyrer* den gleichen, bisher unbekannten Gegenstand in Händen halten?
Die Figur des sogenannten *Drachen-Monolithen* von *Villahermosa (Mexiko)* wie auch das Relief des geflügelten Genius *(Gravuren)* tragen einen korb- oder kesselähnlichen Apparat, wahrscheinlich zylinderförmig: eine

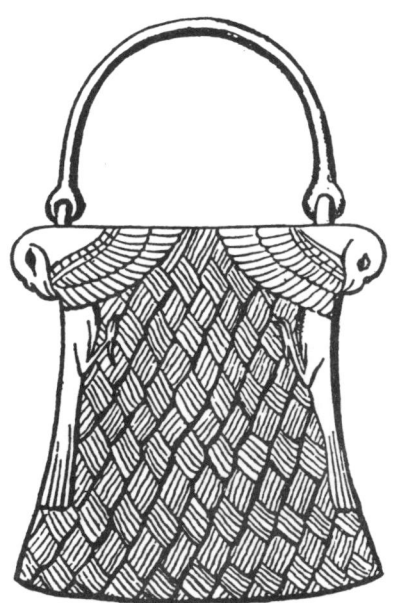

Beispiel eines sakralen Korbes aus Chorsabad, Nordmesopotamien. Q.: R. K. G. Temple

Waffe *(Waffen der Götter)* oder aber ein uns noch nicht bekanntes Werkzeug *(Werkzeuge der Götter)?* Q.: Däniken: Meine Welt S. 18

Unklarheiten der Definition. Q.: Erich von Däniken; British Museum

Unklarheiten der Definition. Q.: Erich von Däniken

400 Unklarheiten der Definition

→ Akustik (der Götter-Fahrzeuge)
→ Bundeslade
→ Daniel
→ Ezechiel
→ Felszeichnungen
→ Jesaja
→ Lampen
→ Mittelalter
→ Sacsayhuaman
→ Schlangen
→ Turkestan
→ UFO, historische
→ Verbindung von Himmel und Erde
→ Vimanas
→ Waffen der Götter
→ Weltraumreisen, Probleme bei
vgl.: Entmaterialisierungen
vgl.: Erscheinungen
vgl.: Gravitation, Aufhebung der
vgl.: Kuriositäten
vgl.: Levitation
vgl.: Materialisierungen
vgl.: Prophezeiungen
vgl.: Telekinese
vgl.: Telepathie
vgl.: Wunder
Unsichtbarkeit vgl.: Entmaterialisierungen
vgl.: Erscheinungen
Unsterblichkeit vgl.: Baum des Lebens
vgl.: Lebensdauer
Untersuchungen an Menschen (die die kosmischen Besucher vollzogen)
→ Akupunktur
→ Schöpfung
→ UFO, moderne
vgl.: Medizin
vgl.: Operationen (med.)
Unterwasserbasen Der toltekische Regengott *Tlaloc (Azteken;Tolteken)*, die griechischen Götter *Dionysos (Griechenland)* und *Poseidon*, die germanischen Götter *Frigg* und *Ägir (Germanen)* und der sumerische *Enki (Sumer)* sollen in unterseeischen Palästen gewohnt haben *(Sagen)*. Q.: Kohlenberg: Vorzeit S. 42; Q.: Ranke-Graves: Mythologie
Der germanische Gott des Meeres, *Ägir* oder *Hler*, soll in einem Palast bei der Insel *Laesø* im *Kattegat* gewohnt haben *(Germanen; Dänemark)*. Die Unterwasserwohnung der Göttin *Frigg* nannte man *Fensalir*, »das Gewundene«, was vielleicht Rückschlüsse auf ihr Aussehen ziehen läßt *(Wortbedeutungen)*. Q.: Kohlenberg: Vorzeit S. 50, 202 f; Q.: Vollmer: Wörterbuch; Q.: Mogk: Mythologie; Q.: Grimal: Mythen Bd. 3
Bei *Aigai* auf *Euböa* war der unterseeische Palast *Poseidons;* bei *Tainaron*, heute *Kap Matapan*, lag der Stützpunkt der *Thetis*, die mit einer »goldenen Muschel« bei *Kythera* an Land gekommen sein soll *(Sagen; Griechenland; Muscheln*, fliegende; *UFO*, historische). Q.: Kohlenberg: Vorzeit S. 203 f
Rollsiegel zeigen die unterseeische Wohnstätte *Enkis (Sumerer).* Q.: Kohlenberg: Vorzeit S. 204 f; Q.: Frankfort: Cylinder seals
Tlalocan, das mythische Paradies des aztekischen *(Azteken)* Regengottes *Tlaloc*, mit seinen Flüssen und Seen und seinem Reichtum an Nahrungsmitteln für alle jene, die im Wasser umgekommen waren, wird in Wandfresken der toltekischen Ruinenstätte *Teotihuacán* bildlich dargestellt. Ein Wandgemälde zeigt den seltsam unmenschlich aussehenden *Tlaloc* mit runden, wie von *Brillen* umrandeten Augen, der triefend aus den Fluten des Meeres emporsteigt, vor dem Gesicht eine Maske *(Masken; Atemgeräte)* tragend(?). Q.: Krickeberg: Altmex. S. 398 f; Q.: Kohlenberg: Vorzeit S. 205
→ Zwerge
vgl.: Landeplätze der Götter
vgl.: U-Boote
Unwissenheit der Götter vgl.: Nichtwissen der Götter
Unyoro (Göttin der ostafrikanischen Dschagga) → Sterblichkeit der Götter
Uoke (Gott der Zerstörung in der Osterinsel-Mythologie)
→ Osterinsel

Upelluri (Riese aus der hurrithischen Mythologie) → Verbindung von Himmel und Erde
Upolu (Samoa-Inseln; Polynesien)
→ Berge, heilige
Ur (Stadt in Sumer) → Lebensdauer
→ Zikkurats
Ural (russisches Gebirge)
→ Berge, heilige
Uranos (griechischer Gott des Himmels) → Humanoiden
→ Rivalitäten der Götter
→ Sirius-B
Uranus (Planet) → Maya
→ Sirius-B
Urartu (Bergland um den Ararat)
→ Sintflut
U-Rgyan Pad-Ma
→ Padmasambhava
Uros (auch Urus; Eingeborene der Titicacasee-Region) → Gottessöhne
Uruk (Stadt in Mesopotamien)
→ Vernichtung von Schriftzeugnissen
Urus → Uros
Usa (Figur des Alten Testaments)
→ Bundeslade
USA → Baum des Lebens
→ Bauwerke
→ Berge, heilige
→ Bermuda-Dreieck
→ Bodenzeichnungen
→ Bundeslade
→ Cargo-Kult
→ Domestizierungen
→ Felszeichnungen
→ Gottessöhne
→ Himmelsvögel
→ Homo sapiens, Evolution des
→ Hopi-Indianer
→ Kommunikation, interstellare
→ Konfrontationen der Götter
→ Kugeln
→ Kulturbringer, Götter als
→ Kulturen, versunkene

→ Kuriositäten
→ Meteoriten
→ Mounds
→ Osterinsel
→ Piri Reis Weltkarten
→ Sandverglasungen
→ Schlangen
→ Schöpfung
→ Sintflut
→ UFO, historische
→ UFO, moderne
→ Unfälle
→ Verbannung (von Prä-Astronauten)
→ Versteinerungen
vgl.: Hawaii
(Übersicht über namentlich genannte Staaten:) → Arizona
→ Florida
→ Hawaii
→ Kalifornien
→ Mississippi
→ Neumexiko
→ Nevada
→ Ohio
→ Tennessee
→ Texas
→ Utah
→ Virginia
Usbekistan (Gebiet in der Sowjetunion) → Felszeichnungen
→ Höhlenzeichnungen
Ussa → Usa
USSR → Sowjetunion
Utah (US-Bundesstaat)
→ Felszeichnungen
→ Versteinerungen
Utnapischtim (Flutüberlebender der sumerischen Mythologie)
→ Gilgamesch
→ Herkunft der Götter
→ Sintflut
Uttarakuru (Welt der tibetischen Mythologie) → Herkunft der Götter

V

Vahist (Welt des persischen Awesta)
→ Herkunft der Götter
Vaikuntha (Welt der indischen Mythologie) → Baum des Lebens
→ Herkunft der Götter
Vaimanika Sastra (indische Überlieferung) → Vimanas
Vairočana (indischer Gott)
→ Schöpfung
Vaivasvrata (indischer Flutüberlebender, auch Manu oder Manu Satyavara genannt) → Manu
Vakas (Dämon des indischen Mahabharata) → Mutanten
Vakuum Raumschiffe, die die chinesischen *T'ai-chan-* oder *K'un-lun-Gebirge (China)* verließen, mußten der Überlieferung nach durch ein »todbringendes dünnes Wasser« hindurch *(Weltall; Weltraumreisen,* Probleme bei; *Sagen; UFO,* historische). Q. Kohlenberg: Vorzeit S. 210
Q.: Ferguson: Chinese mythology
→ Astronomie
→ Schöpfung
→ Weltall
Val Camonica (Italien)
→ Felszeichnungen
Val Susa (Italien)
→ Felszeichnungen
Valentine, Manson (Unterwasserforscher) → Kulturen, versunkene
Vallone del Gravio (Italien)
→ Simbabwe
Vanaheim (Welt der germanischen Mythologie) → Herkunft der Götter
Vancouver (nordamerikanische Insel im Pazifik)
→ Himmelsvögel
van de Kamp, Peter (Astronom)
→ Planetensysteme, fremde

Vanen (zauberkundige Wesen der germanischen Mythologie) → UFO, historische
Vanua Lava (Banks-Inseln; Neue Hebriden; Melanesien)
→ Gottessöhne
Vara (persische Festungsanlage)
→ Sintflut
Vardenis (Stadt in Armenien)
→ Kristall-Linsen
Varuṇa (indischer Gott; Welthüter des Westens) → Götter, hellhäutige
→ Shata-patha-Brâhmana
→ Waffen der Götter
Varuna (Sanskrit; wahrscheinlich Kathode) → Batterien
Varzelândia (Fundort in Brasilien)
→ Planetensystem, eigenes
Vaschalde, Arthur Adolphe (französischer Bibelforscher)
→ Schöpfung
→ Wortbedeutungen
Vasen vgl.: Keramik
Vasishta (indischer Yogi)
→ Exobiologie
Vasudeva (Vater des Krishna; Figur des indischen Mahabharata)
→ Aussetzung von Kindern
→ Telepathie
Vayapurana (indisches Mythos)
→ Baum des Lebens
Vayu (indische Gottheit) → Waffen der Götter
Vedas (angeblich älteste Literatur der Inder) → Gesetze
→ Shata-patha-brâhmana
vgl.: Rigveda
vgl.: Rigveda-Samhita
Vega, Garcilaso de la → De la Vega, Garcilaso
Veden → Vedas

Velikovsky, Immanuel (Arzt und Psychoanalytiker) → Katastrophen, kosmische
→ Sitchin, Zecharia
Veltha (Ungeheuer der etruskischen Sagenwelt) → Etrusker
Venezuela → Götter, hellhäutige
→ Verbindung von Himmel und Erde
Venus Eine der wenigen gefundenen *Knotenschnüre (= Quipus)* der *Inka* stammt aus der *Nazca-Kultur* und wird in der Sammlung des Göteborg-Museums aufbewahrt. Es handelt sich um eine astronomische Rechnung *(Astronomie; Mathematik)*, die die synodische Umlaufzeit des Planeten V' mit 586 Tagen angibt. 584 Tage wäre der richtige Wert gewesen. Die Differenz ist jedoch nach Ansicht des schwedischen Ethnologen Nils Erland Herbert *Nordenskiöld* begründet, weil sich daraus nach 3 Rundjahren und 2 Venusumläufen die heilige Zahl 77 ableiten läßt. Ähnliche Rechnungen liegen für den *Mond, Merkur* und *Jupiter* vor *(Zahlen)*. Q.: Müller, R.: Sonne S. 66 ff; Q.: Nordenskiöld: Calculations
→ Cargo-Kult
→ Höhlenzeichnungen
→ Kalender
→ Katastrophen, kosmische
→ Kulturbringer, Götter als
→ Maya
→ Planetensystem, eigenes
→ Sintflut
→ Tula
Venus-Figuren (angeblich Fruchtbarkeitsgöttinnen oder Urmütter darstellend)
→ Mutanten
Venusgleichung (mathematische Formel der Maya) → Kalender
→ Maya
vgl.: Mathematik
Vera Cruz (Fundstätte in Mexiko) → Räder
Veränderung der Erbmasse
vgl.: Evolutionsprobleme
vgl.: Genmanipulation
vgl.: Schöpfung

Verbannung (von Prä-Astronauten) Den *Sagen* der *Payute*-Indianer *(USA)* zufolge wurde der Gott *Hinuno* aus dem Himmel verstoßen, nachdem er Streit mit den anderen Göttern hatte *(Rivalitäten der Götter)*. Q.: Däniken: Aussaat S. 69
→ Gottessöhne
→ Gral, heiliger
→ Konfrontationen der Götter
→ Kun
→ Teufel
Verbindung von Himmel und Erde
Die Verbindung von Himmel und Erde ist ein weltweites mythologisches Motiv, das auf einen einstmals engen Kontakt zwischen Erdbevölkerung und Göttern bzw. Götter-Astronauten hindeutet.
Nach der komplizierten Mythologie der *Dogon* aus *Mali* war in der Vorzeit der Himmel der *Erde* so nahe, daß man ihn greifen konnte. Q.: Temple: Sirius-Rätsel S. 284; Q.: Griaule/Dieterlen: Un système
Die afrikanischen *Madi-Moru* kennen einen Blauvogel *(UFO*, historische; *Himmelsvögel; Färbung)*, der die Himmelsleiter zerpickte *(Leiter; Afrika)*. Q.: Däniken: Beweise S. 128; Q.: Baumann: Schöpfung
Ein Krieg der Götter ist dem hurrithischen »*Gesang des Ullikummi*« nach Grund für die Trennung von Himmel und Erde *(Hurrither; Konfrontationen der Götter)*. Dies ist ein weltweit verbreitetes mythologisches Motiv, das wahrscheinlich an die Zeit erinnern soll, in der die Menschen mit den Göttern direkt und real verkehrten. Die *Hurrither* schreiben diese Trennung vor allem dem *Riesen Upelluri* zu. Q.: Kohlenberg: Vorzeit S. 188; Q.: Zimmern: Religion
Der iranische *Cakad-i-Daitik*, der Gipfel des Gerichtes, war der Fuß der *Cinvad-Brücke*, vergleichbar mit der germanischen *Bifröst-* und *Gjöll-Brücke*. Ein Stützpunkt prähistorischer Astronauten-Götter *(Persien; Germanen; Landeplätze der Götter;*

Sagen)? Q.: Kohlenberg: Vorzeit S. 159; Q.: Olschak: Tibet
Die *Trhi,* die sieben himmlischen Könige, waren die ersten von 27 sagenhaften Fürsten, die einst vom Himmel an einem Seil oder einer *Leiter* herabstiegen, berichtet eine tibetanische Mythe *(Sagen; Tibet).* Nach ihrer Regierung fuhren sie vom Götterberg *Ti-se,* auch *Kailasa* oder *Meru* bezeichnet, regenbogengleich in den Himmel zurück *(Kulturbringer, Götter als).* Q.: Krassa: Gelbe Götter S. 115 f
Der Berg Kailas(h) *(Kailasa)* im westlichen Tibet galt als irdisches Gegenstück des Weltberges *Meru (Herkunft der Götter).* Somit wurde auch er als heilige Weltmitte betrachtet und als »Thron der Götter« bezeichnet. Die Überlieferung der Hindus *(Hinduismus)* sah in ihm den Wohnort des Gottes *Shiva,* jene der Buddhisten *(Buddhismus)* den Sitz der Gottheit *Samvara.* Q.: Lauf: Erbe
Tr'i-qumtsen-po, einer dieser Könige, soll das Seil schließlich gekappt haben, weil er auf der Erde bleiben wollte. Bald schon sollte er ermordet werden. Q.: Krassa: Gelbe Götter S. 116
In der Genealogie der Urkönige von *Tibet,* dem *Gyelrap,* steigen diese sieben Könige auf einer Himmelsleiter auf die Erde hinab *(Leiter).* Q.: Däniken: Beweise S. 187; Q.: Feer: Anales
Bei der Trennung von Himmel und Erde startete die mongolische Göttin *Ot* mit Donner in den Himmel, wobei sie Wärme ausstrahlte *(Mongolei; Sagen; Donnergötter; UFO,* historische). Q.: Kohlenberg: Vorzeit S. 218; Q.: Holmberg: Sibirian mythology
Ein Kaiser soll, nachdem *Moral* und Tugend die Menschen verlassen hatten, durch *Chong* und *Li* die Verbindung zwischen Himmel und Erde abgebrochen haben lassen. So berichtet das *Shu-king,* das chinesische *(China)* Buch der Urkunden. Q.: Krassa: Gelbe Götter S. 15; Q.: Mooney: Les dieux S. 154
Im japanischen *Nihongi* des Prinzen *Toneri (Japan),* das etwa um 720 n. Chr. niedergeschrieben wurde, heißt es: »... Als Himmel und Erde sich zuerst voneinander trennten, befand sich mitten im Leeren ein Ding von schwer zu beschreibender Gestalt. Darinnen entstand von selbst eine Gottheit *(UFO,* historische; *Schöpfung)...* Zu dieser Zeit entstand im Innern des Landes ein Ding, das an Gestalt wie ein Schilf-Schößling war.« *(Schilf-Schößlinge,* fliegende) Schilf-Schößlinge haben eine stromlinienförmige Spitze mit einer runden Verdickung. Hinweis auf einen Flugkörper? Q.: Däniken: Beweise S. 157; Q.: Florenz: Quellen
Die heiligen *Sagen* der *Toradja* (Toradscha) von *Celebes (Indonesien)* berichten, daß sich einst der Himmel zur Erde herabgesenkt und sie umarmt habe, und aus dieser Vereinigung seien Götter entsprungen. Einer von ihnen schuf mit Hilfe eines Blasebalges aus Gold den ersten Menschen und gab ihm einen weiblichen *Engel* zur Frau. Als es unter den frühen Menschenpaaren zum *Inzest* kam, schickte ein Gott zur Strafe eine *Sintflut,* die alle Wesen bis auf den Flutüberlebenden *Dilangi,* der auf einer Steintreppe zum Himmel flüchtete, ertränkte. – Ein *Engel (Dewata)* namens *Tamborolangi* kam wiederholt vom Himmel zur Erde, wo er mit einer Erdenfrau verheiratet war. »Als er wieder einmal die Erde besuchte, überraschte er die Frau, die ihm drei Söhne geboren hatte, bei einer Umarmung mit einem Sterblichen. Er war so wütend, daß er die Stiege zerstörte, die von der Erde zum Himmel führte. Seitdem sind Himmel und Erde endgültig voneinander getrennt.« Q.: Tichy: Tau-Tau S. 171 ff
Besonders pazifische Mythologien sprechen von Urzeiten mit einem ge-

Verhandlungen

ringen Abstand zwischen der Erde und dem Himmel als Himmelskörper. Diese Verbindungsmöglichkeit sei dann durch das Anheben des Himmels *(Unklarheiten der Definition)* durch verschiedene Göttergestalten unterbrochen worden *(Ozeanien)*. Q.: Kohlenberg: Vorzeit S. 182 ff
Die Mythen berichten, daß die »Welteltern« *Rangi* und *Papa* in der Urzeit in schöpferischer Umarmung aufeinandergelegen hätten und erst von ihren Kindern auseinandergerissen worden wären – in ähnlicher Weise scheint die Mythologie des alten *Ägypten* die Frühzeit dargestellt zu haben. Die Welteltern *Geb* (der Erdmann) und *Nut* (die Himmelsfrau) werden durch die Luftgötter getrennt und ihre Leiber so voneinander entfernt. Nun zu ähnlichen Mythen aus der Neuen Welt:
Auf S. 48 einer in Wien aufbewahrten Bilderhandschrift der *Mixteken* im Hochland von *Mexiko* wird gezeigt, wie der Gott *Quetzalcoatl* mit dem Kalendernamen »9 Wind« im Himmelsland seine Maske *(Masken)* und die sonstigen Attribute seiner Kleidung *(Overalls)* verliehen erhält und dann auf einem gedrehten Seil durch ein Loch im Himmel herabschreitet, um auf Erden zu den Menschen zu reden. Der »Codex Vindobonensis Mexicanus 1« gehört zu den wenigen (etwa 15) erhalten gebliebenen Faltbüchern aus dem mexikanischen Hochland, die historischen Bücherverbrennungen *(Vernichtung von Schriftzeugnissen)* entgangen sind.
Die Götter der *Maya* sollen, ihren eigenen *Sagen* nach, auf »Spinnenweben« herabgestiegen sein. Q.: Elmayer von Vestenbrugg/Bellamy: Eingriffe S. 409
Die Indianerforscherin Felicitas *Barreto* weist folgende Geschichte nach: Eingeborene Indios des Amazonasgebietes, so die Kaiato vom oberen *Xingú (Mato Grosso; Brasilien)*, erzählen *(Sagen)* von der Auswanderung der Götter auf die Erde. Das Seil, mit dem sie vom Himmel kamen, sei jedoch gekappt worden, so daß sie gezwungen gewesen wären, auf der Erde zu leben. *Masken* der *Kaiato* scheinen noch heute Astronautenhelme darzustellen *(Overalls; Cargo-Kult)*. Q.: Däniken: Aussaat S. 188 ff
Die *Warrau* oder *Guarauno*, die im Orinoko-Delta leben, kamen auf einem Seil auf die Erde *(Venezuela)*. Q.: Kohlenberg: Vorzeit S. 138; Q.: Krickeberg: Religionen
Die *Mundurucú*, die zum *Tupí*-Stamm aus Südamerika gehören, kennen in ihrer *Sagen*welt eine Verbindung durch ein Baumwollseil *(Brasilien)*. Q.: Kohlenberg: Vorzeit S. 136; Q.: Grimal: Mythen Bd. 3
Ein solches Seil kennen auch die *Toba* aus dem *Gran Chaco* zwischen dem Riacho *Salado* und *Pilcomayo (Argentinien)*. Q.: Kohlenberg: Vorzeit S. 138; Q.: Krickeberg: Religionen
→ Baum des Lebens
→ Crespi, Carlo
→ Herkunft der Götter
→ Höhlenzeichnungen
→ Katastrophen
→ Landeplätze der Götter
→ Paradies
→ Zikkurats
vgl.: Leiter
Verbindungen der Menschen mit den Göttern
vgl.: Geschlechtsverkehr
vgl.: Gottessöhne
Verbindungsmänner der Götter vgl.: Kontaktler
Verbote vgl.: Gesetze
vgl.: Tabus
Vergeßlichkeit (der Götter)
→ Herkunft der Götter
→ Moses
Verhandlungen (der Götter mit den Menschen)
→ Henoch
→ Mamre
→ Moses
→ Sodom und Gomorrha

Vernichtung von Schriftzeugnissen

Vernichtung von Schriftzeugnissen
Durch die V'v'S' – beabsichtigt oder unbeabsichtigt *(Vertuschungen)* – wurden wichtige Mythologien für immer vernichtet. Wenn aber selbst die noch vorhandenen Überlieferungen aussagekräftig auf Götter-Astronauten hinweisen, kann man sich vorstellen, welche Beweise erst in den verschollenen Schriften vorhanden gewesen wären. Eine Übersicht über einige diese Zerstörungen kann dieses Verhältnis deutlich machen:
Beim Brande Roms, 83 v. Chr., verbrannten große Schriftschätze. So sollen die Sibyllinischen Bücher verlorengegangen sein *(Römer; Bücher,* Sibyllinische). Q.: Elmayer von Vestenbrugg/Bellamy: Eingriffe S. 216 ff
Cäsar zerstreute die Schriften der keltischen *Druiden (Kelten)* in *Autun.* Q.: Mooney: Les dieux S. 166
146 v. Chr. zerstörten die *Römer* eine große Bibliothek in *Karthago.* Sie soll über 500 000 Schriftstücke enthalten haben. Q.: Bergier: Les extra-terrestres S. 77; Q.: Mooney: Les dieux S. 166
Die Archive der *Minoer* zu *Knossos* auf der Insel *Kreta (Griechenland)* sind nur in spärlichen Überresten vorhanden; es handelt sich um Tontäfelchen, deren Entzifferung erst zum Teil gelungen ist.

Vernichtung von Schriftzeugnissen.
Q.: Constantin-Film

Der Zar *Iwan der Schreckliche* soll eine gewaltige Bibliothek mit Schriften des Altertums besessen haben. Sie verschwand spurlos *(Sowjetunion).*
Ägyptische Bibliotheken wurden in *Memphis* und *Theben* zerstört *(Ägypten).*
Berüchtigter noch ist die Vernichtung der fast 500 000 Papyrusrollen des *Brucheion* und der 40 000 im *Serapeion* zu *Alexandria (Ägypten)* durch *Cäsar.* Q.: Mooney: Les dieux S. 166
Auch die später nach *Alexandria* transportierte Bibliothek von *Pergamon* in *Mysien* ging in Flammen auf. Der Kaiser *Theodosius I.* (379–395 n. Chr.) und später die *Sarazenen* tilgten noch vorhandene Reste endgültig aus.
391 n. Chr. versuchte der römische Kaiser *Theodosius I. (Römer)* ebenfalls, alle Spuren heidnischer Kultur in *Ägypten* auszulöschen. Viele Dokumente gingen dabei verloren. Q.: Navia: Unsere Wiege S. 62
Im 7. Jahrhundert wurde in *Alexandria* eine weitere Bibliothek von den Arabern zerstört. Q.: Bergier: Les extra-terrestres S. 77
Der sogenannte *Papyrus Tulli* aus der Zeit *Thuthmosis III.* der 18. Dynastie des Neuen Reiches *(Ägypten)* war ursprünglich im Vatikan verwahrt worden. Nach der Übersetzung durch Prinz Boris von *Rachewiltz,* die vom Bruder des Finders, Gustave *Tulli,* erlaubt wurde, fehlt von der Originalschrift jede Spur. Die Übersetzung sprach von *Feuerbällen,* die vom Himmel kamen *(UFO, historische).* Q.: Bergier: Le livre S. 113; Q.: Rachewiltz: Briefe
Die *Bibliotheken Syriens* wurden durch den oströmischen Kaiser *Phokas* (602–610 n. Chr.) vernichtet.
Die »Stadt der Bücher« Königs *Sargon* von *Uruk (Bibliotheken)* mit ihren akkadischen und sumerischen Schriften wurde gänzlich vernichtet *(Akkad; Sumer).*

Vernichtung von Schriftzeugnissen 407

Eventuelle Überreste sumerischen Kulturgutes in den babylonischen Bibliotheken von *Nippur (Babylon)* gingen ebenfalls verloren.
Nur noch Reste fand man von den Archiven *Lagaschs* in *Sumer*.
Die Bibliotheken *Assurbanipals* zu *Ninive* sind bis auf wenige Reste verloren *(Assyrien)*.

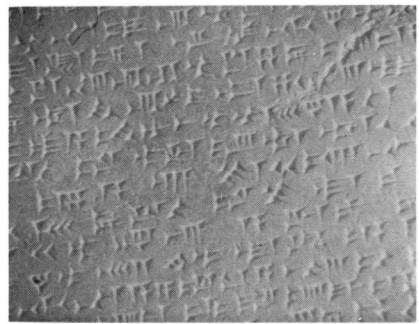

Vernichtung von Schriftzeugnissen. Q.: Constantin-Film

Alexander der Große mußte den Verlust des mit goldenen Lettern geschriebenen *Awesta*, des heiligen Buches der Parsen *(Parsismus)*, verantworten, als er *Persien* eroberte. Es handelte sich um die Urschrift. Bei der Fixierung dieser 21 heiligen Bände durch den Religionsgründer *Zarathustra* habe der Herr des Lichts, *Ahura Mazda*, selbst mitgewirkt *(Gesetze)*. Q.: Däniken: Erscheinungen S. 288
In *Ekbatana*, dem heutigen *Hamadan* im nordwestlichen *Iran*, sollen sich Schriftsammlungen der Meder *(Medien)* befunden haben (ca. 678 v. Chr.).
Die persischen Archive in *Susa (Persien)* gingen ebenso zugrunde.
Li Ssi, ein Minister des Kaisers *Shih Huang-ti*, veranlaßte im Jahre 213 v. Chr. die Vernichtung fast aller Aufzeichnungen aus Chinas *(China)* Vorgeschichte. Nur wenige Lehr- und Nachschlagewerke blieben verschont *(Bibliotheken)*. Q.: Krassa:

Gelbe Götter S. 70 f; Q.: Mooney: Les dieux S. 166; Q.: Haight: Bücher
Auch die Kulturen des mexikanischen Hochlandes blieben von Bücherverbrennungen nicht verschont. *Itzcoatl* (Feuerstein-Schlange), der vierte König der *Azteken,* der von 1428–1440 regierte, ordnete an, alle Bilderhandschriften der unterworfenen Stämme und Städte zu vernichten, damit nicht der darin festgehaltene Ruhm der Besiegten jener der Hauptstadt Mexico-Tenochtitlan überschatte.
Als heilig aufbewahrte Schriften der *Azteken*, besonders die von *Texcuco (Mexiko)*, wurden durch Mexikos ersten Erzbischof Don Juan de *Zumárraga* verbrannt. »Alle Schriften, die sich in *Texcuco* befanden«, schreibt ein spanischer Chronist, »stapelten sie (die Missionare) auf dem Marktplatz auf, daß der Haufen aussah wie ein kleiner Berg. Den zündeten sie an und verbrannten die Erinnerung an viele recht seltsame und merkwürdige Ereignisse zu Asche.«
Gleiches geschah mit den Aufzeichnungen der *Maya* durch Diego de *Landa*, den Erzbischof von *Mérida (Mexiko)*.
Wie Diego de *Landa* in seinem Buch »Relación de las cosas de Yucatán« festhielt, ordnete er 1562 die Verbrennung einer großen Zahl von

Vernichtung von Schriftzeugnissen. Aus dem Codex Tro-Cortesianus, Codex Madrid. Q.: H. Trimborn, Das alte Amerika, Zürich 1959

Vernichtung von Schriftzeugnissen

Maya-Schriften an. Q.: Däniken: Meine Welt S. 87
Nur drei Maya-Codices blieben verschont. Sie werden heute nach ihren Standorten unterschieden in: *Codex Dresden, Codex Paris* und *Codex Madrid* bzw. auch *Codex Tro-Cortesianus.* Sie gaben vor allem Auskunft über das *Zahlen*system der *Maya.* Q.: Däniken: Meine Welt S. 88
Der Jesuitenpater Fernando *Montesinos* berichtete im 17. Jahrhundert, ein *Inka*herrscher namens *Tupac Cauri Pachacuti* habe einst während einer Seuche ein Orakel befragt, was die Epidemie verursacht habe. Die Antwort lautete: der Gebrauch von Schriftzeichen *(Schriften),* und es kam die Weisung,»daß niemand sie benützen solle noch benötige...
Aus diesem Grund befahl *Tupac Cauri* durch Gesetze, daß bei Todesstrafe niemand mehr die »quilcas« verwende – das waren Pergamente und Blätter gewisser Bäume, auf die man schrieb, und daß man auch in keiner Weise Schriftzeichen benutze. Dieses Orakel befolgten sie mit solcher Genauigkeit, daß die Peruaner nach diesem Verlust niemals wieder Schriftzeichen gebraucht haben. Und ein weiser Gelehrter, der später einmal einige Schriftzeichen erfand, wurde bei lebendigem Leibe verbrannt. Und so gebrauchte man seit jener Zeit die Schnüre und Knoten.«
(Quipus; Knotenschnüre) Q.: Wedemeyer: Sonnengott S. 117
→ China
→ Verbindung von Himmel und Erde
Vernon (Berg in Kentucky, USA)
→ Mount Vernon
Verrill, Hyatt A. (Amerikanist)
→ Tiahuanaco
Verständigung vgl.: Kommunikation
Versteinerungen *Kuriositäten* stellen das evolutionistische Weltbild auf den Kopf. Die Entwicklung des Lebens sei auf der Erde immer schrittweise erfolgt, behauptete Darwin und nach ihm das Schulwissen unserer Zeit. Menschliche Lebewesen habe es im Erdmittelalter bzw. noch früher im *Erdaltertum* selbstverständlich nicht gegeben. Wie sind dann aber *Fußabdrücke* solcher Wesen in aller Welt zu deuten? Die Versteinerungen sind existent und nachprüfbar. Deshalb müssen sie, so die Experten, gefälscht sein. Trifft das auf alle folgenden Beispiele zu? Q.: Däniken: Beweise S. 318 ff
Der chinesische Prof. Dr. *Tschu-Myn Tschen* fand auf einer sowjetisch-chinesischen Expedition 1959 in der Wüste *Gobi* die Versteinerung eines etwa 2 Millionen Jahre alten Schuhabdrucks – Größe 43 *(Fußabdrücke; Erdaltertum; Kuriositäten).* Q.: Charroux: Welten S. 72; Q.: Mooney: Les dieux S. 25
140 Millionen Jahre alte *Fußabdrücke* eines vorzeitlichen Riesen finden sich am Flußbett des *Paluxy River* bei *Glen Rose* in *Texas, USA.* Der Paläontologe Dr. C. N. *Dougherty* untersuchte die Spuren, die neben *Saurier*-Abdrücken verliefen. Fast 50 cm lang, hätten sie einem *Riesen* gehören müssen. Gegen die Annahme einer Fälschung spricht die Tatsache, daß einige Abdrücke noch gar nicht entdeckt waren, durch die Schrittfolge aber vorausgesagt werden konnten. Man trug den Fels ab und der nächste Fußabdruck fand sich an der besagten Stelle. Q.: Däniken: Beweise S. 318 ff; Q.: Dougherty: Valley
Der Geologe Dr. Wilbur G. *Burroughs* berichtete schon 1931 über 250 Millionen Jahre alte Fußabdruck-Versteinerungen, die er in 10 Exemplaren 10 Meilen nordöstlich des *Mount Vernon, Kentucky (USA)* fand. Q.: Däniken: Beweise S. 322 f
Ähnliche Spuren fanden sich im Mississippi-Tal bei *Arizona* und *Neumexiko.* Schon 1822 berichtete das American Journal of Science darüber. Q.: Däniken: Beweise S. 323
Im *Fisher Canyon, Nevada, USA,* wurde in einem Kohlenflöz ein Schuhab-

Vertuschungen 409

der Fund muß deshalb älter als dieses Datum sein *(Erdaltertum)*. Q.: Däniken: Beweise S. 324 ff; Q.: Steiger: Mysteries
→ Evolutionsprobleme
→ Kuriositäten
→ Riesen
→ Steine, gravierte
→ Tiahuanaco

Versteinerungen. Versteinerungen im Paluxy-River. Q.: Constantin-Film

druck gefunden, bei dem noch die Spuren des Materials, einer Art Zwirn, zu erkennen sind. Ein Alter von 15 Millionen Jahren gab man diesem Fund. Q.: Mooney: Les dieux S. 25; Q.: Tomas: Wir sind; Q.: Däniken: Beweise S. 327
1968 fand der Hobby-Paläontologe William *Meister* bei *Antelope Springs, Utah, USA,* zwei versteinerte Schuhsohlenabdrücke. Sie waren 32,5 cm lang, 11,25 cm breit bzw. an den Fersen 7,5 cm. Da der Druck an den Fersen stärker war und der Schuh außerdem einen kleinen Trilobiten zerquetschte, scheiden kuriose Felsbildungen als Ursache aus. Der Fund wurde von Prof. Melvin A. *Cook* von der Universität Utah untersucht. Weitere Fußabdrücke wurden ebenfalls bei *Antelope Springs* gefunden, allerdings ohne den zufällig zertretenen Trilobiten. Die Trilobiten starben etwa vor 440 Millionen Jahren aus –

Versteinerungen. Q.: W. J. Meister, Kearns, Utah

Vertumnus (römischer Gott des Herbstes) → Mutanten
Vertuschungen Der peruanische Chronist Garcilaso *de la Vega,* Sohn

Vertuschungen

eines spanischen Edelmannes und einer *Inka*-Prinzessin, schreibt in seinem Bericht über das alte *Peru:* »Auch habe ich einiges gekürzt, indem ich manches wegließ, was die Geschichte hassenswert gemacht hätte.« »Was hat er verheimlicht?« fragt I. v. Wedemeyer. »Man ist versucht anzunehmen, daß er das Interessanteste unterschlagen hat...«
Q.: Wedemeyer: Sonnengott S. 59
→ Erkennen der Götter
→ Esra
→ Ezechiel
→ Henoch
→ Inzest
→ Kristall-Linsen
→ Piri Reis Weltkarten
→ UFO, historische
→ Vernichtung von Schriftzeugnissen
vgl.: Geheimnisse
Vibrationsrhythmus (technischer Begriff) → Baian Kara Ula
vgl.: Elektrizität
Videha (Welt der tibetischen Mythologie) → Herkunft der Götter
Villahermosa (Ort und Sammlung in Mexiko) → UFO, historische
→ Unklarheiten der Definition
Villars de Montfaucon, Nicolas Pierre-Henri (1635–1673; Literat und Abbé) → UFO, historische
Vimaanas → Vimanas
Vimana-Bauten → Indien
Vimanas Ein Text des Sehers *Maharshi Bharadwaja* wurde von der Internationalen Akademie für Sanskrit-Forschung in Mysore *(Indien)* übersetzt. (6) »... Ein Apparat, der sich aus innerer Kraft bewegt wie ein Vogel, ob auf der Erde, im Wasser *(Schiffe)* oder in der Luft *(UFO, historische),* heißt Vimana...« (8) »... welcher sich bewegen kann im Himmel, von Ort zu Ort... (9) ... Land zu Land, Welt zu Welt... (10) ... ist ein Vimana genannt durch die Priester der Wissenschaften... (11) ... Das Geheimnis, fliegende Apparate zu bauen... *(Geheimnis-* *se)* (12) ... die nicht brechen, nicht geteilt werden können, kein Feuer fangen... (13) ... und nicht zu zerstören sind *(Unangreifbarkeit der Götter)...* (14) ... Das Geheimnis, fliegende Apparate stillstehen zu lassen. (15) ... Das Geheimnis, fliegende Apparate unsichtbar zu machen *(Entmaterialisierungen).* (16) ... Das Geheimnis, Geräusche und Gespräche in feindlichen, fliegenden Apparaten mitzuhören *(Rivalitäten der Götter; Spionage unter Göttern).* (17) ... Das Geheimnis, Bilder vom Innern von feindlichen, fliegenden Apparaten festzustellen *(Television).* (18) ... Das Geheimnis, die Flugrichtung von feindlichen, fliegenden Apparaten festzustellen *(Radar).* (19) ... Das Geheimnis, Wesen in feindlichen, fliegenden Apparaten bewußtlos zu machen *(Betäubungsmittel)* und feindliche Apparate zu zerstören *(Konfrontationen der Götter)...«* Weitere Kapitel der Überlieferung gehen noch mehr ins Detail und beschreiben z. B. die Kleidung *(Overalls)* der Astronauten. Von 16 aufgezählten *Metallen* und *Legierungen* zur Konstruktion der V' sind uns nur 3 in der Übersetzung bekannt *(Unklarheiten der Definition).* Q.: Däniken: Zurück S. 224 ff; Q.: Däniken: Aussaat S. 69; Q.: Däniken: Meine Welt S. 178 f; Q.: Däniken: Besucher S. 76 ff; Q.: Leslie/Adamski: Flying saucers; Q.: Däniken: Beweise S. 209 Auch in den Texten des *Vaimanika Sastra,* die von *Maharsi Bharadwaja* zusammengestellt wurden (aus dem 3. bis 7. Jhd. n. Chr.), ist von Flugmaschinen die Rede, die von einer universellen Kraft Energie bezogen *(Indien).* Q.: Charroux: L'énigme S. 355 Anderen Berichten nach sollen die V' »azurblauen Wolken in Form von Eiern *(Eier,* fliegende) oder Kugeln *(Kugeln,* fliegende)« ähnlich gesehen haben *(Färbung).* Q.: Elmayer von Vestenbrugg/Bellamy: Eingriffe S. 405

Völkerwanderungen 411

Vimana-Rekonstruktion. Q.: Archiv von Däniken

Sowohl das indisch/tibetanische *Kanjur* als auch das *Tanjur* beschreiben die Raumschiffe als langgestreckt. Größere befanden sich in einer Kreisbahn um die Erde *(Raumbasen)* und konnten mehr als tausend Passagiere aufnehmen *(Tibet; Indien)*. Q.: Charroux: Welten S. 293 Beschreibungen von V' finden sich im *Ghatotrachabadma (Indien)*. Q.: Leslie/Adamski: Flying saucers
Das indische *Samarangana Sutradhara (Indien)* spricht ebenfalls von V', deren Geschwindigkeit so groß gewesen sei, daß man sie vom Boden aus nicht mehr verfolgen konnte. Ihr genauer Name sei »Vimana agnihotra«, was bedeutet, daß sie zwei Antriebsdüsen gehabt hätten *(Antriebe)*. Q.: Charroux: Welten S. 292; Q.: Leslie/Adamski: Flying saucers; Q.: Däniken: Beweise S. 215 f; Q.: Berlitz: Geheimnisse
Auch eine Tempelanlage *(Bauwerke)* mit einem pyramidenförmigen Turm, der eine Art Kuppel trägt, wird mit dem Wort V' beschrieben *(Wortbedeutungen)*. So bezeichnen es vor allem die Anhänger des *Tantrismus*, eine u. a. aus dem *Dschainismus* hervorgegangene hinduistische *(Hinduismus)* Bewegung. Nach ihrer Anschauung wirken die Götter nicht nur in astralen Sphären, sondern auch in der irdischen Seinssphäre. Tempelbau und rituelle *(Rituale)* geometrische Diagramme müssen danach ausgerichtet sein. Q.: Gonda: Religionen
→ Cukra
→ Indien
→ Schöpfung
→ UFO, historische
→ Waffen der Götter
Vinapu (Steinbauwerk »Ahu« der Osterinsel) → Osterinsel
Vingaga (melanesischer Gott)
→ Cargo-Kult
Vinlandkarte (wahrscheinlich um 1400 gezeichnete Karte des Nordatlantik)
→ Piri Reis Weltkarten
Viracocha (prä-inkaischer Kulturbringer-Gott) → Götter, bärtige
→ Osterinsel
→ Riesen
→ Schöpfung
→ Tiahuanaco
→ Wortbedeutungen
vgl.: Huiracocha
vgl.: Kon Tc'hsi Huiracotša
vgl.: Kon Tiksi Illa Viracocha
vgl.: Uiracocha Tachayachachic
Virginia (US-Bundesstaat)
→ Kuriositäten
Vishnu (indischer Gott) → Götter, bärtige
→ Ezechiel
→ Schöpfung
→ Sintflut
→ Waffen der Götter
Vishnuloka (Welt der indischen Mythologie)
→ Baum des Lebens
Visionen → Erscheinungen
→ Exobiologie
→ Moses
Vitala (Welt der indischen Mythologie) → Herkunft der Götter
Vlies, goldenes (heiliges Widderfell; griechische Mythologie)
→ Aussetzung von Kindern
→ Sirius-B
Vögel, himmlische
vgl.: Himmelsvögel
Völkerwanderungen
→ Hopi-Indianer

412 Völkerwanderungen

→ Maya
→ Moses
→ Sirius-B
Vohu Mano (Engel der persischen Mythologie) → Entführungen
Voraussagen vgl.: Prophezeiungen
Vrischni (indisches Volk) → Waffen der Götter

Vrtra (das Versperrende; Himmelsschlange der indischen Mythologie)
→ Schlangen
Vucub Camé (Maya-Gott)
→ Erkennen der Götter
Vyasa (angeblicher Schöpfer des indischen Mahabharata)
→ Mahabharata

W

Wade (der Vater Wielands des Schmieds; Riese der germanischen Wilkina-Sage) → UFO, historische
Wadschagga (= Dschagga; Stamm in Tansania) → Mischwesen
Wäinämöinen (göttlicher Sänger des finnischen Kalewala) → Rivalitäten der Götter
→ Unfälle
Waffen der Götter Gegen die W'd'G' der asiatischen Mythen wirken jene der nordgermanischen Göttersagen *(Germanen)* vergleichsweise harmlos: etwa der tönende Speer *Gungnir* des Gottes *Odin,* der zum Arm des Werfers zurückkehrte. Odins Helfer waren die Raben *(Himmelsvögel) Hugin* und *Munin,* die jeden Tag um die ganze Erde flogen, um dem Gott neue Nachrichten *(Kommunikation)* zu bringen oder der Streithammer *Mjölnir* (Zermalmer) des Donnergottes *Thor,* den dieser auf die von ihm bekämpften *Riesen* zu werfen pflegte. Auch diese Waffe kehrte nach jedem Wurf in die Hand des Gottes zurück *(Roboter).*
Biblische Texte sind voll von Beschreibungen der teuflischsten Waffen. Entweder wandte Gott sie selber an oder übertrug sie seinen auserwählten Schützlingen. Als die Israeliten von den *Amalekitern* zu einer Schlacht gezwungen wurden *(Exodus* 17,11–14), spielte *Moses* anscheinend eine Geheimwaffe aus. Uns ist nur überliefert, daß das Kriegsglück auf Seiten des erwählten Volkes lag, wenn Moses auf einem Hügel stehend seine Arme erhoben hatte. Vorher, in *Exodus* 17,9, wird jedoch ausdrücklich der Stab Gottes, jener Mehrzweckgegenstand, erwähnt, den Moses mit auf den Weg zu seinem Standort nahm, von dem er die Schlacht überblicken konnte. Der Gedanke ist berechtigt, daß nicht nur die Last seiner Arme allein, sondern auch das Gewicht des Stabes ihn zwang, ab und zu die Arme zu senken. *Aaron* und *Hur,* seine Begleiter, halfen daher stützen. Ohne Rücksicht auf einen realen Background ist die Kurzfassung Erich von Dänikens in »Aussaat und Kosmos«, Moses habe einen kriegsentscheidenden, ziemlich schweren Gegenstand in den erhobenen Händen gehabt, völlig korrekt. Die Frage nach der Art dieser Waffe ist und bleibt hypothetisch. *Strahlenwaffen* und *Laser* müssen wir aber dem göttlichen Waffenlieferanten zubilligen.
Q.: Dopatka: Spiegelbild; Q.: Däniken: Aussaat S. 217 f; Q.: Däniken: Besucher S. 246 ff; Q.: Krassa: Gott S. 109
Wie steht es mit der Feuerwaffe »*Agneya*« im *Mahabharata (Flammenwerfer)*? Selbst Waffen, die mit Gedanken abgefeuert werden können, fehlen in diesem Mythos nicht *(Telepathie; Telekinese).*
Was für eine Bewandtnis hatte es mit der »Keule« des Todesgottes *Yama?*
Q.: Dopatka: Spiegelbild
Im gleichen Epos bittet *Indra* als Gott den Helden *Karna* um seine »Ohrringe« und sein »Kettenhemd« *(Overalls),* die unverwundbar machen sollen. Er erhält das Gewünschte gegen die »riesige Waffe«, die nur

einmal benutzt werden kann, und die imstande ist, ein Heer zu schlagen *(Atombomben)*. Man darf voraussetzen, daß die Armeen damals – wie heute – nicht gerade winzig waren. Von dieser Waffe wird weiter berichtet, daß sie nach Gebrauch wieder »zurück zu den Sternen« flog. Q.: Dopatka: Spiegelbild; Q.: Mooney: Les dieux S. 100

Eine weitere Waffe im *Mahabharata* hatte 12 Jahre Dürre *(Wetterbeeinflussung)* zur Folge und konnte ungeborene Kinder im Mutterleibe töten *(Katastrophen; Strahlen; Strahlenschäden; Krankheiten; Grausamkeit)*. Q.: Däniken: Erinnerungen S. 91; Q.: Däniken: Beweise S. 223

Eine andere Waffe des indischen National-Epos konnte alle Krieger töten, die Metall an ihrem Körper trugen *(Konfrontationen Götter kontra Menschen)*. Und obwohl sie alle sich der Panzer entledigten und in den Fluß sprangen, um sich zu waschen, bewirkte die Waffe, daß Haare und Nägel ausfielen *(Haarausfall)*. Alles Lebendige wurde blaß und schwach *(Strahlenschäden; Radioaktivität; Krankheiten)*. Q.: Däniken: Erinnerungen S. 93

Hier eine der merkwürdigsten Schilderungen des *Mahabharata:* »Es war, als seien die Elemente losgelassen. Die Sonne drehte sich im Kreise. Von der Glut der Waffe versengt, taumelte die Welt im Fieber. Elefanten waren von der Hitze angebrannt und rannten wild hin und her, um Schutz vor der entsetzlichen Gewalt zu finden. Das Wasser wurde heiß, die Tiere starben, der Feind wurde niedergemäht, und das Toben des Feuers ließ die Bäume wie bei einem Waldbrand reihenweise stürzen. Die Elefanten brüllten entsetzlich und sanken in weitem Umkreis tot zu Boden. Die Pferde und Streitwagen verbrannten, und es sah so aus wie nach einem Brand. Tausende von Wagen wurden vernichtet, dann senkte sich tiefe Stille über das Meer. Die Winde begannen zu wehen und die Erde hellte sich auf. Es bot sich ein schauerlicher Anblick. Die Leichen der Gefallenen waren von der fürchterlichen Hitze verstümmelt, daß sie nicht mehr wie Menschen aussahen. Niemals zuvor haben wir so eine grauenhafte Waffe gesehen und niemals zuvor haben wir von einer solchen Waffe gehört« *(Grausamkeit)*. Die wenigen Überlebenden versuchten, den tödlichen Hauch der Götter von ihren Rüstungen abzuwaschen *(Konfrontationen Götter kontra Menschen)*. Geht es noch deutlicher? Q.: Däniken: Erinnerungen S. 94 f; Q.: Däniken: Zurück S. 86; Q.: Leslie/Adamski: Flying saucers; Q.: Däniken: Beweise S. 211

Im *Mausola Purva*, einem Buch des *Mahabharata,* ist auch von einer rätselhaften göttlichen Waffe die Rede: ». . . ein eiserner Blitz *(Blitze),* gigantischer Bote des Todes, der alle Angehörigen der *Vrischni* und der *Andhaka* zu Asche zerfallen ließ. Die verbrannten Leichen waren nicht mehr zu erkennen. Den Menschen fielen die Haare und Nägel aus, Töpferwaren zerbrachen ohne sichtbaren Anlaß, die Vögel wurden weiß. Nach einigen Stunden war die gesamte Nahrung vergiftet. Der Blitz zersetzte sich und wurde zu feinem Staub.« Gibt es noch deutlichere Schilderungen einer *Atombomben*-Explosion und den Folgen der *Radioaktivität (Strahlenschäden; Haarausfall)?* Q.: Krassa: Gott S. 158 f, 171

Gurkha oder *Cukra* schleuderte von seiner Vimana *(Vimanas; UFO,* historische) aus ein fürchterliches Geschoß ab. Weißglühender Rauch stieg bei der anschließenden Explosion auf, zehntausendmal heller als die Sonne. Die Bombe *(Bomben)* legte die angegriffene Stadt in Schutt und Asche *(Konfrontationen Götter kontra Menschen)*. Die Vimana habe einem leuchtenden Block *Antimo-*

Waffen der Götter

nium geglichen. Q.: Däniken: Erinnerungen S. 93; Q.: Krassa: Gelbe Götter S. 97; Q.: Krassa: Gott S. 171
Parvati, die indische *(Indien)* goldene Göttin, konnte der Sage nach ihre Gestalt in die der Göttinnen *Uma, Gauri*, auch *Jagadgauri* genannt, und *Durga* umwandeln *(Tarnung)*. Sie besaß, ebenfalls den Sagen nach, die Waffen der anderen indischen Gottheiten: *Vishnus* Diskus, *Shivas* Dreizack, *Agnis* flammenden Speer, *Varunas* geheimnisvolle Muschel, *Vayus* Bogen und *Suryas* Köcher und Pfeil, *Indras* Donnerkeil und *Kuberas* Keule sowie *Yamas* Schlinge und *Sheshas* Schlangenschnur. *Kubera* besaß außerdem eine Art einschläferndes Gas *(C-Waffen; Betäubungsmittel)*. Auch gab es noch einen mysteriösen »Tiger« vom *Himalaya (UFO, historische; Tiere*, fliegende). Q.: Krassa: Gelbe Götter S. 191; Q.: Dopatka: Spiegelbild; Q.: Däniken: Beweise S. 221 ff
Das Waffenarsenal der indischen Mythologie *(Indien)* zu interpretieren, wird der Phantasie überlassen bleiben. Handelte es sich bei *Vishnus* Diskus um eine zu programmierende Wurfwaffe?
Vishnu wird übrigens als blauhäutig beschrieben *(Erkennen der Götter)*. Kann in dem Dreizack *Shivas*, der *Pinaka* genannt wurde, ein *Laser* gesehen werden, da er offensichtlich *Blitze* aussandte?
Auch *Agnis* Flammenspeer läßt einen *Laser* vermuten.
Gott *Agni* fährt der Mythe nach auf einem von roten Pferden gezogenen Wagen, dessen *Räder* die sieben Winde sind *(UFO, historische; Wagen*, himmlische).
Handelte es sich bei *Varunas* Muschel um ein Fluggerät *(UFO*, historische) in Diskusform *(Scheiben*, fliegende)?
Die Schlinge *Yamas* ist ihrer Funktion nach für uns rätselhaft, da er sie unsichtbar über die Köpfe seiner Feinde warf. *Yamas* Hautfarbe wird als grünlich beschrieben *(Erkennen der Götter)*.
Der mythische Donnerkeil der Göttin *Durga* läßt in seinen Auswirkungen an eine Atombombe erinnern *(Atombomben)*.
Gott *Kubera* mit der Keule wird als im himmlischen Wagen *Pushpaka* fliegend beschrieben *(UFO*, historische).
Sein Aussehen wird mit einem dreibeinigen *(Dreibeinigkeit)*, häßlichen Zwerg verglichen *(Erkennen der Götter; Zwerge)*. Seine Stadt *Alaka* lag auf dem *Kailasa*, einem heiligen Berg des Himalaya *(Verbindung von Himmel und Erde)*. Q.: Krassa: Gelbe Götter S. 192 f
Im *Ramayana* des indischen Dichters *Walmiki (Indien)* wird der Angriff *Hanumans* mit seinem Affenheer auf den Fürsten *Ravana* von *Sri Lanka* geschildert *(Konfrontationen Götter kontra Menschen)*. Dabei schießt *Hanuman* einen »magischen Pfeil« auf seinen Gegner ab, der einen Blitz *(Blitze)* heller als tausend Sonnen auslöst *(Atombomben)*. Menschen und Tiere, die nicht zu Staub werden, sterben unter furchtbaren Qualen. *Haarausfall*, das Verlieren der Fingernägel, das Bleichen des Vogelgefieders sind wohl *Strahlenschäden*, von *Radioaktivität* hervorgerufen. Das Reinigen der Kleider und Körper half hier nichts. Ähnliche Erzählungen sind noch neben dem *Mahabharata* in den Dramen des *Bhavabhuti*, dem dschainistischen *Mahaviracarita (Dschainismus)* und im *Drona Parva*, einem Buch des *Mahabharata*, überliefert. Q.: Kohlenberg: Vorzeit S. 388 f; Q.: Ramayana. Dutt; Q.: Mooney: Les dieux S. 103 f; Q.: Däniken: Beweise S. 216 ff
Im *Rigveda* kämpft *Vishnu* mit seiner *Chakra*, einer »Wurfscheibe« aus dem Glanz der Sonne hergestellt und mit einer diamantenen Nabe *(Räder)* mit tausend Speichen versehen. Sie

Waffen der Götter

kehrte stets zu ihrem Besitzer zurück, nachdem sie viele *Wolkenschlangen (Schlangen)* brennend zur Erde stürzen ließ *(Konfrontationen der Götter; Indien; UFO,* historische). Eine automatische Kampfmaschine *(Maschinen; Roboter)* mit nuklearem Antrieb *(Antriebe; Scheiben,* fliegende)? Q.: Kohlenberg: Vorzeit S. 380
Im *Samarangana Sutradhara* sind biologische Waffen erwähnt *(B-Waffen).* Q.: Mooney: Les dieux S. 116
In *China* gibt es eine ganze Reihe von *Sagen,* in denen von Götterwaffen die Rede ist. Das sog. »Himmel- und Erdarmband« soll eine grauenhafte Wirkung gehabt haben. Es gehörte dem Krieger *No-Cha,* der glaubte, damit seinen Gegner *Feng-Lin* zu besiegen. *Feng-Lin* flüchtete und verbarg sich hinter einem schützenden »Rauchschirm« *(Tarnung).* Schließlich aber gelang es dem Helden doch, seinen Hauptfeind *Chang-Kuei-Feng* durch ein »Wind-Feuer-Rad« zu schlagen. Ein gewaltiges Geschwader silberner »Flug-Drachen« *(Drachen,* himmlische) unterstützte ihn dabei *(UFO,* historische). Bei all diesen Kämpfen spielten Waffen eine Rolle, wie sie aus Science-Fiction-Büchern bekannt sind – und heute schon von Militärs konstruiert werden. Es gibt »glänzende Lichtstrahlen« *(Strahlenwaffen)* und »giftige *Gase« (C-Waffen),* »kugelförmiges Feuer« *(Flammenwerfer),* »Blitzpfeile und -bomben« *(Sprengstoffe),* die als Donnerschläge bezeichnet werden *(Blitze).* Im Schutz von »Regenschirmen« *(Tarnung)* warf man Krankheitserreger auf die Menschheit herab *(B-Waffen).* Biologische Waffen sind also durchaus keine »Errungenschaft« unserer Zeit. Q.: Krassa: Gelbe Götter S. 95 ff
Die chinesische *Feng-shen-yen-i-*Legende kennt krankheitserregende *B-Waffen (Sagen).* Q.: Mooney: Les dieux S. 116

Die für uns manchmal völlig rätselhaften technischen Mittel der Außerirdischen führt Robert *Charroux* auf uns unbekannte außerirdische Partikel oder Strahlen zurück *(Unklarheiten der Definition),* über die die Extraterrestrier verfügen sollen. Er hat ihnen den Namen »*Gremlins*« gegeben. Q.: Kolosimo: Schatten S. 433 ff
→ Bunker
→ Cheruben
→ Chih Chiang Tzu-Yu
→ Cukra
→ Dogus
→ Donnergötter
→ Drachen, himmlische
→ Enkidu
→ Erkennen der Götter
→ Esra
→ Ezechiel
→ Jakob
→ Konfrontationen der Götter
→ Konfrontationen Götter kontra Menschen
→ Kulturbringer, Götter als
→ Laser
→ Maschinen
→ Moses
→ Pferde, fliegende
→ Schlangen
→ Schöpfung
→ Sibirien
→ Sodom und Gomorrha
→ Sprengstoffe
→ Telepathie
→ Trompeten von Jericho
→ Tula
→ UFO, historische
→ Unangreifbarkeit der Götter
→ Unklarheiten der Definition
→ Weltraumreisen, Probleme bei
Wagen, himmlische (Synonym für die fliegenden Fahrzeuge der Götter)
→ Abraham-Apokryphe
→ Baruch
→ China
→ Donnergötter
→ Entführungen
→ Henoch
→ Schlangen
→ UFO, historische

Weltraumreisen, Probleme bei 417

→ Unfälle
→ Waffen der Götter
→ Zacharias
vgl.: Sonnenwagen
vgl.: Strahlenwagen
Wahrscheinlichkeit des Besuches außerirdischer Intelligenzen vgl.: Exobiologie
vgl.: Green-Bank-Konferenz
vgl.: Humanoiden
Wai-ora-roa (Lebenswasser der polynesischen Mythologie)
→ Flüssigkeiten, chemische
Walam Olum (Bilderchronik der Delawaren-Indianer; USA) → Sintflut
Walküren (Totenbegleiterinnen der nordisch-germanischen Mythologie)
→ UFO, historische
Walmiki (Dichter des indischen Ramayana) → Waffen der Götter
vgl.: Ramayana
Wanen → Vanen
Wanyoro (ostafrikanischer Stamm)
→ UFO, historische
Warrau (venezolanischer Indio-Stamm) → Verbindung von Himmel und Erde
Washoe (Indianerstamm der Sierra Nevada; USA) → Bauwerke
→ Kulturen, versunkene
→ Sintflut
Wasserschlagen vgl.: Hydrogeologie
Wassersprühanlagen
→ Maschinen
Wasserstoff → Batterien
Weden → Vedas
Wegner, Richard Nikolaus (Ethnologe) → Nazca, Hochebene von
Weizen → Domestizierungen
→ Herkunft der Götter
Weltall Eine polynesische *(Polynesien)* Legende *(Sagen)* läßt eine Götterfrau im Gespräch mit dem Krieger *Uenuku* sagen *(Kommunikation)*: »Ich liebe diese Welt. Sie ist nicht so kalt und leer *(Vakuum)* wie der hohle Raum dort oben.« Q.: Däniken: Aussaat S. 156
Sollten darin konkrete Vorstellungen über den Raum zum Ausdruck kommen?

→ Astronomie
→ Baruch
→ Chih Chiang Tzu-Yu
→ Donnergötter
→ Eier, fliegende
→ Esra
→ Götter, hellhäutige
→ Herkunft der Götter
→ Hopi-Indianer
→ Humanoiden
→ Konfrontationen der Götter
→ Schlangen
→ Schöpfung
→ Sirius-B
→ UFO, historische
→ Unfälle
→ Vakuum
vgl.: Katastrophen, kosmische
vgl.: Weltraumreisen, Probleme bei
vgl.: Zeitdilatation
Weltbild, heliozentrisches vgl.: Astronomie
Weltenbaum
vgl.: Baum der Erkenntnis
vgl.: Baum des Lebens
vgl.: Raketen
Welten-Ei (Motiv, u. U. Synonym für die fliegenden Fahrzeuge der Götter)
→ Eier, fliegende
→ Sacsayhuaman
→ Schöpfung
→ UFO, historische
Weltraum vgl.: Weltall
Weltraumreisen, Probleme bei Um die Gegenstände *Pukku* und *Mikku,* deren Übersetzung bis heute unklar ist, aus der unteren Welt *Kurnugea (Herkunft der Götter)* zurückzubringen, mußte der sumerische Held *Enkidu* auf Anraten *Gilgameschs* mehrere Gefahren beachten *(Unklarheiten der Definition).* Er durfte »keine reinliche Kleidung *(Overalls)*« tragen, nicht »nach dem *Öl* des Fahrzeuges« *(UFO,* historische; *Geruch)* riechen und nicht sein »Wurfholz« einsetzen *(Waffen der Götter).* Nachdem aber diese Vorschriften nicht beachtet wurden, konnte *Enkidu* nur noch mit Hilfe des Gottes *Enki* befreit werden. *Pukku* und *Mikku* waren aus

Weltraumreisen, Probleme bei

dem »Stamm« des *Huluppu-Baumes* gefertigt, den Beschreibungen nach aber kein gewachsener Baum, sondern ein Gegenstand unbekannter, vielleicht technischer Natur *(Unklarheiten der Definition; Sumerer; Sagen)*. Q.: Kohlenberg: Vorzeit S. 228 ff; Q.: Kramer: Sumerian mythology *Pou-Rangahua*, Gottheit der *Maori, Neuseeland*, soll seine Ankunft wie folgt beschrieben haben *(Sagen):* »Ich komme, und eine unbekannte Erde liegt unter meinen Füßen. Ich komme, und ein neuer Himmel dreht sich über mir. Ich komme auf diese Erde und sie ist ein friedlicher Rastplatz für mich . . .« Wurde unser Planet auch als Zwischenstation prähistorischer Raumflüge benutzt? *Pou-Rangahua* kam von *Hawaiki*, einem auch den Eingeborenen unbekannten Ort *(Herkunft der Götter)*. Q.: Däniken: Aussaat S. 163; Q.: Däniken: Meine Welt S. 147
Eine *Maori*-Sage *(Neuseeland; Polynesien; Sagen)* erzählt von der Suche *Rupes*, oder *Maui Mua*, nach seiner Schwester *Hinaura*. Er beschließt, seinen Vorfahren *Rehua* um Rat zu fragen. Dieser lebt auf *Te Putahi Hui O Rehua*, einem Ort im Himmel *(Herkunft der Götter)*. Um ihn zu besuchen, muß er einen besonderen Anzug und eine Maske *(Overalls; Atemgeräte)* anziehen. Bei seinem ersten Aufenthalt im Kosmos fragt er: »Sind die Himmel über diesem Himmel bewohnt?« *(Kommunikation)* »Ja, sie sind bewohnt . . . du wirst sie nicht erreichen können, da diese Himmel von *Tane* erbaut sind.« *Tane,* ein Gott, der der Sage nach einen kosmischen Krieg für sich entscheiden konnte *(Konfrontationen der Götter)*, habe, so warnt man *Rupe* auf einer der nächsten Welten, andere Masken *(Atemgeräte)*, die sich von seiner unterscheiden. Q.: Däniken: Aussaat S. 156 ff; Q.: White: History
Bei den Weltraumbehörden unserer Tage sind Überlegungen im Gange,
die die Konstruktion eines *Kyborgs* zum Ziel haben. Dieses Raumschiff, bestehend aus einem Bordcomputer, an den ein menschliches Gehirn angeschlossen ist, könnte interstellare Entfernungen mühelos überwinden, da ein separates Gehirn nicht im gleichen Maße altert und so komplizierte lebenserhaltende Apparaturen verlangt wie ein vollständiges menschliches Wesen. Sollten andere Zivilisationen ähnliche lebende *Computer* zu uns auf die Reise geschickt haben? Q.: Däniken: Aussaat S. 203 ff
→ Betäubungsmittel
→ Eier, fliegende
→ Entführungen
→ Esra
→ Jesaja
→ Photonenantrieb
→ Vakuum
vgl.: Antriebe (der Götter-Fahrzeuge)
vgl.: Gravitation, Aufhebung der
vgl.: Overalls
vgl.: Raumbasen
vgl.: Reparaturen (der Götter-Fahrzeuge)
vgl.: Rückstoßprinzip
vgl.: UFO, historische
vgl.: UFO, moderne
vgl.: Zeitdilatation
Weltraumstationen
vgl.: Raumbasen
Weng-Cheng (mythische Figur Chinas) → Laser
Werkzeuge der Götter
→ Erscheinungen
→ Ezechiel
→ Gesetze
→ Maschinen
→ Osterinsel
→ Riesen
→ Sacsayhuaman
→ Sprengstoffe
→ Unklarheiten der Definition
Wetterbeeinflussung → Elias
→ Meerwunder
→ Moses
→ Sintflut
→ Waffen der Götter
vgl.: Klimabeeinflussung

Wheeler, John A. (Astrophysiker)
→ Lichtgeschwindigkeit
Widder, fliegende (Synonym für die fliegenden Fahrzeuge der Götter)
→ Sirius-B
Wiederbelebung Nach *Lukas 8,54* hat *Jesus* die Tochter des *Jairus* wieder zum Leben erweckt. *Lazarus (Johannes 11,43)* soll vor seiner W' schon vier Tage tot und reichlich verwest gewesen sein. Hatte *Jesus* vielleicht die Fähigkeit, den »Feinstoff-Körper« des Menschen wieder zurückkehren zu lassen, wodurch sich auch der Leib regenerierte?
Auch *Elias* konnte Scheintote zum Leben erwecken (*1. Könige 17,8–24* und *2. Könige 4,8–37*). Das Überbeugen über den Patienten und das Aufeinanderpressen der Lippen wird wahrscheinlich jedoch unsere moderne Mund-zu-Mund-Beatmung gewesen sein *(Medizin; Krankheiten)*.
Q.: Dopatka: Spiegelbild
→ Entführungen
→ Herkunft der Götter
→ Mumien
Wiederkehr der Götter Viele entschwundene Götter und Kulturbringer sollen ihren Schützlingen oder Anhängern auf Erden ihre einstige Wiederkehr geweissagt haben. Der Mythologie der westafrikanischen *Dogon*-Neger aus *Mali* nach wird eines Tages, wenn ein gewisser Stern *(Sterne,* fliegende; *UFO,* historische) am Himmel steht, ihr Kulturbringer *Nommo* wiederkommen. Gemeint sind diesen *Sagen* nach aber nicht nur ein Gott, sondern viele *Nommos*.
Q.: Temple: Sirius-Rätsel S. 45
→ Akakor
→ Auferstehung
→ Cargo-Kult
→ Entführungen
→ Esra
→ Im-Hotep
→ Kalender
→ Maya
→ Mumien
→ Nazca, Hochebene von
→ Pyramiden
→ Sintflut
→ Sirius-B
→ Tiahuanaco
→ Tula
→ UFO, historische
Wiegen, fliegende (Synonym für die fliegenden Fahrzeuge der Götter)
→ UFO, historische
Wieland (Schmied der nordisch-germanischen Mythologie)
→ Schamanen
→ UFO, historische
Wilder-Smith, A. Ernest (Biologe)
→ Evolutionsprobleme
Wilkina-Sage (oder Thidreks-Saga; germanische Mythologie)
→ UFO, historische
Wilkins, Harold T. (Archäologe)
→ Kulturbringer, Götter als
→ Kuriositäten
Willendorf (Fundort in Österreich)
→ Mutanten
Wilson, Clifford (Autor) → Kritiker
Winnebago (Sioux-Indianerstamm; USA) → Domestizierungen
→ Schöpfung
Wisakä (oder Mänabosho; großes Kaninchen; Kulturbringergott der Sauk-Indianer; USA) → Riesen
Wissenschaften (Übersicht über die einzelnen Wissenschaften:)
→ Akupunktur
→ Astronomie
→ Biochemie
→ Biologie
→ Chemie
→ Elektrochemie
→ Elektronik
→ Exobiologie
→ Exopsychologie
→ Futurologie
→ Geodäsie
→ Geographie
→ Geologie
→ Mathematik
→ Medizin
→ Parapsychologie
→ Philosophie
→ Prä-Astronautik

→ UFOlogie
→ Zahnmedizin
Wittich (Sohn Wielands des Schmieds; Riese der germanischen Wilkina-Sage)
→ UFO, historische
Wogulen (sibirisches Volk) → UFO, historische
Wolaemi (Berg auf den indischen Andamanen-Inseln)
→ Sintflut
Wolf, Eric (Geologe) → Steine, gravierte
Wolken (auch Synonym für die fliegenden Fahrzeuge der Götter) W' sind in manchen Mythen und auf alten Kunstwerken gelegentlich nicht »nebulos«, sondern wirken eher wie kompakte Luftfahrzeuge. Die jüdische Überlieferung *(Juden; Sagen)* weiß zu berichten, daß König *Nebukadnezar II.* in der babylonischen Gefangenschaft Nachkommen des Moses zwingen wollte, ihm zu seiner Unterhaltung auf den mitgebrachten Musikinstrumenten die alten heiligen Gesänge vorzuspielen. Als er sie trotz ihrer Weigerung dazu zwingen wollte, bissen sie sich selbst die Finger ab, um diese Lästerung zu verhindern. »Zur Belohnung für ihre Märtyrertat kam eine Wolke, von Gott gesandt, und trug sie samt ihren Zelten und samt ihrer Habe in ein fremdes Land jenseits des Flusses *Sambation*, wo sie das selbständige Königreich der ›*B'nei Mosche*‹ – der Söhne Moses' – errichteten (Jalkuth Schimoni, Thehillim).« Q.: Kanner: Märchen S. 98
→ Cargo-Kult
→ Donnergötter
→ Eier, fliegende
→ Gottessöhne
→ Konfrontationen der Götter
→ Landeplätze der Götter
→ Mischwesen
→ Moses
→ Schlangen
→ Waffen der Götter
vgl.: Tarnung
vgl.: UFO, historische
Wolkenschlangen (Synonym für die fliegenden Fahrzeuge der Götter) Der Name des Aztekengottes Mixcoatl bedeutet übersetzt »Wolkenschlange«.
vgl.: Schlangen
vgl.: Wolken
Wondjina (Ahnenwesen der australischen Ureinwohner)
→ Felszeichnungen
Woodman, Jim (Archäologe, Fotograf und Pilot)
→ Nazca, Hochebene von
Woolley, Sir Leonard (Archäologe)
→ Lebensdauer
Wortbedeutungen Der Assyrologe Fred *Talmimi* übersetzt das assyrische Wort »Gott« mit »an der Spitze der Flammen« *(Assyrer)*. Die reale Bedeutung dieser Übersetzung wird an bestimmten Stellen unterschiedlicher Mythologien klar. Q.: Däniken: Beweise S. 149
Ihrer ursprünglichen Bedeutung nach lassen sich im Sinne von Fred *Talmimi* aus assyrischen Schriften und *Rollsiegeln* 8 Gruppen von Personen herauskristallisieren. Seiner Meinung nach könnte man umschreiben: *Ramani* als die »Hohen«, *Samani* oder *Samayi* als die »Himmlischen«, *Khalabi* die »Piloten«, *Sapaqi* die »Weltraumfahrer«, *Sapari* die »Reisenden«, *Gabari* die »Riesen«, *Arayi* wahrscheinlich

Wolken. Gott der W', dargestellt auf Tongefäßen der Tegua-Pueblo-Indianer in Arizona. Aus den kegelförmig aufgebauten W' zucken Blitze. Die obere Figur, auf dem Kegel stehend, trägt Früchte und Pflanzen. Q.: Umzeichnung nach E. Seler, Gesammelte Abhandlungen zur amerikanischen Sprach- und Altertumskunde, Bd. V, Berlin 1923

Wunder 421

die Erdmenschen, *Rayi* die »Kontrolleure«, bzw. »Beobachter«. Wie würden Textübersetzungen aussehen, enthielten sie diese modern interpretierten Begriffe? Q.: Däniken: Beweise S. 151
Der Name des jüdischen *(Judentum)* Gottes *Jehova, Sabaoth* oder auch *Tsabaoth* = Herr der Heerscharen, entstammt der Ursilbe »tsab«, was Karren, Schiff und Armee bedeutet. Könnte *Sabaoth* ursprünglich im Sinne von »Schiffsgeschwader« verstanden worden sein? Q.: Däniken: Aussaat S. 70
»Am Anfang schuf Gott Himmel und Erde«, heißt es in *Genesis 1,1 (Schöpfung).* Der französische Bibelforscher Arthur Adolphe *Vaschalde* übersetzt dagegen aus den Urquellen neu: »Mit dem, was übriggeblieben war (nach einer Katastrophe) *(Katastrophen),* schufen Wesen vom Himmel den Himmel und die Erde (neu?). Q.: Krassa: Gott S. 246 f; Q.: Charroux: Meister
Der Begriff »*fei chi*« bedeutet »fliegender Karren« und ist in der chinesischen Sprache *(China; Sprachen)* seit jeher verwurzelt. Q.: Krassa: Gelbe Götter S. 90; Q.: Tomas: Geheimnis
Eine seltsame Verwandtschaft besteht zwischen der *Inka*-Sprache und der Sprache der *Tschuwaschen,* einem Volk im Gebiet der mittleren Wolga *(Sowjetunion; Sprachen).* Ihr Dialekt ist ein besonderer Zweig der türkischen Sprache *(Türkei).* Nach dem brasilianischen Prof. Lubomir *Zaphyrof* soll die Beziehung besonders bei Namen und Begriffen der Mythologie eng sein. So z. B. »*Viracocha* = guter Geist aus dem Weltraum«, »*Kon Tiksi Illa Viracocha* = Herrscher von höchster Herkunft, strahlend wie der Blitz, guter Geist aus dem Weltraum« und »*Chuvash* = Gott aus dem Licht«. Q.: Däniken: Aussaat S. 234 f; Q.: Däniken: Meine Welt S. 165

→ Baum des Lebens
→ Berge, heilige
→ Ezechiel
→ Fruchtbarkeitskult
→ Humanoiden
→ Jahwe
→ Luzifer
→ Oannes
→ Schöpfung
→ Sirius-B
→ Turm zu Babel
→ Unterwasserbasen
→ Vimanas
→ Zyklopen
Wortverwandtschaften
vgl.: Wortbedeutungen
Wu-hu (chinesischer Distrikt)
→ Unfälle
Wunder *Exodus 15,25* wird von der Wissenschaft nicht als denkbar anerkannt. Hier veredelt *Moses* mit einem Stück Holz oder einem Baum – was immer darunter zu verstehen ist – bitteres Wasser zu Trinkwasser *(Trinkwasserbereitung).* Chemische und biologische Mittel sind bei diesem Verfahren auch heute gebräuchlich *(Chemikalien; Biochemie).* Und von wem hatte er seine Kenntnisse *(Kulturbringer,* Götter als)? Q.: Dopatka: Spiegelbild; Q.: Krassa: Gott S. 103 f
Von einem sogenannten W' ist auch in *Exodus 17 ff* die Rede, wo »Jahwe daselbst *(Erkennen der Götter)* Moses und den Ältesten einen Felsen zeigt, aus dem er Wasser schlagen kann« *(Hydrogeologie).* Interessant in diesem Zusammenhang, daß selbst Kritiker der Astronauten-Theorie, wie Joachim *Rehork,* die Meinung vertreten, dies brauche nicht unbedingt auf Phantasie beruhen. Kalkkrusten, die brechen und Wasser zutage treten lassen, gibt es auch heute noch in der Wüste *Sinai.*
Nomaden wie Soldaten konnten davon profitieren. Hier erhält der Mythos eine Chance! Warum nicht auch an anderer Stelle? Q.: Krassa: Gott S.

Wunder

107 ff; Q.: Dopatka: Spiegelbild; Q.:
Rehork: Archäologie
→ Elias
→ Erscheinungen
→ Konfrontationen der Götter
→ Moses
vgl.: Unklarheiten der Definition

Wuno Juktas (sagenumwobener Berg Kretas)
→ Landeplätze der Götter
Wunschbilder → Paradies
Wu-ti (chinesischer Urkaiser)
→ Katastrophen
→ Kulturbringer, Götter als

X / Y

Xenoglossie vgl.: Zungenreden
Xibalba (untere Welt des Popol Vuh der Quiché-Maya) → Daniel
→ Herkunft der Götter
→ Lampen
Ximénes, Francisco (Pater) → Popol Vuh

Yalu ulo (Bezeichnung der Milchstraße der westafrikanischen Dogon)
→ Astronomie
Yama (Todesgott des indischen Mahabharata) → Waffen der Götter
Yang (Urkraft des chinesischen Taoismus) → Lebensdauer
Yang-hsin (chinesische Mythe)
→ Rocket-Belt
Yang-ku (leuchtendes Tal aus der chinesischen Mythologie)
→ Lampen
Yao (chinesischer Stamm)
→ Thailand
Yao (chinesischer Kaiser) → Chih Chiang Tzu-Yu
→ Konfrontationen der Götter
→ UFO, historische
Yarbiri Soak (Fundort in Australien)
→ Felszeichnungen
Yaupi (Ort in Ecuador) → Stollen, unterirdische
Yehi (mythischer König Tibets)
→ UFO, historische
Yen-ling-hsien (früherer chinesischer Bezirk) → Unfälle
Yen'se (Berg Chinas) → Lampen
Yetar (göttliches Kind der Neuen-Hebriden-Mythologie) → UFO, historische
Yggdrasil (Weltesche der nordisch-germanischen Mythologie) → Baum des Lebens

Xingú (Fluß in Brasilien)
→ Verbindung von Himmel und Erde
Xisuthros (sumerisch-babylonischer Urkönig = Ziusudra) → Sintflut
Xolotl (Zwillingsbruder des Gottes Quetzalcoatl; Azteken-Tolteken-Mythologie) → Cargo-Kult

Yi → Chih Chiang Tzu-Yu
Yi King (chinesischer Urkaiser)
→ I Yin
Yima (Gott des persischen Awesta; Urkönig, auch Dschamsid genannt)
→ Erde
→ Sintflut
Yin (Urkraft im chinesischen Taoismus) → Lebensdauer
Yin-Yang-Spiegel (Götterwaffe der chinesischen Mythologie)
→ Laser
Y-King → I-King
Ylo (Fundstätte an der Küste Südamerikas; vermutlich Peru)
→ Kuriositäten
Yoan (Kaiser der chinesischen Mythologie)
→ Drachen, himmlische
Yoni (Objekt der indischen Mythologie; später als Mutterschoß gedeutet) → Fruchtbarkeitskult
Yorkshire (englische Grafschaft)
→ Felszeichnungen
Yosa (japanischer Distrikt)
→ Zeitdilatation
Yossé (Rabbiner des Sohar der jüdischen Kabbala)
→ Herkunft der Götter
Youchtas-Gebirge (Kreta)
→ Landeplätze der Götter
Young, L. C. (Radiofunker)
→ Satelliten

Yoyang (Ort in China) → Stollen, unterirdische
Yu (Kaiser der chinesischen Mythologie) → Drachen, himmlische
Yucatán → Maya
→ Pyramiden
→ Tula
→ UFO, historische
Yudhisthira (Figur des indischen Mahabharata) → Entführungen
Yü (göttlicher Berater des chinesischen Kaisers Yao)
→ Konfrontationen der Götter
→ Sintflut
Yüan-Shih Tien-Wang (Figur einer chinesischen Sage) → Entführungen
Yüan-Ti (chinesischer Kaiser)
→ UFO, historische
Yü-ch iang (chinesischer Windgott)
→ Herkunft der Götter
→ UFO, historische

Yüchow (Stadt in der chinesischen Mythologie)
→ UFO, historische
Yüeh (chinesische Provinz) → UFO, historische
Yüeh-Kultur (China) → U-Boote
Yü-kiang (chinesischer Herrscher des Himmelsmeeres)
→ Schlangen
Yün-nan (chinesische Provinz)
→ Maschinen
→ Paradies
Yu-Fu-King (mythologisches »Buch der geheimen Korrespondenzen«)
→ Dzyan, Buch des
Yumas (Indianerstamm; USA)
→ Kommunikation, interstellare
Yunan-Gebirge → Honan-Gebirge
Yupanqui (Inka) → Kristall
Yurupari-Mythos (Südamerika)
→ UFO, historische

Z

Zacharias (= Sacharja) Auch dieser jüdische Prophet wird Zeuge himmlischer Erscheinungen, die wir heute als unbekannte fliegende Objekte deuten würden. Im Beisein eines *Engels* sieht Z' *(Kommunikation) (6,1)* ». . . vier Wagen zwischen den zwei Bergen hervorkommen; die beiden Berge aber waren aus Erz« *(UFO, historische; Wagen, himmlische; Metalle).* Sah der Prophet zwei größere Flugkörper und vier Bei- oder Landeschiffe? Q.: Krassa: Gott S. 241 Nach Z' *5,2* hat ein anderer, fliegender Gegenstand die Form einer Schriftrolle und ist zwanzig Ellen lang und zehn breit *(Zylinder, fliegende).* Q.: Krassa: Gott S. 240 f
Zahlen Eine Pyramideninschrift *(Pyramiden)* lautet: »Du bist der, welcher an der Spitze steht des Sonnenschiffes von Millionen von Jahren.« Hohe Zahlenwerte waren den Ägyptern *(Ägypten)* also nichts Außergewöhnliches. Q.: Däniken: Erinnerungen S. 99 f; Q.: Däniken: Meine Welt S. 21
In *Ninive* fand sich bei Ausgrabungen eine Rechnung *(Mathematik),* die das Endergebnis 195 955 200 000 000 trug. Wofür brauchten die *Sumerer* derart hohe Zahlenwerte? Q.: Däniken: Erinnerungen S. 47 f
In der Parsen-Mythologie *(Persien; Parsismus)* kommen Zahlenwerte mit bis zu 25 Ziffern vor. Q.: Däniken: Beweise S. 206
Das indische *Brihath Sakatha (Indien)* teilt die Zeit in winzige Sekundenbruchteile ein. Das sogenannte *Kashta* entspricht dabei einem 300millionstel Teil einer Sekunde. Wozu diese kleinen Zeitabstände in der Praxis gebraucht worden sind, ist unklar. Q.: Mooney: Les dieux S. 101; Q.: Tomas: Wir sind
→ Eier, fliegende
→ Felszeichnungen
→ Indien
→ Kalender
→ Maya
→ Pyramiden
→ Riesen
→ Sirius-B
→ Venus
→ Vernichtung von Schriftzeugnissen
→ Zeitdilatation
Zahnmedizin Im *Tal der Könige, Ägypten,* wurden perfekte Zahnbrücken gefunden, die, wie man bei *Mumien* feststellte, an den Kieferknochen der Patienten befestigt waren *(Krankheiten; Medizin; Operationen).* Q.: Krassa: Gott S. 63
Die Ärztin Lucile *Homy* und der Dentist Richard *Koritzer* vom Smithsonian Institute in Washington stellten bei *Mumien*untersuchungen fest, daß etwa 90% der Ägypter ab der 18. Dynastie unter Karies litten, bis zur 12. Dynastie dagegen nur 3%. Gingen medizinische Kenntnisse verloren, woher stammten sie ursprünglich *(Ägypten)?* Q.: Charroux: Welten S. 71
Zaire → Entführungen
→ Katastrophen
→ Kulturbringer, Götter als
→ Schöpfung
→ Unklarheiten der Definition

Zaitsew, Wjatscheslaw → Saizew, Wjatscheslaw
Zaphyrof, Lubomir (brasilianischer Sprachenforscher)
→ Wortbedeutungen
Zaquitac (lampenartiges Gerät des Popol Vuh der Quiché-Maya)
→ Lampen
Zarathustra (iranischer Religionsstifter) → Entführungen
→ Parsismus
→ Sirius-B
→ Vernichtung von Schriftzeugnissen
Zehn Gebote vgl.: Gesetze
Zeitdilatation Wird ein Raumschiff mit 9,81 m/sec^2 oder einem G (Erdgravitation) kontinuierlich beschleunigt, bei der Hälfte der Strecke mit der gleichen Energie gebremst, so ergeben sich folgende Zeitverschiebungen: Ein Flug von 10 Jahren Bordzeit würde auf dem Erd-Ausgangsplaneten 24 Jahre vergehen lassen.

15 R-Jahre	=	80 E-Jahre
20 R-Jahre	=	270 E-Jahre
25 R-Jahre	=	910 E-Jahre
30 R-Jahre	=	3 100 E-Jahre
35 R-Jahre	=	10 600 E-Jahre
40 R-Jahre	=	36 000 E-Jahre
45 R-Jahre	=	121 000 E-Jahre
50 R-Jahre	=	420 000 E-Jahre

Q.: Krassa: Gott S. 316 f; Q.: Däniken: Zurück S. 26 ff; Q.: Däniken: Meine Welt S. 56; Q.: Däniken: Besucher S. 25 ff; Q.: Däniken: Beweise S. 57; Q.: Hoerner/Schaifers: Mayer's Handbuch
Vielleicht gelten daher für uns und erst für uns und die heutige Zeit fromme Sprüche wie der Psalm *90,4 (Psalmen):* »Denn tausend Jahre sind vor dir wie der gestrige Tag, der vorüber ist, und wie eine Wache in der Nacht.« Q.: Krassa: Gott S. 317; Q.: Däniken: Zurück S. 274; Q.: Däniken: Meine Welt S. 55; Q.: Däniken: Besucher S. 239
Um 586 v. Chr. vereinbart der Prophet *Jeremias* mit seinem Gott, den Freund *Abimelech* vor der Verbannung nach Babylon zu verschonen. So berichtet die *Baruch-Apokryphe,* die nicht in die Bibel aufgenommen wurde und in der altjüdischen Tradition überliefert ist. Mit dem Auftrag, ihm einige Feigen vor den Toren *Jerusalems* zu holen, schickt *Jeremias Abimelech* fort. Diesen überfällt eine Müdigkeit, er schläft ein. Als er aufwacht, geht er mit seinem gefüllten Korb zurück in die Stadt, die er aber nicht wiedererkennt. Ein Gespräch mit einem alten Mann bringt ihm Gewißheit: Seit seinem Fortgang waren 66 Jahre vergangen. Und: Feigen gab es zu der Jahreszeit während seines Gespräches mit dem Greis überhaupt nicht. Wurde *Abimelech* von den *Engeln* jung erhalten? Ein »Adler« *(Himmelsvögel)* bringt *Jeremias* die Botschaft vom Leben des *Abimelech* nach *Babylon.* Q.: Däniken: Beweise S. 259 ff; Q.: Riessler: Schrifttum
Ähnliches Sagenhaftes ist auch in Überlieferungen *(Sagen) Japans* und der *Ukraine* bekannt, wie Dr. Wjatscheslaw *Saizew* herausfand. Q.: Krassa: Gott S. 318
Die 10 sumerischen Urkönige *(Sumerer)* hatten nach der Überlieferung *(Sagen)* eine Regierungszeit von zusammen 456 000 Jahren *(Zahlen).* Die 23 Könige der Nachsintflutepoche *(Sintflut)* brachten es noch auf insgesamt 24 510 Jahren, 3 Monaten und 3$^1/_2$ Tagen. Ist diese enorme *Lebensdauer* durch Raumflüge der Fürsten, mit all ihren Folgen der Z', zu erklären? Q.: Däniken: Erinnerungen S. 48
Im *Mahabharata (Indien)* entsprechen 1200 Götterjahre 360 800 Menschenjahren. Q.: Däniken: Zurück S. 229
Im *Hinduismus* wird die Ewigkeit in »große Zeitalter« unterteilt. So wären 100 Jahre des *Brahma* 311 040 000 000 000 Erdenjahren gleichzusetzen. Ein Tag entspräche

also 4 320 000 000 Jahren. Q.: Däniken: Zurück S. 245
In der japanischen Überlieferung *Tango-Fudoki (Japan)* wird die Geschichte der Entführung *(Entführungen)* eines Menschen geschildert, der in dem Dorf *Tsutsukaha* im Distrikt *Yosa* lebte und »*Inselkind*« genannt wurde *(Humanoiden)*. Bei einem Fischzug wurde er auf dem Meer von einer Göttin besucht, die ihm anbot, mit ihr in den Himmel zu kommen. Auffällig bei seiner Reise waren die Begegnungen mit sieben und dann acht Knaben, die man mit *Pleiaden (Sternbild der Pleiaden)* und Hyaden *(Sternbild der Hyaden)* bezeichnete. Die Hyaden liegen im *Sternbild Stier*. Nach einem dreijährigen Aufenthalt hatte Inselkind jedoch Sehnsucht nach der Erde und wurde auch zurückgebracht. Tatsächlich fand er auch das Dorf seiner Heimat wieder, mußte jedoch von einer Legende hören, nach der vor 300 Jahren ein Mann mit Namen Inselkind verschwunden war. Auf einem Flug ins All war Inselkind der Zeitverschiebung unterworfen gewesen. Q.: Däniken: Zurück S. 161 ff; Q.: Florenz: Quellen
→ Auferstehung
→ Eier, fliegende
→ Esra
→ Jesaja
→ Lebensdauer
→ Mumien
vgl.: Lichtgeschwindigkeit
vgl.: Weltraumreisen, Probleme bei
Zend-Awesta (veraltete Bezeichnung für Awesta; Grundtext der heiligen Schriften der Parsen)
→ Awesta
Zeno, Antonio (Seefahrer)
→ Piri Reis Weltkarten
Zeno, Nicolo (Seefahrer) → Piri Reis Weltkarten
Zeno, Nicolo (1515–1565; venezianischer Kartograph) → Piri Reis Weltkarten
Zentauren → Kentauren

Zerstörungen vgl.: Katastrophen
vgl.: Konfrontationen der Götter
vgl.: Konfrontationen Götter kontra Menschen
vgl.: Waffen der Götter
Zeus (griechischer Göttervater)
→ Humanoiden
→ Hyrieus
→ Landeplätze der Götter
→ Mutanten
Zikkurats (Ziqqurats), akkadische Bezeichnung der Stufentürme oder Terrassen-*Pyramiden Mesopotamiens (Irak)*. Der Name leitet sich von »zagaru« (hoch sein) ab; die *Bauwerke* sind irdische Abbilder des Weltenberges und tragen Namen wie »Haus des Fundaments von Himmel und Erde«, »Haus der *Verbindung von Himmel und Erde*«, »Haus der sieben Führer von Himmel und Erde.« Ihr Sinn war es, aus der irdischen Lebenssphäre dem Himmel (der Götterwelt) näherzurücken, denn auf der obersten Plattform, die jeweils das eigentliche Heiligtum trug, manifestierten sich die Himmlischen nach der uralten Überlieferung dieses Raumes körperhaft. Der Baugedanke reicht bis in die ältesten Epochen der sumerischen Kultur zurück: die Z'-Anlage von *Eridu* wurde um 3500 v. Chr. errichtet. Diese Bauten sind, soweit bisher bekannt ist, nicht Grabdenkmäler, sondern (wie die meisten Tempelpyramiden der Neu-

Zikkurats. Rekonstruktion des Zikkurats von Ur, während der II. Dynastie, 22.–21. Jh. v. Chr. Q.: *C. L. Woolley und Claude Abeille*

428 Zikkurats

en Welt) nur Träger von auf ihren höchsten Stufen errichteten Tempeln. Da sie nicht aus Steinen, sondern aus der Verwitterung unterworfenen Lehmziegeln erbaut wurden, sehen die Überreste naturgemäß nicht so imposant aus wie jene der ägyptischen *Pyramiden;* es ist jedoch zu vermuten, daß der mesopotamische Baugedanke die Errichtung der ältesten Bauten dieser Art im Niltal beeinflußt hat *(Ägypten).*
Die am besten erhaltene Z'-Anlage ist jene der Stadt *Ur,* die berühmteste jedoch der *»Turm von Babel«,* d. h. die Stufenpyramide *Etemenanki* von *Babylon.* Sie besaß ursprünglich sieben Stufen, in deren durch Schriftzeugnisse überlieferten Dimensionen mit großer Wahrscheinlichkeit Zahlengrößen kodiert verborgen sind, die auf die Umläufe der *Planeten* hinweisen *(Astronomie).* Damit manifestiert sich eine »Kosmos-Bezogenheit« der Baukunst, wie sie auch in der Religion durch die Göttermythen dokumentiert ist. Königliche Bauherren rühmen sich, die nötigen Vermessungen im Dienste der Himmelsgötter selbst durchgeführt zu haben. Der »babylonische Turm« hatte eine Grundfläche von 90×90 Metern und war auch 90 Meter hoch. Noch größere Ausmaße hatte die Z'-Anlage von *Tchoga Zanbil* (Tschoga Zenbil) im Reich der *Elamiter* (heute im *Iran),* und zwar eine Grundfläche von 105×105 Metern *(Monumente).* Sie bestand aus fünf Terrassen, von welchen noch drei erhalten geblieben sind. Q.: Parrot: Sumer
→ Pyramiden
→ Turm zu Babel
Zimbabwe → Simbabwe
Zin (Riesen in der Songhai-Mythologie; Sudan) → Riesen
Ziolkowski, Konstantin Eduardowitsch (1857–1935; Physiker)
→ Awinski, Wladimir Iwanowitsch
Ziusudra (sumerischer Urkönig)
→ Herkunft der Götter

→ Lebensdauer
→ Sintflut
Zivilisatoren vgl.: Kulturbringer, Götter als
Zoar (Ort im Alten Testament)
→ Sodom und Gomorrha
Zoroaster → Zarathustra
Zu (Himmelsvogel der mesopotamischen Mythologie) → Gesetze
Züchtungen vgl.: Domestizierungen
Zumárraga, Don Juan de (mexikanischer Erzbischof) → Vernichtung von Schriftzeugnissen
Zume (Kulturbringer der südamerikanischen Karayá)
→ Götter, hellhäutige
Zungenreden (plötzliches polyglottes Reden) → Ägypten
Zuñi (Indianerstamm Neumexikos)
→ Berge, heilige
Zwerge Das finnische *Kalewala* berichtet von einem Z', der, aus dem Wasser entstiegen *(Unterwasserbasen)* und in einem kupfernen Panzer steckend *(Overalls),* mit Flammen und Rauch einen Zauberbaum, die Wundereiche, fällt *(Finnland; Erkennen der Götter):* eine Beschreibung, die an Demontage oder Sabotage denken läßt. Q.: Kohlenberg: Vorzeit S. 175; Q.: Kalewala. Lönnrot
→ Herkunft der Götter
→ Mutanten
→ Nan Madol
→ Schöpfung
→ Waffen der Götter
Zyklopen Die riesenhaften Z' der griechischen Mythologie haben ihren Namen, der »ringäugig« bedeutet, vielleicht durch das Tragen brillenähnlicher Geräte erhalten *(Brillen; Wortbedeutungen; Riesen; Griechenland; Sagen; Erkennen der Götter).* Q.: Kohlenberg: Vorzeit S. 173
→ Mutanten
→ Riesen
→ Sahara
Zylinder, fliegende (Synonym für die fliegenden Fahrzeuge der Götter)
→ Erkennen der Götter
→ Zacharias
vgl.: UFO, historische

Bibliographie zur Prä-Astronautik

Aufgeführt sind Buch-Publikationen zum Thema Prä-Astronautik. Disko- und filmographische Angaben ergänzen die Bibliographie. Alle angegebenen Titel stellen die Originalausgaben dar. Hinweise auf evtl. deutschsprachige Übersetzungen sind kursiv aufgeführt. Die Bibliographie weist ebenfalls auf Werke hin, in denen prä-astronautische Aspekte nur in einigen Passagen anklingen.

Ancient Astronaut Society: Neue Beweise der Prä-Astronautik. Rastatt 1979.
Ancient Skies. Park Ridge, Il. 1974 ff
Deutsche Ausg.: Feldbrunnen, Solothurn 1977 ff
Appel, Michael: Ausserirdische Kolonisatoren, Tiergötter in Ägypten. Manuskript. Essen, o. J.
Sie waren nie fort. Mainz 1982
Arlazorov, Mikhail: Tsiolkovskiy. Moscow 1962
Astronomie vom Altertum bis heute. Leipzig 1975
Aveni, Anthony F.: Archaeoastronomy in Pre-Columbian America. London 1975
Ballinger, Bill S.: Lost city of stone. Glen Arm, MD 1979
Baxter, John; Atkins, Thomas: The fire came by. Garden City, NY 1976.
Wie eine zweite Sonne. Düsseldorf, Wien 1977
Beier, Hans Herbert: Kronzeuge Ezechiel – sein Bericht – sein Tempel – seine Raumschiffe. München 1985
Beierle, Frederick: Giant man tracks. Prosser, Washington 1974.
Man, dinosaurs and history. Prosser, WA 1977
Bellamy, Hans S. (= Pseud.: Schindler, Hans): Moons, myths and man. London 1936

Built before the flood. London 1943
Benz, E.: Kosmische Bruderschaft. Freiburg i. Br. 1978
Bergier, Jacques: Les extra-terrestres dans l'histoire. Paris 1970
Aux limites du connu. Paris, Tournai 1971. *Vorstoß an die Grenzen des Möglichen. Rüschlikon-Zürich, Stuttgart, Wien 1972*
Le livre de l'inexplicable. Paris 1972
Extraterrestrial visitations from prehistoric times to the present. Chicago, IL 1974
Extraterrestrial intervention: The evidence. Hrsg.: J'B' & INFO ed. Chicago, IL 1974
Bergier, Jacques; Gallet, Georges H.: Le livre du mystère. Paris 1975
Le livre des anciens astronautes. Paris 1977
Berlitz, Charles Frambach: Mysteries from forgotten worlds. New York, NY 1972. *Geheimnisse versunkener Welten. Frankfurt a. M. 1973*
The Bermuda Triangle. Boston, MA 1974. *Das Bermuda-Dreieck. Wien, Hamburg 1975*
The mystery of Atlantis. Boston, MA 1974. *Das Atlantis-Rätsel. Wien, Hamburg 1976*

Without a trace. New York, NY 1977.
*Spurlos. Wien, Hamburg 1977.
Der 8. Kontinent. Hamburg 1984*
Bernhardt, Karl-Heinz: Sind wir Astronautenkinder? Berlin 1978
Berry, Adrian: The next ten thousand years. London 1974. *Die große Vision. Düsseldorf 1975*
Biedermann, Hans: Wunderwesen, Wunderwelten. Graz 1980
Bilinmeyen: Istanbul 1978-88
Bioastronomy News. Pasadena, CA 1988 ff.
Biraud, François; *Ribes,* Jean-Claude: Le dossier des civilisations extraterrestres. Paris 1975
Blum, Ralf; *Blum,* Judy: Beyond earth: Man's contact with UFO's. New York, NY 1974
Blumrich, Josef F.: Da tat sich der Himmel auf. Düsseldorf, Wien 1973
Kasskara und die sieben Welten. Wien 1979
Kasskara und die sieben Welten. (Aktualisierte TB-Ausgabe). München 1985
Bonn, Gottfried: Das alte Testament und seine Ausserirdischen. Bergheim 1986
Erweiterte Neuaufl.: Halver 1990
Boschke, Friedrich L.: Das Unerforschte. Düsseldorf, Wien 1975
Bourquin, Gilbert Albert; *Golowin,* Sergius: Die Däniken-Story. München, Herbig 1970
Bourret, Jean-Claude: La nouvelle vague des soucoupes volantes. Paris 1974. *UFO – Spekulationen und Tatsachen. Zug 1977*
Bowen, Charles (Hrsg.): The humanoids. London 1969
Bracewell, Ronald N.: The galactic club. San Francisco, CA 1975
Bramwell, James Guy: Lost Atlantis. London 1937
Brand, I. (Hrsg.): Unerklärliche Himmelserscheinungen aus älterer und neuerer Zeit. München 1977
Brasington, Virginia F.: Flying saucers in the Bible. Clarksburg, WV 1963
Brecher, Kenneth; *Feirtag,* Michael (ed.): Astronomy of the ancients. Cambridge, MA etc. 1979

Brentjes, Burchard: Rätsel aus dem Altertum. Leipzig, Jena, Berlin 1980
Breuer, Reinhard: Kontakt mit den Sternen. Frankfurt a. M. 1978
Briazack, Norman J.; *Mennick,* Simon: The UFO guidebook. Secaucus, NY 1978
Briney, Robert W.; *Wood,* Edwards: SF-Bibliographies. Chicago, IL 1972
Britikov, A. F.: Russkiy Sovetskiy nauchno-fantasticheskiy roman. Leningrad 1969
Bronsthen, V.A.: Besedi o kosmose i gipotezakh. Moscow 1968
Bruckner, Winfried: Spuren ins All. Wien 1970
Brugger, Karl: Die Chronik von Akakor. Düsseldorf, Wien 1976
Brunés, Tons: På sporet af fortidens kraftkilder. Kopenhagen 1976. *Energien der Urzeit. Zug 1977*
Buttlar, Johannes Treusch von: Schneller als das Licht. Wien, Düsseldorf 1972
Reisen in die Ewigkeit. Wien, Düsseldorf 1973
Das UFO-Phänomen. München 1978
Leben auf dem Mars. München 1987
Sie kommen von fremden Sternen. München 1989
Drachenwege. München 1990
Bylinsky, Gene: Life in Darwins Universe. New York, NY 1981. *Evolution im Weltall. Königstein 1982*
Cabrera, Javier: El mensaje de las piedras grabadas de Ica. Lima 1976
Cameron, A. G. W. (Hrsg.): Interstellar communication. New York, NY 1963
Cardinale, Quixe: Il ritorno delle civilta perdute. Rom 1970
Dalle galassie ai continenti scomparsi. Rom 1971
Carles, Jaques; *Granger,* Michael: L'alchimie superscience extraterrestre? Paris 1972
Carnac, Pierre: Geschichte beginnt in Bimini. Olten 1978

Casgha, Jean Yves: Mayas, Azteques et extraterrestres. Paris 1979 Enigme de la fin d'un monde. Monaco 1979
Cassu, F. (Pseud.): Als die Erde brannte. Linz 1970
Catoe, Lynn E.: UFOs and related subjects: An annotated bibliography. Washington, DC 1969
Cazeau, Charles J.; *Scott,* Stuart D.: Exploring the unknown: great mysteries re-examined. New York, NY, London 1979
Charroux, Robert (= Pseud.: Grugeau, Robert): Histoire inconnue des hommes depuis cent mille ans. Paris 1963. *Phantastische Vergangenheit.* München 1966
Le livre des secrets trahis. Paris 1965. *Verratene Geheimnisse.* Berlin, München 1967
Le livre des maîtres du monde. Paris 1967. *Die Meister der Welt.* Düsseldorf, Wien 1972
Le livre du mysteriéux inconnu. Paris 1969. *Unbekannt, geheimnisvoll, phantastisch.* Düsseldorf, Wien 1970
Le livre des mondes oublies. Paris 1971. *Vergessene Welten. Wien, Düsseldorf 1974*
Le livre de passé mystérieux. Paris 1973
L'énigme des Andes, les pistes de Nazca, la bibliothèque des Atlantes. Paris 1974. *Das Rätsel der Anden.* Düsseldorf, Wien 1978
Chatelain, Maurice: Nos ancêtres venus de cosmos. Paris 1975
A la recherche de nos ancêtres cosmiques. Monaco 1981
Chaves, Eduardo B.: Mensagem dos Deuses. Lisbon 1977
Clark, Adrian V.: Cosmic mysteries of the universe. West Nyack, NY 1968
Clarke, Arthur C.: Geheimnisvolle Welten. München, Zürich 1981
Coffey, Chase C.: First there came Eve. Seattle, WA 1979
Cohane, John Philip: Paradox: The case for the extraterrestrial origin of man. New York, NY 1977

Cohen, Daniel: Mysterious places. New York, NY 1969
The ancient visitors. Garden City, NY 1976
Coll, Pieter: Geschäfte mit der Phantasie. Würzburg 1970
Collyns, Robin: Did spacemen colonize the earth? London 1974
Laser beams from star cities? London 1975
Ancient astronauts: A time reversal? London 1976
Prehistoric germ warfare. London 1980
Colom, Xavier: Los extraterrestres: no estamos solos en el cosmos. Barcelona 1975
Corliss, William R.: Strange phenomena. Glen Arm, MD 1974
Strange phenomena. Vol. 2. Glen Arm, MD 1974
Strange artifacts. Glen Arm, MD 1974
Strange universe. Glen Arm, MD 1975
Strange artifacts. Vol. 2. Glen Arm, MD 1976
Strange life. Glen Arm, MD 1976
Strange planet. Glen Arm, MD 1976
Strange planet. Vol. 2. Glen Arm, MD 1978
The unexplained. New York, NY 1976
Strange minds. Glen Arm, MD 1976
Handbook of unusual natural phenomena. Glen Arm, MD 1977
Strange universe. Vol. 2. Glen Arm, MD 1977
Crick, Francis: Das Leben selbst. München 1983
Crolard, Jean-François: La vie extraterrestre sur la terre comme au ciel. Corcelles-le Jorat 1984
Däniken, Erich von: Hat der Mensch eine »utopische Vergangenheit«? In: Neues Europa. Stuttgart 1960
Mit unserer Vergangenheit stimmt etwas nicht. In: Neues Europa. Stuttgart 1962
Kritische Betrachtung über UFOlogie. In: Neues Europa. Stuttgart 1962

Däniken, Erich von

Erhielten unsere Vorfahren Besuch aus dem Weltall? In: Der Nordwesten. Winnipeg, Kanada 8. Dez. 1964
Erinnerungen an die Zukunft. Düsseldorf, Wien 1968
Zurück zu den Sternen. Düsseldorf, Wien 1969
Aussaat und Kosmos. Düsseldorf, Wien 1972
Meine Welt in Bildern. Düsseldorf, Wien 1973
Erscheinungen. Düsseldorf, Wien 1974
Besucher aus dem Kosmos. Düsseldorf, Wien 1975
Beweise. Düsseldorf, Wien 1977
Erich von Däniken im Kreuzverhör. Düsseldorf, Wien 1978
Prophet der Vergangenheit. Düsseldorf, Wien 1979
Die Strategie der Götter. Düsseldorf, Wien 1982
Der Tag, an dem die Götter kamen – 11. August 3114 v. Chr. München 1984
Habe ich mich geirrt? München 1985
Wir alle sind Kinder der Götter. München 1987
Kosmische Spuren. München 1988
Die Augen der Sphinx. München 1989
Die Spuren der Außerirdischen. München 1990
Die Steinzeit war ganz anders. München 1991
Götter des Altertums – als fremde Kosmonauten? Pick 93-100. Schallplatte. 1972
Erinnerungen an die Zukunft. Constantin-Film 1971. Reg.: Harald Reinl
Botschaft der Götter. Constantin-Film 1976. Reg.: Harald Reinl
Dankenbring, William F.: Beyond Star wars. Altadena, CA. 1978
Davenport, David W.; *Vincenti*, Ettore: 2000 a.C., distruzione atomica. Milano 1979
Davies, Nigel: Bevor Columbus kam. Düsseldorf, Wien 1976
The ancient kingdoms of Mexico. o. O. 1982. *Die versunkenen Königreiche Mexikos.* Düsseldorf, Wien 1983
Dean, John W.: Flying saucers and the scriptures. New York, NY 1964
Dem, Marc: Les juifs de l'espace. Paris 1974
Megalithes et routes secretes de l'uranium. Paris 1976
Delgado, Pat; *Andrews*, Colin: Kreisrunde Zeichen. London 1989. 4. erweiterte Ausgabe 1990
Dequerlor, Christine: Ces dieux venus d'ailleurs. Paris 1977
Les extra-terrestres des Andes: pour la première fois des preuves archéologiques. Nice 1978
Dick, Steven J.: Plurality of worlds. Cambridge, MA 1982
Dikshitar, V. Ramachandra: War in Ancient India. Madras, Bombay, Calcutta, London 1944
Dione, Robert L.: God drives a flying saucer. New York, NY 1969
Diones, Giannes: Ho anthropos metanastes apo to diastema. o. O. 1977
Ditfurth, Hoimar von; *Arzt*, Volker: Querschnitt. Stuttgart 1978
Dolezol, Theodor: Aufbruch zu den Sternen. Wien, Heidelberg 1969
Donimirski, Andrzej: Przybysze z Kosmosu-rzeczywistosc czy fantazja? Katowice 1976
Dopatka, Ulrich: Das Spiegelbild der Götter. Bonn – Bad Godesberg 1975
Lexikon der Prä-Astronautik. Düsseldorf, Wien 1979 (Ergänzte TB-Ausg. Rastatt 1981)
Dorschner, Johann (Hrsg.): Sind wir allein im Weltall! Leipzig, Jena, Berlin 1974
Dougherty, Cecil: Valley of the giants. Cleburne, TX 1971
Downing, Barry H.: The Bible and flying saucers. Philadelphia, PA 1967
Drake, Frank Donald: Intelligent life in space. New York, NY 1962

Drake, Walter Raymond: Spacemen in antiquity. Sunderland 1961
Gods or spacemen? Amherst, WI 1964
Gods and spacemen in the ancient east. London 1968
Ancient secrets of mysterious America. Amherst, WI 1972
Mystery of the gods. Amherst, WI 1973
Gods and spacemen in the ancient west. London 1974
Gods and spacemen in the ancient past. New York, NY 1974
Gods and spacemen throughout history. Chicago, IL 1975
Gods and spacemen in Greece and Rome. Rev. ed. of: Mystery of the gods. London 1976
Gods and spacemen in ancient Israel. London 1976
Messengers from the stars. Rev. ed. of: Gods or spacemen? London 1977
Titans in antiquity. London 1980
Cosmic Continents. o. O. u. J.
Earle, Robert: Proof of Ancient Astronauts. Bay Village, OH 1975
Ebecken de Araúgo, Hernani: Os discos voadores e a teoria das relatividade do Dr. Einstein. Rio de Janeiro 1969
Edelson, Edward: Who goes there? The search for intelligent life in the universe. New York, NY 1979
Edwards, Frank: Stranger than science. New York, NY 1959
Strange world. New York, NY 1964
EFDON News. Rüsselsheim 1991 ff
Elmayer von Vestenbrugg, Rudolf; *Bellamy*, Hans S. (= Pseud.: Schindler, Hans): Eingriffe aus dem Kosmos. Freiburg i. Br. 1971
Emenegger, Robert: UFO'S past, present and future. New York, NY 1974
Emrich, Louis: Wesen von anderen Sternen und die Zukunft der Erde. Stuttgart 1970
Engl, Liselotte; *Engl*, Theo: Glanz und Untergang des Inkareiches. München 1981

Erben, Heinrich Karl: Intelligenzen im Kosmos. München etc. 1984
Ertelt, Axel: Die interplanetarischen Kontakte des Albertus Magnus. Halver, Dortmund 1987
Ertelt, Axel; *Fiebag*, Johannes; *Fiebag*, Peter; *Sachmann*, Hans-Werner: Rätsel seit Jahrtausenden. Halver, Northeim, Dortmund 1978
Die kosmischen Eingeweihten. o. O. 1980
Eugster, Jacob: Die Forschung nach außerirdischem Leben. Zürich 1969
Evans, Christopher Riche: Cults of unreason. London 1973. Kulte des Irrationalen. Reinbek bei Hamburg 1976
Faber Kaiser, Andreas: Sacerdotes o cosmonautas? Barcelona 1974
Farkas, Viktor: Unerklärliche Phänomene. Frankfurt 1988
Farkas, Viktor; *Krassa*, Peter: Lasset uns Menschen machen. München 1985
Fawcett, Percy: Geheimnisse im brasilianischen Urwald. Zürich 1953
Ferryn, Patrick; *Verheyden*, Ivan: Chroniques des civilisations disparues. Paris 1976
Fiebag, Johannes: Rätsel der Menschheit. Luxembourg 1982
Die geheime Botschaft von Fatima. Tübingen 1986
Fiebag, Peter; *Fiebag*, Johannes (Hrsg.): Die Entdeckung des Heiligen Gral. Luxembourg 1983. Neubearbeitete Ausg.: München 1989
Aus den Tiefen des Alls. Tübingen, Zürich 1986.
Himmelszeichen. München 1992
Fiebcaist, R.: Nem deuses, nem astronautas. Sao Paulo 1973
Finderup, Bjarno: Hieroglyfferne var hermeneutiske. Skive 1980
Fitzgerald, Randall: The complete book of extraterrestrial encounters. New York, NY 1979
Flammonde, Paris: UFO exist! New York, NY 1976

Flindt, Max H.: On tiptoe beyond Darwin. Palo Alto, CA 1965
Flindt, Max H.; *Binder*, Otto O.: Mankind – child of the stars. Greenwich, CT 1974
Foley, Bernice Williams: Spaceships of the ancients. Novelty, OH 1978
Fort, Charles: Lo! New York, NY 1931
Wild talents. New York, NY 1932
The book of the damned. New York, NY 1941
New lands. New York, NY 1941
Frauenknecht, Hans: Den Menschen auf der Spur. Wiesbaden 1978
Fuchs, Walter R.: Leben unter fernen Sonnen? München, Zürich 1973
Furneaux, Rupert: Ancient mysteries. New York, NY, Toronto 1977
Gaddis, Vincent: Invisible horizons. New York, NY 1965
Gadow, Gerhard: Erinnerungen an die Wirklichkeit. Frankfurt a. M. 1971
Gallagher, I. J.: The case of the ancient astronauts. New York, NY 1977
Garvin, Richard: The Crystal Skull. New York, NY 1973
Das Geheimnis der Phantom-Höhlen (Kino/Video). Prod. by: Sandy Howard u. Robert D. Bailey, USA 1983. Adams Apple Film Company
Geheimsache Hangar 18 (Kino). USA 1980. Prod.: Charles F. Seller jr. Schick Sunin Classic Productions
Geigenthaler, Adolf → *Sigma, Rho* (Pseud.)
Geis, Larry; *Florin*, Fabrice: Auf ins All. Basel 1980
Gentes, Lutz: Zur Frage der Tatsächlichkeit von Kontakten zu Außerirdischen in Altertum und Vorzeit. München 1977
Germann, Richard P.: Science's ultimate challenge – the reevaluation of ancient occult knowledge. Willard, OH 1979
Gey, Jehanne: Le mythe du Phenix. Paris 1978
Ginsburg, Irwin:First man. Then Adam! Morton Grove, IL 1975

Gladden, Lee; *Gladden*, Vivianne Cervantes: Heirs of the gods. New York, NY 1978
Die Götter aus dem All. Bergisch Gladbach 1978 ff
Goff, Kenneth: The flying saucers. Englewood, CO 1955
Goldsmith, Donald; *Owen*, Tobias: The search for life in the universe. Menlo Park, CA 1980. Auf der Suche nach Leben im Weltall. Stuttgart 1984
Golowin, Sergius: Magische Gegenwart. Bern 1964
Götter der Atomzeit. Bern, München 1967
Die Magie der verbotenen Märchen. Hamburg 1973
Goodman, Jeffrey: The Genesis mystery. New York, NY 1975
Goran, Morris Herbert: The modern myth, ancient astronauts and UFOs. Cranburg, NJ 1978
Greene, Vaughn M.: Astronauts of Ancient Japan. Millbrae, CA 1979
The six thousand year-old space suit. Bend, OR 1982
Astronauts of the ancient Pacific. o. O. u. J.
Grosso, Germana; *Sartorio*, Ugo: I nostri amici extra-terrestri. Torino 1977
Das grüne Blut der Dämonen (Kino). (Quatermass and the pit). (US-Verleih-Titel: Five million years to earth) G. B. 1967. Prod.: Anthony Nelson-Keys, Hammer-Centfox
Grugeau, Robert → *Charroux, Robert* (Pseud.)
Guerrier, Eric: Essai sur la cosmogonie des Dogon. Paris 1975
Guinguand, Maurice: Sur la piste des anges non identifiés. Paris 1976
Guirao, P.: El enigma del origen del hombre. Barcelona 1980
Gurshteyn, A. A.: Izvechniye tayni neba. Moscow 1973
Guthke, Karl S.: Der Mythos der Neuzeit: das Thema der Mehrheit der Welten in der Literatur- und Geistesgeschichte... Bern, München 1983

Habeck, Reinhard: Habecks Cartoons. Erw. Aufl. Luxembourg ca. 1982
Erich der Sonntagsforscher. Wien 1984
Haber, Heinz: Brüder im All. Stuttgart 1970
Eine Frage, Herr Professor. Stuttgart 1978
Haels, E. E.: Chariot of Fire. o. O. 1978
Hagenau, Gerda: Verkünder und Verführer. Wien, Düsseldorf 1976
Hain, Walter: Wir, vom Mars. Köln 1978
Irrwege der Geschichte. Wien 1981
Hall, Angus: Strange cults. London 1976. *Kultismus – Geheimnisvolle Sitten und Gebräuche. Frankfurt/ M., Berlin, Wien 1979*
Hangar 16 (Kino). Sunn Classic Productions (GB o. J.) Ltd. Screenplay: Steven Thornley. Story: Tom Chapman & James L. Conway. Prod. Charles E. Sellier Jr. Directed by James L. Conway.
Hansen, L. Taylor: He walked the Americas. Amherst, WI 1963
Hansson, Preben: Trelleborgenes ukendte fortid. København 1985
Und sie waren doch da. Kopenhagen 1990
Hapgood, Charles H.: The Piri Reis map of 1513. Keene, NH 1962
Maps of the ancient Sea Kings. Philadelphia, PA, Toronto, New York, NY 1966
Hashikawa, Takuya; *Davenport,* David W.; *Vincenti,* Ettore: Jinrui wa kakusenso de ichido horonda: kodai kara gendai e hasserareta osorubeki keikoku. Tokyo 1982
Hassler, Gerd von: Noahs Weg zum Amazonas. Hamburg 1976
Rätselhaftes Wissen. Hannover 1977
Hatcher Childress, David: Lost cities and ancient mysteries of South America. Stelle, IL 1986
Hatem, J. S.: We called them gods. Vantage 1976
Hawkins, Gerald S.: Mindsteps to the cosmos. New York, NY 1984

Hedri, Andreas: Communication in universe. New York, NY 1977
Helm, Reinhard; *Riemer,* Thomas: Von Heiligen Linien und Heiligen Orten. Halver, Dortmund 1987
Herberts, Gottfried: Begegnungen mit Außerirdischen. Frankfurt a. M. 1977
Hering-Aribach, Alfred: Atlantis ging unter – Europa du auch? Genf 1973
Hermann, Dieter B.: Das Sirius-Rätsel oder Ein hoffnungsloser Fall. Berlin-Treptow 1982
Rätsel um Sirius. Astronomische Bilder und Deutungen. Berlin 1985
Hermann, Joachim: Das falsche Weltbild. Überarb. Ausg. München 1973
Astrobiologie. Stuttgart 1974
Spuren des Prometheus. Köln 1977
Hertel, Gisa; *Hertel,* Peter: Ungelöste Rätsel alter Weltkarten. Gotha 1983
Heuer, K.: Men on other planets. London 1951
Hitching, Francis: The mysterious world. New York, NY 1979
Höfling, Helmut: Ufos, Urwelt, Ungeheuer. Reutlingen 1980
Holiday, Frederick William: The dragon and the disc. London 1973
Homet, Marcel F.: Sons of the sun. London 1963. *Die Söhne der Sonne. Wiesbaden 1972*
On the trail of the sun gods. London 1965
Nabel der Welt – Wiege der Menschheit. Freiburg i. Br. 1976
Hoyle, Fred: Das intelligente Universum. Frankfurt 1984
Hoyle, Fred; *Wickramasinghe,* N. C.: Lifecloud. London 1978. *Die Lebenswolke. Frankfurt 1979*
Evolution aus dem All. Frankfurt 1981
Hugli. Ancient Astronauts Pro & Con. o. O. u. J.
Hutin, Serge: Hommes et civilisations fantastiques. Paris 1970
Ilg, Hermann: Leben in universeller Schau. Leonberg o. J.

Kümmert sich eine außerirdische Menschheit um uns? Leonberg o.J.
In kosmischen Bahnen denken. Leonberg o. J.
Ilg, Hermann; Schaffer, H. P.: Die Bauten der Außerirdischen in Ägypten. Leonberg, Wetzikon (Schweiz). (Ergänzung: Faltblatt o. J.).
Interviews im Zeichen der Zeit. Thun 1990
István, Nemere: Arejtélyes elödök. Budapest ca. 1980
Jacobi, Bernhard: Als die Götter zahlreich waren. Frankfurt a. M. 1968
Jastrow, Robert: Red giants and white dwarfs. New York, NY 1967
Jessup, Morris K.: UFO & the Bible. New York, NY 1956
The case for the UFO. New York, NY 1957
Jonas, Doris F.; Jonas, A. David: Other senses, other worlds. London 1976. Die Außerirdischen. Zürich 1977
Jung, Carl Gustav: Ein moderner Mythos. Zürich, Stuttgart 1958
Kadath. Brüssel 1973 ff
Kanjilal, Dileep Kumar: Vimana – flying machines in ancient India. Kalkutta 1985. Flugmaschinen im alten Indien. Essen 1991
Kaplan, Samuil Aronovich: Extraterrestrial civilizations. Jerusalem 1971
Katsumi, Koosaka: Chikyú Iseki, Uchújin no Nazo. Tokyo 1974
Soratobu Enbankichi – 101 no Nazo. Tokyo 1977
Kaufhold, Peter: Auf den Spuren des Erich von Däniken. Düsseldorf 1982
Von den Göttern verlassen? München 1984
Kauffmann Doig, Federico: Manual de Arqueología Peruana. Lima 1978/80
Kantsantsev, Alexandr: Stupeni griadushchego. Moscow 1962
Gosti iz kosmosa. Moscow 1963
Keel, John A.: Our haunted planet. Greenwich, CN 1971

Keel-Leu, Othmar: Zurück von den Sternen. Fribourg 1970
Kehnscherper, Günther: Auf der Suche nach Atlantis. Leipzig, Jena, Berlin 1978
Kelch, Walter Leo: Zeitschriftenbibliographie der deutschsprachigen Literatur über außerirdisches Leben. UFOs und Prä-Astronautik. o. O. 1989 ff
Kernbach, Victor: Enigmele miturilor astrale. Bucuresti 1973
Khuon, Ernst von (Hrsg.): Waren die Götter Astronauten? München, Zürich 1970
Kindler, Laule M.: Are we from outer space? New York, NY 1974
Kjaer, Leif: Gud kom fra rummet. København 1979
Kjellson, Henry: Forsvunden Teknik. København ca. 1975
Knaggs, Oliver: Let the people know. Cape Town, South Africa 1966
Knezevic, Jovan: Posjetili su i nas... Zagreb 1976
Knight, Damon: Charles Fort. London 1971
Kohlenberg, Karl Friedrich: Enträtselte Vorzeit. München, Wien 1970
Enträtselte Zukunft. München 1972
Kolosimo, Peter: Terra senza tempo. Milano 1964. Woher wir kommen. Wiesbaden 1972
Ombre sulle stelle. Milano 1966. Schatten auf den Sternen. Wiesbaden 1971
Non è terrestre. Milano 1968. Sie kamen von einem anderen Stern. Wiesbaden 1969
Il pianeta sconosciuto. Milano 1969. Viel Dinge zwischen Himmel und Erde. Wiesbaden 1970
Cittadini delle tenebre. Torino 1971. Kräfte aus dem Jenseits. Wiesbaden 1974
Astronavi sulla preistoria. Milano 1972. Unbekanntes Universum. Wiesbaden 1976
Odissea stellare. Milano 1974
Italia mistero cosmico. Milano 1977
Fiori di luna. Milano 1979
Komarov, Viktor: Uvlekatelnaya astronomya. Moscow 1968

Korps, Joao: Homens deuses na terra e nos astros. Sao Paulo 1973/74
Koushiafes, Nicholas James: God. Highland, IN 1982
Krassa, Peter: Als die gelben Götter kamen. München 1973
Gott kam von den Sternen. Freiburg i. Br. 1974
Däniken intim. Freiburg i. Br. 1976 Neuausg. u. d. T.: Erich von Däniken der Besessene. Wien 1980
Phantome des Schreckens. Wien 1980
Feuer fiel vom Himmel. Luxemburg 1981
... und kamen auf feurigen Drachen – China und das Geheimnis der gelben Götter. Wien 1984
Krassa, Peter; *Habeck,* Reinhard: Licht für den Pharao. Luxemburg 1982
Das Licht der Pharaonen – elektrischer Strom im alten Ägypten. München 1992
Kurteff, Aida: Los araucanos en el misterio de los Andes. Buenos Aires 1979
Kroshkin, Mikhail: Zemlya nachinaytsya v kosmose. Moscow 1964
Krupp, Edwin C. (Hrsg.): In search of ancient astronauts. New York, NY 1977
Astronomen, Priester, Pyramiden. München 1980
Kunstraum München: Peruanische Erdzeichen. München 1975
Lamich, J. A.: El triangulo de los dioses. Barcelona 1976
Landsburg, Alan: In search of extraterrestrials. New York, NY 1976
In search of lost civilizations. New York, NY 1976
In search of myths and monsters. New York, NY 1977
In search of strange Phenomena. New York, NY 1977
Landsburg, Alan; *Landsburg,* Sally: In search of ancient mysteries. New York, NY 1974
The outer space connection. London 1975

Langbein, Walter-Jörg: Astronautengötter. Luxemburg 1979
Die großen Rätsel der letzten 2500 Jahre. Augsburg 1992
Langelaan, George: Les faits maudits. Paris 1967. *Die unheimlichen Wirklichkeiten.* München 1975
Laronde, Herve: Extra-terrestres ou voyageurs du temps? Paris 1979
Larson, Kenneth: The discovery of the graphic Message of Goodhue. Los Angeles, CA 1968
Lauer, Jean-Philippe: Das Geheimnis der Pyramiden. Rastatt 1988
Le Poer Trench, Brinsley: The sky people. London 1960
Men among mankind. London 1962. = (Titeländerung:) Temple of the stars. London 1973
Forgotten heritage. London 1964
The flying saucer story. London 1966
Operation earth. London 1969
Secret of the ages. London 1974
UFOs from inside the earth. London 1974
The eternal subject. London 1973 = (Titeländerung:) Mysterious visitors. London, Sydney 1975
Lethbridge, Thomas Charles: Legend of sons of god. London 1972
Die letzten Geheimnisse unserer Welt. Sélection du Reader's Digest. Paris 1976. Zürich, Wien 1977
Levet, Gerardo: Mision vital en planeta Tierra. Mexico 1980
Por los caminos sinuosos de la Mente. o. O. u. J.
Lewis, L. M.: Footprints on the sands of time. New York, NY 1975
Linsey, Hal; *Carlson,* C. C.: The late great planet earth. Grand Rapids, MI 1979
Lleget Colomer, Mario: Que vio la mujer de Lot? Barcelona 1976
Lossi, Gerd (Hrsg.): Prä-Astronautik... eine These wird wahr! Bovenden 1982
Lugo, Francisco Aniceto: Desconocidos senderos de la vida: la dimension total del universo. Mexico 1978

Emisarios de otros mundos: siempre hemos estado acompanados. Mexico 1978

Lunan, Duncan: Man and the stars. London 1974 = (Titeländerung:) Interstellar contact. New York, NY 1975 = (Titeländerung:) The mysterious signals from outer space. New York, NY 1977

Lustig, Lawrence K.: Science and superstition: An age of unreason. In: Encyclopaedia Britannica. Book of the year. Chicago, IL 1976

Lvov, Vladimir: Fabrikanti chudes. Leningrad 1974

MacGowan, Roger A.; *Ordway*, Frederick I.: Intelligence in the universe. New York, NY 1966

McKern, Sharon S.: Exploring the unknown. New York, NY 1972

McVey, John W.: Whispers from space. London 1974

Margiorae, Nikolaou A.: Ae allae opsis tou dogmatos tou Erich von Däniken. Athaenai 1976

Maruyama, Magoroh; *Harkins*, Arthur (Hrsg.): Cultures beyond the earth. New York, NY 1975

Mechoulam, G.; *Mechoulam*, M.: Un Mythe du futur: les nouvelles gnoses à la recherche des civilisations extra-terrestres. Toulouse 1979

Meckelburg, Ernst: Besuch aus der Zukunft. Bern, München 1980

Melhedegaard, Frede: The power of the past. Kopenhagen 1975
Fortiden er nøglen til fremtiden = The past is the clue of our future. Kopenhagen 1976

Michanowsky, George: The once and future star. New York, NY 1977

Michell, John F.: The flying saucer vision: the holy grail restored. London 1967
City of revelation. New York, NY 1972

Michell, John F.; *Rickard*, Robert J. M.: Phenomena. London 1977
Die Welt steckt voller Wunder. Düsseldorf, Wien 1979

Miller, Max B.: Flying saucers, fact or fiction? Los Angeles, CA 1957

Misraki, Paul → Thomas, Paul (Pseud.)

Mohren, Herbert; *Ertelt*, Axel: Sie kommen von anderen Welten. Halver, Dortmund 1987

Montgomery, John Warwick: The quest for Noah's Ark. Minneapolis, MN 1972

Moon Trap (Kino/Video). Robert Dyke Film (USA 1988). Prod. by Robert Dyke

Mooney, Richard E.: Colony earth. Greenwich, CT 1974
Gods of air and darkness. New York, NY 1975

Moreau, Marcel: Les civilisations des étoiles. Paris 1973

Morrill, Silbey S.: The mystery of crystal gazing. San Francisco CA 1969
Ponape. San Francisco, CA 1970

Morrison, Tony: Pathways to the gods: The mystery of the Andes lines. o. O. 1978

Mysteria. Halver ca. 1977-1991

Mystische Stätten. Amsterdam 1989. (Engl. Ed. 1988)

Naud, Yves: Les O.V.N.I. et les extraterrestres dans l'histoire. Genève 1977. – 4. vol.

Navia, Luis E.: Unsere Wiege steht im Kosmos. Düsseldorf, Wien 1976
Das Abenteuer Universum. Düsseldorf, Wien 1977

Negrello, Sandro: Il piue remoto futuro nel piu remoto passato. Este 1972

Nichols, Peter (ed.): The science in science fiction. London 1982

Noorbergen, Rene: Secrets of the lost races: new discoveries of advanced technology in ancient civilizations. Indianapolis, IN 1977

Norman, Eric: Gods and devils from outer space. New York, NY 1970
Gods, demons and UFO's. New York, NY 1970. *Bibel, Götter, Astronauten*. München 1971
This hollow earth. New York, NY 1972

The official guide to UFOs: A special science & mechanics news book. New York, NY 1968

O'Neill, Gerard: Unsere Zukunft im Raum. Bern 1978
Orville, L.: 6000 years of seafaring. Castonia, NC o. J.
Pahl, Joachim: Sternenmenschen sind unter uns. München 1971
Patrovský, Věnceslav: Záhady létajících Talířů. Praha 1969
Patten, Donald Wesley: The biblical flood and the ice epoch. Seattle, WA 1966
Paul, Günter: Unsere Nachbarn im Weltall. Düsseldorf, Wien 1976
Pauwels, Louis; Bergier, Jacques: Le matin des magiciens. Paris 1960.
Aufbruch ins dritte Jahrtausend. Bern, München 1962
L'homme éternel. Paris 1970. Die Entdeckung des ewigen Menschen. Bern, München 1975
Der Planet der unmöglichen Möglichkeiten. Teilausgabe aus »Planète«, Paris. (Übers.) Bern, München, Wien 1968
Pearman, J. P. T.: Extraterrestrial intelligent life and interstellar communication: An informal discussion. New York, NY 1963
Perez, Jorge Omar: La historia antes de la historia. Barcelona 1977
Peters, Ted: UFO's – God's chariots? Atlanta, GA 1977
Petzoldt, Leander: Historische Sagen. Bd. 1. München 1976
Philbeck, Maynard: The search for the sun people. Washington, DC 1968
Philberth, Bernhard: Christliche Prophetie und Nuklearenergie. Stein am Rhein, Aschaffenburg 1962
Pittigliani, A. L.: O impacto do novo seculo. Rio de Janeiro 1973
Planet der Stürme (Kino). USSR 1962. Leningrader Studio für populärwissenschaftliche Filme. Drehbuch: Alexander Kasantzew/ P. Kluschanzew – nach einer Erzählung von Alexander Kasantzew.
Podolniy, Roman: Svyaz vremen. Moscow 1968
Pointner, Josef: Das Weltraum-Dilemma. Düsseldorf, Wien 1971

Prachan, Jean: Le dossier secret de l'île de Pâques. Paris ca. 1980. Das Geheimnis der Osterinsel. Wien 1982
Prachan, P.: Ufos im Bermuda-Dreieck. Wien 1979
Problema Ceti. Moscow 1975
Puccetti, Roland, Persons. London 1968. Außerirdische Intelligenz. Düsseldorf, Wien 1970
Reeken, Dieter von: Überblick über die UFOlogie. Hannover 1970
UFOlogie. Bremen 1974
Bibliographie der selbständigen deutschsprachigen Literatur über außerirdisches Leben, UFOs, Prä-Astronautik. Zeitraum 1901-1986. Lüdenscheid 1987. Zeitraum 1703-1990. 3. erw. Aufl. Lüdenscheid 1990
Extraterrestrische Intelligenzen. Außerirdisches Leben, UFOs („Fliegende Untertassen"), Astro-Archäologie ("Ancient Astronauts"). Eine Bibliographie der im Zeitraum von 1954-1976 erschienenen selbständigen deutschsprachigen Veröffentlichungen. Bremen 1977. Erweiterte Neuausg. (Zeitraum 1947-1979). Lüneburg 1979
Extraterrestrische Intelligenzen. Bibliographie der im Zeitraum von 1901-1982 erschienenen selbständigen deutschsprachigen Veröffentlichungen zum Themenbereich „Außerirdisches Leben, UFOs (Fliegende Untertassen), Prä-Astronautik (Astro-Archäologie)". 4 Bände. Lüdenscheid 1982 ff
Rehork, Joachim: Der jüngste Tag blieb aus. Düsseldorf, Wien 1977
Ridpath, Ian: Messages from the stars. New York, NY, San Francisco, CA, London 1978
Rissmann, Hartmut: Ein Grab im Weltraum. Köln 1981
Roulet, Alfred: A la recherche des extra-terrestres. Paris 1973
Rubtsov, Vladimir V.: Philosophic-methodological aspects of the problem of extraterrestrial civiliza-

tions (in Russ.) Diss. Kharkov 1980. By Inst. of Philosophy of the Acad. of Sciences USSR. By Prof. Dr. A. D. Ursul.
Rubtsov, Vladimir V.; *Ursul*, A. D.: The problem of extraterrestrial civilizations: philosophical and methodological aspects (in Russ.). USSR 1984
Rynin, Nikolai Alekseevich: Interplanetarische Kontakte. (Übers.) Leningrad 1932
Sable, Martin H.: Exobiology: a research guide. Bighton, MI 1978
Sachmann, Hans-Werner: Die Epoche der Engel. Baden-Baden 1980
In Schutt und Asche. Halver, Dortmund 1989
Sachs, Margaret: The Ufo Encyclopedia. New York, NY 1980
Sänger, Eugen: Raumfahrt – technische Überwindung des Krieges. Hamburg 1958
Sänger-Bredt, Irene: Ungelöste Rätsel der Schöpfung. Düsseldorf, Wien 1971
Spuren der Vorzeit. Ungelöste Rätsel der Schöpfung. Düsseldorf, Wien 1972
Sagan, Carl: Communication with extraterrestrial intelligence. Cambridge, MA 1973
The cosmic connection. New York, NY 1973
Sagan, Carl; *Agel*, Jerome: An extraterrestrial perspective. New York, NY 1973. *Nachbarn im Kosmos.* München 1975
Sagan, Carl; *Shklovsky*, Josif Samuilovich: Intelligent life in the universe. New York, NY 1966. Rev. transl. of: I'S'S's: Universe, life, mind
Saitsew, U.: Visitors from outer space. In: Sputnik. Febr. 1968
Sallo, Ervin; *Mandics*, Gyorgy: Zold emberkek, tollas kigyok, tuzes szekerek? Kritikai megjegyzesek a paleoasztronautikai ertelmezesek elveirol es modszereirol. Bukarest 1977

Sandermann, Wilhelm → Selhus, Wilhelm (Pseud.)
Sanderson, Ivan T.: Uninvited visitors. London 1969
Invisible residents. London 1970
Investigating the unexplained. Englewood Cliffs, NJ 1972
Sasson, George T.; *Dale*, Rodney Alexander M.: The Lord of the Manna. London 1977.
The Manna-Machine. London 1978.
Die Manna-Maschine. Rastatt 1979
The Kabbalah decoded. London 1978
Saunders, Mike: Wiltshire galaxy. Caterham, Surrey 1979
Stonehenge Planetarium. Caterham, Surrey 1979
Saurat, Denis: L'Atlantide et le Règne des Géants. Paris o. J. *Atlantis und die Herrschaft der Riesen. Stuttgart 1955*
Schal, Walter: Zwerge im Weltraum. Donaustauf 1961
Schaper, Ulrich: Christus kam einst vom Sirius. Frankfurt a. M. 1990
Schindler, Hans (alte Namensform) → Bellamy, Hans S.
Schmid, Hans Heinrich: Die Steine und das Wort. Zürich 1975
Schmidt, Karl Otto: Der kosmische Weg der Menschheit und das Wassermann-Zeitalter. München 1971
Die Götter des Sirius. Eschwege 1976
Schmitz, Emil-Heinz: Unsterblichkeit im All. Genf 1977
Beweisnot. Genf 1978
Schneider, Adolf: Besucher aus dem All. Freiburg i. Br. 1973
Schobinger, Juan: Vikingos o extraterrestres? Buenos Aires 1982
Schreiber, Hermann: Auf den Spuren des frühen Menschen. München 1980
Schulte Berge, Erich: Die Flugmaschinen der Götter. Marl 1980
Schwartz, Stephen A.: The secret vaults of time. New York, NY 1980
Sède, Gérard de: La race fabuleuse. Paris 1973

Seiner, Franz: Erich von Däniken und seine Gegner. Dornbirn 1972
Seixas Netto, A.: Nem deuses nem astronautas. Florianopolis 1972
Selhus, Wilhelm (= Pseud.: Sandermann, Wilhelm): Und sie waren doch da. München, Gütersloh, Wien 1975
Sendy, Jean: De la nuit des temps... Paris 1963
Les dieux nous sont nés... Paris 1966
La lune clé de la Bible. Paris 1968
Ces dieux qui firent de ciel et la terre. Paris 1969
Shakhnovich, Mikhail: Sovremennaya mistika v svete nauki. Moscow, Leningrad 1975
Noviye voprosi ateizma. Leningrad 1973
Shklovsky, Josif: Vselennaya, zhizn, razum. Moscow 1962
Shneour, Elie A.; Ottesen, Eric A.: Extraterrestrial life: An anthology and bibliography. Washington, DC 1966
Sigma, Rho (Pseud. = Geigenthaler, Adolf): Ether technology. Lakemont, GA 1979
Simon, Zoltán: Atlantis: The seven seals. Vancouver 1984
Sind wir allein im Kosmos? München 1970
Sitchin, Zecharia: The 12th planet. New York, NY 1976
Der zwölfte Planet. Zug 1979
The stairway to heaven. New York, NY 1981. Stufen zum Kosmos. Unterägeri (Zug) 1982
Götter, Mythen, Kulturen, Pyramiden. München 1990
Die Kriege der Götter. München, Zürich 1991.
Genesis. München, Zürich 1991.
Am Anfang war der Fortschritt. München, Zürich 1992
Smith, Warren: The secret forces of the pyramids. London 1975
Soucek, Ludvik: Tuseni souvislosti. Praha 1978
Starship Invasion (Kino/Video). USA 1977. Prod.: Norman Glak, Ed Hunt,

Ken Gord. Dt.: Invasion der Raumschiffe
Steiger, Brad: Atlantis rising. New York, NY 1973
Mysteries of time and space. Englewood Cliffs, NJ 1974
Revelation: The Divine Fire. Englewood Cliffs, NJ 1974
Worlds before our own. New York, NY 1978
Steinhäuser, Gerhard R.: Heimkehr zu den Göttern. München, Berlin 1971
Jesus Christus – Erbe der Astronauten. Wien 1973
Die Zukunft, die gestern war. Freiburg 1975
Unsere Heimat im All. Wien 1979
Stemman, Roy: Mysteries of the universe. London 1978. Fliegende Untertassen / Rätsel im All. Glarus 1978
Visitors from outer space. London 1976. Das Weltall und seine Besucher. Frankfurt/M., Berlin, Wien 1979
Stiebing, William H.: Ancient astronauts, cosmic collisions and other popular theories about man's past. Buffalo, NY 1984
Stöber, Harald: Herr der Götter. Düsseldorf 1987
Stoneley, Jack; Lawton, Anthony T.: Is anyone out there? New York, NY 1974
Story, Ronald: The space-gods revealed. New York, NY, Hagerstown, MD, San Francisco, CA, London 1976
Guardians of the universe? New York, NY 1980
Stranges, Frank E.: Danger from the stars. Venice, CA 1960
Sureda, Leoncio: Civilizaciones desaparecidas. Barcelona 1976
Sykes, Egerton: The extra terrestrials. London 1967
Tarade, Guy: Les portes de l'Atlantide. Paris 1976
Temple, Robert K. G.: The Sirius mystery. London 1976. Das Sirius-Rätsel. Frankfurt a. M. 1977

Thiering, Barry; Castle, Edgar (Hrsg.): Some trust in chariots. New York, NY 1972
Thomas, Paul (= Pseud.: Misraki, Paul): Les extraterrestres. Paris 1962
Thor, Antonio Jorge; Arare (joint author): Amazonia: simbolos, enigmas e astronautas. Belem 1977
Thorndike, Josef J. (Hrsg.): Mysteries of the past. New York, NY 1978
Thorne, Ian: Ancient Astronauts. Mankato, MN 1978
Tichy, Herbert: Tau-Tau. Wien, München, Zürich 1973
Tomas, Andrew: Les sécrèts de l'Atlantide. Paris 1969. Das Geheimnis der Atlantiden. Stuttgart 1971
La barrière du temps. Paris 1969
We are not the first. London 1971
Wir sind nicht die Ersten. Bonn 1972
On the shores of endless worlds, the search for cosmic life. London 1974
The home of the gods. o. O. ca. 1972
Signs, stars and seers. Los Angeles, CA 1975
Shambala – oasis de lumiere. Paris 1976
Tompkins, Peter: Cheops. Bern, München, Wien 1975
Top Line – Die Schlagzeile (Kino/Video). Italien 1988. National Cenematografica Dania Film
Touchard, Michel-Claude: L'archéologie mystérieuse. Paris 1972
Tributsch, Helmut: Das Rätsel der Götter: Fata Morgana. Frankfurt a. M., Berlin 1983
Thyraud, Jacques: Histoire des hommes volants. Lausanne 1977. Der fliegende Mensch. Bern 1978
UFO – Begegnungen der dritten Art. Comic-Taschenbuch. Frankfurt a. M. 1978 ff
Die UFOs. Amsterdam 1989. (Engl. Ed. 1987)
Umland, Craig; Umland, Eric: Mystery of the ancients: Early spacemen and the Mayas. New York, NY 1974

Ursul, Arkadiy; Shkolenko, Yuriy: Obitayemaya vselennaya, Moscow 1976
Valentine, Tom: The great Pyramid. Los Angeles, CA 1975
Vallée, Jacques. Anatomy of a phenomenon. London 1966
Passport to Magonia. Chicago, IL 1974
The invisible college. New York, NY 1976
Vassiliev, Mikhail: Chelovek idet k zvezdam. Moscow 1964
Veit, Karl L.: Erforschung außerirdischer Weltraumschiffe. Wiesbaden 1963
Velikovsky, Immanuel: Worlds in collision. London 1950. Welten im Zusammenstoß. Frankfurt a. M. 1978
Earth in upheaval. London 1956. Erde im Aufruhr. Frankfurt a. M. 1980
Vera Ramirez, Francisco: Visitas cosmicas. Pinto (Madrid) 1977
Volkrodt, Wolfgang: Es war ganz anders. München 1991
Vollmert, Bruno: Das Molekül und das Leben. Hamburg 1985
Von der Osten-Sacken, Peter: Die neue Kosmologie. Düsseldorf, Wien 1974
Vorilhon, Claude: Raël. Le livre qui dit la vérité. Waduz 1974
Watson, Lyall: Supernature. New York, NY 1973. Geheimwissen. Frankfurt a. M. 1976
Lifetide. London 1979. Der unbewußte Mensch. Frankfurt a. M. 1979.
Waxmann, Siegfried E.: Unsere Lehrmeister aus dem Kosmos. Ebersbach 1982
Wegner, Willy: Daniken i sogelyset. København 1977
Weidenreich, Franz: Apes, Giants and Man. Chicago, London 1946
Weihmann, Götz: Gibt's das wirklich? 50 Fragen an die Wissenschaft. Stuttgart 1976
Weltalmanach des Übersinnlichen. Hamburg 1982
Das Weltphänomen Erich von Däniken. Düsseldorf, Wien 1973

Whitomb, J. C.; *Morris,* H. M.: Die Sintflut. Stuttgart o. J.
Wilkins, Harold T.: Flying saucers on the attack. New York, NY 1954. = (Titeländerung:) Flying saucers from the moon. London 1954
Mysteries of Ancient South America. o. O., NJ 1956
Flying saucers uncensored. New York, NY 1967
Williamson, George Hunt: Secret places of the lion. Amherst, WI 1958
Road in the sky. London 1959
Other tongues – other flesh. Amherst, WI 1952
Williamson, Jack: Humanoids. New York, NY 1972
Wilson, Clifford A.: Crash go the chariots. New York, NY 1973
Gods in chariots... and other fantasies. San Diego, CA 1975
Chariots still crash. New York, NY 1976
War of the chariots. San Diego, CA 1978
Wilson, Clifford A.; *Weldon,* John: Close encounters: a better explanation, involving trauma, terror and tragedy. San Diego, CA 1978
Wilson, Colin: Starseekers. London, Sydney, Auckland, Toronto 1980
Enigmas and mysteries. o. O. u. J.
Rätselhafte Mystik. Berlin o. J.
Wilson, Colin; *Grant,* John (ed.): The directory of possibilities. London 1981
Wilson, Edgar D.: Mevs – creator of the pyramids. West Covina, CA 1979
Wissen und Werke der Ahnen. Amsterdam 1990. (Engl. Ed. 1989)
The world almanac book of the strange. New York, NY 1977. *Weltalmanach des Übersinnlichen.* München 1982.
Wunder, Ernst: Wie das Weltall und die Menschen wirklich entstanden. Köln 1982
Yereance, Robert A.: Strangers, all strangers. Port Washington, NY 1980

Zahnt, Eleanor van; *Stemman,* Roy: Mysteries of the lost lands. London 1978. *Rätselhafter Untergang alter Kulturen.* Glarus 1978
Zigel, Felix: Zhizn v kosmose. Minsk 1966
Zink, David: The stones of Atlantis. Toronto 1978. *Von Atlantis zu den Sternen.* München 1978
The ancient stones speak. New York, NY 1979
2001 – Odyssee im Weltraum (Kino/Video). USA 1968. Prod. Stanley Kubrick, MGM

Literaturverzeichnis

Die in den Artikeln des Lexikons durch Kurztitel verschlüsselten Quellen sind im Literaturverzeichnis vervollständigt.
Da auf die Sekundärquellen der Autoren soweit wie möglich eingegangen wurde, enthält das Literaturverzeichnis somit nicht nur Titel zur Prä-Astronautik, sondern auch allgemein vorgeschichtliche, völkerkundliche u. ä. Werke.
Zeitschriftenartikel stehen unter deren Verfasser. Von den Titeln der Zeitschriften wird auf die zitierten Artikel verwiesen.

Alimen, Marie-Henriette; *Steve,* Marie-Joseph: Fischer-Weltgeschichte. Frankfurt a. M. 1965–67. Bd. 2: Die altorientalischen Reiche
Allen, R. H.: Star names – their lore and meaning. New York 1963
Allen, Tom: Wesen, die noch niemand sah. Bergisch-Gladbach 1966
American Scientist. New Haven, Conn. 52, 1964 → *Bieri,* Robert
Ancient Skies. Park Ridge, Ill. 3,3. 1976 → *Wertz,* James R. 3,5. 1976 → *Doberer,* K. K.
Andreas, Peter; *Kilian,* Caspar: Die phantastische Wissenschaft. Düsseldorf, Wien 1973
Andree, Richard: Die Flutsagen. Braunschweig 1891
Awesta. Die heiligen Bücher der Parsen. Hrsg.: F. Wolff. Berlin, Leipzig 1924
Bacon, Edward: Versunkene Kulturen. Zürich 1963
Bagrow, Leo: Die Geschichte der Kartographie. Berlin 1951
Baker, John R. Die Rassen der Menschheit. Stuttgart 1976
Bancroft, Hubert Howe: The native races of the Pacific states of North America. Vol. 3. Leipzig 1875
Bauer, Elisabeth: Armenien. Luzern 1977

Baumann, Hermann: Schöpfung und Urzeit des Menschen im Mythos der afrikanischen Völker. Berlin 1936
Baxter, John; *Atkins,* Thomas: Wie eine zweite Sonne. Düsseldorf, Wien 1977
Beiträge zur Geschichte der Technik und Industrie. Jahrbuch des Vereins Deutscher Ingenieure. Berlin. 18, 1928 → *Hennig,* Richard
Bellamy, Hans S. (= Pseud.: Schindler, Hans): Moons, myths and man. London 1936
Bergier, Jacques: Les extra-terrestres dans l'histoire. Paris 1970
Le livre de l'inexplicable. Paris 1972
Berlitz, Charles: Geheimnisse versunkener Welten. Frankfurt a. M. 1973
Das Bermuda-Dreieck. Wien, Hamburg 1975
Bertram, Hans: Flug in die Hölle. Wien, München, Basel 1951
Die *Bibel.* Jerusalemer Bibel. Freiburg, Basel, Wien 1968
Die *Bibel.* Übers. von Martin Luther. Wien 1972
The *Bible.* Revised standard version. New York. New Testament: 1946. Old Testament: 1952

Biblia. Das ist: Die ganze Heilige Schrift. Deutsch durch Martin Luther. Leipzig 1842
Biedermann, Hans: Handlexikon der magischen Künste von der Spätantike bis zum 19. Jahrhundert. Graz 1973
Lexikon der Felsbildkunst. Graz 1976
Bildsymbole der Vorzeit. Graz 1977
Die versunkenen Länder. Graz 1978
Bieri, Robert: Humanoids on other planets? In: American scientist. New Haven, Conn. 52, 1964
Bild der Wissenschaft. Stuttgart. H. 12, 1971. Ein weiteres Geheimnis der Inkas
H. 10, 1973 → *Pantel,* Hans-Hennig
Bittel, Kurt; *Naumann,* Rudolf; *Otto,* Heinz: Yazilikaya. Leipzig 1941
Blumrich, Josef F.: Da tat sich der Himmel auf. Düsseldorf, Wien 1973
Böttcher, Helmuth Maximilian: Gott hat viele Namen. München 1964
Bollettino della Società Geografica Italiana. Roma. Serie III, Vol. III, Fasc. 7–9. 1890 → *Stradelli,* E.
Bonwetsch, G. Nathanael: Die Bücher der Geheimnisse Henochs. Leipzig 1922
Bopp, Franz: Ardschuna's Reise zu Indra's Himmel. Berlin 1824
Bowen, R. N. C.: The exploration of time. London 1958
Braghine, Alexander Pavlowitsch: Atlantis. Stuttgart 1939
Breasted, James Henry: Geschichte Ägyptens. Zürich, Köln 1954
Breuer, Hans: Kolumbus war Chinese. Frankfurt a.M. 1973
Bricker, Charles; *Tooley,* Ronald Vere: Gloria Cartographiae. Gütersloh, Berlin 1971
Brockhaus Enzyklopädie. Wiesbaden 1966–74
Brugger, Karl: Die Chronik von Akakor. Düsseldorf, Wien 1976
Brunhouse, Robert L.: In search of the Maya. Albuquerque 1973
Buttlar, Johannes von: Schneller als das Licht. Wien, Düsseldorf 1972

Cameron, A. G. W. (Hrsg.): Interstellar communication. New York 1963
Cameron, John: Our tropical possessions in Malayan India. London 1865
Camp, L. Sprague de: Versunkene Kontinente. München 1975
Capell, Arthur C.: The stratification of afterworlds beliefs in the New Hebrides folklore. London 1938
Carl, Louis; *Petit,* Joseph: Geheimnisvoller Tefedest. Hamburg 1955
Carnoy, Albert Joseph: Iranian mythology. New York 1904
Carter, Lin: Lovecraft: A look behind the Cthulhu mythos. Frogmore 1975
Chalfant, Willie Arthur: Death Valley. Palo Alto, Cal. 1930
Champdor, Albert: Das ägyptische Totenbuch in Bild und Bedeutung. Hrsg.: Manfred Lurker. Bern, München, Wien 1977
Charroux, Robert (= Pseud.: Grugeau, Robert): Vergessene Welten. Wien, Düsseldorf 1974
Die Meister der Welt. Düsseldorf, Wien 1972
L'énigme des Andes. Paris 1974
Verratene Geheimnisse. Berlin, München 1967
Phantastische Vergangenheit. München 1966
Chatelain, Maurice: Nos ancêtres venus du cosmos. Paris 1975
Chilam Balam. The book of Chumayel. Hrsg.: R. L. Roys. Washington 1933
China Reconstructs. Peking. August 1961
Christie, Anthony: Chinesische Mythologie. Wiesbaden 1976
Codrington, Robert Henry: The Melanesians. Oxford 1891
Coe, Michael D.: Die Maya. Bergisch-Gladbach 1977
Coombe, Florence E.: Island of Enchantment. London 1911
Cordan, Wolfgang: Mexiko. Düsseldorf, Köln 1967

Creuzer, Georg Friedrich: Symbolik und Mythologie der alten Völker, besonders der Griechen. Leipzig, Darmstadt 1810–23
Crick, Francis H.; *Orgel,* Leslie E.: Directed Panspermia. In: Icarus. 19. London 1973
Cyrano de Bergerac, Savinien de: Mondstaaten und Sonnenreiche. München, Leipzig 1913
Däniken, Erich von: Erinnerungen an die Zukunft. Düsseldorf, Wien 1968
Zurück zu den Sternen. Düsseldorf, Wien 1969
Aussaat und Kosmos. Düsseldorf, Wien 1972
Meine Welt in Bildern. Düsseldorf, Wien 1973
Erscheinungen. Düsseldorf, Wien 1974
Besucher aus dem Kosmos. Düsseldorf, Wien 1975
Beweise. Düsseldorf, Wien 1977
Prophet der Vergangenheit. Düsseldorf, Wien 1979
Dalberg, F. von: Scheik Mohammed Fani's Dabistan oder Von der Religion der ältesten Parsen. Aschaffenburg 1809
Dammann, Ernst: Die Religionen Afrikas. Stuttgart 1963
Danzel, Theodor-Wilhelm: Magie und Geheimwissenschaft in ihrer Bedeutung für Kultur und Kulturgeschichte. Stuttgart 1924
Deacon, Arthur Bernard: Malekula. London 1934
Delfgaauw, Bernard: Teilhard de Chardin und das Evolutionsproblem. München 1964
Desjardins, Ernest: Le Pérou avant la conquête espagnol . . . Paris 1858
Dexinger, Ferdinand: Sturz der Göttersöhne oder Engel vor der Sintflut. Wien 1966
Dillmann, August: Das Buch Henoch. Leipzig 1853
Disselhoff, Hans Dietrich: Geschichte der altamerikanischen Kulturen. München 1953
Das Imperium der Inka und die indianischen Frühkulturen der Andenländer. Berlin 1972
Ditfurth, Hoimar von: Kinder des Weltalls. Hamburg 1970
Doberer, K. K.: Galvanische Batterien: Schon vor 2000 Jahren. Hier irrte Däniken nicht! In: Ancient Skies. Park Ridge, III. 3,5. 1976
Döbler, Hannsferdinand: Hexenwahn. München 1977
Dolezol, Theodor: Aufbruch zu den Sternen. Wien, Heidelberg 1969
Dopatka, Ulrich: Das Spiegelbild der Götter. Bonn-Bad Godesberg 1975
Dorland, Frank: Der Kristallschädel von Lubaantun. In: Antike Welt. Feldmeilen. Nov. 1975
Dorschner, J.: Die Suche nach außerirdischem Leben – ein aktuelles Thema in der astronomischen Öffentlichkeitsarbeit. In: Die Sterne. Leipzig. 53. Bd. H. 2. 1977
Dougherty, C. N.: Valley of giants. Cleburne, Tex. 1971
Drake, Walter Raymond: Gods and spacemen in the ancient east. London 1968
Eberhard, Wolfram: Beiträge zur Astronomie der Han-Zeit. Berlin 1933
Lokalkulturen im alten China. Teil 2: Die Lokalkulturen des Südens und Ostens. Leiden 1942. Monumenta Serica. Monograph Serie. 3
Edda. Hrsg.: Karl Simrock. Stuttgart 1851
Ehrenreich, Paul: Die Mythen und Legenden der südamerikanischen Urvölker und ihre Beziehungen zu denen Nordamerikas und der alten Welt. In: Zeitschrift für Ethnologie. Berlin. 37. 1905. Suppl.
Eliade, Mircea: Schamanismus und archaische Ekstasetechnik. Zürich, Stuttgart 1954
Ellis, James Joseph: Polynesian researches. London 1932
Elmayer von Vestenbrugg, Rudolf; *Bellamy,* Hans S. (= Pseud.: Schindler, Hans): Eingriffe aus dem Kosmos. Freiburg i. Br. 1971

Eugster, Jacob: Die Forschung nach außerirdischem Leben. Zürich 1969
Evans, John Davies: Malta. London 1959
Evola, Julius: Das Mysterium des Grals. München-Planegg 1954
Ezekiel. Hebrew text & Engl. transl. with an introduction and commentary by Rabbi Solomon Fisch, M. A. 6th impr. London 1970
Falk-Rønne, Arne: Auf Abrahams Spuren. Graz 1971
Feer, Léon: Anales du Musée Guimet, extraits du Kandjour. Paris 1883
Felbermayer, Fritz: Sagen und Überlieferungen der Osterinsel. Nürnberg 1971
Ferguson, John Calvin: Chinese mythology. In: Gray, Louis Herbert: Mythology of all races. Vol. 8. New York 1964
Fergusson, James: Rude Stone Monuments in all countries; their age and uses. London 1872
Ferryn, Patrick; *Verheyden,* Ivan: Chroniques des civilisations disparues. Paris 1976
Findeisen, Hans: Schamanentum. Stuttgart 1957
Firsoff, Valdemar A.: Life beyond the earth. London 163
Fischer-Weltgeschichte → Alimen/ Steve
Florenz, Karl: Die historischen Quellen der Shinto-Religion. Göttingen 1919
Fox, Charles Elliot: The threshold of the Pacific. London, New York 1924
Frankfort, Henri: Cylinder seals. London 1939
Freuchen, Peter: Book of the Eskimos. Greenwich, Conn. 1961
Frick, Karl R. H.: Licht und Finsternis. Teil 2. Graz 1978
Frischauer, Paul: Es steht geschrieben. Zürich 1967
Frobenius, Leo: Volksmärchen und Volksdichtungen Afrikas. Jena 1921–28
Madsimu Dsangara. Berlin, Zürich 1931
Fuchs, Walter R.: Leben unter fernen Sonnen? München, Zürich 1973
Gadow, Gerhard: Erinnerungen an die Wirklichkeit. Frankfurt a.M. 1971
Der Atlantis-Streit. Frankfurt a. M. 1973
Garvin, Richard M.: The crystal skull. New York 1973
Gerster, Georg: Der Mensch auf seiner Erde. Freiburg i. Br. 1975
Giles, Herbert A.: Adversaria Sinica. Schanghai 1910
Spuren der Luftfahrt im alten China. In: Astronomische Zeitschrift. Hamburg. H. 9, 1917
Das *Gilgamesch-Epos.* Hrsg.: A. Schott. Stuttgart 1958
Il *giornale* dei misteri. Florenz. 30. 5. 1971/4 → *Rachewiltz,* Prinz Boris von
Golowin, Sergius: Götter der Atomzeit. Bern, München 1967
Gonda, Jan: Die Religionen Indiens. Stuttgart 1960–63 – 2 Bde. Religionen der Menschheit. 12, 1–2
Gorju, P.: Entre le Victoria, l'Albert et l'Eduard. Marseille 1920
Die *Götter* aus dem All. Bergisch Gladbach 1978 ff
Gottschalk, Herbert: Lexikon der Mythologie der europäischen Völker. Berlin 1973
Graves, Robert: → Ranke-Graves, Robert von
Gray, Louis Herbert: Mythology of all races. New York 1964. Vol. 4 → *Holmberg,* Ino Nils Oskar Vol. 8 → *Ferguson,* John Calvin
Grégor, Paul: Journal d'un sorcier. Paris 1967
Griaule, Marcel; *Dieterlen,* Germaine: Un Système Soudanais de Sirius. In: Journal de la Société des Africanistes. Paris. T. XX, Fasc. 1. 1950.
Le renard pâle. Paris 1965
Grimal, Pierre: Mythen der Völker. Frankfurt a. M. 1967 – 3 Bde.

Grünwedel, Albert: Mythologie des Buddhismus in Tibet und in der Mongolei. Leipzig 1900
Guinness Book of World Records. New York 1978
Hafner, German: Sternstunden der Archäologen. Düsseldorf, Wien 1978
Hagenau, Gerda: Verkünder und Verführer. Düsseldorf, Wien 1976
Haight, Anne Lyon: Verbotene Bücher. Düsseldorf 1956
Meyer's Handbuch über das Weltall
→ Hoerner/Schaifers
Hapgood, Charles H.: Maps of the ancient Sea Kings. Philadelphia, Toronto, New York 1966
Harrer, Heinrich: Sieben Jahre in Tibet. Berlin 1959
Hawkesworth, John: Geschichte der Seereisen und Entdeckungen im Südmeer. Berlin 1774 – 3 Bde.
Hedri, Andreas: Exopsychologie. In: Parapsychika. Basel. 3, 1976 Psyche und Weltall. Zürich 1975
Heidel, Alexander: The Babylonian Genesis. Chicago 1942
Helfritz, Hans: Südamerika: präkolumbische Hochkulturen. Köln 1976
Hennig, Richard: Zur Vorgeschichte der Luftfahrt. In: Beiträge zur Geschichte der Technik und Industrie. Jahrbuch des Vereins Deutscher Ingenieure. Berlin. 18, 1928
Herodot: Historien. München 1963
Hertel, Johannes: Die Sonne und Mithra im Awesta. Leipzig 1927
Hesiod: Sämtliche Gedichte. Theogonie, Erga, Frauenkataloge. Zürich, Stuttgart 1970
Hewitt, John Napoleon Brinton: Iroquoian cosmology. Washington 1903
Heyden, A. A. M.: Bildatlas der klassischen Welt. Gütersloh 1960
Heyerdahl, Thor: Aku Aku. Berlin, Frankfurt, Wien 1974
Hirmer, Max; *Otto,* Eberhard: Ägyptische Kunst. Bd. 1. München 1976
Historia Mundi. Bern. Bd. 2: 1953
→ *Waldschmidt,* Ernst

Hoerner, Sebastian von; *Schaifers,* Karl: Mayer's Handbuch über das Weltall. Mannheim 1960
Holliger, Edith: Schon in der Steinzeit rollten Pillen. Bern 1972
Holmberg, Uno Nils Oskar: Sibirian Mythology. In: Gray, Louis Herbert: Mythology of all races. New York. Vol. 4
Homet, Marcel F.: Söhne der Sonne. Wiesbaden 1972
Hutin, Serge: Hommes et civilisations fantastiques. Paris 1970
Jacobi, Bernhard: Als die Götter zahlreich waren. Frankfurt a.M. 1968
Jahrbuch des Vereins Deutscher Ingenieure. Berlin. 18, 1928
→ *Hennig,* Richard
Jarves, James Jackson: History of the Hawaiian or Sandwich Islands. Boston 1843
Icarus. London. 19, 1973 → *Crick,* Francis H.; *Orgel,* Leslie E.
Jöcher, Christian Gottlob: Allgemeines Gelehrten Lexikon. Nachdruck von 1750. Hildesheim 1960–61
Jonas, Doris F.; *Jonas,* A. David: Die Außerirdischen. Zürich 1977
Joralemon, Peter David: A study in Olmec iconography. Washington 1971
Journal de la Société des Africanistes. Paris. T. XX, Fasc. 1, 1950
→ *Griaule,* Marcel; *Dieterlen,* Germaine
Journal of the British Interplanetary Society. London. Vol. 29, Nos. 7–8. 1976 → *Wertz,* James R.
Jung, Carl Gustav: Ein moderner Mythus. Zürich, Stuttgart 1958
Kahle, Paul: Die verschollene Columbus-Karte von 1498. Berlin, Leipzig 1933
Kalewala, das Nationalepos der Finnen. Hrsg.: E. Lönnrot. München 1922
Kanner, Israel Zwi: Jüdische Märchen. Frankfurt a. M. 1976
Kant, Immanuel: Allgemeine Naturgeschichte und Theorie des Him-

mels. Neue Aufl. Frankfurt, Leipzig 1977
Kaplan, Samuil Aronovich (Hrsg.): Extraterrestrial civilizations. (Übers.) Moskau 1969
Kautzsch, Emil: Die Apokryphen und Pseudepigraphien des Alten Testaments. Tübingen, Freiburg i. Br. 1900
Keel, Othmar; *Küchler,* Max: Synoptische Texte aus der Genesis. Bd. 2: Der Kommentar. Fribourg 1971
Keel-Leu, Othmar: Zurück von den Sternen. Fribourg 1970
Keller, Werner: Und die Bibel hat doch recht. Düsseldorf 1955
Koch-Grünberg, Theodor: Vom Roroima zum Orinoco. Stuttgart 1928 – 5 Bde.
Kohlenberg, Karl Friedrich: Enträtselte Vorzeit. München, Wien 1970
Kolosimo, Peter: Schatten auf den Sternen. Wiesbaden 1971
Viel Dinge zwischen Himmel und Erde. Wiesbaden 1970
Kramer, Samuel Noah: History begins at Sumer. New York 1959
Geschichte beginnt mit Sumer. München 1959
Sumerian mythology. Philadelphia 1944
Krassa, Peter: Als die gelben Götter kamen. München 1973
Gott kam von den Sternen. Freiburg i. Br. 1974
Däniken intim. Freiburg i. Br. 1976
Krickeberg, Walter: Märchen der Azteken und Inka-Peruaner, Maya und Muisca. Jena 1928. Düsseldorf–Köln 1976
Indianermärchen aus Nordamerika. Jena 1924
Altmexikanische Kulturen. Berlin 1966
Krickeberg, Walter; *Trimborn,* Hermann; *Müller,* Werner; *Zerries,* Otto. Die Religionen des Alten Amerika. Stuttgart 1952
Krüger, Christoph: Sahara. Wien, München 1967
Krupkat, Günther: Als die Götter starben. Ost-Berlin 1963

Kšica, Miroslav: Uměni Staré Eurasie. Die Kunst des alten Eurasien – Felsbilder in der Sowjetunion. Brno (Brünn) 1974
Kubler, George: Art and architecture of Ancient America. Harmondsworth 1975
Kuiper, T. B. H.; *Morris,* M.: Searching for extraterrestrial civilizations. In: Science. London. 196, 6. may 1977. No. 4290, p. 616–621
Kurier. Wien. 17. 6. 1973 → *Uccusic,* Paul
Kutscher, Gerdt: Chimu. Berlin 1950
Landa, Diego de: Relación de las cosas de Yucatán. 1566. Madrid 1881
Lands of the Bible today. Washington D. C. December 1967
Lange, Kurt: Fremdling zwischen Tier und Gott. Gütersloh 1959
Lauf, Detlef Ingo: Das Erbe Tibets. Bern 1972
Laufer, Berthold: Dokumente der indischen Kunst. Bd. 1: Das Citralakshana. Leipzig 1913
The prehistory of aviation. Chicago 1928
Leaf, Alexander; *Launois,* John: Every day is a gift, when you are over 100. In: National Geographic. Washington. Jan. 1973
Legge, James: The Chinese classics. Vol. 3. Hongkong 1960 → The *Shoo King*
Leicht, Hermann: Indianische Kunst und Kultur. Zürich 1957
Leslie, Desmond; *Adamski,* George: Flying saucers have landed. London 1953
Lexikon für Theologie und Kirche. Freiburg i. Br. 1957–1967 – 12 Bde.
Lhote, Henri: A la découverte des fresques du Tassili. Paris 1958
Lucretius Carus, Titus. De rerum natura = Von der Natur. Leipzig 1795
Lunan, Duncan A.: Space probe from Epsilon Boötis. In: Spaceflight. London. April 1973
MacGowan, Roger A.; *Ordway,* Frederick I.: Intelligence in the universe. New York 1966

Magnusson, Eirikr: Odins horse Yggdrasil. London 1895
Mahabharata. Hrsg.: Pratap Chandra Roy. Kalkutta 1930
Mahabharata. Übers.: Biren Roy. Düsseldorf, Köln 1961
Mariner, William: Tonga Islands. London 1818
Marx, Christoph: Aus den Hochburgen der Wissenschaft verbannt. In: National Zeitung Basel. 11., 20. und 27. April 1974
Matsyapurana. London 1922. In: Pargitter, Frederick Eden: Ancient Indian historical tradition. London
Mazière, Francis: Insel des Schweigens. Frankfurt a. M., Berlin 1967 Fantastique île de Pâques. Paris 1965
Mead, G. R. S. (Hrsg.): Thrice greatest Hermes. Bd. 1–3. London 1964
Meinicke, Carl Eduard: Die Südseevölker und das Christentum. Prenzlau 1844
Meyerowitz, Eva Leonie R.: The Divine Kingship in Ghana and Ancient Egypt. London 1960
Moerenhout, Jacques Antoine: Voyages aux îles du Grand Océan. Paris 1837
Mogk, Eugen: Germanische Mythologie. Leipzig 1910
Molina, Christoval de: The fables and rites of the Yncas. London 1873
Mooney, Richard E.: Les dieux de l'espace et des ténèbres. Paris 1976
Muck, Otto Heinrich: Atlantis. 2. Aufl. Olten, Freiburg i. Br. 1956
Mühlmann, Wilhelm E.: Chiliasmus und Nativismus. Berlin 1961
Müller, Friedrich Max: Sacred books of the east. Oxford 1879–1910
Müller, Rolf: Sonne, Mond und Sterne über dem Reich der Inka. Berlin, Heidelberg, New York 1972
Müller, Werner: Die ältesten amerikanischen Sintfluterzählungen. Diss. Bonn 1930
Die Religionen der Waldindianer Nordamerikas. Stuttgart 1952
Muller, Kal: Tanna awaits the coming of John Frum. In: National Geographic. Washington. Mai 1974
National Geographic. Washington. Jan. 1973 → *Leaf*, Alexander; *Launois*, John
May 1974 → *Muller*, Kal
National Zeitung Basel. Basel. 11., 20.+27. April 1974 → *Marx*, Christoph
Navia, Luis E.: Das Abenteuer Universum. Düsseldorf, Wien 1977
Unsere Wiege steht im Kosmos. Düsseldorf, Wien 1976
Needham, Joseph: Monumentale Geschichte der Wissenschaft in China. Science in the civilization of China. Cambridge 1954
Nevermann, Hans: Götter der Südsee. Stuttgart 1947
The *New* American Bible. Transl. from the original languages with critical use of all the ancient sources by members of the Catholic Biblical Association of America. New York 1970
New Scientist. London. Vol. 70, No. 994, 1. April. 1976 → *Sassoon*, George T.; *Dale*, Rodney
Nimuendajú-Unkel, Curt: Die Sagen von der Erschaffung und Vernichtung der Welt als Grundlage der Religion der Apapocúva-Guaraní. In: Zeitschrift für Ethnologie. Bd. 46. Berlin 1914
Norbu, Thubten; *Turnbull*, Colin: Mein Tibet. Wiesbaden 1971
Nordenskiöld, Erland: Calculations with years and months in the Peruvian Quipus. Göteborg 1925. Comparative ethnographical studies. 6. Part 2
Olschak, Blanche Christine: Tibet: Erde der Götter. Zürich, Stuttgart 1960
Orbigny, Alcide d': Voyage dans l'Amérique méridionale. Paris 1835–1847 – 9 vol.
Ossendowski, Ferdynand Antoni: Tiere, Menschen und Götter. Frankfurt a.M. 1924

Sänger-Bredt, Irene 451

Ostrander, Sheila; Schroeder, Lynn: PSI. Bern, München, Wien 1971
Pahl, Joachim: Sternenmenschen sind unter uns. München 1971
Pantel, Hans Hennig: Die Fürsten des alten Mexiko. In: Bild der Wissenschaft. Stuttgart. H. 10, 1973
Parapsychika. Basel. 3, 1976
→ Hedri, Andreas
Pareti, Luigi: The Ancient World. New York 1965
Pargitter, Frederick Eden: Ancient Indian historical tradition. London 1922 → Matsyapurana
→ Vayapurana
Parrot, André: Sumer. München 1962
Paulson, Ivar; Hultkrantz, Ake; Jettmar, Karl: Die Religionen Nordeurasiens und der amerikanischen Arktis. Stuttgart 1962
Pauwels, Louis; Bergier, Jacques: Die Entdeckung des ewigen Menschen. Bern, München 1975
Aufbruch ins dritte Jahrtausend. Bern, München 1962
Peterich, Eckart: Götter und Helden der Germanen. Olten, Freiburg i. Br. 1955
Petitot, le P. Emile: Traditions indiennes du Canada Nord-Ouest. Alencon 1887
Pfiffig, Ambros Josef: Religio Etrusca. Graz 1975
Philberth, Bernhard: Christliche Prophetie und Nuklearenergie. Wuppertal 1966
Pits, John (= Pitseus, Joannes): Relationum historicarum de rebus anglicis. Bd. 1. Paris 1619
Polak, J. S.: Manners and customs of the New Zealanders. London 1840 – 2 Bde.
Popol Vuh: Das Buch das Rates. Hrsg.: W. Cordan. Düsseldorf 1962
Posener, Georges (Hrsg.): Lexikon der ägyptischen Kultur. Wiesbaden 1960
Puccetti, Roland: Außerirdische Intelligenz. Düsseldorf, Wien 1970
Rachewiltz, Prinz Boris von: (Briefe.) In: Il giornale dei misteri. Florenz. 30. 5. 1971/4

Ramayana. Vol. 1–7. Hrsg.: M. N. Dutt. Calcutta 1892/94.
Ranke-Graves, Robert von (= Pseud.: Graves, Robert): Griechische Mythologie. T. I/II. Hamburg 1960
The Greek Myths. 2 vol. Harmondswoth, London 1969
Rehork, Joachim: Archäologie und biblisches Leben. Bergisch Gladbach 1972
Der jüngste Tag blieb aus. Düsseldorf, Wien 1977
Reiche, Maria: Mystery on the desert. Lima 1949
Renfrew, Colin: Before civilisation. London 1973
Riesenfeld, Alphonse: The megalithic culture of Melanesia. Leiden 1950
Riessler, Paul: Altjüdisches Schrifttum außerhalb der Bibel. Augsburg 1928
Rigveda-Samhita. Hrsg.: M. Müller. Bd. 1–6. London 1874
Rittlinger, Herbert: Der maßlose Ozean. München 1954
Rivers, William Halse R.: The history of Melanesian society. Cambridge 1914 – 2 vol.
Rocholl, Peter; Roggersdorf, Wilhelm (=Pseud.: Utermann, Wilhelm): Das seltsame Leben des Erich von Däniken. Düsseldorf, Wien 1970
Roeder, Günther: Die ägyptische Religion in Texten und Bildern. Bd. 2: Mythen und Legenden um ägyptische Gottheiten und Pharaonen. Zürich, Stuttgart 1960
Rolleston, Thomas William Hazen: Myths and legends of the Celtic race. London 1911
Rynin, Nikolai Alekseevich: Interplanetarische Kontakte. (Übers.) Leningrad 1932
Sänger-Bredt, Irene: Ungelöste Rätsel der Schöpfung: Die kosmischen Gesetze. Düsseldorf, Wien 1971
Spuren der Vorzeit. Düsseldorf, Wien 1972

Sagan, Carl; *Shklovsky*, Josif Samuilovich: Intelligent life in the universe. New York 1966
Sagan, Carl; *Agel*, Jerome: Nachbarn im Kosmos. München 1975
Sahara – 10 000 Jahre zwischen Weide und Wüste. Köln 1978
Saizew, Wjatscheslaw: Wissenschaft oder Phantasie, Sendboten aus dem Kosmos. In: Sputnik. Stuttgart. 1, 1968
Sassoon, George Thornycroft; *Dale*, Rodney: Deus est machina? In: New Scientist. London. Vol. 70, No. 994, 1. Apr. 1976
Saurat, Denis: Atlantis und die Herrschaft der Riesen. Stuttgart 1925
Schmid, Hans Heinrich: Die Steine und das Wort. Zürich 1975
Schmidt, Karl Otto: Der kosmische Weg der Menschheit und das Wassermann-Zeitalter. München 1971
Schmitz, Emil-Heinz: Beweisnot. Genf 1978
Die Heilige *Schrift* des Alten und Neuen Testamentes. Nach den Urtexten übers. und hrsg. von Prof. Dr. Vinzenz Hamp, Prof. Dr. Meinard Stenzel, Prof. Dr. Josef Kürzinger. Aschaffenburg 1957
Schulz, Berndt: Sagen aus Afrika. Frankfurt a. M. 1978
Science. London. 196, 6. may 1977. No. 4290, p. 616–621 → *Kuiper*, T. B. H.; *Morris*, M.
Sciences et avenir. Paris. 322, 1973. La nébuleuse de Gum observée par les Amérindiens
Seiner, Franz: Erich von Däniken und seine Gegner. Dornbirn 1972
Seler, Eduard: Gesammelte Abhandlungen zur amerikanischen Sprach- und Altertumskunde. Berlin 1902–23
Sethe, Kurt: Die Totenliteratur der alten Ägypter. In: Sitzungsberichte d. Preuss. Akad. d. Wiss., Philos.-hist. Klasse. Berlin 1931
The *Shoo King*. In: Legge, James: The Chinese classics. Hongkong. Vol. 3

Simón, Pedro: Noticias historiales de las conquistas de tierra firme en las Indias occidentales. Bogotá 1882–92
Sitzungsberichte d. Preuss. Akad. d. Wiss., Philos.-hist. Klasse. Berlin 1931 → *Sethe*, Kurt
Spaceflight. London. April 1973 → *Lunan*, Duncan A.
Spanuth, Jürgen: Das enträtselte Atlantis. Stuttgart 1953
Speiser, Felix: Ethnographische Materialien aus den Neuen Hebriden und den Banks Inseln. Berlin 1923
Spence, Lewis: The history and origin of Druidism. London 1951
Der *Spiegel*. Hamburg. 40/1978
Spiegel, Friedrich: Avesta. Leipzig 1852
Sputnik. Stuttgart. 1, 1968 → *Saizew*, Wjatscheslaw
Stanley, Henry: Through the dark continent. Bd. 1. Leipzig 1878
Steiger, Brad: Mysteries of time and space. Englewood Cliffs, N. J. 1974 Revelation: The Divine Fire. Englewood Cliffs, N. J. 1974
Steiner, Rudolf: Unsere atlantischen Vorfahren. Dornach 1934
Die *Sterne*. Leipzig. Bd. 53, H. 2. 1977 → *Dorschner*, J.
Stingl, Miloslav: Bei den Wikingern der Südsee. Leipzig 1975
Stobäus, Johannes: Ausgewählte Werke. Bd. 1–5. Berlin 1884–1923
Stradelli, E.: Leggenda dell'jurupary. In: Bolletino della Società Geografica Italiana. Serie III, Vol. III, Fasc. 7–9, 1890. Roma
Strong, Leonard Alfred George: Flight to the stars. London ca. 1950
Sullivan, Walter: Signale aus dem All. Düsseldorf, Wien 1966
Swift, Jonathan: Lemuel Gulliver's Reisen. Leipzig 1804
Taddei, Maurizio: Indien. München 1978
Temple, Robert K. G.: Das Sirius-Rätsel. Frankfurt a. M. 1977
Terra, Helmut de: Durch Urwelten am Indus. 2. Aufl. Leipzig 1940

Tessmann, G.: Die Pangwe. Bd. 2. Berlin 1913
Tetzlaff, Ingeborg: Malta und Gozo. Köln 1977
Throckmorton, Peter: Versunkene Schiffe – gehobene Schätze. Albert Müller 1976
Tichy, Herbert: Tau-Tau. Wien 1977
Tomas, Andrew: Das Geheimnis der Atlantiden. Stuttgart 1971
Wir sind nicht die Ersten. Bonn 1972
Tompkins, Peter: Secrets of the Great Pyramid. London 1971
Tripp, Edward: Reclams Lexikon der antiken Mythologie. Stuttgart 1975
Tschudi, Johann Jakob von: Beiträge zur Kenntnis des alten Peru. Wien 1891
Reisen nach Chile, Peru usw. Wien 1862
Uccusic, Paul: Ezechiels Raumschiffe werden Wiener Dömane. In: Kurier. Wien. 17. 6. 1973
UFO – Begegnungen der dritten Art. Comic-Taschenbuch. Frankfurt a.M. 1978 ff
Unesco-Kurier. Paris. H. 5, 1972. Das Rätsel der Bahamas
Vandenberg, Philipp: Der Fluch der Pharaonen. Bern, München 1973
Vayapurana. London 1922. In: Pargitter, Frederick Eden: Ancient Indian historical tradition. London
Velikovsky, Emanuel: Worlds in collision. London 1950
Verrill, Alpheus Hyatt; *Verrill*, Ruth: Americas ancient civilizations. New York 1953
Vestenbrugg, Rudolf Elmayer von → Elmayer von Vestenbrugg, Rudolf
Vollmer, Wilhelm: Vollständiges Wörterbuch der Mythologie aller Nationen. Stuttgart 1836
Vries, Jan de: Keltische Religionen. Stuttgart 1961. Religionen der Menschheit. 18
Waitz, Theodor: Anthropologie der Naturvölker. Leipzig 1859–72 – 6 Bde.

Waldschmidt, Ernst: Indien in wedischer und frühbuddhistischer Zeit. In: Historia Mundy. 2, 1953
Warren, Leary: Die problematische Suche nach Brüdern im All. In: Solothurner Zeitung. 4. Dez. 1972. Solothurn
Watzlawick, Paul: Wie wirklich ist die Wirklichkeit. München, Zürich 1976
Wedemeyer, Inge von: Sonnengott und Sonnenmenschen. Tübingen 1970
Weidenreich, Franz: Apes, giants and man. Chicago 1946
Wellard, James Howard: Lost worlds of Africa. London 1967
Wellmann, Klaus F.: Muzzinabikon. Graz 1976
Antike *Welt*. Feldmeilen. Nov. 1975 → *Dorland*, Frank
Das *Weltphänomen* Erich von Däniken. Düsseldorf, Wien 1973
Wertz, James R.: The human analogy and the evolution of extraterrestrial civilisations. In: Journal of the British Interplanetary Society. London. Vol. 29, Nos. 7–8, 1976
In: Ancient Skies. Park Ridge, Ill. 3,3. 1976
West, Edward William: Grundriß der iranischen Philologie. Bd. II. o. O. 1896–1907
White, Anne Terry: Versunkene Kulturen. Teufen/St. Gallen; Bregenz/Wien 1952
White, John: Ancient history of the Maori. Wellington 1887
Wiegand, Theodor: Baalbek. Berlin 1921–25
Wilkins, Harold Tom: Mysteries of ancient South America. London 1946
Secret cieties of old South America. London 1950
Wissowa, Georg: Paulys Real-Encyclopädie der classischen Altertumswissenschaft. Stuttgart 1929
Woodman, Jim: Nazca. Mit dem Inkaballon zur Sonne. München 1977

Woolley, C. Leonhard: Vor 5000 Jahren. Stuttgart 1954
Wunderlich, Hans Georg: Wohin der Stier Europa trug. Reinbek bei Hamburg 1972
Astronomische *Zeitschrift*. Hamburg. H. 9, 1917 → *Giles,* Herbert A.
Zeitschrift für Ethnologie. Berlin. 37, 1905 → *Ehrenreich,* Paul

46, 1914 → *Nimuendajú-Unkel,* Curt
Solothurner *Zeitung.* Solothurn. 4. Dez. 1972 → *Warren,* Leary
Ziehr, Wilhelm: Göttervogel. Frankfurt a. M. 1976
Zimmern, Heinrich: Die Religionen der Hethiter. Leipzig 1925

Liebe Leserin, lieber Leser,

sind Sie an der Thematik, die mich beschäftigt, interessiert? Dann möchte ich Ihnen die ANCIENT ASTRONAUT SOCIETY vorstellen – abgekürzt AAS. Das ist eine gemeinnützige Gesellschaft nach amerikanischem Recht, die 1973 in den USA gegründet wurde. Die AAS strebt keinerlei Gewinn an.

Zweck dieser Gesellschaft ist das Sammeln, Austauschen und Publizieren von Indizien, die geeignet sind, folgende Ideen zu unterstützen:
- In vorgeschichtlichen Zeiten erhielt die Erde Besuch aus dem Weltall...
- Die gegenwärtige, technische Zivilisation auf unserem Planeten ist nicht die erste... (oder)
- Beide Theorien kombiniert...

Die Mitgliedschaft in der AAS steht jedermann offen. Sie gibt im Zwei-Monats-Rhythmus ein Mitteilungsblatt in Deutsch und Englisch heraus. Die AAS organisiert Studienreisen an archäologisch interessante Fundplätze. Periodisch finden internationale Kongresse und nationale Tagungen statt. Bislang wurden über 30 Weltkongresse bzw. nationale Meetings durchgeführt.

Der Jahresbeitrag zur AAS beträgt SFR. 30,– oder DM 35,–. Im deutschsprachigen Raum sind wir rund 5000 Mitglieder.

Ich würde mich freuen, wenn Sie weitere Auskünfte über die AAS erbitten bei:

ANCIENT ASTRONAUT SOCIETY,
CH-4532 Feldbrunnen

Herzlich Ihr
Ulrich Dopatka